曾国藩大传

林乾　迟云飞　著

上

中华书局

图书在版编目（CIP）数据

曾国藩大传/林乾，迟云飞著. —北京：中华书局，2024. 10.
（2025.9重印） —ISBN 978-7-101-16651-4

Ⅰ. K827＝52

中国国家版本馆 CIP 数据核字第 20247RP950 号

书 名	曾国藩大传
著 者	林 乾 迟云飞
责任编辑	欧阳红
装帧设计	王铭基
责任印制	管 斌
出版发行	中华书局
	（北京市丰台区太平桥西里 38 号 100073）
	http://www.zhbc.com.cn
	E-mail：zhbc@zhbc.com.cn
印 刷	三河市中晟雅豪印务有限公司
版 次	2024 年 10 月第 1 版
	2025 年 9 月第 4 次印刷
规 格	开本/920×1250 毫米 1/32
	印张 24¾ 插页 5 字数 550 千字
印 数	21001-31000 册
国际书号	ISBN 978-7-101-16651-4
定 价	128.00 元

曾国藩便服画像

曾国藩手书联对

目　录

第一章　业农世家

一　但以箕裘承祖泽

梁启超在为李鸿章作传时，写的第一句话是，天下惟庸人无毁无誉。并说，以常人而论非常人，故誉满天下，未必不为乡愿；谤满天下，未必不为伟人。因此也就经常有盖棺后数十年、数百年而论犹未定者。

这段话，同样适用于曾国藩。

清嘉庆十三年（1808），岁次戊辰，湘乡县南一百三十里外一个名叫白杨坪的偏僻山村新迁来一户人家。这户人家姓曾，全家十几口人，长者人称竟希公，年逾六十，白须飘逸，俨然仙者。

曾氏祖籍衡阳，世代业农，几百年间饥饱不均，难以摆脱贫困的生活。到了曾竟希的祖父曾元吉时，家业日渐发达。不仅在湘乡大界盖起了几处宅院，还在衡阳青定塘湾买了四十亩薄田。曾元吉年老时，将辛勤了一辈子所积累的家业，包括大界的宅院和土地，全部分给了子孙，仅留下衡阳的四十亩地作为养老送终之用。

乾隆二十九年（1764），年届古稀的曾元吉病故。他的子孙们靠分得的家产，过着衣食无忧的温饱生活，仅靠出租土地的租金就能维持生计。嘉庆二年（1797），为纪念惠及后人的曾元吉，曾氏族长召集族人，决定将一年的租金收益拿出来，在圳上购置祭田十亩，每年清明时节，前往祭祀。曾元吉在衡阳留下的四十亩田，不久也定为祀田。

曾元吉有六个儿子。次子曾辅臣，号辅庭，娶蒋氏为妻。比起上一辈人，生活或者说生存的压力减轻了许多。曾辅臣分得一份家产，但不改勤俭劳作之风。乾隆四十一年（1776），年仅五十五岁的曾辅臣留下独子曾竟希撒手而去。

并不富裕的生活养成了曾竟希俭朴的作风。他有着农民的忠厚与朴实。在他晚年的时候，一家人迁到了白杨坪。

到白杨坪的第四年冬天，竟希老人做了一个奇怪的梦。他梦见一条巨蟒从天而降，先在宅堂里盘旋良久，随后又跃入内庭环绕一番。老人惊悸之余，正琢磨梦的吉凶，忽听家人报喜，说孙媳妇生了个男孩。竟希老人忙把儿孙们召来，把刚才的梦告诉了他们，并说：此乃祥兆，他日这个孩子必定光大我曾氏的门庭，你们要好生看护！

曾家的院子里原来有一株苍藤，形状妖矫蟠曲，与竟希老人所述巨蟒十分相像。从此，曾氏族人与远近乡人都把这株苍藤与这个孩子的命运联系在一起：苍藤枝繁叶茂时，他就登科、升官，在战场上所向披靡，连连取胜；苍藤如果枯槁凋零，他就会连交厄运，不是被罢官革职，就是丁忧在家，打仗时也会险象环生。这则远近悉知、父老相传的久远故事的主人，就是乳名宽一的男孩，也就是本书的传主——曾国藩。

曾国藩出生于 1811 年，清嘉庆十六年，农历十月十一日亥时。

出生地是湖南长沙府湘乡县兴乐乡荷塘二十四都大界里白杨坪。

小宽一的出生，不仅寄托着曾祖父曾竟希的希望，也让

赠太傅原任武英殿大学士两江总督一等毅勇侯谥文正曾国藩

曾国藩画像

他的祖父曾玉屏喜不自禁。曾玉屏，号星冈，生有三子，长子即曾国藩之父曾麟书，次子早卒，三子骥云未曾生育。

在曾氏家族血脉相传中，曾玉屏是个很有影响的人物。他对曾国藩的影响很大。无论是早年求学交友，还是以后几十年仕宦生涯，在曾国藩身上，似乎都可以印证"隔代遗传"的"基因密码"。

中国古代有"经师"与"人师"之别，前者能传授思想、理论、观点，后者则通过身体力行而影响人。在曾国藩看来，他的祖父更像是位"经师"，他评价祖父并"无奇遇重事，一发其意。其型于家、式于乡邑者，又率依乎中道，无峻绝可惊之行。独其生平雅言，有足垂训来叶者"，"威仪言论，实有雄伟非常之概，而终老山林"。直到曾国藩兄弟后来建立一番"功业"，加官晋爵，乃至位极人臣时，那些当年见过他祖父的老年人都说曾国藩兄弟

"威重智略，不逮府君远甚也，其风采亦可想已"。（曾国
藩《大界墓表》）

　　曾国藩如此推崇的祖父，究竟在哪些方面对他有大的影
响呢？概括而言有三个，一是做事有恒，二是坚毅品格，三
是粗定家规。据曾国藩记述，曾玉屏少时秉受家训，勤奋好
学，但长大后由于家境稍微宽裕，便沾染上不少坏习气。他
有书不读，沉湎于嬉戏游玩，经常骑着马到湘潭街上，与那
些纨绔子弟混在一起。因此家族长辈都讥笑他轻浮浅薄，恐
怕今后会把家业败掉。曾玉屏听到这些指责与预言，深感
不安。

　　湘潭是湘中著名的都会，南宋以来一直作为县城所在
地。它地处湘江中游，舟楫所至，四季通航。明代诗人周圣

权在《登万楼》中歌咏道：

　　　岸花明媚接芳洲，三月江风送客愁。
　　　台阁初成延胜迹，山川有待识名流。
　　　野烟窈窕村中树，帆影参差槛外舟。
　　　清绝潇湘春唱和，竟将韵事一齐收。

　　清人张九镒在《昭山》中亦写道：

　　　西风一片写清秋，两桨飞随贴水鸥。
　　　摇到湘头望湘尾，昭山断处白云浮。

湘潭的秀美山川可以从诗中想见。

　　从湘乡到湘潭仅百里路程，如果跃马扬鞭，就更为方便
了。在传统的农业社会里，一个人的名声比他所具有的各种
"本事"都重要得多。

　　长者的讥讽刺中了曾玉屏的心，他真的不希望曾氏家族多少代人的努力毁在自己手中。于是反躬自责，将马卖掉，徒步而归。从此以后，每天东方未晓就起床来到农田，一生如此，再没有懒惰过。这就是曾门家训中的"早"字诀。

　　俗话说，"浪子回头金不换"，"自责"后的曾玉屏简直像变了个人。湘乡地处丘陵地带，全县一半以上的土地都是凹凸不平的山丘。在这块土地上，除了靠天吃饭外，还必须用勤劳的双手。曾玉屏像"愚公"一样，开始了在山丘上造梯田的尝试。其艰难的过程真可以感动上苍。曾国藩后来回忆说：祖父三十五岁那年，在高嵋山下盖了一间简陋的小茅屋。那儿的梯田坡陡高峻，田块的面积小得简直和瓦片一样。他开凿石山，开垦荒地，将十几块小田块连接成一片大田地。他夜晚亲自放水，听虫鸣鸟叫以知节气，观察禾苗上露水的情况以为乐事。他还种了半畦蔬菜，每天早晨亲自去除草，傍晚又叫佣工去施肥，走进屋内喂猪，出得屋来养鱼，总是忙个不停。

曾国藩故居

　　从辛勤的耕耘中，曾玉屏悟出这样一个道理：凡是自己亲手耕种收获的粮食、蔬菜，吃起来味道特别鲜香脆嫩；凡是自己历尽辛苦得到的，享用起来也特别心安理得。劳动磨炼了曾玉屏，曾玉屏也从中得到了大自然的回报。当他把鳞甲一样的小山丘改造成阡陌相连的田地时，乡里人开始对他刮目相看了，始则怀疑，继之赞服，都竖起了大拇指，而村中乡邻有什么难以决断之事，也都找他来排解。

在早年不发达的农村，重男轻女现象十分普遍。如果一户人家膝下无男，往往被人看不起。因此，长孙曾国藩的出生，预示着曾家后继有人，也预示着这个家族有不可限量的前途。曾玉屏更感到责任的重大。他回想起自己的先人自从元朝、明朝时就住在湖南衡阳之庙山，几百年间都没有立宗祠，便与宗族中德高望重的长辈商措，建立了祠堂，于每年十月举行祭祀。又与家族中人商量，另外立一祀典，每年三月举行，祭祀光大曾门的曾元吉。

曾玉屏还经常用亲身经历告诫后辈："世间一般人消灾求福，往往祈于神灵，这是不可取的。其实能够降福保佑自己的，莫过于自己的祖先。因此，我每年设祭，特别重视生我养我的祖先，而对其他的祭祀，则不很重视。我们曾家，后世即使贫穷了，但礼教不可毁坏；子孙虽然愚笨，但家祭不可从简。"这些后来对曾国藩有很大影响。

曾玉屏早年失学，成年后深以没有文化为耻。因此令子孙拜名士为师，自己也喜欢交结文人，常邀请他们来家作客。他对那些品格端方、老成稳重的人从不怠慢，对一般的亲戚朋友也热情接待。对落魄了的穷亲戚，更是款待隆重，惟恐不周。至于那些装神弄鬼的巫婆神汉、道士和尚、看风水、算命看相之辈，他则避之惟恐不及。

每当乡里邻居、朋友亲戚遇有婚丧嫁娶之事，曾玉屏从不委派晚辈去应付，而是亲自登门，郑重其事。若有亲友财力缺乏，不能办事，曾玉屏就拿出积蓄资助。邻里间若发生争吵诉讼，他也出面居间调停。对于那些特别蛮横不讲道理的人，则严厉呵责，更多场合都是曾玉屏摆桌酒菜，在桌面上化解矛盾。久而久之，曾家在白杨坪远近数十里，也就颇有声望了。曾玉屏说：所谓正人君子，若是在民间做普通布衣百姓，则要排解一方之难；若是在朝廷当政为官，则要安定社会、平息动乱；道理是一样的。可见，儒家"修身齐家治国平天下"的大道理，曾玉屏都化为实用的锦囊。

曾玉屏治家极严，一家大小，包括大他七岁的妻子王氏在内，见了他莫不屏神敛气。曾国藩的祖母平时"虔事夫子，卑诎已甚，时逢愠怒，则竦息减食，甘受折辱以回眷睐"。低辈分的曾家人更是毕恭毕敬，诚惶诚恐。对于曾国藩的父亲麟书、叔父骥云兄弟，曾玉屏管教尤为严厉，"往往稠人广坐，壮声呵斥，或有所不快于他人，亦痛绳长子，竟日嗃嗃（音赫，严酷的样子），诘数愆尤，间作激宕之辞，以为岂少我耶？举家耸惧"，而曾麟书对父亲总是"起敬起孝，屏气负墙，踧踖（音促急，恭敬且不安）徐进，愉色如初"。（《台洲墓表》）

晚年的曾玉屏并不以家中出了大官而稍有怠惰。道光十八年（1838）年底，曾国藩点了翰林后请假抵家，在"宰相无不出翰林"的清代，预示着曾家将会更发达。故此，亲友踵门而贺，曾家治酒款客，大宴多日。客人散去，曾玉屏对儿子说："吾家以农为业，虽富贵，毋失其旧。彼为翰林，事业方长，吾家中食用无使关问，以累其心。"从此以后，曾国藩在京师做官十余载，不知有家累。

对一个人成长影响最大的三个因素中，排在第一的是家庭，其次是环境，第三是教育。曾玉屏之所以告诫主持一家之事的曾麟书要"毋失其旧"，即不要因为个人升发而忘了全家人安身立命之本，在"一人得道"的时代，确实是有独到眼光的。考察曾国藩在京师为官多年，日记及家书中常有拮据之虞，但守住当官的底线——清廉，与家中不牵累有很大关系。反观许多贫寒子弟，负笈请学，满怀志向，一旦手握权柄，便"顿改其所为"（康熙语）。

曾玉屏还一直坚持种菜、拾粪，不丢"勤俭"二字。是年十月，曾国藩进京散馆。离家时，请求祖父训导，曰："此次进京，求公教训。"曾玉屏曰："尔的官是做不尽的，尔的才是好的，但不可傲，满招损，谦受益，尔若不傲，更好全了。"曾玉屏没有千叮咛万嘱咐，而是"要言不烦"，却对曾国藩的一生都有影响。曾国藩经常说："吾家代代皆有世德明训，惟星冈公之教尤应谨守牢记。"

曾玉屏还有一句座右铭式的话："晓得下河，须晓得上岸。"又云："怕临老打扫脚棍。"讲的是做人处事都要把握分寸，留条后路。这些话，后来都成为曾国藩做人的格言。可以说，祖父的音容笑貌、一举一动，都对年轻的曾国藩有着潜移默化的影响。正如曾国藩自己所言："余常细观星冈公，仪表绝人，全在一重字。余行路容止亦颇重厚，盖取法于星冈公。"

道光二十六年（1846），曾玉屏患偏瘫之病，在京做官的曾国藩十分牵挂。二十九年（1849）夏，曾玉屏的病情加重。曾国藩几次给父亲写信，希望回家探望。十月初四日曾玉屏去世，曾国藩得信后坚请回乡，父亲坚决不同意，说：祖父生前爱尔特甚，希望你报效国家。并说：大抵骨肉之情，隐相感通，家门将有大故，游子在外，其心先即不安，是亦预为忧思之兆也。

二　孝闻乡里的父亲

曾国藩曾为父亲写有《台洲墓表》以彰其德，现存的他们父子之间的通信也很多。在为父亲写的墓志中，曾国藩称其"少长至冠，未离亲侧，读书识字，皆我君口授。自窃禄登朝，去乡十有四年。逮待罪戎行，违晨昏者又五年"。曾麟书去世时，曾国藩是四十七岁，在这大半生的时间里，二十八年是在父亲的督教下度过的，可以说，父亲为他铺就了一条走向"学而优则仕"的金色之路。

中国传统家庭教育中，有"慈母严父"的说法。但曾国藩父母的性格及家庭角色却似有不同。

湘乡大界曾氏自曾国藩的太高祖曾元吉起，虽然各代都有读书人，但都没有考取功名，因此只能"累世业农"。曾玉屏成家立业后，深以"不学为耻"。但支撑偌大一个家庭，使他不可能把主要精力放在读书上，蟾宫折桂的希望只能寄托在长子曾麟书身上。

曾麟书，号竹亭，乾隆五十五年（1790）生。他深知父亲的苦心，因此早年即积苦向学。但因天性"钝拙"，一连参加十六次童子试都榜上无名。眼见功名无望，便把光宗耀祖的希望寄托在下一代身上。嘉庆二十二年（1817），年近不惑的曾麟书仍未考中秀才，于是在家乡开了私塾，取《周易·乾卦》"利见大人"之义，名其馆为"利见斋"，冀望跟随他读书的学生将来都有出息。当时年仅七岁的曾国藩也开始随父课读。自此八年间未曾离开父亲的身边。

在封建时代，要想改变个人或家族的命运，只有华山一条路，那就是"学而优则仕"。而农家子弟，生活都难以为继，能整日端着书本，从《三字经》《百家姓》开始，到《大学》《论语》一本接一本读下去，是需要良好家庭条件的，起码也要衣食无忧。曾家到曾玉屏时，也只能算过得下去，谈不上富裕。从曾玉屏晚年还要亲自下田劳作看，曾家走的是"以耕养读"的路子。就是说，家庭条件虽不算优裕，但由于长辈重视，因此一代又一代总不乏读书人。

然而，由学到优再到仕，这是一条异常漫长的路，往往需要几代人甚至十几代人的努力。对于未能"仕"的人而言，最多的出路是开个私塾。开私塾一般有两种情况，一是以招收宗族子弟为主，二是招收他姓子弟。前一种带有族内"公益"性质，收入不是来自生徒缴纳的学费，而是族内专项经费支出；后一种属于"营利"性质，但收费高低，一则看教书先生的名望大小，二则看生徒的家境状况。曾麟书开的私塾则是属于前一种。

曾国藩五岁开始读书，以陈雁门老先生作为问字之师，所学即是《三字经》《百家姓》之类，相当于学前教育。入塾读书，父亲郑重其事，反复推敲，并经祖父核准，为小宽一取名子城，字伯涵。"城"者，国也。用的是《诗经·瞻卬》"哲夫成城"的典故，又有"公侯干城"的语义，《左传》有"天下有道，则公侯能为干城"之语，希望宽一有朝一日，能成为捍卫国家的栋梁。"涵"，是浸润、包含、包容、广大之义，要做国家栋梁，胸襟必须开阔，学养必须浸润、深广。苏轼有"天复群生，海涵万族"之名句。"涵"是对"城"的呼应。因宽一是曾家下辈人之长，故在"涵"字前加"伯"，字伯涵。可见曾家对小宽一的期许之高。

此后，曾国藩开始系统接受儒家经典的教育。父亲的角色本来就是多重的，曾麟书可以说是曾国藩的第一位也是最重要的一位老师。曾麟书自知天分有限，没有什么秘诀可以传授给儿子，但他有一股韧劲儿，那便是不厌其烦，耐心指导，每天从早到晚，不停地督促。父子俩睡在床上，走在路上，曾麟书随感而发，都要考一考儿子的功课。曾麟书是久经科场的人，多次科场不售（没考中）的阅历使他认识到，一曝十寒对读书人是最大的危害，因此他把培养曾国藩的自觉阅读兴趣作为一项十分重要的教育内容。每天都为小宽一安排固定时间读书，并且一定要曾国藩把书背得滚瓜烂熟，他才满意。

少年曾国藩虽不属聪明一类，但有父亲的督教，加之个人的勤奋，从父亲习学两年，就读完了儒家经典入门书——"五经"。十岁起，开始试作八股文，为考功名做准备。曾麟书认真督教，在取得同族人的信任后，又设馆同族家塾——锡麒斋，希望曾氏家族能多出几个像麒麟一样，满身披桂的人物。当然，更多更现实的希望还是寄托在曾国藩身上。曾国藩在此受教《周礼》《仪礼》及《史记》《昭明文选》等。

赶考恐怕是旧时代每个知识分子永生难忘的经历。道光四年（1824），十四岁的曾国藩平生第一次随父亲来到省城长沙，应童子试。童试三年两考，是考取功名的第一阶梯，由于广大农家都把"朝为田舍郎，暮登天子堂"作为改变家族命运的唯一途径，因此大凡生活能过得下去的家庭，就要子孙走科举一途。这样一来，在社会中就形成了尊重读书人的良好风气。但名额有限，考取十分不易。在文化发达的省份尤其如此。当时湖南相对全国而言，文化尚不算发达，但长沙府的竞争也非同一般。这一次，父子俩同赴考场，却双双落第。失望、失意、失败，年少的曾国藩看到更多、感受更强的是父亲一次次名落孙山。多少年后，他的父亲已经作古，他还写道："府君既累困于学政之试，厥后挈国藩以就试，父子徒步橐笔以干有司，又久不遇。"

科场上屡试不售的曾麟书似乎失去了自信。近二十年间，他为了改写曾氏家族"冷籍"的历史，几乎耗尽了大半生的心血。但前望途程，仍是一片空白。他不想让儿子遭受与自己一样的挫折。因此，在与父亲曾玉屏商量后，曾麟书决定让曾国藩出外就学。曾家因是从衡阳迁移到湘乡的，加之两县接壤，故而对衡阳的情况比较了解。曾玉屏父子早就听说衡阳有位汪觉庵，八股试帖教得极好，并在唐氏家塾设课授徒，于是便决定把曾国藩送到那里念书。这样一来可改变一下环境，使曾国藩有一种新鲜感，产生新的求知欲；二来改变一下父亲所传授的学习方法，把读书与作八股文更紧密地结合起来。

道光十年（1830），二十岁的曾国藩像很多士子一样，背负行囊，远离家乡和亲人，开始了外出求学的历程。

曾麟书的这一决定，对于儿子日后的前程而言，是十分重要的。衡阳因位于南岳衡山之阳而得名。早在三国时代，就闻名遐迩。自宋代始，衡阳便成为全国的文化重镇。宋初有名的四大书院之一的石鼓书院就坐落在衡阳城北的石鼓山。尽管岁月磨蚀，战火不断，但皇帝钦赐的"石鼓书院"四字匾额仍然昭示着它的尊崇和辉煌。曾国藩的求学地是在衡阳县北的双桂书院，由金溪人唐翊庭创办，又称为桂芳书屋、桂花轩。双桂书院不但请来了汪觉庵老先生执教，而且以经世之学相倡导。这对不闻外间事的青年曾国藩而言，颇有耳目一新之感。多少年后，他还在《金坑唐氏续谱序》中带着感激而又怀恋的心情写道："往者，衡阳翊庭唐先生延觉庵汪夫子于桂花轩，余从学焉。"书院以"导进人才"为目的，以研习儒家经籍为主，间亦以议论时政，常采用个人钻研、相互问答、集众讲解相结合的教学方法。"越八年，余入词垣"（指入翰林院）。

衡阳县境西北有座石船山，明末清初的大儒、中国启蒙思想家王夫之（人称船山先生）当明朝灭亡后，坚不仕清，曾隐居在此,晚年还在"湘西草堂"著书立说。

双桂书院,离王船山晚年隐居之地颇近。似乎可以说,曾国藩后来对王船山学说的崇尚,就源出于此。萧一山先生说:"曾国藩在衡阳读书的时候,必熟闻其乡先贤王船山之说,国藩讲学治军,亦时以仁礼对举,可见他受了王船山的影响。"

衡阳求学不仅是曾国藩学业的一个转折点,他还在这里找到了生命中的另一半——欧阳夫人。到衡阳后不久,曾国藩师从欧阳凝祉。欧阳凝祉颇有学行,教授生徒四十余年,晚年主讲莲湖书院,学者宗之。他与曾麟书十分友善,常来家塾,对曾国藩所作试艺,大为激赏。一次,曾麟书请试以题,欧阳先生以"共登青山梯"命为试律,诗成,欧阳先生览而称善,说:"是固金华殿中人语也。"他很器重曾国藩,儒学经典及百家要旨,无不尽心传授。欧阳先生教书,尤其注意要求学生学以致用。汪觉庵、欧阳凝祉的学风为曾国藩日后成为名儒并注重经世致用开了一个好头。而在曾国藩十四岁那年,欧阳先生便已将女儿许给曾家。

曾家好事成双。就在曾国藩外出求学的第三年,曾麟书终于在第十七次应童子试中取中,成为一名生员,俗称秀才,从而改写了曾氏家族入湘五六百年间没有功名的历史。若干年后,曾国藩还为此大发感慨,说"至是乃若创获,何其难也"。

曾麟书"积苦力学",在开设家塾的二十年间,一边课徒教子,一边温习八股考试文章。虽然在四十有三的年龄才拿到士大夫的入场券,但对后人的影响是鼓励、是前引,因为它证明：农家子弟可以通过读书走向功名之路。然而，毕竟人到中年，曾麟书不大可能在秀才—举人—进士的道路上继续走下去。此时的他只有两个愿望：一是希望儿子曾国藩能用最短的时间走完他的秀才路，所谓"深喜公（指曾国藩）之继起而早获售也"。二是多尽为子之道，服侍好劳累一生的父亲。

曾玉屏晚年患病中风，身体瘫痪，卧床不起。到了第二年冬天，病情加重，连话也不能说了。曾麟书从早到晚服侍父亲，夜间还陪在房中服侍他睡觉，曾玉屏一夜要小解六七次，曾麟书时刻留意，不厌其烦，做事既周到又体贴细致。当寒冬时节，父亲需要大解时，则命令旁人搬动病人的手脚，自己以身躯为父亲遮挡风寒。有时父亲身上弄脏了，则替他洗干净，换内衣内裤时，也尽量不将父亲翻动得太厉害。整个晚上，都屏声息气，轻手轻脚。久而久之，那些孙子、孙媳妇们，无论内外长幼，都为曾麟书的精神所感动，争着为曾老爷子洗涤弄脏了的衣物，不以为苦，反以为乐。有时还用竹椅将老人抬到庭院中，大家做些游戏，尽量使老人家快乐些。父亲病的三年期间，曾麟书没有睡过一夜安稳觉。时间越久照顾得越周到，态度越恭敬，而这时的曾麟书，也已是年及周甲的老人了。

曾麟书生活的时代，是清朝由盛转衰的时期。他接受的虽也是封建传统教育，但又不同于严格的正统教育，这体现在他不拘守一途，没有条条和框框，做什么事都务求实用。他既挣扎于农与士之间，又对这双重角色都很认同，用二十多年的时间改写了曾家"累世业农"的历史，这种改变不仅具有象征意义，更重要的是为后代蹚开了一条路。他继承曾玉屏的遗训，"发愤督教诸子"，为他们创造读书用功的条件，教导他们为人处世、治事做官的诀窍。他完成了属于他的使命，将"治国、平天下"的更高境界留给了子孙们。他虽"僻居穷乡，而志存军国"，令诸子墨绖从戎，就是这种思想的体现。他在晚年曾自撰一联抒发其志：

> 粗茶淡饭布衣衫，这点福老夫享了；
>
> 齐家治国平天下，那些事儿曹当之。

三　性格刚毅的母亲

对早年曾国藩影响较大的另一个人是他的母亲江氏。江氏生于乾隆五十年（1785），年长丈夫五岁。她是湘乡江沛霖长女。出嫁后因丈夫曾麟书排行老四，人称麟四嫂，后称江夫人。

江氏的乳名叫"怜妹子"，提起这一远近皆知的称谓还有一段掌故。江家原籍江西，迁到湘乡后，第十二代的男主人名叫江嘉爵，康熙十年（1671）病故，卒年五十岁。按当时农村的习俗，一般而言，人死后要请风水先生卜一块墓地安葬，以图后代吉盛。不知是江嘉爵故去的突然，还是其他缘故，他卒后家人没有请风水先生相"阴宅"，而是安葬于湘乡二十都上山田冲仙人山的"仙女祖肤"。后来的风水先生说：此仙乃处女，安葬于此的人户要"洗女"九代，即九代头胎女孩都不能让她活下来，否则男家就不兴旺。江嘉爵至江沛霖共六传，繁衍二十八个男孩，却无一个女孩活下来。很显然，在溺婴风俗很盛的时代，江家的许多女婴很可能都被遗弃了。而且，奇怪的是，尽管江家六代以来生的都是男孩，却没有一个出仕为官的。江氏出生后，父亲将她偷偷地丢到床下，想让她冻饿而死。可是这个女孩的命实在太大，到半夜去看时，她仍然活着。江沛霖心中大惊，双手瘫软，说："可怜，可怜，罪过在我，你不应该死呀！"江沛霖的妻子也舍不得这个亲骨肉，连忙将冻得半死的孩子抱进怀里。女儿很快苏醒了。家里的人又喜又忧，喜的是女孩命大，忧的是江家将来不会兴旺发达。因为女孩冻了大半夜，家人都很可怜她，因而起个乳名叫"怜妹子"，长大后改为玲妹子。

按照迷信的说法，江家已"洗女"六代，或者说六代无女孩，但没有"洗九代"。因此，很可能发男家，即江氏女孩出嫁的男家会兴旺发达。说来奇怪，江氏嫁给曾麟书后，曾家真的人兴财旺了。丈夫成为秀才，儿子官封一品，可谓荣华已极。因此江氏家族几百年后尚有人说，曾国藩家的升官发财是得益于江氏祖先葬的这处"仙女祖肤"地。

曾家后来的兴旺发达与这个传说是否有联系，已无从查考，但江氏家族尤其是曾国藩的外祖父江沛霖对曾家的影响却是真实的。当时，江家的条件显然要比曾家好，不但富有，而且江沛霖的父亲是国学生员，算有功名。江沛霖也经历过多次科场失败的打击，但他有着山里人倔强的性格，"虽然贫困不遏，其志未少损"。将女儿许给曾家后，他对女婿曾麟书寄予厚望，说：一个家族、一个人的发达不是猝然可成的，而要经过一代又一代的传承，这就是"深造之义"。曾麟书对这位岳丈十分敬佩，常携妻儿造访江家。曾国藩大约十岁时，还到外祖父门下读书。道光十四年（1834），曾国藩考中举人，曾麟书又携妻儿拜望已八十五岁的岳丈。曾麟书让儿子将中举的试文拿给外公看，江沛霖细细阅读，大加赞扬，对女婿说："吾向者固知汝后力学有大成，足以重为吾道之光，此特其发轫耳。"在江沛霖看来，只要耕耘，就会有收获，而外孙中举才仅仅是个开始。这既是肯定，又是鼓励和更高的期许，给曾麟书父子留下了一生都无法忘怀的印象。多少年后，曾麟书为自己的岳丈刻写墓碑时，还满怀敬意地叙述以上之事，并说岳丈"享年已八十五矣，其志之不衰如此"。

一个人的成功乃至一个家族的兴衰不是偶然的，家风的影响和作用十分重要。人无法选择家庭，但家庭又实实在在影响着人。以往我们过多地倾注于对曾氏家史的"挖掘"，实际上，曾国藩的外公家对曾氏家族有着不可忽略的影响。

母亲给曾国藩最大的影响是倔强、坚强，敢于担当的品格。江氏可以说集中了中国传统女性的许多优秀品德。当时，曾家尚不宽裕，江氏与曾麟书成婚后，操持家务，克勤克俭，家境也渐渐有了起色。江氏侍奉公婆，十分殷勤。尤其是阿公卧床三年，她与丈夫日夜轮流守护在床边，毫无怨言。所以曾国藩赞其"来嫔曾门，事舅姑四十余年，造次必躬，在视必恪，宾祭之仪，百方检饬"。同时，江氏所生五男四女，"尺布寸缕，皆一手拮据"。曾国藩的父亲常以"人众家贫为虑"，而江氏总是"好作自强之言"，或用"谐语以解劬苦"。她常对丈夫说："吾家子女虽多，但某业读，某业耕，某业工贾。吾劳于内，诸儿劳于外，岂忧贫哉？"

在曾家的发达史上，江氏确实起到了相当的作用。要撑持十几口人的大家庭，如果仅仅有贤惠的美德，还是无法应付各种大小变故的。在她的身上，还有更可贵的品格，即坚韧、刚强。咸丰四年（1854），曾麟书为岳丈写墓碑时，他的妻子江氏也已病逝，在缕述江沛霖"功德"之后，他满怀深情地赞扬自己的妻子道：

> 麟书娶公之季女。顺而贤，孝而有礼，与麟书共事高堂四十有四年。攸助于艰难事苦之中，育诸子以成立，筋力亦云瘁矣。夙夜不忘公与夫人之厚爱，因相与谋，伐石立墓，以垂不朽，致无已之情。咸丰二年，工未竣，遽别余而逝。余为此铭，不禁伉俪离别，有亡琴之感焉。

曾国藩一生继承了母亲刚强的品格，敢于与困难斗争，有股冲天的倔强之气。直到晚年，他仍说："倔强二字，却不可少，功业文章，皆须此二字贯注其中，皆从倔强二字做出。"又说自己"兄弟皆秉母德居多"，好处是天性"倔强"。曾国藩在年老体衰之时，还对他的九弟曾国荃说：凡事非气不举，非刚不济，即修身齐家，亦须以明强为本。"难禁风浪"四字璧还，甚好甚慰。古来豪杰皆以此四字为大忌。吾家祖父教人，亦以"懦弱无刚"四字为大耻。故男儿自立，必须有倔强之气。

四　曾门家法的传人

旧时代的大家族都有家训、家法、族规。在清朝的历史上，张英、林则徐、曾国藩被公认为是家教最成功的三大家。雍正皇帝教子还以张家为典范，对其称赞有加。张英、张廷玉父子宰相所著《聪训斋语》《澄怀园语》流传甚广，为时人所重。

曾家是中国旧家庭的典型。曾家的崛起也堪称典型。多少代不忘耕读之本，耕是吃饭的本事，读是入世取功名的根本。曾家的家规至少到曾玉屏时已具雏形。他创立的家规，颇有创意，又简单易行，要求家人必须遵守。即谨行八件事：读书、种菜、饲鱼、养猪、早起、洒扫、祭祖、敦亲睦邻；疏远六种人：看风水的、算命的、医生、和尚、巫道及作客赖着不走的。后来曾国藩概括为八个字，后人戏称为"八宝饭"：书、蔬、鱼、猪、早、扫、考、宝。

书：就是读书。旧时代的中国家庭，不管境况如何，都一定有一个祭奉祖宗的神龛，设于堂屋的正中。神龛两侧，大多张贴这样一副对联：

把祖宗一炷清香，必诚必敬；

教子孙两条正路，宜读宜耕。

耕读文化是典型的农业社会的写照。按照儒家"天下之本在家"的解释,一个人的一切作为是从家庭开始的。而保持家庭兴旺的根本之路就是耕读。耕,代表生产基业;读,代表基本教育。曾国藩的诗作中,常以"耕"、"薪"入句,如早年诗作:"憾我不学山中人,少小从耕拾束薪","世事痴聋百不识,笑置诗书如埃尘",堪称耕读生活的真实写照。他晚年也倡导耕读传家,说:

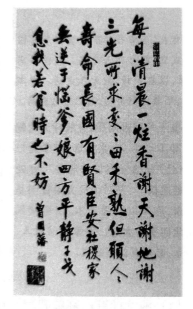

曾国藩手迹

"吾细思凡天下官宦之家,多只一代享用便尽,其子孙始而骄佚,继而流荡,终而沟壑,而庆延一二代者鲜矣。商贾之家,勤俭者能延三四代;耕读之家,谨朴者能延五六代;孝友之家,则可以绵延十代八代。"

蔬:就是蔬菜。曾玉屏说:"凡菜茹手植而手撷者,其味弥甘。"曾国藩的家乡属于山区,交通不便利,因此自给自足十分重要。一个耕读之家,田有谷米,园有蔬菜,除盐以外,可以说无所求于他人。

鱼:鸢飞入天,鱼跃于渊,天机活泼,是兴旺气象。曾国藩说:"家中养鱼养猪种竹种蔬,皆不可忽,一则上接祖父相承以来之家风,二则望其外有一种生气,登其庭有一种旺气。"足见养鱼可以涵养性情,还可增加生气。

猪：早在清前期，即有"湖广熟，天下足"的说法。而每年腊冬之月，宰牲祭祖，阖家相聚，享受劳动的果实，自有一番田园乐趣。

早：就是早起，日出而作，日落而息。提倡早起，就是奖励勤劳，增加生气，颇合养生之道。俗话说：天道酬勤，而勤字之本是早。多少年之后，曾国藩仍不忘"早"之家训，对儿子三番五次叮嘱"要早起，莫坠高曾祖考以来相传之家风，吾父吾叔，皆黎明即起，尔之所知也"。

扫：讲究卫生，减少疾病。在几乎没有医疗条件的早年农村，人的生命几乎是依赖于自然的。为了减少疾病，讲究清洁干净就很重要。扫，就是扫除，包括洒洗。妇女早起之后，第一件事，就是洒扫工作。庭阶秽物，桌几灰尘，要洒扫干净，即使至贫人家，也不例外。年终的时候还要来一次大清扫，以示万象更始，一个新的年轮开始。

考：就是祭祀。中国人对祖先的敬祀既是习惯，又是一种信仰。因为追念远祖，自然不敢为非作歹，民德自然归于纯厚，这与孝顺父母是一样的道理。曾国藩说："凡人家不讲究祭祀，纵然兴旺，亦不久长。"

宝：就是善待亲族邻里。曾玉屏曾说："人待人，无价之宝。"这是说，一个人不能独善其身，一个家庭也不能独善其家，若与亲族邻里不能和睦相处，这一家庭，便成怨府，迟早是要破败的。曾玉屏一面操持家庭，一面善待亲戚邻里，这是一个居家的法宝。

他还常教育子孙："济人须济急时无"，"君子居下，则排一方之难；在上，则息万物之器"。对周围一些"孤嫠衰疾无告者",他总是尽力所为,"随时图之,不无小补"。曾国藩说:"祖父平时积德累仁,救难救急,孙所知者,已难指数。""凡他人所束手无策,计无复之者,得祖父善于调停,旋乾转坤,无不立即解危。"虽有赞美之嫌,但一个人威信的建立往往是由近及远的。

除"八宝"外,曾玉屏还给曾家后人留下了"三不信",即不信医药、僧巫、地仙。自古楚地多巫祝,农村巫术之风很盛,这些把戏大多是愚弄没有知识的人,混一口饭吃。但这个"职业"坑害了无数人家。"医药"主要指没有医术专治怪病的"游医"。僧巫即是巫婆、道士、和尚之类。地仙即是风水先生之类。在曾玉屏看来,这些人"不劳而获",不应受到礼遇与尊重。

曾氏数代克勤克俭,对后人影响很大。曾国藩一生受此熏染,还常以此教育后辈,说祖父相传之家法,"八者缺一不可","吾教子弟,不离八本、三致祥","吾家累世以来,孝悌勤俭"。告诫子侄们"人人须以'勤俭'二字自勉,庶几长保盛美。观《汉书·霍光传》,而知大家所以速败之故"。

道光二十九年(1849),曾国藩的叔父曾骥云为元吉公修置祠堂,寄信京师,命曾国藩记其源委。作为六世孙的曾国藩,对于祖上元吉公的"行事不尽悉",只好把从祖父那里听来的"传闻"记述下来。在铭文中有这样几行字,道出了渐积渐累方才有成的道理:

> 昔日创业,源远流长。服畴食德,寝炽而昌;葰茂郁积,有耀其光;千秋宰树,终焉允臧。

几年之后，过继给曾骥云的曾国华生有一子，对叔父喜得长孙，曾国藩说："叔父近年于吉公祠造屋办祭，极勤极敬，今年又造新屋，刚值落成之际，得此大喜，又足见我元吉太高祖庇佑后嗣，呼吸可通，洋洋如在也。"

曾国藩的父亲曾麟书，留下的家法并不多。大概是属于身教多于言传一类。但正如我们后文将述及的，每当曾国藩在面临大的抉择时，曾麟书都能及时训导，不但使曾国藩兄弟们受益良多，而且连左宗棠等人对曾国藩之父都敬佩不已。更能说明问题的是，咸丰帝的上谕中也几次提及曾麟书，并称赞曾氏"一门忠义"。

曾麟书晚年命曾国藩
书写的对联

晚年的曾麟书命长子曾国藩书写的一副联语，颇能代表他的希望和寄托：

有子孙有田园家风半读半耕，但以箕裘承祖泽；

无官守无言责世事不闻不问，且将艰巨付儿曹。

曾麟书在曾氏家族史上，堪称承上启下的一个关键人物。他把良好家风传承下来，把自己乃至曾氏家族的抱负交付给了下一代。这是另一种传承。曾国藩乃至兄弟们能接好这个传承吗？

第二章 跻身士林

一 惟楚有才

法国启蒙时代的思想家伏尔泰说过这样一句话："造就政治家的，绝不是超凡出众的洞察力，而是他们的性格。"一个人的性格志趣，基本上是二十岁以前形成的，而性格的形成中，乡里风气、地方文化的陶冶，是非常重要的因素。

曾国藩的故乡湖南，东、南、西三面，都是大山，北面隔洞庭湖和长江与湖北相望。湖南省境内也是群山连绵，平地少见。除了湘北洞庭湖周围较为平坦外，农田都被山和河分割成一个个小块。曾国藩在《湖南文征序》中就说过："湖南之为邦，北枕大江，南薄五岭，西接黔蜀，群苗所萃，盖亦山国荒僻之亚。"其湘乡故居一带也是前后左右多是山，他早年所作的小诗中写道：

> 高嵋山下是侬家，岁岁年年斗物华。
>
> 老柏有情还忆我，天桃无语自开花。
>
> 几回南国思红豆，曾记西风浣碧纱。

最是故园难忘处，待莺亭畔路三叉。

我家湘上高嵋山，茅屋修竹一万竿。
……
钱塘画师天所纵，手割湘云落此间。
风枝雨叶战寒碧，明窗亮几生虚澜。
簿书尘埃不称意，得此亦足镌疏顽。
还君此画与君约，一月更借十回看。

挺拔的高嵋山，四时青翠欲滴，群山起伏，云烟缭绕，仿佛大海放波，直接云天。屋舍依山傍水，炊烟袅袅，鸡鸣犬吠，好一幅田园牧歌式的图画。

在曾国藩的诗作中，多次抒发对家乡的热爱。高嵋山更是诗中常见景色。他生长的荷叶塘四面环山，东邻湘潭，南接衡山，北连湘乡，是个偏僻冷寂、交通闭塞而又独得其乐的深山冲。可以说，他是从山里走出来的农家子弟。说来也巧，曾国藩的出生地离毛泽东的故居韶山不到一百公里，毛泽东的母亲就是湘乡人。曾国藩中进士从山里走出去八十年后，毛泽东，这个少年时期受曾国藩影响不小的农家子弟，也从山里走出去，创造了更加辉煌的事业。

三面环山，一面又阻于水，这样的地理环境，在古代落后的交通条件下，与外界的联系是很不方便的。因此，古代的湖南是个闭塞、落后的地方，与周围的几省如湖北、江西甚至四川相比，开发要晚一些。

著名的千年学府长沙岳麓书院的大门上，有一副闻名遐迩的联语：惟楚有才，于斯为盛。这副联语如果说的是近现代，并无疑问，但如果用在古代，却大谬不然。湖南人一向自认为是楚人，但春秋战国时代，湖南已属楚国的边缘。大诗人屈原被放逐，来到湘水、沅水之间。这里山荒野僻，环境艰苦，他颜色憔悴，形容枯槁，被发行吟于泽畔，写下许多不朽的诗篇，最后带着"举世皆浊我独清，世人皆醉我独醒"的深深遗憾，自沉汨罗江而死。屈原死后大约一百年，西汉时期，才华出众的贾谊也被贬来到长沙，那时候的长沙，潮湿多雨，荒僻偏远，心情沉郁的贾谊徘徊于汨罗江边，想起屈原放逐的往事，触景生情，写下了千古名篇《吊屈原赋》。贾谊在长沙生活三年才回转当时的京城长安，人们称其为"贾长沙"。长沙至今仍有贾太傅祠。无论屈原还是贾谊，都不是湖南人，只不过是在湖南生活过一段时间而已。从他们的作品和后人为他们所作的传记里，还可以看出当时湖南荒僻未开发的情景。

　　由晋至宋，北方常为少数民族政权占据，汉族政权南迁，南方得到开发，湖南也渐渐变化，但还远远比不上江南，即江浙一带。湖南著名学者王闿运曾说，湖南自从设郡县以来，没有什么重要的地位，至于湖南的财赋，全盛时才能抵得上江南的一个大县。唐代宗广德二年（764），置湖南观察使，湖南之名始于此，湖南和江西为邻省，而江西多出人才，仅宋代就有晏殊、曾巩、欧阳修、王安石、黄庭坚、文天祥等多人。宋代能够与这些人齐名的湖南人，恐怕只有一位讲太极无极、开创理学先声的周敦颐了。

　　直到明末清初，湖南才出了一位大学者王船山。曾国藩对船山学说很感兴趣，非常景仰他。曾国藩以前，王船山的著作只刻印了少部分，是曾家兄弟主持把他的遗著全部刊印传世。王船山一生不肯臣服于清朝，因此，在曾国藩的时代，尽管王船山已去世多年，但还是个非常微妙的人物，曾国藩很少公开谈论他。晚年他在与心腹幕僚赵烈文密谈时称赞王船山的思想"宏深精至"，但也指出有"偏刻之嫌"。

然而，到了清中叶以后，情形就不同了。明末清初大量移民从江西等地迁到湖南，湖南的人口增加了，土地也得到开发。特别是由于洞庭湖区的开发，粮食产量得以大大增加，不但本地区食用有余，还可向外省销售。过去只听到民间流传"苏湖熟，天下足"的谚语，苏指江苏苏州，湖指浙江湖州，都在江南太湖流域，是所谓"鱼米之乡"。现在则增加了"湖广足，天下熟"，并且居然出现在康熙皇帝的上谕里。清初湖南没有设省，湖广总督兼辖湖南与湖北，康熙六年，改湖广右布政使司为湖南布政使司，始称湖南省。湖南从这时开始，才逐渐发展起来。读书人也开始崭露头角。到了清中叶，更有了"中国一日不可无湖南"的称誉。

当我们放眼大山中的湖南，将视野转移到生于斯、长于斯的"湖南人"时，命运好像在向曾国藩招手。

人们常说，北方人剽悍，南方人文弱。但是，同是南方，又自不同。自江西的赣江流域往西，民风与江南大不一样。湖南多山，山区的民众性情多朴实剽悍。湖南又开发较晚，居民多为移民，加上与当地苗族、瑶族、侗族、土家族等少数民族联姻融合，养成了勇悍、坚韧、好胜、刻苦，有时也颇为偏狭、任性、蛮干的民风。历代史书和方志中，对湖南人的这种性格记述非常之多，如"劲直任气"、"其俗好勇""刚劲勇悍"等，不胜枚举。大凡湖南人认定一件事，就会尽力去做，成败利钝在所不计，甚至掉脑袋也在所不惜。

近代政治学家兼学者章士钊曾说过：

> 湖南人有特性，特性者何？曰：好持其理之所自信，而行其心之所能安；势之顺逆，人之毁誉，不遑顾也。（章士钊《刘霖生先生七十寿序》）

另一位清末民初的革命家宋教仁说：

> 湖南之民族，坚强忍耐，富于敢死排外性质之民族也。（宋教仁《呜呼湖南与端方》）

更有台湾学者将湖南人的性格概括为"蛮且智"，即兼有北方人的剽悍和南方人的智慧。

这种民风，对曾国藩和他的兄弟们的影响几乎随处可见。曾国藩的祖父曾玉屏勤劳、刻苦、粗豪、急躁、敢斗，就是典型的湖南人的性格。曾国藩常说的"好汉打脱牙，和血吞，有苦从不说出"，曾国荃的蛮狠，都和湖南的民风有关。但是，湖南民风的勇悍蛮狠又与北方人不同。北方人勇武剽悍，但是直率朴实，少有心机，而湖南人勇悍却又很有城府。政治家、军事家既要勇敢又需要用心机、谋略，湖南人正好有这个特长。当然，这种特长在缺少教育、无天下国家观念的时候，只能用于私斗，而不能用于大事，而读书明理之人便不同了。

曾国藩在咸丰五年（1855）的一个奏折中说：大抵山僻之民多犷悍，水乡之民多浮滑，城市多游惰之习，乡村多朴拙之夫，故善用兵者，常好用山乡之卒，而不好用城市近水之人。

前面提到的周敦颐虽出生于湖南，并且是宋明理学的开山祖师，但因他长期生活在外乡，对湖南并没有很大的影响。对湖南读书人影响深远的是历史悠久的岳麓书院和一位来自外乡的张栻先生。

岳麓书院

岳麓书院创建于北宋初，经过多年的苦心经营，成为宋代最有名的四大书院之一。南宋时期，张栻先生主讲岳麓书院。张栻生于四川绵竹，他的父亲张浚是与岳飞同时的著名将领，主张抗金，志在收复中原，曾任宰相。张栻幼拜湖南衡山讲学的著名学者胡宏为师，学成后长期主持岳麓书院，对岳麓书院的发展甚至以后湖南思想文化的发展有着非同一般的影响。理学兴于宋，湖南学者在理学中自成一派，后世学者称之为"湖湘学派"。湖湘学派的创始人为胡宏，但集大成者是张栻。张栻与他同时代的朱熹、吕祖谦并称"东南三贤"。

儒家讲究正心诚意，修身齐家治国平天下，其中前半句基本是自我道德修养，或者叫内圣的功夫；后半句讲的是经世，也可以叫作外王的功夫，也有人把它区分为义理和事功。在传统儒家，这两种功夫是不可分的。比如孔老夫子，既是圣人，又有自己的政治抱负，他不辞辛苦率弟子周游列国，其目的之一就是向各国的国君游说，希望能够施展自己的治国才干，复兴周朝，一统天下。但是，到了宋明理学家尤其是理学的集大成者朱熹先生那里，却只强调做内心反省的功夫，只讲内圣，把治国平天下的功夫抛弃了。可是湖湘学派却有个特点，就是这两种功夫都要讲，一样也不能丢。胡宏和张栻都强调不仅要研求性理，而且一定要讲求实际，凡事必须身体力行。岳麓书院的学生，就是经世和力行的具体实践者。在南宋和金的连年征战中，岳麓书院培养出来的不少学生成为著名将领。南宋末年，元兵大举南下进攻长沙，湖南安抚使李芾率军民坚守。岳麓书院与潭州州学、湘西书院的学生数百人荷戈登城，参加保卫战。这场悲壮惨烈的战斗持续了半年之久，最后长沙城被攻破，这些学生全部殉难，湖湘学派也因之中绝。

湖湘学派虽然因为其传人殉难而中断，但是义理和经世并重，一直是湖南读书人的传统。元朝建立并稳定统治以后，恢复了岳麓书院，义理和经世并重的传统就由岳麓书院代代传了下来。并且，因为湖南民风的影响，湖南读书人也有一种豪侠、敢斗、敢拼，重理而轻生命的性格。

但是，因为湖南文化落后，所以宋以后，直到王船山，湖南的读书人在全国还没有多大的影响。

二　陶澍与湖南经世派的崛起

湖南人默默无闻的状况在清中叶以后开始改变。

乾隆九年（1744），清廷御赐"道南正脉"匾给岳麓书院，以彰显其地位。曾在这里就读的乾嘉时有名的按察使严如煜说："三十年来，大湖以南，人才辈出，内外蒙擢用，暨孝廉明经以行品才猷文学著名者数百人。门墙之盛，为从来所未有。"发生改变的根本原因是经世派的崛起。

清代前期，考据学盛行。考据学又称汉学，从事考据学的学者整理、考订古代典籍和史事，对文化学术的发展做出了很大的贡献。但是考据学有两个非常大的弱点，一是脱离政治，脱离现实，二是后来考据流于繁琐。如果少部分读书人做这种功夫，并没有什么不好，但如果学者都去做这一门学问，不去研究现实，那就大大的不妙了。在乾嘉时代汉学达到全盛的时候，甚至读书人"人人许郑，家家贾马"。许慎、郑玄、贾逵、马融四人都是汉代著名的古文经学家。但是湖南读书人的学风却截然不同。他们仍是一面研究理学，一面讲求经世致用。湖南人罗克进记述道：湖南士人务以理

包世臣

学为宗，"依先正传述，以义理经济为精，见有言字体音义（即考据学）者，恒戒以逐末遗本"。因为自身的弱点，考据学到了嘉庆、道光时代已走向衰落，而讲求经世致用的、研究实际学问的经世派渐渐兴起。经世派知识分子著名的有湖南陶澍、贺长龄、魏源，福建林则徐，浙江龚自珍，安徽姚莹、包世臣，以湖南籍和安徽籍为多。湖南除上述三人

外，比较著名的还有汤鹏和贺长龄之弟贺熙龄等。有学者曾这样描述近代中国的变革图景："发难于东南沿海，而收实于华中腹地，进而又推向华北、西北。"（冯天瑜：《中华文化多样性及文化中心转移的地理基础》，载《广东社会科学》1990 年第 2 期。）

湖南经世派的核心是陶澍。

陶澍（1779—1839），字子霖，号云汀，湖南安化人。嘉庆七年（1802）进士，历任编修、布政使、巡抚，一直做到两江总督，死后谥为文毅。陶澍的父亲曾在岳麓书院学习，陶澍自幼随父学习，也受到岳麓书院学风的影响。他一生力倡实学、实用、实际，并且亲自做调查研究。他反对读

陶澍

书人高谈性命、以全部精力钻研空疏无用的学问。他不仅提倡经世致用，自己也在任官实践中做出了骄人的成就。在安徽巡抚任上，他治理淮河有成绩。在江苏巡抚任上，恰逢洪泽湖水患，运河梗阻，由江南向京师运输漕粮遇到了困难，陶澍创议由海道运输，并亲自到上海雇商船，结果获得极大成功。其后升任两江总督（辖江苏、安徽、江西三省），与当时任江苏巡抚的林则徐一起兴修水利，又改革盐政，裁革陋规，都做出了成绩，成为一代名臣。据《清史稿·陶澍

传》记载，陶澍治水利、漕运、盐政，"垂百年之利"。可以说，陶澍是道光初年经世思想和经世事功并行推演的主要代表人物，是湖南人才进入国家决策层面的一次成功展示。他既激励了更多的湖南人"出湖"打拼，也让当时乃至后来的中国更关注湖南人。其实，陶澍更重要的影响是以他地方重臣的地位和声望倡导经世致用，形成了讲求实际的风气，并且培养了相当多的人才：胡林翼是他的女婿；左宗棠虽然按年纪是他晚辈，却与他是儿女亲家；魏源在他幕府中十四年之久；贺长龄也曾是他的下属。以至于清末才气纵横的张佩纶也视陶澍为"黄河之昆仑，大江之岷（山）"（《润于日记》）之类了不得的人物。

对经世致用风气另一有影响的人物是政治家兼学者的贺长龄。贺长龄，字耦耕，善化（今长沙）人，嘉庆十三年（1808）进士，历任学政、知府、布政使、按察使、贵州巡抚，最后做到云贵总督。他延请魏源编辑《皇朝经世文编》，对后世及曾国藩都产生了深远的影响。曾国藩不但读《经世文编》"丹黄殆遍"，而且还拜其为师。

魏源

对社会思潮有广泛影响的是魏源。魏源（1794—1857），字默深，生于湖南邵阳金潭（今属隆回县）。魏源考科举不顺利，二十八岁中举，直到五十一岁才考上进士，官也做得不大。但他却是当时最知名的大学者之一，与龚自珍齐名，同为今文经学派的代表人物。魏源与龚自珍都不是单纯做书斋里的学问，而是利用今文经学长于发挥和议论的特点，抨击时政，呼吁改革，成为超乎一般学者的思想家。鸦片战争之前，举国还沉浸在所谓太平盛世之中，魏源和龚自珍就敏锐地看到了社会的危机，所以他们的议论不仅影响到曾国藩、胡林翼、左宗棠等人，甚至影响到更后来的维新派。魏源入过贺长龄幕府、陶澍幕府，又与林则徐为至交。他撰写的《圣武记》《海国图志》，代贺长龄编的《皇朝经世文编》，都是经世致用学说的精粹，对后世有着深远的影响。尤其是在第一次鸦片战争失

败以后，他在《海国图志》中提出"师夷长技以制夷"的响亮口号，更是震撼人心。他撰写的《海国图志》，不仅在中国发挥了影响，而且传到日本，在日本的影响甚至比在中国还要大。

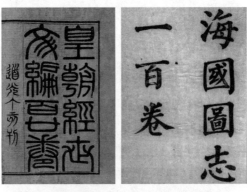

《皇朝经世文编》与《海国图志》

曾国藩、胡林翼、左宗棠等后来的湘军领袖与上一辈的经世派有着极深的渊源。胡林翼

《林则徐看剑引杯图》

幼时曾拜贺熙龄为师，又是陶澍的女婿，他大约二十一岁的时候见到林则徐，便建议陶澍向清廷保荐林则徐在陶澍退休后接任两江总督。左宗棠在陶澍家教书八年，替陶澍管理家事，后来又结成儿女亲家。

曾国藩与贺长龄的关系极为密切。贺长龄大曾国藩二十余岁，大约道光二十年两人相识，当时两人一任外官，一居京城，经常通信，谈论治学心得。现存长沙传忠书局光绪年间印行的《曾文正公全集·书札》中所收的第一封信，便是写给贺长龄的。在这封信中，曾国藩写道："窃以为天地之所以不息，国之所以立，贤人之德业之所以可大可久，皆诚为之也。故曰：诚者物之终始，不诚无物。"又说："今日而言治术，则莫若综核名实；今日而言学术，则莫若取笃实践履之士。物穷则变，救浮华者莫如质。积玩之后，振之以猛，意在斯乎？"一讲"诚"，一讲"综核名实""笃实践履"，这正是曾国藩一生学问和事功的核心。贺长龄后来因事被革职，曾国藩没能帮上忙，内心十分过意不去。贺长龄去世多年以后，曾国藩还在家信中说："耦耕先生学问文章，卓绝辈流，居官亦恺恻慈祥。"据说贺长龄病逝时，所留遗言中最大心愿便是与曾国藩结成儿女亲家。待曾国藩次子（长子幼殇）曾纪泽稍长，议及婚事，曾国藩虽觉与贺长龄辈分不合，但还是聘贺家女为纪泽之妻。不幸的是，贺家女嫁到曾家仅两年，就因难产而亡，年仅十八岁。两年后，曾纪泽又娶曾国藩好友刘蓉之女为妻。

可以说，曾、胡、左等既是陶澍等第一代经世派的继承人，也是在陶澍等人的培养、熏陶和影响下成长的。最初陶澍等人是他们的榜样和模范，但是由于他们处于新的时代和面临新的问题，他们的影响远远超过了前辈。

这两代经世派，也分作两种情况。一类是陶澍、曾国藩、左宗棠、胡林翼等的理学经世派，他们长于政务，但思想仍受理学的束缚。另一类是以魏源为代表的今文经世派。魏源学术上宗今文经学，长于议论，他高倡"变古愈尽，便民愈甚"，又说"天下无数百年不弊之法，无穷极不变之法，无不除弊而能兴利之法，无不易简而能变通之法"。这种大胆透彻的议论，理学经世派一般不会有。今文经世派大胆疾呼变革，可以在更大程度上摆脱传统观念的束缚，而理学经世派只是重视实际功效，难以突破传统观念的束缚。不过，今文经世派如魏源和龚自珍，都是思想家类型的，长于议论而短于政务。所以他们的官做得都不大。

比曾国藩稍后的张之洞和张佩纶在品评当时人物时说道："道光来人才，当以陶文毅（陶澍）为第一。其源约分三派：讲求吏事，考订掌故，得之者在上则贺耦耕（长龄），在下则魏默深（源）诸子，而曾文正（国藩）总其成。综核名实，坚卓不回，得之者林文忠（则徐）、蒋砺堂（攸铦）相国，而琦善窃其绪以自矜。以天下为己任，包罗万象，则胡（林翼）、曾（国藩）、左

张之洞

（宗棠）直凑单微，而陶（澍）实黄河之昆仑，大江之山民也。"这段议论大体说明了当时的情况。

这两代湖南经世派人物，都非常有抱负，很多人未任官职时生活在普通民众中间，深知民间的疾苦，对社会弊病的体察，他们可能比后来扯旗造反的洪秀全更清楚。当然，他们深受正统理学和忠君思想的熏陶，更愿意在现行的体制内解决这些弊病和问题。

三　早年两知己

日日怀刘子，时时忆郭生。

仰天忽长叹，绕屋独巡行。

云暗乾坤隘，风来户牖鸣。

孤吟无与赏，寸憾浩纵横。

这是曾国藩在北京做官时写给郭嵩焘的诗。"刘子"，指的是刘蓉，"郭生"就是郭嵩焘。曾国藩在考中进士做官之前，有两个最要好的朋友，他们就是刘蓉和郭嵩焘。这首诗生动地表达了曾国藩对二人的深厚情谊。

刘蓉，字孟容，号霞仙，也是湘乡人，生于道光六年（1816），比曾国藩小五岁。1834 年，也就是曾国藩中举人的同一年（陆宝千《刘蓉年谱》第 4 页考订为前一年），曾国藩与刘蓉初次相识，"与语大悦"，有一见如故之感。曾国藩与刘蓉的结交，除了性情投合外，刘蓉做学问的路子与曾国藩非常相近，也是攻程朱理学，同时又讲经世致用，又都怀有抱负、才华。曾国藩很欣赏刘蓉的才华，戏称刘蓉为"卧龙"。1839 年，曾国藩从京城参加会试归来，专程到刘蓉的家乡乐善里看望他，勉励他攻读史书，勤奋写作。

他们在一起，便通宵达旦地长谈；天各一方时，便不断通信。通信的内容除切磋学问外，还囊括了古今政治，因革损益，得失利病，风俗及人才之盛衰。梁启超在《清代学术概论》中曾说，清儒不像宋、明人那样聚徒讲学，又不像欧美人有学会、学校为讲学讨论的场所，清代学者赖以交换心得的，是谈论学问的函札。曾国藩和刘蓉的通信，正是这种函札。刘蓉考科举不够顺利，当曾国藩在京城成了天子近臣后，刘蓉还是布衣一个，但他们的友谊丝毫不减。道光二十三年（1843 年六月初三日），曾国藩在京城接到刘蓉来信，次日他在日记中写道："昨日接霞仙书，恳恳千余言，识见博大而平实，其文气深稳，多养到之言。一别四年，其所造遽已臻此，对之惭愧无地，再不努力，他日何面目见故人耶！"这种通信，即使是曾国藩统带十万精兵作战，闲暇无几时也不曾中断。

曾国藩曾集苏东坡诗句为联赠刘蓉："此外知心更谁是，与君到处合相亲！"还有"夜夜梦魂何处绕？大湖南北两刘生"之句。1853 年，曾国藩奉命办团练，碍于母丧守制，坚辞不出。刘蓉专门修书一封，劝曾国藩不能仅"托文采庇身"，应以"救治乱"为己任。文中用激将法，称曾国藩几次向朝廷上疏，均是军国大计，也因此声望日隆，但所言未见实效，就足以塞大臣之责吗？比起陆贽、范仲淹那样的志量，差得远了。曾国藩接信后大为折服，他第一批请来做事的人，便是这两位好友——刘蓉和郭嵩焘。曾国藩用诙谐的口吻给刘蓉写信："吾弟能来此一存视否？吾不愿闻弟谭宿腐之义理，不愿听弟论肤泛之军政，但愿朝挹容晖，暮亲臭味，吾心自适，吾魂自安。筠老（郭嵩焘）虽深藏洞中，亦当强之一行。天下纷纷，鸟乱于上，鱼乱于下，而蓉、筠独得晏然乎？"这意思是说，你来吧，我不想听你讲理学，也不要跟你筹划军政大事，只要每天能见上老弟你一面，我就宽心了。当然，这只是托词，刘蓉实在是不可多得的高参。结果刘蓉先来，郭嵩焘随后也到，昔日布衣之交的三兄弟，重相聚首，自然高兴逾常。但两人与曾国藩约定："服劳不辞，惟不乐仕宦，不专任事，不求保举。"刘蓉专为曾国藩起草奏章等文件，郭嵩焘则为曾国藩管财政。曾国藩认为，刘蓉"识力过人"，也就是见识高人一等，但"为统领则恐其不耐劳"，因此，他一直没有让刘蓉直接带兵。

咸丰五年（1855 年）八月，刘蓉的弟弟刘蕃到军中看望刘蓉，也参加了对太平军的战斗。十一月二十日（12 月 26 日），刘蕃在进攻湖北蒲圻时重伤而死，年仅二十五岁。刘蓉悲痛万分，遂离开军队回到家里。前面说过，曾纪泽的第一个妻子、贺长龄的女儿不幸难产而亡。1858 年，曾国藩奉命再起督军，当年七月，曾国藩请他的大将彭玉麟、唐训方做媒，为曾纪泽聘刘蓉的女儿为妻，两个好朋友又结成了儿女亲家。

1860 年，左宗棠因事离开湖南巡抚骆秉章幕府，行前极力推荐刘蓉接替他。刘蓉初时不愿出山，但次年骆秉章升任四川总督，刘蓉还是随着到了四川。因为辅佐骆秉章平定蓝大顺、李永和有功，刘蓉超升为四川布政使，1863年又升为陕西巡抚，升迁之快据说是湘军出征以来的第一人。

然而，官场的荣辱升沉，实在令人难以预测。当刘蓉在陕西整饬吏治、重整军备、革除弊政，准备振兴陕西时，却因连遭朝中官员的弹劾，不得不上疏自辩。当时太平天国已灭，大敌已去，朝廷也意图排斥湘军集团。曾国藩虽对刘蓉的处境愤愤不平，但也无可奈何。几经曲折，刘蓉终被革职。曾国藩得信后在日记里写道："霞仙革职。业经告病开缺之员，留办军务，致有此厄，宦海风波，真难测矣。然得回籍安处，脱然无累，犹为乱世居大位者不幸中之幸。"刘蓉本来淡泊功名，返回家乡后，营造"遂初园"，以讲学授徒为业。直到同治末光绪初，左宗棠奉命收回新疆，深知刘蓉的才干，又因刘蓉做过陕西巡抚，熟悉西北情况，便邀请他出山相助。此时刘蓉做官之心已淡，没有随行，但他致书左宗棠，献平西北六策，后来左宗棠平定西北，收复新疆，"一切经略，大率如蓉言"。

再看郭嵩焘，在曾国藩的事功簿上，似乎还超过刘蓉。

郭嵩焘（1818—1891），湘阴人，字伯琛，号筠仙，晚号玉池老人，比刘蓉小两岁。少年时代，常为饥寒所迫。他十八岁考中秀才，次年来到岳麓书院，与曾国藩、刘蓉结为至交。当年曾国藩二十六岁，居长，刘蓉二十一岁，

郭嵩焘

居中，郭嵩焘最小，仅十九岁。三人"均志大气盛，自视颇高，以著述立言相期许"，"其志终不在温饱"。1837年，二十岁的郭嵩焘考中举人，但此后的进士路却一再蹉跎，历经十年后，直到三十岁才中进士。中间曾应浙江学政罗文俊之聘，充其幕僚。正是在海防第一线，他目睹了"上邦大国"的失败，开始把视线转向更遥远的大海，不时以"夷务"为忧。"艰难储智略，筹画润脂膏"，他已经跃跃欲试了。而按照湖南著名学者钟叔河先生的说法，郭嵩焘颇有一种叛逆性格，思想活跃，倔强自负，尤其是他对"夷务"的较早关注和独特见识，都对曾国藩后来的思想发展有相当大的影响。而且郭嵩焘在曾国藩初创湘军时，是极为关键的人物。后文会详细交代。

但是，郭嵩焘一生的遭际非常不好。1859年，正是第二次鸦片战争的时候，郭嵩焘奉命随僧格林沁到天津办理海防，受到僧格林沁的弹劾，被降三级。后来李鸿章率淮军到上海，任江苏巡抚，保荐郭嵩焘任苏松粮道。不久升任广东巡抚，又与原本至交的左宗棠发生矛盾，被左宗棠弹劾降职。

1876年，郭嵩焘出使英国并担任中国驻英使臣，这是清代第一位驻外公使。他见到西方不仅船坚炮利，而且现时的政治、学术都比中国优越，因此，他主张不但要学习欧洲人的先进技术、造船造炮，甚至还要学习他们的政治。他把在欧洲的所见所闻写成日记，编成《使西纪程》，寄回国内刻印，广为发行，以便开拓人们的眼界，了解迅速变化着的世界。然而反响却大为不妙。当时中国虽也有人达到了他这种认识，但那都是在野的读书人，而且极少，官场中有这种见识的，他堪称第一人。他的这些见解遭到保守派的反击，士大夫骂他是"汉奸"，是"鬼子"，他出使之前，还有人作联语骂他："出乎其类，拔乎其萃，不容于尧舜之世；未能事人，焉能事鬼，何必去父母之邦？"湖南守旧士绅甚至要掘他的祖坟。后来梁启超曾道：光绪二年有位出使英国大臣郭嵩焘，作了一部游记，里头有一段，大概说，现在的夷狄，和从前的不同，他们也有两千年的文明。哎哟！可了不得！这部书传到北京，把满朝士大夫的公愤都激起来了。人人唾骂，日日奏参，闹到奉旨毁版，才算完事。他的境遇，就好比屈原说的"众人皆醉我独醒"，钟叔河先生说他是"孤独的先驱者"。先驱者会受到后人的赞赏，但在他活着的时候，那滋味却实在不好受，整个官场，只有李鸿章能够理解他，但也帮不上多少忙。他卸任回国以后，湖南的士绅几乎没有人理他。而郭嵩焘则越发用起他那湖南人的蛮劲，坚持自己的见解，决不放弃。并说"流传百世千龄后，定识人间有此人"。曾国藩几经磨难之后，清廷总算在他死后封了个"文正"。郭嵩焘虽然比曾国藩长寿，但死时清廷不给谥号。直到郭嵩焘死后近十年，义和团的时候，还要把郭嵩焘当作"二毛子"，戮他的尸首。

先驱者真的孤独！但先驱者总也会造成一定的影响。被郭嵩焘影响到的人，在官场上至少有李鸿章和曾国藩，而曾国藩的儿子曾纪泽接郭嵩焘做驻英公使，也算是对郭嵩焘了解外洋事业的一种继承吧。

四　曾门第一个进士

　　曾国藩考取秀才的情况，已如前述。但科举的路实在漫长，由秀才而举人，由举人而进士，考中进士再做官，那个时代知识分子要走的这条路实在太难了，每年中进士的读书人只有几百个，这对于有四万万人口、有成百万读书人的大国来说，实在是太少了。因此，真正能通过这条路爬上去的人很少，有的人皓首穷经，却终生连秀才这道门槛都踏不进去。后来成为曾国藩死对头的洪秀全生于 1814 年，比曾国藩小三岁，当曾国藩在科举的路上奋斗的时候，洪秀全也在这条路上艰难爬行。洪秀全十三岁就开始考科举，与曾国藩第一次考科举恰好是同一个年龄，尔后却屡战屡败，最后连个最低级的秀才都没有考上。愤世嫉俗的洪秀全，终于走上了扯旗造反的路。

　　不用与洪秀全比，即使与考了十七次，直到四十三岁才进学的父亲相比，曾国藩也是幸运的，尽管他从十四岁开始参加科举考试，历时九年之久，共考了七次，直到 1833 年，二十二岁时才中秀才。考上秀才后，曾国藩于第二年到长沙岳麓书院学习。清代的岳麓书院，是湖南的最高学府，在全省范围内招生，应考者必须有秀才的身份。在校学生须按月课试，月课分为官课、馆课两种。官课由学政、长沙知府等高级地方长官出题，有时甚至巡抚亲自出题；馆课则由山长主持。每次课试均评定等级，有奖有罚。由此可见岳麓书院对学生的要求是非常严格的，省中官府对岳麓书院也相当重视。据曾国藩的年谱载，当时曾国藩"以能诗文，名噪甚，试辄第一"。

特别值得一提的是，即使乾嘉考据学极为盛行时期，岳麓书院仍以程朱理学为依归，以经世致用相勉励。乾隆时期岳麓书院的一条学规写道：

> 立志。心之所之谓之志。志，气之帅也。志在南辕者必不肯北辙，则立志要矣。历观古圣先贤，未有不先立志者。诸生远来肄业，口诵先儒之书，已有年矣，试观此心，其果定志于圣贤之学乎？则宜加精进，益加涵养，以求至于其极。如尚未有定志，则宜急反前日之沉迷，而力端今日之趋向，往可不谏，来犹可追。须知古来圣贤豪杰，人人可为。（杨慎初等《岳麓书院史略》，岳麓书社 1986 年版）

从后来的种种迹象看，尽管曾国藩在岳麓书院读书的时间不长，但他就是在这里受到湖南学风——理学经世的熏陶。他在翰林院及早期为民为己立下的诸多"立志箴""课程"等，明显受到书院学规、学箴的影响。

当时岳麓书院的山长是欧阳厚均。欧阳厚均，字福田，号坦斋，湖南安仁县人，学问渊博，嘉庆年间进士，任官至御史。因父丧母老，辞官归家养亲，主持岳麓书院长达二十七年。欧阳厚均认为学生不应仅仅学习八股及诗赋文章，而应为"有体有用之学"，并且鼓励学生自由发展天分和性情。在这种指导思想下，他培养了大批人才，弟子数以万计，著录在案的弟子达三千人，曾国藩、左宗棠、郭嵩焘、江忠源、李元度等都是他的学生。

曾国藩考上秀才虽然晚，但第二年，也就是1834年他进入岳麓书院的这一年，恰好赶上了"大比"。按照清朝制度，各省三年举行一次乡试，谓之"大比"，乡试八月举行，中式者曰举人。曾国藩有秀才的资格，以诗文突出获得推荐，第一次参加本省乡试，就考中了第三十六名举人，虽然名次稍后，但这年他只有二十三周岁。

按照规定，凡是举人都可以参加第二年二月在京城举行的会试，中式者曰贡士，取得贡士资格可参加皇帝亲自主持的殿试，确定等级，统称为进士。曾国藩顺利中举，自然要参加来年的会试，遂于当年十一月来到了他向往的京城，住进长沙郡馆。这次会试他没有成功。但让曾国藩兴奋的是，下一年还有一届三年例考之外的恩科考试，或许是往返需要更多的开销，或许是为了一心准备恩科，曾国藩留在京城读书，而没有回家。在这里，他写下了著名的《岁暮杂感十首》，"高嵋山下是侬家"，除了发思乡思友之情外，还写出了他十余年奔波科场无奈而泰然的心情：

> 为臧为否两蹉跎，搔首乾坤踏踏歌。
> 万事拼同骈拇视，浮生无奈茧丝多。
> 频年踪迹随波谲，大半光阴被墨磨。
> 匣里龙泉吟不住，问予何日斫蛟鼍。

第二次考试仍然榜上无名，好在他还有很多机会。而且在京城的这段时间里，他收获甚丰，其中最值得一提的是，他喜欢上了唐宋八大家之一的韩愈的文章，从此终生不变。

年谱说他"留京师读书，研穷经史，尤好昌黎韩氏之文，慨然思蹑而从之，治古文词自此始"。曾国藩的文章写得好，不仅文辞华丽，对仗工整，而且有雄奇之气，读来有如长江大河，滔滔而下。虽然他后来爱好桐城派文章，但作文的基础恐怕至少此时就奠定了。

1836年恩科落榜后，曾国藩于四月离开京城，回程来了一次"江南之游"，路过江苏睢宁时，拜访了湘乡籍的知县易作梅，并从他那里借得一百两银子。因"久寓京师，窘甚"，借得的钱曾国藩仍不敢花用。由清江、扬州过长江，到了金陵这个日后与他的政治、军事生涯有重大关系的城市。在金陵，他在书肆里见到"廿三史"等书，爱不释手，借来的钱总算派上了用场，但还是不够，他又卖掉了自己的衣服，终于拥有了一套自己的二十三史。回到家里，他第一件事就是向家人展示他购得的"廿三史"，那个高兴劲儿，好像中了进士似的。父亲很高兴，勉励他说："你借钱买书，我一定会想办法为你还上。但希望你认真读这些书，方不负我的苦心。"曾国藩牢记父亲这句话，从此清晨起床，一直读书到夜半，整整一年足不出户。曾国藩早年发生的这桩"文人与书"的故事或许也预示着他的未来。不错，即使作为一名举人，也该有一套像样的"国史"，更何况，他还有更广阔的前程。

转眼到了年底。明年即道光十八年（1838），又是举子们进京会试的年头。为筹措曾国藩进京赶考这笔钱，真是愁坏了一家人。无论如何，家里也拿不出足够的路费，最后只好向同族和亲戚家借贷。曾国藩携带三十二缗钱上路了，一路上省吃俭用，到了京师，只剩三缗。《曾国藩年谱》的作者感叹道："时公车寒苦者，无以逾公矣！"他于正月入住内城的西登墀堂。三月，经道光皇帝核准，确定包括满蒙汉军在内及全国各省共取中一百八十名贡士，湖南取五名。又钦派内阁大学士穆彰阿为会试正考官，兵部尚书朱士彦、礼部侍郎吴文镕、工部侍郎廖鸿荃为副考官。三场考罢，曾国藩中第三十八名进士。四月殿试，取三甲第四十二名，赐同进士出身。朝考得一等第三名，进呈皇帝钦定，拔置第二名。五月初二日引见，入翰林院为庶吉士。短短几个月，曾国藩在二十八岁的时候，由举人而进士，而翰林，科举的台阶他终于爬到了顶点。"曾氏自占籍衡阳以来，无以科名显者，星冈公始督课子姓受学，宾礼文士，公遂以是年成进士，入翰林。"在改写个人和曾氏家族历史的同时，人们不禁要问：曾国藩能否改写一个时代的历史？

古往今来成功的政治家们，大都对自己充满信心，曾国藩也是如此，他相信意志的力量和作用，相信通过奋斗会为自己的人生开辟出一条金光灿灿的大道来。就如他在写给几个弟弟的信中说的："人苟能自立志，则圣贤豪杰何事不可为。我欲仁，斯仁至矣。我欲为孔孟，则日夜孜孜，惟孔孟之是学，人谁得而御我哉？"1860 年五月，在闲聊中，左宗棠给曾国藩讲了一个小故事，说是有一对孝子孝妇，平时力气都很小，妻子尤其柔弱。一天家中起火，他们刚去世的母亲的棺材尚在室内，这对体力都很差的夫妇，却合力将笨重的棺材搬到室外安全的地方。从这件小事，曾国藩联想到"天下无不可为之事"。这虽然是曾国藩带兵打仗时候的事，但确是曾国藩一生信念的写照。

经过刻苦的奋斗，他成功了。这个少怀大志、刻苦攻读的年轻人成功了，终于从那连绵的群山里走了出来。

第三章　锐意功名

一　圣贤英雄皆可为

　　湖南人将走出湖南、有更大出息的人称为"出湖"。研究者发现，尽管湖南人有倔强、坚韧等品格，但往往出了湖南，才逐步消减因封闭、贫穷而派生的狭隘、偏激，拥有广阔的胸襟，获得更大的出息，也即突破了湖南文化的地域局限。曾国藩的经历做了很好的验证。

　　曾国藩用他二十八岁的人生改写了曾氏家族六百年没出一个进士的历史。朝为田舍郎，暮登天子堂，自太曾祖开始，曾家九代人的梦想到曾国藩这里终于成真，好梦画圆。更适意的还在后面。曾国藩中进士后，经过复试、殿试、朝考，以成绩优异进入翰林院，从此跻身词林。

　　有清一代，最重翰林出身，官员的升迁以此为终南捷径。当时翰林有三种出路。最好的入值南书房，"拟御纂笔札"，成为"天子近臣"。以后升迁侍读、侍讲，任职詹事府，"人尤贵之"。因为由詹事晋升为内阁学士、各部侍郎，走的是"中央路线",不但升迁快,而且位置好。其次是分发各部,任给事中、御史、主事、中书等职;再次者外放,任推官、知县、教谕之类的基层地方官。由于"有清一代宰辅多由此选,其余列卿尹、膺疆寄者不可胜数",甚至"大臣饰终必翰林乃得谥文",因此在朝廷的体制上,翰林虽官七品,级别较低,但因其"为天子文学侍从,故仪制同于大臣"。也可以说,一点翰林,人如涂金,在曾国藩的前面是金子般的前程。

曾国藩除了具有翰林院庶吉士这一为人称羡的进身之阶,年龄上的优势也十分重要。

按照一般的情形,士子由秀才而举人到进士,熬到翰林这一阶,大多已是两鬓斑白,少说也是四五十岁了。如近代大思想家魏源,年长曾国藩十八岁,却迟两届才得中进士,自然年龄已是五十几岁了。像曾国藩这样,二十八岁便点了翰林的,不是没有,但确实是少见。就常情而言,人在什么年龄才能做适合这个年龄的事。早享大名为不祥,但出道太晚,人的所有锐气就会被无情地磨蚀掉。所以康熙皇帝经常对大臣们说:士子负笈而行,千里求学时总是慨然以天下任,等到一入朝为大臣,往往顾身家性命为最重,先前的理想早抛到九霄云外了。实际上也是岁月无情。孔子说,三十而立、四十而不惑、五十而知天命、六十而耳顺、七十随心所欲而不逾矩,讲的也是年龄与做事的关系。

回过头来看曾国藩,假如他不是早中进士入翰林,此时必然仍在无用的八股时艺中苦苦挣扎,也就不可能有如许闲暇容他读有用之书,储备学问,从而立下一生事业的基础。

必须交代的是，到了清代中叶，许多制度执行起来大打折扣。以翰林院庶吉士而言，实际是翰林院的实习生，住馆期间由资深院士负责教习。规定三年，届时考试散馆，根据成绩录用。但此时时间已改为一年，也不用住馆，留京、回乡自便，当然必须参加散馆考试。因此曾国藩于道光十八年（1838）八月回乡，在家逗留了一年时间。大宴宾客、拜谒亲友和地方官绅，曾国藩度过了可能是他一生中最悠闲得意的日子。

科举考试的顺利，加之曾家几代人的期许，更加振奋曾国藩的精神，他终于可以开始规划自己的未来了。第一件事是改名。曾国藩原名子城，中进士后，他的一位老师"病其鄙俗，始为改之"，因改名为国藩。据年谱记载：公少时器宇卓荦，不随流俗，既入词垣，遂毅然有效法前贤、澄清天下之志。读书自为课程，编摩记注，分为五门：曰茶余偶谈，曰过隙影，曰馈贫粮，曰诗文钞，曰诗文草。时有论述，不以示人。读书务内自惩，亦性然也。中式后，更名国藩。

第二件事是写日记。曾国藩从道光十九年（1839）正月初一开始写日记，直到二十五年（1845）二月二十九日止，每日都记，从未间断。此后至咸丰八年（1858）五月，在长达十三年间，没有日记留下来，有研究者认为，是因为日记里有大量为清朝所忌讳的内容，为免去麻烦，将其销毁。而自咸丰八年六月初七起，直到他病逝前一天，即同治十一年（1872）二月初三，十五年间，日记从未间断。

早年的曾国藩就经常借诗文抒发志趣，自比于李斯、陈平、诸葛亮等"布衣之相"，幻想"夜半霹雳从天降"，将他用为国家栋梁。他在《感春六首》中十分自信地表示：

荡荡青天不可上，天门双螭势吞象。

豺狼虎豹守九关，厉齿磨牙谁敢仰？

群乌哑哑叫紫宸，惜哉翅短难长往。

一朝孤凤鸣云中，震断九州无凡响。

虹梁百围饰玉带，螭柱万石掀金钟。

莫言儒生终龌龊，万一雄卵变蛟龙。

诗中驰骋想象，意气飞扬，他相信自己终有引来九州震动的
一天；他更深信自己能成为国家栋梁。成功激励进取，进取
引领他走向更大的成功。一首《小池》在宁静中透露出一种
弯远，在变幻中生发一种生气：

屋后一枯池，夜雨生波澜。

勿言一勺水，会有蛟龙蟠。

物理无定资，须臾变众窍。

男儿未盖棺，进取谁能料。

对于一个意气风发的青年学子，又有谁能限量他的前程呢！
他常说："少年不可怕丑，须有'狂者进取'之趣，此时不
试为之，则后此将不肯为矣。"不错，青年人的优势是年龄，
但仅此是远远不够的。因为岁月年华，生生灭灭，又有谁能
抵挡得了呢！他在诗中写道：

滥觞初引一泓泉，流出蛟龙万丈渊。

从古精诚能破石，薰天事业不贪钱。

腐儒封拜称诗伯，上策屯耕在砚田。

巨海茫茫终得岸，谁言精卫恨难填？

诗中充分体现了自信与豪迈。看到此，我们对曾国藩后来的作为似乎亦不应感到偶然了。

曾国藩进入京师后，好友刘蓉、郭嵩焘多次寄信鼓励他要进取有为。他在给刘蓉的信中也袒露己志，说："凡仆之所志，其大者盖欲行仁义于天下，使凡物各得其分；其小者则欲寡过于身，行道于妻子，立不悖之言以垂教于宗族乡党。"在给诸弟的信中又说："君子之立志也，有民胞物与之量，有内圣外王之业，而后不忝于父母之所生，不愧为天地之完人。"他还向人表示，"君子当以不如尧、舜、周公为忧，当以德不修、学不讲为忧"。并以"不为圣贤，便为禽兽；莫问收获，但问耕耘"四语铭于座右，用来鞭策自己奋发有为。

二　砥砺人生的师友

曾国藩二十四岁以前，从未踏出湖南，到过的地方只有长沙、衡阳等地。他也像所有读书人一样，把科举考试看作改变命运的唯一途径。在湖南家乡的同辈中，除郭嵩焘、刘蓉等人外，也没有结识更多对他以后人生道路有重要影响的人。

道光二十三年（1843）正月十七日，他在写给弟弟的信中说：

我境之所谓明师益友者，我皆知之，且已夙夜熟筹之矣，惟汪觉庵师及欧阳沧溟先生，是兄意中所信为可师者。然衡阳风俗，只有冬学要紧，自五月以后，师弟皆奉行故事而已。同学之人，类皆庸鄙无志者，又最好讪笑人（其笑法不一，总之不离乎轻薄而已。四弟若到衡阳去，必以翰林之弟相笑，薄俗可恶）。乡间无朋友，实是第一恨事，不惟无益，且大有损，习俗染人，所谓与鲍鱼处，亦与之俱化也。兄尝与九弟道及，谓衡阳不可以读书，涟滨不可以读书，为损友太多故也。

曾国藩认为自己的成长史中，在家乡并无太多益处，从家乡的友朋中获取的益处似乎不多。他说自己少时天分不算低，后来整日与平庸鄙俗的人相处，根本学不到什么东西，心窍被堵塞太久了。等到乙未年（道光十五年，1835）到京后，才开始有志于学习作诗、古文和书法。

曾国藩的这番话，以及写给弟弟的信，自然是他站在京师翰林的高度，学有初成后所说的。由于整日与名儒硕学在一起，他当然感到昔日的时光多是在无益中度过，因而也就有了"今是而昨非"的意味。不过，话说回来，如果曾国藩仍然隅于湖南，没有"出湖"，后来的情况可能大不相同。

在竞争激烈的社会，交往是人们获取信息、相互扶助的重要手段。曾国藩到了京城，结交了一批新的师友，开阔了眼界，也认识到取得功名仅是成功人生之一端，而人生还有其他更重要的事可以做。尤其是晚清时代已不同于以往，大清更青睐那些对国家有用的人。道光二十四年（1844），他写给弟弟的一封信中说，六弟今年考中当然好，万一考不中，就应该把以前的东西彻底放弃，一心一意地学习前辈们的文章。年纪已过了二十，不算小了。如果还似摸墙走路一般，为考试卜题忙碌，等到将来时间付出了，而学业仍不是精通，一定会悔恨失策的，不能不早做打算啊。自己以前确实也没看到这一点，幸亏早早得到了功名，而没受到损害。假如到现在还未考中，那么几十年都为了考取功名奔忙，仍然一无所得，怎能不羞愧呢？这里误了多少人的一生啊！国华是世家子弟，具备天资又聪明过人，即使考不中，也不会到挨饿的地步，又何必为科举耽误了一生呢！

曾国藩对昨日的"不满"，甚至劝弟弟放弃科举一途，这是他眼界提高后的反映。这是人生一次可贵的升华。他从良师益友那里，看到了个人在大千世界中的渺小位置。因此，要做"圣贤英雄"，要"志大人之学"，才能走出狭小的个人天地，走向广阔的天空。

他在写给家里诸弟的书信中，颇感欣慰地介绍所结交的朋友："现在朋友愈多，讲躬行心得者，则有（唐）镜海（鉴）先生、艮峰（倭仁）前辈、吴竹如（廷栋）、窦兰泉（垿）、冯树堂（卓怀）；穷经知道者，则有吴子序、邵蕙西（懿辰）；讲诗、文、字而艺通于道者，则有何子贞（绍基）；才气奔放，则有汤海秋（鹏）；英气逼人志大神静，则有黄子寿。又有王少鹤（锡振）、朱廉甫（琦）、吴莘畲（尚志）、庞作人（文寿），此四君者，皆闻予名而先来拜，虽所造有浅深，要皆有志之士，不甘居于庸碌者也！"

他还颇为自得地接着说："京师为人文渊薮，不求则无之，愈求则愈出，近来闻好友甚多，予不欲先去拜别人，恐徒标榜虚声。盖求友以匡己之不逮，此大益也；标榜以盗虚名，是大损也。"

曾国藩家书中所提到的这十几个人，属于他在京师结交的名流学者，是他的主要交际圈。由于他出身翰林，必须有"国学"的基本功，因此初入京师，自然也和这些人打交道。这些人中，有的成为他生平好友，有的成为他日后事业发展的引路人，还有的对于他文学（主要是古文诗词等）有很多帮助。

邵懿辰，字位西，一字蕙西，浙江仁和（今杭州）人，是曾国藩讨教今文经学的主要人物。他少年时就有著作传世，后任职军机章京。他才思敏捷，下笔成章，当时的许多大型活动，尤其是皇帝颁发的诏谕，多由他草拟。在繁忙的军机之余，他与文章大家唐鉴、梅柏言等人"以文章道义相往来"。由于曾国藩师事唐鉴，因而对邵懿辰也格外敬重。

对曾国藩影响比较大的还有刘传莹和何绍基。刘传莹是湖北汉阳人，专攻古文经学，精通考据。道光二十六年（1846），曾国藩在城南报国寺养病，阅读了古文字学大家段玉裁的《说文解字注》，便向刘传莹请教古文经学与考据。刘传莹也向曾国藩请教理学。二人互相切磋，取长补短，成为至友。

何绍基

何绍基，字子贞，号东洲，湖南道州人。他精通书法，擅长吟咏。对文字学、经史也颇有研究。曾国藩与他交往中，感到何绍基所长，正是自己的不足。此后，他非常重视写作和赋诗。

曾国藩还经常与吴廷栋、何桂珍等人讨论理学。

吴廷栋，号竹如，安徽霍山人，"生平笃信朱子，不敢师心自用，妄发一语"。曾国藩与他的交往颇多，时间也颇长。

到了京师后，天地无比开阔，曾国藩感受到人外有人天外有天的压力。于是对有用的人"强与之附"，即采取主动办法与之接近，对无补于学、无益于仕途的人"渐次疏远"。而与他相交契合的是吴廷栋。他给家人的信中大意说：

> 吴竹如（廷栋）最近来得比较多，一来就坐下作终日的倾谈，所讲的都是一些修身治国的大道理。听他说有个叫窦兰泉（�）的，见识十分精当平实。窦兰泉也熟知我，只是彼此之间至今未曾见面交往。竹如一定要我搬进城去居住，因为城里的唐鉴先生可以当我们的老师，再加之倭仁先生、窦兰泉也可以作为朋友，经常来往。师与友从两边夹持着我，我想，自己即使是懦夫也会变得坚强起来。予思朱子曾经认为学习之事，就好像炖肉一样，首先必须用猛火来煮，然后再用小火来慢慢煨。我反省自己，生平的工夫全都没有用猛火煮过，虽然也有一点小小的见识，但那都只是靠自己的领悟能力得来的。我偶然也用过一点功，但不过是略有所得。这就好比没有煮开过的汤，突然用小火慢熬，那结果是越煮越不熟。因此，我急于要搬进城去，希望自己能屏除

一切，从事修身养性的克己之学。倭、唐两先生也劝我赶快搬。然而城外的朋友，我也有些希望经常见面的人，如邵蕙西、吴子序、何子贞（绍基）、陈岱云（源兖）等人。

翰林学问，文章经世，曾国藩感到无比的振奋。他为有那么多"指针"，有如此多值得自己学习的人而兴奋不已，以至于城内城外"分身乏术"。曾国藩语言诙谐，尤其擅长比喻。他觉得与邵蕙西的交往如"与公瑾交，若饮醇醪"，俩人一见面便长谈不愿分手。对吴子序的为人，曾国藩当时还不能作出结论，但对他的见识远大精辟十分佩服。后者常常告诫曾国藩说，用功好比掘井一样，与其掘了好几口井而没有一口掘到地下的泉水，倒不如老是守着一口井掘，一定要掘到泉水为止。曾国藩认为这句话正道出了自己不精专的毛病。

他在信中不无自豪地告诉家人：自己来到京城后，才开始有志学习写诗写古文并习字之法，但最初也没有良友，近年来得到一二位良友，才知道有所谓治学者，有所谓躬行实践者，才知道范仲淹、韩琦等贤臣可以通过学习做到，司马迁、韩愈的文章可以通过学习达到，程颐、朱熹也可以通过学习达到。

这些人物，在以前的曾国藩看来，是高山仰止，是可望而不可即。然而在京城两年后，他通过朋友们的开导，认识到"圣贤豪杰皆可为也"，他要为自己立一个标杆，引领自己向着目标前行。值得一提的是，二十多年后，已是两江总督的曾国藩重返南京时，还专程看望昔日交往甚密而当时仅存的朋友吴廷栋。那是六月的一天，曾国藩亲自带酒到吴廷栋家做客。吴廷栋那时已八十岁了，在南京租屋而居已经五年，他的宅子所处偏僻，腿上又有病不能行走，所以每天坐在那里校勘书籍，孜孜不倦。曾国藩每日必拜访一两次，谈论时事，品评政治。

在曾国藩交往的诸多师友中，对他的思想与治学影响最大的当数唐鉴和倭仁两人。唐鉴，号镜海，湖南善化人，嘉庆十四年（1809）进士，改庶吉士，授检讨，久官京外，历任按察使、布政使，曾主讲金陵书院，后内召为太常寺卿。唐鉴为晚清著名的理学家，对程朱非常有研究。当时汉学风行一时，"翕然从风，几若百川之朝东瀛，三军之随大纛"，只有唐鉴"潜研性道，被服洛闽，力践精思，与世殊轨，亦豪杰之士矣"。道光二十年（1840），唐鉴"再官京师，倡导正学"，在他周围聚集了倭仁、曾国藩、吴廷栋、何桂珍、吕贤基等一批理学名士，皆从其问学。

唐鉴服膺程朱之学，是当时义理学派的代表人物。曾国藩开始叩开学问大门，即是从唐鉴那里学习程朱。道光二十一年（1841）八月，曾国藩在琉璃厂买了一部《朱子全集》，回寓所后开始阅读。三天后，他向唐鉴请教。唐鉴教曾国藩敦品治学，当以《朱子全集》为依据，此书不仅要熟读熟记，而且要照着书中所说，去身体力行。他还告诉曾国藩，学问有三途：义理、考据、辞章，其中以义理最是首要。只要能在义理上痛下功夫，其余文章词曲，都是末流小技，毫无难处。而义理工夫最切要处，乃在于"不自欺"。时贤在这方面用功最笃实的，首推河南人倭仁，他每天从早到晚，饮食言行，都有札记；凡自己思想行为有不符合义理的，全都记载下来，以期自我纠正。

曾国藩大受启发之余，提出古人所谓"经济之学"，"宜何如审端致力"这样的问题。唐鉴告诉他，经济之学，即在义理之内，不必他求。至于用功着力，应该从读史下手。因为历代治迹，典章昭然俱在，取法前贤以治当世，已经足够了。

唐鉴的一席话，对曾国藩而言，确实胜读十年书。原来三十年光阴，竟不知学问门径。他在当天的日记中激动地写道："听之，昭然若发蒙也。"

他立即写信把他的重大收获告诉家人、朋友。在给同乡前辈贺长龄的信中说，自己最初治学，不知根本，寻声逐响而已。自从认识了唐镜海先生，才从他那里窥见一点学问的门径。曾国藩自此一段时间跟从唐鉴致力于宋儒之学，这对他的伦理道德思想及克己省复功夫影响很大。他后来走向军旅，与清廷、与地方官、与太平军多方周旋，可以说是屡遭拂逆，九死一生，但他能在困难的环境中艰苦支撑，如果没有坚忍强毅的意志品格，恐怕他不会坚持到最后，而这种坚忍强毅的意志力量，就得力于他此一时期的陶冶。甚至于晚场善收，能够在极复杂的情况下处理好与清廷的关系，也与他理学的"内敛"功夫有很大关系。

倭仁是驻防河南开封的蒙古旗人出身，道光九年（1829）考中进士进入京师后，与李棠阶、王庆云、罗绕典等人进行"会课"，时间长达十年。"每月六集，迭为宾主，皆在时晴馆。"这种"会课"大致分三个步骤：第一步是写"日录"，即每天写下心得体会，以改过迁善为目的，属于心性修养。第二步是互相批阅"日录",有批评,有鼓励,也有建议。第三步是当面指陈得失。由于原来参加"会课"的人或者外出做官,或者坚持不下来,而倭仁自始至终,"精进严密",因此备受瞩目。

倭仁笃守程朱理学,对道咸同三朝士林影响颇大,而这种影响首先是通过他的日记流传的。倭仁的日记主要是记载自己修养的心得体会,为格言警句式的语录体。曾国藩的幕僚方宗诚说,他见过吴廷栋、涂宗瀛等人的倭仁日记手抄本,他自己又"皆录而藏之"。郭嵩焘也见过陈作梅和方鲁生两个人的抄本,他自己也"借抄"了一帙,他认为倭仁的日记"多体味有得之言"。倭仁还编辑《为学大指》一书,辑录程朱理学家的语录。全书共六条:立志为学、居敬存心、穷理致知、察几慎动、克己力行、推己及人。目的是"正世之惑于歧趋,及汩没功利而不知止者"。

曾国藩与倭仁的交往,属于师友之间,倭仁根据自己多年来的修身经验,教曾国藩写日课,并要他"当即写,不宜再因循"。曾国藩也真的当天即开始写日课,"亦照艮峰样,每日一念一事,皆写之于册,以便触目克治",曾国藩还把自己的日课册送给倭仁批阅,请他指教,倭仁毫不客气地教曾国藩"扫除一切,须另换一个人",曾国藩"读之悚然汗下",以此为"药石之言",曾国藩对倭仁的日课册则敬畏有加,"不敢加批,但就其极感予心处,著圈而已"。

曾国藩在广交新友的同时,也十分注意联络旧时志向相投的老朋友,尤其是他的湘籍朋友。这不但扩大了他在家乡的影响,而且对他日后出山也是一种人才的储备。除刘蓉、郭嵩焘两少年知己外，这里主要介绍他与江忠源、罗泽南、欧阳兆熊、陈源兖等人的交往。

曾国藩与江忠源的相识被后来的记载说得神乎其神，曾国藩"知人善相"的传说大概也是从此开始演绎的。江忠源，字岷樵，湖南新宁人，道光十七年（1837）举人，历任浙江丽水知县等职，他留心时势发展，尤以气节相尚。一次，他与同乡刘长佑造访曾国藩，初次见面，曾国藩对两人称赞有加，说"江公与刘公皆有戡乱之才"。当时清朝虽然危机四伏，但全国并没有战事。因此曾国藩的话把俩人说得不知底里。由于三人同属湘籍，曾只比江年长一岁，因此江忠源在理学家面前也毫无拘束，放言高论一番而去。曾国藩目送远去的江忠源，心中更为叹服，说"平生未见如此人"，随后又说"是人必立功名于天下，然当以节义死"。人们听到曾国藩的话十分惊疑，但后来的事实却得到验证。史书中记载：曾国藩为人，沉着有威严，美髯，三角眼棱角分明。每当接见客人时，注视很长时间不说话，见他的人都很害怕；客人退出后，曾国藩回忆这个人的优缺点，从未有差错。曾国藩的眼力确实不错。刘蓉也称赞江忠源"交友有信，与士卒同甘苦，临阵常居人先，死生患难，实可仗倚"。江忠源在与曾国藩的交往中，认为曾有胆有识，遂引为益友。曾国藩则称赞江忠源"儒文侠武"。日后江忠源果真成为湘军的主要干将。

罗泽南，字仲岳，号罗山，与曾国藩是同县人。生于嘉庆十二年（1807）十二月，比曾国藩长五岁。罗泽南是个苦命人，幼年丧父，家境十分贫寒，母亲夜晚用燃烧的糠米或松香的光纺纱，他借着微弱的灯光读书。先后肄业于湘乡涟滨书院、双峰书院及省城城南书院。穷苦使罗泽南过早地承担起家庭的重担。每当看到祖父拿着旧衣换米的时候，强烈的内疚感就折磨着他。十九岁那年，他走出了家乡，开始以教授学生混口饭吃。可是，没有多久，母亲和祖父都离开了人世。但更不幸的还在后面。道光十五年（1835）夏秋之交，湘乡干旱欲火，瘟疫大作，十九岁的罗泽南参加长沙省试后，徒步回里，夜半叩门，闻听哭声大作，方知三个儿子都被灾难夺去了生命。妻子的双眼因为失去爱子也永远失去了光明。然而，穷困潦倒的罗泽南在家庭连遭不幸的时候，仍借馆四方，与弟子生徒推讲理学。在《罗山遗书》所附的《年谱》中，几乎每月都有借馆授徒的记载。以后与太平天国作战中，死亡的书生及将帅而有"勋业"者，大多是他的弟子。

道光十八年（1838），二十二岁的罗泽南与同乡学者刘蓉相识。刘蓉博通经史，为文有奇气。两人在一起研读《大学》明新之道，见解相同。罗泽南孤寂的心灵似乎找到了知己，两人遂订莫逆之交，书札往来，讲求先贤经世之学。次年，罗泽南第七次参加郡试。考题是"举枉错诸直"。罗泽南将古今奸贤进退之道与朝代兴衰联结一起，包容经史，议论横生。知府大人阅卷时一叹三咏，亲拔为第一，遂入县学生。罗泽南得报后潸然泪下，说："我大父及母亲勤苦资读，期望在他们的有生之年看到孩子取得功名。而直到今天才能告慰他们，岂不悲哉！"道光二十四年（1844），罗泽南在城南书院授课，曾国藩见两个弟弟国华与国荃都在其门下受业，非常高兴，他在《致诸弟》信中说："六弟、九弟今年仍读书省城，罗罗山（泽南）兄处附课甚好……罗罗山兄甚为刘霞仙（蓉）、欧阳晓岑（兆熊）所推服，有杨生者，亦能道其梗概，则其可为师表明矣，惜吾不得常与居游也。"曾国藩还称他为家乡的颜渊，说："罗罗山兄读书明大义，极所钦仰，惜不能会面畅谈。"由此可见，罗泽南深得曾国藩等人的钦佩。

欧阳兆熊，字晓岑，湖南湘潭人。道光二十年（1840），曾国藩病倒在果子巷万顺客店中，病情严重，卧床不起，同寓中的欧阳兆熊颇通医道，在他和同样精于医术的吴廷栋的精心护理下，大病三个月的曾国藩才没有死去。从此，他与欧阳兆熊成为好朋友。

在曾国藩的同年进士中，有一位同属湖南的陈源兖，与他的关系也十分密切。

早在道光十八年（1838）会试京城、中进士之后，曾国藩就与陈源兖建立了密切的关系。1840 年至 1845 年初，两人几乎每天都有往来。两人之间的谈话无所不包，而学问、人生正是他们经常谈论的话题。

两人坦诚相见、相互规谏的事例尤多。曾国藩在道光二十三年十月初三日（1842 年 11 月 5 日）的日记中写道："岱云来，久谈，彼此相勖以善。予言皆己所未能而责人者。岱云言余第一要戒'慢'字，谓我无处不著怠慢之气，真切中膏肓也。又言予于朋友，每相恃过深，不知量而后入，随处不留分寸，卒至小者龃龉，大者凶隙，不可不慎。又言我处事不患不精明，患太刻薄，须步步留心。"曾国藩从内心深处感到这位同年好友指出他的三大缺点"皆药石也",以至发出"直哉,岱云克敦友谊"的感叹。曾国藩对陈源兖也是真心相待。1843年夏,陈源兖大病一场,几不能起,曾国藩几乎天天去看望,有时甚至通宵达旦守护在他的身旁,七月十日这一天的日记记载:"早,至岱云处看病,已初归。方欲出门,又闻岱云下血甚多,心惶急失措,立遣人寻竹如,别请魏西亭诊脉,乃反闻骇愕之言,幸竹如来,片言镇定,心为稍安。留竹如在城外住,恐岱云有变症也。予二更归。"次日又记:"早,至岱云处。是日全未离身。夜住陈寓。观其症险,极惶急无计,一夜不寐。"次年,陈妻病逝,曾国藩为之操办一切丧事。后来又为陈氏撰写墓志铭、为其母撰写生日宴集宾僚诗序等充满感情的文字。对陈源兖的不足之处也直言批评,说他"见人随时须养气,好留为他日相见地也"。

情同手足的关系,使曾国藩感到他早年在京城的生活充实而又愉快。当陈源兖于1845年奉旨赴任吉安太守时,曾国藩的生活好像缺少了点什么。惆怅之余,他撰写了一篇《送陈岱云出守吉安序》,勉励他"丈夫要努力,无为苦惆怅"。当他接到陈从江西寄来的书信后,欣喜之情无法言表,深深恋念他们同在京城友好相处的日子:"计与阁下相处八年,忧戚爱憎,无一不相告问,每有称意之言,与不可于心之事,辄先走白阁下。今遽乖分,如何可任。"

人是社会中的人,越是走向高位,人际关系也越复杂。因为社会关系不仅仅是"友道",还要打上很多互相借助、互为利用的印迹。通常说人是最复杂的动物,实际是说人我之际很难处理。

道光二十一年（1841）的春节，是曾国藩在京城度过的第一个传统节日。大年初一，他起得很早，作为翰林院的一员，他要参加黎明时在太和殿举行的朝贺大典。隆重的仪式完毕后，曾国藩回到家中，拜见父亲后即去各处拜年。此后接连四天，曾国藩每天都是马不停蹄，先走完内城，随后走东城、西城。

他拜年的顺序是先拜老师，这些老师是曾国藩学习的榜样，而且也是朝中的大官员，他们多在内城居住，因此曾国藩初一当天，即从棉花六条胡同的寓所早早走出去，拜见他十分敬重的老师们。初二，曾国藩前往各处拜访湖广同乡。当时湖南已是独立的省份，但明朝时还归湖广省管辖，因此他拜访的同乡不仅包括寓居京师的湖南籍官员，还包括湖北籍人。

与曾国藩关系颇近的还是"同年"，即同学，包括甲午乡试同年及戊戌会试同年两部分人。甲午年是道光十四年（1834），这一年曾国藩高中举人。戊戌是道光十八年（1838），这一年曾国藩正式跻身士林，成为曾门的第一个进士。这也是曾国藩走向政坛的关系基础。

对于师长辈，曾国藩在交往中贯穿一个"敬"字，比如对他的老师吴文镕，逢年过节，自然拜谢有加，吴赴江西巡抚任时，曾国藩早早起来，一直送到彰仪门外。祁寯藻，号春浦，当时颇得皇帝宠信，也属师长辈，曾国藩自然少不了与之往来。他知道祁喜爱字画，于是亲自到琉璃厂买了最好的宣纸，为祁写了一寸大的大字二百六十个，恭恭敬敬送上，祁高兴不已。

对于乡辈同僚，他在交往中贯穿一个"谨"字，即保持一定距离，不可过分亲近，但必须尽职尽责。比如他主持湖广会馆事务，每逢节令时日，他都想得很周到。

对于同年，他在交往中贯穿一个"亲"字。曾国藩说，同学情谊在所有亲情之外是最相亲谊的。这种感情不源于天然，但又胜过天然。因此，他主张对同年要有求必应，尽己力而为之。

三　改易品性的艰难历程

书生变蛟龙的理想，以及"志大人之学"的目标，使曾国藩的眼界更加开阔。他在与唐鉴、倭仁等理学家"肆力于宋学"期间，切肤感到：一切目标都必须靠踏踏实实、一步一个脚印的努力来实现。他开始重塑自己。早在改名字为"国藩"时，即作五句箴言以自砺，包括立志、居敬、主静、谨言、有恒。这可以称为曾国藩实现抱负的"内王"路径。他首先立志，要荷道以躬；要言行一致，以己身担道德。在人生过程中，不论遭遇任何艰难险阻，只要一息尚存，就勇往无前。途径是矢志有恒，铢积寸累。在向唐鉴和倭仁求教后，又自立课程十二条，督促自己：

一、敬。整齐严肃，无时不惧。无事时心在腔子里，应事时专一不杂。清明在躬，如日之升。

二、静坐。每日不拘何时，静坐四刻，体验来复之仁心，正位凝命，如鼎之镇。

三、早起。黎时即起，醒后勿沾恋。

四、读书不二。一书未完，不看他书，东翻西阅，徒务外为人。

五、读史。丙申购二十三史，嗣后每日圈点十叶，间断不孝。

六、谨言。刻刻留心，第一工夫。

七、养气。气藏丹田，无不可对人言之事。

八、保身。节劳、节欲、节饮食。时时当作养病。

九、日知所亡。每日读书记录心得语，有求深意是徇人。

十、月无亡所能。每月作诗文数首，以验积理之多寡，养气之盛否，不可一味沉着，最易溺心丧志。

十一、作字。饭后写字半时。凡笔墨应酬，当作自己功课。凡事不待明日，愈积愈难清。

十二、夜不出门。旷功疲神，切戒切戒。

"日课十二条"，可以说是曾国藩重塑自己的具体做法。然而，无论是立德、立言，还是立功，"不朽"的道路是异常艰难的。让我们透过曾国藩改易品性的"内敛"历程，走近他的内心世界。

曾国藩到京师的最初几年，因为只是翰林院检讨的小官，没有担当重责，因此人倒放松。

道光二十年（1840）四月，庶吉士散馆，他以第二等第十九名留在翰林院。按往常的惯例，散馆只有第一等的少数人才留在翰林院，其余的或到中央部院任职，或到地方从七品知县干起。这一年的一等十七人，二等二十六人，三等三人。曾国藩在三个等级共四十六人中排名第三十六，是很靠后的。但这一年只有二人到部院任职，三人到地方任知县，其余都留在翰林院，所以他的日记中说"可谓千载一遇"，还说"翰林衙门现已多至百四五十人，可谓极盛"。曾国藩的运气实在太好，否则按照惯例，无论如何也没有他的份。

中国传统的做官之道是重中央轻地方，虽然中央的俸禄远不如地方多，但可以结交朝中大臣，所谓朝中有人好做官。更重要的是，在中央为官，尤其是翰林院官，属于"天子近臣"，如果一个人的水平可以，很快就会脱颖而出，升迁的机会自然要多得多。做地方官则不然。按过去的体制，任地方官有冲、繁、疲、难的区分。"疲"，说白了就是穷地方，很难干出成绩。清朝有名的清官于成龙在边远的广西罗城为县令，连个办公的地方都没有，只好在破庙里理事。加之水土不服，随行的人死的死，逃的逃，于成龙很快便成了孤家寡人。于成龙真正出名也不是在广西，而是他后来做了江南总督。与曾国藩前后中进士的胡林翼更可以说明问题，他在贵州一干就是九年，后来发誓宁愿出外当幕僚起家，也不愿继续留在贵州效力。胡走出贵州时只是个道员，而曾国藩已是官居从二品的侍郎了。

曾国藩留在翰林院后，本要用功，但日日玩憩，不知不觉过了四十余天。此后的一段时间，除了给家里写信商议家眷来京之事外，余皆怠忽，因循过日，每天都是迎来送往，吃酒、读书、闲侃。所以他早期的日记每天都在"检讨"，但又会故技重演。显然这种品性，若不能自察自改，是无益于自己的目标，不能成就大事的。

按翰林院的官员标准，读书养望、切磋交往是本职工作，本无可厚非，但每天如此打发日子，终究养不成经世的韬略。道光二十二年（1842）十月的一天，曾国藩读了《易经·损卦》后，即出门拜客，在杜兰溪家吃了中饭，随即又到何子敬处祝贺生日，晚上在何宅听昆曲，到了初更时分才拖着疲倦的身躯回到家中。当天的日记又充满自责，说："明知尽可不去，而心一散漫，便有世俗周旋的意思，又有姑且随流的意思。总是立志不坚，不能斩断葛根，截然由义，故一引便放逸了。"日记中仍不忘"戒之"二字。但决心一下再下，行动依然如故。当月的二十四、二十五两天，京城刮起大风，曾国藩"无事出门，如此大风，不能安坐，何浮躁至是"！"写此册而不日日改过，则此册直盗名之具也。既不痛改旧习，则何必写此册！"曾国藩认识到往来征逐，就是浮躁，已成为他的一大病根了。他虽强迫自己静下来，坐下去，但读《易经》中的《旅卦》《巽卦》却一无所得，甚至"白文都不能背诵，不知心忙什么。丹黄几十页书，如勉强当差一样，是何为者？平生只为不静，断送了几十年光阴。立志自新以来，又已月余，尚浮躁如此耶？"他也分析为什么如此交游往来，无非是好名，希望别人说自己好。并说这个病根已经很深，只有减少往来，渐改征逐之习。

曾国藩除了往来吃请、征逐日月之外，还有一个"喜色"的毛病。他的早期日记里经常检点"房闼不敬"，并把它作为"三大戒"之一。本来一个青年才子，志得意满，起居生活不注意小节，也是人之常情。但除家庭生活外，曾国藩颇有"喜色"之意，对于一个有志成为理学家的他而言，就属非分之想了。

日记中记载这样几件事。

曾国藩与一帮文人朋友谈诗论赋之余，不免也常谈东家美媳西家婆娘之类所谓浑话。这对本不紧张的文人生活可能是一种调剂。道光二十二年（1842）十二月的一天，曾国藩的同年朋友陈源兖新纳一小姜，年方十几，人称貌若桃花。曾国藩得知后，艳羡不已，借故到其家，先聊点学问，随后称赞这位朋友艳福不浅。这还不算，曾国藩还非要一睹芳容，朋友心存不愿，但曾国藩"欲强之见"，无奈，朋友只好将新过门的姬姜呼出。曾国藩竟当面说了些挑逗的话，令人很难堪。当天的日记写道："狎亵大不敬。在岱云处，言太谐戏。车中有游思。"狎，是过分亲近而态度轻佻之意；亵，是轻慢、淫秽的意思。从曾国藩所记"大不敬"而言，似乎有出格的举动。

数日后，曾国藩听说在菜市口斩一位武臣，别人邀他一同看热闹，曾国藩欣然乐从。连杀人这样的事都去看，曾国藩觉得自己成不了理学家，"仁心丧尽"，走在路上很后悔，但当着众多朋友的面又不好回去，因此"徘徊良久，始归"。责备自己"旷日荒谬至此，尚得为人乎"？

曾国藩虽然没有看斩杀武臣，但回去后又怎么也静不下来。他又无聊地到了郭沛霖（雨三）的家中，当时雨三本来很忙，但曾国藩东拉西扯，非要谈谈"浑"。日记说："谈次，闻色而心艳羡，真禽兽矣。"从雨三处出来，已是很晚，曾国藩仍不愿回家，又到子贞家中，三更而归。日记说自己"无事夜行，心贪嬉游，尚说甚学"。嬉游、狎亵往往是出入歌馆妓院的用语，曾国藩的日记中有几次这样的记载，是否说他也不能免俗？从他的父亲给他写信，嘱咐他要"节欲、节劳、节饮食"来看，早年的曾国藩是否也有这方面的不检点之处？曾国藩的妻子当时同住京城，此外他没有姬妾，尽管他的日记中屡有"房闱不敬"、"晏起"之类的话，即是说他的生活无节制，但如果属于夫妻正常生活，何必烦老父千里之遥，殷殷致嘱呢？而且，"节欲、节劳、节饮食"正好说明曾国藩经常四出征逐、酒欢宴席已成一大习惯。

曾国藩的妻子欧阳氏身体不是很好，时常患病。一次曾国藩参加进士同学的团拜，所拜之家钟鸣鼎食、姬妾如云，曾国藩大开眼界，喜色之心油然而生，东张西望，颇失大雅。日记说："是日，目屡邪视，真不是人，耻心丧尽，更问其他？"当他回到家中后，惶然不适。加之妻子闹病，因此"入夜心情不畅，又厌闻呻吟声"。白天的佳丽美景与病榻上的呻吟之声反差如此之大，使曾国藩简直无法接受，乃出门到朋友处聊天，"更初归"。次日，妻子的病有所加重，曾国藩请吴竹如来诊视。由于周身为私欲所填塞，曾国藩的理学功夫大减，一听别人谈论理学，就感到格格不入，而用宴请吃酒之事打发时光，他倒很乐意。

汤鹏是他的好友，著有《浮邱子》一书，颇得曾国藩好评。道光二十三年（1843）二月的一天，曾国藩前往汤鹏家赴喜筵，席间见汤的两个姬人，曾国藩故技重施，"谐谑为虐，绝无闲检，放荡至此与禽兽何异"！曾国藩早期日记的类似记载不限于以上几例。这说明血气方刚、而立之年的曾国藩也有七情六欲，也是一个正常人，他对女性充满了爱，尽管这种爱是在性意识支配下的形而下之爱，但至少从一个侧面真实反映了曾国藩的情感世界。他后来能够成大功，就在于一改昔日所为，"截断根缘，誓与血战一番"。

曾国藩还按理学家的要求，对自己言多尖刻等弱点进行改造。

中国有祸从口出、多言必失的箴戒，但青年时代的曾国藩喜欢直来直去，常常与人争得面红耳赤，而且还有议论人短的毛病。他自己也深知言多尖刻，惹人厌烦，但就是难以改过。朋友间切磋学问时，曾国藩常常自持己见，强言争辩，只是要压倒他人，要取名誉。争强好胜，对于年轻人总是一般常情，但曾国藩自己承认，"好名之意，又自谓比他人高一层"，他还说这种心理已深入隐微，何时能拔此根株？

曾国藩语

一次，窦兰泉（埰）来切磋学问，曾国藩并未理解好友的意思，便词气甚厉，本来是一件增益学业的事，却适得其反，二人不欢而散。日记中说："彼此持论不合，反复辩诘，余内有矜气，自是特甚，反疑别人不虚心，何以明于责人而暗于责己也！"道光二十二年（1842）十一月初九这一天，曾国藩四次出外，先是到陈岱云家为其母拜寿，本是喜庆之事，曾国藩出言不慎，弄得别人十分尴尬，席散速归。随即又到何子贞（绍基）家。回家后读了一段《兑卦》，又到岱云家吃晚饭，"席前后气浮言多"，与汤鹏讨论诗文，"多夸诞语"。当天他的日记中说：凡往日游戏随和之处，不能遽立崖岸，惟当往还渐稀，相见必敬，渐改征逐之习；平日辩论夸诞之人，不能遽变聋哑，惟当谈论渐低卑，开口必诚，力去狂妄之习。此二习痼弊于吾心已深。前日云，除谨言静坐，无下手处，今忘之耶？以后戒多言如戒吃烟。如再妄语，明神殛之！并求不弃我者，时时以此相责。

曾国藩的多言和自以为是，有时伤害了朋友间的感情，他与欧阳晓岑间（兆熊）的矛盾即由此而起。他平日引晓岑为知己，但偶有不合，就大发脾气。对此，好友看在眼里，但知道曾国藩的性格，都不愿相劝。只有陈源兖敢于揭破。一天，岱云到曾家来，彼此谈了很久，曾国藩又口若悬河，讲了很多自己做不到而要求别人做到的话。岱云见曾国藩依然故我，只好将话揭破，点出曾国藩的三个毛病。其后，曾国藩在日记中写道："此三言者，皆药石也。"

几天后，曾国藩在家为父亲祝寿，小珊（郑敦谨）也前来，席间二人的言语碰撞，曾国藩的父亲看在眼里。客人走后，父亲与曾国藩谈起做人的道理，尤其讲了一大堆给人留分寸的话。曾国藩意识到问题的严重性，遂亲自往小珊家中表示歉意。当天的日记他总结自己有三大过：平日不信不敬，相恃太深，一也；比时一语不合，忿恨无礼，二也；龃龉之后，人之平易，我反悍然不近人情，三也。恶言不出于口，忿言不反于身，此之不知，遑问其他？谨记于此，以为切戒。

　　曾国藩检讨自己的同时，有意与朋友们疏远，认为不常在一起，反增加一分敬意。但还是没有效果。他又想到明代大儒吕新吾（吕坤）的一句名言：淡而无味，冷而可厌，亦不足取。这就是通常所说的"不合群"。左也不是，右也不是，曾国藩一时感到难于处人，只好听天由命，顺其自然了。吴竹如却不这样看，他开导曾国藩说：交情虽然有天性投缘与否，也由尽没尽人力所决定。如知人之哲，友朋之投契，君臣之遇合，本有定分，然亦可以积诚而致之。故曰："命也，有性焉，君子不谓命也。"

　　此后，曾国藩在处事待人方面日渐成熟，自以为是的毛病也大有改观。给人留面子这一点尤其成为他以后待人交友的一个重要原则。

　　这一阶段他还戒了烟。

　　吸烟有害健康是今天人人皆知的常识，但吸烟对人的精神有影响，就不是人人明了的。曾国藩通过自己的切身感受告诉人们这样一个道理：应酬过多，精神就难以集中，做起事来也会出差错。而吸烟对此有很大影响。他说：精神要常令有余，做起事来才能精气十足而不散漫。说话太多，吃烟太多，故致困乏。

　　意识到危害后，从道光二十二年（1842）十月起他发誓戒烟。但最初戒烟的日子很不好过。为了打发难熬的时光，他找朋友下棋、聊天。日记中写道："即宜守规敬事，乃闲谈荒功，又溺情于弈。归后数时，不一振刷，读书悠忽，自弃至矣。乃以初戒吃烟，如失乳彷徨，存一番自恕底意思。

此一恕，天下无可为之事矣。急宜猛省。"曾国藩把初次戒烟喻为婴儿断乳，形象地说明了他对吸烟的嗜爱及戒烟的痛苦。十月二十九日，他送走客人后，又是掌灯时分，由于不能静坐，只好出门，他解释说："自戒烟以来，心神彷徨，几若无主，遏欲之难，类如此矣！不挟破釜沉舟之势，讵有济哉！"进入十一月中旬，曾国藩戒烟已有一个月，并基本成功。但他仍要求自己"一日三省，慎之慎之"。梁启超曾以此评价曾国藩意志之坚卓，实不知曾国藩当年为此如婴儿失乳般痛苦难熬。

"三戒"之外，还有一戒，但曾国藩没有戒成，这就是戒围棋。中国古代士人有一种雅性，即琴、棋、书、画要无所不通。由于政治的高压、专制的严酷，知识分子需要解脱，缓解日甚一日的精神压力。用现代心理学讲，即是移引法。东晋的谢安面对前秦数十万大军的进攻，临危不惧，弈棋如故，被传为千古佳话。当然实际的情况远非如此，淝水之战胜利后，谢安忙向朝廷报喜，连鞋跟掉了都不知道。

曾国藩早年即有弈棋之好，同年好友聚在一起，往往先要弈棋几局，随后饮酒畅谈。但下棋须全神贯注，很耗心血，往往几局结束，身体不能自如。曾国藩意识到此，决心把弈棋也戒了，但几次戒也戒不成。有时观看别人下棋，大声攘臂，几欲自代，颇有点侯宝林大师相声中所说的味道。

在翰林院任职的几年，曾国藩工作之余也有自己的兴趣和爱好。他不时去庆和园、天和馆听戏，去琉璃厂逛街、购书买纸，正业之余也读点《绿野仙踪》《龙威秘书》之类的

"野书"。不过，下棋的嗜好，还是令曾国藩伤透了脑筋。照他自己的话说，即"溺情于弈"。曾国藩下棋始于何时，无从得知，但自入翰苑，经常为棋所困，京中同僚友人，如刘谷仁、何子敬、何子贞（绍基）、黄鹤汀（荷汀）、汤海秋（鹏）、毛寄云（鸿宾）、朱廉甫（琦）、徐石泉、郭雨三（沛霖）、邓云爻等，都是他的棋友，隔不了几天，总要对弈几局。

曾国藩师从唐鉴等人，致力于程朱理学后，每日求过改过、克己窒欲。烟也戒了，喜色也改掉了，弈棋当然也是要戒的。道光二十二年（1842）十一月二十二日的日记中写道："又围棋一局，此事不戒，何以为人?"暗下决心，戒棋! 但戒棋何其难也。欲戒不能，下完棋，免不了痛责自己几句。

至于后来，无论在军旅，还是在总督任内，围棋仍然是他日常生活的一部分，而且越下越凶，每日非一二局不可，直到去世。曾国藩作为一个有毅力的人，一向做事有恒，唯独围棋立了多少恶誓却是戒不掉，连曾国藩自己也弄不明白何至于此。实际上，下围棋能缓解极度紧张的精神状态，是一种良好的转移法。

曾国藩后来说，人的品性是可以改变的。既如水，导之向下，则无孔而不入;又如禾苗，加之阳光雨露，就会健康成长。曾国藩并非停留在表面的立誓上，而是下了大功夫去躬行实践的。这一番改易品性的历练对他日后良好的工作与生活习惯的养成，功劳当属不小。

噫嘻乎，傲奴！

安得好风吹汝朱门权要地，

看汝仓皇换骨生百媚！

大考升官后，曾国藩的境况稍好，但仍不富足。家里欠债要量力清还，诸弟捐监要他出钱，二男六女（其中一女夭折）要养育，历次升官要请客，还有一些人情来往，用度日繁，最后还是欠了一千两银子的债。所以，曾国藩在京师十几年总体而言过的是清苦的日子。相传曾国藩三十初度时，曾添置青缎马褂一件，非年节庆典不舍得穿一次，藏了三十年，衣新如初，说出来令人难以置信，但由此可知曾国藩是如何节俭的了。

曾国藩从民间走出来，深知百姓生活的艰难。他在翰林院期间，虽然不乏吃请应酬，偶尔也在自己的寓所摆上一桌，但总体上他感到"酒食较丰"并不是好事。一天，好友刘觉香从外省来到京城，对曾国藩大谈做外官景况之苦，曾国藩触动很大，当天的日记中写道：愈知我辈舍节俭，别无可以自立。若冀幸得一外官，以弥缝罅漏，缺瘠则无以自存，缺肥则不堪问矣，可不惧哉！这就是说，做地方官如果是瘠缺，连生活都困难，何以立志、发达？如果是肥缺，就会常在河边站，难免不湿鞋。如果立志不坚卓，极易成为贪官。这件事促使他更加珍惜自己的翰苑生涯。

曾国藩在京师的困窘，还有一事可以记述。曾国藩一生对其外祖父家都十分亲敬。道光十九年（1839）十月，曾国藩进京散馆前，去外祖父家看望舅父，并向舅父请训。当时，曾国藩的大舅已年过花甲，但仍"陶穴而居，种菜而云头齐拥剑门上，峰势欲随江水东。

楚客初来询物俗，蜀人从古足英雄。

卧龙跃马今安在，极目天边意未穷。

此次试差是曾国藩行程最远的一次。一路上，尽管他身体不佳，但仍踏访古迹，诗兴时发，至今仍留存了不少诗作。

十月十一日，曾国藩监试完毕回行到陕西境，此时残秋已逝，宝鸡山已有白雪堆积，但博大的渭水依然奔流不息。这一天曾国藩迎来了他的三十三岁生日。面对中华文明的摇篮，曾国藩情不自已，赋七律二首，其一是：

三十余龄似转车，吾生泛泛信天涯。

白云望远千山隔，黄叶催人两鬓华。

去日行藏同踏雪，迁儒事业类团沙。

名山坛席都无分，欲傍青门学种瓜。

他还在日记中写道：夜月如画，独立台上，看南山积雪与渭水寒流、雪月沙水，并皆皓白，真清绝也。琼楼玉宇，何以过此？恨不得李太白、苏长公来此一吐奇句耳！孤负，孤负！

十一月二十日，曾国藩历时近半年，回到了京师。这次试差他得到的例行规礼，大约有三千两。第二年春天，他用这笔钱偿还欠债，又拿出四百两赠送族戚。试差缓解了曾国藩拮据的境况，但总体而言，他的经济状况并不好。

曾国藩不贪货财，但对公务可谓尽心尽职，"不苟不懈"，同僚皆甚佩服。这种克己奉公、廉洁自律的精神，难能可贵，这也是他在京之日声誉日隆的原因之一。

五　理学之外的经世学问

《国朝中州名贤集》中有这样一段话：清朝自汉学盛行以来，程朱理学几乎绝续，自倭仁先生起来维护倡导，同时馆阁中如唐鉴、何桂珍、李棠阶、曾国藩，以先生为师友，相与辅翼斯道后，一时人才蔚起，正学昌明，遂成国朝中兴翊赞之功，何其盛也！

把程朱的复兴与清朝的"中兴"联系在一起是否恰当，此处不论，但有一点可以肯定：仅有程朱理学家是不能带来"中兴"的，只有完成从程朱到经世的转变，才能挽救日益沉沦的晚清大厦。这方面，曾国藩与倭仁可以做一简单的比较。

也许是曾国藩的出身与阅历，使他成不了纯正的理学家，而经世之学才是他真正关注的所在。从道光二十一年（1841）正月二十六日起，连续几个月，曾国藩认真阅读了《纲鉴易知录》。这部书是康熙时著名才子、《古文观止》的作者吴秉权编辑的通鉴体编年史书，全书提纲挈领，"胸藏史镜，而事若指掌"，又贯穿了对历史得失的论述。曾国藩打算"将古来政事、人物分类，随手抄记，实为有用"，可见他读此书的目的是认为有用。但尚未有头绪。这年七月，家人将《皇朝经世文编》请人自湘乡送来后，他又开始阅读这部由著名学者魏源等人编辑的"经世致用"之书。他认为"今日而言治术，则莫若综核名实；今日而言学术，则莫若取笃实践履之士"。他与友人交谈时说："所谓正心者，曰厚实。厚者恕也。实者，不说大话，不骛虚名，不行驾空之事，不谈过高之理，如此可以少正天下浮伪之习。"曾国藩不但以此自励，同时亦以此戒所属。后来，曾国藩还把《皇朝经世文编》定为士子必读之书。可以说，曾国藩治学虽强调以义理为本，但最后落脚点还是在经世致用上。他对姚鼐的《古文辞类纂》只以义理、考据、辞章立意颇不满足，认为除此之外应增加经济一项，四者缺一不可，而且前三者都要以经济为依归，可以说是他文章经世的表现。他说："为学之术有四：曰义理、曰考据、曰辞章、曰经济。义理者，在孔门为德行之科，今世目为宋学者也；考据者，在孔门为文学之科，今世目为汉学者也；辞章者，在孔门为言语之科，从古艺文及今世制义诗赋皆是也；经济者，在孔门为政事之科，前代典礼、政书，及当世掌故皆是也。"所谓"经济"，即是经世之学。关于经世的内容，曾国藩说："天下之大事宜考究者凡十四宗：曰官制、曰财用、曰盐政、曰漕务、曰钱法、曰冠礼、曰婚礼、曰丧礼、曰祭礼、曰兵制、曰兵法、曰刑律、曰地舆、曰河渠。"曾国藩究心时政，以经世为法，此间他认真阅读了清代典制总汇的《大清会典》，对后来的治政大有益处。他还将古今名臣大儒的言论分条编录，分为修身、治家、治国三门，共有三十二个纲目。他在阅读秦蕙田的《五礼通考》时，感到有所不足，于是"将近时奏议之切时务者，别为六卷"，包括盐课、海运、钱法、河堰等事。此是道光二十八年（1848）的事。可见，曾国藩究心时务，从理学走上了经世之路，才与倭仁等人分道扬镳。

倭仁与曾国藩同历嘉道咸同四朝，可以说完全是同时代的人。道光年间，他们同在京师为官，并同从唐鉴问学，是师友相交，是理学同人；同治时期，同居高位，一立于朝，一主于外，同为"中兴"贤辅名臣。但是，他们又是两种不同类型的代表，一为顽固保守的象征，一为洋务运动的首领。就此而言，两人又同道不同轨。倭仁一生集"首辅、师傅、翰林掌院、户部总理"于一身，但"皆第一清要之席"。曾国藩则不然，他亲身参加了

咸丰帝

晚清前半段的所有重大"救亡"活动，而且大多担当主角，所作所为多落到实处。显然，他把性理功夫与经世学问之间的距离拉得很近。

咸丰帝即位之初，曾就"用人行政"下诏求言，倭仁与曾国藩各上《应诏陈言疏》。倭仁所谈的是"君子小人之辨"，并提出"择天下贤俊，使得陪侍法从"之类建议，咸丰帝认为"名虽甚善，而实有难行"。曾国藩则就"用人一端"详加阐述，咸丰帝以为"剀切明辨，切中情事"。可见，两人在咸丰帝心目中留下的印象是不同的。还有一次，咸丰二年（1852），咸丰皇帝召见吴廷栋时，特地向他询问曾、倭两人，吴廷栋认为曾国藩"虽进言近激而心实无他"，倭仁"守道近迂而能知大体"。吴廷栋堪称两人的知交，一个

"激"字，一个"迁"字，刻画得如此传神，这不能不加深二人在咸丰帝心中的印象。

也是在这一年，何桂珍以性命担保举荐重用倭仁，投以艰巨之任，咸丰皇帝未从其请。再以后，户部侍郎王茂荫奏请让倭仁会同办理团练时，咸丰帝才明确谕饬，称"倭仁断无干济之才，况此事非伊所长"。不久即命倭仁入值上书房。后来，曾国藩也在私下里评论倭仁有"特立之操"，然"才薄识短"。显然，在当时许多人眼中，包括皇帝在内，倭仁只是有学养道德的"君子"，而曾国藩却是个"干济之才"。

表面观之，倭仁与曾国藩都信守程朱理学，但是，从儒家传统的"内圣外王"标准来衡量，倭仁偏于"内圣"修身，曾国藩重于"外王"经世。他们正代表了晚清理学发展的两个方向：理学修身派，强调个体道德修养；理学经世派，注重建功立业。而咸丰帝劝左宗棠不要再为科举功名自困，说建功立业比文章报国更重要，显然是把"立功"放在"立德"、"立言"之前的。这也是王朝出现衰落之时，急需有用的干济之才以转危为安的形势使然。好友刘蓉对曾国藩在京师发愤读书，一心想成为司马迁、班固一类人物也有批评，指出"当今之世须以事功显"。这对曾国藩后来出山有很大影响。曾国藩自己虽然有一段时间修炼理学的内圣功夫，甚至一度练过静坐等功法，但他从不以理学家自居。他的学问之杂糅，他的处事之无忌，等等，都说明他不是一个"纯儒"。他经常为理学的拘执所困扰，总想冲破这些，但又怕别人骂自己是"假道学"。这与倭仁形成鲜明对比。

说到底，曾国藩的经世，是更多地关注现实的一种务实精神，因此才能对具体的社会政治问题做出积极的回应。他说："前世所袭误者，可以自我更之；前世所未及者，可以自我创之。"这也是他能在中西文化交流后，吸收接纳，进而开展向西方学习的洋务运动的思想根源，而这又是倭仁所不及的。（参考李细珠《晚清保守思想的原型——倭仁研究》，社会科学文献出版社 2000 年版，第 197、201 页）

第四章　走向高官

一　三十七岁的高官

道光二十年，即 1840 年，是所有的华夏子孙都不能忘记的一个年份。这一年，西方列强用枪炮叩开了中国封闭的大门，清朝步入了沉沦的近代。这一年，也是曾国藩的而立之年。"弹指人间三十春"，岁月匆匆，怀抱济世之愿的他在这一年有了事业的新起点。

当年四月，曾国藩参加翰林院散馆考试，得二等第十九名。在所有四十六名与试者中排名第三十六位，照往常只有几个名额留在翰林院的惯例，是无论如何也轮不到他的，最大的可能是"外放"从知县做起。由于他赶上了"千载一遇"的机会，即本次散馆只有二人到各部任职，三人外放知县，因此尽管排名靠后，他还是留在翰林院，开始了为期十二年的京官生涯。自从七品的检讨做起，七年连升十二级，到道光二十七年（1847）成为二品大员，可谓春风得意，幸运之至。我们不妨按着曾国藩的家书、日记等提供的线索，勾勒出一幅他的"升官图"。

清代自嘉道以来，翰林最重书法，而"黑大光圆"的"殿阁体"最为人所重，考科名如果书法欠佳，文章写得再怎么好，也会被晒在一边，因此，进士参加殿试、朝考，以及翰林应考差，都要努力写"白折子"。当时科举考试的卷子，自各省乡试到礼部会试，都由主办机构依据规定格式印制，卷子上印有朱丝栏界画的红线直行，每行写多少字，抬头应该在何处，都有明确规定，但会试以后的殿试、朝考及翰林应考差的卷子，是白纸，没有格，故称"白折子"。这种白折子，可以自由发挥，能够显示书写者的书法水平。但白折子一页写几行，以及一行写几个字，仍不能越了规矩。曾国藩点了翰林后希望得到试差，要参加一连串的考试，写字的功夫自然必须练得过硬。翰林生活本来清苦，但得试差，就多少改观，学政一任三年，通常余有一万两以上银子，足够京中生活十年的柴米之资。乡试正副主考官，一次也能得到三四千两银子。因此，曾国藩练写白折子的功夫，就显得更实际了。据庄练《中国近代史上的关键人物》，曾国藩早年书法定型，即干柴一样挺硬的"曾体字"，因而练白折子更费工。道光二十年（1840）的一天，有人给曾国藩介绍一个跟班，曾国藩因为自己生活拮据，不肯收留，但跟班怎么也不走。当时在京中读书的老九曾国荃给老兄出主意说：打发他也容易，你只要把刚写好的白折子给他看，让他知道你是没有希望点差的，他就会走了。老弟的话可能道出了曾国藩当时白折子的功夫并非了得。

翰林院本来是一个读书养望的清闲衙门，因此在最初的一年半时间，曾国藩并无具体事情可做，仅去礼部磨勘和核对试卷两次，上朝、站班、宣讲各一次。道光二十一年（1841）十月，他由检讨派充国史馆协修官，级别没升，但总算有了具体的事情。而道光二十三年（1843）的大考翰詹，对曾国藩的前途可谓极为攸关。

大考翰詹在清代十分重要。翰即翰林院，詹即詹事府。翰詹得第，要不了几年，不是总督、巡抚，便是尚书、侍郎。反之，一旦大考失败，成为"穷翰林""黑翰林"，前途就渺茫了。故大考俗称"翰林出痘"，升黜所系，面对大考，众人无不诚惶诚恐。有诗云：金顶朝珠挂紫貂，群仙终日任逍遥。忽传大考魂皆落，告退神仙也不饶。

向来大考，一般六年一次，此次大考却距上次仅满四年，因此大出曾国藩意料。三月初六，曾国藩得知本月初十举行大考，他对此毫无准备，"闻之甚觉惊惶"，曾国藩不但久不作赋，而且写折子也很少，加之又闹眼病，担心自己"进场难完卷也"。

次日即到琉璃厂买来笔砚之类，下午开始写折二开半，夜里看赋。由于离考试只有三天，曾国藩不敢外出，准备后即早早睡下。

初八，他起得很早，写折六开，作论两篇，题《班超通西域论》《与人不求备论》。但他对自己的"论"不很满意，责怪自己"平日不用功，至此皇皇如弗及，所谓临渴而掘井者也。虽十驾而追，岂有及哉！"

初九，他又看了陈秋舫（沆）、吴伟卿两人所作的应对赋，感觉气势宏伟，古不乖时，心赏其能，而自叹不如。

三月初十，一百二十三人参加的大考在正大光明殿举行。这次大考的赋题是"如石投水赋"，论是"烹阿封即墨论"。监试为定郡王载铨，由于考场纪律严格，搜出怀挟卷子的赞善如山（字冠九，满洲镶蓝旗人），立即交刑部治罪，"可惨也"。由于曾国藩准备不充分，出考场后与别人对赋，"始悔有一大错"，这在旧时代是很大一件事，因为升迁的机会都在这里。现在，似乎一切都完了。他心中充满懊悔，与妻子欧阳夫人相对而坐，却无一语。"患得患失之心，憧憧靡已"，他强迫自己振作起来，但怎么也不能，一夜不成寐。"平日所谓知命者，至是何有，真可羞已。"这是考试次日曾国藩的真实写照。

十二日这一天，曾国藩如热锅上的蚂蚁，焦躁不安，"失得之念形于颜色"。但直到夜间，仍没有得到考试结果，"中心焦急，四处打探，行坐不安，丑极"。

曾国藩平生"不信书，信运气"，这一次，幸运又与他有缘。十四日得到消息，二等第一名的骄人成绩令他自己都难以置信。他说自己"以大错谬而忝列高等，抱愧殊极"。按照清朝的规定，二等第一名肯定会升迁。因此，络绎不绝的祝贺者让曾国藩着实有些兴奋，他屡次会客后，又兴致很高地理了发，准备第二天觐见天子。

道光皇帝，曾国藩并不是初次叩见，对这位生不逢时、后来因为守不住祖宗的江山死前留下遗嘱将自己开除爱新觉罗祖庙的皇帝，他充满钦敬之情。三月十四日，他蒙皇帝召见，以翰林院侍讲升用，成为从五品的官员，在仕途上向前迈了一大步。一条铺满金子的路实实在在地展示在他面前。

曾国藩这次的名次在他以往历次考试中是最靠前的，因为一等只有五人，二等五十五人，三等五十六人，四等七人，在一百二十三人中，他位次第六。一等第一、第二俱以编修升学士，第三以庶子升少詹，第四以中允升侍读，第五以编修升侍讲。二等第二以编修升侍读。

曾国藩"以大错谬而忝列高等"，是否别有原因？曾国藩的日记似乎透露出蛛丝马迹：皇帝召见，恭升侍讲后，穆彰阿当面向曾国藩索要大考诗赋。当月二十八日，曾国藩将此赋誊写清晰，亲自送到老师家中。穆彰阿作为曾国藩的老师，一向对他颇为关爱，在曾国藩升任侍讲后索要大考诗赋，是否在暗示曾国藩，这一切与老师有关，不得而知。

自此以后，曾国藩的早期日记中，很少看到飘摇不定的话语了。代之的是"再不努力，他日何面目见故人耶"之类鞭策的话。

曾国藩走出了自我。一个更广阔的舞台在向他招手。他喜不自胜，二十三日在给祖父的信中说："湖南以大考升官者，从前惟陈文肃公（名大受，乾隆朝宰相）一等第一，以编修升侍读，近来胡云阁先生（胡林翼之父胡达源）二等第四，以学士升少詹，并孙三人而已。孙名次不如陈文肃之高，而升官与之同，此皇上破格之恩也。"得意之形，溢于字间。

清代官员的官阶分为九品，每品之中，又有正、从之别，故称"九品十八级"。曾国藩初官翰林院检讨，为从七品，翰林院侍讲为从五品，三年之中连跃四级，官升得不可谓不快。

又据档案，曾国藩于道光二十三年（1843）六月二十三日奉充四川乡试正考官，七月二十五日大学士、四川总督宝兴接准部咨，即曾国藩升补翰林院侍讲员缺，转行知照。曾国藩在省城呈谢称其"楚省菲材，山乡下士，西清待漏，惭四术之多疏，东观校书，尤三长之有忝。本年三月初十廷试翰詹，猥以芜词，上邀藻鉴，列置优等，升授侍讲。沐殊宠之逾恒，俾迁阶以不次"。由宝兴代奏谢恩。

道光帝

道光二十五年（1845），是曾国藩官运亨通的一年。五月，他由翰林院侍讲升授詹事府右春坊右庶子；六月，转补左庶子。九月，道光帝御门（指清代皇帝在宫门听政。顺治时御太和门，康熙时改御乾清门。御门时凡王公大臣、大学士、内阁学士、各部院、九卿、科、道、侍卫、记注诸官皆侍班；凡奏事、题本、除授、引见皆在此举行），曾国藩再升翰林院侍讲学士，官至从四品，等同地方知府，进入中级官员行列。在京各官出缺，往往在御门之日简放、补缺。曾国藩此次升官，是御门时特擢，这不能不使他感到"天恩高厚，不知所报"。是年底，曾国藩补日讲起居注官，充文渊阁直阁事。

道光二十七年（1847）六月，曾国藩再"蒙皇上破格天恩"，升授内阁学士兼礼部侍郎。内阁学士为从二品，如兼侍郎衔，就是正二品，难怪曾国藩在禀祖父书中说："由从四品骤升二品，超越四级，迁擢不次。"这一年曾国藩只有三十七岁，"湖南三十七岁至二品者，本朝尚无一人"，可以说是打破了湖南二百年的"升官纪录"。道光二十九年（1849）正月，曾国藩升授礼部侍郎，此后遍兼兵、工、刑、吏各部侍郎。

曾国藩从 1840 年入仕为官，到 1847 年升授内阁学士兼礼部侍郎衔，八年间连跃六品十二级，这在当时是不多见的。对从山坳里走出来的农家子弟曾国藩来说，仕途如此顺遂，连他本人也感到意外，他在给友人陈源兖的信中不无坦白地说：

> 回思善化馆中，同车出入；万顺店内，徒步过从。疏野之性，肮脏之貌，不特仆不自意其速化至此，即知好三数人，亦未敢为此不近情之称许。

曾国藩官运亨通，原因有内在的，也有外在的。所谓内在的原因，即曾国藩本人学有专长，为士林所称许，而且对政务尽职尽责。如他升授礼部侍郎的次日，蒙道光帝召见，并受到嘉勉。"公勤于供职，署中办事无虚日"，每隔八日，到圆明园当班奏事，"有事加班，不待期日。在部司员，咸服其条理精密"。此后，他多次受道光帝召见，"每有奏对，恒称上意"。

曾国藩的诗作中留下多首夜值当班的篇章，如《夜值苦寒》：

　　　　旷荡青天如可对，折旋丹地敢辞劳。

　　　　频闻交战呵金马，蓦入灯庐炙冻毫。

五更风寒，值宿者冷得发颤，寒气已将胡须染成白霜，手中的毫笔已冻成一团。即使如此，他仍像战士守卫岗哨一样，不敢稍有差池。

《腊八日夜直》写道：

　　　　翻从官宿得闲时，仙掖深深昼掩帷。

　　　　静向古人书易入，寒偏今日酒堪持。

　　　　浓颙说献宫中佛，晴雪看分禁里墀。

　　　　日暮武英门外望，井阑冰合柳枯垂。

　　早在道光二十一年（1841）六月，他就接管驻京长郡会馆，后来又管理湖广会馆，他尽心尽责，提高了声望。他平时勤于学习，升任侍郎后立即投入工作，很快适应现职。道光二十九年（1849）四月，他写给父母的信中说：

　　　　现在衙门诸事，男俱已熟悉。各司官于男皆甚佩服，上下水乳交融，同寅亦极协和。男即便终身在礼部为国家办此照例之事，不苟不懈，尽就条理，亦所深愿也。

　　曾国藩在服官京师的十余年间，一次也没有告假省亲。这一年的十一月十五日，曾国藩得悉祖父病故，十分痛心。父亲理解儿子的孝思，特在信中再三嘱咐曾国藩得信后不可请假回籍。并说：祖父生前爱尔特甚，以尔受国厚恩，必能尽心报效。尔今日闻讣信，能体祖父此意，即所以孝祖父。三天后，父亲还是不放心，又写信给曾国藩：九月中旬接尔七月所发家信，满纸皆思亲之词。十月初四日，尔祖大人即弃养。大抵骨肉之情，隐相感通，家门将有大故，游子在外，其心先即不安，是亦预为忧思之兆也。十年宦游，思亲本人子之常情，然尔数年之内，顿跻卿贰，受恩亦太重矣。努力图报，即为至孝，何必作归家之想。

曾国藩与祖父的感情颇深。但他听从父亲的劝阻，仅请假两月，在京中寓所设灵位成服，以寄哀思。但十二月十一日，嘉庆帝的孝和皇后病逝，由于筹备祭典是礼部职任，曾国藩不等假满，即日赴宫中"入内供办"，但"署中他事，仍不与闻"。

道光三十年（1850）正月十四日，曾国藩还没到销假之期，道光帝也撒手而去。其后，曾国藩参加拟定大行皇帝、大行皇太后的一应祭典。可以说，曾国藩恪尽职守的作风，是其逐年升迁的重要内在原因。

就外在原因而言，主要是受到穆彰阿的赏识提携。

穆彰阿（1782－1856），字子朴，号鹤舫，别号云浆仙人，满洲镶蓝旗人。他的父亲广泰于嘉庆时官内阁学士。穆彰阿于嘉庆十年（1805）中进士，嘉庆一朝并未受到重用，由翰林累官刑部侍郎等职，道光元年（1821）起升内务府大臣、都察院左都御史、理藩院尚书、步军统领、兵部尚书、吏部尚书、文华殿大学士等，最受道光皇帝信任，任军机大臣达二十余年。

穆彰阿在鸦片战争之初，揣测道光帝赞成和议，遂将林则徐罢免，以琦善代之。穆彰阿也因此"为海内所丛诟"，但"终道光朝，恩眷不衰"。穆为官贪黩，后有人作诗云

"名徇权利，昔闻顺与彰"，把穆彰阿与肃顺视为招权纳贿的典型。穆彰阿"自嘉庆以来，典乡试三，典会试五，凡复试、殿试、朝考、教习庶吉士散馆考差，大考翰詹，无岁不与衡文之役"，利用衡文大权，培植亲信，以至于门生故吏遍布朝野，人称"穆党"。

从"知名之士多被援引"来看，穆彰阿善于笼络人。曾国藩属于"寒士"，他考中进士的戊戌科，穆彰阿是钦命大总裁，因而从师生之谊讲，曾国藩是穆的门生，这是没有疑义的。在曾国藩的日记中，两人交往的记述也比较多。穆位高权尊，曾托庇于他，是顺理成章的，而曾既有才，自然受穆的赏识。前面讲过的大考翰詹，穆彰阿为总考官，交卷后，穆彰阿便向曾国藩索取应试诗赋，曾国藩随即回住处誊清，亲自送往穆宅。这次拜访似乎成为曾国藩仕途的新起点。从此之后，几乎年年升迁，岁岁加衔，五年之内由从七品一跃而为二品大员，前后的变化是极为明显的。

一些稗史对曾国藩官运的这一转机作过生动的描述。说有一天，曾国藩忽然接到次日召见的谕旨，当晚便去穆彰阿家中暂歇。第二天到了皇宫某处，却发现并非往日等候召见的地方，结果白白等了半天，只好退回穆宅，准备次日再去。晚上，穆彰阿问曾国藩："汝见壁间所悬字幅否？"见曾国藩答不上来，穆怅然曰："机缘可惜。"因踌躇久之，则召干仆某谕之曰："汝亟以银四百两往贻某内监，嘱其将某处壁间字幅秉烛代录，此金为酬也。"明晨入觐，则皇帝所问皆壁间所悬历朝圣训也，曾国藩因此奏对称旨。道光帝谕穆曰："汝言曾某遇事留心。诚然。"从此以后，曾国藩便"缚缚向用矣"。可以想见，穆彰阿在曾国藩升迁过程中，起了重要的作用。

曾国藩与穆彰阿的关系较为亲近，还可以举出一个例证。曾国藩"大功"告成后，回到阔别十几年的京师，赴任直隶总督前，他专门到穆宅去看望穆彰阿的后人。昔日的车水马龙与今天的门可罗雀让曾国藩感慨不已。

但如果把曾国藩列入"穆党"似乎也不妥当。从他的日记等看，曾国藩对道光朝的政风日下、官场腐败是深恶痛绝的。他对鸦片战争清廷的措置也有不同的看法。而且，在处理琦善等案件时，他不但没有丝毫顾惜情面，还力主从严惩处。

更能说明问题的是，咸丰帝即位十个月后将穆彰阿罢黜，并朱笔发布《罪穆彰阿耆英诏》，历数穆的"罪行"，包括"保位贪荣，妨贤病国。小忠小信，阴柔以售其奸；伪学伪才，揣摩以逢主意"。曾国藩并未受到直接牵连，但咸丰一朝他几乎不被重用，又给人留下想象空间。这道朱谕最后的几句话很值得玩味：

> 办理此事，朕熟思审处，计之久矣。实不得已之苦衷，尔诸臣其共谅之。嗣后京外大小文武各官，务当激发天良，公忠体国，俾平素因循取巧之积习，一旦悚然改悔。毋畏难，毋苟安。凡有益于国计民生诸大端者，直陈勿隐，毋得仍顾师生之谊，援引之恩。守正不阿，靖恭尔位，朕实有厚望焉。布告中外，咸知朕意。

这似乎是说，穆彰阿所谓"行私"等事，是以"师生之谊、援引之恩"而大行其道的。这是既具体但又概括的论罪，与其说是一种"罪行"，不如说是一种风气。咸丰帝不得已之苦衷恐怕还是一朝天子一朝臣的官场理念在指挥着他。咸丰帝的长篇朱谕近千言，但无法坐实穆彰阿，后者仅受到革职、永不叙用的惩罚。这给人留下很大的想象空间。咸丰六年（1856），穆彰阿去世。

曾国藩出身寒微，无论是他十二载京师为官，还是他后来"大红大紫"，可以说，他都没有与掌握实权的满族亲贵打得火热。他的仕宦生涯可以找出"倚人而起"的蛛丝马迹，但又无从考究。他的早年经历，他的志趣抱负，甚至他的风骨品格，都使他与满族亲贵们保持相当的距离。穆彰阿倒台，曾国藩未受直接牵连；咸、同之交肃顺等八大臣或骈首西市，或革职发配，年轻的慈禧掌握清廷大政后，彻查"肃党"，朝野多与肃顺有来往，而独无曾国藩的来往信函，以至于慈禧称曾国藩为"忠臣"。

援引寒士，推崇汉贤，在满族权贵中是一个久远的传统。而无论是在朝纲独揽的康乾时代，还是太阿虽未下移但已开始下移的嘉道时期，官僚们没有其他的选择，他们只要想升迁，就只能匍匐在手握大权者的脚下。不管这个掌权者是和珅，还是穆彰阿。封建官场的这条铁的法则尽管不能也不可以拿到桌面上来，但它又实实在在地存在，并且制约着大大小小所有呼喊"万岁"的臣僚。

回过头来看曾国藩，不能否认他与穆彰阿之间的关系，但不能夸大这种关系，更不能据此说曾国藩的升迁后者起了决定作用。历史现象十分复杂，留给我们的只是冰山一角，而真相往往又在冰山之下，欲究其实，难矣。

与曾国藩"升官"有密切关系，还需要补充的是，他还多次主持各种大小不等的考试，为帝国选拔人才的同时，也收了不少有名的生徒。其中，道光二十三年（1843）钦命派充四川乡试正考官最为重要，当时他中进士刚五年，品级不高，年仅三十三岁。二十七年，又充武会试正总裁。道光二十九年，曾国藩年仅三十九岁，升授礼部右侍郎，由虚职转为有职有权的部级领导，仅属员就有一百多人。同年八月，兼署兵部右侍郎。此间，他还曾充顺天武乡试较射大臣等。

官职的升迁，意味着责任的加重。在京为官的十二载，他时刻关注着国家的事情，特别是进入咸丰时代。

二　关注巨变，厌恶官场

西方学者有一种颇为流行的观点认为，中国面对西方用坚船利炮打开封闭的大门，提出并认识到这是"三千年未有之变局"而发奋追赶，大约用了二十年时间，错过了最佳的时机，而日本只用了几年时间。由于"中国没有形成一种全国规模的紧迫感，直到更强烈的震动使之大吃一惊时才有所改变。最后结果是，中国在为现代化防务的奋斗中，基本上'丧失'了鸦片战争以后的二十年时间"。（费正清编《剑桥中国晚清史》下卷，中国社会科学出版社 2006 年，

第 181 页）

曾国藩也是较早认识这个巨大"变局"的人之一。

正当曾国藩立志成为圣贤，发愤成为理学家的时候，内忧外患纷至沓来，清王朝正经历一场前所未有的统治危机。曾国藩从社会下层走出来，对民间疾苦有切身感受。急剧变化的时代把他推向了另一个轨道。

鸦片战争的爆发，暴露了清王朝的老大腐朽，城下之盟进而促使许多有识之士重新考虑大清王朝的前途与命运。对于这场战争的进展及结果，曾国藩给予了足够的关注，不厌其烦地将他得悉的情况告知家人。

道光二十一年（1841）六月初七，在写给祖父的信中，特将"广东事抄报一纸"。

九月十五日与父母书中，告知"英夷在浙江滋扰日甚"。

十月十九日告知家人，九月十七日清兵大胜，在福建、台湾生擒夷人一百三十三名，斩首三十二名，大快人心。

随着清军在前方的失利，曾国藩的家书充满激愤、不满，而更多的是一种担忧和思考。担忧表现了对王朝的一种责任，思考则促使他更理性地认识问题所在。

二十二年（1842）四月二十七日在写给祖父的信中说："英夷去年攻占浙江宁波及定海、镇海两县，今年退出宁波，攻占乍浦，极可痛恨。京城人心安静如无事时，想不日可殄灭也。"

六月初十去信说：逆夷海氛甚恶，现在江苏滋扰，宝山失守。官兵退缩不前，反在民间骚扰，不知何日方可荡平。天津防堵甚严，或可无虑。

八月十二日告知父母，逆夷在江南，半月内无甚消息，大约和议已成。

《南京条约》签订后，他在写给祖父的信中说：自英夷滋扰，已历二年，将不知兵，兵不用命，于国威不无少损。然此次议抚，实出于不得已，但使夷人从此永不犯边，四海晏然安堵，则以大事小，乐天之道，孰不以为上策哉！……

第一次与西方的坚船利炮短兵相接，中国人的确近乎麻木，曾国藩也以天朝上国的"以大事小"来解释他们不愿看到的结局。但当曾国藩与湖南善化人、著名经世派代表人物贺长龄接触后，便认识到内忧外患并非短期能解决。当贺长龄去信指明曾国藩身上之"不诚"后，曾国藩大为信服，并剖析了"仕途积习"最尚虚文，他说：

> 积弊所在，蹈之而不怪，知之而不言，彼此涂饰，聊以自保，泄泄成风，阿同骇异。故每私发狂议，谓今日而言治术，则莫若综核名实；今日而言学术，则莫若取笃实践履之士，物穷则变，救浮华者莫如质。积顽之后，振之以猛，意在斯乎？方今时事孔棘，追究厉阶之生，何尝不归咎于发难者。彼岂实见天下之大计，当痛惩而廓清之哉！岂预知今日之变，实能自我收之哉？

官场的沉闷压抑着每个个体的生机和创造力，他只有等待，"其有所进，幸也；无所进，终吾身而已矣"。在《答黄廷瓒》的信中，他再次阐明官场之劣习，只能以"耐"字应之：

　　大抵挥霍者蒙卓声，谨守者沉散秩，生辣者鹊起，和厚者蠖伏，标榜者互相援引，务实者独守岑寂。弟有一言，奉吾兄于数年之内行之者，其曰"耐"字。不为大府所器重，则耐冷为要。薪米或时迫窘，则耐苦为要。听鼓不胜其烦，酬应不胜其扰，则耐劳为要。与我辈者，或以声气得利；在我后者，或以干请得荣，则耐闲为要。安分竭力，泊然如一无所求者，不过二年，则必为上官僚友所钦属矣。

　　在对官场积习的洞悉中，曾国藩感到很厌倦，甚至一度有"归隐"之想。当他看到许多有才华的人久沉下位时，发出"长安居，大不易，虽贤者无如何也"的慨叹。在写给陈源兖的信中，说自己"时时有归家奉养之志"。咸丰元年（1851）在写给欧阳兆熊的信中说自己近年来因"官牵私系，遂成废物，本欲移疾归去，不复尸素此间，重乖高堂之望，又谯责稍多，贾竖未能赏我，以是濡滞。计期岁以内，终当蝉蜕不顾，从子于万山中耳"。在《复江忠源》信中也说："计期岁内外，亦且移疾归去，闭关养疴，娱奉双亲。自审精神魄力，诚不足任天下之重，无为久虱此间，赧然人上也。"这种不满甚至厌倦，是对自己的才能不得施展、抱负不能实现的宣泄。此时的曾国藩，内心颇为矛盾，他不甘于与官场共沉浮，成为"废物"，他的理想是"任天下之重"。他像诸葛亮需要借东风一样，需要的何尝不是一个"耐"字！

三　高位不失书生本色

中国传统社会，改朝换代往往是革新政治的最好时机。而新君即位，也是洗涤旧弊的一次契机，压抑已久的曾国藩终于有了一展抱负的机会了。一般而言，人总是随环境变化而改变，调整自己的行为。而官宦之人，随着位高权重，保守既得利益的倾向越发加重。胡林翼曾说："人一入宦途，全不能自己作主。"康熙皇帝有一句名言，说穿了士大夫的本质："士子负笈（指书籍）而行时，以天下为易；跌蹶经营，一入高位，反成尸位。"曾国藩却是权位越高，责任感越强，越敢于负责的人。

道光二十七年（1847）六月，曾国藩升授内阁学士兼礼部侍郎衔，这是他跻身高官的开始。时年三十七岁，可谓官运亨通。他高兴之余，感到一种更重的责任，在写给弟弟的信中说：自己骤升高位，担心无补于国计民生。

道光三十年（1850）正月，道光帝病故。这位在鸦片战争中失败的皇帝临终前立下遗嘱说，自己无德无能，有损祖宗脸面，因此决定死后灵位不进太庙，也不用郊配，不让臣民祭奠他。这当然是对自己最严重的惩罚了。由于遗嘱用的是"朱谕"，属于亲笔书写，这就不得不令他的继承人重视起来。因此，咸丰帝即位后立即让臣下讨论。

曾国藩当时是礼部侍郎，责无旁贷要拿出意见来。在他上奏前，朝廷大臣已进行了集体讨论，都认为"大行皇帝功德懿铄，郊配既断不可易，庙祔尤在所必行"。按说有了大臣集议，曾国藩顺水推舟是再合适不过了。但他经过十余天的思考，却提出了不同意见。正月二十八日他上疏说：诸臣集议乃是"天下之公论也，臣国藩亦欲随从众议，退而细思，大行皇帝谆谆告诫，必有精意存乎其中"。他明确提出，进太庙应是确定无疑的，但无庸郊配一项，则不敢从者有二，不敢违者有三焉。

在阐述"不敢违者"之一时，曾国藩指出：庙坛的规模尺寸是有一定的，增之不能，改之不可。现在大行皇帝以身作则，不予郊配，是"久远之图"。经此次朱谕之严切，盈廷之集议，尚不肯裁决遵行，则后之人，又孰肯冒天下之不韪乎？将来必至修改基址，轻变旧章。此其不敢违者一也。

第二条理由是古来祀典，兴废不常。大行皇帝以身作则禁后世，越严格越表明他对列祖列宗的尊仰。大行皇帝以圣人制礼自居，臣下的浅短见识怎么能考虑得长远呢！

第三条是"我朝以孝治天下，而遗命在所尤重"。曾国藩举出两个显见的例证，一是孝庄文皇后病逝时留下遗嘱：愿安葬在遵化州孝陵近地。当时所有大臣都认为遵化离太宗昭陵相去一千余里，不合祔葬之例。因为孝庄是太宗之妃（即庄妃），理应与太宗葬在一起，即迁到盛京（今沈阳）昭陵去安葬。孝庄的遗命给一生敬仰她的康熙帝出了个大难题。康熙不敢违遗命，又不敢违成例，因此在孝陵旁建暂安奉殿，三十余年未敢安葬地宫，直到雍正即位后才完成这一典礼。第二个例子是乾隆皇帝。乾隆帝把大清朝推向全盛，他的功绩大业死后是完全可以称"祖"的。但乾隆帝临终前留下遗命："庙号无庸称祖。"嘉庆帝只好遵从，故庙号高宗，并将此载入《大清会典》，"先后同揆矣"。在举出以上两个例证后，曾国藩说：此次大行皇帝遗命，惟第一条森严可畏，若不遵行，则与我朝家法不符，且朱谕反复申明，无非自处于卑屈，而处列祖于崇高，此乃大孝大让，亘古未有之盛德。"与其以尊崇之微忱属之臣子，孰若以莫大之盛德归之君父，此其不敢违者三也。"

曾国藩的奏疏很有说服力，但这是需要相当勇气的。因为已死的道光帝本人很可能是做做样子，并不是真心要如此，更何况他的继承人也不会听任自己的父亲自贬自损，想抬高还来不及呢！再者，大臣们已有明确的"公议"，曾国藩如此"不识时务"，是要冒很大风险的。因此疏的末尾用"不胜惶悚战栗之至"这样的话，也是坦露心情。咸丰帝的御批虽有肯定之词，心中却不满意。但曾国藩认定这是天下之理，所以奏疏一个接一个上，批评也逐渐升级，最后连刚即位的皇帝也有"三大缺失"了。

咸丰帝即位之初，颇为振作。道光三十年（1850）二月初八，他发布上谕，令九卿科道凡有言事之责者，就国家用人、行政一切事宜，皆得据实直陈，封章密奏。曾国藩时为二品的侍郎，立即将久蓄心中的治国大计倾吐出来，乃于三月初二上《应诏陈言疏》，对于清朝开国至咸丰之初的人才问题，提出了中肯的批评。他认为人才"有转移之道，有培养之方，有考察之法，三者不可废一"。在"转移之道"中他提出，大清朝的几代皇帝都能根据时势的变化而调整人才政策，希望达到宽猛适中，但也有矫枉过正的弊病。如大行皇帝实行"镇静"的政策，使人才循规蹈矩，无有敢才智自雄、锋芒自逞者。故守成者多，而有贡献有作为的渐少。

"大率以畏葸为慎，以柔靡为恭。"他提出官场四大通病：

> 京官之办事通病有二，曰退缩，曰琐屑。外官之办事通病有二，曰敷衍，曰颟顸。退缩者，同官互推，不肯任怨，动辄请旨，不肯任咎是也。琐屑者，利析锱铢，不顾大体，察及秋毫，不见舆薪是也。敷衍者，装头盖面，但计目前剜肉补疮，不问明日是也。颟顸者，外面完全，而中已溃烂，章奏粉饰，而语无归宿是也。有此四者，习俗相沿，但求苟安无过，不求振作有为，将来一有艰巨，国家必有乏才之患。

他提出，让天下英才辈出，又使之不出范围之中，即不做非分之事，必须倡导学习之风。而且，这种学风要落到实处。那么，"十年以后，人才必大有起色。一人典学于宫中，群英鼓舞于天下，其几在此，其效在彼，康熙年间之往事，昭昭可观也。以今日之萎靡因循，而期之以振作；又虑他日更张偾事，而泽之以《诗》《书》"。

在"培养之方"中他提出：内阁、六部、翰林院是人才荟萃之地，将来内而卿相，外而督抚，大约不出此八衙门。此八衙门者，人才数千，皇上不能一一周知。培养之权，不得不责成于堂官。培养的办法大致有四个，即教诲、甄别、保举、超擢。堂官之于司员，一言嘉奖，则感而图功；片语责惩，则畏而改过。这就是教诲的功效。榛棘不除，则兰蕙减色；害马不去，则骐骥短气。这就是甄别的功效。人才好比禾稼，堂官之教诲，犹种植耘籽也；甄别则去其稂莠也；保举则犹灌溉也；皇上超擢，譬之甘雨时降，苗勃然兴也；

堂官常到署，譬之农夫日日田间，乃能熟悉稼事也。

在"考察之法"中他指出：近十余年间，九卿无一人陈时政之得失，司道无一折言地方之利病，相率缄默。今皇上御极之初，又特诏求言，此诚太平之象。愿皇上坚持圣意，借奏折为考核人才之具，永不生厌烦之心。

曾国藩最后指出，以上"三者相需为用，并行不悖"才能收到效果。

曾国藩上这份奏疏时，已在京师为官十年之久，由从七品官晋升至二品大臣，对于官场风气可以说是每日触及，因此他才能够提出发人深思的问题来。他后来多次说，三四十年来不黑不白的官场，已让英豪短气。这确实是个悲哀的时代。

清朝的政治风气，在嘉庆、道光以后日见泄沓萎靡，人才亦日见寥落。这与皇帝的好尚及执政者之逢迎谄谀，都有密切的关系。《瞑庵杂识》中曾有一条说：曹振镛晚年恩遇益隆，声名俱泰，做了很长时间的大学士却平安如初。他的一个门生请教做官诀窍，曹答曰："无他，但多磕头，少说话耳。"当时流传颇广的《一翦梅》形容官场积习十分形象：

> 仕途钻刺要精工，京信常通，炭敬常丰。
> 莫谈时事逞英雄，一味圆融，一味谦恭。
> 大臣经济在从容，莫显奇功，莫说精忠。
> 万般人事要朦胧，驳也无庸，议也无庸。
> 八方无事岁年丰，国运方隆，官运方通。
> 大家赞襄要和衷，好也弥缝，歹也弥缝。
> 无灾无难到三公，妻受荣封，子荫郎中。

> 流芳身后更无穷，不谥文忠，也谥文恭。

曹振镛死后谥号"文正"，是道光朝深得皇帝信任的宰相。上梁不正下梁歪。在君主国家中，皇帝的行为在很大程度上影响甚至决定着官员的风气。道光帝经过鸦片战争的打击后，几乎一蹶不振，"恶闻洋务及灾荒盗贼事"，身边的军机大臣也只好报喜不报忧，当时京师有一副联云：

> 著、著、著，祖宗洪福臣之乐；
> 是、是、是，皇上天恩臣无事。

在这一世风下，曾国藩基于十多年京官的经历，以及对官场习俗的厌恨，更希望改变现状，因而能反其道而行之，众相柔靡之时，他却敢迎风独立，挺身而出，对提高他的政治声望以及艰难时身担大任创造了条件。

曾国藩的可贵不仅在于他的"敢"字，更重要的是他提出了具体可行的办法，有事实，有说理，足以反映他对清朝官僚体制的弊病研究得十分透彻。他从民间走出来，把八大衙门的正副长官（即堂官）比喻为农夫，把皇帝比喻为太阳，而把中下级官员喻为禾苗，既形象生动又十分贴切自然。他的思考，他的积累，形成了他对当时人才问题的系统认识。而这些也成为指导他日后治军打仗、磨砺人才的思想基础。

曾国藩上奏时，左副都御史文瑞、大理寺卿倭仁、通政使罗惇衍等也各上奏疏，陈述政事。咸丰帝还将通政副使王庆云、鸿胪寺少卿刘良驹及科道官上的奏折，交有关部门议行。咸丰帝收到曾国藩奏折的时候，也奖许一番，称其"奏陈用人之策，朕详加披览，剀切明辨，切中情事，深堪嘉纳"，"折内所请保举人才、广收直言，迭经降旨宣示"，对折中"日讲"的建议，命礼部等衙门讨论切实办法。

据档案，当年四月初五日，曾国藩参照《大清会典》等书，将他拟定的"日讲十四条"，并绘图上奏。咸丰帝令礼部议奏。礼部于道光三十年（1850）四月十五日奏称：日讲已经近百年不行，因日讲人多、位微，有借端立说者，今人学问不能胜于当年，今人之干进不必逊于往日，因此以"毋庸议"回复。在礼部说明中，特别强调此是礼部主稿，而右侍郎曾国藩是原奏之人，所以未经列衔。曾国藩实际碰了个钉子。

随后，在荐举人才时，他举荐李棠阶、吴廷栋、王庆云、严正基、江忠源五人可当重任。

传统中国每当王朝更迭时，往往有政策的大调整。而一个王朝老皇帝崩逝、新皇帝即位之初，也有一番政策小调整。这就是说，在专制的统治下，由于皇帝的最高权威性，因此即使他在位期间有什么不适宜的政策，往往也难以纠正，只好等待新旧交替时调整。这也是没有办法的事。尤其是到了帝国的晚期，自我调整的机制已很老化。明朝的嘉靖皇帝十几年不上朝，整日在宫中炼丹铅，与道士、宫女混在一起。朝臣上的奏疏大多连看都不看，就"留中"了，也就是不交有关部门讨论执行。这位统治了四十余年的皇帝，给明朝带来了中衰。他的晚年，终于有一位当时及后世都闻名的大臣上了一道疏，大骂皇帝一通，其中有一句说："天下人不直陛下久矣!"意思是说天下人早就认为您不应当做皇帝了。这个人就是海瑞。嘉靖皇帝看到这句,气得浑身发抖,把奏疏摔在地上。不久,这位皇帝倒真的想辞去皇帝,当太上皇,并举海瑞上疏为证。但这种事情是根本不可能的。所以,一切只好等待新君即位。

咸丰的即位还是唤起了大臣们新的希冀,至少,曾国藩抱着很高的热忱。新旧君主更代时,是礼部最繁忙的时候,因为对大行皇帝的盖棺论定要礼部拿出意见,一切丧仪也要做得有章有法,而新君即位大典等等,也是礼部不可少的事。由于曾国藩"职务繁剧,不遑兼顾家事",因此写信请他的四弟曾国潢到京帮助料理。三月十五日,曾国潢到达京都,兄弟二人相见极欢,曾国藩把所有的家务交给四弟经理,他自己则全身心投入公务中。

四 署理部务,每日"自课八事"

曾国藩以内阁学士兼礼部侍郎衔后,又兼署兵部、工部、刑部、吏部侍郎。曾国藩的"部务"官虽属于兼署,但可以说他是一个称职的堂官。他没有因为"署理",就得过且过,放任自己。相反,他利用每一个机会,锻炼自己的政务才能。据曾国藩年谱记载,"公每绾官部务,悉取则例博综详考,准以事理之宜。事至剖断无滞。其在工部,尤究心方舆之学,左图右书,钩校不倦,于山川险要、河漕水利诸大政,详求折中"。

《则例》是一种由皇帝钦定的各部办事规章，曾国藩做事有条理，于此也可以体现。此段时间由于职任日益重要，曾国藩有意培养自己处理政事的能力。从咸丰元年（1851）起，中断了数年之久的日记也恢复写作了，并按好友刘传莹所题，名为"绵绵穆穆之室日记"。每天的工作安排也渐有条理，这就是"每日自课以八事：读书、静坐、属文、作字、办公、课子、对客、复信。触事有见，则别识于其眉"。这是典型的学者型官僚的作风。曾国藩一生手不释书，是学而仕、仕而不废学的佼佼者。他的许多见识可以说得益于这种持之以恒、坚持数十年的工作不废学的方法。

在中央六部中，户、刑两部号称繁要，被称为"大部"。尤其是刑部关系命案，曾国藩"值班奏事，入署办公，盖无虚日"。即使在紧张的工作之余，他仍"手不释卷"，对于经世之务及历朝掌故更十分留意，按类别分别记录，凡十有八门。

在养成良好工作作风的同时，曾国藩遇事敢当，不推卸责任。他在审理琦善案时就表现了这种风格。琦善（1786—1854），字静庵，是满洲正黄旗人，深得道光帝宠信，又受大学士穆彰阿倚重，因此久膺疆寄，官运亨通。琦善"性气高傲，不欲下人，才具素长，睥睨一切"，遇事接物，多用权术。在第一次鸦片战争中，他抗旨求和，以罪拟绞监候，家产全部查抄入官。《南京条约》签订后，被重新起用。道光二十九年（1849）调任陕甘总督，次年兼署青海办事大臣。琦善办理雍沙"番族"一案屡被蒙古郡王参劾，咸丰帝降旨令满洲都统萨迎阿查办。萨迎阿经过调查后向清廷奏称：琦善对雍沙"番族"刑求逼供，杀毙多名。咸丰帝得奏后认为琦善妄加诛戮，实属大负委任，命革职，交刑部审讯。其职务由都统萨迎阿暂署。

咸丰元年（1851）闰八月，琦善回至京师，由刑部审理他在任妄杀案。由于此案重大，咸丰帝钦派军机大臣与三法司会审。三法司是刑部、都察院、大理寺的统称，刑部掌审判，都察院掌监察，大理寺掌审核。琦善自写供折千余言，称自己被萨迎阿陷害。会审人员中，大多数畏惧琦善，因而只寻微琐细事令琦善回答，实际是为他开脱罪责。还有人认为萨迎阿原奏不当。当时萨迎阿还没有回到京城，琦善以为无人对质，更加有恃无恐。这时，军机章京邵懿辰将琦善供词中的十九事逐一驳斥，审案诸公为大事化小，乃提议传萨迎阿所随带查办之司员四人，赴法堂与琦善对讯，甚至有议反坐者，这时，兼署刑部侍郎的曾国藩说："琦善虽位至将相，然既奉旨查办，则研鞫乃其职分；司员职位虽卑，无有传入廷尉与犯官对质之理。若因此得罚，将来大员有罪，谁敢过问者？且谕旨但令会审琦善，未闻讯及司员，必欲传讯，当奏请奉旨然后可。"由于曾国藩的力争，甚至词气抗厉，四座为之悚动，传司员对质之事才搁置下来。咸丰二年（1852）四月，琦善被革职后发往吉林效力赎罪。其他有关人员，如已革甘肃布政使张集馨、已革西宁道文桂等十余人，也被发往军台效力赎罪。这与曾国藩的刚正不阿不无关系。此案中的琦善，倚仗穆彰阿，而曾国藩是穆的门生，在审理此案中，曾国藩既显示了他熟谙朝章国故的才能，又有秉公执法的美誉。此时的清朝，赏罚不公已成恶习。曾国藩认为这也是吏治日下的缘由所在。尤其是朝臣间盘根错节，往往牵一发而动全身。因此，只有从严整饬吏治，才能扭转官场积习。在随后的上疏中，曾国藩就坚持这种意见。

就在曾国藩上书用人三策时，太平军在广西揭竿而起，并屡败清军。清廷派大学士赛尚阿南下督师。曾国藩的好友、军机章京邵懿辰认为赛素不知兵，且以朝廷重臣督师，万一失利，将大失朝廷威严，因此上书称七不可，但清廷并没有采纳邵懿辰的意见。后赛尚阿果然一败涂地。

清廷屡派朝廷重臣督师作战，而这些重臣几乎全部失败。这并不仅仅因为将帅不用命，甚至也不是调度无方所致，主要是清廷的军事体制造成的。

咸丰元年（1851）三月，曾国藩上《议汰兵疏》，提出"天下之大患，盖有二端：一曰国用不足，一曰兵伍不精"的看法。

曾国藩所提出的问题，也是每个王朝处于衰落时期所遇到的共同问题：兵虽多而不用命，而且耗尽天下财富，使国用不足。两个问题因果相循，几乎难以解决。宋代、明代都是如此。

清朝的军队主要有八旗、绿营两种，被称为国家的"经制兵"，即正规军。但到咸丰初期，清朝已走过了二百多年，兵伍的问题已十分突出。曾国藩痛心地说：有的省份，兵卒以械斗为常，有的省份，兵卒以勾结盗匪为业。其他吸食鸦片，聚开赌场，各省皆然。大抵无事则游手恣睢，有事则雇无赖之人代充，见贼则望风奔溃，贼去则杀民以邀功。

对于财用不足，曾国藩说，自道光时即已捉襟见肘。道光帝每当与臣下论及开捐纳时，"未尝不咨嗟太息，憾宦途之滥杂，悔取财之非计也"。到了现在，情况更加严峻，"以天下之大，而无三年之蓄，汲汲乎惟朝夕之图"，这是何等的危险！

曾国藩说：现在财用日困，而兵不用命，二者相互影响，而乾隆四十七年（1782）增兵之事是一大关键。当时绿营兵名为六十四万，但因有"空名坐粮"六七万，即将六七万兵数的粮饷按级别摊下去，因此兵额实际只有五十七八万。这种"空粮"实际上是一种补贴，当国家财政状况好时，收到强兵之效。乾隆四十六年（1781）以后，将空额补足，兵增加六七万，每年增加支出近三百万两。当时国库充盈，普免天下钱粮已经举行四次，而户部常年存银七千八百万两。当时大学士阿桂提出偶然增加不觉其多，但每年支出三百万两，恐怕难以为继。统计二十余年，即多增七千多万两。阿桂的建议没能被采纳。以后嘉庆、道光两次裁兵才裁去一万六千名。

因此，曾国藩提出恢复乾隆四十六年（1781）以前的定制，裁兵五万。由于一下子裁掉，恐怕有兵变，因而最好的办法是有空缺后即不再补充。则六年之内，可以完成。每年节省一百二十万两，七年就会收效可观。再从当时前方作战情况看，广西有额兵二万三千，土兵一万四千，但"竟无一人足用者"。广西如此，其他各省也差不多。这是值得思考的事。裁兵的办法，也不搞一刀切，或精强之镇不动，而多裁劣营;或边要之区不动,而多裁腹地;或营制太破,归而并之;或汛防太散,撤而聚之。

曾国藩还提出,训练军队,提高战斗力还有一种成法可循,这就是举行阅兵大典。阅兵大典,本朝共举行过二十几次,由皇帝亲自检阅,外藩从观。自嘉庆十七年(1812)至今,已有四十年未再举行。凡兵以劳而强,以逸而弱。承平日久,京营之兵既不经战阵之事,又不见秋狩之典,筋力日懈,势所必然。因此他建议于三年之后,行大阅之礼。练习三年,京营必大有起色。外省营伍则求皇上先注意数处,物色将才,分布天下要害之地。但使七十一镇之中有十余镇可为腹心,五十余万之中有十余万可为长城,则缓急之际,隐然可恃。

曾国藩提出了比较成熟的改革军队训练的办法,这对他后来组成湘军有很大影响。

曾国藩上疏都有根有据,从无虚文。他上此疏时,还将乾隆朝增兵,嘉庆、道光二次汰兵之成案一并进呈,请咸丰帝发交九卿大臣们讨论实施。他的建议得到了户部的响应。咸丰二年(1852)四月,清廷发布上谕,要求各省督抚会同提督总兵等武职大员,以乾隆四十六年(1781)原额为基准,三年内裁兵四万八千名。

曾国藩对清廷赏罚不当早已明了,因此他担任侍郎后,力图扭转积习。咸丰二年(1852),奉旨乌兰太、向荣交部严加议处,赛尚阿交部议处。曾国藩赴部会议,以军务关系重大,议处罪名宜从重者,不当比照成例。会议罢后,又专折奏请从严议处。赛尚阿最后被革职。

五　陈民间疾苦，指皇帝缺失

　　曾国藩表现出对大清王朝高度的政治责任感，在咸丰初政的日子里，他似乎是最忙碌的人，上疏、建言一个接一个，而每一个上疏都切中时弊，绝无腐儒之见。继《议汰兵疏》后，他又上《备陈民间疾苦疏》《平银价疏》等。这些触及清朝的统治基础，表达了他对天下将乱的忧虑。

　　在上于咸丰元年（1851）十二月的《备陈民间疾苦疏》中，他指出了民心涣散将导致天下大乱的严峻现实，提出民间有"三大疾苦"。

　　一是银价太贵，钱粮难以完纳。他说，小民一年收获本来不多，亩产米仅一石五六斗，去掉与佃户平分以及向国家交纳后，仅余二斗左右。而交纳国家的钱粮是用银来代替的，拿粮米换制钱，制钱贵而米价贱；再用制钱换成银两，银价贵而钱价贱，朝廷的收入没有增加，"小民却加一倍之赋"，致使民怨沸腾。州县官为了完纳赋税，派吏役人员"昼夜追比，鞭扑满堂，血肉狼藉，岂皆酷吏之为哉！不如是，则考成不及七分，有参劾之惧；赔累动以巨万，有子孙之忧"。江西、湖广本来赋额较轻，但自银价昂贵以来，"民之完纳愈苦，官之追呼亦愈酷。或本家不能完，则锁拿同族之殷实者，而责之代纳。甚者或锁其亲戚，押其邻里。百姓怨愤，则抗拒而激成巨案"，"真有日不聊生之势"。

　　二是盗贼太多，良民难安。各省劫抢案件逐日上升，而官吏们反而助盗为非，"焚烧附近之民房，示威而后去；差役则讹索事主之财物，满载而后归，而盗实未遁也。或诡言盗死，毙他囚以抵此案，而盗实未死也。案不能雪，赃不能起，而事主之家已破矣。吞声饮泣，无力再控。即使再控，幸得发兵会捕，而兵役平日皆与盗通，临时卖放，泯然无迹；或反借盗名以恐吓村愚，要索重贿，否则，指为盗伙，火其居而械系之；又或责成族邻，勒令缚盗来献，直至缚解到县，又复索收押之费，索转解之资。故凡盗贼所在，不独事主焦头烂额，即最疏之戚，最远之邻，大者荡产，小者株系，比比然也"。结果必然是"愈酿愈多，盗贼横行，而良民更无安枕之日。臣所谓民间之疾苦，此又其一也"。

三是冤狱太多，民气难伸。曾国藩最后说，国以民为本，百姓的颠连困苦不得上达，都是大臣的责任。

在稍后的《平银价疏》中，他又提出具体改良办法，以解决农民问题。

在曾国藩所上的各疏中，当时影响最大的是仿乾隆初年名臣孙嘉淦所为，所上的《敬陈圣德三端预防流弊疏》。

孙嘉淦是雍正、乾隆两朝的直谏名臣，二十五岁、风华正茂的乾隆即位之初，颇有沾沾自喜之情，孙嘉淦认为如此下去不堪设想，遂冒死上书，指出乾隆帝的"三习"——喜谀而恶直，喜柔而恶刚，喜从而恶违；"一弊"——"亲小人而远君子"。孙嘉淦指出的是皇帝的通病。可喜的是，乾隆帝大为所动，在以后执政的六十余年间，除晚年有所怠政外，一生励精图治，把康乾盛世推向了顶峰。所以有的史学家认为孙嘉淦的贡献实在很大。

曾国藩从民间疾苦到朝政军事，最后追根溯源，不可避免地触及皇帝。而指名道姓地批评皇帝是需要相当勇气的。咸丰元年（1851），湖北监利人胡大任就托曾国藩上书咸丰帝，曾国藩在回复胡的信中，道出了个中难处：自今春求言以来，在廷献纳，不下数百余章，其中岂乏嘉谟至计？或下所司核议，辄以"毋庸议"三字了之，或通谕直省，则奉行一文之后，已复高阁束置，若风马牛之不相与。如足下所条数事，盖亦不能出乎交议、通谕之外，其究亦归于簿书尘积堆中，而书生之血诚，徒以供胥吏唾弃之具。每念及兹，可为愤懑。

但是万事之本在皇帝，如果不能改变皇帝目前的做法，再上多少奏疏也毫无实际价值，而且还容易让更多臣僚招来祸害。因此四月二十六日，曾国藩上疏咸丰帝。不过，曾国藩深得文章之法，他在上疏的开头并没有说咸丰帝有三大缺失，而是用"美德与缺失仅有一步之遥"这类章法，先把咸丰帝的金口封住。他说：臣闻美德所在，常有一近似者为之混淆。辨别不早，那么流弊不可胜防。第一条是皇上于小者谨其所不必谨，则于国家之大计必有疏漏而不暇深求。如自去年以来，许多大臣因为接驾、叩头、入朝等"小节"受到处分。朔望常服之礼仪，本来已经礼部奏定了，而去冬忽改为貂褂。御门常服挂珠，亦已经礼部奏定了，而忽然改为补褂。那么，什么是国家大计？广西对太平军的战事就是大事，总的方面包括调兵遣将的人事安排，其次在审度地利，又其次在慎重军需。今发往广西人员不为不多，而安排上未尽妥善。

第二条是皇上钟情典籍，研习书法，这虽是好古之美德，但流弊容易走向徒尚文饰。自去岁求言以来，岂无一二嘉谟至计，究其归宿，大抵皆以"无庸议"三字了之。自道光中叶以来，朝士风气，专尚浮华，小楷则工益求工，试律则巧益求巧。而欲人才振兴，必使士大夫考古来之成败，讨国朝之掌故，力杜小楷、试律工巧之风，乃可以崇实而黜浮。今皇上于军务倥偬之际，仍举行日讲大典，正与康熙年三藩时相同。但如果不求实效，也只能流于形式。

第三条是皇上淡远自乐，好像有天下而不居的美德。实际容易滋长骄矜之气，尤不可以不防。

曾国藩最后警告说：此三者辨之于早，只在几微之间；若待其弊既成而后挽之，则难为力矣。

曾国藩的上疏堪与孙嘉淦媲美。实际是对嘉道以来弊病的彻底揭示和清算。对于工小楷的批评尤其切真，等于揭皇帝的短。而说咸丰帝刚即位就刊刻自己的诗文集，多少有点不留情面。多少年来，清朝像这样的奏疏可以说很少有了。这是以"敢"字体现出来的诚，是以匡时救世、力挽世风之志体现出来的敢。曾国藩在他的家书中说：折子初上之时，余意恐犯不测之威，业将得失祸福置之度外矣。他还说：我踏入仕途已有多年，久已领略了京城的境况风气，那些身居高位的显官要员，故意显示宽厚以提高自己的名望，对待部下姑息纵容，一团和气，对这种现象我知道得很清楚，但自己多年养成的禀性并未因此磨蚀，越发变得慷慨激烈、果敢亢直。心里打算改变一下社会上三四十年来形成的不分黑白、不着痛痒、难以破除的风气，不过，纠正偏差难免会超过原有的限度，有时不免出现意气用事的偏颇，因此经常招致怨恨，被人议论纷纷而自取其咎。

如果对道光以来的官场积弊不清楚了解，就不能深刻领略曾国藩上疏的意义。让我们援引一则"掌故"来说明。

据陈康祺《郎潜纪闻》载，当时殿廷考试，专尚楷法，不问策论之优劣，甚至有抄袭前一科鼎甲策，仍列鼎甲者。此风不知开自何时。后陈康祺询之于曾任过礼部侍郎的童华。童华说："宣宗（道光）初登极，以每日披览奏本外，中外题本，蝇头细书，高可数尺，虽努日夜之力，未能遍阅，若竟不置目，恐启欺蒙尝试之弊。尝问之曹文正公振镛，公曰：'皇上几暇，但抽阅数本，见有点画谬误者，用朱笔抹出。发出后，臣下传观，知已览所及，细微不遗，自不敢怠忽从事矣。'上可其言，从之。"以后不论奏折或试卷，均苛求楷法，"遂至一画之长短，一点之肥瘦，无不寻瑕索垢，评第妍媸"。连童华都认为这样做的结果，会使"末学滥进，豪杰灰心"。

曾国藩已经等待了很长时间，他在家书中说得非常明白，当今皇上虽天资聪颖，但"满廷臣工，遂不敢以片言逆耳，将来恐一念骄矜，遂至恶直好谀"。因此，他不顾个人得失，决心犯颜直陈。他道出此疏的目的在于：

> 是以趁此元年新政，即将此骄矜之机关说破，使圣心日就兢业而绝自是之萌。此余区区之本意也。现在人才不振，皆谨小而忽于大，人人皆习脂韦唯阿之风。欲以此疏稍挽风气，冀在廷皆趋于骨鲠，而遇事不敢退缩。

对曾国藩的奏陈，咸丰帝多少做了点儿"自我批评"，但更多的是为自己辩解。不过，龙颜没有大怒，对于曾国藩来说还是幸运的。上谕是这样写的："曾国藩条陈一折，朕详加披览，意在陈善责难，预防流弊，虽迂腐欠通，意尚可取。朕自即位以来，凡大小臣工章奏，于国计民生用人行政诸大端有所补裨者，无不立见施行；即敷陈理道有益身心者，均着置左右，用备省览；其或窒碍难行，亦有驳斥者，亦有明白宣谕者，欲求献纳之实，非徒沽纳谏之名，岂遂以'毋庸议'三字置之不论也？伊所奏，除广西地利兵机已查办外，余或语涉过激，未能持平；或仅见偏端，拘执太甚。念其意在进言，朕亦不加斥责。至所论人君一念自矜，必至喜谀恶直等语，颇为切要。自维藐躬德薄，夙夜孜孜，时存检身不及之念，若因一二过当之言不加节取，采纳不广，是即骄矜之萌。朕思为君之难，诸臣亦当思为臣之不易，交相咨儆，坐言起行，庶国家可收实效也。"

这几次上疏，是曾国藩在咸丰初期的主要作为，表现了他不同于一般官宦的抱负和远见；同时也显示了他直道而行的书生本色。几篇上疏使他在朝野内外赢得了敢于直谏、忠诚为国的政治声望。从京城到湖南家乡，许多人都称赞曾国藩的这种做法。好友胡大任给曾国藩来信，盛赞他不顾个人安危，上疏朝廷。当曾国藩没有上书指陈咸丰缺失前，他的同乡好友罗泽南去信责怪曾国藩只言枝叶，不讲求根本，其中有"有所畏而不敢言者，人臣贪位之私心也；不务其本而徒言其末者，后世苟且之学也"四句话，曾国藩读后，感触很深。实际上，当时曾国藩已上书咸丰，但罗泽南还不知此事。当曾国藩接到好友的信后，说"与我上疏的意见相符，万里神交,真是不可思议",立即将上疏全文抄录,请罗泽南阅读并指教。并请同乡老朋友刘蓉、郭嵩焘、江忠源、彭筱房、朱尧阶、欧晓岭等人,一一阅看。果然,老朋友得知真实情况后,对曾国藩更加敬佩,曾国藩在湖南的威望也就日高,这对他后来组建湘军、吸收人才有很大帮助。

第五章　团练大臣

　　冯友兰基于洪秀全所实行的神权政治，认为"曾国藩的成功阻止了中国的后退，他在这一方面抵抗了帝国主义的文化侵略，这是他的一个大贡献"。（《中国哲学史新编》第六册，人民出版社1989年，第76页）

一　不忍坐视桑梓之痛

　　自道光十九年（1839）赴京就职以来，为了仕途前程，曾国藩已阔别家乡整整十二年。

　　道光二十六年（1846），曾国藩的祖母病故，他闻讯后即欲南归，但未能成行。第二年春天，祖父星冈公身患重病，这位刚强一生的男子在他的晚年无奈地倒在了床上。曾国藩闻讯后除写信与父母、几位弟弟详商治疗办法后，决意一归。但一入宦途何能自主。四千里关山，将一个游子的思乡之情阻隔。自京城往返湘乡，行程需要三四个月，加上小住一两个月，需时半年。按照规定，这样请长假只好"开

"缺",即暂时离开现职,期满回京重新"补缺"。按正常情况,重新补缺往往需要一年左右时间,而且,将来能否补上"优缺",难以逆料。这是曾国藩听从高堂之命,难以下决心回乡省亲的重要原因。再者,往返费用开销也很多,当时曾国藩已经"负债累累",如果再增加支出,对一个京官而言是不堪重负的。因此,曾国藩给弟弟们写信讲回家的"三难":

> 兄自去年接祖母讣后,即日日思抽身南归。无如欲为归计,有三难焉:现在京寓欠账五百多金,欲归则无钱还账,而来往途费亦须四百金,甚难措办。一难也。不带家眷而归,则恐我在家或有事留住,不能遽还京师,是两头牵扯;如带家眷,则途费更多,家中又无房屋。二难也。我一人回家,轻身快马,不过半年可以还京。第开缺之后,明年恐尚不能补缺,又须在京闲住一年。三难也。有此三难,是以踌躇不决。而梦寐之中,时时想念堂上老人,望诸弟将兄意详告祖父及父母。如堂上有望我回家之意,则弟书信与我,我概将家眷留在京师,我立即回家。如堂上老人全无望我归省之意,则我亦不敢轻举妄动。下次写信,务必详细书堂上各位老人之意。

儿行千里母担忧。父母何尝不希望与十几年在外的儿子团圆,只是亲情不能耽搁国事,也不能妨碍儿子的前程。父母让他一意服官,曾国藩只好回信表示:"男前与朱家信言无时不思乡土,亦久宦之人所不免,故前次家信亦言之。今既承大人之命，男则一意服官，不敢违拗，不作是想矣。"
不久，曾国藩升任内阁学士兼礼部侍郎，连升三级的佳绩似
乎是一种补偿。

　　道光二十九年（1849），曾国藩的父亲曾麟书年届六十。
按中国人的传统习惯，周甲之年属大庆，应该把寿辰办得风
风光光。在京城的曾国藩却身不由己，决定明年请假回乡再
办。他去信跟几位弟弟说："吾近于宦场，颇厌其繁俗而无补
于国计民生，惟势之所处，求退不能。但愿得诸弟稍有进步，
家中略有仰事之资，即思决志归养，以行吾素。今诸弟科第
略迟，而吾在此间公私万事丛集，无人帮照。每一思之，未
尝不作茫无畔岸之想也。吾现已定计于明年八月乞假归省，
后年二月还京，专待家中回信详明见示。"但仍然没能如愿。
不久，他的祖父病逝。他闻讣后请假两个月，在京中寓所穿
戴孝服，以托哀思。他还向亲友同僚发讣帖五百余件，并特
别写上"谨遵遗命，赙仪概不敢领"。他将收到的祭幛做成
马褂数十件，分寄家中族戚，即民间所谓的"分遗念"。

　　咸丰二年（1852）六月十二日，曾国藩在焦急不安中被
钦命充江西乡试正考官。江西毗邻湖南，距湘乡尤近。因
此，曾国藩次日递折谢恩时，奏请试竣后赏假两月回籍省
亲。咸丰帝允准。然而当时传递信息的方式落后，这一天，
恰是其母去世的日子。

　　六月二十四日，满怀着为朝廷取士的热望和与家人久别
重逢的喜悦，曾国藩驰驿而行。繁华的京城和威严的紫禁城
被远远地留在了身后。他不会想到，这一次离京，一别就是
十几年。他也不会想到，时代的激荡将把他引向另一条道

路。他更不会想到，这一次离京，儒生真的羽化成"蛟龙"，他的命运已与大清朝息息相关。

曾国藩乘车行官备驿站，经直隶，过安徽，经过一个月的旅行，于七月二十五日，行抵安徽太和县境内小池驿时，却接到了母亲江氏已于六月十二日去世的讣闻。曾国藩想起十几年前的分别竟成永别，想到操持一生的母亲临终前竟没有见到身穿二品官服的儿子，痛心不已，立即改服奔丧，迅速由九江乘船西上。行至武昌时，曾国藩从湖北巡抚常大淳处得知，太平军正在全力攻打长沙，于是他又从岳州改行旱路，途经湘阴、宁乡，于八月二十三日回到白杨坪。四十二岁的曾国藩扶棺痛哭。九月二十二日，曾国藩的母亲江太夫人被安葬在下腰里宅后。此时的太平军已锐不可当。

咸丰二年（1852），太平军出广西，入湖南，连克州县，湘省各地"蜂起应之"。八月，太平军围攻长沙，全省震动，地主富豪纷纷逃命，郭嵩焘兄弟及湘中名宦左宗棠兄弟也率眷属避入玉池山梓木洞。年底，太平军兵指湖北，水陆并进，"帆帜蔽江，所过城镇，望风披靡"。与太平军的势如破竹相反，清军一触即溃，接连丢失重要城池，大有土崩瓦解之势。这一年年底，太平军以地雷轰塌武昌城墙，遂克武昌。这是太平军攻下的第一座省城，举国为之震动。眼看江南半壁江山换了颜色，咸丰帝气急败坏。对于八旗兵与绿营兵的软弱涣散，他虽然早有觉察，但没想到竟如此不堪一击。前方局势的急转直下，促使清廷高层寻找另外的救急之策。这就是令各省在籍的大臣举办团练，自卫桑梓。在家为母服丧的二品大员曾国藩也在其列。

咸丰二年（1852）十一月二十九日，咸丰在给湖南巡抚张亮基的上谕中说：

> 前任丁忧侍郎曾国藩，籍隶湘乡。于湖南地方人情，自必熟悉。着该抚传旨，令其帮同办理本省团练乡民，搜查土匪诸事务，伊必尽心，不负委任。

中国封建社会以孝治天下，清代沿用以往朝代制度，明文规定，无论多高职务的官员，父母去世必须离职守制。如果朝廷特别需要这位官吏，必须特发诏命其不必去职，以素服办公，不参加吉礼；如于守制尚未期满之时，即令复职，则称为"夺情"。臣子为表示尽孝的诚心，连皇帝"夺情"的命令也可以不听。封建社会讲"君要臣死，臣不得不死"的"忠"，但臣子要搬出一个"孝"字来对抗，君也无可奈何。

就被"夺情"的大臣而言，可谓情况各异，不可一概而论。有的为了不离开权力核心，而自愿"夺情"，有的为了辅理朝政而不得不"夺情"。但结果大多招来士人的攻讦，有的甚至身败名裂。远者勿论，明万历五年（1587），张居正为内阁首辅时，其父在湖广（明代为湖广省）江陵原籍病逝，万历帝年值冲龄，令张居正"夺情视事"。张居正听从王命，移孝作忠。却招来士人的强烈反对，张居正为此廷杖反对者。张居正的"夺情"，推动了明代中后期的改革运动，缓解了大明王朝的统治危机。然而，史书中说，张居正刚死去时，反对他的人为之举手称庆。当然，时间是最后的评判人，若干年后，人们越来越感到了张居正的可贵。

曾国藩熟悉历代掌故，他对清代理学家李光地的"夺情"也有自己的看法。当年康熙皇帝优礼汉大臣，对福建籍的李光地尤为宠信。在收复台湾的重大决策中，康熙多次咨询李光地，李光地直抒己见，献智献计。但"中年夺情"，成为身为理学家的李光地受士人诟病的渊薮。一个半世纪过去了，曾国藩面临李光地当年的两难抉择。

曾国藩一向笃信理学，视诚、孝为人臣之大节。因此，当他于十二月十三日接到那份要他出山的上谕时，几乎没有迟疑，立即"草疏恳请终制，并具呈巡抚张亮基代奏，力陈不能出之义"，但"缮就未发"，实则陷入矛盾中。他饱读儒家诗书，深知忠孝的大节是为国尽忠，去建功立业，去成就"三不朽"。但母亲的尸骨未寒，"墨绖从戎"，即使不被天下人耻笑，自己也心有不忍。十二月十五日，曾国藩又接到张亮基来信，得知武昌于十二月初四已被太平军攻占，不胜震惊。"以湖北失守，关系甚大，又恐长沙人心惶惶，理宜出而保护桑梓。"不错，现在的情况不同于和平时期，武昌被攻克，长沙则不保，而一旦湖南倾覆，即使他想守在礼庐旁为母服丧也无法办到。覆巢之下，安有完卵！曾国藩有了动摇。

恰巧在这一天，好友郭嵩焘赶赴湘乡为曾母吊唁。县令朱孙诒清楚郭与曾的关系非常，不敢怠慢，立即传官轿送郭嵩焘前往曾家。一百二十里的路，郭嵩焘赶到曾家时已是深夜。两人秉烛畅叙，当谈及时事时，曾国藩说自己要守制，不能出来主持团练。郭嵩焘"力止国藩曰：'公素具澄清之抱，今不乘时自效，如君王何？且墨绖从戎，古制也。'"郭嵩焘素知曾国藩野心勃勃，以整治封建秩序为己任，现在面临"乱世出英雄"的机会，为什么不大大施展抱负，尽忠皇帝呢？郭又拿出"古已有之"的例子来说服曾国藩，情真意切，不可言表，给标榜"忠孝"的曾国藩一个很好的台阶下，但曾国藩为了表示尽孝的决心，仍表示不同意。

郭嵩焘又反复与曾国藩的父亲谈"保卫家乡"的大道理，曾父认为讲得对，便把曾国藩叫到面前教训了一番。曾国藩这才应允。但多日不见起行。郭嵩焘又同他的弟弟郭崑焘一同前往曾家劝说，但曾国藩却以郭氏兄弟入幕参赞其事为先决条件，郭嵩焘只好答应。此后四年，郭嵩焘大部分时间都在曾国藩幕府中度过，成为湘军初创、曾国藩"大业"初起时的主要人物之一。郭嵩焘后来叙述此事时，说曾国藩成就"中兴"之业，他劝出山的功劳最大。

除了"忠""孝"不能两全，曾国藩还是一个十分务实的人。他深知自己讲理学、佐朝政尚可称职，而对于兵法阵战、练兵打仗可以说完全是个外行，而且，打仗是人命关天的事，与写文章不同。尤其是现在朝廷让地方乡绅自筹饷项，而自己平素所交之人，大多出自贫寒之家，拿不出银子，就招不到兵、勇。因此，当乡间名流好友及巡抚大员一再请他出山时，他最初均表拒绝。咸丰二年（1852）十一月，他写信给刘蓉，这样解释迟迟不赴团练局的原因：

> 国藩之所以迟迟赴局陪诸君子之后者，盖自七月二十五闻讣，至十一月初五始克释缟素而更墨绖。若遽趋县城，既不可以缟素而入公门，又岂可竟更墨绖，显干大戾。且局中要务，不外训练武艺、催收捐项二端。国藩于用兵行军之道，本不素讲，而平时训练，所谓拳经棍法不尚花法者，尤懵然如菽麦之不辨。而侧闻石樵

（朱孙诒）先生之胆勇，及左右与罗山（泽南）、赵、康、王、易诸君子之讲求切实，国藩寸衷自问，实不能及十分之二三。至于催促捐项，无论斩焉在疚，不可遽登人门，即使冒尔从事，而国藩少年故交，多非殷实之家，其稍有资力者，大抵闻名而不识面，一旦往而劝捐，人将有敬而远之之意，盖亦无当于事理。是以再四踌躇，迟迟未出。

曾国藩办事讲究条理，往往从最根本处讲求。让一个身戴墨孝的人出入乡绅富户之家，是对先人不孝，对他人不恭，况且，他的人际关系对于筹集饷项可以说没有大补。但是曾国藩又是一个有责任感的人。他对刘蓉说："国藩居湘乡之土，为湘乡之民，义不可不同心合力保护桑梓，拟于百日之后前赴县门，以明同舟共济之义。"随即提出自己的意见："鄙意以为壮勇贵精而不贵多，设局宜合而不宜分"，认为"但得敢死之士四百人，则固可以一战"。

十二月十五日，曾国藩又给他的内兄欧阳秉铨写去一信，请他前往京师，帮助将家眷接回湘乡，他还说自己在家服丧仅满四月，家中诸事尚未料理，此时若立即出山办理官事，则不孝之罪兹大。"且所办之事亦难寻头绪，若其认真督办，必须遍走各县，号召绅耆，劝其捐资集事，恐为益仅十之二，而扰累者十之八；若不甚认真，不过安坐省城，使军需局内多一项供应，各官多一处应酬而已。再四思维，实无裨于国事，是以具折陈情，恳乞终制。"为了取得昔日好友对他内心苦楚的理解，他还将折稿寄到京师，请内兄转交"相好中如袁、毛、黎、黄、王、袁、庞诸君，尽可令其一阅。此外如邵蕙西（懿辰）、李少荃（鸿章）、王雁汀、吕鹤田（贤基）有欲阅者，亦可一阅。盖欲使知交中谅我寸心，不必登诸荐牍，令我出而办事，陷于不孝也"。

由此可见，曾国藩对出山办团练的困难考虑得十分细致、具体。这也可以看出他是一个虑事周到的人。

二　别开生面，赤地立新

在咸丰帝上谕的诏令下，在父亲的殷殷期许中，在好友的再三说服下，家居近四个月的曾国藩于咸丰二年（1852）十二月十七日，自湘乡起行，二十一日来到了长沙，开始筹办团练，走上"以杀人为职业"（曾国藩语）的道路。

早在京师时，曾国藩对清朝军政的腐败至极就有入木三分的认识。他清醒地意识到，必须改弦更张，才能走出困境。

本来，清朝的武装力量即国家的"经制额兵"，主要由八旗兵和绿营兵两种构成。在编制和待遇等方面，二者有很大不同。八旗兵在许多方面优越于绿营兵。但早在康熙平定三藩之乱时，八旗兵的衰落已是不争之实。因此，这场长达八年的战争，最后主要是通过绿营兵平定的。三藩平定后，八旗对绿营的依赖日益严重。至乾隆时，连皇帝也说，"打起仗来，八旗不过随众行走，还不如绿营奋勇，深为可恨"。这表明，八旗的主力地位已逐渐被绿营取代。但绿营兵平时担负繁重的地方杂役，战时又为八旗打先锋、当后勤，而各种待遇又远不如八旗，处处受压制，加之装备落后，兵将不

亲，因此自嘉庆初期五省白莲教起事以来，绿营也开始走向
衰落。

除正规军外，清朝还有乡兵。这种兵始自雍、乾，但当
时"旋募旋散，初非经制之师"，就是说，它只是权宜之计，
是对正规军的一种补充与应急。但由于乡兵在镇压白莲教起
义中立有战功，更主要的是由于八旗、绿营的衰落，乡兵的
地位也就日益重要。

太平天国起事后，清朝先后派李星沅、赛尚阿、徐广
缙、向荣等多位将帅前往镇压，都未能扑灭起义的火种，相
反太平军势如破竹，很快占有广西。李星沅是接替卒于潮州
途中的林则徐的又一位钦差大臣。此人是湖南湘阴人，出仕
以前，曾客陶澍幕中，为掌章奏，后服官地方，也算有所作
为。曾国藩十年前赴四川充乡试正考官时，途中患病，多亏
当时任陕西巡抚的李星沅延医护持。李的母亲还为曾国藩做
了几日的祈祷。因此曾国藩对李星沅颇怀好感。李星沅于道
光三十年（1850）底至广西，就断定洪秀全等人来者不善，
上书清廷，请求厚集兵力，一鼓作气，聚而歼之。他还认为
前方将帅"事权不一"，请派大将军出征统率，咸丰帝斥其
推诿。忧惧交加的李星沅，不久卒于军中。曾国藩作挽联
以悼：

> 八州作督，一笑还山，寸草心头春日永；
> 五岭出师，三冬别母，断藤峡外大星沉。

继任的赛尚阿贵为首席军机大臣，行前咸丰帝特赐遏必
隆刀，以壮其行，给库帑二百万备军饷，又调集多达四万兵

力，但"左右无一正人，无一谋士，其忌刻倾险，尽是内务府气习"。当太平军攻打长沙时，他被革职拿问，论大辟、籍家，不久释之。继赛之后的徐广缙，以钦差大臣署理湖广总督之职与太平军周旋。太平军围长沙，他躲在湘潭；太平军围武昌，他在湖南逗留不进，并且奏报说"当可解围，乃数日之间"，清廷刚接到奏报，武昌即被太平军攻下。咸丰帝上谕中曰："该大臣如此料贼，殊堪浩叹！"徐广缙被革职押解回京，定为斩监候，原籍家产及任所资财全被查抄，寻释之。其后，清廷以向荣代之。向虽略胜李、赛、徐三人，但也只是五十步笑百步而已。清人论曰：洪秀全金田初起，苟军略一致，举动得宜，未尝无坐剿巨敌之望，然自林则徐道殁，期月之间，将帅屡易，文武不合，秀全势焰始炽，是知祸之来，有莫之致而致之者已！

将士的情况也十分糟，当时一位路过两湖的官僚概述为："兵畏贼，不畏将；将畏兵，不畏法。"李星沅也承认："将备弁兵毫无顾忌，见贼辄走，已成故套。"向荣所部战斗力较强，但每打胜仗一次，一兵要赏银一两，后改为三钱，"军中哗然，誓不出力"。将帅之间互相掣肘，将与兵如同路人，暴露了清朝原有的军事体制已很难适应战时需要。团练就是在这种情况下走上历史舞台并一变而唱主角的。

团练之制，始于唐代，以后历代相承，沿而不废，只有内容与形式上稍有变异。至清代已从原来的国家军事组织演变为地方自卫武装，成为维护治安的重要力量。

道光三十年（1850），清政府命两广总督徐广缙赴广西劝谕士绅兴办团练，以协助绿营军对付太平军。咸丰二年

（1852）太平军北进湖南，咸丰皇帝命令两湖（尤其是湖南）兴办团练，并令原湖北巡抚罗绕典劝当地士绅协助湖广总督及湖南巡抚兴办团练。次年，清政府要求全国各地普遍举办团练，任命丁忧或在籍的官员为团练大臣。一时间，全国有团练大臣四五十人之多。其中，仅山东省就任命了十三位团练大臣，江苏有八位团练大臣，浙江、福建也各有四位。清政府还将咸丰帝的有关谕旨以及嘉庆年间明亮和德楞泰的《筑堡御贼疏》、龚景翰的《坚壁清野议》等刊刻印发，以供团练大臣参照执行。

湖南兴办团练可谓颇有传统，也很有成效。乾隆朝的傅鼐、道光朝的江忠源都以此名扬四海。曾国藩的家乡湘乡县又是湖南兴办团练最早的县份之一。曾国藩的四弟曾国潢曾在家乡组织"安良会"，以对付聚众抢劫者。太平军进入湖南后，湘乡县令朱孙诒曾募勇千人，在衡州协助清军防堵。他还召集各地乡绅订立章程，在湘乡县城设立总团，在湘乡、永丰和娄底分设三个团练局；并请曾国藩的父亲曾麟书出面筹办，请乡绅罗泽南、刘蓉协办湘乡团练。

罗泽南长期在善化、湘乡等地教书，培养了大批学生，其中不少人后来成为湘军初建时的重要人员，如王鑫、李续宾、李续宜等人。

王鑫，字璞山，湖南湘乡人，二十四岁补县学，同年投到罗泽南门下，拜其为师，日夜讲习明善复性、修己治人之道。道光二十九年（1849）夏，湖南大旱，饥民在湘乡县南抢掠富户。王鑫组织富绅自卫，一时影响颇大。太平军攻破道州后，他上书知县朱孙诒，请编团练，协助罗泽南挑选乡勇，组织训练。

　　李续宾，号迪庵，湖南湘乡人。李续宜，号希庵，李续宾的胞弟。李续宾性格沉稳，不苟言笑。他身材高大，膂力过人，尤其善于骑射，能挽三石弓。因为双亲年迈，家境贫困，以贩煤养家糊口，并供弟弟读书。罗泽南十分赏识他，将兄弟二人一并收作学生，除免收他们的学费以外，还将自己微薄的收入省出一部分，以供养其双亲。罗泽南练勇之初，李氏兄弟成为助手。罗泽南最初在湘乡练勇一千多人，分为中、左、右三营，分别由他自己和王鑫、李续宾率领。当太平军离开湖南，顺长江东下后，阻击长沙的各路清军尾随而去，一时间，长沙城内十分空虚。因此，巡抚张亮基檄调罗泽南率湘乡练勇前往守城，并以此为基础，仿照戚继光成法编练新军。

曾国藩按"赤地立新"原则组建的湘军

　　曾国藩本来是一个信奉程朱理学的学者型官僚，当时代给他提供了一个转换人生角色、施展自身才华的新契机时，他不失时机地抓住了这一契机，利用这一"变局"，把自己由守制官员变成了军人将领。从咸丰二年（1852）奉旨兴办团练开始，到同治十一年（1872）他去世前的二十年间，他几乎没有离开过军事。用他自己的话说，以杀人为业，择业极为不慎，有违书生本义。但如果不是这一次不慎"转业"、"改行"，曾国藩何能成为"办事兼传教之人"？（毛泽东语）本来，清朝的军事体制吸取了历朝历代的教训，主旨在于防止武官造反。为此，国家每有战事发生，临时派遣亲王、郡王为大将军，这就是统帅；兵则一般东省五百、西省八百，临时凑成几军。有大战事，则派京师劲锐八旗，也是从各旗抽调。这样，兵与兵不相知，将与将不相识，兵、将之间更难有"私属"关系发生。这种旨在防范的体制到了嘉庆年间已经越来越不适应。因此，当白莲教五省起事后，清廷在利用国家传统的正规军打仗的同时，也让地方官员举办团练，以自保乡里。这后一种不起大作用的新办法到了咸丰初年却派上了大用处，唱起了主角。原因除了军政腐败外，更重要的是清朝的财政十分枯竭，正规军一年的兵饷两个月都开不出。而且，国库空虚，再拿不出打仗的钱来驱使绿营兵。道光年间，清廷财政收支大体平衡，在四千万两白银左右。但鸦片战争耗银达两千八百万两之多。道光三十年（1850），户部存银仅有区区一百八十七万两。而自该年用兵，至咸丰二年（1852）两年间，耗银近两千万两，至咸丰三年（1853）十月，已不下四千万两。国库存银不够一个月的兵饷，中外经费，同时告竭，"大局涣散，不堪设想"。在这种情况下，清廷突破了政策界限，让地方大员自筹兵饷，自办团练，也就是给了个最大的战时政策：八仙过海，各显其能。这一体制的转变成了曾国藩一生事业的转机。否则，天下无论如何大乱，也轮不到他这个汉人进士去指挥千军万马。

曾国藩是一个善于抓住机会为我所用的人。他用咸丰帝的"练"字招牌，开始了驰骋疆场建功立业的人生历程。团练是保甲法的遗意，用于防守地方小股盗寇还勉强称职，用于防御强敌就变得无能为力。多少年后，曾国藩的幕僚薛福成在总结其成功经验时还颇有感触地说："有得力之劲军以剿强寇，而以团练辅之，为坚壁清野计则可，专恃团练以剿强寇则不可。"他还指出：无论是决策层还是言官们，都认为团练可以成功，因为没有筹饷之难，没有募兵之劳，反而能坐享其成，"其说非不美也"。但作为思想家的薛福成却一针见血地指出：天下事没有实际意义的很少收到成效，而务虚名的多留后患。他举出两个例证：一个是罗绕典，当时在籍丁忧，闻诏后即赴长沙与本省巡抚会办军务；另一个是前刑部尚书陈孚恩，在南昌与江西巡抚办军务。这也是清廷最早任命的团练大臣。由于二人与巡抚同在城中，时间非常短，因此虽然没有收到成效，但也不至于互相倾轧。后来者就不同了。像安徽的吕贤基，以工部侍郎在籍办团练，但当皖北危急时，无兵无饷，赤手空拳，最后死难舒城。

与这些人相比，曾国藩走出一条新路：打"练"字招牌，将勇改练成军。所以薛福成说："文正以团练始，不以团练终，且幸其改图之速，所以能成殄寇之奇功，扩勇营之规制也。"（《薛福成选集·叙团练大臣》）曾国藩属于帮办

薛福成

团练，咸丰帝在接连发下的办团练谕旨中，一再申明办兵原则，即不能取代正规军："着各该抚分饬所属，各就地方情形妥筹办理，并出示剀切晓谕，或筑寨浚濠，联村为堡；或严守险隘，密拿奸宄。无事则各安生业，有事则互卫身家。一切经费均归绅耆掌管，不假吏胥之手。所有团练壮丁，亦不得远行征调。"这是镇压白莲教起义故技的重演，妄图以此遏制太平军扩大兵力，"驱民为寇"，由于团练不脱离生产，不拿政府军饷，不离本土本乡；同时，团练还要接受地方大吏的督促和管辖，因此团练大臣只是帮同办理。但曾国藩认为这样办团练于事无补，他要另立新军。

曾国藩认为，对付集中而强大的太平军，必须有一支强悍敢战的军队。有了它，太平军返回湖南，可以据城抵抗，守卫桑梓；太平军不来湖南，则可以出省作战，主动进攻。而这支军队的来源，就是自己募勇训练。曾国藩带领湘乡练勇赶到长沙后，就向湖南巡抚张亮基表达了自己的想法。所谓英雄所见略同，张亮基也早有此意，二人遂一拍即合。因此，曾国藩到达省城的第二天，即咸丰二年（1852）十二月二十二日，发出了早已拟好的奏折。

曾国藩通达政务，对清廷政治的运作过程十分清楚。因此，对于回乡之后的第一份奏折，他写得很委婉，第一层讲了自己遵照皇帝谕旨，前往长沙办团练，是"勉竭愚忠，稍分君父之忧"。第二层讲团练虽然好，但今昔不同，因为嘉庆年间是官给发饷，现在需要乡绅自己出钱，弄不好会走向反面。第三层讲长沙现今守备空虚，必须练兵才能缓急可恃。最后则抛出自己的练兵计划，他说：

> 自军兴以来二年有余，时日不为不久，糜饷不为不多，调集大兵不为不众，而往往见贼逃溃，未闻有与之鏖战一场者；往往从后尾追，未闻有与之拦头一战者；其所用兵器，皆以大炮、鸟枪远远轰击，未闻有短兵相接以枪靶与之交锋者。其故何哉？皆由所用之兵未经训练，无胆无艺，故所向退怯也。今欲改弦更张，总宜以练兵为务。臣拟现在训练章程，宜参访前明戚继光、近人傅鼐成法，但求其精，不求其多；但求有济，不求速效。诚能实力操练，于土匪足资剿捕，即于省城防守，亦不无裨益。臣与抚臣熟商，意见相同。

清廷急于平定太平天国，只要对此有利，都开绿灯。曾国藩的练兵计划获准通过，咸丰帝令其"悉心办理，以资防剿"。

曾国藩的政治眼光确实比清政府及同时代的大僚们高出许多。他看到了问题所在，尤其是利弊相权取其轻。他的计划通过后，在给朱孙诒的信中说："去冬之出，奉命以团练为名，近来不谈此二字，每告人曰乡村宜团不宜练，城厢宜练不宜团。如此立说，明知有日就解散之弊，然解散之弊尚少，若一意操切行之，则新进生事者持札四出，讹索逼勒，无所不至，功无尺寸而弊重邱山，亦良可深虑也。"在给张亮基的信中更直截了当地说："惟团练终成虚语，毫无实裨，万一土匪窃发，乡里小民仍如鱼听鸣桹，鸟惊虚弦，恇怯四窜，难可遽镇也。"

他还在给手下人的批牍中，将本来并无二致的"团练"一词，"谬加区别"，一分为二。他说："团练"二字须分看。团，即保甲之法，清查户口，不许容留匪人，一言尽之矣；练，则简兵请师，制械造旗，为费颇多，故乡民不肯举行。本部堂每与各州县道及，宜乡间团而不练，城厢练而不团，庶几有益而易行。

曾国藩是文章高手，更是通达时变的人。他改造"团练"，使他与当时的四五十位团练大臣分道扬镳。而且，由于"改图之速"，所以"立竿见影"。当然，其中艰辛的过程又非三言两语可以道破。

三 取法"戚家军"

曾国藩的练兵计划获准通过，而且也有成法可取，那就是他一直推服的戚继光的练兵法。太平军刚刚兴起，咸丰帝下诏求言，当时作为二品大员的曾国藩就在《议汰兵疏》中说："明臣戚继光练金华兵三千人，遂以荡平倭寇。臣书生愚见，以为今日论兵，正宜法此。"但那时他是一个侍郎，他的建议真正是书生议兵，无法付诸实践。曾国藩仿佛真是太平天国的克星。一年半以后，他作为团练大臣，上奏的练兵之法还是取法"戚家军"。戚继光是山东登州人，出身将门，明嘉靖中叶，南倭北虏迭相为患，戚继光在浙江义乌招募"矿盗"三千人，练成劲旅，在台州九战九捷，接连平息为患数十年的在浙、闽、粤之倭寇。后镇守北疆，敌不敢犯。对他留下的《纪效新书》等军事名著，曾国藩取鉴仿摹，赞服不已。

促使曾国藩痛下决心另起炉灶的原因，还基于他对国家正规军队的彻底失望。早在咸丰三年（1853）初，他在给宝庆知府魁联的信中说："就现在之额兵练之而化为有用，诚为善策，然习气太盛，安能更铸其面目而荡涤其肠胃？恐岳王复生，半年可以教成其武艺；孔子复生，三年不能变革其恶习。故鄙见窃谓现在之兵不可练之而为劲卒，新募之勇却可练之使补额兵。"这年夏天，他在致江忠源等人的信中，又总结出国家正规军的根本弊病是"败不相救"。他说，"今日兵事最堪痛哭者，莫大于'败不相救'四字"，"虽此军大败奔北，流血成渊，彼军袖手而旁观，哆口而微笑"。而造成这种积弊的主要原因仍然是调遣成法不善。他还认为，太平军所以无往不胜，还由于其内部团结，誓同生死，因此，"若非练兵万人，合成一心"，断难制此强敌之死命。因而，他要练成"呼吸相顾，痛痒相关，赴火同行，蹈汤同往，胜则举杯酒以让功，败则出死力以相救。贼有誓不相弃之死党，吾官兵亦有誓不相弃之死党"的一支队伍。这也是创建湘军的第一个原则。这种军队，发挥的是团队的精神。

中国古代的所有兵书几乎都崇尚高超的武艺。但是近代的战争早已不是刀枪棍棒的形式，因此，团队的精神十分重要。曾国藩把"生死不弃"作为建军的原则之一，对于中国军队的近代化起到了很好的作用。当然，更直接的效果是打败了太平军。

第二个原则是确定选将与募兵的原则。由于曾国藩认定官军之病，已"深入膏肓，牢不可破"，因此在招募新勇时要求"不杂一卒，不滥收一弁"，认为只有"特开生面，赤地新立"，才能"扫除陈迹"，练成劲旅。曾国藩仿效"戚家军"，士兵主要招募"技艺娴熟、年轻力壮、朴实而有农夫土气者为上。其油头滑面，有市井气者，有衙门气者，概不收用"。湘军的军官，主要招聘绅士、文生充任，对政治、思想和身体条件都有一定要求。他在给朋友的信中提出四条

标准：

> 带勇之人，第一要才堪治民，第二要不怕死，第三要不汲汲名利，第四要耐受辛苦。
>
> ……
>
> 治民之才不外公、明、勤三字，不公不明则诸勇必不悦服，不勤则营务细巨皆废弛不治，故第一要务在此。不怕死则临阵当先，士卒乃可效命，故次之。为名利而出者保举稍迟则怨，稍不如意则怨，与同辈争薪水，与士兵争毫厘，故又次之。身体羸弱者，过劳则病，精神乏短者久用则散，故又次之。

又说："四者似过于求备，而苟阙其一则乃不可以带勇。""大抵有忠义血性，则四者相从以俱至；无忠义血性，

则貌似四者终不可恃。"坚持政治标准第一的原则，是湘军有战斗力的重要原因。事实上，后来成为湘军名将的塔齐布、多隆阿、刘松山、鲍超、杨载福等人虽是营弁或营兵出身，但都是经书生的选拔培养起来的，属于"有忠义血性之人"。据罗尔纲《湘军兵志》研究统计，湘军的统帅、统领、分统等指挥系统官员，以书生出身的居多，只有营官武途出身的较书生为多。总计在可考的一百七十九人中，书生出身的一百〇四人，武途七十五人。在籍贯可考的一百五十六人中，湖南籍占一百三十人，占总可考人数的八成多，其他省籍二十六人，不足二成。而武途出身的不过是担负偏裨的任务而已。

第三个原则是组织与待遇，也就是编制与饷银制度。曾国藩遵循的原则是实用及厚饷养兵、厚饷养将。按曾国藩最初的设想，湘军要想有所作为，起码得有官兵上万人。这上万人的队伍，必须要有严格的编制束伍，否则就会成为一盘散沙。为此，以营为基本单位，一营五百人，长沙练兵时每营三百六十人，每营分为前、后、左、右、中五哨，每哨分为五棚。营官之上，有分管数营的分统；分统之上，有自主一路的统领；统领之上，有独当一面的统帅；统帅之上有总统全军的大帅，大帅即是曾国藩。曾国藩深知，打仗是要死人的，尤其是战时状态。因此他在组建湘军时，采取厚饷养兵，用其死力的办法。在确定勇丁的月饷时，他找来几位勇丁进行了调查，得知他们在家务农一年的收入有十多两银子。他又对现行的绿营饷章进行了认真的计算，尽管绿营兵的月饷不多，但加上打仗时所发的行粮，每月也有白银四两多。他想，当兵的应该比种田的收入多三四倍，这样算来，每月就得发给他们白银四两上下。这个数字也正好略低于绿营月饷与行粮的总和，一旦朝廷询问起来也有个说法，不至于授人口实。他拿定了主意，湘军正勇的月饷被定为白银四两二钱。

清朝的绿营兵平时每月饷银马兵二两，战兵一两五钱，守兵一两，清朝初年尚可维持生活，但二百年一贯制，绿营兵兵饷连养家糊口都成问题，哪会有战斗力！

另外，当时张国梁勇营月饷五两四钱，江忠源勇营月饷四两五钱。咸丰三年（1853）夏，内阁学士帮办军务胜保奏请招募陆勇月饷四两五钱，户部议准，作为报销常例。曾国藩参照张、江两人所定饷章及户部议准饷章，订立湘军饷银。不过，曾国藩讲究"技巧"，将绿营的行粮加在一起统算，表面上湘军饷银不高多少，实际上绿营兵很少发足饷，往往发到二三成。至于行粮，就不能保证了。换言之，他算绿营兵时用的是"虚数"，发给湘军的是实数。可见曾国藩还是动了相当心思的。

曾国藩还给每营增加长夫一百二十人以减轻士兵的劳役负担，这对提高战斗力很有益处。原来军队中兵、役混杂的情况至此大为改观，作战部队与后勤部队明显分开，军队向近代化转变。将弁的标准当然更高。规定陆师营官每月薪水银五十两，办公银一百五十两，夫价银六十两，共计二百六十两，凡帮办、书记、医生、工匠薪水及置办旗帜、号补各费用统统包括在内。其他各弁兵每月饷银为：哨官九两，哨长六两，什长四两八钱，亲兵护勇四两五钱，伙勇三两三钱，长夫三两。水师兵饷，营官与陆师营官同，头篙、舵工与哨长同，舱长与什长同，惟哨官薪水为陆师两倍，每月银十八两。总计湘军饷用，大约平均每人每月需银六两。如果统计其各项收入，营官每月为二百六十两，分统、统领带兵三千以上者三百九十两，五千以上者五百二十两，万人以上者六百五十两。薪饷的优厚刺激了湘军的发展，其兵源也就不成问题，曾国藩用的正是"重赏之下，必有勇夫"之策。于是，"将士愈饶乐，争求从军"。这对于调动湖南农民尤其是绅士、文生的从军积极性，有很大作用，但也为日后筹饷带来困难。为解决这个矛盾，湘军采取发半饷的办法，一般只发五成饷，欠饷数月以至半年，成为普遍现象，久而久之，形成风气，士兵亦习以为常。

　　为防止士兵离营，湘军甚至有意拖欠军饷，或扣下大部分饷银存入公所，等士卒遣散或假归时进行核算，酌发部分现银以充川资，其余部分由粮台发一印票，至湖南后路粮台付清。若士兵擅自离营，欠饷、存饷即被没收，不再发给。这样，士兵苦无川资，又恋于饷银，也就不会轻易离营了。同时，士兵一旦假归或遣散回家，就能领到一笔银两，对未应募入伍的人也可以产生巨大的诱惑力。这样，曾国藩就达到了一箭三雕的目的：既减轻了筹饷的困难，又防止了士兵的逃跑，还能引诱大批农民和书生踊跃应募。

四　精神训练与思想灌输

　　湘军的崛起与其本身的素质有极大关系。由选将、募勇这一关口上从严从新把握，以此将湘军与其他军队区别开来。但如何对招募来的将、勇进行训练，在曾国藩看来，必须把精神训练和思想灌输放在首位；其次是技艺、阵法等训练；最后是调整好军民关系，严明军纪。

曾国藩并不是一个以军事见长的人，也不是一个纯粹的学者，而是一名典型的学者型官员。他曾说："李少荃（鸿

章）拼命做官，俞荫甫（樾）拼命著书，吾皆不为也。"这句话既是他杂糅各家追求时变的表白，也是他不求单一而求实际的经世思想的体现。湘军的创建、组织、训练实际成为曾国藩的"实验品"。而以后的事实证明，这些办法是成功的。曾国藩十分强调将领对于兵士的影响、帮带作用，尤其

俞樾

注重以义理来带兵。他说：

> 带勇之法，用恩莫如用仁，用威莫如有礼。仁者，即所谓欲立立人，欲达达人也。待弁勇如待子弟之心，常望其成立，望其发达，则人知恩矣。礼者，即所谓无众寡，无大小，无敢慢，泰而不骄也。正其衣冠，尊其瞻礼，俨然人望而畏之，威而不猛也。持之以敬，临之以庄，无形无声之际，常有懔然难犯之象，则人知威矣。守此二者，虽蛮貊之邦行矣，何兵勇之不可治哉！

湘军在创建初期，确实存在不少问题。首先是在建军的

指导思想、组织原则、目的等方面，将领们是不一致的。曾国藩练勇是为了"往江南杀贼"，"系为大局起见"，而王錱等人"系为复仇起见"，后来二人终于分道扬镳。此外江忠源的弟弟江忠淑不听约束，使曾国藩感到很难统领。就纪律而言，也很成问题。据王闿运所著《湘军志·曾军篇第二》载，江忠淑带新募楚勇援南昌，中途听到太平军将到来的传言，即刻哗然逃走，军械饷银，也丢弃不管，后又因闹饷，全军"大噪"，拥至抚院衙门，杀伤江忠源家丁。次日，一千余人乱纷纷解散回乡。湘勇虽比楚勇稍为驯服，但此时也因闹饷，竟在德安一哄而散。湘潭打胜仗的五营，抢夺战利品后即逃回县城。以至于曾国藩大骂"湘勇之丧心昧良"，在给清廷上的奏折中对湘勇能否一战也持怀疑态度。

曾国藩经过一段时间的思考，认识到加强思想统领的重要性。

湘军的特点是，将领都是书生，信奉儒教，士兵都是农夫，容易受感化教育。王闿运所谓"国藩念营将积弊不可用，纯用书生为营官，率皆生员、文童，以忠诚相期奖"。曾国藩想通过书生出身的将领将儒家思想灌输到士兵中去，因而对将领的训导尤其认真和严格。然而，书生能知兵事的有多少呢？曾国藩说自己也不懂战阵之法，但不要紧，书生"以忠诚相期奖"，正如他在《林君殉难碑记》中所云："我不知战，但知无走，平生久要，临难不苟。"这正是湘军精神的体现。作为将领，能以维护名教为主义，必忠必信，就能保乡卫国。

他用礼法来训导将领，巩固其忠义血性，做法有以下几种。

一是以身作则转移习气，他平生最恨"官气"，即圆滑取巧，心窍太多，敷衍塞责，不能负巨艰、担大难；推崇"乡气"，任用久困场屋，沉沦下僚，有报效心肠而无从致用的人。这种人守着一个"拙"字，遇事能身到、心到、口到、眼到，能忍辱负重。

二是勤教，兢兢自持，以身作则，教人早起，自己首先早起。在批牍里，在书信中，对身边人谆谆告诫，不厌其烦地教育。生平标榜"诚敬"二字，精诚所至，金石为开，鬼神也避。

三是严绳，用严师管束弟子的方法来进行约束。大至领兵作战，小至平日不晏起、不撒谎，自立准绳，自为守之，互相规劝。如此这般，"引出一班正人，倡成一时风气"，再来训练士兵，也就容易了。

曾国藩自许为"训练之才"，而训练的重点不在技艺、阵法，而在思想教育，他称为"训家规"和"训营规"。曾国藩似乎是中国军事史上第一个将"训"与"练"明确区分的人。他讲的"训"，即教育、灌输、训导，他讲的"练"才是练阵法、习技艺、演方阵等。也可以说，"训"侧重于政治与思想方面，"练"侧重于军事与技艺方面。他说："新募之勇全在立营时认真训练。训有二，训打仗之法，训作人之道。训打仗则专尚严明，须令临阵之际，兵勇畏主将之法令，甚于畏贼之炮子；训作人之道则全要肫诚，如父母教子，有殷殷望其成立之意，庶人人易于感动。练有二，练队伍，练技艺。练技艺则欲一人足御数人，练队伍则欲数百人如一人。"他将用于精神教育的伦理纲常写在军规中，让官兵记诵，或编成歌谣，让官兵传唱。如《劝诫浅语十六条》《营规二十二条》等，都是浅显易懂、日日用得着的纪律规范。

首先，每逢三、八操练的日子，曾国藩还亲临教场训话，每次训讲"一时数刻之久"，反复开导千百语。如《晓谕新募乡勇》保留了曾国藩"训"教的内容：

> 照得本部堂招你们来充当乡勇，替国家出力。每日给你们的口粮，养活你们，均是皇上的国帑。原是要你们学些武艺，好去与贼人打仗、拼命。你们平日如不早将武艺学得精熟，将来遇贼打仗，你不能杀他，他便杀你；你若退缩，又难逃国法。可见学的武艺，原是保护你们自己性命的。若是学得武艺精熟，大胆上前，未必即死；一经退后，断不得生。此理甚明，况人之生死有命存焉。你若不该死时，虽千万人将你围住，自有神明护佑，断不得死；你若该死，就坐在家中，也是要死。可见与贼打仗，是怕不得的，也可不必害怕。于今要你们学习拳棍，是操练你们的筋力；要你们学习枪法，是操练你们的手脚；要你们跑坡跳坑，是操练你们的步履；要你们学习刀、矛、钯、叉，是操练你们的技艺；要你们看旗帜、听号令，是操练你们的耳目；要你们每日演阵，住则同住，行则同行，要快大家快，要慢大家慢，要上前大家上前，要退后大家退后，是操练你们的行伍，要你们齐心。你们若是操得筋力强健，手足伶俐，步履便捷，技艺纯熟，耳目精明，而又大家齐心，胆便大了。一遇贼匪，放炮的放炮，放枪的放枪，刀、矛、钯、叉一齐上前，见一个杀一个，见十个杀十个，

哪怕他千军万马，不难一战成功。你们得官的得官，得赏的得赏，上不负皇上深仁厚泽，下即可慰本部堂一片苦心。本部堂于尔等有厚望焉。

为配合精神训话，他还将"四书"、《孝经》下发到士兵手中，几乎把兵营变成学校："常教士卒作字读书，书声琅琅，如家塾然。又时以义理反复训谕，若慈父之训其爱子，听者潸然泪下。"这种以封建伦常为核心的家规、营规、歌谣、精神训话以及把兵营变成学校的做法，经过曾国藩年复一年、锲而不舍的努力，终于把湘军训练成一支尊长死上、辨等明威的具有浓厚儒教色彩的军队。

第二个方面是"练"。只有"训"是不够的，"训"的效果在于提高将士的思想政治素质，但没有真本领必然会打败仗，因此，曾国藩在"训"的同时加强"练"的内容。曾国藩指出：湘勇有两个优点：一是性质尚驯，可以理喻情感；二是齐心相顾，不肯轻弃伴侣。其缺点也有二：一是思乡极切，无长征久战之志；二是体质薄脆，不耐劳苦，动多疾病。因此，团结互助，千磨百练，就显得尤为必要。

曾国藩初到长沙时曾训练过三营湘勇，其后镇压湖南各地会党起义甚感得力。而派往江西的一千湘勇则有两营从未进行过训练，因而伤亡惨重，不堪一战。正反两面的经验，使曾国藩增强了练兵的信心和决心。同时，曾国藩的父亲也几次写信给他，讲述自己在湘乡办团练的得失以及应该注意的问题。这对曾国藩也非常有帮助。他在给骆秉章的信中说："不练之兵断不可用。待今年在省练过三营，虽不足当大寇，然犹可以一战。六月援江之役，新集之卒未经一日训练，在江不得力，至今懊悔。"

对湘军的操练，曾国藩强调勤与熟。他自称在军中阅历有年，益知天下事当于大处着眼，小处下手。所以他治军，摒去一切高深神奇之说，专就粗浅细微处致力。他将湘军营规定为《日夜常课之规》七条：

一、五更三点皆起，派三成队站墙子一次。放醒炮，闻锣声则散。

二、黎明演早操一次，营官看亲兵之操，或帮办代看。哨官看本哨之操。

三、午刻点名一次，亲兵由营官点，或帮办代点。各哨由哨长点。

四、日斜时，演操一次，与黎明早操同。

五、灯时，派三成队站墙子一次，放定更炮，闻锣声则散。

六、二更前点名一次，与午刻点名同。计每日夜共站墙子两次，点名二次，看操二次。此外营官点全营之名，看全营之操无定期，约每月四五次。

七、每次派一成队站墙，唱更，每更一人轮流替换。如离贼甚近，则派二成队，每更二人轮流替换。若但传令箭而不唱者，谓之暗令。仍派哨长、亲兵等常常稽查。

曾国藩对湘军日夜课程的七条规定，就突出一个"勤"字，使士兵在营中日夜都有一定课程可做，严格遵守营规。曾国藩说："治军以勤字为先，实阅历而知其不可易。未有平日不起早，而临敌忽能早起者，未有平日不习劳，而临敌忽能习劳者，未有平日不能忍饥耐寒，而临敌忽能忍饥耐寒者。"在给宋梦兰的信中他还发挥说："治军之道，以勤字为先。身勤则强，佚则病；家勤则兴，懒则衰；国勤则治，怠则乱；军勤则胜，惰则败。惰者，暮气也。"只有在平时保持高度的紧张戒备状态，才能有备无患，临敌不慌。

曾国藩将操练分为两项：技艺和阵法。"练技艺者，刀、矛能保身，能刺人，枪、炮能命中，能及远。练阵法者，进则同进，站则同站，登山不乱，越水不杂。"

为更好地提高湘军技艺，熟悉阵法，曾国藩制定了一套详细课程，作为操练的依据。

一、每逢三、六、九日午前，本部堂（曾国藩）下教场，看试技艺，演阵法。

二、每逢一、四、七日午前，着本管官下教场演阵，并看抬枪、鸟铳打靶。

三、每逢二、八日午前，着本管官带领，赴城外近处跑坡、抢旗、跳坑。

四、每逢五、逢十午前，即在营中演连环枪法。

五、每日午后，即在本营练习拳、棒、刀、矛、钯、叉，一日不可间断。

湘军练习的主要阵法则是戚继光的鸳鸯阵、三才阵，以及《握奇经》的四面相应阵，还有后来的一字阵、二字阵和方城阵，等等。曾国藩十分强调"熟练"，只有"熟"才能临敌发挥自如，否则，一见敌就自乱阵脚。他说："总不外一个熟字：技艺极熟，则一人可敌数十人；阵法极熟，则千万人可使如一人。"所以曾国藩要求，训练不间断，在循序渐进的基础上达到熟练掌握技艺的程度。

综合湘军的军事训练，主要可归结为操、演、巡、点四个方面，操即上操，演即演习诸般武艺和阵法，巡即巡逻、放哨、站墙子，点即点名。同时，新勇与旧勇演练内容有些不同，但日常操点巡哨则完全一样，除打仗外，天天如此，不得间断。

与八旗、绿营比较，湘军除训练抓得很紧外，每天两次点名、站墙子成为湘军的特点。点名是为了防止士卒随便离营，士卒离营则部队减员，战斗力降低。站墙子就是守卫营墙，形式上属于班哨、排哨之类。但效果又不相同，因为早晚派三成队伍站墙子对防止敌人的突然袭击很有效。可以设想三分之一的人时刻处于戒备状态，那么一旦受到袭击就可以暂时顶住，使其余的人有足够的时间做好准备，投入战斗，不至于一触即溃。湘军的行军扎营亦有具体规定，择地、布局有规定，挑沟、筑墙有尺寸，每天驻下来必须大修工事，在工事做好之前，既不准休息，也不准与敌人开仗。曾国藩经常说，即使驻营一天，也要做好打大仗的准备，因此筑墙、修工程成为常规。从以后的事实来看，湘军很少有大的军事转移之类，而强调阵地战、持久战，从无飘忽不定之举。也可以说，湘军能打硬仗，与这些规定有很大关系。

湘军营规，表面上看粗浅简单，而根本处在于脚踏实地抓落实。由于简单粗浅，所以士兵易知易行。曾国藩后来任直隶总督，清廷命他训练直隶练军，复奏中称湘军"营规只有数条，此外别无文告"。罗尔纲先生指出：湘军营规，也是它的制度里面值得注意的一个特色。

　　第三个方面是军纪与军民关系。曾国藩十分重视民心的作用。而一支军队对待百姓如何，往往是能否最终战胜对手的关键因素。他的先期目标是改变老百姓心目中"兵不如匪"的看法。曾国藩说："恐民心一去，不可挽回，誓欲练成一旅，秋毫无犯，以挽民心而塞民口，每逢三、八操演，集诸勇而教之，反复开说至千百语，但令其无扰百姓。自四月以后，间令塔（齐布）将传唤营官，一同操演，亦不过令弁兵前来，听我教语。每次与诸弁兵讲说至一时数刻之久，虽不敢云说法点顽石之头，亦诚欲以苦口滴杜鹃之血。国藩之为此，盖欲感动一二，冀其不扰百姓，以雪兵勇不如贼匪之耻，而稍变武弁漫无纪律之态。"为此，曾国藩苦口婆心，开诚布公，劝导士兵严守纪律，爱护百姓。咸丰八年（1858），在江西建昌大营，他亲自创作了一首《爱民歌》，歌词是：

　　　　三军个个仔细听，行军先要爱百姓。

　　　　贼匪害了百姓们，全靠官兵来救人。

　　　　百姓被贼吃了苦，全靠官兵来做主。

　　　　第一扎营不贪懒，莫走人家取门板。

　　　　莫拆民房搬砖头，莫踹禾苗坏田产。

　　　　莫打民间鸭和鸡，莫借民间锅和碗。

　　　　莫派民夫来挖壕，莫到民家去打馆。

　　　　筑墙莫拦街前路，砍柴莫破墙上树。

　　　　挑水莫挑有鱼塘，凡事都要让一步。

　　　　第二行路要端详，夜夜总要支帐房。

　　　　莫进城市占铺店，莫向乡间借村庄。

　　　　人有小事莫喧哗，人不躲路莫挤他。

无钱莫扯道边菜，无钱莫吃便宜茶。
更有一句紧要书，切莫掳人当长夫。
一人被掳挑担去，一家嚎哭不安居。
娘哭子来眼也肿，妻哭夫来泪也枯。
从中地保又讹钱，分派各团与各部。
鸡飞狗走都吓倒，塘里吓死几条鱼。
第三号令要严明，兵勇不许乱出营。
走出营来就学坏，总是百姓来受害。
或走大家讹钱文，或走小家调妇女。
邀些地痞做伙计，买些烧酒同喝醉。
逢着百姓就要打，遇着店家就发气。
可怜百姓打出血，吃了大亏不敢说。
生怕老将不自在，还要出钱去赔罪。
要得百姓稍安静，先要兵勇听号令。
陆军不许乱出营，水军不许岸上行。
在家皆是做良民，出来当兵也是人。
官兵贼匪本不同，官兵是人贼是禽。
官兵不抢贼匪抢，官兵不淫贼匪淫。
若是官兵也淫抢，便同贼匪一条心。
官兵与贼不分明，到处传出丑名声。
百姓听得就心酸，上司听得皱眉尖。
上司不肯发粮饷，百姓不肯卖米盐。
爱民之军处处喜，扰民之军处处嫌。
我的军士跟我走，多年在外名声好。
如今百姓更穷困，愿我士兵听教训。

军士与民共一家，千记不可欺负他。

日日熟唱爱民歌，天和地和人又和。

《爱民歌》借用当时最流行的莲花闹形式，深入浅出，富于情趣，朗朗上口。它同时又是湘军士兵的识字课本，曾国藩每日里在训教的过程中，只教一二句，先识字，后理会其内涵，循环往复，身体力行，使湘军成为一支有纪律的军队。曾国藩在为《爱民歌》写序时说：

> 用兵之道以保民为第一义。除莠去草，所以爱苗也；打蛇杀虎，所以爱人也；募兵剿贼，所以爱百姓也。若不禁止骚扰，便与贼匪无异，且或比贼匪更甚。要官兵何用哉？故兵法千言万语，一言以蔽之曰：爱民。特撰《爱民歌》，令兵勇读之。

湘军的军纪十分严明，曾国藩在所著的《劝训练以御寇》中写道：

> 禁嫖赌，戒游惰，慎言语，敬尊长，此父兄教子弟之家规也。为营官者，待兵勇如子弟，使人人学好，个个成名，则众勇感之矣。

在《禁烟等事之规七条》中，规定更为详细：

> 禁止洋烟：营中有吸食洋烟者，尽行责革。营外有烟馆卖烟者，尽行驱除。

> 禁止赌博：凡打牌、押宝等事，既耗钱财，又耗精神，一概禁革。

> 禁止喧哗：平日不许喧嚷，临阵不许高声。夜间有

梦魇、乱喊乱叫者，本棚之人推醒，各棚不许接声。

禁止奸淫：和奸者责革，强奸者斩决。

禁止谣言：造言谤上、离散军心者严究。变乱是非、讲长说短、使同伴不睦者严究。张皇贼势、妖言邪说、谣惑人心者斩。

禁止结盟拜会：兵勇结盟拜会、鼓众挟制者严究。结拜哥老会、传习邪教者斩。

禁止异服：不许穿用红衣、绿衣、红带、绿带，不许织红辫线，不许扎红绿包巾、印花包巾，不许穿花鞋。

湘军中客观存在的亲党邻里的血缘和地缘关系，加之有较优越的组织形式，有吸引力的军饷务实的训练内容，严明的军纪，湘军的战斗力很强。湘军在招募时，往往"募千人，则万人应之；募万人，则数万人应之"，人人乐从军，个个争效命，绝无绿营征调离别时的可怜之相；湘军在作战时，结硬寨，打呆仗，互相救援，死战不退，表现出空前的战斗力。人数较少的湘军，最终战胜了有百万之众的太平军，扎实训练和思想教育起了很大的作用。蔡锷在清末训练陆军时，曾编《曾胡治兵语录》作为"精神讲话"来教育将士。可见其影响非同一般。

第六章　屡遭坎坷

一　越俎代庖，不避嫌怨

曾国藩久宦京师，对人情世故、官场习气深为了解。他以一个非官非绅的身份要练一支"别开生面"的军队，势必与旧体制发生摩擦与矛盾。这种摩擦与矛盾大体来自三个方面：一是他的非官非绅的身份与地方官的矛盾；二是"别开生面"与官场旧习的矛盾；三是湘军的建立发展壮大取代了正规军，因而与国家旧体制的矛盾。身份上的矛盾使曾国藩感到办事不灵，体制上的矛盾使他有"越俎代庖"之嫌。

曾国藩到长沙之初，本想大干一场，于是按照自己的设想，在这里设置"协办团练大臣公馆"，内设"审案局"等办事机构，在各州县建立听命于己的绅团，以个人名义向全省发布文告，布置事务。而练兵乃当务之急。塔齐布是一个武职，他奉曾国藩之命，训练湘军很有成效。但这引起绿营军官的不满，长江协副将清德说，本朝的制度是将官不受文官统辖，即使巡抚也不问营操。提督鲍起豹听到这番话后，把怒气发到塔齐布身上，说盛夏练兵是虐待兵士，而且提督现驻省城（长沙），自己不传操，敢再妄为者军棍从事。塔齐布这下也退缩了，不敢再出来主持湘军操练。

曾国藩最初出山办团练，是以丁忧侍郎的身份来"入局"的。丁忧是为他母亲守丧，在此期间，朝廷要开去官缺，但仍享有原官品级的待遇；同时，他又"在籍"，在家乡守丧，因而又有了乡绅的身份。但他这个乡绅的身份也是虚的，因为他一旦服丧期满，又要离开湖南重返官场。而那些退休的官员才是真正的乡绅。就此而言，曾国藩的"亦官亦绅"都是虚衔，这就是他经常谈起"非官非绅，办事不灵"的原因。

而好友刘蓉却有另一层说法，他说："我看这句话要倒过来说，应该是'亦官亦绅，办事必成'。侍郎公曾经有为官的身份，在朝廷上的影响绝不是一般人所能达到的。而侍郎公如此体贴民情，与我们这些书生能打成一片，也不是一般当官的人所能做到的。现在这支上万人的队伍，主要还得靠侍郎公。"

"亦官亦绅"，曾国藩好像感悟到自己的身份也有特定的优势，今后他应该想方设法发挥这种优势。

这一时期的湖南巡抚是张亮基。他是江苏铜山（今徐州）人，举人出身，颇受云贵总督林则徐赏识，因林密荐，不到二年间四次升迁。道光末以云南巡抚兼署云贵总督。

咸丰二年（1852），张亮基调任湖南巡抚，请曾国藩出山，信的末尾说：

> 亮基不才，承乏贵乡，实不堪此重任。大人乃三湘

英才，国之栋梁，皇上倚重，百姓信赖，亟望能移驾长沙，主办团练，肃匪盗而靖地方，安黎民而慰宸虑。亮基也好朝夕听命，共济时艰。

曾国藩虽当时回绝了张的邀请，但后来出山的原因之一就是认为张是可以合作之人。确实，张亮基在担任湖南巡抚的一年多时间里，由于胡林翼等人从中斡旋，曾、张之间的关系大体不错。咸丰二年（1852）秋，张一离开湖南，曾国藩就感觉在长沙与地方大僚不好处，因而不得不移师衡州。曾国藩显然很怀恋这段同僚相处的时光。张调任山东巡抚的当年重阳节，曾国藩给张写信，详细道出自己"越俎代庖"的苦衷。曾国藩说：听说仁兄已调往山东，即使是一般的平民百姓，也怅若所失，顿失依靠。

曾国藩讲的"顿失依靠"，实际道出了自己的苦衷，因为他与现任湖南巡抚骆秉章关系还没有磨合好。信中说，今年以来，自己所经手办理的各项事宜，大半有超越权限、越俎代庖之嫌。自己本是一普通乡绅，办理公事又没有真正有权的职务，全凭名声来震慑匪徒。如果名声因此受到损害，那么，奸滑小民将会更加肆无忌惮，这样，自己当初的设想与事情发展的结果恐怕难以一致。想到这些，自己只得抽身隐退。

很显然，曾国藩出山之初很不利，一是他手中没有实权，没有管理地方的职责，但练兵筹饷，哪一项都要与地方官打交道。曾国藩此时性格外露，没有顾忌，因而招人怨、招人忌。二是体制上的矛盾。如文官不统辖武弁，这是清朝的定制，曾国藩破坏了，因而就有人明目张胆地反对他。再者，绿营兵是国家正规军，湘军当时称为乡勇，属于临时性质，是无法与绿营军争位置的。但曾国藩就是这种性格，直到咸丰八年（1858）再度出山时才有大的转变。

对官场积习的痛恨也是曾国藩出山初期屡遭坎坷的重要原因。本来，上下推诿，不做实事，一意敷衍，是官场通行的恶习，相沿已久，习以为常。这种官习在和平时期尚不会误大事，但处于战时状态，就显出其弊病。曾国藩跟他的朋友多次谈到这些。他在写给彭申甫（丽生）的信中说："窃尝以为无兵不足深忧，无饷不足痛哭，独举目斯世，求一攘利不先、赴义恐后、忠愤耿耿者，不可亟得；或仅得之，而又屈居卑下，往往抑郁不伸，以挫以去以死。而贪饕退缩者，果骧首而上腾、而富贵、而名誉、而老健不死。此其可为浩叹者也。"真正能办事的人沉沦下僚，而当道者都是富贵已足又不办实事的人，每想到这些，怎么能不慨叹呢！

在写给胡林翼的信中，他又说："日与张石卿中丞（亮基）、江岷樵（忠源）、左季高（宗棠）三君子感慨深谈，思欲负山驰河，拯吾乡枯瘠于万一。"但"三四十年来，一种风气：凡凶顽丑类，概优容而待以不死。自谓宽厚载福，而不知万事堕坏于冥昧之中。浸溃以酿今日之流寇，岂复可暗弱宽纵，又令鼠子蜂起？"曾国藩有点堂吉诃德的味道，他面对的不是一个人、两个人，而是多少年形成的坏风气。

咸丰三年（1853）五月他在写给郭嵩焘的信中说：下月回家祭母，"既已归去，则不欲攘臂再出。所难忘者，与塔参将共练各兵勇，粗有头绪。恐大弦一弛，无人与赓续而榜檠之。其他，则在此不见其多一凫，去此不见其少一雁，自顾吾影，亦赘而已矣。"他把自己说成一个累赘，去之不少，来之不多，道出了他的苦闷与彷徨。他想扔下"帮办团练大臣"回家，但又怕前功尽弃。六月二十五日又曰："鲍（起豹）提军到省，即宣言仆不应操练兵士，且将以军棍施之塔将，自以黑白颠倒，不复能忍默。苟扪心自问，诚为君父，不为意气，即物论小有异同，亦难曲曲瞻顾。"

曾国藩被腐败官风所困扰，平时如果大臣们优容养望倒也可以，现在国家已经危机四伏，为何还如此没有良心！他说：世事败坏至此，为臣子者独当物色一二忠勇之人，宏济艰难，岂可以使清浊混淆，是非颠倒，遂以忍默者为调停耶！多少年后，曾国藩深有感慨地对他的心腹幕僚赵烈文说，天下事有所激有所逼而成者居多，"起兵亦有激而成。初得旨为团练大臣，借居抚署，欲诛梗令数卒，全军鼓噪入署，几为所戕。因是发愤募勇万人，浸以成军。其时亦好胜而已，不意遂至今日"。赵说，曾国藩多年来与太平天国斗，只占平生精力十之三四，而与世俗文法斗，占十之六七。实际上，一个敢担重责的人是不避斧钺的。如果处处谨小慎微，那就如同缩头乌龟，根本成不了大事。曾国藩出山之初，一以申韩之术倡，所推行的是敢作敢为，不避嫌怨。他后来多次与兄弟、子侄讲他禀母德居多，就是遇事敢争。

二　群疑众谤，移师衡州

本着精兵厚饷的原则，曾国藩在长沙训练的湘勇只有两千人左右。训练的办法主要是戚继光成法。每当曾国藩检阅兵士时，塔齐布穿着短衣，带刀侍立一旁。塔齐布是满洲镶黄旗人，侍卫出身。以长沙守城功擢游击，署中军参将。曾国藩与他交谈时，以之大奇，将其所统辖兵卒试以战阵，皆精练。因此，曾国藩决定请塔齐布当湘军教练。当时由各处调来省城的绿营兵，也有数千人。按照往例，一省的军事最高长官是提督，训练绿营兵本是提督的职责。湖南提督鲍起豹无能，这几千绿营兵乃一并归塔齐布统一训练。从咸丰三年（1853）四月起，曾国藩令湘勇与绿营，共同操练，还经常举行"会操"。

　　曾国藩对于训练要求十分严格，风雨烈日，操练不休。这对于来自田间的乡勇而言，并不以为太苦，但对于绿营兵而言，便无异是一种"酷刑"。在他们看来，曾国藩以团练大臣令他们与练勇会操，简直是一种污辱。因而，对曾国藩大为不满，尤以长沙协副将清德最为反对。结果，令出之后，只有塔齐布独领所部前往，其余驻长沙各营，不仅拒绝会操，还指责塔齐布诌事曾国藩，群起而攻之。湖南司道官员见此情景心中暗喜，以为是对好事者应有的惩戒。在这种气氛下，绿营兵就更加气焰嚣张，肆无忌惮。

　　曾国藩一般不轻易弹劾人。他清楚，一入弹章的人，以后很难被重用。但一则他对清德在长沙危急时的逃匿行为早已不满，二则不去掉清德就不能正常操练，甚至影响"别开生面"目标的实现。因此，他与张亮基商量，在取得张的支持后，于咸丰三年（1853）六月十二日，上疏弹劾清德。他说：自对太平军作战以来，官兵望风先溃，最可痛恨。而种种恶习的原因，是平日毫无训练，技艺生疏，心虚胆怯所致。为了改变这种状况，自己告饬各营认真操练，而清德不但从不到场，而且在署偷闲，养花种树，还向各地百姓勒索。对于营务的事，一概不知。现当湖南防守吃紧之时，如果听任下去，何以督率士卒！请将其革职！

也许曾国藩觉得将清德革职还不够以警示他人，因此，同一天又上折片，请将清德交刑部治罪：

> 长沙协副将清德性耽安逸，不理营务。去年九月十八日贼匪开挖（长沙）地道，轰陷南城，人心惊惶之时，该将自行摘去顶戴，藏匿民房；所带兵丁，脱去号褂，抛弃满街，至今传为笑柄。

在折片的末尾曾国藩说：

> 臣痛恨文臣取巧，武臣退缩，致酿今日之大变，是以为此激切之情。若臣稍怀私见，求皇上严密查出，治臣欺罔之罪。

为了鼓励塔齐布，同一天，曾国藩上奏折密保塔齐布、诸殿元两人，称赞塔齐布"忠勇奋发，习劳耐苦，深得兵心"。他将二人履历开单进呈，请皇帝破格超擢，冀以鼓励众心，"如该二人日后有临阵退缩之事，即将微臣一并治罪"。六月二十九日，咸丰帝发上谕，命将清德革职拿问，塔齐布赏给副将衔，诸殿元以守备补用。绿营兵因此大恨曾国藩、塔齐布。

如前所述，当时长沙城内，同时驻扎着绿营兵与湘勇。绿营因战斗力差，颇受勇丁轻视；而勇丁的月饷，高出绿营兵二三倍之多，绿营兵也嫉愤交集。因此兵与勇时生摩擦。

鲍起豹等人又从中挑拨，双方愈来愈势同水火，甚至常生械斗。

据王闿运《湘军志》记载：十一月初四日，鲍起豹的提标兵（又称永顺兵）与塔齐布统带的辰勇因赌博发生斗殴，提标兵鸣号列队，准备讨伐辰勇。曾国藩欲杀一儆百，稍抑绿营兵这种怯于战阵而勇于私斗的风气，遂移咨提督，指名要捕肇事士卒。鲍起豹非常气愤，故意大肆张扬，公然将肇事者捆送曾国藩公馆，说："今如命，您要拿的人我已缚到辕门。"提标兵为此群情汹汹，散满街市，曾国藩想斩了带头闹事者，又怕万一有变，犹豫不决。提标兵有恃无恐，十一月初六日，先去围攻塔齐布，毁其居室，塔齐布匿于草中幸免丧命。接着，又于当晚冲进曾国藩的团练大臣公馆，枪伤随身亲兵，几乎将他击中。曾国藩狼狈万状，只得向骆秉章求援。曾国藩的公馆就设在湖南巡抚衙门的射圃内，中间仅一墙相隔，事情闹到这般地步，近在咫尺的骆秉章竟装聋作哑，坐观事态的发展，直待曾国藩前去叩门，方故作惊讶，出而解围。但骆秉章不但不治罪兵卒，反而给肇事者亲自松绑，向其赔礼道歉，而对备受屈辱的曾国藩却无一语相慰。事过之后，骆秉章对永顺兵和鲍起豹亦无追究弹劾之词，永顺兵事件遂不了了之。

骆秉章

更使曾国藩难堪的是，长沙城中浮言四起，湖南巡抚及司道官员皆认为曾国藩不应干预兵事，永顺兵事件实属操之过切而激变。至此，曾国藩终于认识到自己无兵无权，不能同这些"文法吏"斗下去。三十六计走为上。

咸丰三年（1853）八月十四日，他离开长沙，二十七日移驻衡州（今衡阳）练兵。事后他给骆秉章复信解释说："自六月以来，外人咎我不应干预兵事，永顺一事竟难穷究。省中文武员弁皆知事涉兵者，侍不得过而问焉。此语揭破，侍虽欲竭尽心血，果何益乎？是以抽掣来此。"骆秉章是广东花县人，道光十二年（1832）进士，比曾国藩年长十八岁。后来任湖南巡抚，因丢弃疆土被革职一次。两人在京师时是同僚，曾国藩办团练，对骆秉章的巡抚位置是一大支撑，因此两人的合作倒无大碍。

营兵围攻大臣公馆的事，如果发生在军纪严明的雍乾时代，为首者必被斩首示众，为从者也要受到严厉惩处。但清廷此时已失去往日威严，连太平天国定都建号都无能为力，更何况此等小事！当然，如果曾国藩真的上奏清廷，肯定也要处理一些人。当时有人劝曾国藩据实参奏鲍起豹等人，而曾国藩刚于不久前参掉了副将清德，这时不便再动弹章，于是说："做臣子的，不能为国家平乱，反以琐屑小事，使君父烦心，实在惭愧得很。"他即日将所部湘勇分别遣驻外县，自己的团练大营也移驻于衡州。

曾国藩移军衡州，还有更重要的打算，他认为在衡州练兵，不像在长沙省城之地，耳目众多，"动多触碍"。走避山乡，若捐款多，则多练弁勇；若捐款少，可以少募弁勇，张弛伸缩，"惟吾之所自为"，别人不能横加干涉。在长沙练兵也容易被绿营所吞并，或者兵未练成，就被朝廷征召，这些都与曾国藩别立一军的目标相矛盾。因此，曾国藩走为上策，移师衡州。

位于南岳衡山南麓的衡州城，是湖南仅次于长沙的名城。湖南自古有三湘之称：潇湘、蒸湘、沅湘。衡州城正是蒸水与湘水的汇合处，为两广之门户，扼水陆之要冲，物产富庶，民风强悍，历来是兵家必争之地。顾祖禹在《读史方舆纪要》中称："府襟带荆湖，控引交、广，衡山蟠其后，潇、湘绕其前，湖右奥区也。且自岭而北取道湖南者，必以衡州为冲要；由宜春而取道粤西，衡州又其要膂也。"曾国藩对衡州还有一种特殊的感情，这是因为他一来祖籍衡州，二来欧阳夫人是衡州人，三则他少年时代曾在衡州求学多年。来到衡州，曾国藩如同回到湘乡，有一种鱼游大海、虎归深山之感。衡州城小西门外蒸水滨，有一片宽阔的荒地，当地百姓称之为演武坪。这是当年吴三桂在衡州称帝时，为演兵而开辟的，后来便成为历代驻军的操练场，比长沙南门外练兵场要大得多。曾国藩把他带来的一千多号团丁，安扎在演武坪旁边的桑园街，团练大臣的大营设在桑园街上一栋赵姓祠堂里。为便于日常商讨，他要罗泽南、王鑫、李续宾、李续宜、江忠济及曾国葆等都住在祠堂里。

移师衡州后的曾国藩，对刘蓉的话有了一番新的认识，他反过来看问题，把"非官非绅"变成"亦官亦绅"，变不利为有利，化不灵为灵便。首先，第一个有利条件是，非官非绅的身份使曾国藩没有封疆大吏肩负的守土之责，从而

"逃避"许多罪责。太平天国发展前期，声势浩大，势如破竹，江南几不为清廷所有。而丢弃城池是地方官的大罪，湖南巡抚骆秉璋等人都罪至大辟，甚至有不少钦差大臣为此受到斩首的严惩。曾国藩出山之初，因无实权而叹息"办事艰难"，但也因为"在籍侍郎"免受清廷的惩处。等到太平天国势衰，曾国藩手中又有实权，也就不再慨叹"非官非绅"的身份之苦了。

其次，曾国藩以官的身份，打通官场，以博得当地官员的好感及支持。为此，他对比自己小几级的衡州知府以"兄"相称。衡州知府陆传应在曾国藩到来之前已有巡抚的札文，照例开城相迎。知府官位仅是从四品，比曾国藩的二品大员低了四级，但曾国藩并不以高压下，照样以"兄"相称，给陆知府的印象颇佳。有陆传应这个"下级"关照，曾国藩觉得事情比在长沙时好办多了。

三 筹办水师，意在长江

曾国藩做事很讲究"本源"二字。每次比较大的行动，他不但向皇帝驰报，还给僚属亲朋写信说明情况，以取得理解和支持。他移师衡州后，首先给咸丰帝上了奏折，解释省城长沙守备妥善，移师衡州会有利于堵住太平军等。他写给江忠源的信中则直抒胸臆，说自己现在在外间盗得一点虚名，实际是作茧自缚，"不得放步大踏，一写平生欲白之怀"。由于树大招风，不如暂时隐蔽起来为好。曾国藩在衡州确实开创了新的天地，那就是筹建了水师，成为后来与太平天国在长江沿线一决雌雄的关键一步。

历史往往有惊人的巧合。此前一百八十年，吴三桂自云南起兵，经云贵川后顺江而下，将清朝八旗劲旅阻于长江北岸，随即在衡州打造战船一千余艘，分发岳州等地，一时水军大盛，江南几不为清所有。清廷倾举国之力，历时八年才平定三藩之乱。这场战争之所以拖得如此之长，重要原因之一就是清廷水师力量薄弱，失去对长江的控制。一百八十年后，太平军再次凭借强大的水师，几乎致清廷于死命。不过，这次，他们遇到了有力的对手，那就是在衡州创立水师的曾国藩。

按照清朝的军事编制，本来也有水师的设置。如绿营水师按其军制，分为外海和内江两部分。外海水师驻守在广东、福建沿海地区，内江水师驻扎在长江沿岸各要岸、津口。至咸丰初年，外海水师仍然存在，而内江水师则久已废弛。从长江上游至下游，见不到水师的船与炮，偶尔遇到少数炮船，也不过是在渔船上装炮以应付了事，根本不能进行任何水战。咸丰二年（1852）冬，太平军在湖南益阳、岳州得到了大量民船，船工水手也大多加入太平军。但当时没有水军编制，不便统辖。杨秀清在岳州得湖南祁阳商人唐正财后，知其通晓船务，非常器重，立即封他为水匠，职同将军。这也是太平军始建水营。其后，"千船健将，两岸雄兵"，连下汉阳、汉口两重镇。杨秀清又命唐正财把船横在江上作浮桥，然后用铁索环绕，自汉阳直达湖北省城，俨如坦道，于是攻克武昌。次年春，太平军沿江东进，有船万艘，旋即攻克南京。定都天京后，太平天国大办水军，唐正财统领水军一切事宜。此时的太平军，以天京为都城，扬帆上驶，取武昌如探囊，又往来湖北、安徽、江西数省之间，运粮济师，数日千里。太平军完全控制了长江水运权。

面对这一形势，清王朝要打败太平天国，必须控制长江。长江决战的关键，当然要以水师为主，强则胜，弱则败。因此，早在咸丰三年（1853）五月，太平军北渡淮河、南围南昌之际，熟悉历史掌故的御史黄经就上奏朝廷，请令湖南、湖北、四川造船练兵，从水上攻击太平军。咸丰帝批令三省照奏执行。但湖南巡抚骆秉章接到圣旨后，颇感为难，以力所不及为由将其搁置一边。水师之议一时没有了下文。此后不久，在湘军中有军师之称的郭嵩焘

却旧事重提。据《郭嵩焘日记》载：咸丰三年（1853）七月底，江忠源部被太平军围在南昌，郭、江住章江门城楼，每获太平军卒就在城楼上详细审问。当时城外仅文孝庙一处太平军营垒就达数十亩，但不知有多少兵力。一日，抓到一个太平军卒，向其审问，兵卒答道："不住一兵，官兵攻垒，调兵站墙而已。""垒只三面，濒江一面无墙，人皆舟居。"兵卒还告诉郭嵩焘，太平军水师船兵有"十余万"。郭嵩焘大为震惊，立即告知江忠源：太平军若驰突长江，官兵无一船应之，非急治水师，不足以应敌。江忠源"大激赏，即嘱嵩焘具疏稿上之"。

郭嵩焘博学多识，有经世之才，虽不擅长带兵打仗，但出谋划策却能一下看到问题的关键。当时太平军水师声势颇壮，控制了长江水面，清军不堪其扰。曾国藩练的湘军只能

陆上作战，要对付太平军的水师唯有望江兴叹。郭嵩焘及时提出建立水师的问题，为曾国藩的湘军营垒当了高参。对郭嵩焘的建议，江忠源极为重视，本想马上上奏朝廷，但恐自己上奏不被清廷重视，于是写信给曾国藩，希望他登高而呼，以成此事。信中说："方今贼据有长江之险，非我造船筏，广制炮位，训练水勇，先务肃清江面，窃恐江南、江西、安徽、湖南、湖北各省无安枕之日。然窃计海内人才能办此者，惟吾师一人，若再旷日持久，天下大局非臣子所忍言矣。"

曾国藩于十月二十四日，向清廷上了《请筹备战船折》，曾国藩又拿出他的一贯笔法，向清廷提出"办船为第一先务"的建议，他说：

因思该匪以舟楫为巢穴，以掳掠为生涯，千舸百艘，游弈往来，长江千里，任其横行，我兵无敢过而问者。前在江西，近在湖北，凡傍水区域，城池莫不残毁，口岸莫不蹂躏，大小船只莫不掳掠，皆由舟师未备，无可如何。兵勇但保省城，亦不暇兼顾水次，该匪饱掠而去，总未大受惩创。今若为专保省会之计，不过数千兵勇，即可坚守无虞。若为保卫全楚之计，必须多备炮船，乃能堵剿兼施。夏间奉到寄谕，饬令两湖督抚筹备舟师，经署督臣张亮基造船运炮，设法兴办，尚未完备。忽于九月十三日田家镇失守，一切战船炮位，尽为贼有，水勇溃散，收合为难。现在两湖地方，无一舟可为战舰，无一卒习于水师。今若带勇但赴鄂省，则鄂省已无贼矣；若驰赴下游，则贼以水去，我以陆追，曾不能与之相遇，又何能痛加攻剿哉？再四思维，总以办船为第一先务。臣现驻衡州，即在衡城试行赶办。湖南木料薄脆，船身笨重，本不足以为战舰。然就地兴工，急何能择，止可价买民间钓钩小舨之类，另行改造，添置炮位，教练水勇。如果舟师办有头绪，即行奏明，臣亲自统带驶赴下游。

曾国藩的建议再次获准通过，朱批"甚属可嘉"。后来上谕中还有以水师"肃清江面"之语，这也是此后曾国藩与清廷屡屡言及的湘军水师之缘起。当年十二月，郭嵩焘来到曾国藩团练大营，与之商定水陆营制。

筹建水师，对于既无资金又无技术，甚至毫无经验的曾国藩而言，远比练湘勇要困难得多。

访船制，无人知其形状，筏成，又不可用。羽檄征军日数至，人人以逗留为疑，乃叹曰："今寇往来阳逻，湖南、北所费殆二十万，彼纵横江湖，非舟楫无与争利害。"最初他只好购买钓钩、小舨之类的民船，改造成炮船使用。其后，岳州水师守备成名标、广西同知褚汝航来到衡州，曾国藩不时向两人咨询，将商船改造成长唇宽舷，在上面设置炮位，炮发而船不震动，一时收有功效。后来当曾国藩了解到拖罟、快蟹、长龙诸船的式样及功用后，也立即大量打造。

为解决资金问题，咸丰三年（1853）秋，他奏请提取途经湖南解往江南大营的粤饷银四万两，作为购船造炮、招募水勇的经费，又于广西购得造船的上等木材。于是曾国藩在衡州设立制造厂，由成名标任监造，又在湘潭设立分厂，由褚汝航任监造，召集大批能工巧匠，日夜赶制船只，主要是拖罟、快蟹、长龙三种船型。由于两厂之船，往来比较，互相质证，各用其长，因此进展比较快。湘潭所造尤为坚利。在即将赶造完工时，曾国藩将长期在江南办海防的黄冕请到船厂参观。谙熟水战船式的黄冕建议每营添造十只舢板船。其船身短小，运行灵活，适宜于在河湾港汊中行驶，以补快蟹、长龙在作战中由于船体大运行不灵活的缺点。曾国藩接受这一建议，即刻开工，赶造舢板船。

在造船的过程中，曾国藩也积极筹划子炮装备。当时广西巡抚劳崇光解炮二百尊赴湖北，在经过衡州时因田镇防兵已溃，曾国藩将其截留，包括护送的水手也一并留下，这些人后来成了湘军水师的教练。曾国藩不仅对于造船精益求精，而且对于所置战炮的质量与装配方式亦很讲究。当时，中国各地所铸造的战炮，不仅炮身笨重，射程短，而且由于技术不过关，时常炸裂。为此，曾国藩花费重金从广东购置大批洋炮，经过反复研试，终于将洋炮安装在战船上，成了当时中国技术先进、装备精良的内河水师。至咸丰四年（1854）初，曾国藩将湘军水师船炮准备齐整，总计有大小战船三百六十一号，其中拖罟船一号作为坐船，快蟹船四十号，长龙船五十号，舢板船一百五十号，战船一百二十号，并装备了大小炮四百七十门，其中购置洋庄炮三百二十门，从广西借来一百五十门。

船炮粗有规模后，曾国藩开始招募水勇。尽管湖南水流颇多，又有八百里洞庭，但绝大多数人不知水师为何物，因而应募的人很少。曾国藩乃决定招募不惧风涛的水上船户，由截留的广西炮勇教船户放炮等技艺。初定快蟹船用桨工二

175

十八人，橹八人；长龙船桨工十六人，橹四人；舢板船桨十人。每船用炮手数人。又另置船长一人，头工二名，舵工一人，口粮等待遇也比陆营优厚。水师营制后定为五百人为一营，共计十营，五正五副，每营设一营官，又设帮办一人，湘潭水师四营，营官分别由褚汝航、夏銮、胡嘉垣、胡作霖担任。衡州水师六营，营官分别由成名标、诸殿元、杨载福、彭玉麟、邹汉章、龙献琛担任。褚汝航为水师总统。正月二十八日，自衡州起程，会师于湘潭。后来在曾国葆的力荐下，主要由彭玉麟、杨载福两人负责。二人对湘军的发展也至关重要。

彭玉麟，字雪琴，先世是江西太和人，明洪熙时迁湖南衡阳，定居在查江（今渣江）。父亲曾任安徽合肥县梁园巡检，母亲王氏，贤明有识鉴。彭玉麟生在梁园巡检司署，年十六从父查江旧居。父亲死后，为族人所逼，母亲让他外出避祸，入城居石鼓书院。因生活无以自给，投协标充书识，

彭玉麟

支月饷，如同马兵。衡州知府高人鉴善相士，见彭玉麟，以之为奇，使入署读书。及至赶考之时，衡阳应童试千人，竞争十分激烈，考中很不易。县试毕，拟定第一，但因彭玉麟是外乡人，被告发，后经知府力荐，取为第三。县令召见彭玉麟时对他说："以文论，汝当第一，今乃太守意也。太守

曰：'彭某异日名位未可量，然在吾署中读书，若县试第一，必谓明府推屋乌之爱，是其终身之玷矣。'彭玉麟闻言深受感动，更加发愤读书，二年后，始隶诸生籍。

彭玉麟考中秀才，还有一个流传颇广的故事。彭玉麟由于少年失学，不能作楷书，试卷誊正，往往出格。因此九应乡试，都没有考中。后浙江高学政到湖南视学，一次微服私访，物色人才。经过彭玉麟的门前时，听到有朗朗的读书声，便走近院落细听，发觉朗诵的并不是"四书""五经"之类科举文章。高学政顿感奇怪，走进屋宇，虽非常简陋，但门上有一副对联：

　　绝少五千挂腹撑肠书卷，
　　只余一副忠君爱国心肝。

高学政再一端详，见字写得雄伟有气势，可既不是欧体，也不是颜体，像未曾学过书法的人。于是学政到邻居家，得悉彭玉麟的名姓及家世，心中暗喜。两个月后，高按临湖南长沙府，得一试卷，见书法雄厚有力，似曾相识，恍然记起，当即选为第一。迨揭榜时，果然是彭玉麟，学政兴奋异常。彭玉麟被召见时，高将前几个月事告知，彭感恩知己，执弟子之礼。后来高致仕家居，子孙不能继其业，而彭玉麟此时已升任巡抚，为报答知遇之恩，彭为恩师在西湖高庄购园置地，以养余生。

道光末年，新宁李源发率兵起义，彭玉麟以镇压有功赏蓝翎。时衡阳江子春在耒阳开典铺，请彭玉麟经理其事，每年收入颇丰，但多用来周济穷人。当时太平军由永安欲经过耒阳进攻衡阳，彭玉麟见耒阳县令，问如何阻击太平军。县令以无兵饷感到为难。彭玉麟说："何患无兵饷，城中百姓召之即兵，吾典铺中有钱取百万即饷。"县令喜出望外，将防备交彭玉麟。太平军知耒阳有防，便直趋衡阳，彭城获全，玉麟不愿叙功，但求偿还所借典铺之钱，自此声名大起。

咸丰三年（1853）秋，曾国藩正在衡州、湘潭组建水师，广求人才。先有曾国藩的弟弟曾国葆盛赞彭玉麟，后又有常仪安推荐彭玉麟胆略超人，曾国藩遂发书召他速来。可是彭玉麟刚刚丧母，在家守制不出。曾国藩再次劝说："乡里藉藉，父子且不相保，能长守邱墓吗？"彭玉麟感其诚义，当即入军。后成水师十营，玉麟领一营。"其九营多武员，百事悉倚玉麟，隐主全军，草创规制多所赞画。"

杨载福，后改名杨岳斌，字厚庵，湖南善化人，出身武将之家，幼娴骑射。咸丰二年（1852）因守湘阴有功，升千总。次年为湘军水师营官。

经过一年多时间的艰苦努力，曾国藩终于建成了一支既区别于八旗绿营，又远远超过其他团练、乡勇的水陆齐备的湘军。对于曾国藩"别开生面"组建湘军的意义，他的四大弟子之一的薛福成在得出曾国藩"以团练始，不以团练终，且幸其改图之速，所以能成殄寇之奇功"之后，又举出了十几位团练大臣固守旧制的悲剧结局：河南有内阁学士毛昶熙，虽亦自成一军，但将士疲弱，颇不耐战，只是虚张声势，从未重创敌军；山东有礼部侍郎杜翮，才力尤短，信任戚友，隐挠官吏之权，以致弱者抗粮，强者揭竿而起，库藏虚耗，上下交困；阎敬铭巡抚山东时，尝为此大发感慨。又如浙东有前漕运总督邵灿，为巡抚王有龄所劾罢；继之者为左副都御史王履谦，与王有龄更不和，官绅忭于上，兵练哄于下，绍兴失陷，杭州亦难固守；王有龄殉难，遗疏劾王履谦加严谴，而事已不可挽回。又如通州有前湖南布政使王璨，怙势作威，杀害避难绅商，侵夺良民财产，富拥专城，时太平军未到，一方先被其毒。当太平军势力最盛时，江南则有侍郎庞锺璐，江北则有左副都御史晏端书，江西则有候补京卿刘绎，这几位都是清望素著，不愿多事，故当时民间皆不知有团练大臣，也是一时罕见。此外其他人老病侵寻，虽充团练大臣之数，口不言战守事宜，一闻敌至，仓皇奔逃还来不及，更谈不上有什么作为了。在举出以上诸多例证后，薛福成说：

> 呜呼！自兵事起，世之谈经济者，措意于团练已数十年；曾文正公虽由此发轫，然惟早变其实，并变其名，所以能有成功，否则前事可睹矣。其贤者固束手无措，仅以一死报国，或明知无可发舒，洁身远引而已；其不贤者则龌龊大吏，蠹国殃民，不啻为贼先导，求其能捍寇保境者，十无一二。盖在上者以不必筹饷为便，不知百端流弊，皆由此起。

由此可见，曾国藩仅仅借用了"团练"之名，变的是"湘军"之实。而且，转变得非常及时，否则他也与其他团练大臣一样，归宿恐怕也是很惨的。就此而言，曾国藩确实高人一筹，把握住了时代赐予的机会，以及巧借清廷的政策。

曾国藩后来总结说：天下事在局外呐喊议论，总是无益，必须躬身入局，挺膺负责，方有成事之可冀。

四　营垒内部的矛盾

湘军的创立，是曾国藩一生功业的基础。但湘军从筹创到发展，不但有触及清朝原有军政体制而引发的外部矛盾，而且其营垒内部亦非一帆风顺。湘军初期，曾国藩与王鑫的矛盾就颇为尖锐，以至于曾国藩不得不将王鑫清出门户，并得出"勉强合作，肝胆变楚越"的结论。客观而言，王鑫在湘军初期贡献颇大。王鑫本是罗泽南众多弟子中的佼佼者。他比罗泽南小十六岁。少时便自视甚高，他的启蒙先生曾经对他做过这样的评论：

> 王鑫读书，穷极圣贤义理，志量宏远。尝书数语于壁上，谓"置身万物之表，俯视一切，则理自明，气自壮，量自宏。凡死生祸福，皆所不计"。

先生还说他体貌清瘦，目光炯炯射人，声大而远，说话如在瓮中，而滔滔不绝于词。二十四岁那年，王鑫考中秀才，并转拜罗泽南为师。罗泽南一见王鑫，便觉此人颇不一般，因此耐心督教，希望他将来能光耀师门。而王鑫对罗泽南也十分崇拜。他曾这样评价罗泽南：其学行才识，为当时所罕见。续千载之坠绪，辟吾道之榛芜，倡明绝学，通达时务，诚为苍生而出。

王鑫治军极严，常令士卒脚上缚铁瓦练习越濠，所演练的阵法都是自己亲自编制。每临阵，多以奇计制胜。士兵们演练阵法时，耳听鼓声，目视帅旗，穿梭往来，变化无穷，却一点声音都没有。与太平军交战时，太平军曾将贵重匣箱置于地上，以为诱饵，但王鑫的兵士都将它丢弃一旁，"莫敢启视"。一次追击太平军至嘉禾，途中粮草乏绝，不得已掘百姓山薯充饥，但士兵们都将铜钱藏入穴中，"以偿其值"，百姓大为感动，民间有为王鑫立生祠者。没有战事时，王鑫教士兵读《孝经》、"四书"，一时书声朗朗，俨然童子习课。可见，王鑫是知识分子治军的典型。而曾国藩初创湘军，也多得益于王鑫的经验。

　　曾国藩在衡州练军时，把罗泽南、王鑫、李续宾等人请来，一同订立营制章程，通过讨论、折中，最后通过了曾国藩手订的规制。曾国藩坚持"别开生面"，对营制的原则性看得异常重要，所谓没有规矩不成方圆。但王鑫一则性格傲慢，自视甚高，二则手下有一大批得力人才，加之他认为自己是最早带勇的湘乡人，因此，并不完全接受曾国藩的约束。曾国藩将湘军的营地搬到衡阳后，立即写信给王鑫，请他"即日来衡，共商一切"，并说："募人之多寡，筹饷之有无，概待足下来商。"可见曾国藩最初很尊重这位对团练颇有经验的乡党。曾国藩还在给江忠源等好友的信中，称赞王鑫是忠勇男子，是中流击楫的祖逖一类英雄。并说王鑫每写信函，"热血激风云，忠肝贯金石"。但王鑫回到湘乡后，十分张扬，出入都要敲锣打鼓，乡人为之侧目，又将勇丁多招至三千人。曾国藩听说后，立即去信制止，说新招的人最多不要超过三营，"不然，恐一到衡城，无粮可发，大为难事也！"按湘军规制，三营只是一千多人，这当然不为王鑫所接受。

曾国藩主张"招一人即收一人之效"，即精兵厚饷之策。由于衡州没有多少饷银，因此王鑫从巡抚骆秉章处请来一万银两后，去信给曾国藩表示仍招六营即三千人。曾国藩不得已表示同意，但坚持这些新招之勇必须训练，以免重蹈援江西失败的覆辙。他提出，最好将队伍拉到衡州一同训练，如果实在来不及，也必须在当地训练一个月。即使湖北失守，亦不能将没有训练的队伍开赴前线。以后曾国藩又多次分别给骆秉章和王鑫写信，坚持兵贵精、兵贵练的原则。他"并非不知兵勇宜多"，但恐两个月后，无饷可发，那时就成大包袱。

事实上，王、骆都没有采纳曾国藩的劝告。而且，更令曾国藩气愤的是，王鑫带着这三千勇丁到长沙，与骆秉章来往密切，并渐渐流露出自成一军、不再听曾国藩指挥的倾向。

由于曾国藩对王的张扬、轻敌早已厌烦，现在又出现不听约束，另搞一套的事情，因此曾国藩考虑是否能与王鑫共事，是否将王开除的问题。咸丰三年（1853）十月他在写给骆秉章的信中说王"意气满溢，精神上浮，言事太易，心窃虑其难与谋大事"。又说王"血性可用，而近颇矜夸，恐其气不固，或致偾事"，当王鑫意欲将刚招来的新兵派赴援鄂时，曾国藩"特作一书严切规之"。由于王招募的新勇要取自官帑，须纳入国家管辖的范围，这是曾国藩所不能允许的。

曾国藩所强调或坚持的是有一兵即有一兵之效，而且既然是"义师"，就不应仰食官府。因为一旦靠省里出钱，就必须为省中大僚所调遣，那样就会乱了湘军的大局。因此曾国藩写信给王鑫详细辨明这一层，希望王鑫能理解。

王鑫对刘蓉十分钦慕，二人交往较早，曾在长沙一同论学。湘乡知县朱孙诒初办湘勇，刘蓉极力推荐王鑫。曾、王矛盾出现后，刘蓉写信给曾，劝其与人和衷共济，信中有"道路传闻，颇乖夙望"，"惟尊兄扩虚公之量以涵育群伦，推忠诚之心以奖掖末俗"，"若其不然，将人人秦越，步步棘荆，拂意之遭，不止一端而止"。曾国藩回信给刘蓉为己辩白。由于曾、王之间的事闹得很大，一时成为湖南省文武大吏谈论的"热点"。为了息事宁人，曾国藩采取低调处理。十一月初六，又写函刘蓉，说自己"作一密书与璞山（王鑫），求吾弟亲携示璞山，字字皆心血结成，璞山能如吾之约，则一一照办，破釜沉舟，以图一举；若璞山必不肯从吾之约，则璞山当自成一军，而吾当补招三四营，别为一军。"

他请刘蓉所携给王鑫的密信内容是：

> 近日在敝处攻足下之短者甚多，其来尊处言仆之轻信谗谤、弃君如遗者，亦必不少。要之两心炯炯，各有深信之处，为非毁所不能入，金石所不能穿者，别自有在。今欲多言，则反以晦真至之情，古人所谓窗棂愈多，则愈蔽明者也。特书与足下约，计必从鄙意而不可改者五条，不必从仆，听足下自为屈伸主张者三条，仆自密办，而不遽以书告足下者二条，并具于左。

曾国藩所写的"必从鄙意，而不可改者五条"是：

> 一、各勇宜操练两个月，体弱者、艺低者、油滑者，陆续严汰，明春始行远出。

二、每营必须择一营官，必划分出营数，全数交付营官，不必由足下一手经理。

三、器械必赶紧制办，局中窳脆之件，概不可用。

四、战船能多更妙，纵使不能，亦当雇民船百余号，与陆路之兵同宿同行，夹江而下。

五、凡兵勇扎营，即以船为市。所发之饷，即换吾船之钱。所换之钱，即买吾船之货。如此展转灌输，银钱总不外散，而兵勇无米盐断缺之患，无数倍昂贵之患。

年底，曾国藩又致信王鑫，谈及太平军不过乌合之众，但其官职、营制，人数之多少，旗帜之分寸，号令之森严，尚刊定章程，坚不可改，何况湘军是奉朝廷之命而兴的君子之师？怎可参差错乱，彼立一帜，此更一制，不克整齐而划一？他要求"所定条款，务望遵从。即小处或有不当，亦当委曲商酌，不可遽尔违异"。

这是要王鑫必须在遵守湘军的营伍制度与脱离曾国藩的湘军系统之间做一明确的选择。曾国藩所强调的不可更改的五条之中，最为关键的就是要求王鑫自己只能统带其中的一营，其他各营由曾国藩另行委派营官统带，各营勇丁的数量也必须遵守湘军统一的营制，不得自行其是。勇丁在招募入营后，必须经过至少两个月的训练，才能开赴战场打仗。一句话，王鑫必须听从他的指挥，否则，他就不承认王鑫继续做他的部下。为了争取王鑫，曾国藩写信请王到衡州商量各事，并约刘蓉同来。

王鑫此时以为自己追随湖南巡抚骆秉章比跟着曾国藩走更有前途，便对曾国藩的警告不予理睬。骆秉章也趁机拉拢王鑫，表示他所统带的三千勇丁可以不裁撤，并继续驻守在省城长沙。曾国藩看到局势已无可挽回，便与王鑫一刀两断。

罗泽南与曾国藩关系和睦，属曾早年结交的乡友之一。考虑到这一层，曾国藩不愿与王鑫闹翻，因此留有分寸。而这次曾、王之间的分歧，也是曾国藩与湖南省中大吏矛盾的继续。它反映了骆秉章急欲直接掌握一支部队，不愿在军事上完全依靠曾国藩。事实上，在此之前，曾、骆在调遣方面就有过不止一次的冲突。田家镇败后，太平军西上，骆令驻浏阳之邹寿璋营移防岳州，但曾却令邹原地防守，拒绝骆对湘军的指挥，且几次暗示骆的指挥昏庸，几同儿戏！省中官场对此不能不感到愤怒。长沙知府仓少平就致书曾，指责他的行为造成"号令纷歧"。骆自然更耿耿于怀，支持王鑫，使王感恩不已，不仅可以一泄怨气，更重要的是王从此只能更依靠他，更听他的指挥。

由于王鑫已不再归属自己统辖，因此曾国藩于咸丰四年（1854）初，复骆秉章信中曰：

> 璞山之勇，若归我督带，即须受我节制，此一定之理。侍于去年十月笺规璞山一函，业抄稿呈阅矣。厥后璞山复书，但求乞放还山，腊底侍又与以一书，兹抄稿呈阅。璞山复书，亦但乞假还山，而于侍书各条，并不一一答复。此其意岂愿与侍同事者乎？既不能受节制，自难带以同行。今日大局糜烂，侍岂复挟长恃势，苟人小节以自尊？又岂复妒才忌功，不挟健者以自卫？惟一将不受节制，则他将相效，又成离心离德之象，故遂决计不带也。

曾国藩终于说出了心里话。如果湘军多出几个王鑫，那么，曾国藩"赤地立新"的原则就不能实现。那时，练再好的军队也只能像女大不由娘一样，远走高飞。这一点是曾国藩无论如何也不能接受的。他后来多次讲如果凑合共事，将来有大的事变，势必"肝胆变楚越"，仇怨相加，不可收拾，不如及早分开做事。当然，关键还是在由谁"节制"这个原则问题上有分歧。

以下我们看曾国藩一次一次拒绝出师，实际上也是基于他的建军原则。

五　潜龙在渊，四拒旨令

兵书曰：羽翼未丰而遭众忌，乃招祸之端。又说：谋未行而先令人知，乃凶兆之端。

曾国藩是一个善于守拙而又执理不移的人。当他移师衡州，经过一年时间，初步编练成水陆齐备的万余名湘军时，远在三千里外的京城早已四下严旨，令曾国藩出兵平乱。但曾国藩均以船炮未齐拒绝从命。过早将自己的底牌亮出去，往往会在不经意间输个精光。而羽翼未丰时，更不可四处张扬。《易经》乾卦中的"潜龙在渊"，就是指君子待时而动，要善于保存自己，不可轻举妄动。

曾国藩在京城为官时，深研《易经》，对"潜龙在渊"尤为加意。他初建湘军时，水陆两军加一起只有一万余人，这时若和太平天国的百万之师相对抗，无异以卵击石。因此曾国藩为保护他的起家资本，四次抗清廷圣旨，甚至当自己的老师吴文镕陷入绝境时也不出手相救，可以说把执理不移做到底了。

在湘系将帅大吏中，江忠源是出头较早的一位。他也是湖南最早办团练的人之一。由于江忠源善治匪盗，因此深得曾国藩的老师吴文镕的赏识，待以国士，提携有加。在镇压太平军之初，江忠源募湘勇五百人，随副都统乌兰泰立功。其后散尽家财募勇千人，因解桂林之围，升授知府。后署湖北按察使，命帮办江南军务。江忠源乃上书兵事大略八条：严军法、撤提镇、汰弁兵、明赏罚、戒浪战、察地势、严约束、宽胁从。太平军长驱入赣，南昌告急。江忠源率众坚守近百日，以保全省城功，咸丰帝赏其二品顶戴。不久授安徽巡抚，当时江忠源颇著声望，海内企盼，"咸知非公莫属"。

187

曾国藩在京师时与江忠源过从颇多，他写给江忠源的诗有多首，对其推崇备至。江忠源发达后，曾国藩对他更寄予厚望。由于江对曾国藩执弟子礼，因此咸丰三年（1853）八月，曾国藩把练勇万人交江忠源统领的计划相告。江忠源不明底里，立刻向清廷合盘奏出，结果船炮未齐就招来咸丰皇帝的一连串征调谕旨。第一次是此年八月底，太平军西征军进至蕲、黄一带，武汉危急，清廷下令曾国藩与骆秉章率炮船增援湖北。第二次是同年十月初，咸丰帝命曾国藩带领湘勇，驰赴湖北。所需军饷等由骆秉章筹支。谕旨中有"两湖唇齿相依，自应不分畛域，一体统筹"之语。正在曾国藩为难之际，太平军已开赴长江下游，武昌解严，因此援鄂之旨也就无须付诸行动。第三次是同年十月底，太平军大将胡以晃进攻庐州，清廷令曾国藩督带船炮兵勇速赴安徽救援。上谕中有"驶出洞庭湖，由大江迎头截剿，肃清江面"字样。第四次是咸丰四年（1854）正月，清廷再次催促曾国藩迅速由长江驶赴安徽。很显然，清廷的部署也很混乱。一会儿命他赴武昌，一会儿让他救南昌，这在前方战情瞬息万变的时候，皇帝的谕旨即使加急八百里传递也赶不上前线的变化快。曾国藩更清楚，自己手中的这点没见世面的家底，与太平天国身经百战的几十万大军相比，简直是以卵击石。因此，曾国藩提出四省合防之策并打定主意：船要精工良木，坚固耐用；炮要不惜重金，全购洋炮。船炮不齐，决不出征！

他在十一月二十六日所上奏折向清廷解释其理由时说，自田家镇失防以来，湖广总督吴文镕、湖南巡抚骆秉章与自己往返函商达十余次，皆言各省分防，糜饷多而兵力薄，不如数省合防，糜饷少而兵力较厚。自己与张芾、江忠源函商，亦认为应实施四省合防之策。但统计船、炮、水勇三项，皆非一月所能办就，必须明春乃可成行。"而且广东购备之炮，张敬修雇募之勇，皆系奉肃清江面之旨而来者，臣若不督带同行，则殊失皇上命臣统筹全局之意，亦非臣与吴文镕等四省合防之心。臣之斟酌迟速，规划大局，不得不一一缕陈。"

曾国藩这里犯了臣子"大忌"，他把自己说成比咸丰帝还高明，而且又好像清廷把四省合防的大任交给他一人一样，确实有说大话之嫌。难怪他受到咸丰帝的讥笑、训斥！朱批是这样戏弄这位臣子的：

现在安省待援甚急，若必偏执己见，则太觉迟缓。朕知汝尚能激发天良，故特命汝赴援，以济燃眉。今观汝奏，直以数省军务，一身克当，试问汝之才力能乎，否乎？平时漫自矜诩，以为无出己之右者，及至临事，果能尽符其言甚好，若稍涉张皇，岂不贻笑于天下。着设法赶紧赴援，能早一步即得一步之益。汝能自担重任，迥非畏葸者比。言既出诸汝口，必须尽如所言办与朕看。

曾国藩确实有一种百折不回、认死理的精神。面对咸丰帝带着讥讽式的训斥，他据理力争，一条条地为自己辩解，首先他仍然坚持洋炮运不到衡州就不能率军赴楚，也不能进军安徽，因为打仗不是儿戏。针对咸丰帝讥讽他"一身克当"，曾国藩坚持认为会剿是正确的，而四省合防又是他与骆秉章、江忠源、吴文镕等共同商量后的共识，十二月二十一日，他在《沥陈现办情形折》中，还带着肯定的语气说："论天下之大局，则武昌为必争之地。何也？能保武昌则能扼金陵之上游，能固荆、襄之门户，能通两广、四川之饷道。若武昌不保，则恐成割据之势，此最可忧者也。目今之计，宜先合两湖之兵力，水陆并进，以剿为堵，不使贼舟回窜武昌，乃为决不可易之策。若攻剿得手，能将黄州、巴河之贼渐渐驱逐，步步进逼，直至湖口之下、小孤之间，与江西、安徽四省合防，则南服犹可支撑。臣之才力固不能胜，臣之见解亦不及此，此系吴文镕、骆秉章、江忠源三臣之议论。然舍此办法，则南数省殆不可问矣。"

实际上，曾国藩是较早发现团练不可用于平乱，必须合数省之力才能致太平军于死地的人，因而一再委婉批评清廷战略决策不得要领。对咸丰帝的训斥，曾国藩倒出自己的委屈："臣自维才智浅薄，惟有愚诚不敢避死而已，至于成败利钝，一无可恃。皇上若遽责臣以成效，则臣惶悚无地。与其将来毫无功绩，受大言欺君之罪，不如此时据实陈明，受畏葸不前之罪。臣不娴武事，既不能在籍服丧守制，贻讥于士林；又复以大言偾事，贻笑于天下。臣亦何颜自立于天地之间乎！中夜焦思，但有痛哭而已。伏乞圣慈垂鉴，怜臣之进退两难，诚臣以敬慎，不遽责臣以成效。臣自当殚竭血诚，断不敢妄自矜诩，亦不敢稍涉退缩。"实则软中带硬，以柔克刚，是《挺经》之实例。咸丰皇帝看了奏折，为曾国藩的一片"血诚"所感动，从此不再催其赴援外省，并以朱批安慰他说："成败利钝固不可逆睹，然汝之心可质天日，非独朕知。"曾国藩"闻命感激，至于泣下"。多少年后，他还对此念念不忘，并专门请人从京中抄回原奏（因底稿在九江与座船一起丢失），与咸丰皇帝的"朱谕"一起保存，"同志恩遇"。

曾国藩四处劝捐，甚至强行摊派，早已引起湖南士绅的普遍不满，与地方官也频生矛盾。现在，皇帝令他出师，他却几次拒绝。为此，矛头一齐指向了他，有人怀疑他拿富绅的钱在干什么。有人以委婉的方式批评他，说兵法不是讲兵贵神速嘛，为何如此迟缓？！曾国藩却不为所动，复信说："此次募勇，成军以出，要须卧薪尝胆，勤操苦练，养成艰难百战之卒，预为东征不归之计。若草率从事，驱不教之士，执蛊脆之器，行三千里之远，以当虎狼百万之贼，未与交锋而军士之气固已馁矣。虽有一二主者忠义奋发，亦无以作其众而贞于久也。故鄙意欲竭此两月之力，昼夜训练。凡局中窳苦之器，概与讲求而别为制造，庶几与此剧贼一决死战。断不敢招集乌合，仓卒成行，又蹈六月援江之故辙。虽蒙糜饷之讥，获逗留之咎，亦不敢辞。"

在回复林源恩的信中曾国藩一再强调："剑戟不利，不可以断割；毛羽不丰，不可以高飞。若仓皇一出，比于辽东自诩之豕，又同灞上儿戏之师，则徒见笑大方耳。必须练百金精强之卒，制十分坚致之械，转战数年，曾无馁志，乃可出而一试。"

曾国藩善于吸取历史教训。当时他的旧友已有不少因仓促一战而命丧黄泉，他不能蹈此覆辙，必须坚持定见，不为谣言所动，不为讥讽所撼，甚至皇帝的圣旨，十二道金牌也要挡回去。他给刘蓉信中曰：

　　（寄谕）前此饬仆援鄂中，有"肃清江面"字样。省中人言藉藉，遂谓谕旨令赴皖，会同江某（忠源）云云。有以书来贺我起行者，有以书来责我迟缓者，仆方付之一笑，以为不足办〔辨〕而已。不谓此次寄谕，乃与前番谣言巧相符合。彼中旧知，如周敬修（天爵）、吕鹤田（贤基）遽已沦谢，江、李、袁、陈诸君，计亦难必瓦全。如仆者，尚何忌何待？然不稍为储峙，则此后更无继者，故不得不稍慎也。

以往史书多责备曾国藩不顾师生情谊，置老师吴文镕安危于不顾，实则不然。曾、吴二人在函札往来中有大致统一的意见，即坚守武昌对两湖十分关键，如果轻易出战，必败无疑。形势的发展将吴文镕逼上了死路，这就是湖北巡抚崇纶向清廷参奏吴文镕，而清廷不辨黑白。谕旨责吴哓哓置辩，何能掩前之失！曾国藩得知吴文镕被参及清廷的谕旨后，焦灼不安。十二月十五日，他致信吴文镕，嘱其坚守省城，即因此受到处分，也仍坚持："窃念吾师之进退，系南北两湖之安危，即系天下之利害。此时以极小之船，易炸之炮，不练之勇，轻于进剿，不特'剿'之一字毫无把握，即鄂垣城守，亦觉单薄可虑。虽有严旨切责，吾师尚当剀切痛陈，备言进剿之不能得力，徒挫声威；省会防守之不可忽，船炮凑办之不易集，湘省之办船，粤东之购炮，皆系奉肃清江面之旨而来，只可并为一气，协力进攻，不可七零八落，彼此无成。逐层奏明，宜蒙俞允。即以此获咎，而于吾师忠直之素，谋事之臧，固亦可坦然共白于天下。"但曾国藩十分担忧座师吴文镕已率兵出城，因而信尾说"如尚未起行，伏望审慎三思，仍驻鄂垣，专重防守"。本来，吴文镕坚守武昌，激励将士，数旬围解，而崇纶反以闭城坐守奏劾，清廷下诏促其进复黄州。文镕此时方调胡林翼率黔勇来助，又约曾国藩水师夹攻。

直到咸丰四年（1854）正月十六，曾国藩还给吴去信，称他定于二月十八日起行。当时曾国藩刚得悉江忠源战死，对吴说："吾党失此男子，知与不知，同声泣悼。国藩之初意，欲多备船只、炮械，募练劲旅，奉吾师为主帅，而国藩与岷樵（江忠源）二人为左右之辅。盖以近年以来，老成凋谢，吾师为中原群士所归仰，而国藩与岷樵二人又适皆出门下，或者共相激励，维持南服数省之大局。今岷樵成名以去，吾师又被参劾，国藩区区，将何所依倚以图宏济乎？但祈吾师善卫玉躬，临戎持重。"

吴文镕此时料到自己也难逃一死，出战前致书曾国藩，嘱其万勿草草而出，说自己为人所逼，以一死报国，无复他望。要曾国藩所练水师各军，必等稍有把握，然后可以出而应敌，不要因为自己的缘故，轻率东下，东南大局，完全依仗曾一人，务以持重为意，倘若曾有不测之险，恐怕连后来的继承者都找不到了。

吴文镕在崇纶等满洲亲贵的趋战下，十分气愤，说："吾受国恩厚，岂惜死？以将卒宜精练，且翼黔、湘军至，收夹击之效。今不及待矣！"咸丰四年（1854）正月，无奈之中率兵勇四千人进驻黄州以北的堵城，以图攻占黄州。时值太平天国天历的新年，黄州城里举行庆祝活动。吴文镕以为有机可乘，下令所部清军发动进攻。不料太平军派出一支部队，绕出清军之后，隐蔽埋伏。随即，黄州城内的太平军全部出动，猛攻清军，同时伏兵突起，对清军进行夹击。清军两面受敌，死伤大半。吴文镕投水而死。

江、吴两人的死对曾国藩是个沉重的打击。江忠源在曾国藩门生弟子中，办团练最早，最有实战经验，同时也任职最高，深得清政府的信任。曾国藩曾打算练勇万人概交江忠源指挥，而自己只在后方办理练兵筹饷等事。不料未待出征而江忠源毙命，这逼迫曾国藩不得不亲自出征。吴文镕的死对曾国藩打击更甚，吴文镕身任湖广总督，既是曾国藩的老师，又是他强有力的支持者。若吴文镕仍在，处处有人帮他说话，或许不至于陷入后来那样的困境。

　　曾国藩深通天道盈缩、洪荒变幻的道理，他常常告诫诸将说，宁可好几个月不开一仗，决不可以开仗而毫无安排、准备和算计。凡是用兵的道理，本来力量强而故意显示给敌人以懦弱的多半会打胜仗，本来力量弱小而故意显示给敌人以强大的多半会打败仗。敌人向我进攻，一定要仔细考究衡量而后应战的多半会打胜仗；随意而没有仔细考究衡量，轻率地发兵向敌人进攻的多半会打败仗。兵者是不得已而用之的，应常常存留不敢为先之心，必须让对方打第二下，我才打第一下。与强悍敌人交手，要以能看出敌人的漏洞和毛病为第一要务。如果敌方完全没有漏洞、毛病，而我方贸然前进，那么我方必有漏洞和毛病，被对方看出。不要在自己有急躁情绪的时候出兵，不要为众人的议论所动摇，自然能够瞄准敌方可破的漏洞。曾国藩蓄势以待，赢得了宝贵的半年时间。这是他"咬牙立志"的又一次体现。

　　咸丰三年（1853）冬，确实是曾国藩出办团练以来最艰难的时期之一。庶事草创，经费繁巨，有求弗应，"公尝以蚊虻负山、商距驰河自况；又尝有精卫填海、杜鹃泣山之语。盖公之水师为肃清东南之基本，而是年冬间，最为盘错艰难之会矣。"（《曾国藩年谱》卷二）

第七章　初试锋芒

一　传檄出师，"胜过百万兵"

江南佳丽地，金陵帝王洲。

多次作为国都的南京，于咸丰三年（1853）成为太平天国的都城。清朝的统治受到了比"三藩之乱"还严重的威胁。太平军自出广西以来，九个月间，军行三千余里，横扫长江五省，兵力增至三十余万。二月二十一日，即南京被攻陷的十天，向荣统率清军一万四千人在南京城东朝阳门外的孝陵卫扎营，这就是江南大营。三月初九，钦差大臣琦善在扬州城北雷塘集扎营，直隶提督陈金绶、帮办军务大臣胜保扎营城西北帽儿墩，距扬州三里，这就是江北大营。江北大营有兵万人。清廷的战略明显处于守势，即坚决阻止太平军越过长江，向北发展。当然，伺机进攻江南，以动摇太平天国的基础，也是战略的组成部分。按照这一部署，琦善着重布防淮、扬，以期前扼江北，为南岸声援；后据黄河，为北路屏障。而向荣则相机进兵。由于太平天国于五月自扬州开始北伐，同月又沿长江流域而上展开西征，因此，清军的作战区域急遽扩大，形成了以天京为中心包括扬州、镇江的东战区，在直鲁境内和太平天国北伐军相持的北战区，以武汉为中心争夺两湖的西战区。

太平天国定都天京后，据有武汉、九江、安庆，在长江中下游占有"形胜之地"，而其北伐军又势如破竹，一直打到天津以南之静海，距京师仅二百里程。故打乱了清廷的部署，保守京师成为重中之重。清朝把最精锐的力量布置在直鲁，这就是僧格林沁、胜保统带的八旗绿营，并配有从内蒙古、东北调来的满蒙骑兵、步兵；东战区即向荣、琦善统带的八旗绿营，即江南、江北两大营；西战区有驻守湖北，由吴文镕统带的绿营兵，以及尚在湖南的湘军。这样的兵力部署反映了八旗绿营仍占主导地位，而新起的湘军属于配合作战。咸丰帝之所以在两三个月间令曾国藩忽而援鄂，忽而援皖，就是认为湘军属配合作战。而曾国藩四拒咸丰帝的出兵之旨，除了准备不充分外，就是不愿充当附庸。

但随着战局的变化，八旗绿营愈来愈弱，而湘军则愈来愈强。此时太平天国方面，由于北伐军被阻截，东战区扬州被围而告急，西战区因兵力不足而退出汉口、汉阳，东王杨秀清决定缩短战线，夺取安徽，再集中兵力继续西征，攻占两湖。太平军自咸丰三年（1853）六月入江西，取九江湖口，进围南昌后，于十二月破庐州，安徽巡抚江忠源死之。因此，咸丰四年（1854）春，两湖成为双方争夺的焦点，在很大程度上成为影响全局的关键。

吴文镕统领的绿营兵于咸丰四年（1854）正月在黄州附

近被歼灭后，湘军成为两湖战场上清军唯一的主力部队。随后，太平军三克汉阳、汉口，进围武昌，前锋直逼湖南北大门岳州。

在此形势下，曾国藩于咸丰四年（1854）正月二十八日，在水师未经训练、洋炮未到齐的情况下率师自衡阳出战，并发布著名的《讨粤匪檄》，以图在政治思想上动员统治阵营的中下层人士，共同向太平天国展开进攻。文章的第一段极尽诋毁太平军之能事，以地域观念打动长江流域之人，并分化太平军；第二段是对孔孟之道的卫护：

> 自唐虞三代以来，历世圣人，扶持名教，敦叙人伦，君臣父子，上下尊卑，秩然如冠履之不可倒置。粤匪窃外夷之绪，崇天主之教，自其伪君伪相，下逮兵卒贱役，皆以兄弟称之，谓惟天可称父，此外凡民之父，皆兄弟也，凡民之母，皆姊妹也。农不能自耕以纳赋，而谓田皆天王之田；商不能自贾以取息，而谓货皆天王之货；士不以诵孔子之经，而别有所谓耶稣之说、《新约》之书。举中国数千年礼义人伦、诗书典则，一旦扫地荡尽。此岂独我大清之变，乃开辟以来名教之奇变，我孔子孟子所痛哭于九泉！凡读书识字者，又乌可袖手安坐，不思一为之所也！自古生有功德，没则为神。王道治明，神道治幽，虽乱臣贼子，穷凶极恶，亦往往敬畏神祇。李自成至曲阜，不犯圣庙；张献忠至梓潼，亦祭文昌。粤匪焚郴州之学宫，毁宣圣之木主，十哲两庑，狼藉满地。嗣是所过郡县，先毁庙宇，即忠臣义士，如关帝、岳王之凛凛，亦皆污其宫室，残其身首。

以至佛寺、道院、城隍、社坛，无庙不焚，无像不灭。斯又鬼神所共愤怒，欲一雪此憾于冥冥之中者也！

这篇檄文具有极强的鼓动性，曾国藩利用太平天国文化政策的致命弱点，采取了积极的反击。太平天国伊始，所到之处毁孔庙、焚圣像、拆寺院，独尊"真道书"，宣布"四书"、"五经"为妖书邪说，"凡一切孔孟诸子妖书邪说者尽行焚除，皆不准买卖藏读也，否则问罪"。如有私留者，搜出即斩首不赦。所过之处，凡学宫正殿两庑柱皆毁弃殆尽，或堆军火，或为马厩。改江宁学宫为宰夫衙。这种做法破坏了封建纲常伦理秩序，使传统文化经受了重创。曾国藩"檄文"突出为卫护道统名教而战，为传统文化而战的旗帜，对太平天国的种族思想，却避而不提，显示了曾国藩思想舆论斗争的特有智慧。曾国藩后来为湘军将帅"树碑立传"，到处设"招忠祠"之类，实际上也起到了动员地主知识分子的效果。毛泽东也看到了曾国藩以"檄文"为号召的独到之处，他后来指出："洪秀全起兵时，反对孔教提倡天主教，不迎合中国人的心理，曾国藩即利用这种手段，扑灭了他。"

二　出师不利，首次自杀

1854 年的春节到了，曾国藩行色匆匆，特意抽出几天时间于十二月二十七日从衡阳回了趟湘乡。他在家中受到妻儿家人的簇拥。在热闹纷杂之中，曾国藩与他的父亲做了一次密谈。他告诉父亲曾麟书，正月底，他将率领湘军正式从湖南出发，与太平军打仗去了。父亲告诫他，现在为朝廷办事很不容易，打仗的事更是急不得，要一步一步地来。又说了许多体贴他的话，并叮嘱他一定要注意爱惜身体。过了大年初二，曾国藩就打点行装赶往衡阳。临行前他又到母亲的坟头去磕了一次头，烧了几炷香。正月初五，曾国藩抵达衡阳。此时湘军水师已基本成型，只是没有经过操练。一周以后，曾国藩接到了军机处廷寄的上谕，命他"着即遵旨，迅速由长江驶往安徽"。此时，曾国藩派出的探卒不断传来他不愿听到的消息，先是庐州失守，江忠源死难，随后又说吴文镕出战黄州堵城大败，曾国藩已没有等待的时间。

曾国藩自衡州起程，顺水而下，至湘潭与待命在此的水军四营会师。师行至长沙时又装载军械几千件，子药二十余万。这支部队已是湘、鄂、皖、赣四省境内规模最大的一支清军。他的手中有一支湖南任何一位文武大臣都不敢轻视的部队，有了与长沙官场进行对话的资本。同时，他马上就要率部与太平军作战，这绝不是儿戏，更不是一件可以斗气的事，他有大量的事情需要与长沙官场中人进行磋商。所以，他的心里虽然仍在咒骂长沙官场中的一些人，但他还是主动与他们协调关系来了。

二月初二，曾国藩在衡山舟次上奏清廷，称自己"才智浅薄，素乏阅历，本不足统此大众。然当此时事艰难，人心涣散之秋，若非广为号召，大振声威，则未与贼遇之先，而士卒已趑趄不前矣。是以与抚臣往返函商，竭力经营，图此一举。事之成败，不暇深思，饷之有无，亦不暇熟计，但期稍振人心而作士气，即臣区区效命之微诚也"。此次"东征"，虽师行仓促，但从船舰装备上看还是做了精心准备。计有拖罟一号、快蟹十号、长龙五十号、舢板艇一百五十号，皆仿照广东战舰之式，又改造钓钩船一百二十号，雇载辎重船一百余号。所配之炮，共有五百余位。所募之勇，陆路五千余人，水师五千人。陆路各军编列字号，五百人为大营，不满五百者为小营。水路分为十营，前、后、左、右、中为五正营。正营之外，又分五副营。正营旗用纯色，副营旗用镶边。所备之粮台，带米一万二千石，煤一万八千石，盐四万斤，油三万斤，军中应需之器物，应用之工匠，一概携带随行。合以陆路之长夫、随丁，水路之雇船、水手，粮台之员弁、丁役，统计全军约一万七千人。

由于水兵配置不足，加之相当多的水兵是刚刚招募来，甚至连战阵都没有演练。因此，曾国藩又在"沿途合操几次"。但接连失败，不敌太平军，退守长沙。太平天国水军乘胜继进，南渡洞庭湖而深入湘江，列水营于靖港至樟树港一带江面，距长沙仅六十里。

靖港一带，港汊纷歧，水陆两路而旁通湘江西岸之宁乡、益阳、湘潭等县，于是太平军决定一面以水军进逼长沙；一面以陆军取道宁乡攻占湘潭，对长沙采取包围的形势。四月初，曾国藩召集诸将议战。当时，太平军攻占岳州、湘潭后，兵锋正直指省城长沙。曾国藩若进入长沙无疑是自困城中。于是有人提出应先攻靖港，夺取太平军屯驻地；但也有人反对说，"若靖港失败，退还城下，即入死地"，应该攻湘潭。曾国藩见众人你一句、我一语地争论不休，也没了主意。这时水师十营官将，公推彭玉麟决定攻守战略，彭取上策，定先攻湘潭并亲率五营先期出发，约定次日曾国藩率五营殿后。

到了夜晚，情况却有了变化，曾国藩改变了原定部署。这就是长沙乡团来请师，说靖港之敌只有几百人，没有防备，可一战而驱之。团丁只是借大帅旗鼓作威势，吓退敌军，而且已架好浮桥接纳大帅，机不可失。闻者无不踊跃。曾国藩并非想侥幸取胜，但考虑到彭玉麟攻湘潭，这边攻靖港，可取夹击之势，牵引敌军，于是便改攻靖港。

四月二日晨，水急风利，曾国藩率五营水师如离弦之箭，自长沙乘风而发，不到几个时辰即达太平军屯驻的靖港上游二十里之白沙洲，伺机进攻。但到中午时，老天不作美，西南风陡发，加之江水猛涨，水流湍急，湘军师船驶至靖港停留不下来，只得轮番发炮轰击。太平军开炮还击，湘军水师急落船帆，停泊在靖港对岸的铜官渚，一时陷入被动挨打的境地。太平天国水军出小划船二百余只，驶逼敌船。湘军水营开炮轰击，由于炮高船低，不能命中。湘军水师见势不支，纷纷弃船登岸，战船或被焚毁，或遭俘获。曾国藩在白沙洲闻信，急率陆队援救。但陆队见水师失利，心怀疑怯，不肯前进。太平军见状，出队迎击，先是团丁奔逃，湘勇随后，争渡浮桥，又由于浮桥是临时用门扉床板搭成的，人多桥坏，死伤数百人。曾国藩见势不妙，亲执仗剑喝令士兵不退，并立令旗杆上，说："过旗者斩"。但士兵仍从旗旁相拥而过，于是全军大败。

曾国藩神情沮丧地回到坐船上，越想越难过，越想越灰心，便决定跳水自杀，一死了之。幕僚李元度见曾国藩支开随从，神情有异，便让章寿麟乘小船尾随其后，以备不虞。果然，曾国藩行到靖港对岸的铜官渚时，便一头扎入了水中。章寿麟见状，跃身入水将其救起。此时的曾国藩确实没有活下去的勇气，见章寿麟来救他，还责怪章"何以来此"，章寿麟说："湘潭我师大败太平军，特向大帅告捷。"实际上章寿麟当时还没有得到湘潭取胜的消息，是临时发挥出来的"告捷"。

曾国藩生前对铜官投水一事，讳莫如深，很多人只风闻其事而不知详情。后来章寿麟因为终其生不过一名知县，便认为曾国藩不肯大力提拔他，故特地写了一本《铜官感旧图》，对曾国藩颇有埋怨之词。这本小册子详细记述了曾国藩跳水自杀一事的始末，此事才公诸天下。

经过靖港一战，湘军水师损失惨重，溃不成军。曾国藩自称："是日风太顺，水太溜，进战则疾驶如飞，退回则寸步难挽，逮贼舟来逼，炮船牵挽维艰，或纵火自焚，或间以资贼，战舰失去三分之一，炮械失去四分之一。"曾国藩此次出师不利，自杀不成反被部属救回长沙，"为通省官绅所鄙夷"，布政使徐有壬等人拿着写好的参劾稿请巡抚骆秉章上奏清廷，参劾曾国藩。

曾国藩以为大势已去，悲观到了极点，回到长沙后不肯更衣，蓬头跣足，不饮不食。后又跑到妙高峰上起草了遗疏、遗嘱，共计两千多字，然后密令他的八弟曾国葆替他把棺材买好，决计在四月初五之夜再一次自戕。遗折是这样写的：

> 臣愧愤之至，不特不能肃清下游江面，而且在本省屡次丧师失律，获罪甚重，无以对我君父。谨北向九叩首，恭折阙廷，即于□□日殉难。臣读书有年，窃慕古

人忠愤激烈之流。惟才智浅薄，过不自量，知小谋大，力小任重。前年奉命帮办团防，不能在籍守制、恭疏辞谢。臣以墨绖出外莅事，是臣之不孝也。去年奉命援鄂援皖，不自度其才之不堪，不能恭疏辞谢，辄以讨贼自任，以至一出偾事，是臣之不明也。臣受先皇帝知遇之恩，通籍十年，骤跻卿贰。圣主即位，臣因事陈言，常蒙褒纳；间有戆激之语，亦荷优容；寸心感激，思竭涓埃以报万一。何图志有余而力不足，忠愤填胸，而丝毫不能展布。上负圣主重任之意，下负两湖士民水火倒悬之望。臣之父今年六十有五，自臣奉命剿贼，日日以家书勉臣尽心王事，无以身家为念。凡贮备干粮，制造军械，臣父亦亲自经理，今臣曾未出境，自取覆败，尤大负臣父荩忠之责。此数者，皆臣愧恨之端。论臣贻误之事，则一死不足蔽辜；究臣未伸之志，则万古不肯瞑目。

遗片的内容为：

臣自去岁以来，日夜以讨贼为心，曾书檄文一道，刊刻张贴。今事无一成，贻笑天下；而臣之心，虽死不甘。谨将檄文抄呈御览，一以明臣区区之志，一以冀激发士民之心。臣死之后，皇上必于两广湖南择一讨贼之人。陆路之将，则臣去年所保之塔齐布，实为忠勇绝伦，深得士卒心，愿我皇上畀以重任。水路之将，难得统领大员，现在湘潭获胜之褚汝航、夏銮、杨载福等，均可自将一军。臣于二月初间，咨行广西抚臣劳崇光，续召粤勇一千。三月中旬，又在衡州续造大船二十号，约于四五月可齐。广东水师陈辉龙，亦于近日可到。而臣忽以靖江（港）之败，失去船炮，臣是以愧恨不能自容。伏冀皇上速简贤员，总统水军，而以塔齐布总统陆军。但使灭贼有期，则臣虽死，犹足以少赎罪愆，不胜瞻恋之至。

人在激愤时不可以常理喻之。曾国藩是修过理学的人，但他也徒唤奈何。他的自杀并非"明志自现"，当时如果没有湘潭之胜，肯定是要受重谴的。

当曾国藩初率舟师自衡州经湘潭至长沙时，巡抚骆秉章"不听入城"，曾国藩也怕重蹈旧辙，"耻于依人"，因此，率水军十营散屯湘江两岸，与太平军共饮一水，相距半日可达。

靖港之战败后，布政使徐有壬、按察使陶恩培一同向骆秉章提议参劾曾国藩，并请先解散湘军。骆秉章说："曾公已自请议处，何烦再劾。你们只把失败归咎到他人头上，难道不想想现在太平军如何盛？如果没有曾公一军，派谁来守城！"因此不同意上折参奏。就在这时，自湘潭传来了塔齐布的捷报，塔齐布击败了石达开的部将林绍璋，勇克湘潭，歼敌无数，湘军终于可以扬眉吐气了。事实证明曾国藩编练湘军的心血并未白费，长江南北总算有了一支可用之兵。初八日，靖港的太平军自动撤退，长沙之围宣告解除。曾国藩在全城军民欢呼雀跃、额手称庆之际，总算打消了死意。湘潭全胜后，由骆秉章、鲍起豹（湖南提督）和曾国藩会奏经过，奏奖立功将士。而同日曾国藩则专给咸丰帝上了一个折子，痛陈自己靖港之败有三谬。在折末有"请旨将臣交部从重治罪"及请"特派大臣总统此军"的两项内容，这引起咸丰帝的不满，朱批为：此奏太不明白。岂已昏聩耶？汝罪固大，总须听朕处分。岂有自定一责问之罪？殊觉可笑！想汝是时心操如悬旌，漫无定见也！

嬉笑怒骂，无所不至！湘军互有胜负的奏折是骆与曾会奏，而清廷的上谕却十分有趣：将胜利主要归功于骆秉章，败则归咎于曾国藩。抑曾扬骆的用意十分明显。据黎庶昌的《拙尊园丛稿》卷三记载：当曾国藩初练湘军时，一位大学士曾经在廷议时散布说，曾某以在籍绅士，他的湘勇并非圣上所下令招募，而一呼万人，可见他的志向不小啊！意思是湘军是异己力量。一天，咸丰帝特旨召见编修袁芳瑛。袁是湘潭人，因此咸丰帝向他询问湘潭之战的情况。袁芳瑛因此将此战首尾及艰难苦战之情形向咸丰帝叙述一番。咸丰帝"大悦"，当日即授袁芳瑛为松江知府，"而公（指曾国藩）志以明"。这才有了鲍起豹的革职及塔齐布的升用。而按照规定，革职人员无专折奏事权，这就使曾国藩与最高决策者失去直接沟通的机会，前方万事丛集，难免招来是非，如果失去奏事权，连解释的机会也没有。因此，五月初八，曾国藩奏请皇上开恩，许专折奏事。咸丰帝允准。

曾国藩出师之战，胜败相杂，却受到革职处分，他颇感不公。好在他一力保举的抚标中军参将、满人塔齐布，赏总兵衔巴图鲁名号，超擢署理提督，统辖全省水陆各营。塔齐布当了大帅，还是要听曾国藩指挥。而原任湖南提督鲍起豹因"株守无能"，被咸丰帝革职。

塔齐布两年内超擢大帅，当他从湘潭归来受帅印时，文武官员及百姓"聚观相叹诧，虽（鲍）起豹傔从亦惊喜，以为皇上知人能任，使军气始振"。

按规定，提督列衔排在巡抚前，曾国藩此时已是革职之员，衔名又在巡抚之后，但塔齐布对曾国藩恭谨有加，自比于列将。此时，徐有壬等也前往曾国藩处祝贺，并表示歉疚之意。不久，清廷诏令曾国藩择司道大员随营主持筹饷事宜，徐有壬心中惴惴不安，惟恐被曾国藩选中。曾国藩带着讥笑的口吻对亲近他的人说："这些人怯懦无能，只能坏我的大事。即使请求同行，我也要阻止，况且此辈根本不愿意。"

曾国藩对清廷的赏罚不公在咸丰四年（1854）四月二十日与诸弟书中有所透露：

> 惟近日公道不明，外间悠悠之口，亦有好造谣言讥澄弟（国潢）之短者。而澄弟见我诸事不顺，为人欺侮，愈加愤激，肝火上炎，不免时时恼怒，盛气向人。人但见澄弟之盛气，而不知实有激之逼之使然者也。人以盛气凌物诮澄，澄以盛气伤肝致病。余恐其因抑郁而成内伤，又恐其因气盛而招怨声。故澄归之后，即听其在家养息，不催其仍来营中。……王璞山（王鑫）之骄蹇致败，贻误大局，凡有识者皆知之。昨在家招数百乡勇，在石潭杀残贼三十人，遂报假胜仗，言杀贼数百人，余深恶之。余与中丞（骆秉章）、提军（鲍起豹）三人会衔具奏一折，系左季高（宗棠）所作，余先本将折稿看过，后渠又添出几段，竟将璞山之假胜仗添入。发折后，始送稿来画，已无可如何，只得隐忍画之。朱石樵（孙诒）在岳州战败逃回，在宁乡战败，逃奔数次，昨到省城，仍令其署宝庆府事，已于十八日去上任矣。是非之颠倒如此，余在省日日恼郁，诸事皆不顺

手，只得委曲徐图。昨当面将朱石樵责备，渠亦无辞以对，然官场中多不以我为然。将来事无一成，孤负皇上委任之意，惟有自愧自恨而已，岂能怨人乎？怨人又岂有益乎？大抵世之乱也，必先由于是非不明、白黑不分。诸弟必欲一一强为区别，则愈求分明，愈致混淆，必将呕气到底。愿诸弟学为和平，学为糊涂。璞山之事，从今以后不特不可出诸口，而且不可存诸心。

澄弟，即是曾国潢，族中大排行为第四，比长兄小九岁。当时在长沙协助长兄训练湘军，大为长兄所受不公鸣不平。

三　咬牙立志，整军妙高峰

靖港失败后，曾国藩把自己关在长沙城外，七昼夜不与人说一句话，陷入深刻的反省与思考中。胜败乃是兵家常事，但此次失败成为曾国藩"咬牙立志"的重要动力。曾国藩后来说，他平生有"四大惭"，即四大耻辱，靖港之败即是其一，他说："甲寅年岳州、靖港败后，栖于高峰寺，为通省官绅所鄙夷"，但他经历"此一磨折"，后来才有成功。他还说，他一生"打脱牙之时多矣，无一次不和血吞之"，靖港之败即"打脱牙之时"。而"打脱牙和血吞"不是目的，"生平咬牙立志""徐图自强"才是目的。

曾国藩善于从失败中总结教训。他认识到，此次失败，也在于水军未经操练。不但打败仗时溃不成军，即使彭玉麟统帅打湘潭取胜时，部下也大肆抢掠。曾国藩家书称，在湘潭打了胜仗的五营，也抢分贼赃后逃回县城。甚至将战船送入湘乡河内，各勇登岸逃归，听任战船漂流河中，丢失货物。彭雪琴发功牌与水手，水手见有顶戴，才自言原来所报姓名全是假的，是应募之时胡乱捏造的，以备将来逃走，不能执册以相索。"湘勇之丧心昧良，已可概见。若将已散者复行招回，则断难得力。"

湘军始建之初，水陆师不仅缺乏实战经验，组织指挥系统上也未能做到层层节制。而临阵作战时，论胆量技勇，兵不如勇，论纪律则勇不如兵，因此曾国藩认识到必须有得力人员协同管带，加强文武员弁的层层节制，才能相互维系。过去湘军每营仅有一二绅士主持，故纪纲不密，维系不固。靖港之役，就错在"但知轻进之利，不预为退步之地"。而水师之弊，在于没有经战阵之弁勇，全是招募船户水手，编组成军，训练未满一月就拉上前线，故临阵胆怯。因此，曾国藩此后很重视老兵的作用，水陆弁勇编组时，务须新兵、老兵互相搭配。

《克复岳州战图》，清宫廷画家绘。所附上谕时间为
"咸丰四年七月二十三日"。

在指挥系统方面，重要的变化是增加统领一级。过去，

湘军陆师的编制最高为营一级，由曾国藩直接统辖调遣。现在营以上设立统领，统率二营或数营，陆师以罗泽南、塔齐布等为统领，水师以杨载福、彭玉麟等为统领，由统领指挥营官，曾国藩则指挥统领。这样，湘军编制完善，而在实战中，指挥也确实灵便，兵力使用相对集中。长沙整军后的湘军水陆师，共计一万五千名左右，其战斗力远较衡州出师时强大。

靖港之败，还由于赏罚机制没有建立起来。曾国藩感到，古人用兵，都是先明功罪，但今天多是患难相从，投奔大营来的并非是为利禄驱使，因此所订法条难于施行，所以两次致败。有鉴于此，这次他驻扎在长沙城南门外的妙高峰上整顿营务。规定凡是临阵脱逃的将领，不再录用。湘乡团练最早的组织者原湘乡知县朱孙诒，因在宁乡、岳州战役中临阵脱逃，被曾国藩断然逐出湘军。曾国藩的弟弟曾国葆也在被裁之列。据说曾国葆回到家乡后为此感到十分羞愧，几年闭门深居，足不出户。

经过长沙整军，湘军实力大增。"规模重整，军容复壮矣"。五月咸丰帝的上谕又称"肃清江面之举，仍借此一军，以资得力"，因此，湘军士气也受到鼓舞。六月，修造战船的工作已经完成，广东总兵陈辉龙也到达长沙，添造浅水拖罟二号，李孟群到广西招募的水手一千余名也回到长沙，与曾国藩所募水勇日夜操练。

六月下旬，曾国藩挥水陆两师北上，发动了对太平军的第二次攻势。此时太平军集中到岳州，有舟船一万余只，曾国藩认识到非水师不能制胜。因此积极调遣水师。前队营官褚汝航亲驾小船前往君山一带察看虚实，见湾内太平军水师船只甚多，决定采用"诱敌出击"之计。

六月三十日，湘军水师分五队进兵，彭玉麟左营埋伏于君山南岸，杨载福率右营埋伏于雷公湖上游，用"诱敌之计"大败太平军，太平军水师损失船百余只，曾天养率军撤离岳州，退守城陵矶。湘军水师在褚汝航率领下进入岳州城。七月初六，曾国藩率湘军水师余部及陆师两千人，从长沙起行，陈辉龙、李孟群各率水师随军北上，于七月初七抵达岳州。

岳州之失，对太平天国影响很大。因此，太平军稍事休整，又举行反攻。七月初八，双方在城陵矶相遇，湘军水师又受重挫，太平军打死陈辉龙和沙镇邦，太平军得其拖罟。褚汝航、夏銮率船来救，亦受伤落水而死。此次战斗湘军水师毁船颇多，曾国藩"伤心陨涕"。

太平军水战取胜以后，曾天养率太平军三千余人至城陵矶登岸，准备扎营据守。七月十八日，塔齐布率湘军陆师赶到城陵矶，双方展开大战。塔齐布是湘军第一悍将，精于马术，善于骑射，一直保持着八旗兵剽悍气质，自湘军出师以来，战功显赫。年已六十岁的曾天养，也是太平军的著名猛将，屡立奇功。这一仗打得异常激烈。清军参将玉山施放火箭，使太平军进攻受挫，激怒了曾天养，他匹马持矛独上，直奔塔齐布，刺伤塔齐布的坐骑，却不幸被塔齐布的亲兵黄明魁刺中，曾天养忍住巨痛回矛将黄明魁刺伤，自己也坠至马下阵亡。主帅阵亡后，太平军败退。据说，湘军割下曾天养的首级，"悬之营门，目光炯炯，六日犹视。军士不敢过其下，乃祭醮而掩之"。太平军闻曾天养阵亡，皆痛哭为之祈祷，志哀数日。曾天养的牺牲对太平军打击很大，军中大乱，向武昌退守。

湘军则一鼓作气，塔齐布率军分三路扑向高桥，将太平军七座营垒捣毁，随后又毁其营垒十三座。曾国藩令水师猛攻，于是太平军乃凿沉先前所获湘军水师拖罟，水陆两军退进武汉。

四　左、胡相助，"引用一班正人"

靖港之败，曾国藩投水自杀的第二天清晨，好友左宗棠从长沙缒城而出，前往铜官渚舟中探望曾国藩，当时曾国藩"气息仅属"，所着单衣沾满泥沙，痕迹犹在。左宗棠一向气傲，见此情景，不免感伤颇多。他劝慰曾国藩，"事尚有为"，此时"速死非义"。曾国藩"瞑目不语"，只令人将战败的详单找来，交给左宗棠查点。左宗棠知道，曾国藩已经心回意转。恰在此时，曾麟书写给儿子的劝诫信也正好到了大营，曾国藩展信相阅，泪流纸上，只见上面有这样几行字："儿此出以杀贼报国为志，非直为家乡桑梓。兵事时有利钝，出湖南境而战死，是皆死所，若死于湖南，

左宗棠

我不为你哭!"曾国藩咬牙立志，这是第一次。多少年后，当曾国藩早已作古，左宗棠亦已七十余岁，回顾这段往事时，还发思古之情：

> 夫神明内也，形躯外也，公不死于铜官，幸也。即死于铜官，而谓荡平东南诛剿戢让，遂无望于继起者乎，殆不然矣!事有成败，命有修短。气运所由废兴也，岂由人力哉!惟能尊神明而外形躯，则能一死生而齐得丧。求夫理之至是，行其心之所安，如是焉已矣。且即事理言之，人无不以生为乐死为哀者。然当夫百感交集，拂郁忧烦之余，亦有以生为忧为苦而速死为乐者。

左宗棠还说：曾国藩攻克金陵，大功告成后，"每遇人事乖忤郁抑无聊，不禁感慨系之，辄谓生不如死，闻者颇怪其不情。"实际上，曾国藩一生不限于"四大惭"，剿捻无功，他丢尽颜面；天津教案，他被世人目为"国贼"。曾国藩一生也多次自杀过，写的遗嘱、上的遗折不止一次二次，但他还是坚持下来了。而使他能够支撑下去的就在于他的"内敛"功夫，即信念不动摇。同时，他的一群引为同志的"知己"的帮助也是重要原因。

曾国藩的《杂著》中有《居业》一条，意思是说打江山创事业都要有基础。他说，古时代英雄的事业必定有基础，如汉高祖刘邦在关中，光武帝在河内，魏在兖州，唐在晋阳，都是先占据根据地，然后进可以战，退可以守。曾国藩把建立基业归纳为两个必要条件，即规模宏大，言辞诚信。

曾国藩痛恨官场风气，决心"引用一班正人"。早在办团练伊始，他就在《招某绅耆书》中说，自己奉命协助帮理团练，稽查捉拿贼匪，希望家乡的贤人慷慨前来光临相助。如果能使众多的贤士都汇集而来，肝胆相照，那么，即使是坚固的金石也能穿透，又有什么艰难不被克服呢？

咸丰三年（1853）九月，曾国藩发给湘潭绅士公信，称赞湘潭"自诸君子而外，尚有贤声著里闾，忠肝贯金石，贵邑不乏杰人，有为国藩素所闻知，未通缟纻者，有并为国藩不及访问者，务望道达微忱，助我一臂之力"。但由于当时形势危急，入幕如入罗网，因此除刘蓉、郭嵩焘、陈士杰、李元度、黄冕、章寿麟、罗萱等人外，曾国藩几乎没有网罗到多少有才之人。

曾国藩深感孤立无援之苦。他在给弟弟们的信中很有感慨地说："兵凶战危之地，无人不趋而避之，平日至交如冯树堂、郭云仙（嵩焘）者尚不肯来，则其他更何论焉！"又说："甄甫先生（吴文镕）去岁在湖北时，身旁仅一旧仆，官亲、幕友、家丁、戈什哈一概走尽。此无足怪之事。兄现在局势犹是有为之秋，不致如甄甫处萧条已甚。然以为此为乐地，而谓人人肯欣然相从，则大不然也。"曾国藩当时人才不盛的情形，由此可见一斑。

李元度曾上书曾国藩言兵事，为其所赏识，于咸丰四年（1854）初入幕。李元度系湖南平江人，字次青，举人出身。少年时慷慨任侠，勤奋向学。曾任黔阳县教谕。他的成长也是从当幕僚开始的。道光末年，他随奉天学政张之万来到了清朝的"龙兴之地"沈阳。初到塞外，李元度感到气象万新，奉天朴实而不失强劲、豪爽而信义的民风给他以无限感慨。他饱览边关名胜，足踏山海关，凭吊古战场的英魂。吴三桂、陈圆圆的故事更让这位平江才子遐想当年。清朝承继明朝的体制，实行两京制度，即以北京为首都，以盛京为陪都，除吏部等不设外，官员设置几同首都。乾嘉以来，清王朝经过长达百余年的康乾盛世，早已步入衰象四显的中年。而此时的"龙兴之地"，因为开发较晚，仍然生机盎然。李元度似乎找到了自古以来北方少数民族铁骑南下，几度取中原王朝而代之，而南方的众多少数民族"迄无建树"的奥秘所在。

盛京在东北是开发最早的地区。清朝初年，对"龙兴之地"实行封禁政策，但仍有许多犯人、文人骚客带着他们的家眷迢迢地来到了这块陌生的土地上。同时，他们也带来了南方的文化和江南先进的生产技术。东北这块流放者的土地开始了复苏、勃发的历史。按照清朝的制度，设实录馆为前一朝撰修《实录》，往往由大学士充任总纂官，国家的优秀人才充任修纂。修纂结束后，实录馆即撤销。修成的《实录》以汉、蒙、满三种文字缮写五份，分别储藏于皇史宬、乾清宫、内阁实录库和沈阳清宫等处。《实录》在雍正以前篡改不大，基本上保持了当时的历史原貌。但雍正帝由于即位不是"法定的"，所以他主导修撰康熙实录。自此后，《实录》多少有些"不实"，但仍集中了一代朝章国故，尤其是臣下的奏章与皇帝的谕旨记载最多，因而也可见一朝一代之兴衰。

李元度是个勤苦的读书人，也是一个才华出众的有心人。他在沈阳看到了当时人极少能看到的列朝实录，使得他对清朝兴衰，一代政事得以通晓。

咸丰二年（1852），各地开始办团练，以对付日盛一日的太平军。曾国藩在湖南长沙办团练不久，李元度便托名罗江布衣，上书曾国藩，大谈兵略战守。曾国藩展读后大加赞赏，立即要见这位上书人。可是，人海茫茫，"罗江布衣"究竟在何方？最后，曾国藩几经周折，终于找到了李元度，召见时更发现他博通文史，脑中有物，非寻常辈可比，于是欲"引与规划军事"。可是李元度还颇为犹豫。曾国藩后去信李元度，告知自湖北田家镇被太平军攻占之后，湖南形势又趋急变，处于非常危殆的境地。更为可虑的是，安徽的重要城镇相继失守，朝廷已颁旨要他速率湘勇前往赴援，从而恳请李元度"临危受命，同为东征之役"。这封信情真意浓，表达了曾国藩思贤若渴的心情，而文理妙发，是曾文中的妙笔：

> 执别数月，相思饥渴。以仆之拳拳于左右，知阁下亦必不能忘情于仆。感应通神之理，自古无或爽也……顷奉谕旨，饬国藩筹备船炮，前往皖中会剿。当此艰难呼吸之际，下走食禄有年，心肝奉于至尊，膏血润于野草，尚复何辞！惟才力短浅，枉耗神智，无益毫末。乃者，阁下前所条陈数事，自托于罗江布衣之辞，云愿执鞭镫以效驰驱，断不思纸上空谈，置身事外。仆尝从容自笑相存，息壤在彼，想阁下必不忍背无形之盟也。贵邑侯林君秀三，慷慨请缨，愿随鄙人率师东下。仆令其精练平江勇五百人，于正月节后会师长沙。尤望阁下仗邓氏之剑，着祖生之鞭，幡然一出，导我机宜。又闻有

君家扩夫及何君忠骏，皆胆识绝人，吾乡之英，亦望阁下拔茅汇引，同为东征之役。不鄙下走为不足与谋，而以天下为分内之忧，以桑梓为切肤之痛，此固藩所重赖于二三君子，而亦诸君子冰霜拔秀，澄清自许之会也。

次年初，曾国藩在衡州加紧训练湘军水师，准备出兵东征之时，又复书李元度，恳邀来衡筹商一切："即不能从我东下，亦聊可临歧相送，惠我至言，无任翘企。"由于李元度仍迟迟不来，所以曾国藩在书信中有"此必鄙人平日立身无似，无以取信于君子，故相弃如遗乎？"之类话，在哀怜自责中将李元度置于不得不来之地。经曾国藩三番五次的诚心相邀，李元度终于在咸丰四年（1854）正月后带所部兵勇火速赶到衡州，从此进入曾国藩幕府，成为曾国藩身边一位重要的谋士，两人之间患难相依的交情也开始建立起来。

按照清朝的制度，革职的官员不得专折上奏，凡皇帝的谕旨皆由大帅传知。因而每次听到提督、总兵喊："听圣旨"，曾国藩叩头大拜时的难堪，不仅让他失去了自尊，也让以师事曾国藩的塔齐布等颇不自在。但曾国藩对此却一筹莫展。原来，康熙皇帝发明的这项"专利"，是专为沟通上下之情所设，即让最亲近的人专写奏折，由皇帝亲自批阅，再交上奏人执行。可谓单线联系，是连接最高层中枢神经的"特权"。而到了雍正时，允许上奏折的官员更多了，除了总督、巡抚外，道府中的个别人也特许奏事。因而无专折奏事，是很大的惩罚。更重要的是，臣情无法上达，皇帝自然很难了解下边人的苦衷，不能专折，只能"会奏"，即同地位身份相等的人一同上奏，但须意见一致，而且奏什么，大家都知道，因而也就没有什么秘密可言。更何况，皇帝下发谕旨属公文性质，或由军机处"廷寄"，仍由巡抚、提督传谕。

一日夜晚，李元度将一份《革职待罪臣曾国藩乞请专奏以速戎机事》的奏疏呈给了心绪纷乱的曾国藩。但曾见后却大为不悦，因为革职后专折奏请有越规之嫌，加之咸丰帝此时猜忌很多，上奏的结果似乎凶多吉少，但李元度一再坚持，曾国藩只好听他一试。

后李元度又将原折一改再改，并以军情变化万端，随时奏报圣上为主旨，写完后，密封上达。几日后，朝廷即下谕特许曾国藩单衔专奏。这不仅是皇帝打破常规之举，也是曾国藩获得的"异数"之一。李元度为曾国藩"恢复"专奏权后，曾对他更加信任不移。两人卧同室、游同舟、饭同食，形影不离。而草拟奏折信缄之类，也大多出自李元度一人之手。此后，曾国藩九江之败，南昌之困，"元度无不相从艰危中，多以勘助"。而曾国藩的多次寻死觅活，也"皆以元度防救得复"。

陈士杰在曾国藩的早期幕僚中，也是比较重要的一位。他字隽丞，湖南桂阳州人。道光己酉科拔贡生，廷试一等，以七品小京官分户部。陈士杰敝车羸马，不喜造请。当时阎敬铭在曹司，以戆拙称，陈、阎一见相契，若平生欢。曾国藩于朝考读卷时即知陈士杰之才，加之又是同乡，因此两人来往颇多。咸丰元年（1851），陈士杰丁父忧，贫不能归，曾国藩亲自为他办装，绵衣车帘，颇为体面。

曾国藩移师衡州后，闻陈士杰知兵，遂手书招来，任以谋议与用舍人才。咸丰三年（1853），陈士杰随从曾国藩军下湘援湖北，而湖南巡抚骆秉章先遣王鑫出岳州，至蒲圻，败退。曾国藩集营岳州城外，太平军乘胜追击，湘军退走。王鑫因为自己违曾国藩之诫而致败，耻与俱退，独入空城死守。曾国藩大为愤懑，决计不出兵相救，手下人莫敢为言，只有陈士杰劝他说："岳州薪米俱绝，明日必溃，宜遣救璞山（王鑫）。"曾国藩正在气头上，怒气不解。陈士杰认为自己是为公而谏，不应一拒绝即回，并自言自语道："为千人请命，奈何计小礼数？"复入请曰："璞山军宜往救。"他的意色非常坚定，大有不达目的不罢休的架势。曾国藩在室内徘徊不决。一方面，他痛恨绿营兵"败不相救"的恶习，决定以新的完全不同的面貌出现；另一方面，他对王鑫的独树一帜深表不满。但陈士杰的话他不能不考虑，遂立即停步说："如何能救？刚刚派人侦察，城中无人，但城外有燎火。"陈士杰立即召探卒两人对质，愤怒地说："若等畏贼不敢往，若城中人出，寸斩汝矣。"两人具伏虚诳。曾国藩因问计，陈士杰言敌无战船，宜遣水师傍岸举炮为声援。王鑫因得縋城逃出，生还者九百余人，其后平浙、克新疆大将皆在其中。但不久陈士杰即离开曾幕。

后来曾国藩准备"东征"时，再次盛邀陈士杰入幕：

> 自别以后，日盼足下来音，而久不见达。足下深明武事，于御众之道，盖得古人之遗意。仆此次东行，博求吾乡血性男子有忠义而兼娴韬略者，与之俱出。足下于仆，有文字之缘，有知己之雅，岂可不联镳以偕？兹专人前往，乞足下禀告侍闱，即日来衡阳共筹诸务。

陈士杰果然应召而出，并且在湘潭之战中立有谋略之功。

曾国藩发出几十封信，请诸贤达共襄时事，但应者很少。他写给郭嵩焘兄弟的信中，备述艰难之情。咸丰四年（1854）正月与郭昆焘信中说：

> 去冬筠老（指郭嵩焘）来此小住数日，而家书敦促，险语逼人，遂不能复为我地公孙同乘兄弟也。胡再不谋以今日之大局，而必欲骧首前进，攘臂求名？虽大愚之人，尚不至此。则肥遁以鸣高，蔬食以自足，入山惟恐不深，入林惟恐不密，亦市井寻常之人所乐而优为者，初非一二有道君子独得之秘也。若论古今之大义，则我国家深仁厚泽。吾辈之高、曾、祖、父，久食升平之福，而席诗书之荣。而君家长公身为词臣，乃历世所称极宠之秩，又以江西戎事，特恩授职编修。而足下与令弟又皆以科名慰其亲心，而誉于乡国。此岂得秦越视之，而谓国事于己无与、置之不闻不问之列？此揆之君臣之义，君家有所不得而逃也……国藩现筹备战舰，水陆并进，虽薄劣之才，艰难之时，明知无补万一，而正大之名，忠直之气，固可以上对日月，下对鬼神。惟时势愈艰，识者多引避伏处。孤忱耿耿，谋而无与同，失而无与匡，是以奉书拜告足下，不以为下走之私聘，而以为国家之公义，不以为兵家讨伐之常，而以为孔门千古之变。幕府有奏章之职，有书记之席，刻已请邓君小耘充书记，欲以奏章一事重烦左右。

曾国藩从君臣职分、人伦之变等几方面说服郭嵩焘兄弟赶来大营，信中委婉批评了这些"君子"置国家危亡于不顾、入山惟恐不深的推避行为。

在写给郭嵩焘的信中说：

> 吾子身为词臣，又以戎事受知，擢职编修，与李文贞（李光地）蜡书策贼之役，功赏差同。较之岷樵（江忠源）咸丰元年，以丁忧之候补知县而慷慨从戎，则足下之秩较崇，而其受恩较渥矣。今足下漠然置身事外，若于国事无与。不肯走省垣与仆共事，而但至湘阴与仆一诀。所以引嫌避怨至周且详，窃恐自处失当，远背于大义而不自知也。近日朋辈中，多疑此事为国藩一人之私事，遂有不宜许友以死之说，尤可怪笑。仆之办此，一死久矣。诸友即弃予不顾，仆亦含笑而死；诸友即倾命相助，亦未必能救仆之死。若足下者，自有君臣之分义，自有名教之责任。其应竭力报国，盖不当以仆之死生为断，而当以己身之死生为断。仆而未死，则助仆共谋；仆而既死，则或独力支撑，或与人同举，直待尊命无一息之存，乃可少休耳。刻拟奏请足下专办湖南捐输，亦取君所优为者付之，不欲劳君以远征而近君以危地。务望即日命驾前来湘潭，赶办劝捐事件。

曾国藩甚至带有要挟的口吻，说如果你郭嵩焘不来入幕，我将上奏朝廷，将你列入逃兵名册。在曾国藩的再三敦促下，郭嵩焘兄弟成为最早加入曾国藩幕府的重要人物。咸丰三年（1853）二月，刘蓉也加入幕府。

此时虽没有加入曾国藩幕府，但对他事业影响颇大的是左宗棠。左宗棠，字季高，号朴存，湖南省湘阴县人，生于清嘉庆十七年（1812）。四岁时，随祖父在家中梧塘书塾读书。六岁开始攻读"四书"、"五经"等儒家经典，九岁开始学作八股文。道光六年（1826），左宗棠参加湘阴县试，名列第一。次年应长沙府试，取中第二名。三年后，十八岁的左宗棠在书铺买到一部顾祖禹的《读史方舆纪要》，不久，又读了顾炎武的《天下郡国利病书》和齐召南的《水道提纲》。对这些涉及中国历史、地理、军事、经济、水利等内容的名著，左宗棠如获至宝，早晚研读，并作了详细的笔记，对于今后可以借鉴、施行的，"另编存录"。宗棠早年清苦自守，谓日有粗粝两盂，夜有油灯半盏，即不负此光阴。读《皇朝经世文编》，丹黄殆遍。这些书使他大开眼界，对他后来带兵打仗、施政理财起了很大的作用。当时，许多沉湎于八股文章的学子对此很不理解，"莫不窃笑，以为无所用之"。左宗棠却毫不理会，仍然坚持走自己的路。

　　左宗棠出色的才能受到湖南籍名臣贺长龄兄弟及陶澍的赏识。左宗棠向贺氏请教各种学问，贺氏对比自己年龄小许多的左宗棠十分器重，"以国士待之"。贺长龄去世前，适逢左宗棠长子孝威出生，遂将自己最小的女儿相许。忘年师生又成为儿女亲家。道光十七年（1837），时任两江总督的陶澍阅兵江西，顺道回乡（湖南安化）省墓，途经醴陵。陶澍是当时赫赫有名的封疆大吏，他的到来，醴陵县令自然要竭力款待，大事欢迎，为其准备了下榻的馆舍，并请当时的渌江书院山长左宗棠书写楹联，以表欢迎。左宗棠崇尚经世致用之学，对陶澍也早有仰慕之情，于是挥笔写下一副对联：

　　春殿语从容，廿载家山印心石在；

　　大江流日夜，八州子弟翘首公归。

　　这副对联，表达了故乡人对陶澍的景仰和欢迎之情，又道出了陶澍一生中最为得意的一段经历。一年多前，道光皇帝在皇宫连续十四次召见陶澍，并亲笔为其幼年读书的"印心石屋"题写匾额。这件事，朝野相传，极为羡慕，陶澍也自认是"旷代之荣"。因此当他看到这副楹联后，极为赏识，询知是左宗棠所作，便立即约请相见，"一见目为奇才，纵论古今，为留一宿"。为此，陶澍还特意推迟归期一天，于次日与左宗棠周游醴陵，极为融洽，成为忘年之交。道光十八年（1838），左宗棠第三次赴京会试，结果又不中。南归途中，他绕道专程去南京谒见陶澍。陶澍并不以左宗棠的连连落第为意。他格外热诚，留其在总督衙署中住了十多天，"日使幕友、亲故与相谈论"。一天，陶澍主动提议将他唯一的儿子（时仅五岁）陶桄，与左宗棠五岁的长女孝瑜订婚。当时，陶澍已六十岁，左宗棠仅二十七岁。左宗棠为避攀高门之嫌，以亲家地位、门第、名位不合而婉言谢绝。陶澍却不以为然，说"左君不必介意，以君之才，将来名位一定高于吾人之上"，仍然坚持原议。陶澍去世后，陶、左两家终结为亲家。

　　左宗棠第一次赴京会试时，曾去拜访过在詹事府任詹事的胡达源，并结识了后来也成为"中兴"名臣的人物——胡达源之子胡林翼。左家和胡家原是世交。胡达源，湖南益阳

道光帝钦题的"印心石屋"匾额

人，早年与左宗棠的父亲左观澜同读书于长沙岳麓书院，交往密切，感情弥笃。而胡林翼与左宗棠先是同年，后来又成了亲戚。胡林翼出生于嘉庆十七年（1812）六月，比左宗棠大四个月，后来也在贺熙龄门下求学。他自幼聪明异常，八岁时就被陶澍看中，招为女婿。少年时代，他常随岳父住在两江督署，风流倜傥，才华横溢，也深受陶澍、林则徐等人的影响，有匡时济世之志。

左宗棠与胡林翼一见如故，意气相投，从此成为莫逆之交。两人在一起谈古论今，朝政腐败、官吏无能、民生困苦和西方各国的侵逼，无所不及，都预感到天下将要大乱。为此，二人引为深忧。以致时人均为之诧异，不知他们为何忧叹。道光十九年（1839）六月，陶澍在南京逝世，家眷迁回安化。次年，左宗棠受老师贺熙龄之托，就馆陶家，教其子陶桄读书，达八年之久。在这期间，胡林翼因丁父忧归里，几次来安化岳父家。胡林翼虽然中举比左宗棠迟了二年，却已于道光十六年（1836）考中进士，授翰林院编修，还任过江南副考官。左宗棠在安化陶家得与胡林翼再次相会，两人风雨连床，纵谈古今大政，以至通宵达旦。

道光二十九年（1849），左宗棠离开安化，来到长沙开馆授徒。女婿陶桄仍跟他学习。此外还有长沙名流黄冕的三个儿子和益阳名宦周振之之子周开锡与之受教。咸丰二年（1852），太平军进围长沙。当时湖南巡抚骆秉章奉命调京，由张亮基继任。张鉴于湖南局势严峻，责任非同小可，便广搜人才，以备顾问并协助处理军政事务。胡林翼得知这一消息后，便将乡中有真才实学的人士列名推荐，在推荐信中对左宗棠特别称赞："左子季高则深知其才品超冠等伦，曾三次荐呈。此人廉介刚方，秉性良实，忠肝义胆，与时俗迥异。其胸罗古今地图兵法、本朝国章，切实讲求，精通时务。访问之余，定蒙赏鉴。即使所谋有成，必不受赏，更无论世俗之利欲矣。"张亮基一到常德，就赶紧派人到湘阴东山白水洞，请左出山。左复信辞谢，没有答允。胡林翼又写信对他说：

> 张中丞（巡抚）两次专人备礼走请先生，一阻于兵，一计已登鉴，昨得中丞八月廿三日乔口舟次信，言思君如饥渴。中丞肝胆血性，一时无两。林文忠荐于宣宗皇帝，以是大用。先生最敬服林文忠，中丞固文忠一流人物也。去年冬，曾以大名荐于程制军而不能告之先生，固知志有不屑也。林翼非欲浑公于非地，惟桑梓之祸见之甚明，忍而不言，非林翼所以居心。设先生屈己以救楚人，所补尤大，所失尤小。区区愚诚，未蒙深察，且加诮让，且入山从此日深，异哉！先生之自为计则得矣。先代积累二百年，虚生此独善之身，谅亦心所不忍

出也。张中丞不世奇人，虚心延访，处宾师之位，运帷幄之谋，又何嫌焉。设楚地尽沦于贼，柳家庄梓木洞其独免乎？

这样一封情词恳切，既有劝说又有批评、既是朋友又是亲戚的来信，终于打动了左宗棠，使他不能再犹豫。加之同住山中的郭嵩焘和左宗植不断相劝，长沙守备江忠源也来信敦促，左宗棠决定应聘出山一试。

左宗棠这时已经四十一岁，他在围城中晋见了张亮基巡抚，两人握手言欢，一见如故。张随即将全部军事委托给这位新来的参谋。从此，他的各种建议不仅都能被张采纳，并立刻付诸实施，其知识和才能也得以施展，有了用武之地，一生功名也便由此开始。由于其时左宗棠已是张亮基的得力幕僚，并且在抵御太平军、镇压征义堂起义中显露出超群的才能，因而曾国藩很快就与之结识，并建立了亲密的友谊。这是曾、左结识之始，也是二人亲密关系的开端。

郭嵩焘与左宗棠是同县人，二人结识很早。早在道光三十年（1850），郭嵩焘预察世变，与左宗棠为"山居结邻之约"，欲筑屋于湘阴东山之周磜岭。次年，郭还与县人举左宗棠应孝廉方正科，左未赴。由于在左宗棠、曾国藩先后"出山"过程中，郭嵩焘都是有影响的游说者，因而也有人从时间先后判断，张亮基请曾国藩出山是左的主意。同时，曾国藩的权力、左宗棠的才能，更加深了他们彼此间合作的需要。二人互相依靠和支持，可谓珠联璧合，相得益彰。这点，在他们当时各自的私人书札中曾多有记述。如左宗棠是年与其婿陶桄的信中写道："曾涤生侍郎来此帮办团防。其人正派而肯任事，但才具稍欠开展。与仆甚相得，惜其来之迟也。"次年初，曾国藩在致胡林翼书中亦写道："（腊月）二十一日驰赴省垣，日与张石卿中丞（张亮基）、江岷樵（江忠源）、左季高（左宗棠）三君子感慨深谈，思欲负山驰河，拯吾乡枯瘠于万一。盖无日不共以振刷相勖，亦无日不屡称台端鸿才伟抱，足以救今日之滔滔，而恨不得会合，以并纾桑梓兵后之余虑。"此段时间，曾左互往信函颇多，在对时局的判断上有许多共识。由于左宗棠在巡抚幕中，因此曾国藩不断将自己所办之事请左宗棠拿主意。曾国藩认为人才对地方建设十分重要，因此，也经常向左推奖一些人。如咸丰三年（1853）六月信中说：

> 武弁实乏者，曾在北省物色几人否？文员如宜章之王，耒阳之唐，实难多得，而衡、永、郴、桂四属，非得贤有司，落落分布，则土匪之兴，殆无了日。宝庆五属，邵葆皆贤，赵尤卓卓，亦赖古愚后之可登荐牍者也。靖州防堵保举案中，储玫躬现在长沙火药局，实朴士；其次丁姓者，闻尤一时之英，极结实而能肩大事。督署批靖州禀言当予以保叙，岂亦有所闻乎？尊处亦可谓兼视并听，无微不烛者矣。

咸丰三年（1853）十月，是曾国藩一生几次艰难受挫中的一段时光，他非常希望左宗棠能助一臂之力。他在信中，把左引为"骨肉至交"，劝其来助：

> 惟弟智虑短浅，独立难搘，欲乞左右，野服黄冠，翩然过我，专讲练勇一事，此外概不关白于先生之前。

先生欲聋两耳，任先生自聋焉，吾不得而治之也。先生欲盲两目，任先生自盲焉，吾不得而凿之也。先生若果惠然不弃，则请携老筠（郭嵩焘）俱来田镇一走。姓字已编入逃勇籍中，此中阅历，应较深确，弟另有书致之。所怀千端，纸不能悉。冀或者枉驾，痛切面陈，乃能倾泻耳。

此次左宗棠虽未入幕，但对曾国藩取得湘潭之胜利起到重要的谋划作用。因而曾国藩在写给清廷的奏折中多次举荐左宗棠"才略冠时，在南抚臣幕中，自湖南用兵以来，出虑发谋，皆其赞画，现又经营船炮，接济大军，应请以知府归部尽先选用"。咸丰五年（1855）又上奏称赞左宗棠"维护水师，保卫两湖，大有裨益"。

左宗棠在湘抚幕中，对曾国藩协调与湖南地方事务大有益助。曾国藩致信胡林翼，说："其妙在不着痕迹"，"季公若不在省城，鄙意多不能自达，事机恐仍致参差。"请胡林翼"劝季公少留会城，逶迤斡旋，则有益于桑梓者大也。"

其间，二人也有摩擦。一是曾国藩因为坚持湘军不受地方大僚指挥的原则，与王鑫发生冲突。王鑫本是曾国藩的下属，他们之间矛盾的发生发展，既有曾国藩想控制湘军，不变为"官勇"的初衷，也反映了作为中央派出大员的曾国藩与作为地方实力派的骆秉章在实际利益方面的矛盾。左宗棠咸丰四年（1854）三月入骆秉章抚幕后，作为幕僚站到了骆秉章一边，也是很自然的。再有一件事就是宁乡发生隆氏父子案，事牵曾、左。隆观易之父颇为任侠，因此为里豪所仇。隆观易十余岁时，避走衡阳，改易姓名，入莲湖书院。

从生童诵读，颖异敬学，诗文幽苦。曾国藩的岳父欧阳凝祉为书院讲席，感到隆观易很奇怪，就问他从哪里来，隆向欧阳先生具诉其冤。适曾国藩屯驻衡州训练湘军，闻其事，即"移文宁乡，悉反其事，捕系其父所怨家数十人，欲穷治其狱"。巡抚骆秉章"以国藩侵官权，固不乐"。里豪"乃遍诉其县吏士，因左宗棠告巡抚，径下檄用便宜斩其父，事又大反"。隆观易刚返乡，"遇奇变，即又窜走山谷间"。后案情虽稍缓解，"而怨家犹盛，不敢入城市者二三十年"。由于曾国藩与隆观易父子的关系较深，他以治兵大员直接插手地方诉讼、司法事宜，很自然地引起了巡抚骆秉章的不满。不久，左宗棠入幕，宁乡"里豪"和"吏士"才"因左宗棠告巡抚"，终于以地方官府的名义"下檄用便宜"斩隆观易之父，使案件全部翻过来。显然，隆观易父子案中的曾、左关系也主要反映出了曾国藩与骆秉章的矛盾。

曾、左间有些小纠葛，但以上两件事主要是曾国藩与骆秉章之间的矛盾，间接涉及左宗棠。曾国藩为了筹集湘军饷银，向陶家勒捐，这件事可以说直接牵扯左宗棠，为此二人闹得不愉快。但这些不妨碍二人在大局上保持一致。其中，胡林翼的调和作用又很重要。胡林翼写给曾国藩的信中说，左宗棠为人忠诚、感情真挚而专一。他有性情偏激的地方，好比朝廷有诤臣，家中有烈妇，平时虽有小的不满，到面临危难的时候就知道其人的可靠。又写信给左宗棠说，国藩的品德，是我们湖南的第一位人物，声名太高，名望太深，恐怕他日遭到的抱怨和诽谤也是不可预测的。左公要善于保全他，不让曾国藩蒙受千秋的诬陷。

胡的信似乎有先知之明，知道曾、左以后会闹不和，因此写信各举所长。胡林翼青年时期一度过着颇为放荡的贵公子生活。但自其岳父、父亲相继去世，仕途又遭挫折之后，早年所受程朱理学教育，陶澍名臣的榜样作用，在他身上发挥愈来愈大的影响，他一心要为名臣，留名后世。以至曾国藩将他称为"从豪杰到圣贤的人"。

胡林翼

有记载说胡林翼在翰林院供职时，常与同乡周寿昌冶游，被巡城御史所辱，其事甚为有趣：善化周荇农以文章名世，相传胡林翼入翰林后，在京常与荇农冶游，一夕方就娼家，坊卒掩至，荇农机警，亟入厨下，易服而立，得免，林翼及他人并被捉去，司坊质讯，不敢吐姓名，坐是颇受辱，释归，即与荇农绝交，谓其临难相弃。胡林翼此后治军，不喜用善化籍，曾国藩为荇农屡解释于林翼，卒不得大用。还有的野史说，胡林翼结婚以后，他的岳父陶澍在南京做两江总督，胡林翼陪送岳母前往南京督署，顺便就在岳家作客。目睹南京城中的六朝金粉，纸醉金迷，顿时使他的游兴大发，也忘记了他在南京是总督大人的娇客身份，竟然在秦淮河钓鱼巷等处的歌榭灯船中流连忘返起来。督署中的幕友将此情形告知陶澍，意欲请陶澍加以督教制止。然而陶澍却说："润之之才，他日为国勤劳，将十倍于我。后此当无暇行乐。此时姑从之，以预偿其日后之劳也。"竟不加干涉。

而从他捐赀出任知府之后，就有了显著的转变。盛行于清代的捐官办法，造成了制度败坏与吏治贪下，最为清代政治上的大弊。然而，亦正因为有这种办法，才使胡林翼由一个待补缺的七品内阁中书，一下子超擢为四品的知府。胡林翼在陕西赈灾案内援例捐纳知府，照例可以自行指定前往候补的省份。当时胡林翼所自行指定的，是贵州省。贵州素称地瘠民贫，服官者视为畏途，而胡林翼居然自请指分贵州，在当时人看来，大感意外。清人严树森所撰胡林翼年谱叙及此事云：

> 时龙山友人李如昆留都门，问曰："今有司之法，输金为吏者得自择地，君何独取于黔？"公曰："天下官方，独贵州县吏奉上以礼不以货。某之出，资用皆他人助成之。窃念两世受国恩遇，黔又先人持节地（胡林翼之父达源，曾于道光八年至十二年以翰林院侍讲提督贵州学政），习闻其风俗。某初为政，此邦贫瘠，或可以保清白之风，而不致负良友厚意。"李公为之起敬。

胡林翼年谱中亦说到，胡林翼于道光二十七年（1847）将往贵州候补之先，"遍谒先祖，誓不取官中一钱自肥，以贻前人羞。"可见胡林翼之所以要指名贵州，正是希望要借贵州之贫瘠困穷，来磨炼自己的志节。由于他的这种抱负，到贵州不久之后，声誉就蒸蒸日上了。

胡林翼在贵州七年，由于治绩卓著而政声大起。但他在奉调为贵东道之后，却向本省大员一再禀辞，请求体念老母年高及自己因心劳力绌而百病丛生，恳允放归故里。

恰在此时，太平天国运动已在湖北、湖南等地兴起，清军节节溃败，曾国藩奉旨帮办团练后，特别是在衡阳编练水师，水陆二军加上执役人等，近二万人，为此筹饷任务极重。故曾国藩先与其恩师，湖广总督吴文镕商量，给胡林翼在湖北司道中留一位置，并将他的想法与胡商量，也请胡主动给吴文镕写信。一切筹划妥当，吴指名奏调胡林翼前往湖北，已奉皇帝允准。于是，胡林翼在咸丰三年（1853）十二月，率领他自己所训练的黔勇六百人，奉母汤太夫人自贵州回湖南，参加了征讨太平军的行列。自此以后，他的事业迈向了另一个新的开始。

曾、胡两人的早年遭际、出身、作为，可以说都有很大不同。就资历、家世而言，胡林翼均优于曾国藩，他出身名门，中进士比曾国藩还早。曾国藩庶吉士散馆时，胡以翰林院编修充会试同考官，又充江南乡试考官，已是一名红翰林。但胡林翼也因这次试差受牵连被降级调用，丧失了美好的前程。第二年，胡林翼的父亲胡达源病逝，当时曾国藩管理长沙舍馆事，作诔词相悼。灵柩返乡时，曾国藩又亲往送行。在家守制的胡林翼颇为消沉。他的一些江南门生，集合了几个颇为富有的同年说：我们受两位座师之恩，今日才能来京会试，现在两位老师出了事，文（庆）老师不用说了，他是大臣，又是旗籍，向来为皇上所重用，他很快就会爬起来，说不定三两年后就能光复旧物。只是林（胡林翼）老师家非丰裕，一旦降职，要循资渐进，时间颇长，我们不如凑一笔钱来替他捐个官职，向外发展。林老师为人能干，在京既然不能得意，出外做州县官，也有发达机会的。于是为他捐了一个知府。这便是胡林翼由京官改外官的缘起。此时的曾国藩，步步高升，已成为礼部侍郎，国家大员，而胡还是一个知府。曾国藩出身寒素，似乎看不惯官宦人家的所为。与胡家虽有往来，但心中另有一番认识。当胡达源去世，灵柩南下时，随带财物数车，曾国藩心中对胡家的清白有所怀疑。但胡家在湖南属于巨宦，加之胡林翼的才华，因此曾、胡在京师交往仍是很多的。

十二年后，曾国藩的母亲去世，胡林翼以厚赙相赠。曾国藩将胡视为前辈。他初出办团练，与张亮基、江忠源、左宗棠慨谈时势，"无日不屡称台端鸿才伟抱，足以救今日之滔滔。而恨不得会合，以并抒桑梓兵后之余虑。""闻台端铲除强暴，不遗余力，鄙怀欲取为伐柯之则，倘肯授我方略，时示成法，实为厚幸"。这是曾国藩回籍后第一次与胡通信。

吴文镕奏调胡林翼后，胡带黔勇抵达通城时，吴已战殁，胡阻梗于途。咸丰四年（1854）正月，当时胡尚在途中，曾国藩即望其相助："方今世变孔棘，而宦场泄沓之风，曾无少为振作。有识者以是深惧，皆怀入山恐不深，入林恐不密之志。故侍之不克罗致英彦，固由素行浅薄，不足以引针拾芥，亦实因有道之往往潜藏，不肯轻予人以一知也。"二月，曾国藩奏请清廷，留胡林翼在岳州附近会攻太平军水师，胡林翼遂隶曾国藩部下。胡以功旋授四川按察使，仍留湖北。曾国藩此后大举"东征"，又向清廷奏请留胡，称他"胆识绝人，威望素著"，"才大心细，为军中万不可少之员"，请随同臣等东征，于大局必能有济咸丰帝允准。胡后来成为湘军中仅亚于曾国藩的二号人物。

五　攻取武汉，有功不赏

俗话说，士气可鼓。城陵矶大战的胜利，使湘军士气高涨。

咸丰帝得报赏曾国藩三品顶戴，令其统领水陆各军，直抵武汉。湘军水陆东下，沿途几乎没有遇到抵抗。水兵们露立船头，不披甲胄，不避枪弹，顺流直下，于咸丰四年（1854）八月十一日抵达金口。对士兵们如此勇敢，曾国藩非常得意。后来他在一篇笔记中说，初办水师时，尝博求御炮子之法，竟无法可御。后来杨载福等将牛皮等物摒弃不用，"直以血肉之躯植立船头，可避者避之，不可避者听之"。而部下水师官兵亦纷纷效仿，相率植立船头，无所回避。

王闿运也记述说：水师初成，谋避炮之法皆不良。至此，"诸言避炮者尽绌。"太平军从城上望见，相顾失色。太平军一直退却，湖南境内几乎没有了太平军的踪迹。

曾国藩似乎也喘过来一口气。由于办理甚合机宜，咸丰帝赏给他三品顶戴。这对于已被革职的曾国藩而言，带有重新起用的意味。曾国藩百感交集，他原是二品大员，为清廷立的功劳不小。那么多拥重兵的钦差、将帅还有手中握有绿营的封疆大吏，几乎无一不败，而他一个在籍的侍郎却把"长毛"赶出了湖南，不但使大清的版图没有被腰斩，而且又兵临武昌城下，东南大局已有转机。清廷却如此吝啬。曾国藩于是上了一道"谢恩折"，与其说是"谢恩"，不如说是不满。说自己办理军务半年有余，"实过多而功少"，而且奉旨办团练之初，已经奏明有功不议叙，不加官，去年奉命援鄂、皖，肃清江面，自己不知能胜任否。但是当时东南数省，大局糜烂，凡为臣子，无论有职无职，有才无才，都应当毕力竭诚，以图补救万一。于是自忘愚陋，日夜焦思，冀收尺寸之效。月前岳州之捷，都是塔齐布、罗泽南、杨载福等人之功，自己毫无劳绩。在奏折的后面，曾国藩旧话重提，即他现在墨绖从军，朝廷有议升之事，一概不受，而且言词颇为肯定："嗣后湖南一军，或得克复城池，再立功绩，无论何项褒荣，何项议叙，微臣概不敢受。"

对曾国藩的这份"愚诚"，咸丰帝拿出国家政令的大帽子给曾国藩扣上。朱批说：

> 知道了！殊不必如此固执。汝能国尔忘家，鞠躬尽瘁，正可慰汝亡亲之志；尽孝之道，莫大于是。酬庸褒绩，国家政令所在，断不能因汝一请，稍有参差。汝之隐衷，朕知之，天下无不知也。

武昌古称江夏、鄂州，因其独特的战略位置，自古以来为兵家必争之地。太平天国既然定都金陵，据有长江下游，势必力争武昌。曾国藩对清廷忽楚忽皖的谕旨另有自己的看法，认为太平军据有金陵、安庆、九江、武昌等沿江重要城市，其下一步军事行动有可能是南下长沙，西攻荆州、襄阳。因此，要攻打太平天国，首先须从争夺武昌下手，只有夺取武昌，才能水陆顺流东下，进攻九江、安庆，直抵金陵。所以，湘军攻陷岳州等地后，曾国藩决定全军北上，夺取武昌。武昌是太平军攻下的第一座省城，也是湘军收复的第一个都会。金口距武昌仅六十里，俯瞰武昌、汉口，东有淮山，西有大、小金山，两岸山峰对峙，扼束江流，如同锁匙，形势天然生成。从湖南进攻武昌，金口是两军必争的战略据点，但太平军将领石凤魁却没有派水陆重兵扼守。金口失陷后，太平军再派兵反攻金口，结果水陆师都告失利。曾国藩乘小船赴沌口，登山望远，武昌、汉阳太平军营垒历历在目。曾国藩到金口后，与水陆师将领制订进攻武昌的作战计划，罗泽南将前几天根据实地考察绘好的地图从袖中抽出，铺在木桌上，说："紫坊出武昌有二道：一洪山大路，一沿江花园。两路皆敌重兵所在。花园濒江环城，尤为敌所注重，如花园攻克，武昌可不攻而下。因此，当以重兵剿花园，而以一部驻洪山，既取犄角之势，又防敌四窜。"曾国藩大喜。当时罗泽南领兵三千，塔齐布领兵八千。罗泽南的意思是让塔齐布攻花园，行军进止由周凤山决定。周凤山颇感为难。罗泽南于是奋臂而起，说："我领的军队少，不足

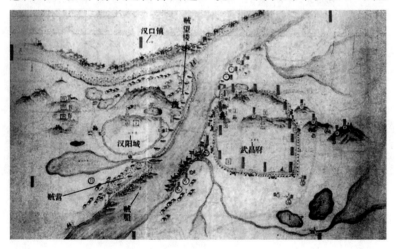

《武汉三镇布防图》

以当大敌，但如果无人任此，泽南自请当之。"曾国藩大为感动，当即又增加川勇、宝勇等三千人给罗泽南。于是决定先以水师沿江东下，扫清太平军水师，然后以罗泽南等部陆师进取武昌外围要隘花园；以塔齐布率军从油坊岭直扑洪山；以荆州将军官文所部已革副都统魁玉、革职总兵杨昌泗等部清军数千，进攻汉阳。

太平军历来以守险为主，再退而守城。因此，武昌太平军的精锐部队分布于城外沿江要隘，凭险筑垒。花园外濒长江，内枕青林湖，太平军在此构筑大营三座，挖掘战壕，宽二丈，长约三里，引江水直通青林湖。壕内建立木城，用土沙填实，在中间开炮眼，安设大炮百余尊，一部分炮口对准长江，以备湘军水师，另一部分炮口向南，以备陆师。木城之内，另建砖城内壕，层层设防，极为周密坚固。花园西岸的虾蟆矶，筑有太平军营垒数座，防御工事也极为坚固。太平军水师船只停泊于花园、虾蟆矶一带，与陆师相依护。八

《清军奏报与太平军交战图》之《克复武昌省城图》

月二十一日，曾国藩指挥湘军水陆师从金口出发，旋将水师分为前、后二队，以李孟群、杨载福等所统水师为前队，从长江中流冲过盐关，直至鹦鹉洲，绕到太平军水师之后。太平军水师以弱抗强，奋勇迎战。湘军水师分左、右两翼包抄而上，后队战船又排轰而下，太平军水师腹背受敌，指挥官乘坐彩船奋勇迎战。曾国藩见状，宣布夺取彩船者"赏钱百缗"。湘军水师见钱忘命，冒死争攻彩船，太平军寡不敌众，水师退回时，杨载福下令纵火焚烧太平军水师船只，以绝湘军劫掠之望。顷刻之间，焰火升腾，江面通红。东岸花园守垒太平军见西岸水师溃散，船只被焚，大部分自相惊扰，相率溃逃。罗泽南督军四千，乘机加强攻势，一举攻陷花园。而此时，西岸的魁玉、杨昌泗等部四千余人与湘军水师配合，也攻陷虾蟆矶、鹦鹉洲太平军营垒，并纵火焚烧。次日，曾国藩驱使湘军水陆师继续作战，魁玉、杨昌泗等部清军凭借湘军水师炮火的优势，摧毁了汉阳太平军沿江所筑的防御设施。至此，武昌城外太平军营垒全部丧失。在这紧急关头，二十三日，太平军守将弃城逃走，湘军克复武昌。弃守武昌后，太平军又在洪山受到塔齐布的阻击，损失惨重。

武汉一役，太平军损失战船千余号，水师遭到前所未有的重创。此时，曾国藩探知汉水中尚有太平军水师战船千余号后，便派水师大、小船只密布于汉口附近，以轻快舢板进入汉水，与杨昌泗等部陆军协同作战。两天后，太平军水师从蔡店连樯顺流而下，遭到湘军水师的火攻，因汉水河身较窄，太平军水师船只拥挤在一起，全部被焚。

太平军定都金陵后，西征军占领了安庆、九江、武昌等重要战略据点，将清军扼于江北，清军从未能在长江沿岸与太平军争锋，从未夺取一个据点要隘。曾国藩指挥湘军不仅攻陷了湘潭、岳州等重镇，并且在武汉打败了太平军，并夺取了武昌、汉阳，的确为清政府扭转败局立下了大功。但历史又一次与曾国藩开了玩笑。最早向皇帝报捷的是湖广总督杨霈。这位既不能战也不能守的总督对于报功请赏倒颇为在行。他于德安闻捷后即单衔疾驰以闻。湘军攻占武昌后的第七天，咸丰帝就收到杨霈的奏报，由于杨霈报捷用了探闻湘军攻占武昌之类的话，并非正式捷报，咸丰皇帝尚不敢深信，上谕称："曾国藩等攻剿武汉情形尚未奏到，塔齐布陆路官兵，此时谅与曾国藩水陆合为一军，着俟杨霈抵省后商榷挑选精兵，水陆进剿，朕日盼捷音之至也。"

武汉又经受一次空前的浩劫。太平军撤退前在城内深宅大院埋设了火药，上面燃香，还有的地方埋设了地雷。清军进入后烧杀抢掠，几十人在大宅抢夺时毙命。罗泽南是一员儒将，为早日攻下城，他竟然诱使湘军生吃被俘太平军战士的血肉心肝。又过了六天，即九月十二日，曾国藩与塔齐布会衔的报捷奏折送到咸丰皇帝案前并有了朱批。曾国藩在奏报太平军将领在武昌城中的奢侈及清军战绩后说："事机之顺，处处凑泊。此则仗我皇上威福，天心笃祐，不特非臣等筹谋所能到，亦非臣等梦想所敢期也。"湘军的胜利使处于失望之中的咸丰帝受到鼓舞，看过捷报之后，立即任命曾国藩为署理湖北巡抚，并在奏折上批道："览奏感慰实深。获此大胜，殊非意料所及。朕惟兢业自持，叩天速赦民劫也。另有旨。"这"另有旨"该是论功行赏了。杨霈果然由署理湖广总督改为实授，成了第一个赢家。咸丰帝也一扫几年的阴冷气，对一旁的军机大臣说："不意曾国藩一书生，乃能建此奇功。"这位军机大臣却说："曾国藩以侍郎在籍，犹匹夫耳。匹夫居闾里一呼，蹶起从之者万余人，恐非国家福也。"咸丰听罢，默然变色者久之，但此时命曾国藩署理巡抚的谕旨已经发出，咸丰帝颇觉后悔。恰在此时，御史沈葆桢上一奏折，要求清廷命曾国藩乘胜东下，进攻长江中下游的太平军，以便一鼓作气，攻克太平天国的都城天京。咸丰帝便有了充分而冠冕堂皇的理由，乘机收回成命，赏给曾国藩兵部侍郎衔，办理军务，令其率领水陆各军乘胜东下，迅速进攻江西、安徽的太平军。至于湖北巡抚一职，则由我们前文提到的江苏布政使陶恩培担任，陶未到任前，由湖广总督杨霈兼任。

最尴尬的还是曾国藩。刚收到令其署理湖北巡抚的谕旨时，曾国藩还推辞一番，十三日曾国藩上折辞之：

> 奉命署理湖北巡抚，于公事毫无所益，而于私心万难自安，有不得不沥陈于圣主之前者。水师前帮业于初七日启行，沿途剿搜，已过黄州以下，臣率后帮亦拟即日起行，鄂垣善后事宜，既不能一为兼顾，转瞬出鄂入皖，湖北巡抚之关防，仍须委员赍回武昌，此所谓于公事毫无裨益者也。臣母丧未除，葬事未安，若遽（远）就官职，则外得罪于名教，内见讥于宗族。微臣两年练勇、造船之举，似专为一己希荣徼功之地，亦将何以自立乎？上月谢折内，申明前奏，不敢仰邀议叙。

曾国藩因前几次向清廷奏请，他是墨绖出山，故有功不与。他怕自己接受了巡抚一职，与前此所奏不符，也与他一贯标榜的孝道不相符合，因此这份上奏不能完全视作曾国藩的假意推辞。因为曾国藩反复声明的是他的文人习气：好名。他对咸丰帝说：

> 康熙间夺情之案，李光地为彭鹏所劾，于养志为陆陇其所劾，载在国史，懔然可畏，揆之大防，返之方寸，均觉悚惶无已。此所谓于私衷则万难自安者也。臣与督臣杨霈熟商，恐出境在即，关防交替，徒费展转，是以不敢接受，仍由督臣将关防收存，并吁恳皇上天恩，简派贤员接任湖北巡抚，以重疆寄，俾臣得专力东征，感荷生成，实无既极。倘借圣主如天之福，此后剿办得手，廓清江面，不致陨越，则微臣供职之年尚富，受恩之日方长，断不敢矫情要誉，上负圣慈谆谆之训。

曾国藩饱读诗书，对大清的典章掌故十分熟悉，他举出李光地、于养志的例证，说明他对接受巡抚一职确实心有余悸。因为人情可畏、人言可畏。以专力征讨为己任的曾国藩怕在大节上有亏，那么，他就不足以号召群伦，奔赴战场了。但是，接下去的事情就有点令人啼笑皆非了，也说明咸丰帝不是一个成熟的政治家。因为曾国藩的辞谢奏疏还没有送到北京，咸丰帝就改变了主意，并已收回成命。咸丰帝还在曾国藩的奏折上批道："朕料汝必辞。又念及整师东下，署抚空有其名，故已降旨令汝毋庸署湖北巡抚，赏给兵部侍郎衔。"接着又训责曾国藩说："汝此奏虽不尽属固执，然官衔竟不书署抚，好名之过尚小，违旨之罪甚大。著严行申饬。"曾国藩攻占武汉，远远观望的荆州将军官文和署理鄂督杨霈皆得重赏，而他本人不仅未得到地方实权，还受到"严行申饬"，这不能不引起曾国藩的深思。他又上蒙恩宽免折片：

> 跪聆之下，惶悚难名。臣前因母服未阕，不敢附现任职官之列，是以未署新衔，不知自己已蹈违旨之罪。幸荷鸿慈指示，又蒙圣恩宽宥，仅加申饬，于提撕之中寓鉴谅之意，五中衔感，曷胜悚惶。

从此，曾国藩进一步看透了清政府对他的猜忌心理，时怀警惧，处处谨慎，有时甚至感到悲观和伤心。

清廷有功不赏，反而使曾国藩得了"违旨罪名"，曾国藩感到十分委屈。当天，他的癣病又发作，精神也不好，在致几个弟弟的信中，说了一通"功名之地，自古难居"的道理，是自我安慰，也带有安慰几位弟弟的意图：

> 兄以在籍之官，募勇造船，成此一番事业。其名震一时，自不待言。人之好名，谁不如我？我有美名，则人必有受不美之名与虽美而远不能及之名者。相形之际，盖难为情。兄惟谨慎谦虚，时时省惕而已。若仗圣主之威福，能速将江面肃清，荡平此贼，兄决意奏请回籍。事奉吾父，改葬吾母，久或三年，暂或一年，亦足稍慰区区之心，但未知圣意果能俯从否？

两个多月后，曾国藩终于抑制不住自己抑郁的心情，致信家中诸弟，详告近年办理军务之难：

吾自服官及近年办理军务，中心常多郁屈不平之端，每效母亲大人指腹示儿女曰："此中蓄积多少闲气，无处发泄。"其往年诸事不及尽知，今年二月在省城河下，凡我所带之兵勇仆从人等，每次上城，必遭毒骂痛打，此四弟、季弟所亲见者。谤怨沸腾、万口嘲讥，此四弟、季弟所亲闻者。自四月以后两弟不在此，景况更有令人难堪者。吾惟忍辱包羞，屈心抑志，以求军事之万有一济。现虽屡获大胜，而愈办愈难，动辄招尤。倘赖圣主如天之福，歼灭此贼，吾实不愿久居宦场，自取烦恼。四弟自去冬以来，亦屡遭求全之毁、訾来之谤，几于身无完肤。想宦途风味，亦深知之而深畏之矣。而温弟、季弟来书，常以保举一事疑我之有吝于四弟者，是亦不谅兄之苦衷也。

曾国藩的内心确实十分悲苦。特殊的时代造就了这样一个"大忍者"，后人读他的家书，也常为他郁屈的心情所不平。这一时期，他写给家中的信大多谈的是忍、是耐，是对名利的淡而远之。但忍耐的背后是"神龟"的玉成。他还用造物主不轻易成就一个人的大名以及名与实相符才是真正的英雄来警诫自己，警示几个弟弟，他说：名者，造物所珍重爱惜，不轻以予人者。余德薄能鲜，而享天下之大名，虽由高曾祖父累世积德所致，而自问总觉不称，故不敢稍涉骄奢。家中自父亲、叔父奉养宜隆外，凡诸弟及吾妻吾子吾侄吾诸女侄女辈，概愿俭于自奉，不可倚势骄人。古人谓无实而享大名者，必有奇祸。吾常常以此儆惧，故不能不详告贤弟，尤望贤弟时时教戒吾子吾侄也。

令曾国藩感到欣慰的是，他手中的湘军已经羽翼渐丰，成为清廷不可忽视的力量，成为他成就功名的基础。

六 言词激烈，重劾崇纶

曾国藩经受了太多的不平与不公，他咬牙立志，忍了。但是，他不允许是非颠倒、黑白混淆。曾国藩在湖北短暂停留时，做了一件让朝野侧目的事，就是上疏参劾崇纶，为他的老师吴文镕之死大叫冤屈。曾国藩与他的老师吴文镕关系一向亲近而又密切。他的日记中留下了二人交往的大量记录。吴文镕出任江西巡抚时，曾国藩倚马相送，并赋长诗以怀。其后，师生驰驱于两湖，再其后老师驾鹤先飞，学生在尘间受磨折。

九月二十一日，曾国藩舟次黄州，寻访吴文镕堵城营垒，"于其殉难之处，为文以祭之，词甚哀厉"。经广泛咨访，他上疏严厉参劾前湖北巡抚崇纶，且言词激烈。

本来，清朝的设官体制即是互相防范，不但军制上八旗与绿营如此，行政体制也如此。总督与巡抚是沿明朝旧制，但已失其旨趣。明朝自嘉靖以后，督抚定设不罢，但总督侧重军政，巡抚专重民事。且总督节制巡抚，在体制上有高下之分。清朝则不然。督、抚之间并无约制关系，共同对中央负责。而且，有的省份总督与巡抚同驻一城，这使牵制之中又生出许多矛盾来。而由此引起的祸端更是难以悉数。当时云贵总督与云南巡抚同驻昆明，闽浙总督与福建巡抚同驻福州，湖广总督与湖北巡抚同驻武昌，两广总督与广东巡抚同驻广州。薛福成曾说：一城之中，主大政者二人，志不齐，权不一，其势不得不出于争。若督抚二人皆不肖，则互相容隐以便图私，仍难收牵制之益；如乾隆间伍拉纳、浦霖之事可见。若一贤一不肖，则以小人治君子，力常有余，以君子抗小人，势常不足，虽然长久以后是非自明，赏罚不爽，而国计民生之受病已深；如康熙间噶礼、张伯行之事可见。又有君子小人共事，不免稍事瞻徇者，如乾隆间孙嘉淦、许容之事可见。若督抚皆贤，则本无所用其牵制；然或意见不同，性情不同，因而不能相安者，虽贤者不免。"迫令督师出省而隐掣其肘，军械粮饷皆缺，文节（吴文镕）由此死绥，武昌旋陷。"吴文镕总督湖广时，曾国藩欲练军万人，供江忠源驰驱之用，而以吴文镕为最可靠的后盾。但江战死，吴死难，使曾国藩的算盘破坏。而当时他虽攻克武昌，却受到皇帝的申饬，受到湖广大官僚的排挤。这时，曾国藩忍无可忍，借吴文镕死难的事大发牢骚。这也是曾国藩后来反省自己当时"处处以为比别人聪明"的由来。曾国藩的这份奏疏名为《缕陈鄂省前任督抚优劣折》，上于九月二十七日。

崇纶是满洲正黄旗人，后任陕西盐道等职，为人工于结纳，在陕西多年，属员无不与之相熟，上司亦喜其逢迎，"公事茫然不知，例案亦不能解，叠署两司，又署粮道数次，任听家人薛坤无弊不作，而仓储不可问矣"。后历任直隶永定河道、云南按察使、广东布政使等职。咸丰二年（1852）升湖北巡抚。当时太平军占领武汉，及至次年春天，太平军弃武汉东下，崇纶才敢入城就任。湖广总督徐广缙以不能防堵太平军被罢官，清政府调湖南巡抚张亮基任湖广总督。张亮基下车伊始，就遭到崇纶的严词参劾。咸丰帝以督抚不和为由，将张亮基迅速调离，命张去担任山东巡抚之职。接着，又命吴文镕为湖广总督。吴文镕于咸丰三年（1853）九月十五日到鄂，卯刻接印，未刻即闻田家镇兵败之信。当时武昌全城逃徙一空，官弁仓皇无计，众心涣散。吴文镕传集僚属，誓以死守。即日移居保安门城楼，随身仅一仆一马，无书吏幕宾，无亲兵夫役，昼夜处理文卷、衣不解带达两个月。因此人心稍定，溃兵稍集，太平军退守下游，不敢直接进攻省城。若坚守不懈，极可能转危为安。不料崇纶因偶怀私怨，竟然参劾吴文镕安坐衙斋，闭城株守。

崇纶的参劾奏称："奴才屡劝督臣派兵攻剿，决意不从，督臣之意，专待湖南、两广并自造各船炮到齐，诸项完备，多集大兵，方敢出师。若以数千之旅，惟恐有失，万不肯行。终日闭城坐守，一筹莫展。兵勇各告奋勇，情愿自去杀贼，亦不准往，不知是何居心？是何肺腑？"中国有"恶人先告状"的俗语。崇纶作为巡抚本有城守之责，但为逃避失守城池罪责，几次欲出城扎营。吴文镕对崇纶的用心也十分了解。因此他与曾国藩飞递书信，往返函商，约定待广东洋炮运抵长沙，湘军水陆并进，届时与吴文镕里应外合，收截击之效。可是，崇纶却不管这些，置个人生死于大清城池之上。吴文镕离开武汉前往黄州前线督师后，崇纶出尔反尔，又以吴文镕拥兵自卫，武昌极形空虚入奏，咸丰帝也乱了方寸，在崇纶的奏折上批道："吴文镕出省，自拥多兵，置省城重地于不问，殊昧大局，不知轻重，是视自己性命有重于地方，着速行传旨吴文镕将伊所带之兵勇酌量撤回，以固根本。朕岂为保一崇纶，实为鄂省之民命计也。"至此，吴文镕的命运已是预料之中了。曾国藩说：吴文镕"以屡溃杂收之兵勇，新募未习之小划（船），半月不给之饷项，仓皇赴敌。又居者与出者不和，事事掣肘，遂使堵城之役全军溃败，湖北府县相继沦陷，未始非崇纶参劾、倾陷有以致之也。尤可异者，当参劾之后，吴文镕毅然出征，崇纶复率僚属力阻其行。我皇上曾严饬自相矛盾。迨堵城既败，吴文镕殉难，阖省军民人人皆知，而崇纶以不知下落入奏，不惟排挤于生前，更复中伤于死后。正月十九日，崇纶遣守备熊正喜至衡州一带，催臣赴鄂救援，伪造吴文镕之咨文，借用布政司之印信，咨内但称黄州贼势猖獗，并不言堵城已败，督臣已死。种种诈伪，故作疑似之词，无非谓吴文镕未能殉难，诬人大节，始终妒害，诚不知其是何肺肠！"

吴文镕死后，青麟帮办军务。崇纶又与之百端龃龉。曾国藩遂以治家比喻治军，带有结论性地说道：大抵治军譬如治家，兄弟不和，则家必败，将帅不和，则军必败。一人而怨詈众兄弟者，必非令子；一人而排挤众将帅者，必非良臣。上年张亮基欲以全力防田家镇，崇纶既阻挠，而不合，继又倾挤吴文镕，旋又忌害青麟，皆使衔恨于地下。平心而论，鄂省前后溃败、决裂之由，不能不太息痛恨于崇纶也。

吴文镕死后，崇纶力求走避脱身，遂自请出师进攻，以免将来失守城池被判重罪。咸丰帝知其用心，不予批准。崇纶恰巧碰上丁忧，以为可以脱身而去，不料咸丰帝仍命崇纶留在湖北协防，仅在名义上命青麟代理湖北巡抚。崇纶绞尽脑汁，又以自己病重为由乞求皇帝将所任之职罢去。咸丰帝终于大发雷霆，立即将崇纶撤职。四年（1854）六月太平军攻克武昌城池前一日，崇纶逃奔陕西。曾国藩上奏说：崇纶身为封疆大臣，无论在官去官，死难是其本分，即不死亦不妨明言，何必倒填日月，讳其城破逃生之罪。劾人则虽死而犹诬之，处己则苟活而故讳之，岂非无耻之尤者哉！"臣入湖北境内以来，目击疮痍，博访舆论，莫不归罪于崇纶。以年余之成败始末，关系东南大局，不敢不据实缕陈。其应如何声罪严究，圣主自有一定之权衡，微臣不敢拟议。"由于曾国藩的上奏是博采公论，因此，咸丰帝诏斥崇纶"偷生避难，实属辜恩昧良"，命陕西巡抚王庆云派员押解来京，交刑部候旨讯办。崇纶闻报后，临死不忘投机取巧，实为畏罪服毒自杀，却以"病死"奏闻。

七　调和诸将，胡林翼抚鄂

曾国藩在临终前一年，曾和心腹幕僚赵烈文讨论成功之道，两人共同的认识是湘军将帅的团结，并推胡林翼为第一人。胡林翼最初官位比曾国藩要低得多，但他是湘系将帅中第一个掌握实权的人。曾国藩费尽心机甚至不惜向朝廷摊牌也得不到的巡抚之位，胡林翼却很快得到了。而且，凭他和官文的关系，凭他手下掌握的将帅、财饷等资源，如果他不支持曾国藩，曾国藩绝不会有后来的成功。所以曾国藩推胡林翼为第一是发自内心的。

尤为可贵的是，胡林翼虽早取得巡抚之权，但却甘居曾国藩之后，事事推曾国藩为第一，不但多次上奏为曾国藩请命，还一再对曾国藩的谨慎风格提出忠告和批评，让他不任封疆不出山。胡林翼于咸丰五年（1855）出任湖北巡抚，而力荐他的是满族贵族文庆。文庆姓费莫氏，是满洲八大姓之一，道光初年进士，后历任尚书、军机大臣、大学士等官职，在满族贵族中享有较高的声誉。他力言"欲办天下大事，当重用汉人，彼皆从田间来，知民疾苦，熟谙情伪"，"平时建白，常密请破除满汉藩篱，不拘资地以用人"，对曾国藩、胡林翼都很赏识。他与胡林翼分任江南乡试正、副主考官时，就奇其才略。咸丰五年（1855）又力荐胡出任湖北巡抚，其后湖北所请无不从者，就是因为文庆在朝中全力支持。胡林翼任职湖北巡抚后，清廷不放心这个汉人，于是立即任命官文为钦差大臣，总督湖广，意在牵制。

湖广总督官文为上三旗的正白旗人，咸丰初年升为荆州将军。他一直生活在贵族圈里，对军事、吏治、民情很少接触，说不上有什么才干。但生活上却奢侈无度。他出省巡视，当地知府"每日奉百金制早晚二席，厨者麾之，谓是区区者，不足治酏（酏即粥）饭一餐"。官文为官还极为贪婪，同治朝，他自湖北罢总督任回京，"银多不能悉载归，乃连开九当铺"。官、胡两人家世、经历、才略、人品如此不同，又在非常时期，分任总督、巡抚，同在一城，同办一事，且所办之事，多非平时例行公事，因此势必发生冲突。

官、胡刚上任时，一个在江北，一个在江南，关系开始紧张。先是署理湖北提督讷钦（旗员）打仗时"见贼先溃，惟恐不速"，但却任其部下到处勒索，自己也违例坐索行装银万两，官文对此不加处治。胡林翼十分气愤，于是单衔奏参。太平军退出湖北省境后，胡林翼于咸丰六年（1856）十二月初三日，一日之内同上五折，除了吏治为巡抚职内事外，他还要求对官文统下之湖北兵勇大加裁汰，编练新军。奏疏虽然"语多含蓄"，但却明显地揭了官文的短，侵越了总督的职权。由于官文包庇手下人，对各地的起事不能随时平息，反而愈演愈烈，这使胡林翼十分气愤，说"楚中之祸不止，使屈子（屈原）、贾生（贾谊）当此，正不知如何离忧，如何痛哭！"甚至说"楚事殆无可为，十万兵亦终必败"，准备一死了之，"率其所部，一意东下，觅我死所！"左宗棠、曾国藩对胡林翼的处境深表忧虑。

咸丰帝看了胡林翼奏折后虽然说："剀切详明，实为当今要务"，但对官文未加一句斥责之词，反而说："其武汉设水陆重兵，为扼守上游控制长江之计，前已谕令官文等筹办，即着该抚会同办理。"这实际是告诫胡林翼，有关军政大事，要与官文一同办理。但胡林翼却我行我素，七年（1857）五月，又擅自奏请开复过去失职武员官位，咸丰帝这次在批复中明确指出："胡林翼现在虽在军营，惟伊本营之将弁可由伊具奏，仍应会同总督。况官文有钦差大臣关防，军务营伍，均该督专责；若委之巡抚，殊非朕倚任该督之意也。"

在这种形势下，许多有识之士认识到官文只能利用，不能去之。最早调解官、胡矛盾的当推魁联。魁联是内务府正白旗人，官声甚好，得到曾国藩、江忠源等人好评。咸丰五年（1855）升湖南按察使，被骆秉章、左宗棠奏参降为知府，不久由官文调至湖北，总理营务。魁联到湖北后，发现了官、胡的矛盾，于是"反复解释，用成大功"。后来阎敬铭也向胡陈言："公欲去官公，保来者非官公耶？以一巡抚能去若干总督，即曰能之，满人不能与闻军计，公又何以自保？"王家璧、王柏心等士绅也劝胡林翼克制，并说官文"心似无他，但耳软耳，事多掣肘，未必尽出本心。诚能动物，而忍克济事"。

在这种情况下，胡林翼对官文大施权术。胡请其母认官文宠妾为义女，使两家内眷亲密往来；自己也不时拜谒官母；与官平时私函，略去官场礼仪，直呼之为"老兄"，"中堂老兄"。在公事上，则"专从里子切实讲求，而不占人面子"。即抓实权，坚持按己意埋头处理军政事务，而每遇可得美名、邀封赏，如"收城克敌"等事，则推首功于官文。在奏折信札中极力称誉官文"宽仁博大"，"仁厚公忠"，"能开诚心，布公道者，惟中堂一人"。对官文的贪婪习性不仅视而不问，还每月以盐厘三千金，划作督署公费。此钱实则进入官之私囊。（参考尤盛运《湘军史稿》1990年，第172—174页）

胡林翼妥善处理好与满洲权贵的关系，对巩固两湖形势，进而支援湘军出省作战都具有举足轻重的作用。更重要的是，胡林翼善于调和诸将间的矛盾，而其见识又高，使形势大为转变。彭玉麟与杨载福并为水师二员大将，但关系一直不和。一次，胡林翼写信召两人商谈要事。杨载福先至，与胡林翼谈得正起劲儿，见彭玉麟走进来，杨载福立即要往外走，胡林翼命其坐下。彭玉麟见杨在，也转身往回走，胡上前将其拉住。同时令下人备酒三斗，每人一斗。酒过三巡，胡林翼声泪俱下，说："天下糜烂至此，实赖公等协力支持。公等今自生隙，又何能佐治中兴之业？"两将大悟，遂和好如初。

以后，在胡林翼的请求下，曾国藩派罗泽南增援武汉。当罗泽南军进抵武昌城外的纸坊胡林翼大营时，胡林翼大喜，凡事"咨而后行"，倚为干城。罗泽南"亦稍稍分其众隶公，俾部勒其士卒，由是尽传楚军（指湘军）规制"。

对罗的心腹大将李续宾、李续宜兄弟，胡林翼亦极尽笼络之能事。他知道李氏兄弟家贫而颇讲孝道，有老母在家无人照顾，便特地将李母接到自己署中，礼敬有加。过分的礼遇以致引起李氏兄弟的怀疑。有一次李写信问曾国藩，胡对他们兄弟这样好，是否出于权术？曾明知如此而不敢点破，只好说胡公若待别人，权术或有之，但对你们兄弟纯出于真心，绝非权术。胡林翼依靠罗泽南一军为骨干，对湖北军队进行了全面整顿，将原有绿营兵逐步裁汰，按照湘军的经验重新建立起湖北的武装力量，并不断派人去湖南募勇，连年扩军，一时成为长江上下军力最强的省份。

八　"东南大局，似有转机"

曾国藩出师之初，对当时的战局十分忧虑，"东南大局，真堪痛哭"，"东南大局不堪设想"之类的话多次出现在他给清廷的奏折上。他给僚友的信函中，甚至还认为，版图分割，裂疆而治都不可避免。曾国藩通过"赤地立军"，在一年多的时间内，就练成了"别开生面"的湘军。打湘潭，取岳州，使裂土分疆的危局骤然缓和，而且，使太平军无力再图湖南。

东南的关键在武昌。湘军夺得武昌后，已据有长江中游之险要，进可攻，退可守，有了立足的根本。东南大局从这里开始转机。按照曾国藩的意图，清军应以两湖为根据地，据守长江中游，积蓄力量，再从武昌顺流而下，先取九江，次夺安庆，最后包围金陵。但清廷急于求成，根本不采纳曾国藩的"稳着"，而是下令曾国藩率师东下，"不可迁延观望、坐失事机"。九月上旬，曾国藩率师向九江推进。太平天国失去武汉后，在九江以上严密布防，而田家镇首当其冲。杨秀清将弃守武昌的石凤魁、黄再兴押解天京，斩首示众。命燕王秦日纲守田家镇，又派涂镇兴、侯裕宽、韦俊等前往助守。

田家镇位于长江北岸，是东下九江的必经之地，太平军以此为中心集结四万余人。与田家镇隔江相望的半壁山，也是太平军重点设防的要隘。两岸江面横设铁锁二道，相距十数丈；铁锁之下排列小划子数十条，小划子上设有枪炮护卫；在北岸筑有土城，安设许多炮位，用于阻击湘军水师。

由于"东下之师，关系大局转机"，咸丰帝对杨霈、曾国藩、塔齐布等谕勉有加，嘱其"成算在胸，能制贼不为贼制"。为统一事权，又命曾国藩节制湖北省军队。

九月中旬，湘军分三路先后出动。长江北岸以绿营兵魁玉部为主力；南岸以湘军罗泽南、塔齐布部为主力；湘军水师沿长江而下，为中路。曾国藩的计划是：南路部署很强，而半壁山太平军相对田家镇要弱，以强打弱，取得突破，使对方全线崩溃。

　　十月初一，罗泽南率陆路数千人行抵马岭坳，距半壁山仅二三里。只见该处孤峰峻峙，俯瞰大江。山上设大营一座，小营四座。营垒之外挖有宽三四丈深的壕沟，沟内设炮台、木栅；沟外有木桩、竹签。布置极为坚固。曾国藩决定先攻半壁山，后取田家镇。但令人费解的是太平军不据险固守，而是出营迎敌，与湘军接战，两方胶着在一起，反复冲杀数十次。罗泽南惟恐湘勇一溃而不可收，亲率敢死之士数十人，奋力堵杀，左冲右突。血战三个时辰后，李续宾大股人马赶来救援，太平军大败，被追杀至江边，死者无数，江水为之染红。湘军首战得利，回营休整三天。十月初四日，罗泽南率众强攻半壁山大营，断横江铁锁，太平军秦日纲自田家镇率军增援。此时，半壁山上太平军营垒，以及山左右

《清军奏报与太平军交战图》之《攻破田家镇贼巢克复蕲州图》

两岸太平军共计二万余，罗泽南、李续宾二部仅二千六百余人。湘军以寡不敌众，怯退欲逃，李续宾阵斩三人，众志始定。罗泽南命诸将分为四队，坚守阵地，待令而行。太平军三进三退，不敢逼近湘军。罗泽南遂下令进攻。由于半壁山前俯瞰长江，下临绝地，太平军一败而无退路。湘勇挟初胜之余威，愈益凶悍，奋勇冲杀，喊声如雷，太平军被追得无路可逃，从峭壁上摔下的达数千人。触石挂树，血肉狼藉。半壁山营垒尽落湘军手中。随即，南岸江面被控制，罗泽南指挥精壮士卒百余人，缒崖而下，将横江铁锁六条、竹缆七条，全部砍断。

太平军被驱往北岸田家镇。十二日，湘军水陆大举出击。曾国藩鼓励兵勇"杀贼立功"、"夺船致富"，升官发财心切的湘军人人争先，个个奋勇。当时正遇东南风大作，太平军行船不利，挤作一团，互相撞击，士兵纷纷落水。湘军顺风放火，呼声震天，杀人无数。"至是，焚溺半死之贼，复混杂于沙际水滨，残骸堆积，断肢漂流，目不忍睹"。田家镇一役，湘军总计烧毁太平军水师船四千余艘，缴获五百余艘。彭玉麟担心兵勇缴船太多，启军士争心，且虑饱则思归，下令将所获船只一律烧毁。杨载福激战一日，收兵时吐血一升。

兵家有"置之死地而后生"的兵法，太平军凭借长江天险，营垒坚固，兵力雄厚。而且，其铁锁横江的办法与吴人迥然不同。吴人在两岸凿石，穿锁江中，没有东西在铁锁下支撑，因此断其一端，全锁皆沉。而太平军的布防在每节铁锁下用船支撑，因此，一处有断，别处安然。太平军船队出营垒，是其重大失误，也是致败的主要原因。连清军方面也认为，"泽南以少击众，歼溺不下万余，自湘潭、岳州以来，是战尤为夺捷"。再者，半壁山下乃绝壁，太平军数千人并不是战死，跌崖而亡者多，说明胜败中士气十分重要。半壁山大败后，太平军因为南岸铁锁已断，故用大筏傍岸，固定锁缆。但仍未能挡住湘军水陆之师。

田家镇是东进九江的咽喉，也是夺取金陵的第一道关隘。太平军的西大门已被打开。此一役，焚毁太平军战船颇多，九江以上，已无太平军水师。因而，曾国藩不无得意地说："长江之险，我已据其上游，金陵贼巢所需米石油煤等物，各路已断绝，逆船有减无增，东南大局，似有转机。""东南大局，似有转机"的根据就是，湘军已占据长江中上游之优势，太平军水师已失去对长江的控制力。

太平军从湘潭到田家镇的几次失败中，水师船只被焚烧的共计万余号。太平军船只初次被焚"于湘潭，约二千艘；再焚于岳州，约数百艘；再焚于城陵矶，约数百艘；再焚于汉阳小河，约四千艘；再焚于田家镇，约三千艘；其焚船之多，尤莫过汉阳、田家镇两次，浮尸蔽江，江水为沸。以上统计被毁已不下万艘"。

湘军水师之所以多次打败太平军水营，除了大小船舰交互运用、水陆两部配合作战以及士气高昂等原因外，装备是关键。湘军水师的船式主要有三种，即快蟹、长龙和舢板，其最大的战船有二三百吨。船上的配炮，快蟹、长龙皆为七门，舢板则为四门，系广东购自外洋的洋庄大炮。从船式到配炮数量，都不仅远比鸦片战争时期的英国战船落后得多，而且比当时中国自己仿造的帆船还要落后。尽管如此，湘军水师毕竟与旧式的绿营水师不同，因为它在战船上普遍地安装了新式的洋庄大炮，所以它已经接近于早期的海军，也可以说是走向近代海军的一种过渡形式。更重要的是太平天国的水师战船的落后。西征太平军水营盛时，虽有船万余艘，人众船多，但是有一个根本弱点是，"船只大小不一，未经训练，其实不能接仗"。曾国藩说：太平军"水中屡次大败，皆因民船太多，被我烧毁，顿失所恃，大众奔溃"。

由于田家镇、半壁山两战，湘军水陆师均取得大胜，因此曾国藩于十月十四日上奏清廷，请求"凡江南、扬州各营现在情形，及江单船现泊何处，饬令军机处于谕旨交寄之便，随时示知一二"。咸丰帝随即谕军机大臣，"将近日两处奏报及所奉谕旨择要摘录封寄"，说明曾国藩已经在镇压太平天国中起到了举足轻重的作用。同时，咸丰帝再次重申"曾国藩节制诸军，如有不遵调遣、贻误事机者，即着专折参办"。事实上把镇压太平天国的统帅权交给曾国藩了。

第八章　困顿江西

一　兵败湖口，再次自杀

　　曾国藩并不是那种得意忘形的人。攻克武汉，将湖北境内的太平军驱出后，他细察大局，为几个问题而担心。一是湘军水师虽屡立战功，但抢夺战利品过多，私藏货物，水陆弁勇各获财物，颇有"饱则思飏之意"。加之岳州之战正值酷暑，战胜后向朝廷保奏的时间稍晚了一点儿，将士便心生怨愤，时常露出不满之言。这就是胜仗打得多了，反而使将士"志骄气溢，殊觉散佚，暗伏挫败之机"。二是从武昌、汉阳逃走的太平军还有数万人，从岳州以下直到金陵数千里，"久已沦为异域"，如果继续挺进，就会陷入四面临敌的困境，稍有闪失，就会前功尽弃，特别是饷道易断。三是湘军人数虽有增长，以往作战，银钱、子药、丝毫皆取于湖南，但离开湖南作战之后，军饷、子弹难以接济，容易引发兵勇哗变，特别是千里转输，一有缺乏，军士溃败，前功尽弃。曾国藩认为现在虽然"机势大有可乘"，但由于存在以上三大问题，"步步艰难，又不能不熟思审度"。咸丰四年（1854）八月三十日，曾国藩将他的三大疑虑上奏清廷，实际上他不同意立即率师东下。清廷虽然承认曾国藩所虑三端，自系实情，除了令杨霈悉心布置，保护饷道外，但又肯定曾国藩"处事精详"，一定能妥善驾驭水陆各营，由九江、安庆直捣金陵，"朕必破格施恩，以酬懋绩"，令曾国藩东下。

曾国藩率湘军取得金陵咽喉——田家镇大捷后，认为"东南大局，似有转机"，因此立即令水师乘胜进攻九江，这是他出山以来第一次对战事做出乐观的判断和最迅速的部署。讲究辞章的曾国藩在上奏时用了一个"似"字，接着就讲了他的更深一层的忧虑。十月二十一日，他上奏说，太平军经此打击，虽损兵不少，但骨干人员伤亡者无多，特别是太平天国的领导阵营没有损伤。

面对清廷令他直捣金陵的命令，他只好把久蓄心中的隐忧上报。上报的判断有两点：一是"初虑江面不清，或成割据之势"，凭借湘军现在的实力，还不能把太平军全部驱逐出长江。也就是说，他对进攻下游没有把握。如果时机不成熟而发动进攻，就可能被太平军拦截，就会出现割据之势，但咸丰帝的判断并非这样悲观，朱批曰：事或不至如此。

曾国藩的另一判断是，"若剿办得手，又虑江面一清，或成流贼之患"。因为太平军的主力没有受到大的损失，尤其是陆师还有相当实力。如果直捣金陵，太平军水师就会四处旁窜，形成四处作战的局面。而清廷赖以作战的军队实在不多，那样的话，后果可能不佳。曾国藩的意图是"聚而歼之"。对这一判断，咸丰帝表示赞成，朱批说"实在意中"。

但两者相权，清廷希望选择后者。因此，曾国藩只好继续行进。实际上，曾国藩还是过高估计了湘军的力量。他设想的第二种结果就是他骄气滋长的反应。他上奏咸丰帝道：请旨饬下诸路带兵大臣及各省督抚，择要堵御，预防流贼之患。要各地做好防止太平军从金陵逃跑的准备。

对曾国藩及湘军的骄气，既是局中人又是好友的左宗棠发现了。他认为其时湘军"将士之气渐骄，主帅之谋渐乱"，多次写信给曾国藩、罗泽南等，劝他们审慎从事，切戒"轻进"。但曾国藩不作书信回答。左宗棠稍后在致夏廷樾的信中说："涤公自田镇以后，颇露骄愎之气，弟数与书而不一答，盖嫌其太直也。"罗泽南倒是有些警觉。他回信给左宗棠说，也许你以为我会忌其言之太直，我此身日在过中，力求药石而不得，敢忌医乎？你所说"骄之弊宜若易免，然时时对勘亦若为难"，诚有道之言。罗泽南还在信末写了一首诗："事业极伊吕，浮云过太虚；矧兹一战绩，已出二年余。"意思是说：即使如伊尹、吕尚的王佐事业，也不过如浮云掠过太空；何况湘军这一战绩，已迁延了两年多才得手，有什么值得骄傲呢？

259

曾国藩何尝不知骄兵必败的道理。《中兴别记》说，曾国藩看问题往往从终极目标向上推及，并不十分计较具体的"多算少算"，由于他"得诸更历艰阻者居多"，身历胜负，因此也绝不是昏头的人。但湖口之战却应验了骄兵必败这一军事常识。

太平军自武昌、田家镇败后，迅速调整部署：由翼王石达开坐镇安庆，指挥西部战事；英勇善战的林启容防守九江；又命著名战将罗大纲自皖南进攻赣北，扎兵于湖口对面的梅家洲；黄文金自湖口攻都昌，以策应九江守城。太平军精兵强将云集九江、湖口，摆上了誓与湘军决一雌雄的阵势。

九江古称浔阳、柴桑。秦设九江郡，有"江到浔阳九派分"之说，故名九江。它位处江西北陲，长江中游南岸，庐山北麓，东濒鄱阳湖。九江"襟江带湖"，雄踞三省要冲，又素有"江西门户"之称，因此为历代兵家必争之地。三国时，东吴名将周瑜曾在九江西南的甘棠湖演练水师。一千多年后，南宋抗金名将岳飞，曾率岳家军屯驻江州（九江），将金兵铁骑阻于江北。不久，岳母病逝于鄂州（武昌），岳飞扶榇顺江而下，将深明大义的母亲安葬在九江株岭山。六百年后，这里又成为太平天国与湘军进行生死较量的战场。

九江的争夺主要靠水师。太平军吸取武昌、田家镇的教训，水师已经整顿。因此在九江之战前的几次小型战役中，专用战船，辅以小划子，不用民船。作战时紧贴两岸，与陆营配合，不断轰击。并每夜从岸上向湘军战船投掷火球，又用战船放炮，随火船冲出，以乱敌阵。双方相持多日，互有伤亡。曾国藩在奏报中分析"水师苦战"时说，太平军水中屡次大败，都是因为民船太多，被湘军烧毁，顿失所恃，贼众奔溃。这次民船甚少，纯用大小战船，抵死抗拒；又以两岸及洲中营盘木排互相保护，局势遂为之一变。欲攻江中之船，必须先破北岸之贼；欲攻北岸之小池口，必须先破黄梅、大河埔、孔垅驿之贼。塔齐布督同诸陆军，应当攻克黄梅，扫荡诸处，速至江岸与水师会合夹击。一等到剿办得手，再行渡江会攻九江郡城。

　　太平军水陆协同作战，以及太平军水营船队的整编，给湘军水师攻占九江带来了新的困难。十一月初，湘军陆路由塔齐布、罗泽南率领，克复鄂、皖、赣三省交界之要塞黄梅，这也是被曾国藩称为"以寡击众，并不用虚声奇计，专以扎硬寨，打死仗为能"的一次大战。与陆路获胜相比，湘军水师在十一月初也对太平军展开攻势，但多次遭到太平军的顽强抵御，无获收兵。善于总结经验的曾国藩认为："我师两次苦战，卒未能大挫凶锋，皆因两岸贼营太多，水陆依护，抗拒甚力。而我师与陆军隔绝，孤悬大江，介处贼营之中，昼夜戒严。该逆每夜以火球、火箭近岸抛掷，连日雨雪交加，师船泊中洪则为风波所撼，泊岸边则为陆贼所扑，故日来水军劳苦，有倍过于田镇以上者。"

　　他总结出近日军事有可凭依的三个方面即："可恃者"：民心发生转移；饷需源源不断；军中和衷共济。关于军中和衷共济，他颇为得意地说：

　　　　军兴以来，多以意见不合、将卒不和贻误事机。臣等一军，勇逾万余，兵仅数百，其管带之员，文职多择取士绅，武职多拔取末弁，有夙昔之恩谊，无军营之气习；不特臣国藩、臣塔齐布二人亲如昆弟，合如胶漆，即在事人员，亦且文与武和，水与陆和，兵与勇和，将与卒和，粮台官绅与行间偏裨，均无不和。全军二万人，几如家人骨肉之联为一体，而无纤芥嫌隙之生于其间。

　　俗话说，人心齐泰山移。曾国藩出征以来，并没有特殊的阵战兵法，他的胸中也没有装下多少诸葛之计。他靠的是规取大势，靠的是扎硬寨、打硬仗，而最重要的是一个"和"字，这也是湘军区别于八旗、绿营正规军的最重要一点。昔日军营的"败不相救"，终于改造成今天的"胜则举杯相庆"，确实来之不易。

但曾国藩也有忧虑。他同时还提出了大可忧虑的三个方面：由于太平军水陆相依，大小船互出，一时找不到破敌之法；太平军愈聚愈多，愈击愈悍，而湘军以"长征之卒，无生力之军，已现端倪，转战千里，筋骨劳困"，疲于奔命；将领中勇多而谋少，独当一面者，殊难其选，遇败挫而能坚持者，尤难其选。曾国藩表示"步步谨慎，不敢稍涉疏虞"。很显然，湘军不善于持久战，其失败已现端倪。十一月中旬，湘军水陆近三万人陆续抵达湖口、九江城下。清廷按曾国藩所请，调兵遣将，饷项战械，无一不准。清廷又以其调度有方，赏给他黄马褂一件、玉靶小刀等物，以示优奖。

但湘军在湖口、九江遇到了劲敌。曾国藩原以为九江一郡，指日可破，不料两处太平军，守备日固，人数亦日增，"其坚悍凶顽，实出意料之外"。太平天国的英雄罗大纲真的把湖口变成了一道天然屏障，他用木排数十丈横亘江心，"排侧有炮船，排外有铁锁、篾缆，层层固护，两岸营墙，百炮轰击，皆以坚守此排"，湘军百计攻之，终不能冲入排内。伤亡愈多，军心愈愤。

驻守九江的太平军将领是林启荣。他能攻善守，湘军发动多次进攻都不能奏效。曾国藩亲自赶到九江城外与塔齐布、罗泽南会商，决定将陆师分为两支，一支由塔齐布率领继续攻城，一支由罗泽南率领进驻湖口城外的盔山，与胡林翼合力进攻梅家洲，以牵制湖口太平军，割断九江与湖口的联系。太平军也相应改变部署，由林启荣继续守九江，石达开守湖口，罗大纲守梅家洲，深沟高垒，坚壁不出，使湘军寸步难行。

十二月初，曾国藩亲自督导，仰攻九江，多日不下，遂改变战略，舍坚攻瑕。十二月初十，胡林翼、罗泽南率湘军陆师发起对梅家洲的攻击，太平军一次次将湘军击退。水师自初六开战后，太平军采取诱敌之策，连夜将大船凿沉江心，用砂石垫实，仅西岸留出隘口，用篾缆相拦。初十这一天，湘军水陆一同向隘卡攻击，太平军三面放炮，湘军受重挫。随后，太平军在湖口至姑塘四十里江面，用民船数十只且战且退，把湘军舢板等轻便战船一百二十多艘诱入鄱阳湖内，然后塞断湖口水卡，修筑工事，安装大炮，将其死死地封锁在湖内。从此，湘军水师被肢解为外江和内湖两部分。

外江水师仅有运转不灵的长龙、快蟹等大船，陷于被动境地，太平军不断投掷火球、火罐等引火之物，共烧毁湘军大船九号，中等船只三十号。湘军水师"屡胜之余，变起仓卒，快蟹、长龙等船挂帆上驶"，李孟群、彭玉麟等不能禁止。湘军水师大船逃到九江大营。

曾国藩闻讯后焦灼不安，因为战船损失事小，而湘军赖以取胜的轻便小船以"二千精健之卒，陷入鄱湖内河"，已被太平军水卡隔绝，内湖水师军无统将，辎重阻隔，漂泊于章、鄱之间。外江所存多笨重船只，运棹不灵，如鸟去翼，如虫去足，实觉无以自立。曾国藩只得急忙调回正在武穴养病的杨载福，以统率原来由他带领的那部分水师。陆军方面，曾国藩放弃对湖口的进攻，将胡林翼、罗泽南调回九江，以集中兵力，进攻九江。就在罗泽南回到九江的当天晚上，即十二月二十五日夜间，太平军分别从九江与小池口驶出小船三十艘，挟带各种火器，放火延烧湘军船队，水师顿时大乱，大小船只损失无数，曾国藩坐舢板督阵，严禁黑夜开船，但因江阔船多，不能禁止。太平军用小划船数十只，将曾国藩坐船团团围住。曾国藩的管驾官、监印官全部死亡，"文案全失"。曾国藩在即将被太平军俘获的危急关头，投水自杀，被幕僚救起，用小船送入罗泽南营中。他遥望江内水师纷纷溃逃，只余少数船只停泊在南岸罗泽南营旁边，深感大势已去，欲效仿春秋时晋国大将先轸之为，策马赴敌而死，慌得罗泽南、刘蓉紧紧抓住马缰，众幕僚寸步不离。

湖口大败，湘军水师受到重挫。几天后，曾国藩还心有余悸地向几位弟弟述及二十五夜之变：

> 兄之座船被失，一军耳目所在，遂觉人人惶愕，各船纷纷上驶。自九江以上之隆坪、武穴、田家镇直至蕲州，处处皆有战船，且有弃船而逃者，粮台各所之船水手尽行逃窜。此等情景，殊难为怀。现率残败之水师驻扎九江城外官牌夹，兄住罗山（泽南）陆营之内，不知果能力与此贼相持否？……二十五夜之变，将班指、翎管、小刀、火镰失去。兹遣人送回黄马褂一件、福字一幅、荷包三对，兄船上所失书籍、地图、上谕、奏章及家书等件，甚为可悚；而二年以来文案信件如山，部照、实收、功牌、账目一并失去，尤为可惜。荦田叔解

战船来，离大营止少一二日，竟不能到。军家胜败本属无常，而年余辛苦难补涓埃，未免心结。二十九日，罗山率湘勇渡江，剿小池口之贼，又见挫败，士气愈损。现惟力加整顿，挽回元气，不审能如意否。

可见湖口之败对曾国藩及其湘军士气的打击是相当大的。这也是曾国藩进入江西境内三年"受辱受挫"的开始。太平军在湖口、九江袭击湘军水师成功后，分三路向武汉发动反攻。曾国藩即派胡林翼、王国才两部以及水师中的李孟群、彭玉麟回援武汉。咸丰五年（1855）二月十七日，太平军三克武昌，并重新控制了湖北的大片地区。曾国藩奏称，湖北复为贼踪往来之地，前此成功，竟成空虚。可愤可憾！

二　惶惶终日，塔齐布之死

湖口惨败，武昌又失，致使曾国藩苦战半年打下的城镇得而复失，湘军精锐溃不成军，水师被肢解为内、外两支。这一次惨败，是曾国藩自己所说的"平生四大惭（耻辱）"之一。九江是曾国藩经历的滑铁卢。咸丰五年（1855）正月十二日，他神情沮丧地离开了九江，于十六日到达江西省会南昌。败军之将不言勇，作为打败仗的侍郎，曾国藩来到了南昌，又一次开始了寄人篱下的日子。没有欢迎的人群，也没有地方官的出城相迎。这里的第一官——江西巡抚陈启迈是他的同乡、同年，可是，在这个崇尚成功、蔑视失败的社会里，他也没有来迎接。对这次走入江西，曾国藩自己后来说：“乙卯（咸丰五年）九江败后，赧颜走入江西，丙辰（六年）被困南昌，官绅人人目笑存之。”

但曾国藩不服输。湖南山里人的倔强，曾家血脉流淌着的刚毅，以及矢志不渝的报效情怀，都使曾国藩没有垮下去。自己毕竟才四十五岁。"长毛"还在发展，历史还会给他许多机会。

到达南昌的当天，他就找来营官萧捷三，这是多少次几乎把头颅丢在战场又捡回来的一员爱将。外江的水师都支援武昌去了，那是湘军水师的精锐。一年多了，曾国藩和水师的将领、士兵们都吃住在那里。望着远去的船队，一种油然而生的失落和怅然浸透着每个将士的心。曾国藩拿出仅存的一些银两，请萧捷三去安抚一下打了败仗的兵士们。

"楚师三局"立即投入制造炮位子药的工作。在籍候选知府刘于浔受命设立船厂，打造战船。咸丰五年（1855）正月初一，曾国藩致信署江西按察使邓仁坤，嘱其经理造船及训练水师事宜。曾国藩称"即为江省计，亦万不可无水师"。整顿、重建水师的同时，曾国藩又将随行的幕僚们找来，总结自去年东征以来岳州、靖港、湖口三次大败的原因。当时跟随曾国藩的幕僚已不多，一是因为曾国藩连遭失败，一些人对他失去了信心，另谋他途。二是因为曾国藩不被清廷重视，跟着他前程堪忧。三是南昌更加危急，弄不好会同曾国藩同归于尽。望着如此冷清的场面，曾国藩心中空落落的，很不是滋味。他让众人指陈三次失败的原因，但大家面面相觑，都不敢乱讲话。

李元度为人仗义，见曾国藩几次寻死觅活，总不得胜，心里也很着急。于是他鼓足勇气，向曾国藩陈说："恩公东下之师，气势锐甚。然自三月至今，凡经三次大挫折，初挫于岳州，继挫于靖港，今又挫于九江湖口。幸而屡蹶复振，未坏大局。然依在下之见，非失于恩公不知兵，而失于知兵。"李元度的话，如芒刺在背，一针见血，众将领谁也不敢望一眼曾国藩的表情，只是默不作声地坐在那儿，空气骤然紧张起来，曾国藩倒还沉得住气。李元度接着说，岳州之败，是因为军队尚未集结就因大风阻于洞庭湖，敌察我困，大股围入，其败可谓天意，于理于势都是如此的结局。靖港之败就不然。一惑于团丁之请，临阵变成谋，朝令夕改，是策略之失。九江湖口之败，问题就更大了。舢板大船入湖，被敌人阻断归路，变出不测，以大船攻敌小船，无异猛虎拔牙，虚威无用。并且，师出却不为退路着想，是犯了行军大忌，则不能不败。李元度的话虽然揭了曾国藩的疮疤，但无疑是一剂良药。

内湖水师在重整中又恢复起来。正月底，曾国藩将先期修整好的战船六十余只派驻康山。陆师方面因胡林翼已率部前往武昌救援，曾国藩又令李元度回家乡招募四千人，二月底也抵达南康。由于有更多的战船进泊南康，李元度统领的平江勇紧相护随。曾国藩颇为感慨，他说水师之起，专为肃清江面而设，陆军之所以维护水营，九江、湖口之所以失败，都是因为水师孤悬，与陆师远隔不能配合作战之故。水师奔赴南康前，曾国藩亲自登上舟船，督促将弁操练一番，见可以一战时，即分批调赴南康，与平江勇各扼水陆要冲。自九江败后的危局有所缓和，曾国藩舒了一口气。

三月二十七日，曾国藩从南昌起行，亲督水师，移驻吴城镇。四月十三日，又由吴城进驻南康。但江西的形势越来越危急。四月下旬，义宁州被攻陷，省城南昌戒严。巡抚陈启迈急调湘军回援南昌。这时，在江西的两位大员，曾国藩驻南康，塔齐布驻九江，中间虽仅隔一个庐山，但由于太平军不时袭击，二人都不敢远离营次。"两地寸心，同深焦灼"因此，屡次约定骑马相见，均未能如愿。由于罗泽南一军须回南昌防守，而九江水师又无陆营护驾，曾国藩上奏清廷，用了"孤悬可虑"四个字。对此，清廷也无计可施。

五月底，内湖水师在青山取得了重整内湖水师后的一次小胜仗，曾国藩的座船拖罟也失而复得。曾国藩百感交集。上奏称：

> 伏查水军自去岁湖口失利以来，陷入内湖各船与外江水营隔绝，卒与将离，兄与弟隔，小船之素附大船者，皆隔绝而不得相见。臣国藩特至江西造船添勇，另立新军，方虑士气已伤，难期再振，幸仗我皇上威福，两次获胜，夺回拖罟大船，积愤为之稍申，军心为之一振。若使此军果足自立，则扼断长江之腰膂，上有金口水军以击其首，下有红单战船以击其尾，二千余里之江面，分为三段剿办，或有肃清之期。

由湖口战前的"和"势局面，变为战后的离隔之局，曾国藩十分伤感。但他有了新的想法，就是分段肃清江面。六月二十七日，曾国藩与塔齐布终于在青山大营相会，这是两人近半年的第一次相会。言及顿兵九江，劳师縻饷，上负主恩，下失民望，两人愧愤交集，哽咽难言。当时九江城的太平军时多时少，塔齐布之师若分剿他处，则恐大营单薄，反给太平军以可乘之机；若合聚一处，则五千之众，久无成功，日对坚城，徒深焦灼。就湖口水军而言，由于无陆兵保护，彼此都无所作为。因此曾国藩上奏清廷："不得不思所变计，以求有济于大局。拟于七月以内，臣塔齐布移至青山，渡湖之东，会剿湖口。如能攻破此关，全局固有转机；即不能遽破，亦当由彭泽而下，直趋建德、东流，以期与下游池、太之师联为一片，是亦大局旋转之一策也。"塔齐布也同意曾国藩的部署，但提出在七月发动一次大规模的攻势，如攻下九江最好，攻不下，再移师。按照新的部署，李元度率平江勇渡湖而来。罗泽南统领陆师攻克义宁州，省城的危机有所缓解。塔齐布回九江后，广置攻具，备云梯数百，布袋四千，扎草人以攀城，结竹筏以渡水，各营弁勇，皆自备挡牌、竹盔之属，无一不齐，专等月黑阴雨之夜，大举攻城。并约定七月十五以后，九江、湖口同时发动攻势。但东风不与塔军便，七月十八日，塔齐布卒于九江大营。次日，曾国藩立即赶赴九江陆营。想想身边最得力的大将在自己孤危之时而去，不禁悲从心中来，他伏在塔齐布的尸体上放声大哭。

塔齐布是个旗人统帅，由于他与曾国藩统领湘军，缓解了外界对曾家军的种种猜测与议论，而多了层满汉协同作战的形象。现在，塔齐布盛年而去，不仅使曾国藩失去了一位好将领，更重要的是，会有更多的人带着疑虑的眼光看湘军的热闹。因为，此后所有的功劳都是湘军的，都是曾国藩的，与旗人、与国家的正规军似乎再也没有干系。在战局十分不利的形势下，曾国藩意识到了自己的困难。他在塔齐布的灵柩前饮泣不止。灵堂两侧挂上了刚刚写就的一副挽联：

大勇却慈祥，论古略同曹武惠；

至诚相许与，有章曾荐郭汾阳。

塔齐布在不到两年时间里升任大帅，与他的英勇善战不无关系，但更重要的是曾国藩的多次保荐。而在曾国藩起家的路途上，前期对他帮助最大的就是塔齐布：长沙初办团练，是塔齐布置个人安危于度外，助他练军；湘军的第一次"东征"，取得所谓"湘军初兴第一奇捷"，也主要靠塔齐布的顽强攻战。其后，塔齐布任提督，曾国藩却因败绩被革职。但塔齐布"事曾国藩谨，自居部曲，不主奏报"，对曾氏极尽维护之能事，为湖南士绅官员所重。塔齐布因与鲍起豹有隙，代其位后，"遍赏提标兵，得军功六品牌者三千人，使人人知新提督无修怨之心，标兵大欢"。

湘潭战后，塔齐布率陆军七千人偕水师北上攻取岳州。不日，其军败太平军于岳州以南新墙，湘军水师则取胜于君山雷公湖。太平军弃岳州退守城陵矶。就在这次战役中，塔齐布阵斩太平军老将曾天养，清廷为此予其骑都尉世职。

塔齐布平时有愚惷、无能之态，及到战场，摩拳切齿，口流唾沫，一副好似要生吞对方的架势。尤其喜好单骑逼近敌垒，侦察虚实，几次进入危境，都转危为安。塔齐布治军也颇有方。每当深夜，呼亲卒相语家事，说到悲痛事，相对泣泪以流。一次，德化县令给这位大帅送了一张莞席，塔齐布说：军士皆卧草土，我睡莞席，岂能安枕？立令退回。曾国藩入南昌后，塔齐布驻扎九江，两人隔庐山相望，因太平军往来攻袭，多日不通音信，曾国藩为此十分焦虑。除夕前一天，塔齐布攻九江，终因寡不敌众，单骑败走乡间，马陷泥潭中，迷失道路。后被一位乡农救回家中。次日，各军以塔齐布未回，汹汹如所失，士卒哭作一团。曾国藩也悲痛不已。三更时，乡农将塔齐布送回，曾国藩、罗泽南倾营而出，光着脚出去相迎，三人抱在一起，泪诉劳苦。但塔齐布却谈笑自若地说：饿极了，快拿饭给我吃。各营官都惊喜异常。饭毕，已是元旦。

咸丰五年（1855）夏，曾国藩遣李元度率平江勇渡河攻湖口，约定次日塔齐布攻九江，使太平军腹背受敌。清晨，塔齐布忽患心悸而卒，年仅三十五岁。据说，塔齐布每次战前，先让百名亲兵蒙面，从中选一人为掌纛，每战必胜。死前的一个晚上，选掌纛时，有一纯施粉墨者，塔齐布见之，默然不悦，勉强说："好！好！纛授你了。"第二天即卒。塔齐布兄弟三人，小弟去年死于战场。他没有子嗣，只有年迈的母亲还健在。

曾国藩先行派人给塔齐布之母送去二千两银子，以慰这位两失爱子的母亲。此后他一直在浔城亲自照料塔齐布的丧事。二十一日，亲送灵柩出营，并派副将玉山等率提标官兵三百五十人护送到南昌。由于陆营暂时无人统领，曾国藩暂时留在九江统辖，安抚将士。

太平军显然得到了塔齐布死亡的消息，因此，当塔齐布的灵柩刚从九江走出几里，太平军就发动了进攻。曾国藩亲自指挥作战，竟打退了太平军。曾国藩认为，当统军新易，人心危疑之际，得此一仗，此支劲旅可无涣散之虞。八月，湘军九江陆营经曾国藩奏请，由广东罗定协副将周凤山统领。

三　"闻春风之怒号，寸心欲碎"

自咸丰四年（1854）底湖口战败后，湘军水师被肢解为内湖外江两部分，战斗力大大下降。而太平军三克武昌，使湘军陷入更大的困境。此时在外江的水师，由彭玉麟统领。进入鄱阳湖的，由营官萧捷三、段莹器、孙昌国、黄翼升统领。由于曾国藩意识到水师一分为二，对作战极为不利，因此急欲将两部分水师打通。但太平军强大的威势，使曾国藩只好作罢。为此，曾国藩开始重建内湖水师。

咸丰五年（1855）正月初五，曾国藩向清廷上奏，剖白其军"进止机宜有万难者"：

> （太平军）大队上犯武汉，鄂省兵勇难资抵御，意图抄我后路，断我饷道。若掳上游无数之民船，抢汉镇新造之战舟，梗塞江汉之间，则大江千里上下皆贼，臣等水军裹于中段，钱粮、子药来源已截，水勇之心断难自固。若果重踞武汉，西窥荆、襄，南伺湘省，防不胜防，其可虑者一也。若使臣等一军回驻武汉，则艰难百战肃清江面，一旦委而弃之，实属可惜。且臣等水师西旋，九江、湖口之贼，势必内犯江西，臣等此后军饷，更难仰给于江省。且陷入内湖之战舟百余，精锐二千，

从此断难冲出，与外江水师会合。年余讲求练此精华，一旦置之无用之地，后日难以再振，其可虑者二也。陆军屡胜之余，士气极盛，自至九江、湖口攻城攻垒，伤亡健卒多至数百人，锐气挫损，若使一意前进，得胜仗数次，尚不难于振刷精神，再接再厉。若使回军武汉，则兵勇之雄心先减，加以远道跋涉，消磨精气，虽认真振厉，亦难作其方新之气，其可虑者三也。臣等反复筹思，进退两难，现派李孟群督带炮船至黄州一带跟追，毋使上窜之贼掳船下水。如果大股贼匪占踞武汉，水师当全军回剿，陆兵亦当相机返顾。进止机宜，关系极大。

曾国藩的意思很明确：湘军水师被一分为二，如果陆营再往来于鄂、赣千里战线，必将被拖垮，湘军将陷入更大的困境。屋漏偏逢连雨天。正当曾国藩一筹莫展之际，驻在浔江的外江水师突遇风暴，一下子损毁四十余号长龙、舢板等大船。曾国藩只好令水师稍事修整，开赴金口。曾国藩想想两年多肃清江面之举，费了相当力量夺得的江面又被太平军收复，内心十分沮丧。他感到自己的错谬有两条：一是武汉攻克后应留重兵守护，并应派水师待援。由于计不出此，使得武汉空虚，太平军必将重新收复。那样，长江中游又为敌有，局势相当不利。二是进攻九江属孤军深入，而水师一分为二，已无所作为。实际上是对清廷令他东下的委婉批评。为了扭转局面，曾国藩令李孟群、彭玉麟在鄂渚扎营，在湖北新堤修整船队，一来可以固守荆、湘之门户，二来可以阻击太平军向武汉进攻。但曾国藩人在江西，如何能远隔千里，指挥自如，而且修船造舰需要很多饷银，加之水师开销原也不少，这令曾国藩十分为难。

外江水师全部开赴金口，留在内湖的水师只剩下小型船只，各小舟有所依附，乃能自成一军，因此在内湖必须造舢板、长龙等大船，但造大船又何其难哉！更为严重的是，外江水师已将将领带走，留在内湖的水师几乎没有得力之人统带。"各勇闻老营被烧，衣物全失，如鸟失巢，人无固志，甚不放心。"曾国藩打算亲自至吴城等处去统辖这支水师，重加整顿，但又如何能行得通。

清廷似乎不理解曾国藩的处境，仍然要曾国藩"力攻九江为扼要之策"。对于曾国藩要前往吴城统领内湖水师，清廷在表示赞同之余，也有一番忧虑。如果曾国藩到吴城能将内湖水师带走当然最好，但如果不能带出，大帅被困，与攻九江的陆师塔齐布部天各一方，问题则更为严重。因此，清廷指示曾国藩到吴城后，"若一时未能全数出湖，必须察看军情，仍回大营。"

在清廷没有好的办法的情况下，曾国藩决定水师一军，惟有分头整饬，各自成军，庶几转败为攻，仍不堕屡胜之威。为此，他请巡抚陈启迈将江西现造的长龙三十号拨给他使用，同时赶造快蟹大船十余支。

此时的太平军取得湖口大捷后，由都昌陷饶州府，又分别进击乐平、景德镇、祁门、徽州、广信等地，使江西、湖北、安徽各处清军难以应付。

曾国藩及时将情况上报清廷，他指出：就湖北、安徽、江西三省全局而论，陆路须有劲兵四支，水路须有劲兵两支，"乃足以资剿办"。江之北岸，自蕲水、广济、黄梅以达于太湖、宿松为一路，自汉口、黄、蕲循江岸而下达于小池口为一路。南岸自九江以上兴国、通山等属为西一路，湖口以下至于皖南为东一路。但水军已分为两支，陆军若再分，则立形单弱。

在这份奏折中，曾国藩写入了感动咸丰帝的一段话：

> 今臣等水军陷入鄱湖之船百号，回救鄂省之船百余号，业已分为上下两支，似有因祸得福之机。然内湖一军，臣国藩来江整理造船、添勇，无难就绪。回鄂一军，以被风击坏之船，当将士疲劳之后，与汉口新窜之贼相持，臣等又不能分身前往统领，日夜悬念。每闻春风之怒号，则寸心欲碎，见贼帆之上驶，则绕屋彷徨，不知李孟群等果能添置小船，复振军威否。

到了三月，湘军终于被肢解为四支。曾国藩居中调度，但一时呼应不灵。顿兵坚城之下，曾国藩又处于仰食他人的困境，这也是他最无奈的事情。

四 仰食他人，艰难经营

曾国藩按照"赤地立军"的原则建军，不想把湘军纳入国家正规军系统。他上奏中一再称湘勇为"义旅"，而一旦湘军要被地方大吏纳入"官军"组织时，他先是据理力争，最后不惜断绝关系，他与王鑫的分歧，以及后来与李元度等人的矛盾，都是由此而起。在他看来，这是不能让步的原则问题。因为一旦被纳入官军系统，他就不能全权指挥。

但是，不纳入正规军系统，就不可能从国家与地方政府中受到更多的接济。而军队的开销是相当大的，更何况湘军的饷银还是很高的。说到底，曾国藩之所以在相当长时间内不得施展，屡受排挤，平生受辱受挫之时多矣，就是体制上的矛盾造成的。这与曾国藩个人性格、为人等虽不无关系，但主要原因是湘军背景下的曾国藩与清朝旧有体制的冲突。总体而言，曾国藩在湖南的情况要好得多，这是因为，湘军是为保护桑梓而起，因此，无论从维护自身的利益而言，还是从稳定一方而言，湖南的富户乡绅还是支持曾国藩的。

曾国藩最初在长沙练兵时，湘军只有一二千人，粮饷物资由湖南藩库供应，移驻衡阳之后，开始自筹军饷，起初采取劝捐的方法来筹集军饷。由于效果不佳，就采取强迫的方法向大户征银。结果，弄得全省舆论哗然。他写信给文希范说：

> 惟饷需不资，省中库存无几，不得不藉吾乡殷实之家，捐资佐饷，助我一臂之力，而壮众士之行。务祈阁下转告寿珊、仙舸诸君，不惜齿牙余芬，通达区区之意于贵邑义士君子之前，求将夏间允捐之数即日催齐，于九月间解到衡州，至幸至祷！吾乡夙称仁里，有屈原、贾生之遗风，岂乏高义薄云天、忠肝贯金石之人？倘不以国藩为浮伪，而慨然佽助，则国藩所祷祀求之而不可得焉者也。所有捐输议叙，开一简明章程，以期人人一见了然，务恳广为传布。

读曾国藩的文章，颇有意思，他用"齿牙余芬"来让乡绅们拿出钱来，既滑稽又好笑。他还写信给左宗棠说："此时天下大乱，吾辈行军，必须亲自筹饷，不可仰食他人。"强调的仍是掌握主动性。曾国藩此时除请湖南地方官及湖广总督等给予饷银外，还与布政使徐有壬商定，用"功牌"劝捐，并议定出钱八十千者，给予九品功牌，以次增加至百六十千，则给予六品，牌上填写助饷出力字样。曾国藩认为"此物用之不竭，将来若果源源而来，竟须多刷数百张，至中丞处借印也"。他对徐有壬说：省会地方较大，眼界较广，断无此等好买卖，斯则弟之可以傲兄者矣。

但曾国藩不久即与徐有壬闹翻，因为徐有壬见利而动，在省中开捐局，给曾国藩来个釜底抽薪，让高兴没几天的团练大臣叫苦不迭。因为有钱人捐贡、监生、买功名，比曾国藩的捐功牌自然要吸引人，为此，曾国藩去信给骆秉章，说他那里有几家愿捐，但皆为贡、监所阻。盖凡官皆从贡、监捐起，而曾国藩的捐局不能捐贡、监，"故人人无从下手。譬如行者见宫室，而门不能入；饥者见珍馐，而喉不能下，真闷人也。求阁下与方伯（布政使）细商，能将贡、监少捐旬日，亦或不无小补"。

由于劝捐效果不佳，曾国藩总以无饷为虑，表示只好用勒捐之法。向日以为必不可行之事，今将自我作俑，可浩叹也！曾国藩还说，劝捐之事太难，"东坡所谓事未集办，而其竭蹶怨咨之象，已若泥中之困兽，甚可惧也"。为了能筹集军饷，曾国藩也不顾理学大臣的脸面，托绅士下乡苦劝，各县绅士来衡者皆请酒席，但只筹到五千余金，仍是杯水车薪。而且，衡山以下，如湘潭、宁乡、益阳等县，竟无一人一钱至者。痛哭之书函，严厉之札催，剀切之告示，友朋之陈说，委员之守提，诸术并穷，迄无一应。

曾国藩终于认识到，撒大网的办法很难收到实效，不如找有关系的县份或较富裕的大户做工作，他在写给欧阳兆熊的信中说：

> 捐输本非民所乐从，即奏请别树一帜，遍札州县，委员守催，官样愈多，去题愈远；不如择好友较多、地方较富之县，以鄙人肫肫之意，宣布于人。精卫填海，杜鹃泣山，或者谅我寸诚，犹有一二起而应者，亦未可知。绅以通其情，官以助其势。其并无交好，官亦隔阂之县，则不复过而相问，非爱惜道学门面，亦实见官样文章之不足集事。

曾国藩迫不得已，真的干起得罪士绅的事来，那就是实行勒捐，而且勒到胡林翼、左宗棠的亲家安化陶澍家。曾国藩对陶家的家底略知一些，因此勒捐中陶家也上了名册。而且曾国藩最初认定陶家应捐三万两。他写信给好友郭嵩焘说：

> 安化一札，当时盖亦思之，陶文毅（澍）之宦橐，岂能掩天下之口？道光十五年，仆留京，见其送别敬近五万金；二十三年仆在陕西，见蔗翁及尧、农等公函托李制军为文毅催取盐务公项，银数万金，皆已收到。即此二事，仆窃非之，往时在京，唐镜丈（唐鉴）数数举以相诟。今欲一毛不拔，实非人情之平。仆已冷面相

加矣。若非三万金，则竟以入奏，京师之人尚有能持平论者，无使足下为我受冤也。

后来陶家许诺捐五千两，而且迟迟不兑现。曾国藩为此颇为不满，还与左宗棠发生了小冲突。他在写给骆秉章的信中说：

陶家在安化县具呈，言正月先解现银五千，余俟售产变价解缴。安化将原呈送交敝处，已于初五接到。今到省又言不过先缴二千金。不知何以矛盾若此！陶家之富，何人不知？益阳所置之产，每岁收租三万石，以一年之租助饷，亦不损伤元气。受恩最重之家，尚且悭吝若是，何以劝人？苟非帑项万分竭蹷，侍亦岂肯构此大怨？杨员外家亦不肯捐，侍以拘签拿其胞弟到案，遂捐二万金。此事明知怨声载道，然实无可如何。日来赶办各件及发各营口粮，用银如泥沙，竟不暇细核。若不得此项，尚须由省库提银到湘潭船厂来用，更为不妥。是以忍心而为此也。

曾国藩为筹措军饷，竟然不惜与湖南巨宦起了冲突，甚至将人押到衙署，逼其捐款。

在湘军筹饷的全过程中，除郭嵩焘外，李瀚章是个很重要的人物，他跟随曾国藩时间最长，一直总理粮饷，是很称职的管家。李瀚章，本名章锐，号筱荃，亦写作小泉、筱泉，晚年自号钝叟。他生于道光元年（1821），比二弟李鸿章大两岁。父亲李文安在京任职，李瀚章作为长子，挑起了家庭重担，侍奉祖父，照顾弟妹，又秉持家训，专攻举业，但科场不顺，乡试屡受挫折。道光二十九年（1849），李瀚章被选为拔贡。朝考一等，拜曾国藩为师，以知县签分湖南。咸丰元年（1851），署永定知县，二年，署益阳知县，未及上任，太平军进攻长沙，湖南巡抚骆秉章命其守南门天心阁。解长沙之围后，李瀚章奖六品衔，赴益阳县任。曾国藩在回籍办团练，组建湘军之前，以"安定地方"为己任，曾大开杀戒，作为学生兼一县父母官的李瀚章，对老师的做法颇不赞成，曾经上书劝曾国藩缓刑，施"仁政"。但曾国藩不以为然，仍然杀人如麻。三年，李瀚章调署善化知县。曾国藩因与他有师生之谊，又见他忠实可靠，办事踏实，便派他办理捐输。第二年，曾国藩率湘军东下，设立粮台八所，李瀚章随营差遣，可以说是经理粮饷的元老。

湘军粮台八所，即文案所、内银钱所、外银钱所、军械所、火器所、侦探所、发审所、采编所，分别办理各项事务，并非专理粮饷。粮台设总理事务一人，各所则分派委员若干人，以司其职。湘军粮台的特点，与从前军营不同的地方有两点：一是粮台人员不是朝廷特派大员经理，而是由主帅委派，其权操于主帅，所以调兵运饷都由主帅一人掌握。二是粮台转运方便。湘军粮械都以水师供给转运，当初起时，以夺取长江控制权为目的，曾国藩自驻战船，粮台即设于水上，一切军装米盐都储船上。曾国藩还奏请清廷，提用湖南漕米二三万石，以济军需。咸丰三年（1853）十一月又请"嗣后臣行营所至，如湖北、安徽等省，准令随处劝捐，一例咨部，仍随时发给部照"。四年（1854）二月出外作战前，曾国藩的湘军已近三万人，每月需饷银八万两。不但湖南一省难尽供支，而且邻省亦难协济，所以他说专恃劝捐一途，以济口食之需。不久，曾国藩奏请于湖南、江西、四川三省中，择官绅数人帮助筹办捐局等事务，这就是：湖南省籍新授四川盐茶道夏廷樾、翰林院编修郭嵩焘；江西省籍前任刑部侍郎黄赞汤、升用知府郴州直隶州朱孙诒；四川省籍按察使胡兴仁，前翰林院编修李惺。曾国藩当时整装待发，但仅有一月饷银，他惟恐若因饷项不继，湘军饥疲溃散，则从此更无望矣。（朱东安：《曾国藩幕府研究》，四川人民出版社 1994 年，第 71 页。）

"世小乱则督兵难于筹饷，世大乱则筹饷更难于督兵。"为了筹集军饷，曾国藩甚至为贪官请入乡贤祠。乡贤祠，顾名思义，是封建时代统治阶级给所谓乡里的贤人——有道德的慈善之家建立的祠堂。

曾国藩一生多次为一些贤德或有功之人奏请封赏或代写一些碑、铭类的颂扬文章，而这一次，他奏请入乡贤祠的却是一个贪官杨键。曾国藩一生廉洁自律，视贪官如同寇仇，但这次却是曾国藩一生中少有的一次例外。当时，武汉形势吃紧，朝廷连番下旨让他自湖南出援武汉，他迟迟未动。其中原因主要是皇帝命他率兵，千里迢迢援救湖北，而且一路征战，竟未提军饷自何而出。没有军饷如何出征？他让人各处求助，恳求商绅捐资，犹如泥牛入海，毫无消息。恰在此时，有个在籍户部候补员外郎杨江要求捐助。曾国藩闻讯自然高兴，但杨江提出个条件，让曾国藩代他上奏皇帝，准许为其祖父在原籍衡阳建乡贤祠。而曾国藩是了解杨家的为人和杨江要求建乡贤祠的原委的。杨江的祖父杨键是湖北巡抚，道光二十五年（1845）病死。死后其家属便活动地方官入奏道光帝，请求建乡贤祠。但有人上奏说，杨键官声很坏，有严重的贪污、受贿行为。道光帝闻奏，不仅未允其入祠，且把上奏请入祠的地方官臭骂了一顿。这件事闹得轰动京城，曾国藩当时任职詹事府，自然熟知此事，他为杨家而不耻。

如今，为了军饷问题，要亲自出面为一个贪官申请入乡贤祠，一是不合儒家道德规范，再者是要冒风险，弄不好自己要下不了台。可是，为军饷所逼，曾国藩只好同意为杨键写奏折。

奏折封送之后，杨江当即捐助两万两白银，还说等皇帝批复后再捐五万两。杨江带头捐款，其他官绅也不能袖手旁观，一下子捐了十万余两。这点钱虽不多，但总算解了燃眉之急。

谁知湘军初战不利，吃了败仗，退回长沙。吃败仗是个打击，长沙官绅齐骂曾国藩无用，使他抬不起头。而雪上加霜的是，咸丰帝看了曾国藩请杨键入乡贤祠的奏折，下旨申斥他，还降了他两级官衔。但曾国藩用十万两白银让他的湘军度过了劫难。

到江西后，曾国藩面临客军虚寄的局面，因此筹饷问题又日形突出。五年（1855）四月，他奏请拨浙江盐引用盐抵饷，经户部议准，但由于四境不安，实际未能实行。后来，主要因为筹饷之事，与江西巡抚陈启迈闹翻。

五　同年反目，参奏陈启迈

湘军的军饷始终是困扰曾国藩的一个大难题。他几乎靠"乞讨"一样的方式支撑着湘军。

曾国藩进入江西境内，开始攻打九江。而此前的田家镇一战，虽然取得胜利，但湘军损失很大。曾国藩要为战死的官兵发恤银、为有功的官兵发赏银，加上战争消耗，从武汉带来的银子花得精光。马上又要"东征"，军饷又成了大问题。他向咸丰帝请求发饷，清廷命陕西巡抚王庆云解银十四万两，江西巡抚陈启迈解银八万两。然而，曾国藩等了许久也不见银子，甚至连个回音都没有。

此时九江久攻不下，湖口又打了大败仗，水师要重建，陆师要大幅度调整，军饷问题成为头等大事。曾国藩没有办法，只得向江西巡抚陈启迈伸手要，他认为，这次完全是为江西的失地与太平军作战，陈启迈不会置之不理。可曾国藩又错打主意，陈启迈不仅分文不给，还造谣说曾国藩的湘军打仗发了财，银子花不完。

曾国藩对此早有预料，因此在上奏湘军陆营半壁山大胜时，考虑到湘军进入赣境，附片奏请：目下全军将出楚境，距南省千数百里，江湖阻隔，风信靡常，此后殊难应手。且南省供亿经年，力量不继，亦赖协济于邻封。湖北残破之余，竟难指办。相应请旨饬下江西抚臣陈启迈，遴委干员，筹款开局，监制火药，铸造铁子、铅弹，由湖口解运出江，就近接济，庶可无误军行。俟江省子药办成解到后，即可渐纾湖南省局之力。清廷予以采纳。由于军机处廷寄的上谕有

"着陈启迈即行筹款制备，赶运出江，毋稍延误"的话，陈启迈因此筹备了一些炮位，但表示需要湖南省用船带动出湖，实际是给曾国藩出难题。为此上谕称："昨据陈启迈奏，匀出大小炮位一百五十尊，咨商湖南拨船前来，就近配驾。能否即由江西本省战船带解出湖，径交曾国藩等军应用之处，亦着妥筹办理。"显然，陈启迈态度不积极。

曾、陈矛盾其实更早。据档案记载，早在曾国藩奏请在江西境内搞捐监接济军需时，陈启迈就大唱反调。据咸丰四年（1854）八月十四日朱批，陈奏称，江西团练、乡勇口粮及置造军装炮械、修浚城壕等事，所费不赀，均赖捐款动用，此时既已设局劝捐协济，曾国藩炮船军需，江西碍难又立捐项名目，即使另立，亦恐顾此失彼。拟将江西各项捐输归并一局，随时斟酌缓急，熟筹大局，不分畛域，先应急需，以期两有裨益。朱批值得玩味：

> 知道了。名目固不必另设，然不准尽供本省之用。指日东下，肃清江面，为汝省安危之计，若饷项缺乏，致生意外，恐汝等不能当此重咎也。

陈启迈不允许曾国藩染指江西，早在同年三月初七，就以没有接到部文为借口，不许曾国藩在江西劝捐。

二人的矛盾还因为曾国藩奏调江西省个别官员归其节制，引起陈启迈的不满。十一月，按照曾国藩的奏请，咸丰帝令江西所派按察使恽光宸、总兵赵如胜驻军九江境上，归曾国藩节制调度。在此前后，安庆知府一缺由曾的部下李续宾补授。这也为陈所不满。

还有，九江久攻不下，曾国藩在奏报军务时，指责江西的军队协同作战不力，甚至指责陈启迈"资敌"。他还向咸丰帝说，湘军与"江西咫尺，隔绝不能相通，其可虑者一也"。曾国藩的这一奏折上于湖口战前，如此分析，湘军湖口大败，多少与江西方面的配合不力有关系。清廷在鼓励曾国藩的同时，谕责陈启迈，十二月十五日的上谕由军机处六百里加急寄至曾、塔、陈三人手中。其中有据曾、塔奏，自肃清浔江后，完全可以直下九江，但因"江西兵力软弱，未能两路夹攻，以致骤难克服"字样。就是说，湖北、江西"会剿"中，因江西不力，所以没能成功。文中又有"陈启迈所派之恽光宸、赵如胜等，均系督剿之员，何以自前月奏报筹办会剿以后，未据该抚续行入奏？岂贼窜江境，该臬司等竟敢置之度外，专恃曾国藩等分兵应援耶？着陈启迈一面严密设防，一面饬令恽光宸等，迅速将吴城贼匪击败，以便与曾国藩等军并图攻剿"。

陈启迈不从自身找原因，反而认为清廷的责备都是曾国藩告的状，因此对曾国藩更为不满，再加上劝捐筹饷等事，两人终成水火之势。当曾国藩进入江西前，江西籍刑部侍郎黄赞汤正在籍守制，他盛赞湘军和曾国藩的行为，曾国藩于是奏请黄赞汤主持江西劝捐事务。曾国藩率军进入江西后，黄赞汤已劝捐四十多万两，湘军所需，基本上靠这部分银两。但几个月后，在江西的湘军军饷又成问题，于是曾国藩让彭寿颐负责，在南康设总厘局，在各县设十几个关卡，征收厘金。正在这时，彭寿颐与万载县令李皬因为办团练的事发生争执，互相控告对方。曾国藩有以貌取人的毛病，也通一些相法，他见彭寿颐是才气可用之人，因此决定将他差委到营中。但李峠是陈启迈的辖官，对曾国藩这种越俎代庖的做法很不满，于是命按察使恽光宸严刑拷讯彭寿颐。曾国藩觉得陈启迈处处为难自己。

提起这位恽光宸，实际是陈启迈的红人。咸丰四年（1854）他经陈启迈奏请，带兵勇前往武宁等地阻击太平军，到这年冬月移营九江，与居隆阿合营。兵、勇相合是曾国藩避忌的事，因此咸丰帝就几次发谕旨令恽光宸所带勇归曾国藩调遣，但如此一来，陈启迈又认为是越权。陈于是向曾国藩要人，理由是恽已出征半年，本任事件是由粮道邓仁坤代办，而邓仁坤职任繁巨，又代办秋审事件，实难兼顾。目前九江带兵大员也不少，恽光宸所带勇三百名已归居隆阿统辖，恽光宸可以回任赶办秋审事件。曾国藩没有办法，只好同意。不料，恽光宸刚回本任不久，就发生了严刑拷问彭寿颐的事。

此时江西八府五十多个县大多被收入太平天国版图，陈启迈对此并不在意，但对曾国藩的诸多越权行为，似乎不能容忍。"调遣兵勇，意见多不合，饷尤掣肘。"不久，湘军的厘局查到了地方官走私鸦片，并查扣了走私船，地方官又向陈启迈告状，陈启迈不问曲直，指令地方官封了曾国藩的厘局，还把彭寿颐捆绑入狱。曾国藩率刘蓉等幕僚，到出事地点调查，查出了地方官私卖鸦片的确证。在忍无可忍之下，曾国藩向咸丰帝上奏参劾了自己的同乡同年陈启迈。参奏的内容，一是陈启迈颠倒黑白之事，二是陈启迈的处处掣肘，而以后者居多。奏折上于咸丰五年（1855）六月十二日，奏折开始即称陈启迈劣迹较多，恐误大局，因此恭折奏闻。陈启迈"欺君罔上，庇护私人"，涉及总兵赵如胜、守备吴锡光。赵是已革总兵，原本奉旨发往新疆，上年奏留江西效用，陈启迈派令管带战船百余号、水勇四千余人、大小炮位七百余尊。十一月初五扎泊吴城镇，一闻太平军至，赵如胜首先逃奔，各兵勇纷纷兽散，全军覆没，船只炮械尽为敌有。其实贼匪无多，民间至今相传仅长发九十余人。陈启迈却上奏称其奋不顾身。二是已革守备吴锡光，是被和春参劾、奉旨正法之员。吴锡光投奔江西，陈启迈奏留效用，倒填月日，说留用之奏在前，正法之旨在后，多方徇庇，虚报战功，既奏请开脱罪名，又奏保屡次超升，又奏请赏给勇号。吴锡光其人贪婪好淫，纵兵扰民，在南康时，军中妇女至百余之多；过樵舍时，将市肆抢掠一空，实为远近绅民所同恶。吴锡光还纵容其麾下贵州勇无故杀死龙泉勇一百八十七名，合省军民为之不平，陈启迈却既不奏闻，又不惩办，还从武宁县牢内取他勇之曾经犯案者，假称贵勇，缚而杀之，以掩众人之耳目。吴带勇七百支领八百人之饷，而陈启迈却奏称他们是自备资斧。种种欺饰，实出情理之外。

曾国藩说："自军兴以来，各路奏报，饰胜讳败，多有不实不尽之处，久为圣明所洞鉴。然未有如陈启迈之奏报军情，几无一字之不虚者。兹风不改，则九重之上，竟不得知外间之虚实安危，此尤可虑之大者。"

关于陈启迈处处掣肘，不接济湘军粮饷，曾国藩说："凡饷项丝毫，皆天家之饷也，又岂陈启迈所得而私乎？乃陈启迈借此挟制，三次咨文，迭次信函，皆云不肯给饷，以此掣人之肘而市己之恩。臣既恐无饷而兵溃，又恐不和而误事，不得不委曲顺从。"由于江西处处有警，陈启迈调遣湘军忽左忽右，"调之防景德镇，又调之保护省城，臣均已曲从之矣。旋又调之西剿义宁，臣方复函允从，而陈启迈忽有调往湖口之信；臣又复函允从，陈启迈忽有仍调往义宁之信，朝令夕更，反复无常，虽欲迁就曲从而有所不能"。

陈启迈的其他"罪状"还有：对有功团练副总彭寿颐无端捆绑，拟以重罪；指使万载县令李峙伙同其弟私贩鸦片，牟取暴利；丢失江西五府二十余县。

陈启迈有如此多的罪状，乌纱帽肯定是保不住了。

按曾国藩所奏，陈启迈属于严重溺职，欺君罔上。因此，七月初二日的长篇上谕，在例举陈启迈"种种欺饰，实出情理之外"后，"陈启迈着即革职，恽光宸着先行撤任，均听候新任巡抚文俊查办。该抚到任后，着即将曾国藩所参各情节，逐款严查，据实具奏，不得稍有徇隐"。由于陈启迈是一省之长，江西上行下效，官僚、士绅也与曾国藩作难。盖有曾国藩关防的捐输执照，不被地方官员承认，说曾国藩"未奉明诏，不应称钦差字样"；又说"曾经革职，不应专折奏事"，还说曾系自请出征，不应支领官饷等等，大有挤垮曾国藩之势。连与曾国藩积怨很深的王鑫，也不无同情地说："涤帅遭际若是，直令人急煞"，"涤帅所处真是不易，其尤难者乃是饷项一节耳"。上疏参奏陈启迈数日后，曾国藩写信给家人，谈不得不上弹章的理由，大意谓：

> 我的癖病还没有好，用心特别多，夜晚不能入睡，经常恐怕忠心耿耿的感情，最终对国事没有益处，但是

办一天事，尽一天心，不敢有片刻的疏忽懈怠。陈中丞（陈启迈）办理军务，不如人意，和我在各方面有很多意见不合。共事和衷共济，大概是最不容易的。我食俸禄已久，不得不把国家的忧患当做自己的忧患。

显然，曾国藩还是慎重的，尤其陈启迈是自己的同乡、同年，他如果理由不充分，不会把弹章加给这位同僚。为了取得时人的谅解，他四处给朋僚写信，多次表明自己的不得已之情。

六　罗泽南援鄂

回到南康水师大营的曾国藩，还没有从失去塔齐布的悲痛中走出来，罗泽南就单骑策马来到这里，提出他要率军援鄂的请求，他认为曾国藩应分军增援武昌外围的湖北巡抚胡林翼，一旦攻占武昌，湘军便能水陆东下，会师九江，江西、湖北的军事局势才能根本好转。七月十六日，罗泽南督率所部湘军攻陷义宁后，便上书曾国藩指陈鄂、赣的战略形势说：

> 长江要害凡四：一曰荆州，西连巴、蜀，南并常、澧，自古以为重镇；一曰岳州，湖南之门户；一曰武昌，江、汉之水所由合，四冲争战之地，东南数省之关键；一曰九江，江西之门户。此四者，皆贼之所争也。今九江与贼相持，而贼又已上据武昌，失长江之关键。崇、通一带，群盗如毛，江西之武宁、义宁，湖南之平江、临湘、巴陵，均无安枕之日。欲制九江之命，必由武汉而下；欲

解武昌之围，必由崇、通而入。为今之计，惟有率南康水
师与浔城陆师，合力以攻湖口，横踞大江，截贼船之上
下；更选劲旅扫通城、通山、崇阳、兴国之贼，乘胜合攻
武昌。武昌复，外江水陆之师沿江直下，与内湖水陆之师
相为联络，九江可不攻自下，兵家之势固然也。

八月初七，罗泽南还亲赴曾国藩驻地，在视察了南康和
湖口之后，再次提出了他的意见，"贼上踞武汉，下踞金陵，
相为犄角。湖口逼近江面，为贼必争之地，得湖口分兵以
守，与贼相持无已，非长策也。为今日计，惟以复武汉为要
着。计不出此，徒为争湖口、争九江之谋，是不过徒为江西
固门户也。"也就是说即使湘军打下湖口、九江，在武汉没
有攻克的形势下，仍然无法形成以上制下的态势。他还用下
棋喻战守，对曾国藩说："国手下棋，必争先着，形势所在，
固有不待龟蓍而后决者。"罗泽南指出，打破当时被动局面，
必须回军上游，力克武汉。而要攻克武汉，又必克据上游的
崇、通、咸宁，以攻武昌之背。

曾国藩的顾虑主要是身边兵单力薄。塔齐布去世，身边
只有李元度没经过训练的几千平江勇。但九江已是解不开的
结，因此曾国藩权衡再三，同意了罗泽南的建议，还抽调塔
齐布遗部参将彭三元、都司普承尧等部宝勇一千五百余人，
归罗泽南节制调遣。同时，还派自己的好友刘蓉随同西上，
充当罗的助手。对罗泽南援鄂，刘蓉极力反对，认为曾国藩
所依靠的主要是塔、罗二将，今塔已死，罗若远赴湖北，倘
有不测，更赖何人？因而劝曾不要放罗走。曾国藩无可奈何
地表示，罗既然要走，留是留不住的，自己只好同意。后来

在回忆这段历史时，他追述当时的心情说："咸丰五年余率水陆驻扎南康，志在攻破湖口一关。五、六两年竟不能攻破，七年余丁忧回籍，寸心以此为大憾事。罗罗山（泽南）于五年八月至南康、湖口一看，知其不足以图功，即决然舍我而去，另剿湖北。其时有识者皆佩服罗山用兵能识时务，能取远势。余虽私怨罗山之弃余而他往，而亦未尝不服其行军有伸有缩，有开有合也。"

八月十六日，罗泽南从南康启程返回义宁军营。二十七日，统率所部湘军五千人，从义宁桂口出发，刘蓉将左军，知府李续宾将右军，取道湖北崇阳、通城增援湖北巡抚胡林翼。罗泽南行前，曾国藩似乎知道罗此行凶多吉少，嘱郭嵩焘为其饯行。席间，幕客们心情沉重，不忍下箸。郭嵩焘说："曾公兵败奈何？"罗泽南含泪道："天若不亡本朝，曾公必不死。"罗泽南走后，曾国藩照其所嘱，不再主动出击，因此九江、湖口陆营，数月无大战事，当时水师泊扎青山、屏风各岸，陆勇二营护之。曾国藩自驻屏风水营，不时巡视青山、苏官渡各营，一意严防。

进入十月底，石达开自湖北进攻江西，于是曾国藩的日子又十分不好过。江西几乎被太平军控制，十一月底，彭玉麟如救星一般，自衡州间关微服，化装成商人模样，徒步七百余里，终于到达南康。曾国藩见之大喜，称其"艰苦耐劳，有古烈士风，堪任总统水师之位"。以后内湖水师概由彭玉麟统领，外江水师由杨载福统领，形成定制。

曾国藩身处危局，却很镇定。"每于军事孔棘之际，奖拔有功，优恤死伤。二者必详必慎，由是人心维系，军虽屡挫，气不少衰。"这确是困境中的曾国藩。这年九月，他上奏说，自己来江西已逾半年，师久无功，虚縻饷项，请交部严加议处。但对有功人员，他开单一一奏保，包括助其办理军务、实有劳绩、不可泯灭者：侍郎黄赞汤，督办捐输，力拯大局；南昌府知府史致谔，支应军需；候补知州李瀚章，办理粮台，权衡缓急；湖南巡抚骆秉章与其幕友同知左宗棠，一力维持，接济军饷，照料船炮，历险不渝；知府黄冕，造炮精利，实属有用之才。除黄赞汤、骆秉章属朝廷大臣，曾国藩未敢仰邀恩叙外，史致谔等各员，曾国藩全部将其归入义宁案内，开单保奏。

七　罗泽南之死

湖口、九江之战时，年仅二十四岁的太平天国翼王石达开几乎将曾国藩活捉。罗泽南援鄂后，江西已十分空虚。石达开认为，此时攻江西既解武昌之围，亦解九江之围。十一月二十四日，石达开率军自湖北通城越幕阜山入江西，一路势如破竹，新昌（宜丰）、瑞州（高安）、临江（清江）、吉安等名城重镇，相继克复。果然，曾国藩立即把周凤山全军自九江调回。九江之围，不战自解。

沿南昌南下九十公里，即是江西四大名镇之一的樟树镇。江西两大河流赣江、袁水就交汇于这里。湘军以水师见长，由于九江已失，因而曾国藩将兵力厚集于此。曾国藩对兵法不能说精通，但对于行军打仗的形胜可谓十分在行。他上给咸丰帝的奏折，显示出他在这方面的擅长：

> 江西全省，以赣水为中路之经，上发于赣、南二府，下达于鄱阳一湖。吉、袁、瑞、临及极北之九、南两郡，皆在赣水与鄱湖之西，广、饶、抚、建及省会、宁都州，皆在赣水与鄱湖之东。一水中分，而两岸州县之多寡，地形之大小，盖略相等。其袁州、临江二府之河，名曰袁江，至樟树镇而汇于赣河。樟树镇者，西近瑞、临，东接抚、建，两岸之关键，省城之咽喉。谕旨垂询最要之处，臣等以为此时形势，实以樟树镇为最要。臣国藩饬周凤山陆军、彭玉麟水师，扎驻该镇。臣文俊又调周尊彝、林葆等之陆军，刘于浔之水师，随同驻扎。用全力扼守樟树镇，以保东岸，以卫省垣。

此时的石达开以临江为适中之地，南则直指赣州、南安，北则距守武宁、新昌，以通九江之归路。曾国藩说石达开"意图尽披枝叶，困我省会。凶谋诡计，实可痛恨"。

曾国藩的湘军被一分为五，而他身边只有彭玉麟、李元度、周凤山，一水两陆，加在一起不足万人。以此万人防五路之敌，愈分则人数愈寡，愈析则气势愈弱，曾国藩深感久困一隅，兵单将寡，寸心焦灼，愧悚难名。

此时，江西、湖北之间，文报几个月不通。因此，曾国藩上疏请调罗泽南回援江西，但清廷仍坚持先攻下武汉再回援。

咸丰六年（1856）二月十八日，湘军在樟树镇大败，营垒全陷，弁勇溃奔南昌省城。一时南昌人心大震，夺门奔走者，不可禁御，或相践以死。两天后，曾国藩至南昌，收集溃勇暂时由其统领，又筹备守御，抚定居民，人心稍安。当时自鄂渚以南，达于梅岭，太平军踪迹所至，绵亘一千数百里，有众数十万。曾国藩多次派遣弁勇怀带密函，赴楚请援，多为太平军所截杀。骆秉章派委刘长佑、萧启江等募勇分道赴援，刘长佑由醴陵克萍乡，萧启江由浏阳攻万载。

这一时期，是曾国藩最为危急的时期，用他的话说，为军兴以来各省所未见，故一再请调罗泽南回援江西。曾国藩用哀怜的口吻说，湘军陆路不足三千，水师只有二千三百人，兵力至为单薄，而地形又觉散漫，只能勉力支撑。

罗泽南回援湖北，巡抚胡林翼对其礼敬有加，言必称"先生"，对罗的心腹大将李续宾、李续宜兄弟，亦笼络有加，甚至将李母接到自己署中照料。由于武昌迟迟不下，江西形势又岌岌可危，曾国藩再次奏调罗军回援，他致书罗泽南说：

　　自周（凤山）、彭（玉麟）外，江西无一军可恃。吉安之围，五旬未解，西路州县陷至二十余处，无人过问。饷项业已罄竭。腊月即发钞票一举，办理诸多棘手。国藩为江省计之，深望阁下之来援；为大局计之，又甚不愿阁下之回援。何也？凡善弈者，每于棋危劫急之时，一面自救，一面破敌，往往因病成妍，转败为功。善用兵者亦然。今江西之势，亦可谓棋危劫急矣。当此之时，若雄师能从北岸长驱，与水军鼓行东下，直至小池口、八里江等处，则敝处青山、湖口之师，忽如枯鱼之得水；江西瑞州、临江之贼，忽如釜底之去薪。以不援为援，乃转败为功之要着也。如阁下仍从通城、义宁回援江西，则武汉纵能克复，恐败贼从而回窜。北岸既无重兵，外江之水师万无东下之理，内湖之水师终无出江之望。是回援而满盘皆滞，不援而全局皆生，国藩所反复思维，而确见其然者也。

湘军与太平军在武昌、九江一线陷入战略相持阶段。曾国藩认为，既然武汉久攻不下，不如抽调罗泽南部援救江西，如此则无损于攻武汉，而有助于救江西。但罗泽南并不这样认为。二月二十四日，罗泽南给曾国藩写信说：

> 以事势论，今岁之围武昌，与去岁之围九江形势不同。去岁围九江，江面非我有也，北岸非我有也，即南岸东路之湖口，西路之瑞昌、兴国，皆非我有也。即令攻九江破之，亦一孤城耳。今岁攻武昌，北岸为我有，南岸为我有，江面自沌口而上皆为我有，所未合围者下游一面江路耳。现派李迪庵（续宾）、刘峙衡（腾鸿）扎营窑湾，断敌青山陆路之粮；杨厚庵（岳斌）军门已料理水师下泊樊口，断贼水路之粮。孤城定难久踞，俟水师一炬之后，大功幸成，回援江西易易耳。即不然，当令迪庵、峙衡与普钦堂宝勇由武昌攻大冶、兴国，乘此入江境，以复武宁，俟麾下之命；泽南仍率所部驻洪山与贼相持。天假之缘，武汉克复，当与大营会于浔城；或一时不能得手，亦必与此城相终始。天下之事在乎人为，决不可以一时之波澜，自灰其壮志也。

罗泽南也是明了大局的人，他表示与武汉共存亡，这下让曾国藩大为灰心。当然，罗泽南亦深知曾国藩的处境愈来愈危险，他希望天假之缘，及早攻陷武昌，湘军水陆师得以东下，与曾国藩会师浔阳江上，于是督战益急。此时武昌太平军守将韦俊得到九江、黄州、大冶、兴国等地太平军的增援，士气倍增。三月，太平军分路出击。

罗泽南驻军洪山，得知武昌守军分路出击，便陆续派出李续宾、蒋益澧等分兵接战。乘各路鏖战不休时，罗泽南亲自督军从洪山出击，太平军佯装败退，罗泽南乘胜穷追，直抵宾阳门，眼睛里闪耀出攻占武昌的喜悦。但刹那间，宾阳门忽开，万众突出，直冲罗泽南军，罗军退则无路，进则不能，已入太平军的包围中。罗泽南不愧为身经百战、临危不慌的儒将，他策马躬拒，三退三进，军几溃。火枪打中他的左额，血沾衣，犹踞坐指挥。胡林翼得知罗泽南负重伤后，当夜赶往洪山军营探视，见罗气喘神散，已不可救，但仍令医士全力抢救。罗泽南自知不起，缓缓睁开眼，拉着胡林翼的手说："危急时站得定，才算有用之学。今武汉又未克，江西复危，不能两顾。死何足惜？事未了耳！你与李续宾好自为之。"三月八日，罗泽南死于洪山军营，湘军水陆师为之夺气。

曾国藩此时已五次遣使赴鄂请援兵，但一直没有音讯，为此十分惶惧。直到三月底，胡林翼派出的勇弁，怀揣蜡丸书，间道抵南昌，曾国藩才得知罗泽南已死。由于江西危如累卵，曾国藩封锁了罗泽南已死的消息，秘不告人，恐损士气。

罗泽南外貌朴实，气质深沉，当咸丰四五年间，因屡立战功，朝野仰为名将，而不知他"朝出鏖兵，暮归讲道"，是以儒生带兵的典型人物。曾国藩认为，罗泽南虽与江忠源、塔齐布同时并起，但"战功较二人为尤著，独当一面之处为多"。曾国藩在与江西巡抚文俊会奏请在江西为罗建专祠时说，罗泽南胸怀恬淡，不求闻达。乃一旦仗义从军，毅然以身许国，冒危险而不顾。后来，曾国藩还写了《罗忠节公神道碑铭》，称赞他"大本内植，伟绩外充。兹谓豪杰，百世可宗"。罗泽南还是开创"无湘不成军"的第一人。对其影响，近人钱基博评论说：

> 其治军以不扰民为本。而视东南安危，民生冤苦，如饥溺之在己，与其所注《西铭》之指相符。军行所至，士民欢跃，或输敌情，或诉所欲，馈肉饷饭，如家人父子。得道多助，屡破大敌，而善以寡击众。乡人化之，荷戈从军，蔚成风气。时为之语曰："无湘乡，不成军"，藉藉人口，而不知无泽南，无湘军。惟泽南以宋儒之理学治兵，以兵卫民，皎然不欺其志。此湘军所以为天下雄，而国之人归颂焉。

八　蓄势待机，曾家军入赣

咸丰六年（1856）上半年，曾国藩几乎陷入绝境。江西只剩下南昌等几座孤城，通往湖南湖北的路都被太平军阻隔。曾国藩望眼欲穿，等待两湖的援兵。五月间，他又拿出银两募探卒，用蜡丸隐语探听两湖援兵的消息。由于探卒多次被太平军截获，所以常常有去无回，即使偶尔接通了消息，又都是用隐语所写，也只能了解大概。得知罗泽南病卒的消息后，曾国藩仍用隐语致信其弟：

温六老板左右：三月二十八日，有小伙计自鄂来江，乃初九日起程者。接润之老板信三条，知雄九老板噩耗。吾邑伟人，吾店首功，何堪闻此！迪安老板，新开上湘宝行，不知各伙计肯听话否？若其东来，一则恐无盘缠，二则恐润老板太单薄。小店生意萧条。次青伙计在抚州买卖较旺，梧冈伙计亦在彼帮助，邓老八、林秀三亦在彼合伙也。雪琴河里生意尚好，浙闽均有些伙计要来，尚未入境。黄虎臣老板昨往瑞州去做生意，欲与印渠老行通气，不知可得手否。余身体平安，癣疾全愈。在省城与秋山宝店相得，特本钱太少，伙计又不得力，恐将来火食为难耳。余不一一。澄四老板三月十九发一信来，已收到矣。开益号手具，润公老板、迪安老板、义渠宝号、吴竹宝店均此。来伙计二人，照给白货。初七日到小店。初九日行。

信中的"温六老板"即是曾国藩的六弟曾国华，润之即胡林翼，雄九即罗泽南，迪安即李续宾，次青即李元度，雪琴即彭玉麟，秋山宝店指江西巡抚文俊。此信的意思大体是：得悉罗泽南病逝，李续宾接统其军，不知部属是否服从稳定？如果李续宾统众援赣，恐怕胡林翼处兵力又减少。曾国藩自称"小店生意萧条"，即处于困境，李元度正在攻打抚州，并有其他人帮助。彭玉麟统领水师尚好，浙江、福建援军尚未入境。又说他与文俊关系融洽，只是没能给江西打开局面，因此担心粮饷成问题。

五月，曾国藩又一次向朝廷上奏，请求派援兵。他说："每念赣州天险，为古来必争之地，非得广东厚援，终恐不免疏虞。道途久梗，呼救无从。中霄念此，魂梦屡惊。合无吁恳皇上天恩，饬下广东督抚先拨一二千人，星速逾岭，保守赣州。先据上游，俟大队齐集，再图入援吉安。不独江西之幸，亦广东之先著也。"

在等待援军到达之时，曾国藩知道自己的家底已少得可怜，不足开仗，因此一再嘱咐统兵将帅，不可轻易开仗。在写给彭鹏、罗萱的信中说："浪战浪追，为我军向来大弊。此次必须谋定而后战，切不可蛮攻蛮打，徒伤士卒。各路兵勇新合，与六琴太守熟计，均告以《得胜歌》之规模，庶几如一家之军。"由于李元度一军为陆军主要兵力，因此曾国藩多次写信给久攻抚州而不下的李元度，五月十三日的信说："此际江省安危，系乎抚州一军，屡诫足下不可浪战浪追，实恐锐气暗损，难乎为继。往年岳州之役，陆军六月亦未得手，七月苦战经月，闰月逆党下窜，乃成破竹之势。望足下坚持定力，无幸旦夕成功。"他还告诉这位眼睛高度近视的将帅："脍炙人口，艰贞无咎，美成在久。古人之言，良有深味，幸无厌仆之渎告也。"

曾国藩还要求将帅要以《水师得胜歌》《陆师得胜歌》来教导兵士。那是樟树镇大败后，曾国藩回到南昌，收集溃军，裁并训练时所作。那段时间，他每天都要巡视操场，以防万一。当时士民惶恐，省城几乎不保，而曾国藩从容镇定，羽檄交驰，不废吟诵，写下了这两首通俗易懂的"队歌"。其中《陆师得胜歌》是这样写的：

三军听我苦口说，教你陆战真秘诀。

第一扎营要端详，营盘选个好山冈。

不要低洼潮湿地，不要一坦大平洋。
后有退步前有进，一半见面一半藏。
看定地方插标记，插起竹竿牵绳墙。
绳子围出三道圈，内圈略窄外圈宽。
六尺墙脚八尺壕，壕要筑紧墙要牢。
正墙高要七尺满，子墙只有一半高。
烂泥碎石不坚固，雨后倒塌一缸槽。
一营只开两道门，门外驱逐闲杂人。
周围挖些好茅厕，免得热天臭气熏。
三里以外把个卡，日日守卡夜夜巡。
第二打仗要细思，出队要分三大支。
中间一支且扎住，左右两支先出去。
另把一支打接应，再要一支埋伏定。
队伍排在山坡上，营官四处好瞭望。
看他那边是来路，看他那边是去向。
看他那路有伏兵，看他那路有强将。
那处来的真贼头，那边做的假模样。
件件看清件件说，说得人人都胆壮。
他呐喊来我不喊，他放枪来我不放。
他若扑来我不动，待他疲了再接仗。
起手要阴后要阳，出队要弱收队强。
初交手时如老鼠，越打越强如老虎。
打散贼匪四山逃，追贼专从两边抄。
逢屋逢山搜埋伏，队伍切莫乱分毫。
第三行路要分班，各营队伍莫乱参。

四六队伍走前后，锅帐担子走中间。
不许争先太拥挤，不许落后太孤单。
选个探马向前探，要选明白真好汉。
每日先走二十里，一步一步仔细看。
遇着树林探村庄，遇着河水探桥梁。
遇着岔路探埋伏，左边右边都要防。
遇着贼匪来迎敌，飞马回报不要忙。
看定地势并虚实，迟报一刻也不妨。
前有探马走前站，后有将官押尾帮。
过了尾帮落后边，插他耳箭打一千。
第四规矩要肃静，有礼有法有号令，
哨官管兵莫太宽，营官也要严哨官。
出营归营要告假，朔日望日要请安。
若有公事穿衣服，大家出来站个班。
营门摆设杖和枷，闲人进来便锁拿。
不许吸烟并赌博，不许高声大喧哗。
奸淫掳掠定要斩，巡更传令都要查。
起更各哨就安排，传齐夫勇点名来。
营官三夜点一次，哨官每夜点一回。
任凭客到文书到，营门一闭总不开。
衣服装扮要料峭，莫穿红绿惹人笑。
哨官不许穿长衣，兵勇不许穿软料。
脚上草鞋紧紧穿，身上腰带紧紧缠。
头上包巾紧紧扎，英雄样子都齐全。
第五军器要整齐，各人制件好东西。

杂木杆子溜溜圆，又光又硬又发绵。

常常在手摸得久，越摸越熟越值钱。

锚头只要六寸长，耍出杨家梨花枪。

大刀要轻腰刀重，快如闪电白如霜。

枪炮钻洗要干净，铅子个个要合膛。

生漆皮桶盛火药，勤翻勤晒见太阳。

锄锹镢子要粗大，斧头要嵌三分钢。

火球都要亲手制，六分净硝四分磺。

旗帜三月换一次，红的印心白的镶。

统领八面营官四，队长一面哨官双。

树树摇出如龙虎，对对走出似鸳鸯。

第六兵勇要演操，清清净净莫号嘈。

早习大刀并锚子，晚习扒墙并跳壕。

壕沟要跳八尺宽，墙子要爬七尺高。

树个把子十丈远，火球石子手中抛。

闲时寻个宽地方，又演跑队又演枪。

鸟枪手劲习个稳，抬枪眼力习个准。

灌起铅子习打靶，翻山过水习跑马。

事事操习事事精，百战百胜有名声。

这个六条句句好，人人唱熟是秘宝。

兵勇甘苦我尽知，生怕你们吃了亏。

仔细唱我得胜歌，保你福多又寿多。

在最艰难的时候，这似乎成为将士们精神上的寄托。可以想象，在岌岌可危的情况下，将士们是如何背诵这些出自二品大员之手的"队歌"。

曾国藩在给李元度的信中说：

> 《陆军得胜歌》不敢绳以古人之法，就吾辈今日所能行之者为之。惟国藩未曾身历行阵，当决命须史之际，甘苦疾徐，有非局外所能尽喻者。吾弟身经数十战，……至于营规粗迹，则歌中所述乃决不可少者。兹附去四十份，望饬各营官、哨官一一遵行。

在给罗萱的信中也说：

> 用兵者必先自治，而后制敌。《得胜歌》中言自治者十之九。足下与都司彭君率此军以出，纵使攻不遽克，名不遽立，亦自无妨，要当尽心力以求合于歌中之所云者。不然，日日但求胜敌，我之可以取胜者果安在乎？孙子以攻城为下策。攻城不破，非战之罪也。吾之所望者，但望贼匪来扑，野战交锋之时，我军进退严明，确有不可摇撼之象，则此枝渐成劲旅。此吾之所期望而慰幸者也。望与六琴兄切实讲求，时时以浪战为戒。

两军相持，坚忍能胜。在几个月没有大的战事情况下，曾国藩令将士们严阵以待，进行必要的休整，休整是为了打胜仗。他善于从微小的细节中察知变化的先机。七月初，太平军二万余众在瑞州与湘军几次交战，曾国藩从太平军的队形不整、旗色不一等表象得出事有转机的预测。他给李元度写信说：

> 江西局势日蹙，仆在此调兵筹饷，艰难委曲，有非笔墨所能罄者。彻宵兴叹，束手无策。然贼势亦实散

漫。瑞州初一、初四之战，众在二万以外，旗帜色杂不纯，用黄布多，绸少，物力已屈，军械不整。当其接战之时，后者徒知摇旗呐喊，虚声恫喝。迨前队既败，则狂奔大溃，倾山倒海。又广东新附之贼，实与真长发不合。看此，岂可以久长者？吾辈若更坚忍数月，似当有豁然贯通之一日。仆自去年以来，屡书劝讽足下，贵精不贵多，积小以高大，戒维莠之桀桀，法桃李之不言。当兹艰贞之际，尤不能不进此迂拙之言也。

这就是曾国藩。他在期盼中迎来了曾国华的援军。

曾国藩有四个弟弟，依次为国潢、国华、国荃、国葆，即他信中所称的澄弟、温弟、沅弟、季弟。最小的弟弟国葆却最早跟长兄闯荡，早在长兄衡阳练兵时，就推荐了水师二大将杨载福、彭玉麟，后来据说因身体原因离营回乡。曾家兄弟，用曾国藩的话说，"秉母德为多"，即性格倔强，不服输。曾国华，字温甫，族中排行第六，是曾国藩兄弟中比较聪明的一个。由于曾国藩的叔父曾骥云无子，因此曾国华自幼即过继给曾骥云。曾国藩对这位出抚的弟弟也倾注了许多心血。道光二十五年（1845），曾国华与曾国潢双双来到京城，曾国藩每天督课不止。第二年曾国华报捐国子监生，以后科考没能如愿。曾国藩困守南昌时，屡向两湖请援兵，而胡林翼、罗泽南久攻武汉不克，罗泽南不久病卒，因此在家乡的曾麟书十分着急，让曾国华前往湖北请援师。胡林翼派知县刘腾鸿、刘连捷湘勇一千五百名，同知吴坤修彪勇七百人，参将普承尧宝勇一千四百人，交曾国华总领，以援江西。并募勇夫怀揣蜡丸书，间行到南昌，曾国藩始知鄂军来援。据曾国华本人在给家人的信中说："男自揣本无带勇之材，而此次之冒昧任事，实因胡中丞、李都转之勤恳。而大兄在江西适逢警急，男若放为安坐，殊失急难之义。故与胡中丞密商，急作援江之举也。"

曾国华果真不负父兄之望，率三千多人的队伍，从武昌出发，一路上连克咸宁、蒲圻、崇阳、通城四县，暑雨不息，转战而前，于六月中旬又克新昌、上高。二十九日抵瑞州城外。曾国藩得信后，即派彭山屺等带勇四千，驰赴瑞州相迎。七月十五日，两军在瑞州城外会合。

这时，广东援师也已入守赣州，于是江西之围稍解。由于盛夏行军，加之一路冲杀不得休整，曾国华到瑞州后即病倒了，而且十分危险。手下的人立即用小船将曾国华送到南昌。两兄弟相见，悲喜交加。在曾国藩的精心照护下，曾国华的病情很快好转。瑞州终于收复，在江西的湘军此时已达一万余人。江西湖北之间的道路逐渐打通，曾国藩上奏清廷，称"全局转机，胥系乎此"。与家乡中断一个多月的通信也恢复了。曾国华病愈后仍回瑞州大营。

曾国藩写给九弟的信

由江西巡抚出面，曾国华以功奏保同知选用。

此时，后来大名远扬的曾国荃也已踏上军旅征程。曾国荃，字沅甫，族中排行第九，故人称"曾九"。他幼年从父学习，少年在京师从兄曾国藩学习，在曾门五兄弟中，他是天分最高、个性最倔强的一个。道光二十八年（1848），他考取贡生后，决心走科举之路。长兄曾国藩在长沙办团练时，曾国荃随同参与，策划治兵之法三十二条，大部分为其采纳。然而，此时的曾国荃仍未放弃举业，于咸丰四年（1854）回家乡一边设馆授徒，一边攻习举业。次年十月，他参加了由湖南学政刘崑会同总督、巡抚进行的三院会试，考取优贡生。按规定，这种有资格入国子监学习的优贡生，还要到京城去参加廷试，合格后方予认可。于是，曾国荃在咸丰六年（1856）春从家乡出发赴京城应试，但行至长沙后，因湘北及鄂省路途被太平军所阻，不得成行，遂报捐同知衔。曾国藩写信希望九弟明年春季进京时，若从浙江北上，可就便到江西大营，兄弟也能相会，并托他留意存在京中的书籍。曾国藩被困南昌后，屡请师而未果，清政府于是特诏起用长沙人黄冕为吉安知府，希望他能助曾国藩一臂之力。当时吉安控制在太平军手上，黄冕的空头知府要当实际的，必须攻打。黄冕素知曾国荃才识出众，急忙邀请曾共商对策，表示要以他为主帅，一起领兵赴援江西。曾国荃"念兄国藩急，慨然曰：'方吾兄战利，吾从未至营相视，今坐困一隅，义当往赴。君但能治饷，吾当自立一军，赴国家急。'"黄冕经请示湖南巡抚骆秉章后，决定请曾国荃招募一军，会同已革副将周凤山领军赴赣，定为吉字营。是年十月，曾国荃广招罗泽南、李续宜旧部及新募之兵，共计三千人，于十一月会合周凤山部三千人，出湘入萍乡，军锋直指吉安。这就是第三支援江的部队。途次破安福等地太平军营垒，因功加同知衔。

曾国藩实际不希望他的几个弟弟都上阵打仗，甚至也不希望他们去做官。因为他做了二十几年的官，打了几年的硬仗，对个中滋味体会极深。五年（1855）十月，他写信给几个弟弟说：

　　带勇之事，千难万难，任劳任怨，受苦受惊，一经出头，则一二三年不能离此苦恼。若似季弟吃苦数月便尔脱身，又不免为有识者所笑。余食禄有年，受国厚恩，自当尽心竭力办理军务，一息尚存，此志不懈。诸弟则当伏处山林，勤俭耕读，奉亲教子，切不宜干涉军政，恐无益于世，徒损于家。至嘱至嘱。

太子少保頭品頂戴兩江總督一等威毅伯曾國荃

曾国荃

曾国藩同时又是矛盾的。当他屡次用哀怜甚至乞求的口吻请求援师而不得时，又希望兄弟们帮他一把，有一支可以任凭己意调动的曾家军，尤其当他看到赤手可以搏天下，不一定走科举之路时，他又动摇了。四年（1854）十一月，他写信给诸弟说："沅弟能随南翁以出，料理戎事，亦足增长识力。南翁能以赤手空拳干大事，而不甚着声色，弟当留心仿而效之。"九月初三日，曾国藩在瑞州劳师，目睹了刘腾鸿治军之严整，大加赞叹之余，想到如果九弟跟从刘腾鸿学习磨炼一段时间，一定大有长进，因此，在包括咸丰帝在内的清廷朝野责其劳师糜饷的种种压力下，他仍然写信给九弟：

> 此间兵勇不敷分布，意欲调周梧冈（凤山）一军与弟办夏、黄之师，同来章门，又以饷需无出，不敢多招食客，以重主人之怨。……惟弟所部之千五百人者，兄意决望其仍来瑞州，与温并营。盖峙衡（腾鸿）治军整肃，实超辈流。弟若与之同处一二月，观摩砥厉，弟与温合之二千人决可望成劲旅。而憩兄与南兄与我投契夙深，又为此间官绅之所属望，一至章门，则嘘枯振萎，气象一新，使我眉间忽忽有生气。望弟商之季兄、憩兄、南兄，即率此千五百人速来瑞州。兄得与憩、南两君熟商一切，大局或有转机。温弟亦得更番归省，公私实为两利。

曾国荃果然不负兄望，后来成了攻打金陵的一支劲旅。曾国藩也多次说，他的侯爵是九弟帮他挣来的。

第九章　一生三变

一　"家门有大故，游子心不安"

这是父亲曾麟书给儿子曾国藩信中的一句话。原信说："骨肉之情，隐相感通，家门将有大故，游子在外，其心先即不安，是亦预为忧思之兆也。"当时写这封信时，正值曾国藩闹着要回家省亲，不久曾国藩的祖父病故。八年之后，似乎又应验到曾麟书身上。

咸丰五六年间，曾国藩在江西渡过了他一生中最艰难的两年。乞饷银不应，求援兵不至，他的上奏中屡屡用"恳恩"字样，实则是乞求。但曾国藩又是一个意志极为坚强的人，在无力回天的日子里，他在军中"终日凝然"，奏牍书札，躬亲经理，手捧史籍，不废吟诵，经常告诫身边将帅：军事变幻无常，每当危疑震撼之际，就越要澄心定虑，以待转机。他的幕僚黎庶昌记述说："盖其数年所得力者在此，所以能从容补救，转危为安也。"他还对李元度说：军心未固、众志难恃时先自固自保，再"徐图振起"。他说自己靖港之役，"不才栖居高峰寺两月有余，在营之辱，刻不敢忘。今日亦望足下少忍靖港之辱，以谋渑池之奋。无过激愤，以养不訾之躯而成不世之才，内慰高堂，外慰知心。至要至要，无忽无忽"。

曾国藩身处危局而心志不乱，使我们想起康熙在平"三藩"最艰难的时候，又有蒙古察哈尔部布尔尼举兵反叛，当时京师劲旅悉遣南征，都中几空，不少汉大臣偷偷遣家眷回原籍。人心汹汹，十分危急。年仅二十二岁的康熙帝每日照常批答奏章，与日讲官研讨学问。而且"外示暇豫"，每天到景山出游骑射。当时人颇为不解，投帖于景山路旁，责怪说："现今三藩及察哈尔同时叛乱，诸路征讨，当此危殆之时，真想象不出圣上还有什么心情出游?!"康熙帝仍佯装悠闲，民心乃固。三藩平定后康熙帝道出此中之意，说："当时朕若稍有疑惧之意，则人心摇动，或致意外，未可知也。"

康熙平三藩的这则"掌故"在性质上似乎不能与曾国藩类比，但面临危局而镇定自若，效果可谓异曲同工。咸丰六年（1856）底，湖北战场的形势发生重大突破。十一月二十二日，湘军攻克武汉，随后乘胜东下，于十二月直抵九江。鄂赣间的长江水上通道被完全打通。此时湘军厚集九江城外。李续宾部八千人扎九江外，此外尚有江宁将军都兴阿所统马队以及副将鲍超的近四千步兵扼小池口，水师方面杨载福率战舰四百号泊于九江两岸。加上原有的湘军，共达二万余人。十二月中旬，曾国藩由南昌前往吴城，巡视水师，十八日又到九江迎劳自湖北而来的将士。自湖北而来的湘军军容整肃，给曾国藩留下了极为深刻的印象。曾国藩对湘军这些后起者由衷敬佩。他评价说，李续宾统领的陆师"更胜于甲寅塔（齐布）、罗（泽南）合军之时，厚庵（杨载福）水军亦超出昔年远甚"，尤为可贵的是，"皆能不矜不伐，可敬爱也"。他向清廷的奏报也称：

> 臣国藩于十八日由吴城驰赴九江，迎劳诸军。见其军威严肃，士气朴诚。自十二至十八日，环攻六昼夜，并未收队。杨载福、李续宾与都兴阿联络契合，爱敬交至。虽积劳之后，屡胜之余，犹复日夕兢兢，衣不解带。不特东三省马队忠勇可风，即湘营与水师亦实为不可多得之劲旅。

与此前后，瑞昌、德安、武宁、建昌、新喻、永宁六县城先后收复，刘长佑、萧启江等进军临江府。南昌、袁州两郡全境肃清。九江、南康、瑞、临、吉安各属邑，皆收复过半。

正当江西战场发生重大转机时，曾国藩的眼疾复发，甚至"竟日不能开视"。他本打算将大营移至九江，"与湖北、安徽联络一气"，但由于眼病闹得十分凶，只好向咸丰帝请假一个月，在瑞州、九江军营静心调养。曾国荃率师至吉安后，曾国藩了解了家中的一切，更加想念父亲。这是他长辈中最亲的亲人。虽说在军中也不时能收到父亲的手谕，但自咸丰二年（1852）出办团练，父子即没有再谋面，曾国藩感到非常愧疚。曾国荃也非常理解兄长的心情，他说如果让父亲到袁州来，我们父子就可见面。但曾国藩考虑到湘乡到袁州往返千余里，对六十几岁的老人来说，身体是吃不消的，因此他说："若江西军事得手，明年或可奏明归觐乎？"但曾

国藩似乎又想到，江西的军事不会一年半载就结束，于是给
九弟曾国荃的信中写了上述内容后，他又改变了主意，即同
意曾国荃提出的请父亲到袁州一行。为此，他在此信后又加
了一段，与曾国荃商量：

> 弟若久驻吉安，余于正月初旬即至吉安犒师，弟拟
> 请父亲大人来袁州一行。父子相离四年，或得借此一
> 见，则弟军在吉安不遽掣动，亦一好事也。于公则吉安
> 有一枝劲旅，筹饷较易；于私则兄可借此以谒父亲。不
> 知弟意以为然否？如以为然，则请在彼深沟高垒，为坚
> 不可拔之计。先为不可胜，然后伺间抵隙，以待敌之可
> 胜。无好小利，无求速效。至要至嘱。

这封于十二月二十七日的信发出不久，曾国藩与湘军在
九江迎来了新的一年。曾国藩在瑞州军营治他的眼病，此时
仍在惦念与父亲相聚之事。他去信给九弟，说"吉安之行，
必须在瑞后乃能定议"。正月十五这一天，曾国藩收到了父亲
的手谕，及四弟曾国潢、儿子曾纪泽的信。曾国藩随即又将
皇帝赏赐的福字、荷包、食物派专人送往湘乡。可是，他万
没有想到，咸丰七年（1857）二月初四，父亲曾麟书在湘乡
病逝。

二月十一日，曾国藩在瑞州大营得悉噩耗，他简直不敢
相信这是真的。他放声大哭，仆地欲绝。第二天，他赴告南
昌及湘军各营，对军中之事——交代后，设服成礼。十六
日，驰折奏报，请开缺回籍守制。孝，在中国的人伦中恐怕
再没有比它重要的了。曾国藩作为长子，曾于咸丰二年

（1852）由九江奔丧回籍，但未经百日，即墨绖从戎，奉旨帮办团练。当时正值武昌失守，数省震动。曾国藩"夺情"而出，特于上给咸丰的奏折内声明，一俟大局稍转，即当回籍终制。四年（1854）八月又上奏折声明，因自己是丁忧人员，如稍立战绩，无论何项褒荣，何项议叙，概不敢受；如果办理稍有起色，即奏明回籍，补行心丧。但太平军日盛，大清疆土日蹙，曾国藩率领他的湘军援鄂、援皖、援赣，像救火队一样，四处奔走，没有息肩之日。他人在军中，常以未得在家守制为隐憾。拳拳孝心，人伦所常，因此他闻父讣即上奏清廷：

> 计微臣服官二十年，未得一日侍养亲闱。前此母丧未能妥办葬事，今兹父丧未能躬视含殓。而军营数载，又过多而功寡，在国为一毫无补之人，在家有百身莫赎之罪。椎胸自责，抱痛何极。瑞州去臣家不过十日程途，即日遵制丁忧，奔丧回籍。一面由驿驰奏，恭候谕旨。

他的两个弟弟曾国华、曾国荃当时也在军中，为此他一并奏请回籍守制。但对曾国荃统领的吉安一军，因有太平军二万余人赴援，因此他在折中奏明"国荃之能否遄归，尚未可知"。

　　曾国藩是做事十分负责的一位官员。奔丧前他对麾下的湘军水陆两师，从将帅统领人员的位置安排，到战事部署、所需饷银，以及向清廷的奏报等事，一一都有明确交代。虽然他早已归心如箭，但还是念念不忘，殷殷致嘱。他向咸丰帝、向清廷刻意表达的，是希望珍惜合四省之物力、经数年之功而成的水师。他称这是自己"经手事件"中的"一大端"。不过,他没有贪天之功,而说是各省努力的结果。他说:杨载福统领的外江水师与彭玉麟统领的内湖水师,"合计船只五百余号,炮位至二千余尊之多。此非臣一人所能为力。臣在衡州时,仅奏明造船百六十号,岳州以下虽陆续增添,而九江败挫之后,则水师中衰。其时回援湖北者仅船百余号,赖彭玉麟力支危局,胡林翼、杨载福重廓规模,而又有广东督臣购运洋炮,湖南抚臣督率官绅,广置船只、子药,于是外江之水师始振。陷入鄱湖者亦仅船百余号。赖江西抚臣及总局司道竭力维持,增修船炮,筹备子药,于是内湖之水师亦振。合四省之物力,各督抚之经营,杨载福等数年之战功,乃克成此一支水军。臣不过因人成事,岂敢无其实而居其名。"由于两支水师一驻吴城,一扎九江,互不统属,而两军合而为一是迟早之事,加之杨、彭之间的分歧,他也有所耳闻,故向清廷奏明,请旨特派署提督杨载福总统外江、内湖水师事务,惠潮嘉道彭玉麟协理外江内湖水师事务,以便号令归一,名实相符。他还说:杨载福战功最伟,才识远胜于臣。彭玉麟历备险艰,有烈士之风。如果此二人由皇上时加训励,必能肃清江面之局。对于水师的饷银,他提出由湖北巡抚胡林翼月筹银三万两,江西巡抚文俊月筹银二万两,"俾此军不以饥疲致溃。则不特为攻剿九江、湖口所必需,即将来围攻金陵、巡防长江,亦必多所裨益。"对于水师之外的湘军陆营,曾国藩在奏折中说与他"略有关系"。李续宾所统湘勇现驻扎九江,精劲朴实,隐然巨镇。刘腾鸿之湘勇,普承尧之宝勇,驻扎瑞州,严明勤谨,足当大敌。如果饷项稍微充足，必能树立功绩。因此表示自己"在军中亦无所益，即不在军中亦无所损"。

他奏请开缺守制的理由似乎也很充足：一是江西水陆诸军，及各省援师到达后已部署完毕，他开缺后，应由西安将军福兴与巡抚文俊会商办理。二是"近日洪、杨内乱，武、汉肃清。袁州、奉新等处克复数城，江西局势似有旋转之机。""因此吁恳天恩，准臣在籍守制，稍尽人子之心，而广教孝之典，全家感戴皇仁，实无既极；抑或赏假数月，仍赴军营效力之处，听候谕旨遵行。现在函商将军福兴、巡抚文俊两臣，酌请一人前来瑞州，抚循各营将士。臣拜折后，即由瑞州奔丧回里。"

曾麟书的身体向来很健康，此次不治而逝实出全家人意外。正月二十六日，曾麟书患中痰之症，呼吸有些困难，但痰症越来越重，二月初四即撒手西去，从得病到逝去仅七天时间。因此曾国藩说是"遽遭大故"，死得太突然。江西的文武大员及在赣的湘军将领最先得到了曾国藩父亲去世的消息。巡抚文俊特委派督粮道李桓前往瑞州曾国藩大营吊唁。李续宾本人正筹攻九江，因此委派他的弟弟李续宜自九江前去致哀。

二 委曲心事，委军守制

二月二十一日，曾国藩和他的弟弟曾国华自江西大营启行奔丧，二十五日抵湖南境，二十九日回到湘乡故里。几天后，曾国荃也从吉安奔丧回籍。

曾国藩此次奔丧，是没有等待清廷的上谕而直接回籍的，他上奏中有恳请终制的话，也有"赏假数月，仍赴军营效力"之语，实际上对于清廷如何安排，他心中实在无数。从他二月十二日即上奏清廷前写给李元度的信中，有"行止大局，现尚未定，日内再当专使奉告"来看，他对于委军奔丧，即不待朝命而旋车故里，心里是有矛盾的。十六日，即上奏清廷的第三天，曾国藩将行程告之李元度，"定于二十日匍匐就道"。曾国藩行前及回到家乡后，又请骆秉章向清廷代奏。清廷于二月二十七日和三月初一日，先后廷寄上谕。前一上谕称：

> 兵部侍郎曾国藩之父曾麟书在籍病故，该侍郎现在江西督师，军务正当吃紧。古人墨绖从戎，原可夺情，不令回籍。惟念该侍郎素性拘谨，前因母丧未终，授以官职，具折力辞。今丁父忧，若不令其奔丧回籍，非所以遂其孝思。曾国藩着赏假三个月，回籍治丧，并赏银四百两，由湖南藩库给发，俾经理丧事。俟假满后，再赴江西督办军务，以示体恤。

三月初一日的上谕，针对曾国藩对军务的安排以及骆秉章上奏，作出部署：

> 湖南兵勇，暂交其弟曾国华管带。惟曾国华职分较卑，仍须有大员统带，方能得力。所有曾国藩前带水师兵勇，着派提督衔湖北郧阳镇总兵杨载福，就近统带；广东惠潮嘉道彭玉麟，协同调度。该侍郎假满后，着仍

遵前旨，即赴江西督办军务，以资统率。……所需粮饷，着文俊设法筹办，并咨照官文、胡林翼一体筹拨接济，毋使缺乏。

这两次上谕，都明确了三个月后曾国藩仍回军中的意思，曾国藩为此率领阖家大小，望阙叩头。称自己数载从戎，过多功寡。表示"惟有殚竭愚诚，效图报称。战战兢兢，常怀履薄临深之义；子子孙孙，永矢衔环结草之忱"。

五月二十二日，曾国藩以三个月的假期将满，而他的父亲还没有安葬，再次上折恳请终制，并说"前代及我朝夺情之案，被人弹劾者，层次迭出。而两次夺情，则从古所无"。曾国藩还向咸丰帝袒露他的矛盾心理："臣到籍以来，辗转思维：欲终制，则无以报吾君高厚生成之德；欲夺情，则无以报吾亲恩勤鞠育之怀。欲再出从军，则无以谢后世之清议；欲不出，则无以谢患难相从之军士。进退狼狈，不知所裁。"

以忠孝构筑的传统礼制，让曾国藩颇感为难。这也是许多有作为的官员遇到的难题。但曾国藩还是倾向于守制的。他还乐观地认为，近日形势，"实已换回十分之七八。以大局言之，河北荡平，洪、杨内乱，武、汉肃清，水师精劲，迥非咸丰二、三年气象可比"。他还援引上年大学士贾桢丁忧，皇上赏假六个月，令其回籍治丧。旋因贾桢奏请终制，又蒙谕旨允其所请之例，准其在籍终制。

闰五月初五日清廷发布上谕，称赞曾国藩"数载以来，战功懋著，忠诚耿耿，朝野皆知。伊父曾麟书，因闻水师偶挫，又令伊子曾国华带勇远来援应，尤属一门忠义。朕心实深嘉尚"。所奏"情词恳切，原属人子不得已之苦心"。但咸丰帝又指出：曾国藩身膺督兵重任，非贾桢可比，仍命其假满后即赴江西督办军务，并署理兵部侍郎，以资统率。并承诺"俟九江克复，江面肃清，朕必赏假，令其回籍营葬。俾得忠孝两全，毫无余憾"。并说"该侍郎殚心事主，即以善承伊父教忠报国之诚，当为天下后世所共谅也。"

咸丰帝上谕中的称许勾起曾国藩对几年从戎的苦涩回忆，尤其是咸丰六年（1856），"困守江西，备极艰险"，令他一生难以忘怀。而入春以来，军务渐有转机时，又有闻讣丁忧之耗。他认为自己才智本来十分平庸，而事机又如此不顺，因此断定自己是"福分浅薄之人，终不能立功以报圣明于万一，所为暗自伤感者也"。他经历了太多太多的苦难，现在成功离他仅有一步之遥，而在这个时候，他的父亲撒手而去。所谓"福分浅薄"，言下之意是自己受尽了人间苦难与折磨，而无缘与成功相拥抱。他真的不甘心。长沙的妙高峰，衡州的演武场，九江城下，湖口之中，留下了他太多的付出与汗水。由于上谕中有"楚军素听指挥"之言，曾国藩说这并非是他的功劳，而是将士怀利而来，既说出了湘军发展的真谛，也是洗脱"曾家军"的猜嫌。他说：

> 查湖南练勇，昔年犹有见贼逃遁、怀乡思归之事。近则阅历既久，胆气皆壮。轻贼匪之伎俩，慕天家之官爵。以投营为名利两全之场，以战阵为日用常行之务。湘中勇夫，赴江西、湖北投效者，络绎不绝。父缺子代，此往彼归。较之臣初募练之时，风气迥不相同。但使稍给口食，即可静听指挥。臣二月闻讣之初，亦虑将

士相从日久，恐难骤离而他属。自出营而后，各路安谧如常。吉安、临江屡获胜仗。将军福兴至瑞州视师一次，巡抚耆龄遣员至瑞州犒赏一次，各营皆欢欣踊跃，乐为用命。可见士无常亲，惟抚驭者是亲。不必楚人而后能用楚众也。

他还说自己两遭亲丧，是不祥之身，决非宏济时艰、挽回大局之象。因此恳请开除兵部侍郎缺，在籍终制。曾国藩的心灵在经受着比死亡还严重的折磨。就在奏请开缺终制的同一天，即六月初六，还上了一道给他的命运带来另一番捉弄的奏折，即《沥陈办事艰难仍吁恳在籍守制折》。这篇奏折引起了当时人乃至后人毁誉不一的评价，也是曾国藩一生事业的一个重要转折点。他后来说，造物主不轻易让一个人成功，所指就是这次的磨折。可以说，这篇奏折真实反映了曾国藩的思想脉络，是他内心矛盾斗争后"豁然开朗"的表现。他承认自己与古来疆场之臣为朝中掣肘万端者，有霄壤之别。但"以臣之愚，处臣之位，历年所值之时势，亦殊有艰难情状无以自申者，不得不略陈于圣主之前"。这就是说，任何人要做事必须有信誉、有权力、有舞台，否则，就像孔雀自开屏，人莫知也。

在这个奏折中，曾国藩不无沉重地向清廷讲了三个问题，他表述为"办事艰难之三端"，说到底还是体制，他没有正规军的旗号，游离于体制外，因此没有得到应有的"待遇"。他的职权是虚的。

第一条是没有提拔部下权。

定例军营出缺，先尽在军人员拔补，给予札付。臣处一军，概系募勇，不特参、游、都、守以上无缺可补，即千、把、外委亦终不能得缺。武弁相从数年，虽保举至二三品，而充哨长者，仍领哨长额饷。充队目者，仍领队目额饷。一日告假，即时开除，终不得照绿营廉俸之例，长远支领。弁勇互生猜疑，徒有保举之名，永无履任之实。或与巡抚、提督共事一方，隶人衙门，则挑补实缺；隶臣麾下，则长生觖望。臣未奉有统兵之旨，历年在外，不敢奏调满汉各营官兵。实缺之将领太少，大小不足以相维，权位不足以相辖。去年会筹江西军务，偶欲补一千、把之缺，必婉商巡抚，请其酌补。其隶九江镇标者，犹须商之总兵，令其给予札付。虽居兵部堂官之位，而事权反不如提镇，此办事艰难之一端也。

第二条是没有任免文武权。

国家定制，各省文武黜陟之权，责成督抚。相沿日久，积威有渐。督抚之喜怒，州县之荣辱、进退系焉。州县之敬畏督抚，盖出于势之不得已。其奉承意旨，常探乎心之所未言。臣办理军务，处处与地方官相交涉。文武僚属，大率视臣为客，视本管上司为主。宾主既已歧视，呼应断难灵通。防剿之事，不必尽谋之地方官矣。至于筹饷之事，如地丁、漕折、劝捐、抽厘，何一不经由州县之手，或臣营抽厘之处，而州县故为阻挠。或臣营已捐之户，而州县另行逼勒。欲听之，则深虑事势之窒碍；欲惩之，则恐与大吏相龃龉。钱漕一事，小民平日本以浮收为苦，近年又处积困之余。自甲寅咸丰四年（1854）冬间，两路悍贼窜入江西，所在劫掠，民不聊生。今欲于未经克复之州县征收钱漕，劝谕捐输，则必有劲旅屯驻，以庇民之室家，而又或择良吏，以恤民隐。或广学额，以振士气。或永减向日之浮收，或奏豁一年之正课，使民感惠于前，幸泽于后。庶几屡捐而不怨，竭脂膏奉公上而不以为苦。然此数者，皆巡抚之专政。臣身为客官，职在军旅，于劝捐扰民之事，则职分所得为。于吏治、学额、减漕、豁免诸务，则不敢越俎代谋。纵欲出一恺恻详明之告示，以儆官邪而慰民望，而身非地方大吏，州县未必奉行，百姓亦终难见信。此办事艰难之一端也。

第三条是名实不符，没有裁处事务权。

臣帮办团练之始，仿照通例，镌刻木质关防，其文曰："钦命帮办团防查匪事务前任礼部右侍郎之关防。"咸丰四年八月，臣剿贼出境，湖南抚臣咨送木印一颗，其文曰："钦命办理军务前任礼部侍郎关防"。九江败后，五年正月换刻"钦差兵部侍郎衔前礼部侍郎关防"。是年秋间补缺，又换刻"钦差兵部右侍郎之关防"。臣前后所奉援鄂、援皖，筹备船炮，肃清江面诸谕，皆系接奉廷寄，未经明降谕旨，外间时有讥议。或谓臣系自请出征，不应支领官饷；或谓臣未奉明诏，不应称钦差字样；或谓臣曾经革职，不应专折奏事。臣低首茹叹，但求集事，虽被侮辱而不辞。迄今岁月太久，关防之更换太多，往往疑为伪造，酿成事端。如李成谋战功卓著，已保至参将矣，被刑辱于芷江县，出示以臣印札而不见信；周凤山备历艰辛，已保至副将矣，被羁押于长汀县，亦出示以臣印札而不见信。前福建巡抚吕佺孙，曾专函驰询臣印不符之故。甚至捐生领臣处之实收，每为州县猜疑，加之鞫讯。或以为不足据，而勒令续捐。今若再赴军营，又须另刻关防，歧舛愈多，凭信愈难。臣驻扎之省，营次无定，间有部颁紧要之件，亦不径交臣营。四年所请部照，因久稽而重请。六年所请实官执照，至今尚无交到确耗。此外文员之凭、武官之札，皆由督抚转交，臣营常迟久而不到。军中之事，贵取信如金石，迅速如风霆，而臣则势有所不能。斯又办事艰难之一端也。

曾国藩在例举以上"三难"之事实，最后说：

兹三者其端甚微，关系甚巨。以臣细察今日局势，非位任巡抚，有察吏之权者，决不能以治军。纵能治军，决不能兼及筹饷。臣处客寄虚悬之位，又无圆通济变之才，恐终不免于贻误大局。凡有领军之责者，军覆则死之；有守城之责者，城破则死之。此天地之常经，古今之通义。微臣讲求颇熟，不敢逾闲。今楚军断无覆败之患，省城亦无意外之虞。臣赴江西，无所容其规避，特以所陈三端艰难情形既如此，而夺情两次，得罪名教又如彼。斯则宛转萦思，不得不泣陈于圣主之前者也。臣冒昧之见，如果贼势猖狂，江西危迫，臣当专折驰奏，请赴军营，以明不敢避难之义。若犹是目下平安之状，则由将军、巡抚会办，事权较专，提挈较捷。臣仍吁恳天恩在籍终制，多守数月，尽数月之心；多守一年，尽一年之心。出自圣主逾格鸿慈，不胜惶恐待命之至。所有沥陈办事艰难，仍吁恳终制缘由，恭折驰奏。

曾国藩的奏折无疑是对清廷的一次摊牌，但"三难"也确是他不能发挥大作用的原因所在。曾国藩伸手"要官"，并非是他个人进退之事，而事关他手下的湘军应放在什么样的位置这一大问题。按他所带湘军的功绩，给予总督巡抚也不为过。但清廷始终对这股"一呼而应，从者数万"的队伍不放心。当时武昌已下，清军已据上游，江南大营也日有起色，因此拒绝了曾国藩的请求。值得玩味的是，六月十九日的上谕也没有把话说绝：

> 曾国藩以督兵大员正当江西吃紧之际，原不应遽请息肩。惟据一再陈请，情词恳切，朕素知该侍郎并非畏难苟安之人，着照所请，准其先开兵部侍郎之缺，暂行在籍守制。江西如有缓急，即行前赴军营，以资督率。此外各路军营设有需才之处，经朕特旨派出，该侍郎不得再行续请，致辜委任。

清廷的这个上谕给双方都是一个体面的台阶。因为形势好就不用曾国藩出山，形势不好，照样可以命他出山。一切以太平军的消长为转移。

三　反躬自省，全无是处

　　咸丰帝的上谕使曾国藩感到自己是一个弃妇，需要上战场卖命的时候没有什么商量；不需要的时候就弃之如敝屣。曾国藩感到天大的委屈。他想不通，地方的绅士、官僚不容他，处处刁难、讥讽，自己吃尽了苦头，这些他都忍下去了。但他不明白，"一门忠义"，将身家性命都交付给大清朝爱新觉罗家族，为什么还换不来起码的信任呢？他越想心里就愈郁闷，愁肠百结，理也理不清。什么"天行健，君子以自强不息"，什么"以天下为己任"，看来儒家的积极入世思想并不是什么时候都行得通。

　　他想到了老庄。这似乎是中国的士大夫身处艰厄时最好的精神慰藉品。西汉贾谊在谪居长沙时，作《鹏鸟赋》，不是用庄子的人生变化无常，不必以生为乐、以死为哀来安慰自己吗？什么"忽然为人兮，何足控抟；化为异物兮，又何足患"，既不惜生，也不怕死，生死都不入胸次，那么何必忧患于得意失意呢？唐代诗人白居易在被贬流放时，也从庄子那里吸取精神力量，在《读庄子》一诗中写道："去国辞家谪异方，中心自怪少忧伤；为寻庄子知归处，记得无何是本乡。"这种身处逆境而"少忧伤"的开朗豁达，显然是得之于庄子的。曾国藩对老庄也不陌生，早年时记住的诸如"大方无隅""大音希声""大象无形""大巧若拙"的话，过去一直似懂非懂，现在一下子豁然开朗。这些年来与官场内部以及与绿营的争斗，其实都是一种有隅之方，有声之音，有形之象，似巧实拙，而真正的大方、大象、大巧绝不是像他这样发脾气，弹劾人，处处树敌，它要做到全无形迹之嫌，全无斧凿之工。

"人之生也柔弱，其死也坚强，草木之生也柔脆，其死也枯槁。"柔弱，天下万事万物，归根结底，莫不是以至柔克至刚。能克刚之柔，难道不是更刚吗？祖父竟希公"男儿以懦弱无刚为耻"的家训，他发现自己竟片面理解了。曾国藩想到这里，兴奋地在《道德经》扉页上写下八个字："大柔非柔，至刚无刚。"他觉得胸中的郁结解开了许多。他又拿起《庄子》来温习。这是他最爱读的书，已记不清读过多少遍了。那汪洋恣肆的文笔、奇谲瑰丽的意境，曾无数次地令他折服，令他神往。过去，他是把它作为文章的范本来读，从中学习作文的技巧。思想上，他不赞同庄子出世的观点，一心一意地遵循孔孟之道，要入世拯世，建功立业，泽惠斯民，彪炳后昆。说也奇怪，经过暴风骤雨冲刷后，曾国

曾国藩手迹

藩再来读《庄子》，竟有了另一番发现。甚至，他还悟出了庄子和孔子并不是截然相对立的，入世出世，可以而且应该相辅相成，互为补充。曾国藩为自己的发现而高兴，郑重其事地记录下来：

静中细思，古今亿万年无有穷期，人生其间数十寒暑，仅须臾耳。大地数万里，不可纪极，人于其中寝处游息，昼仅一室，夜仅一榻耳。古人书籍，近人著述，浩如烟海，人生目光之所能及者，不过九牛一毛耳。事变万端，美名百途，人生才力之

所能办者，不过太仓之一粒耳。知天之长而吾所历者短，则遇忧患横逆之来，当少忍以待其定；知地之大，而吾所居者小，则遇荣利争夺之境，当退让以守其雌。

老庄深邃的哲理，如一道云梯，使曾国藩从百思不解的委屈苦恼深渊中，踏着它走了出来，身心日渐好转了。这一切使他认识到：古人患难忧虞之际，正是德业长进之时，其功在于胸怀坦夷，其效在于身体康健。圣贤之所以为圣贤，佛家之所以成佛，所争皆在大难磨折之日，将此心放得实，养得灵，有活泼泼之胸襟，有坦荡荡之意境，则身体虽有外感，必不至于内伤。

曾国藩通过吸取古代先贤及同时代优秀人物的人生智慧和精华，反观自己中年以前"胸多抑郁，怨天尤人"，不但不能养心，且不能保身。"中年以后，则肝肾交受其病。"也即从这时起，他一意克制自己，以养其博大胸襟。他在写给九弟的信中说：不若就现有之功，而加之以读书养气，小心大度，以求德日进，言亦日醇。譬如筑室，弟之立功，已有绝大基址，绝好结构，以后但加装修工夫，何必汲汲皇皇，茫若无主乎？

信虽是写给九弟的，又何尝不是自己心灵之写照！他还在日记中写道：放翁（陆游）每以美睡为乐。盖必心无愧怍，而后睡梦皆恬，故古人每以此自课也。放翁胸次广大，盖与陶渊明、白乐天（居易）、邵尧夫（雍）、苏子瞻（轼）等同其旷逸，其于灭虏之意、养生之道，千言万语，造次不离，真可谓有道之士。惜余备员兵间，不获于闲静中探讨道味，夜睡颇成寐，当由玩索陆诗少得裨补乎！从老庄一直到白居易、陆游，他发现人的心灵是相通的。而这些"有道之士"，自己仅从文章角度欣赏，实不知他们还是"有道之士"。按照这种思路，他反省五年间办理军务的得失，似乎别有境界。这种"境界"先在给九弟的信中袒露了。由于曾国荃所统的湘军吉字营全军退守安福，江西巡抚耆龄奏请起复曾国荃，因此清廷令曾国荃总统吉安各军。曾国荃的率先夺情，为曾国藩的重新被启用铺就了一条道路。因此当九弟行前，曾国藩反复训诫，告以和辑营伍、联络官绅之法。曾国荃到吉安后，曾国藩的"格致"功夫也更有成效，反省自己愧对江西父老，他请九弟为之救正补苴。咸丰七年（1857）十二月二十一日的信中说：

> 余前在江西，所以郁郁不得意者：第一不能干预民事，有剥民之权，无泽民之位，满腹诚心无处施展；第二不能接见官员，凡省中文武官僚晋接有稽，语言有察；第三不能联络绅士，凡绅士与我营款惬，则或因吃醋而获咎，万簏轩（启琛）是也。坐是数者，方寸郁郁，无以自伸。然此只坐不应驻扎省垣，故生出许多烦恼耳。弟今不驻省城，除接见官员一事无庸议外，至爱民、联绅二端皆可实心求之。现在饷项颇充，凡抽厘劝捐，决计停之。兵勇扰民，严行禁之。则吾夙昔爱民之诚心，弟可为我宣达一二矣。

他带着十二分的歉意和十分的诚意，希望他的九弟向江西父老表达：

> 吾在江西，各绅士为我劝捐八九十万，未能为江西

除贼安民。今年丁忧奔丧太快，若超然弃去，置绅士于不顾者，此余之所悔也。若少迟数日，与诸绅往复书问乃妥。弟当为余弥缝此阙。每与绅士书札往还，或接见畅谈，具言江绅待家兄甚厚，家兄抱愧甚深等语。……余在外数年，吃亏受气实亦不少，他无所惭，独惭对江西绅士。此日内省躬责己之一端耳。弟此次在营境遇颇好，不可再有牢骚之气，心平志和，以迓天休。至嘱至嘱。

曾国荃的性格本来属于刚烈一类，他对乃兄受到的种种不公早已不满，因此当长兄反躬自责时，曾国荃写信说老兄大可不必。曾国藩却去信与之"理论"：弟昨信劝我不必引前事以自艾。余在外立志爱民为主，在江西捐银不少，不克立功，凡关系民事者一概不得与闻。又性素拙直，不善联络地方官，所在龃龉。坐是中怀抑塞，亦常有自艾之意。

由于曾国华已出嗣给他的叔父，因此为生父守丧一年后曾国藩的这位弟弟也很快赴九江军中。羁留家中的只有曾国藩一人，他对国华也有一番劝诫，希望自己的阅历之语弟弟们不要当成耳边风。

曾国藩守制期间的又一反省是认识到自己"万不如人"。八年（1858）正月初四写给九弟的信说：

弟书自谓是笃实一路人，吾自信亦笃实人，只为阅历世途，饱更事变，略参些机权作用，把自家学坏了。实则作用万不如人，徒惹人笑，教人怀恨，何益之有？近日忧居猛省，一味向平实处用心，将自家笃实的本质还我真面、复我固有。贤弟此刻在外，亦急须将笃实复还，万不可走入机巧一路，日趋日下也。纵人以巧诈来，我仍以浑含应之，以诚愚应之；久之，则人之意也消。若钩心斗角，相迎相拒，则报复无已时耳。

出于对九弟的深刻了解，曾国藩劝他不要学长兄，遇事要忍要让，并说忍让又耐得住就会有成。"昔耿恭简公（定向）谓居官以耐烦为第一要义，带勇亦然。兄之短处在此，屡次谆谆教弟亦在此。二十七日来书，有云'仰鼻息于傀儡膻腥之辈，又岂吾心之所乐'，此已露出不耐烦之端倪，将来恐不免于龃龉。去岁握别时，曾以惩余之短相箴，乞无忘也。"

曾国藩把"强毅"与"刚愎"加以区别：

至于强毅之气，决不可无，然强毅与刚愎有别。古语云自胜之谓强。曰强制，曰强恕，曰强为善，皆自胜之义也。如不惯早起，而强之未明即起；不惯庄敬，而强之坐尸立斋；不惯劳苦，而强之与士卒同甘苦，强之勤劳不倦。是即强也。不惯有恒，而强之贞恒，即毅也。舍此而求以客气胜人，是刚愎而已矣。二者相似，而其流相去霄壤，不可不察，不可不谨。

曾国藩还总结了自己"长傲、多言"之失，这也是他多年的老毛病，多年想改掉，但均不彻底。八年三月初六日致沅弟的信中说：

古来言凶德致败者约有二端：曰长傲，曰多言。丹朱之不肖，曰傲曰嚚讼，即多言也。历观名公巨卿，多以此二端败家丧生。余生平颇病执拗，德之傲也；不甚多言，而笔下亦略近乎嚣讼。静中默省愆尤，我之处处获戾，其源不外此二者。温弟（国华）性格略与我相似，而发言尤为尖刻。凡傲之凌物，不必定以言语加人，有以神气凌之者矣，有以面色凌之者矣。温弟之神气稍有英发之姿，面色间有蛮狠之象，最易凌人。凡中心不可有所恃，心有所恃则达于面貌。以门第言，我之物望大减，方且恐为子弟之累；以才识言，近今军中炼出人才颇多，弟等亦无过人之处。皆不可恃。只宜抑然自下，一味言忠信行笃敬，庶几可以遮护旧失、整顿新气。否则，人皆厌薄之矣。沅弟持躬涉世，差为妥叶。温弟则谈笑讥讽，要强充老手，犹不免有旧习。不可不猛省！不可不痛改！闻在县有随意嘲讽之事，有怪人差帖之意，急宜惩之。余在军多年，岂无一节可取？只因傲之一字，百无一成，故谆谆教诸弟以为戒也。

同月二十四日又曰：

长傲、多言二弊，历观前世卿大夫兴衰及近日官场所以致祸福之由，未尝不视此二者为枢机，故愿与诸弟共相鉴诫。第能惩此二者，而不能勤奋以图自立，则仍无以兴家而立业。故又在乎振刷精神，力求有恒，以改我之旧辙而振家之丕基。弟在外数月，声望颇隆，总须始终如一，毋怠毋荒，庶几于弟为初旭之升，而于兄亦代为桑榆之补。至嘱至嘱。

当曾国藩得知曾国荃声名极好时，于"愁闷之际，足以自宽解者也"。不过，以自己的阅历，他还是提醒九弟："第声闻之美，可恃而不可恃。兄昔在京中颇著清望，近在军营亦获虚誉。善始者不必善终，行百里者半九十里。誉望一损，远近滋疑。弟目下名望正隆，务宜力持不懈，有始有卒。"这就是说，善始善终才能保持声望不减，否则一有不善，以前的名声都化为乌有，而且挽回起来相当不容易。曾国藩还告诉九弟，说他"夜间总不能酣睡，心中纠缠，时忆往事，愧悔憧扰，不能摆脱"。他对人生也有了许多体悟：

> 人生适意之时不可多得，弟现在上下交誉，军民咸服，颇称适意，不可错过时会，当尽心竭力，做成一个局面。圣门教人不外敬恕二字，天德王道，彻始彻终，性功事功，俱可包括。余生平于敬字无工夫，是以五十而无所成。至于恕字，在京时亦曾讲求及之。近岁在外，恶人以白眼藐视京官，又因本性倔强，渐近于慢，不知不觉做出许多不恕之事，说出许多不恕之话，至今愧耻无已。弟于恕字颇有功夫，天质胜于阿兄一筹。至于敬字，则亦未尝用力，宜从此日致其功，于《论语》之九思，《玉藻》之九容，勉强行之。临之以庄，则下自加敬。习惯自然，久久遂成德器，庶不至徒做一场话说，四十五十而无闻也。

这就是说，要有所作为，要成就大事，还必须有一番内省的功夫。曾国藩把这种功夫主要归结为"敬"、"恕"二端。告诫曾国荃以他为戒，日日有长进。

四　身在纯庐，心系军旅

　　曾国藩不待朝命即离开军营，使他受到了江西官绅的攻讦，因为这毕竟与他平日所倡言的"担当"二字不相符合。他弃军而归，同样引起湘系内部一些人的不满。其中，声闻天下、隐操湖南实政的左宗棠的攻击，最令曾国藩头疼。曾国藩弃军而归后，左宗棠立即写了一封长信严厉批评曾国藩。从当时左宗棠致其他人的信函中，可见此信内容之一二。如在与曾国荃的信中说："昨接涤公（二月）二十五日醴陵来函，知已戴星旋里。此事似于义不合。盖军事重大，不比寻常宦游，可以自主。即如营中兵勇有父母之丧者，不俟允假即行回籍，带兵官能听之乎？况涤公受命讨贼，金革之事无避，古有明文。当此世局艰危之时，岂可言去？……已详作一函，力陈其不可。"曾国藩在居忧期间本来内心已痛苦至极，现在又有左宗棠的批评，曾国藩感到更加委屈了。因此收到左宗棠的信后，采取不理不答的态度。左宗棠久未接复信，亦渐有感触。他在致刘腾鸿的信中说："涤公不俟朝命，遽戴星而归，弟力陈其不可，然事已无及。闻颇有见怪之意，则只可听之。"又在致王鑫信中写道："涤帅自前书抵牾后，即彼此不通音问，盖涤以吾言过亢故也。"其后左宗棠在致胡林翼的信中也写道："此公（指曾国藩）仍负气如故，我亦负气如故也。"

　　但这期间，左宗棠一直与曾国藩之弟曾国荃保持着亲密关系，还曾向骆秉章建议奏请起用曾国藩率驻赣湘军援浙。在曾国荃的调解下，至八年（1858）四月，二人又恢复了关系。曾国藩在与曾国荃的信中写道："左季高待弟极关切，弟即宜以真心相向。""弟劝我与左季高通书问，此次暂未暇作，准于下次寄弟处转递。此亦兄长傲之一端。弟既有言，不敢遂非。"这里，曾国藩承认自己对左宗棠有"傲"气。而左宗棠，在接到曾国荃转来曾国藩的信后，"喜慰无似"，并复信作了诚挚感人的自我批评。四月初九，曾国藩给左宗棠写了一封信，并请曾国荃代为转致，他说："弟前请兄与季高通信，兹写一信，弟试观之尚可用否？可用则便中寄省（城），不可用则下次再写寄可也。"以后曾、左的关系又得以恢复，这对曾国藩再次出山也很重要。日记载，咸丰八年（1858）六月曾国藩重新出山后，于十二日当天夜里，"与左季高兄谈"。十六日午，又至左宗棠家赴宴，午刻归。当日申刻，"季高诸君来"。此后二人来往密切，分别后还有多次往复通信。

欧阳兆熊在其《水窗春呓》中，叙曾公闻讣奔丧、左在湘幕，"肆口诋毁，一时哗然和之，文正亦内疚于心，得不寐之疾。……至八年（1858）夺情再起援浙，甫到省，集'敬胜怠，义胜欲，知其雄，守其雌'十二字，属恪靖（左宗棠）为书篆联以见意，交欢如初，不念旧恶。"

曾国藩骤然而去，丢下了昔日患难与共的一帮兄弟，他对李元度尤为歉疚。他决定奔丧后，即写信给李元度，说"足下系因国藩而出，辛苦磨折，誓不相弃。今国藩迫于大故，不克相依共命，实深愧负。抚州各战，尚未保举，并负麾下士卒。临风无任歉仄，统惟心鉴"。当他上奏陈请终制后又致信李元度说："江右军事，刻不去怀……即足下去年之枵腹从事，自捐自养，而其不见亮于人者亦已多矣。至口食不继，谓以国藩相处较久之故，欲以甘言抚慰众心，尤属可暂而不可常。反复思维，纵使迅速赴军，实不能有裨于军国之万一。"在这封情真意切的信中，他还历数无以报答诸君子患难相从之义。说他常常想起李元度与彭玉麟，皆有"三不忘"：

> 雪芹（彭玉麟）当岳州败时，正棹孤舟，搜剿西湖，后由龙阳、沅江偷渡，沉船埋炮，潜身来归，一不忘也；五年（1855）春初，大风坏舟，率破船数十号，挈涓滴之饷项、涣散之人心，上援武汉，二不忘也；冬间直穿贼中，芒鞋徒步，千里赴援，三不忘也。足下（指李元度）当靖港败后，宛转护持，入则欢愉相对，出则雪涕鸣愤，一不忘也；九江败后，特立一军，初志专在护卫水师，保全根本，二不忘也；樟镇败后，鄙人部下，别无陆军，赖台端支持东路，隐然巨镇，力撑绝续之交，以待楚援之至，三不忘也。生也有涯，知也无涯。此六不忘者，鄙人盖有无涯之感，不随有生以俱尽。

曾国藩家居期间，李元度的母亲年事已高，更为儿子的安危而忧虑，为此写信给曾国藩，请元度回籍省亲。这又勾起曾国藩对往事的痛苦回忆，他在致李太夫人的信中说他与李元度情谊之厚，始终不渝。至于先合而后离，我水而彼陆，进退分合之际，则二人皆不能自主。并说此种结果"人事居其半，天事亦居其半"。曾国藩还表示，可以向江西巡抚婉商李元度回籍省亲之事，并愿两家结成秦晋之好。

失去的东西才知道它的珍贵，远距离地看，才能体味它的价值。这其间，曾国藩刻刻不忘检讨自己对昔日部下照顾、提携不够。八年（1858）三月致书郭昆焘说：

> 仆恪守礼庐，诸托安善，惟心血积方，夜罕佳眠，成通夕不寐，……目光昏花，自丁未年道光二十七年（1847）已用增光镜，近则虽有镜而无甚裨益。或看书作字，雾里采花，濛濛无似，何其愈也。往事之悔，盖亦以兴举太大，号召过多。公事私事，不乏未竟之绪；生者死者，犹多愧负之言。用是触绪生感，不能自克；亦由心血积亏，不能养肝。本末均失其宜，遂成怔悸之象。

他还从李续宾等后起之辈成长很快这件事上，反省自己的缺陷，劝诫前方的曾国荃时时留意，向他们学习，并请九弟帮他沟通与将帅们的联系，修复过去的龃龉。这些都表现了他对前方战事的关注。他在谈及曾家兄弟俩官场相交时说：

> 至于与官场交接，吾兄弟患在略识世态而又怀一肚皮不合时宜，既不能硬，又不能软，所以到处寡合。迪庵（李续宾）妙在全不识世态，其腹中虽也怀些不合时宜，却一味浑舍，永不发露。我兄弟则时时发露，终非载福之道。雪琴（彭玉麟）与我兄弟最相似，亦所如寡合也。弟当以我为戒，一味浑厚，绝不发露。将来养得纯熟，身体也健王，子孙也受用，无惯习机械变诈，恐愈久而愈薄耳。

他还问曾国荃：

> 长沙官场，弟亦通信否？此等酬应自不可少，当力
> 矫我之失而另立途辙。余生平制行有似萧望之、盖宽饶
> 一流人，常恐终蹈祸机，故教弟辈制行，早蹈中和一
> 路，勿效我之褊激也。

由于曾国荃在坚忍、毅力方面不如其兄，有时还发发牢
骚，怨天尤人。曾国藩嘱咐他，全神贯注，将带兵打仗的事
做好，说："弟宜以李迪庵为法，不慌不忙，盈科后进，到
八九个月后，必有一番回甘滋味出来。余生平坐无恒流弊极
大，今老矣，不能不教诫吾弟吾子。"

五 军需报销，为部费发愁

曾国藩丁忧期间还为办理军需报销做了大量准备工作。

按照清朝的规定，行军打仗所用军需银粮，有一套严格
的报销制度，当时称为"奏销"。由于奏销过程中，要经过
户部严格的审核，甚至锱铢必较，毫末必驳。为了能在户部
顺利通过，奏销者要缴纳一笔费用，称为"部费"，实际是
约定俗成的陋规。一般而言，奏销的数目越大，需上缴的
"部费"也越多。自厘金制度推行后，奏销制度虽不如以前
严格，但程序还是要走的。因此，曾国藩在家中开始筹备奏
销之事。湘军自打仗以来，已经五年多了，军需报销的数目
当在几百万两，故"部费"数额也不少。当时军中尚嗷嗷待

哺，好在胡林翼已握大权。

曾国藩于咸丰七年（1857）十二月初七上《酌拟报销大概规模折》，提出了报销的大概思路：

> 臣处一军，未经奏派大员综理粮台，亦无专司之员始终其事。初在衡州造船、募勇，冒昧从事，条理未精。厥后越境剿贼，用银渐多，历时渐久。所募概系勇丁，将领多系绅士。官事非其所娴，册报间有未备。而又与湖南、湖北、江西三省总局相交涉，有先在臣处粮台领饷，而后在他处支领者；有本在臣处领饷，而他处亦时为接济者。又有由江援鄂，由鄂援江，忽分忽合，中间并无饷可领者。臣处办理报销，比他军尤觉散漫难清。臣之愚见，拟将统辖较多者，分为数大款。将臣处领饷之月日，及他处领饷之月日，先行具奏。俾眉目清楚，起讫分明。庶免混淆之弊，亦无重复开报之虞。

曾国藩提出了七大股支出：即塔齐布所统为一款，罗泽南所统为一款，杨载福所统水军为一款，彭玉麟所统为一款，李孟群所统为一款，李元度所统为一款，周凤山所统为一款，"以上七款，皆为日较久，用银较多，交涉各省宜分别界限者也。"此外，水陆两军营数很多，或先分后并，或因败撤遣，加之经理粮台的人已换了好几批，因此要查清此账就更难了。曾国藩提出：自咸丰四年（1854）二月到七年（1857）正月经理粮台的，除郑德基业经病故外，裕麟、厉云官、胡大任、甘晋、李瀚章、陶寿玉六员，现在分处两湖、江西、安徽四省。俟江西军务将毕，即行设局，由该六员办理报销事件，遵照定式，造册送部。据曾国藩估计，大约水陆数年之饷糈，船炮各厂之经费，通共用银在三百万两内外。考虑到军需报销，如有数额不符，必须由经办人及统兵将帅追赔，曾国藩遂将全部责任由自己承担，他说："该六员者，并非总理，本无专责。自始至终，皆系穷窘之境。劝捐挪垫，委曲维持。或因败挫迸散奔走于危地，或因空乏屡屡受侮于弁兵。廉谨将事，艰苦备尝。而九江一败，又有烧劫饷船、遗失文卷之事。将来如有款目不符，着赔追缴之处，皆系臣一身承认，不与该六员相干。是否有当？谨拟大概规模，请旨饬下该部核议施行。"朱批命"户部议奏"。曾国藩将可能出现的责任一人承担，表明他的一种态度。由于报销手续严格，甚至抄家、问斩之事也很多，因此曾国藩的这一"说明"是很必要的。清政府同意了曾国藩的奏销方案。

八年（1858）三月三十日曾国藩将这一消息告诉给他的九弟，并说"部费"也大体有了眉目：

> 余所奏报销大概规模一折，奉朱批：该部议奏。户部奏于二月初九日。复奏言"曾（国藩）所拟尚属妥协"云云。至将来需用部费不下数万。闻杨（岳斌）、彭（玉麟）在华阳镇抽厘，每月可得二万，系雪琴督同凌荫庭、刘国斌等经纪其事，其银归水营杨、彭两大股分用。余偶言可从此项下设法筹出部费，贞阶力赞其议。想杨、彭亦必允从。此款有着，则余心又少一牵挂。

由于湘军的粮台一直设于水次，隶属于内银钱所。曾国藩回乡后，由彭玉麟兼理此事。故此，曾国藩觉得应在报销前，将死难者的抚恤金发下去。于是，他于八年五月二十三日致信彭玉麟，说：

> 仆读礼山中，简寂无似。每念数年在外，怨尤丛集。官事私事，不乏未了之局，死者生者，犹多愧负之言。昨得润芝中丞书，报销局部费，渠可代为设法，此亦稍释微虑之一。尚有前后殉节者，未曾给予恤银，拟即在水师银钱所存项下一一发给。

他请彭查明咸丰四年（1854）起到六年（1856）止，外江内湖死事各营，哨官及员弁，开清单相告，并传知该员家属，由彭处发给。两天后他又致信胡林翼，将在何处报销、由谁经手等项向胡林翼详细咨商，并请胡巡抚为他弥补"缺歉"：

> 敝处报销，似宜设于水次。若设局鄂垣，痕迹太重。耆中丞去岁请国藩赴江，其辞甚挚，又请霞仙（刘蓉）代渠草奏，其意甚诚。因仆固守不出，始变而恼怒。余自有歉于彼，彼固无歉于余也。能设于武穴等处，痕迹较为浑融。总揽大纲之人，拟请伯符（李元度）、莲舫（胡大任）、筱泉（李瀚章）三人。筱泉精细圆适，其从国藩也极久，其为国藩谋也极忠，往年余拟专折保之。曾为罗忠节（泽南）两次言之，忠节亦极力赞成。厥后因循不果行。国藩之保举稍吝，不过局度较隘。至于次青（李元度）、筱泉之不得优保，毕金科之

不成功名，则国藩实有蔽贤之咎。中夜以思，如何可赎？今毕金科则长已矣！次青、筱泉二人，万乞阁下大力设法优保，或留鄂补用。以私言之，则国藩内有补于歉衷，外有益于报销；以公言之，则二子存心爱民，必有裨于吏治，必有赞于高深。务乞留意承允。敝处部费，代为设法，豁如之度，感佩曷极？！

胡林翼确实在曾国藩需要援手的时候鼎力相助，曾国藩的报销方案细节胡林翼表示完全照办。但当时江西战事仍很吃紧，也无法专注于此。直到曾国藩再次出山后，于当年八月上奏清廷，决定在江西湖口设立报销局，由李瀚章负责，办理咸丰三年（1853）九月至六年十二月军费报销事宜。九年（1859）正月正式开局办事，地点从湖口移至吴城。七月又从吴城移至湖口，十年（1860）五月事竣撤销。这是曾国藩领湘军出战后的第一次报销，数额大体在三百万两内外，竟至忙碌一年半之久。曾国藩出任两江总督之后，统兵多至十万，军费收支超过千万两，报销当然更加困难。户部亦深知按往常惯例报销脱离实际，于是寻求变通办法。

大学士管理户部事务大臣倭仁采纳王亥石的"免册报私议"，领衔上奏《请免军需造册报销疏》，奏请"所有同治三年六月以前各处办理军需未经报销各案，拟恳天恩，准将收支款目总数分年分起开具简明清单，奏明存案，免其造册报销"。倭仁此疏立即得到皇上谕旨的允准。有人盛赞此举，以为"凡在事之获保身家者，不下数千万人，而州县得免于流摊，部书失望于需索，开国二百二十年所未有也"。"诏书既降，都中人士欢声如雷，各部书吏闻而大骇，有相向泣者。""此同治朝旷典也。"倭仁变通成例的做法是实事求是的，也使曾国藩摆脱了可能发生的抄家抵产困境。曾国藩得知这一确切消息后，如释重负，立即将部文告知李瀚章，共谢"皇恩浩荡"。称"此旨尤为出人意表"，"闻此恩旨，真如罪人遇赦，大病将愈，感激涕零。"

六　追思先人，改葬父母

曾国藩丁忧家居期间，还为其父母改葬之事四处奔波。本来，曾氏家训中，不信地仙是其内容之一。地仙即是风水先生，不信地仙，也就是不信风水先生。曾国藩也曾说过："地仙为人主葬，害人一家，丧良心不少，未有不家败人亡者。"但由于其父母去世时，都因"兵事"、"公务"缠身，皆匆忙安葬。而他后来遇到种种"事机不顺"之事，又怀疑自己是"福浅命薄之人"，因此对原来安葬父母的两处墓地"实不放心"，"而苦自己不善看，又苦无最贴心之人"。

最初，曾国藩只是想把其母的坟地改葬，并打算自己亲自寻觅风水好地。但由于"脚力太弱，而地师又无一可信者，难以下手耳"。由于对改葬之事，"常常在念"，故曾国藩于咸丰八年（1858）正月请刘为章到湘乡察看。曾国藩觉得猫面脑这个地方很好。正月十九日，他去信给曾国荃，说此地"必须渠（指刘为章）与尧阶（朱蓂）等一看始可放心。此外寻新穴颇不易得，然余决志在今年办妥。新宁知县许九霞过此，自言于风水颇精，许来帮同寻觅。惟渠新被劾，未便在乡久住。弟在外亦尝闻有明眼人可延至家者否？若无其人，不必为此更纷心也"。不久，曾国藩又请丰城杜茂才、东阳叔祖二人去看了两块地，但都不理想。曾国藩打算"自往亲看一次"。四月初，刘为章等看地后，认为周壁冲是凶地，因此曾国藩打算将父母坟墓一同改葬。朱尧阶是曾氏亲家，但他对曾氏改葬之事并不尽心，因此曾国藩说此人以后"似宜疏而不宜密"。他于四月十七日写信给曾国荃：

> 刘为章在白果看地，余与尧、霞不以为然。第二次往看岳龙，则飘然不反，回湘潭筱岑家去矣。顷有杜茂才者，丰城人，避难来住永丰，至我家投效，因留其看地。据刘与杜二人言，周壁冲有凶煞，是宜速改。余观杜之识似胜于刘，并胜于近处诸人，不知视东阳叔祖何如耳？余心时时未忘改葬一事，而苦自己不善看，又苦无最贴心之人。弟意以东阳叔祖为主，渠亦难于远出寻求，且上等者自须先自为谋。日夜念此，至焦灼耳。

到了曾国藩即将重新走向军旅时，改葬之事尚无着落。他说"吉壤难得，即仅图五患之免，亦不易易。余意欲王父母、父母改葬后，将神道碑立毕，然后或出或处，乃可惟余所欲"。他还向郭昆焘说明改葬之意："先严、慈葬地，自须急求改卜。来示所云，盖古人所称：'利不什，不变法；害不什，不易制'，先君葬域，人多谓其凶煞。果若所云，是在'害什'之科；而'利什'者，又不可以卒求，斯亦疚心之一端耳。"曾国藩于六月赴军后，也念念不忘于此，同年（1858）八月初十日写信给三位弟弟说："为二亲求一佳城，不必为子孙富贵功名，但求山环水抱，略有生气，俾二亲之体魄少安，即子孙之福荫亦未始不在其中。"可见其择地求的是略尽孝道。十月初十日，其弟曾国华在安徽三河镇战死，曾国藩便更怀疑为未尽孝道所致，改葬之心亦更迫切。他在十一月十二日《致澄弟沅弟季弟》的信中说："要改葬二亲之坟，如温弟之变果与二坟有关，则改葬可以禳凶而迪吉；若温弟事不与二坟相关，亦宜改葬，以符温弟生平之议论，以慰渠九泉之孝思。"同年冬，其弟曾国潢与曾国荃在家经过多方寻觅，找了好几处地，其中湘乡二十九都台洲之猫面脑，因与南岳七十二峰之一的九峰山山脉相连，又在其亲家罗泽南故里，故曾国荃最为满意。但这里是洪姓与夏姓争讼之地。据风水先生言，这处猫面脑形地在夏家，而"结穴"在洪家地头。曾国潢与曾国荃将这一情况写信告诉了曾国藩，曾国藩最初很高兴，立即复信说："先考妣改葬事决不可缓。余二年（1852）、七年（1857）在家主持丧事，办理草草，去冬今春又未能设法改葬，为人子者第一大端，问心有疚，何以为人？何以为子？总求沅弟为主，速行改葬，澄弟、洪弟帮同办理，为我补过。至要至祷！洪、夏争地，果可用否？吾不得知。兹亲笔写二信与洪、夏二处，以冀或有所成。"后经曾国藩兄弟的周旋，夏家答应将猫面脑形之地卖给曾家，曾国藩又写信给弟："夏家之地既经买得，可否即于三月改葬？贼（太平军）氛方盛，人事之变不可知，早改一日，即早放一日心。"

但后来曾国藩考虑再三，不愿在洪、夏两争讼地改葬，又去信给曾国荃等说："八斗冲屋后及周璧冲三处皆不可用，子孙之心，实不能安。千万设法，不求好地，但求平妥。洪、夏之地，余心不甚愿。一则嫌其经过之处山岭太多，一则既经争讼，恐非吉壤。地者，鬼神造化之所秘惜，不轻予人者也。人力所能谋，只能求免水、蚁、凶煞三事，断不能求富贵利达。明此理，绝此念，然后能寻平稳之地。不明此理，不绝此念，则并平稳者亦不可得。沅弟之明，谅能了悟。"由于曾国荃什么都不怕，曾国藩只好用另一思路开导这位更倔强的九弟：

> 沅弟言"外间訾议，沅自任之"。余则谓外间之訾议不足畏，而乱世之兵燹不可不虑。如江西近岁凡富贵大屋无一不焚，可为殷鉴。吾乡僻陋，眼界甚浅，稍有修造，已骇听闻，若太闳丽，则传播尤远。苟为一方首屈一指，则乱世恐难幸免。望弟再斟酌，于丰俭之间妥善行之。改葬先人之事，须将求富求贵之念消除净尽，但求免水蚁以安先灵，免凶煞以安后嗣而已；若存一丝求富求贵之念，必为造物鬼神所忌。以吾所见所闻，凡已发之家，未有续寻得大地者。沅弟主持此事，务望将此意拿得稳、把得定。至要至要！

曾国藩在筹划改葬父母的同时，又考虑建立家庙，即为父亲建祠堂（后称竹亭公祠）。他与叔父各捐银五十两后，又动员几个弟弟也尽一份力，曾国荃表示赞成，并很快寄去银两。不久，曾国荃护送曾国华灵柩回乡，改葬之事主要由他负责。曾国荃正式确定建祠墓后，亲自画绘屋样并送曾国藩改正。咸丰九年（1859）曾国藩对几位弟弟说："沅弟所画屋样，余已批出。若作三代祠堂，则规模不妨闳大；若另起祠堂于雷家湾，而此仅作住屋，则不宜太宏丽。盖吾邑带勇诸公，置田起屋者甚少，峙衡（刘腾鸿）家起屋亦乡间结构耳。我家若太修造壮丽，则沅弟必为众人所指摘，且乱世而居华屋广厦，尤非所宜。望沅弟慎之慎之，再四思之。祠堂样子，余亦画一个付回，以备采择。"

到咸丰九年（1859）八月，曾国荃将改葬、建祠等一切办好。曾国藩特地去信慰劳说，沅弟到家后，雷厉风行办理改葬大事，为功甚大。父母亦当含笑于九泉也。

曾氏家庙以后又续有扩建。其地址是曾国藩最初选定的二十四都大坪雷家湾。完全建成时，曾国藩已位至两江总督，他亲书"曾氏家庙"四个大字，刻在四块上好麻石之阴。至今仍存"家"、"庙"二字。曾氏家庙共有四十八间，除正庙安奉其父母灵位外，还辟有藏书、藏珍品之室。

七　朝野奏起，重返军营

曾国藩在丁忧家居期间时刻关注着前方战局的变化。咸丰七年（1857）七月，为曾国藩十分称许的刘腾鸿在攻打瑞州府城时阵亡。八月初，王鑫卒于乐安营次。而周凤山在此前又打了一次大败仗，曾国荃统领的湘军吉字营也全军后退。江西形势的变化引起了朝野的重视。

兵科给事中李鹤年上奏清廷，请命曾国藩前赴军中。咸丰帝对这一上奏，没有采纳，但玩弄了双面手法，既说"军务夺情，原属不得已之举"，又说"移孝作忠，经权并用，公论自在人心"；既说现在江西军务有杨载福统带，无须曾国藩前往，又说湖南逼近黔、粤，"贼氛未息，团练、筹防，均关紧要。该侍郎负一乡重望，自当极力图维，急思报称"。命将李鹤年原折抄给曾国藩阅看（《清文宗实录》卷二百三十三）。这就是说：曾国藩也可以移孝作忠，但地点限于湖南。这种令人啼笑皆非的上谕使曾国藩更为尴尬，因为按照上谕，曾国藩得一切从头开始，回归到咸丰三年（1853）初的团练大臣位置上。曾国藩对此当然不能接受。因此九月上奏清廷，于剖白心迹之余，在文字上颇下功夫，暗寓对咸丰帝之不满：

> 臣初奉暂准守制之旨，因军势未定，恐有后命，是以未及遽行复奏。自七月以来，闻……江西军务，办理得手。批谕饬令缓急赴营之处，揆度时势，自可无庸前往。兹复钦奉谕旨，饬臣在本籍办理团防，力图报称。圣主使臣以礼，因时制宜。跪聆之下，感悚曷胜。目下湖南全省肃清，臣当仍遵前旨，暂行守制。如果贼氛不靖，湖南告警，所有应须团练筹防之处，届时商之湖南抚臣，再行奏明办理。臣自到籍以来，日夕惶悚不安。自问本非有为之才，所处又非得为之地。欲守制，则无

以报九重之鸿恩；欲夺情，则无以谢万世之清议。惟盼各路军事日有起色，仰纾宵旰之忧，即微臣恪守礼庐，寸心亦得以稍安。

玩味通篇文字，意思是说湖南已经全境肃清，无"贼"可剿，而且自己非有才之人，所处又非得为之地，而"使臣以礼，因时制宜"八个字，等于揭了咸丰帝的短。

果然，十月十二日奉到朱批："江西军务渐有起色，即楚南亦就肃清，汝可暂守礼庐，仍应候旨。大臣出处以国事为重，纾忠即为全孝，所云惧清议之訾，犹觉过于拘执也。"曾国藩仍须在家守丧。

在此前后，公开奏请清廷起用曾国藩的还有胡林翼等湘系骨干。

咸丰七年（1857）闰五月，李续宾给胡林翼写信说："东南大局所关，在公与涤公两人之身。有涤公在军，前路乃可无虑；有公在鄂，后路乃可无虞。若中枢不畀涤公以柄，是涤公决不可出。宜急亟商秀、吁二帅奏起之，而畀以疆寄，庶不至如四五年间动遭侮辱。"秀、吁二帅即官文、骆秉章，畀以疆寄就是做总督、巡抚。七年十月初，胡林翼上《请起复水师统将以一事权并密陈进剿机宜折》，内称：水军万余人，江面千余里，若无总统大员节制调度，则号令不一，心力不齐，终必危殆而不安。湘军水师建议于江忠源，创造于曾国藩，而整理扩充至近年而始。现在即将是出楚入吴，必须与吴皖统兵将帅互相策应，但此军既非李续宾、杨载福、彭玉麟所能咨商，亦非他省将帅所能调遣。因此奏请曾国藩迅速起程，由鄂抵浔，即日督同杨载福、彭玉麟、李续宾等水陆各军，会合都兴阿长驱东下，必可直捣金陵，预操胜算。

由于湘军的第二号人物也是最早获得实权的胡林翼表了态，咸丰帝不得不"重视"一番。但态度仍是拒绝。咸丰帝说，曾国藩离营日久，于现在进剿机宜能否确有把握，尚未可知。若待其赴浔督办，恐需时日，转懈军心。胡林翼久历戎行，于军务尚为熟悉，着将省城公事赶紧料理，即行驰赴九江与都兴阿、杨载福等会商妥办。务使各营将士同心戮力，以期迅殄逆氛，共膺懋赏。

曾国藩因为已清楚清廷的用意，因此劝胡不要再上疏。十月初四日他写信给九弟说，胡林翼来信，仍欲奏请自己东征。自己回信具陈其不宜，不知可劝止否？从曾国藩此一阶段的信件看，他希望早日奔赴战场。六天后，他收到胡的信，信中说胡已于九月二十六日专折奏请曾国藩赴九江总统湘军。曾国藩将信的内容告知曾国荃，并认为他难免再次出山，只是时机问题，并说："圣意虽许暂守礼庐，而仍不免有后命。进退之际，权衡实难也。"但其后江西的战事越来越顺利，曾国藩也就没有必要出山了。至咸丰八年（1858）四月，湘军攻克九江城，江西全境仅余吉安尚为太平军所有。曾国藩甚至认为金陵也会很快收复，因此给曾国荃的信中有"吾为其始，弟善其终"的话。

此间，曾国藩仍在密切关注前方战事的变化及清廷的部署，从细微处察酌自己的起复。这时，李续宾补授浙江布政使，曾国藩称此"军兴以来一仅见之事"。大概意识到他会很快出山，由此于五月初六日给其九弟写信："龙翰臣（启瑞）方伯与弟信，内批胡中丞奏折，言有副本，勿与他人看，是何奏也？并问。"此时，浙江战事发生了重大变化，最终促使曾国藩再度出山。

　　浙江一直是清政府的财赋重地，也是长江下游清军筹饷的主要基地。石达开于咸丰八年（1858）初由赣东率二十万太平军精锐进入浙江，很快兵临衢州，攻克处州府城，这使浙中为之一震。处州府位于衢州东南，与衢州、金华互为犄角，旋即攻克金华府的武义、永康两县。石达开扼制了皖、赣、浙三省的交通枢纽，使清廷朝野一片恐慌。当时在浙江统兵的大员福兴、周天受、明安泰、饶廷选等，没有一人能担当大局。湘军本是曾国藩一手创建的，如今他麾下的将领都得到了提升，他却被削除兵权，在家守制。这在战事不紧急时尚可，而战事一紧就意味着曾国藩迟早会重新出山。胡林翼认识到这是曾国藩复出的绝好机会，于是，上奏说自己正欲用兵安徽，根本无力分兵去援浙。骆秉章也推波助澜，上奏《筹议分兵援浙折》，向咸丰皇帝指出：石达开狡猾、凶悍，既已入浙，必会引带东南不稳，惟有起用曾国藩统率江西湘军，才有可能收到追击石达开取胜的效果。

　　咸丰皇帝环视周围，的确无人可用，于是不得不再次起用曾国藩。不过，咸丰帝起用曾国藩的谕旨，颇能反映他此时的心态：

　　　　东南大局攸关，必须声威素著之大员，督率各军，方能措置裕如。曾国藩开缺回籍，计将服阕。现在江西抚、建均经克复，止余吉安一府，有曾国荃、刘腾鹤等兵勇，足敷剿办。前谕耆龄饬令萧启江、张运兰、王化开等驰援浙江。该员等皆系曾国藩旧部，所带丁勇，得曾国藩调遣，可期得力。本日已明降谕旨，令曾国藩驰驿前往浙江，办理军务。着骆秉章即传旨令该侍郎迅赴江西，督率萧启江等星驰赴援浙境，与周天受等各军力图扫荡。该侍郎前此墨绖从戎，不辞劳瘁，朕所深悉。现当浙省军务吃紧之时，谅能仰体朕意，毋负委任。何日启程？并着迅速奏闻，以慰廑念。

此时的曾国藩，用翘首以待来形容他对清廷的希望十分恰当。他生怕自己历尽千辛万苦甚至身家性命而播下的种子到了收获的季节却颗粒无归。他在写给曾国荃的信中说：

> 兄昔在京中颇著清望，近在军营亦获虚誉。善始者不必善终，行百里者半九十里。誉望一损，远近滋疑。弟目下名望正隆，务宜力持不懈，有始有卒……愿吾弟兢兢业业，日慎一日，到底不懈，则不特为兄补救前非，亦可为吾父增光于泉壤矣……此次军务，如杨、彭、二李、次青辈皆系磨炼出来，即润翁、罗翁亦大有长进，几于一日千里，独余素有微抱，此次殊乏长进。弟当趁此增番识见，力求长进也。

曾国藩在羡慕昔日部下所建功业的同时，盼望皇谕一出。终于接到复出谕旨，他像被困的猛虎被放回深山一样，得到了施展的机会。于是，他再不敢提统兵大员非任巡抚方可成功的话，六月初三接到谕旨，三天后就整装由家启行，再次踏上了茫茫征程。十天后曾国藩上奏清廷，除报告立即起程及沿途军事部署外，又一再表示："臣才质凡陋，频年饱历忧虞，待罪行间，过多功寡。伏蒙皇上鸿慈，曲加矜宥，惟有殚竭愚忱，慎勉襄事，以求稍纾宵旰忧勤。所有军务一切，俟行抵河口后，再行详悉陈奏。"咸丰帝对这位拘执的臣子今天如此朝令夕从大为嘉悦，朱批称："汝此次奉命即行，足征关心大局，忠勇可尚。"匆匆踏上征程的曾国藩已经意识到他大展宏图的时机到来。行前，他补写了三四月间的若干篇日记，在悔疚中透出一种新的希冀：

> 端庄厚重是贵相，谦卑含容是贵相。
> 事有归着是富相，心存济物是富相。
> 巧召杀，忮召杀，吝召杀。
> 孝致祥，勤致祥，恕致祥。
> 大病初愈，戕树重生，将息培养，勿忘勿助。
> 朝闻道，夕死可矣。
> 三月廿二日，作札记立誓。
> 四月廿三日，戒棋立誓。
> 廿六日，窒欲立誓。
> 矫激近名，扬人之恶；有始无终，怠慢简脱。
> 平易近人，乐道人善；慎终如始，修饰庄敬。
> 威仪有定，字态有定，文气有定。

曾国藩向来相信人的运气，对命运之说也有三分相信。六月四日在写给其九弟的信中，谈起他们的父亲衡山抽签的往事：先大夫少时在南岳烧香，抽得一签云："双珠齐入手，光采耀杭州。"先大夫尝语余云："吾诸子当有二人官浙。"他对九弟说："今吾与弟赴浙剿贼，或已兆于五十年以前乎?"并表示此次之出,"约旨卑思,脚踏实地,但求精而不求阔。""应办事宜及往年不合之处应行改弦者,弟一一熟思,详书告我。"

曾国藩此次复出,据他给其九弟信中透露,骆秉章上奏起了相当作用。骆出奏前,郭意诚(昆焘)来到湘乡曾家,将骆奏请之事告知。六月三日曾国藩接到廷寄,"与骆奏适相符合。骆奏二十五日发,寄谕二十日自京发也。"骆的出奏与左宗棠又有很大关系。而在恢复曾、左关系上,曾国荃起的作用颇大。曾国藩也清楚,左宗棠作为湖北巡抚胡林翼的至亲好友,作为、声名与才略比骆秉章还高出许多的幕僚,他曾国藩以后还要多多仰仗于此人。因此,在接到廷寄的次日,曾国藩写信给左宗棠,深表谢意:"初二日郭意城来舍,具述中丞(骆秉章)与阁下盛意,欲国藩监护援浙之师。初三日奉到寄谕,乃知妙算与天合德。天且弗违,而况于人?诸葛公真神人也。"又告知起行时间、路线,并称"应配何支劲旅、应用何将,统俟鸿裁","应筹事宜,俟面晤再行熟商,仍求先赐复示,惠我南针"。到长沙后又专程拜访,并集"敬胜怠,义胜欲;知其雄,守其雌"十二字联表示敬左虚己,并请左书篆联,以后携挂军营辕室,二人的疑忌完全冰释。同日,曾国藩又致信巡抚晏端书与浙江绅士,申明"国藩之来,敬求阁下指定一处,俾国藩得专力以图,庶免纷心旁骛、意见参差之失"。"近日军情贼势,亦望随时详悉示知,俾获指南,是所深祷。"

六月五日,曾国藩又分别致信李元度、胡林翼、李续宾、杨载福、彭玉麟等,再次表示:"所有应办事宜及前此错失，应行改弦更张者，敬求一一详示。"（致李元度）"现已定期初七日起程，一切事宜，多须缕晰奉商，藉资针指。"（致胡林翼）

对重权在握的满族贵族、湖广总督官文，曾国藩更不敢怠慢，十七日在致官文信中极尽曲心："九江克复，全楚肃清，杨、李两军，仰赖大力陶甄，悉心保护，俾得尽其所长，所向成功。夫君子广揽群英，休休有容。天恩褒嘉，青宫晋秩，殊勋懋赏，允惬人心，不独两湖士民遐迩讴思也……国藩从军数载，毫无成效。此次复出，专辖陆军，精力亏弱，深惧弗胜。尚求示我南针，俾免隅越，至感至荷！相见伊尔，先此布达。"在致江西巡抚耆龄信中也一再表示，"尚冀南针指示，俾免隅越，是所企祷"。在致龙启瑞、刘于浔、袁甲三、胜保、和春、李孟群、李桓、恽光宸等人的信函中也表达了同样意思。曾国藩的幕僚欧阳兆熊在其所著的《水窗春呓》中，称曾国藩一生三变，此次即是一变。曾国藩真的到处乞惠"指针"，仿佛自己"全无是处"，曾国藩重新出山后的这种转变，可谓是"有的放矢"，他在给曾国荃的信中说："兄自问近年得力惟一悔字诀。兄昔年自负本领甚大，可屈可伸，可行可藏，又每见得人家不是。自从丁巳（1857）、戊午（1858）大悔大悟之后，乃知自己全无本领，凡事都见得人家几分是处，故自戊、午至今九载，与四十岁以前（迥）不相同。"对曾国藩的工于应酬，日趋圆适，很多人也看出来了。胡林翼批评他，再出之后"渐趋圆熟之风，无复刚方之气"。曾国藩自己也承认，"寸心之沉毅愤发，志在平贼，尚不如前次之志；至于应酬周到，有信必复，公牍必于本日完毕，则远胜于前"。社会是个染缸，官场也是如此，曾国藩既然无力改变这种状况，又离不开这种场合，因此只好向官场风气屈服，并进而学习这一套，以求适应"环境"。正像他后来所表白的那样，"吾往年在外与官场落落不合，几至到处荆榛。此次改弦易辙，稍觉相安"。这似乎表明曾国藩做官的本领大有提高，更善于做官了。

第十章　历尽艰辛

一　援浙援闽，均未成行

　　曾国藩此次出山，本是以援浙为名的。当石达开最初脱离洪秀全出走时，声势极为浩大，所以清廷才肯让曾国藩出山，并指定萧启江、张运兰、王开化三支军队归曾国藩直接指挥。待曾国藩与骆秉章、左宗棠、胡林翼等面商后，确定曾国藩直接指挥统带萧、张及曾从湖南带出的吴国佐部，又从李续宾处要来朱品隆、唐义训两营。曾国藩计划再加上在江西作战的李元度及曾国荃两部，各部经汰弱留强后，可得一万多人，再调水师近千人支援，便可够拒敌石达开之用。

　　咸丰八年（1858）七月二日，曾国藩从武昌乘船东下，一路上，他的弟弟曾国华以及李续宾、李续宜、杨载福、彭玉麟、唐训方等湘军大将先后来拜见，这些曾国藩一手提拔起来的大将，在曾国藩丁忧乡居期间，都仍然把曾国藩看成是他们的最高统帅，当时曾使曾国藩感到非常欣慰，现在见到他们，心里着实愉快。七月十一日，船到九江府，九江修建有塔齐布的祭奠地塔忠武公祠，曾国藩在九江只停留了一天时间，还是抽时间到他的这位老部下的祠庙祭奠了一番。十二日夜半，座船抵湖口。

两天来，经过当年的战场，曾国藩的眼前不禁浮现出三年前血战大败的情景，又想起在江西两年半时间的苦苦支撑，心中的感慨，真好像打翻了五味瓶，酸甜苦辣一齐涌来。十三日，他病了，夜不成寐。水师统领彭玉麟准备在湖口修建湘军水师昭忠祠，李续宾又想在湘乡建湘乡昭忠祠，再加上李续宾已建成的塔齐布祠，曾国藩答应将此三事一并上奏。以后，曾国藩又亲自撰写了《湖口县楚军水师昭忠祠记》和《湘乡昭忠祠记》。曾国藩作文的速度并不快，常常需要冥思苦想，但是文章一旦写好，大多是一篇非常出色的文字，这两篇也是如此。

《水师昭忠祠记》中写道："方其战争之际，炮震肉飞，血瀑石壁。士饥将困，窘若拘囚；群疑众侮，积泪涨江，以求夺此一关而不可得。"其在江西艰难困苦之状，可谓跃然纸上。《湘乡昭忠祠记》则既生动，又有理论色彩。《湘乡昭忠祠记》写成已在湘军战胜太平军以后，他认为湘军的胜利就是因为"忠诚"：

> 当其负羽远征，乖离骨肉；或苦战而授命，或邂逅而戕生；残骸暴于荒原，凶问迟而不审；老母寡妇，望祭宵哭；可谓极人世之至悲。然而前者覆亡，后者继往，蹈百死而不辞，困厄无所遇而不悔者，何哉？亦由前此死义数君子者为之倡，忠诚所感，气机鼓动，而不能自已也。君子之道，莫大乎以忠诚为天下倡。世之乱

也，上下纵于亡等之欲，奸伪相吞，变诈相角，自图其安而予人以至危，畏难避害，曾不肯捐丝粟之力以拯天下。得忠诚者起而矫之，克己而爱人，去伪而崇拙；躬履诸艰而不责人以同患，浩然捐生如远游之还乡而无所顾悸。由是众人效其所为，亦皆以苟活为羞，以避事为耻。呜呼！吾乡数君子所以鼓舞群伦，历九州而勘大乱，非拙且诚之效与？

《金陵湘军陆师昭忠祠记》

石达开离金陵后，本是向浙江进军的，但他在入浙江的门户衢州时，遇到了一个会打仗的清军将领饶廷选，曾国藩估计石达开很难攻破这道防线，果然不出曾国藩所料，石达开久攻衢州不下，不得已放弃浙江，转向福建，并沿着福建江西交界一路向西南行进，其军队一部分进入江西。曾国藩本拟由江西东部赴浙江，他在南昌拜会了江西巡抚耆龄后，便乘船东下，当行抵江西东部的河口时，接到上谕，命其改而援闽。曾国藩遂于八月十五日折回弋阳，准备由云际关入闽。随后又改定由杉关入闽，九月初九日，抵达建昌府城。

曾国藩在建昌驻扎了近半年时间。这时在江西与福建交界随曾国藩作战的，除了原随他来的萧启江、张运兰、吴国佐外，还有原驻江西的刘长佑部。由于石达开并无斗志，因此曾国藩并没有什么硬仗可打，可是他的军队却一度遇到另一个难题，那就是疾疫流行。八月底他在给郭嵩焘的信中说，张运兰部二千七百人，患病的竟一千有余；吴国佐部一千三百人，病了四百多人；刘长佑部四千人，患病一千多。各部因病而死的已近五百，病殁者远比战死者多，曾国藩自率湘军出征以来，从未经历过这种情况。当然，这才只是头一次，以后他又遇到比这次还厉害的流行疾疫。

曾国藩驻建昌前后，围困江西吉安太平军一年的曾国荃，终于在阴历八月中秋之日（9月21日）攻陷吉安。这以后，江西省除景德镇一带以外，已没有太平天国的地盘，战局发生了更有利于湘军的变化。占吉安以后，曾国荃把所部兵勇大部裁撤，只留一千二百人作为曾国藩的亲兵营，曾国荃自己到建昌见过曾国藩后，暂回湘乡老家休养。

二　三河惨败，精锐尽失

与曾国藩、胡林翼加紧军事部署的同时，太平天国方面也在进行着调整。自石达开率军出走后，洪秀全一度宣布"主是朕做，军师亦是朕做"。但是不久，他就在合朝文武的要求下，废除了他的两个无能无功无德极为腐败的兄弟福王洪仁达和安王洪仁发的王爵，又提拔蒙得恩、林绍璋、李春发主持朝政，以赞王蒙得恩为首；又以陈玉成为前军主将，李秀成为后军主将，李秀成的堂弟李世贤为左军主将，韦昌辉的弟弟韦志俊为右军主将，后来又封杨秀清的弟弟杨辅清为中军主将。经过这一番调整，太平天国内部混乱的局势渐渐稳定下来。在这些新提拔诸人中，起作用最大的是陈玉成和李秀成。两人都是太平天国起义时就参加太平军的广西老兄弟，咸丰八年（1858）时，陈玉成只有二十一周岁；李秀成稍大些，也不过三十五岁。两人年纪虽不大，文化程度也不高，但多年的战火考验已把两人锻炼成了有勇有谋、能征惯战的将领，资格也算比较老。太平天国在石达开出走后还能支撑七年，多半要归功于这两人。

咸丰八年（1858）七月，李秀成、陈玉成等太平天国重要将领在安徽枞阳召开军事会议，决定分进合击，集中兵力打破清军的江北大营，以解天京之围。随后太平军和清军展开大战，陈玉成军自湖北和安徽挥师东进，破庐州（今合肥），然后与李秀成军会合，先在乌衣击败德兴阿和胜保军，接着又在江浦击败江南大营来援的冯子材部，而后乘胜进军，一举攻占浦口，清军被歼二万余人，江北大营全面崩溃，解除了来自天京江北的威胁。

江北大营一垮，天京的压力减轻，陈玉成便可以集中力量对付步步进逼的湘军了，处在湘军最突出部分的李续宾部就陷入了危险的状态中。

正在这关键时刻，胡林翼又因母丧丁忧。当胡林翼之母于咸丰八年（1858）七月十一日去世时，曾国藩已隐约感觉不妙，因为自曾国藩丁忧家居后，湘军全靠胡林翼护持，胡母去世，按规定胡须丁忧，胡若离湖北，湖广总督官文决不会像胡林翼那样关照湘军。曾国藩虽然再度出山，但因没有地盘，没有地方实权，还是非常需要胡林翼的关照。他在写给吉安前线的曾国荃的信中说："水陆数万人皆仗胡公以生以成，一旦失所依倚，关系甚重。"胡林翼离武昌回湖南，曾国藩在给左宗棠的信中又说："润公已到家否？渠再造江、汉糜烂之区，变为富强，意量之远，魄力之大，中枢似尚知之未尽。守制不出，自是正理，然以时势、物望揆之，又似非得终请者。弟处之事，自润公出位，全局皆呆，恒自哂也。"曾国藩最感到不安的就是负责进攻皖北的李续宾一军，李续宾部现归湖北方面指挥，而皖北另一路对抗太平军的清军钦差大臣是满人胜保，胜保与太平军作战不行，却忌妒湘军的战功。因此，曾国藩在又一封给左宗棠的信中说，安徽战事由胜保指挥，李续宾可能会受牵制。如有为难之处，只有胡林翼能够扶助并让他安全。曾国藩又写信给李续宾和曾国华，告诫他们小心行动，希望南路湘军攻占安庆后，湘军水师可以直达桐城，叫他们不要孤军向北，并特别嘱咐他们要与水师相依，才比较安全。写了此信后，曾国藩还不放心，又写信给驻守后路的李续宾的弟弟李续宜，告诉他，李续宾处兵力虽强，但千万不可分军，分则力单，一败则整个形势将为之牵动。曾国藩的担心倒不完全是先见之明，而是与他丰富的军事经验和求稳求慎的军事思想有关。曾国藩用兵，常不求取胜，先求立于不败之地。他说，"用兵之道，最忌势穷力竭四字。力，则指将士之精力言之；势，则指大局大计及粮饷之接续，人才之继否言之。"又说："悬军深入而无后继，是用兵之大忌。""危急之际，尤以全军保全士气为主。孤军无助，粮饷不继，奔走疲惫，皆散乱必败之道。"后来，清末民国初著名的军事家、湖南邵阳人蔡锷还把这些话收集到《曾胡治兵语录》中。按照曾国藩的做法，每进攻一个地方，攻城须有攻城的部队；另外一定要有负责打援的部队；要有隔断附近敌人各个据点的联络的部队；还要有一支机动部队，按现在的讲法，叫战略总预备队。虽然湘军大多是以少敌多，但一般是要在这些工作落实之后再发动进攻。毛泽东曾说过："不打无准备之仗，不打无把握之仗。"曾国藩的想法与此暗合，看来高明的军事家的做法有很多是一致的。

但是，此时已由不得曾国藩了，咸丰帝闻报庐州失守，非常焦急，他最担心的是太平天国越过长江流域向北发展，再与捻军会合，威胁京师的安全。这时，胜保又几次秘密上奏，说李续宾赴援迟缓，贻误军机，因此，咸丰帝十天之内七次下诏，命李续宾迅速赴援。其实，咸丰帝完全是瞎指挥，从湘军的出发地皖西南的太湖一带到胜保驻地定远或庐州，都有数百里。李续宾所部只有八千人，即便冲过太平军的重重防线，也根本无法攻下庐州。

李续宾部本是湘军攻占九江的主力，连续征战，并没有得到休整，胜利之后也有些浮躁。当太平军与清江北大营决战之时，李续宾便奉命乘虚向庐州方向一路进攻，八月十五日占安徽太湖，二十一日占潜山，九月七日经血战占桐城，随后占舒城，进攻三河镇。三河镇距庐州五十里，是太平天国的粮饷重地，庐州、天京都要依赖三河的粮饷接济，所以三河对太平天国极为重要。三河若失，不仅庐州危险，安庆也受威胁。因此，当三河守将吴定规向陈玉成求援时，陈玉成立即奏明洪秀全，请命李秀成也率部往援，于是，陈、李两军又一次合军作战，等于是倾太平天国主力来攻李续宾，李续宾部立即陷于危险之中。

李续宾本人也觉察出了孤军深入的危险，并且一路每克一城，都要分兵留守，当向三河方向进攻时，他身边的部队已不足五千人。有部下说：安庆未复，军行无后继，腹背受敌，此危道也。并建议回军桐城，与其他清军一同攻安庆，这样各军相距不超过百里，可以互相救援。但李续宾却因为屡奉咸丰帝诏旨催促，不便退军。他离开舒城前向咸丰帝奏报说："臣所部八千人，因克潜、太、桐城及此间留防分去三千余人，数月以来时常苦战，未尝一日休止，伤损精锐，疮痍满目，现已不满五千人，皆系疲乏之卒。三河一带，悍贼虽多，自揣足以制之，若遇大股援贼，则兵力亦恐难支。要当尽其所能，以报皇上之恩遇而已。成败利钝，非所计也。"这话颇有些"风萧萧兮易水寒，壮士一去兮不复还"的味道。为防万一，他致信湖北请续派援兵。当时三河附近尚有两支机动部队：一为李续宾之弟李续宜，率四千人驻湖北黄冈；一支为唐训方，率三千人驻湖北英山。但是，湖北巡抚胡林翼已经丁忧在家，湖广总督官文却忌妒湘军的战功。果然不出曾国藩所料，当李续宾求援信到武昌时，官文说风凉话道："续宾用兵如神，无所用援。"李续宾虽然求援，但不愿示弱，遂进攻三河。三河外围，太平军筑有九座堡垒，十月初二日，一番血战，湘军攻占了这九座堡垒，在这场战斗中，太平军伤亡七千人，湘军也伤亡一千余人，可见其战况的惨烈。但是，湘军并没有攻下三河镇，太平军守军退入城内坚守。而与此同时，陈玉成的援军已经到达三河附近东、南的白石山和金牛镇，连营数十里，对李续宾形成反包围并切断其后路，后路湘军由西面的舒城增援三河的通路也被切断，稍后李秀成也率军来到白石山，另外还有捻军与太平军配合。太平军的人数，有的人说有十万，有的人甚至说有三十万。

这个时候，李续宾想退兵也来不及了，但他还要作困兽斗。十月九日，李续宾挥军进攻陈玉成前锋，陈玉成前锋败退，李续宾命军追击。次日黎明，湘军已追过陈玉成主力大营。这时，突然大雾迷漫，对垒双方近在咫尺，却只闻人声，不见敌面。两军犬牙交错，混战起来。在这样的情况下，李续宾已无法有效指挥。驻守白石山后的李秀成，听到炮声，立即率所部兵赶到加入战场，守在三河镇内的太平军也从城中杀出，四千多湘军陷入重重围困之中。沙场上刀枪飞舞，炮声隆隆，血肉横飞，这场惨烈的大战一直持续到深夜，李续宾战死，曾国藩的弟弟曾国华也一道战死。湘军个别营盘又坚持三昼夜，最后只有几十个残兵败卒逃出。

三河战后，陈玉成、李秀成又挥军进攻舒城、桐城、潜山、太湖，驻守这几个地方的湘军已成惊弓之鸟，再加上李续宾已死，缺乏得力的指挥，遂一路败退。清军都兴阿部也撤安庆围，一直退到宿松，湘军在安徽又只占有一角。

三河战役，对于湘军来说，是犯了孤军深入、轻敌冒进的错误。与咸丰帝的瞎指挥、湖广总督官文以及安徽方面的胜保的忌妒也有关系。但也与湘军的战术缺少灵活性有关。如果是太平军处在李续宾的处境，很可能会迅速大规模的撤退以避免被歼灭的危险。可是一般来说，湘军善于稳扎稳打，却不善于大规模机动作战。太平天国方面，常常作大范围、长距离的运动战，除了株守金陵一条不变外，常常是打得赢就打，打不赢就走。此次击破江北大营及三河之战，都是大规模的运动战。三河战役，太平天国方面可以说是成功运用了集中优势兵力打歼灭战的军事原则，而且不是一般的集中优势兵力，简直是集中了太平天国的全部精锐。

李续宾，号迪庵，与曾国藩同为湘乡人，罗泽南最得意的学生。罗泽南临死前，遗嘱罗部湘军由李续宾统带。这是一支真正的百战之师，是湘军的精锐。曾国藩为作《李忠武公神道碑铭》，说李续宾为人"含宏渊默，大让无形，稠人广坐，终日不发一言。遇贼（指太平军）则以人当其脆，而己当其坚。粮仗则予人以善者，而己取其瘆者"。王定安《湘军记》说他选士卒"以知耻近勇、朴诚敢战为尚……所屯军地，百姓耕种不辍，万幕无哗，秋毫不犯。大小六百余战，克四十余城"。

正因为李续宾是湘军第一勇将，所部又是湘军精锐，所以李续宾的惨败，虽然死亡人数并不算多，但给湘军的打击却是非常沉重的。曾国藩写给刘蓉的信说："三河之败，歼我湘人殆近六千，不特大局顿坏，而吾邑士气亦为不扬。未知此后尚能少振否？"胡林翼当时正丁忧在家，一天忽然一士兵快马赶来，报告李续宾三河之败，胡林翼看完败报，突然呕血晕倒，其家人惶骇不已，过了好久才苏醒过来。胡林翼稍后在一封信中说："三河溃败之后，元气尽伤。四年纠合之精锐，覆于一旦，而且敢战之才，明达足智之士亦凋伤殆尽。"

不仅李续宾所部是湘军的精锐，而且李续宾本人与曾国藩有着特殊的感情。对于曾国藩来说，最为难得的是在自己父丧家居、被剥夺指挥权的时候，李续宾和他的弟弟李续宜仍然视曾国藩为湘军最高统帅，时时向在湘乡的曾国藩报告军情，请示进止。由于清廷迟迟不肯让曾国藩出山，李续宾甚至表示要辞职回家。现在，这一支劲旅就这样全军覆没了，这样一个对自己忠心耿耿的部将就这样惨死沙场了。眼看自己的处境刚刚好了一点点，就出了这样的事情，曾国藩可谓心痛如刀绞。曾国藩挽李续宾联写道："八月妖星，半壁东南摧上将；九天温诏，再生申甫佐中兴。"曾国藩又撰挽曾国华联道："归去来兮，夜月楼台花萼影；行不得也，楚天风雨鹧鸪声。"五年以后，李续宾的弟弟李续宜病死，曾国藩在挽联中还念念不忘三河之败的事，其中上联是这样写的："我悲难弟，公哭难兄，旧事说三河，真成万古伤情地。"

前面说过，曾国藩经过在家丁忧时的反省，变得更加成熟、老到了。他的父母都已经去世，对于很多人来说，只有当父母都已经不在了的时候，才会真正成熟，真正顶起一个家来。曾国藩是不是也是这样呢？现在，曾国藩已经接近五十岁，是个真正的中年甚至接近老年的人了。在此次丁忧以前，他的年纪虽已不小，可心锐气盛，不愿迁就俗流，现在他可是变多了。比如爬山吧，年轻人爬山时，会一鼓作气往上冲，遇到最陡峭的地方，他还会勇往直前，也许他凭着锐气上去了，但也可能会跌得头破血流。中年人不是这样，中年人爬山遇到最陡峭的地方时，他可能会寻找一副登山工具，也可能绕过这段悬崖峭壁，结果他可能比较轻松地爬到山顶，既达到了目标，又节省了许多气力。曾国藩正是这样。当然，在他前面仍然有很多很多陡峭的悬崖，仍然有像这次三河的惨败。但他遇到困难时会多找几条路，多筹划几个办法，同时，仍然用他的老办法：好汉打脱牙和血吞，然后徐图自强。

另一方面，虽有三河的惨败，曾国藩和湘军的处境还是比前几年困守江西时好多了。经过数年的征战，湖南早已成为湘军的可靠后方和粮饷基地。而湖北自胡林翼任巡抚后，经过三年的苦心经营，把一个"天下第一破烂之鄂，变成天下第一富强之省"，湖北也成了湘军的可靠后方。尤其难得的是，胡林翼虽已位至湖北巡抚，又因攻破九江加太子少保衔，论官位已不下于曾国藩，论权势则已在曾国藩之上，但胡林翼却处处维护曾国藩的湘军最高统帅地位，处处为曾国藩着想。因此，对于曾国藩来说，总的形势和他的处境绝没有咸丰五年（1855）湖口、九江败后那样糟糕。

三河败后，曾国藩嘱咐李续宜收集他哥哥剩下来的军队（少部分拨归多隆阿指挥），加上李续宜原带的军队，李续宜部又成了湘军主力之一。另外，咸丰帝命胡林翼又"夺情"出来署理湖北巡抚。都兴阿因病休养，由副都统多隆阿统率都兴阿所部，以后多隆阿遂成为出色的湘军大将。鲍超和多隆阿在安徽宿松东北战胜陈玉成部太平军，稳住了阵脚。

三　磨砺人才，李鸿章入幕

咸丰八年（1859）十二月，正当曾国藩为三河之败心情郁闷时，李鸿章——可以说是他平生最得意的门生来到建昌大营。

李鸿章（1823—1901），号少荃，安徽合肥人。曾国藩认识李鸿章是在京师做官时。李鸿章的父亲李文安与曾国藩同时考中进士，在那个时代叫作"同年"，同年之间有一种特殊的关系，就好像现在的老同学一般。李鸿章自幼天资聪颖，才华横溢，功名心也非常强烈。道光二十三年（1843）入京参加乡试（考举人），意气风发的李鸿章赋诗道："丈夫只手把吴钩，意气高于百尺楼。一万年来谁著史，三千里外欲封侯。"第二年，他顺利考中了举人，此时的李鸿章只有二十一岁。当时曾国藩文章道德学问在京师已经小有名气，李鸿章进京不久就以同年之子的身份拜访了曾国藩，并拜曾国藩为师。曾国藩一见李鸿章，便判断他将来是个可成大器的人，再加上很喜欢李鸿章的诗文，因此，曾国藩悉心指点李鸿章。指点的内容，除了作诗作文外，主要是义理、经世之学，师生二人气味相投，李鸿章在家信中，常称曾国藩为"曾夫子"，并说他与曾国藩"朝夕过从"。因为有这层关系，当江忠源出任安徽巡抚时，曾国藩就想起李鸿章，让江忠源到安徽后与李鸿章联络。他在给江忠源的信中说："李少泉编修，大有用之才，阁下若有征伐之事，可携之同往。"当时曾国藩还在衡阳训练湘军，李鸿章之兄李瀚章已入曾国藩幕府，为曾国藩管军饷，等于曾国藩的财政大臣，曾国藩写给李瀚章的信中说："令弟少荃，自乙、丙（道光二十五、二十六年，即 1845、1846 年）之际，仆即知其才可大用。"

咸丰三年（1853），太平军自武汉顺流东下，占当时安徽的省城安庆。咸丰帝命工部左侍郎吕贤基赴安徽办团练，与太平军对抗，李鸿章奉命随同帮办。此时李鸿章年刚而立，满腹经纶，又兼血气方刚，非常想借此机会建一番大事业。不料在安徽的几个带兵大臣都不是成事的材料，吕贤基书生带兵，调度无方，不久兵败身死。江忠源又刚到安徽，就遇太平军围攻，也兵败身死。其他领兵大员则多是带兵打仗无能，互相倾轧则有余。李鸿章辗转数年，没有多大成就，很不得志。

曾国藩早知道他这位学生的才干，这时仍在曾国藩幕府的李瀚章又推荐其弟。于是曾国藩多次致函邀李鸿章来帮忙。

号称曾国藩四大弟子之一的薛福成还记述了这样一件事："傅相（李鸿章）……闻曾文正公督师江西，遂间道往谒焉。谓文正笃念故旧，必将用之。"不料"居逆旅几一月，未见动静。此时在文正幕府者，为候补道程桓生尚斋、前翰林院庶吉士陈鼐作梅、今江宁布政使举人许振祎仙屏。陈鼐与傅相本系丁未同年，傅相使往探文正之意，不得要领。鼐因言于文正曰：'少荃以昔年雅故，愿侍老师，藉资历练。'文正曰：'少荃翰林也，志大才高。此间局面窄狭，恐艨艟巨舰，非潺潺浅濑所能容。何不回京供职？'鼐曰：'少荃多经磨折，大非往年意气可比，老师盍姑试之？'文正许诺。"薛福成还说，这是曾国藩知道李鸿章才气不羁，所以故意这样做，打掉他的傲气，使其就范。《曾国藩及其幕府人物》的作者李鼎芳还把此事作为曾国藩历练人才的办法。薛福成记述的这件事为许多书籍引用，但此事的记载可能有相当的误差。据曾国藩致曾国潢等的家书，李鸿章系于阴历十二月初十日（1859 年 1 月 13 日）抵达曾国藩大营。而据曾国藩的日记，此前十一月二十五日（1858 年 12 月 29 日），曾国藩听说李鸿章已过广信，即将来营会晤，正为曾国华和李续宾之丧悲伤的曾国藩"为之欣喜"。李鸿章到曾国藩大营的当天下午，曾国藩便与之"久谈"，晚上又与李鸿章、王闿运谈至三更。次日，又与李鸿章谈江南大营统帅和春及继江忠源任安徽巡抚的福济（时已调京）的情况。此后数日，天天与李鸿章叙谈，并且不是一般的闲谈，如十三日（1859 年 1 月 16 日）曾国藩日记记他们所谈内容为"论江南北各路军务"。李鸿章到曾国藩营刚好一个月，曾国藩便命他赴淮北招募训练骑兵，以便将来对付常与太平军联合作战的捻军。事情虽因淮北局势动荡而没有办成，但显示了曾国藩对李鸿章的器重，似乎没有故意冷落以折李鸿章傲气的举动。

　　不过，薛福成记述的另外一件事是可信的："傅相入居幕中，文正每日黎明必召幕僚会食，而江南北风气与湖南不同，日食稍晏，傅相欲遂不往，一日以头痛辞。顷之差弁陆续而至，顷之巡捕又来曰：'必待幕到齐乃食。'傅相披衣踉跄而往，文正终无言，食毕，舍箸，正色谓傅相曰：'少荃，既入我幕，我有言相告，此处所尚，惟一诚字而已。'遂无他言而散，傅相为之悚然。"李鸿章有才子气，不拘小节，当时又年轻，贪个懒床是完全可能的。此事后来李鸿章也对别人说过。曾国藩的孙婿吴永，曾做过李鸿章的下属，他在《庚子西狩丛谈》中写道："公（李鸿章）平素最服膺曾文正，启口必称'我老师'，敬佩殆如神圣。"又记述李鸿章亲自讲述在曾国藩幕时的事情："文正公你太丈人，是我老师，你可惜未曾见着，予生也晚呵！我老师实在利害。从前我在他大营中从他办事，他每天一早起来，六点钟就吃早饭，我贪睡总赶不上，他偏要等我一同上桌。我没法，只得勉强赶起，胡乱盥洗，朦胧前去过卯，真受不了。迨日久勉强惯了，习以为常，也渐觉不甚吃苦。所以我后来自己办事，亦能起早，才知道受益不尽，这都是我老师造就出来的。"李鸿章还说："在营中时，我老师总要等我辈大家同时吃饭；饭罢后，即围坐谈论，证经论史，娓娓不倦，都是于学问经济有益实用的话。吃一顿饭，胜过上一回课。他老人家又最爱讲笑话，讲得大家肚子都笑疼了，个个东歪西倒的。他自家偏一些不笑，以五个指头作把，只管捋须，穆然端坐，若无其事。"经过曾国藩大营的熏陶，李鸿章果然形成了严谨的生活习惯。吴永记述他亲见李鸿章的起居工作习惯道："公（李鸿章）每日起居饮食，均有常度。早间六七钟起，稍进餐点，即检阅公事；或随意看《通鉴》数页，临王圣教一纸。午间饭量颇佳，饭后更进浓粥一碗、鸡汁一杯。少停，更服铁水一盅，即脱去长袍，短衣负手，出廊下散步；非严寒冰雪，不御长衣。予即于屋内伺之，看其沿廊下从彼端至此端，往复约数十次。一家人伺门外，大声报曰：'够矣！'即牵帘而入，瞑坐皮椅上，更进铁酒一盅……凡历数十百日，皆一无更变。"

曾国藩让李鸿章负责文书，稍后命其批搞、起草奏稿。李鸿章有才气，所处理的文牍令曾国藩非常满意。数月后曾国藩对人说："少荃天资于公牍最相近，所拟奏咨函批，皆有大过人处，将来建树非凡，或竟青出于蓝，亦未可知。"李鸿章则对人说："从前历佐诸帅，茫无指归，至此如识南针，获益匪浅。"曾国藩的幕府，实际上等于一个不挂牌的人才培养学校，很多人都像李鸿章一样，在曾国藩这里得到历练，得到提高，然后走向全国承担军政重任。李鸿章来到曾国藩幕不到半年，曾国藩便让他与曾国荃同去攻打景德镇。曾国藩不是叫他带兵打仗，也不是叫他一般地做参谋，而是交给他一项极为特殊的任务，这任务，曾国藩在信中如此说："阁下此行，其着意在察看楚军各营气象，其得处安在？其失处安在？将领中果有任重致远者否？规模法制尚有须更改者否？——悉心体察。"曾国藩让他做的，全是大政方针，是关乎全局的问题，是把他当作大才来历练的。信中还说："阁下闳才远志，自是匡济令器，然大易之道，重时与位，皆有大力者冥冥主持，毫不得以人力与于其间。"一方面肯定李鸿章的才干，一方面又叫他不必急于马上出人头地，而是要耐心等待时机。

一个人一生的事业，自然个人天分和才干是必不可少的，但也要有相当的机会和客观环境。如果世上没有伯乐，那么就会有很多千里马被埋没。何况千里马既需要人发现，也还需要有人加以训练，才能成为真正的千里马。对于李鸿章来说，曾国藩就是他的伯乐，就是那个善于识马驯马的人。李鸿章是个有才干的人，但如果他继续在安徽游荡而不是入曾国藩幕，他也可能一辈子做不了什么大事。而经过在曾国藩幕府的历练，他的生平事业也就从此开始了。

四　不去四川当“作客”

曾国藩在建昌住了将近半年，一面与石达开作战，一面与从福建返回江西的太平军杨辅清部作战。与杨辅清作战的主要战场是江西景德镇，石达开则越过江西进入湖南。三河之役后，湖南巡抚骆秉章奏请让曾国藩移师援皖，咸丰帝命曾国藩自行斟酌，曾国藩认为，皖北虽败，但因胡林翼夺情视事，再加上都兴阿、多隆阿和鲍超几次大败太平军，皖北的局势已经稳定，现在首先要做的，是攻下景德镇，免得太平军进攻江西湖口，有碍大局。得到咸丰帝允准，曾国藩也就没有去福建。咸丰九年（1859）二月十二日，曾国藩离建昌北上，于十六日抵抚州，以便就近指挥景德镇战事。四月二十七日，曾国荃从家乡来到抚州军营，曾国藩命他率原吉字营，再加上新招募的湘勇，共五千八百人，加入进攻景德镇的战斗。

石达开这一边，自江西、福建交界一路向西，咸丰九年（1859）二月初，石达开据守的江西南安被湘军攻占，石达开就势进军湖南，人马连续六昼夜强行军，接连攻占宜章、兴宁、郴州，四月，围攻宝庆（今邵阳），大军十万，号称二三十万。一时湘、鄂均为之震动。石达开打到湘军的老家，湘军军心不稳，都想回去保卫湖南。当形势紧急的时候，曾国藩甚至与在湘乡老家的曾国潢讨论是否需要搬家避祸的问题。曾国藩命萧启江一军追石达开回湖南，并由骆秉章指挥。在湖北前线的李续宜也以母病为名想回湖南，胡林翼只好因势利导，让李续宜带所部五千人回湖南增援。石达开虽然到了湖南，但他意不在湖南，他知道他即便在湖南的战争中取胜，他在湘军的老家也无法站住脚。因此，他的意向是四川。在清政府方面，对石达开入川的动向非常紧张。胡林翼认为，如果石达开占四川，不但长江上游天险尽失，清政府的财赋来源中断，而且湖北会遭到陈玉成、石达开东西两面夹击，非常危险。如果由曾国藩援川，不但可以保住四川，而且还可能为曾国藩谋得一个总督的职位，恰好这时四川有人事调动，原四川总督王庆云调两广总督，这是个极好的机会。如何说动朝廷呢？胡林翼觉得自己和曾国藩关系过密，不便出面奏请，即便是出面奏请，朝廷也未必允准。聪明的胡林翼想到了那草包总督官文。这时候的官文，已经对胡林翼言听计从，于是，一份请曾国藩援川的奏折到了咸丰帝手里。

　　但是，令曾国藩和胡林翼大失所望的是，对曾国藩有着根深蒂固的不信任情绪的咸丰帝仍只是命曾国藩带兵援川，而没有给以总督的实权。咸丰九年（1859）六月四日，曾国藩接到援川的谕旨。是否援川，曾国藩好生为难。在给曾国荃的信中，他分析，如果赴川，则在江西战场的曾国荃部、张运兰部必须带走，但这样势必造成清方江西兵力空虚，不仅眼看要到手的景德镇的围攻要放弃，而抚州、建昌也会落入太平军之手，可能失守的地方还多。"是未救无事之蜀省，先失初定之江西。"不去四川呢，一旦石达开进入四川，就有可能北向图陕西，本来较为平静的川、陕两省就可能糜烂。为防止军心动摇，他还特地嘱曾国荃，援川的谕旨，除李鸿章外，不要让任何人得知。

经过一番权衡，曾国藩上奏说，目前兵力不足，暂时难以入蜀，而且一旦带兵西行，太平军可能乘虚攻湖口、九江，危及整个江西甚至湖北，所以暂时难以抽身到四川。他料定一个月后，景德镇之战便可定局，到时候可以再重新调整部署。他还说，如果将他直接指挥的部队驻扎湖北宜昌，再加上部分水师，扼三峡入口，可保湖南湖北的西大门。曾国藩上奏是在六月十八日，由于道路阻隔，消息传递慢，他还不知道湘军已于六月十四日攻占景德镇。原来自曾国荃这支生力军加入战斗后，景德镇双方的强弱对比已大大改变，太平军又军粮将尽，形势对湘军极为有利。已是强弩之末的太平军作了几次反攻，结果都大败而归，于是湘军于六月十四日之夜发动总攻，攻占景德镇，第二天，又攻占景德镇旁的浮梁县城。从此，太平军全部退出了江西。

现在景德镇战事已经结束，湖口九江的危险已经解除，曾国藩暂时已无借口不去四川，便命张运兰部回援湖南，加入与石达开作战的行列，而曾国荃部则准备随他溯长江入川。曾国藩于七月七日离抚州，经南昌北上，准备沿长江西行。王命不得不从，但曾国藩的心里实在不愿去四川。不愿去的根本原因，是咸丰帝只让他打仗，不给他地方实权。在曾国藩的心里，觉得这实在是又让马儿跑得好，又叫马儿不吃草。他给知心朋友刘蓉的信中，把没有地方实权的处境比做作客："蜀中本大有可为之邦，惟国藩倦游已久，深惮作客之难；作客于无贼之区、周旋于素不相知之主人则尤难。"在给左宗棠的信中也说："凡治事公则权势，私则情谊，二者必须居一。"特别是又听说川省大员在奏折中有"必不专俟曾某来此，致误事机"的话，他就更不愿为四川之行了。留下来进攻安徽的太平军就不同了，虽然对手陈玉成英勇善战，虽然也没有地方实权，但是湖北有胡林翼的照顾，湖南有做幕僚的左宗棠和巡抚骆秉章帮忙，与江西巡抚耆龄的关系也比过去的江西巡抚好多了，这些条件，都强过到不熟悉的四川"作客"。所以，虽然也有左宗棠、郭嵩焘、李续宜等几个朋友主张曾国藩到天府之国大干一场，可以缓解湘军的财政困难，但曾国藩还是拿定主意，只要能够不去，就尽量不去。怎么办呢？胡林翼又想到了那草包总督官文。这次曾国藩的运气不错，湖南方面，石达开久攻宝庆不下，兵虽多却无斗志，粮草奇缺，湘军援兵则陆续增加，只好撤围退向太平天国的发源地广西。石达开既离湖南，入川警报暂时解除，曾国藩不去四川就有了好的借口。恰好在安徽北部对抗太平军的安徽巡抚翁同书新败，咸丰帝最怕的是太平军向北发展，威胁他的北京老窝，而此时太平军已经常常和皖豫之间的捻军合作，如果两者合军北上，那可大大的不妙，于是官文的请求曾国藩攻皖的奏折一上，咸丰帝马上发下上谕，说如果四川确实没有危险，便可调来前一段增援湖南的各支军队，准备图皖。八月十一日，曾国藩座船抵湖北黄州，胡林翼正驻守此地，两人连续密谈八天之后，曾国藩才又沿长江缓缓上行。八月二十日，曾国藩在武昌以东的阳逻接到他期盼的命其不必援川的上谕。曾国藩从容到武昌，与官文商议一番之后，又再扬帆而东，奔向新的战场。

五　兵分四路，"办窃号之贼"

　　既然图皖，就要筹划一个总的战略方针。当时在太平天国的东西南北各个方向，都有清军将领与之作战，这些清军将领，有的还算会打仗，有的只是草包一个。无论会打仗不会打仗，这些将领大多只顾自己这一块地方，若稍为吃紧，便马上向朝廷告急。比较起这些清军将领来，除了以全新的制度创建一支军队外，曾国藩的最大优点，便是善于规划全局。这一点，不仅是当时清军其他将领所不及，便是朝廷中也绝没有他这样的战略家。

　　曾国藩于咸丰九年（1859）十月十七日上奏咸丰，他告诉这位只有二十九岁、根本没有军事经验，只知道头痛医头、脚痛医脚的年轻皇帝："自古办窃号之贼，与办流贼不同。"所谓"窃号之贼"，是指建立了政权，有根据地，政治纲领明确，以推翻现政权为目的的造反者；所谓流贼，是指没有明确的政治纲领和目的，缺少稳定的根据地，经常避实击虚、流动作战的造反者。对付这两种造反者，所用的方法应该是不同的："剿办流贼，法当预防，以待其至，坚守以挫其锐。剿办窃号之贼，法当剪除枝叶，并捣老巢。"现在，"洪秀全居金陵，陈玉成据安庆，私立正朔，伪称王侯，窃号之贼也"；石达开就不同了，石达开由浙江而福建，走江西，奔湖南，处处受挫，再回广西，已成"流贼"之象，难成大气候。皖、豫之间的捻军，虽然相当活跃，但是股数众多，分合无定，也属"流贼"一类。现在最为要害的，是占金陵称王的洪秀全。自从太平天国洪、杨内讧，其势力已大大下降，只是陈玉成往来江北，与捻军联合，在庐州、浦口、三河等处多次击败朝廷的军队，占有安徽，金陵的粮饷不能断绝。要想把各路造反者镇压下去，首先要攻破金陵，消灭洪秀全，而后才可以分兵剿灭其他造反者。要进攻金陵，必先驻重兵于金陵西北的安徽滁州和金陵西南长江北岸的和州（今和县），隔断从芜湖到金陵的粮道，去掉金陵的屏障。但是若驻兵滁州、和州两处，必须先得安庆，攻破陈玉成的根据地。安庆是陈玉成的根本，进取安庆是攻敌所必救，这样可以迫使陈玉成进行战略决战，利用湘军擅打阵地战的长处，消灭陈玉成的有生力量。因此，进攻安庆就成了与太平天国作战的关键所在。进攻安庆确实是击中太平天国要害的一着棋，后来太平天国败灭以后，洪仁玕在自述中就说："我军最重大之损失，乃是安庆落在清军之手。此城实为天京之锁钥而保障其安全者。一落在妖手，即可为攻我之基础。安庆一失，沿途至天京之城相继陷落不可复守矣。安庆一日无恙，则天京一日无险。"这从反面可以证实曾国藩的战略方针是正确的。

曾国藩和胡林翼筹划四路进兵安徽，由南往北依次是：第一路由宿松、石牌直攻安庆，曾国藩担任，实际主力是曾国荃所部，因曾国荃攻占景德镇后又回老家，暂无统将；第二路由太湖、潜山取桐城，多隆阿、鲍超担任；第三路由湖北英山、安徽霍山攻桐城，胡林翼担任；第四路向北绕河南的商城、固始取庐州，由尚在湖南的李续宜部担任。之所以有北绕的第四路，是因为在淮北督办军务的署漕运总督袁甲三担心淮北的胜保、翁同书等兵力单薄，若湘军在西路大举进攻，可能导致陈玉成联合捻军向北突围，胜保等无法抵御，故上奏清廷请往北分一军。因为兵力有些不敷分配，曾国藩和胡林翼本不愿向北绕路进攻，但皇命难违。不过，曾国藩在奏报中还是安慰咸丰帝说，此次进攻重点，一是安庆，一是庐州，如确能围攻两处，兼及旁县，陈玉成备多力分，不但不敢北向攻山东、河南，也不敢东攻江浦、六合。"盖窃号之贼，未有不竭死力以护其本根也。"曾国藩这份奏折很有名，他的计划充分吸取了李续宾孤军深入致败的教训，又可水陆互相支援，保证战争的胜利。以后湘军就是按这个方略进攻安庆的，虽然在具体战斗时有所变通。这里面只有第四路曾国藩很勉强，他认为湘军对淮北地方、人情都不熟，作战困难。他在家书中说，"一渡淮水，共食麦面，天气苦寒，必非湘人所能耐"，困难必多。

这四路，曾国藩分析，是第二、第四两路最为吃重。第四路李续宜尚可独立支撑，第二路为陈玉成所必争，势必苦战不休，多隆阿、鲍超又有些不和，紧急之时，恐怕难以支持。为此，他致函左宗棠，请拨在湖南的萧启江部来助战，但广西巡抚曹澍钟却一再挽留萧军抵敌石达开，当萧启江能够从湖南抽身来皖时，太湖之战已经结束，曾国藩便从咸丰帝令让萧部赴四川。兵力既然不足，所以后来第四路实际上并没有实现。

六　初战太湖，进围安庆

计划既定，便开始行动。咸丰九年（1859）十月二十四日，曾国藩从驻地湖北巴河拔营，十一月三日曾国藩进抵湖北黄梅，十一月十三日又进抵安徽宿松。胡林翼则从黄州出发，于咸丰九年十二月十八日进抵湖北和安徽交界的英山。从阴历十一月初起，曾国藩黎明即出去巡视营墙，天天如此，一直到次年阴历二月初，也就是太湖大战结束以后，又居然学会了骑马。

曾国藩的前面，是太湖。名义上，曾国藩这一路是走石牌，然后攻安庆，但实际上，必须先攻占太湖（地在安徽的长江之北，不是江苏太湖）才能继续进兵。因为太湖当着由湖北进兵安庆的孔道，所以是个双方必争之地。此时太湖城内有太平军一万人坚守，多隆阿、鲍超围攻差不多已有一年。曾国藩知道，太湖城内的太平军不足惧，惧的是陈玉成率大军来援。

然而这时候，曾国藩和胡林翼发生了一点分歧。在太湖一路，有多隆阿、鲍超、唐训方、蒋凝学四支军队，各不相下。按曾国藩的想法，进兵安徽的四路，第一路由曾国藩自己指挥，第三、第四两路由胡林翼指挥，第二路则由曾、胡两人共同指挥。但胡林翼以为前线军情瞬息万变，应当就近有个统一指挥。按照官阶，多隆阿是副都统，官最高，又是所谓天子之使，应由多隆阿指挥。曾国藩这时还不了解多隆阿的军事才能，老大不愿意，鲍超等人也不愿受多隆阿节制，且鲍超原已与多隆阿有些矛盾。双方争论了几次，碍着胡林翼的面子，曾国藩、鲍超勉强认同多隆阿的指挥。多隆阿字礼堂，是满洲旗人，原隶荆州将军都兴阿部下，因都兴阿病重无法打仗，回荆州将军任，其所部由多隆阿统带。多隆阿剽悍敢战，但轻视汉人，连曾国藩都心存轻视，更不用说其他湘军将领了。多隆阿既受命指挥，便改变战术，命鲍超到太湖和潜山中间的小池驿驻扎，他自己到鲍超西南的新仓驻扎，又命蒋凝学驻两军之间的龙家凉亭，只留唐训方三千四百人围攻太湖。多隆阿的想法，是在太湖的外围打援兵，但因兵力不足，各军相距太远，极易被太平军分割包围，所以是一着险棋。因为鲍超所部突出、孤立，所以最易受打击的是鲍超的军队，而且围城的军队太少，如果城内太平军趁势冲出，与来援的太平军前后夹击鲍超，那鲍超甚至有全军覆没的危险。

曾国藩用兵向来谨慎，尤其是李续宾三河败后，更加谨慎。知道多隆阿的新部署后，十分担心，但既已让多隆阿担任指挥，已无如之何，只好一面告诫鲍超要保证粮路畅通，一面谋求增援太湖方面。

让曾国藩担心的事情终于来了。1860 年 1 月中旬，也是咸丰九年十二月中、下旬，陈玉成联合捻军龚得树，号称十万大军，增援太湖，直逼鲍超所部，百余营连绵三十里。于是，双方就在旧历新年前后展开大战，也是曾国藩、胡林翼攻皖的第一场大战。

咸丰九年十二月二十一日（1860 年 1 月 13 日），陈玉成开始攻打鲍超部。第二天，多隆阿和蒋凝学率兵来救，双方战况惨烈，仅这一天湘军方面就损失了一千三百人，太平军也伤亡七千人。围困并没有解除，陈玉成的军队数万人像铁桶一样把鲍超团团围住，炮火连天，日夜猛打猛冲。闹得老鲍左支右绌，最困难的是军食和水，只能乘陈玉成的部队进攻稍微松动时，就立即派人出去抢运水和烧柴，只一会儿太平军又来合围。他的军队几乎没有片刻的休息时间，士兵大多不能睡觉，很多人甚至吃不上饭，就是吃饭也要靠在营墙下面，以免被太平军的炮火击中。鲍超的军队有六天六夜文报不通。这时鲍超部共三千五百人，已伤亡千余。如果再无大股援兵开到，李续宾的命运就在等着他。

曾国藩率万人驻宿松，因为没有合适的统将，战前原不愿意派兵增援太湖一路，这时已顾不得那么多了。他先是派朱品隆和李榕带兵六千，帮助唐训方围太湖，免得太平军冲出。稍后，又在恰好除夕这一天派兵二千六百人再援太湖，抽出唐训方部援鲍超。但唐训方立足未稳，便遭到太平军进攻，只好退新仓。此后虽然多隆阿等军不时援助鲍超，但因太平军人多，围困始终没有解除，前后二十余日。双方一度形成僵持的局面，太平军无法攻破湘军营垒，而湘军也一时难以取胜。曾国藩判断相持久了以后，太平军和捻军的合作很难长期维持，所以他嘱前线部队沉住气，不必出营攻击，而等太平军来攻气衰时再反击。胡林翼见太湖方面吃紧，便命金国琛率十一营湘军，冒冰雪在山中行军十日，与原在山内的余际昌合军来援，此军即李续宜所部，因李续宜还在湖南老家，暂由这两人统领。正月十一日（1860 年 2 月 2 日），这支生力军抵达战场，曾国藩于正月十三日（2 月 4 日）又从宿松派七营军队直援鲍超。到此双方力量对比发生了重大变化。不过原定的所谓四路进兵，这时实际上成了一路，曾国藩和胡林翼两个大帅身边剩下的护军都已极少，两人甚至互相担心对方发生意外。

381

曾国葆

正月二十五、二十六日（2月16日、17日），多隆阿指挥前线湘军发动大规模反攻，将陈玉成营房、军火、粮草全部烧毁，陈玉成败退，恰好这时洪秀全严命陈玉成回救天京，陈玉成索性将太湖、潜山一并放弃，曾国藩、胡林翼终于取得了太湖之战的胜利。

曾国藩最小的弟弟曾国葆也参加了太湖之战。当湘军在湖南初参战时，曾国葆军挫败，曾国藩为严肃军令，将曾国葆军也裁撤。曾国华与李续宾战死后，曾国葆改名曾贞干，发誓为曾国华报仇，他找到胡林翼，要求带兵打仗，胡林翼让他带兵两营千人作战。太湖之战后，曾贞干与曾国荃合兵一处，围攻安庆。

太湖之战结束了，湘军获得了在安徽的第一个桥头堡，接下来便是进军安庆了。曾、胡商定，给太湖之战的两功臣多隆阿和鲍超增兵，使两人都可以独当一面。但是有两件事拖延了进兵的时间。一是太平军进攻浙江，新任浙江巡抚罗遵殿手中无兵，只得向曾国藩和胡林翼求援。罗遵殿原任湖北布政使，与胡林翼、曾国藩相处都很好，罗又恰好是曾国藩现在所驻地宿松人，曾、胡愿意支援，但如何援浙却颇费周章，因为太平军行动非常迅速，曾、胡援浙的军队尚未派出，李秀成便已攻杭州，罗遵殿败死。另一件事是大战之后，军队需要休息，兵员需要补充，而鲍超又请假回四川探望母亲，另一大将李续宜未来，军队缺统将，不能进兵。

直到咸丰十年（1860）二月下旬，李续宜来营，才决计进兵。进兵的办法，李续宜提出三路进攻之策，由多隆阿率所部进攻桐城，曾国藩所部攻安庆，李续宜则驻兵青草塥为游击之师，即总预备队。这样，就彻底改变了原议的四路进兵之说。至于鲍超所部，因为鲍超请假回四川探亲，军无统将，暂归胡林翼处。

三月十四至十六日，曾国藩直接指挥的攻安庆一路自太湖和宿松陆续拔营前往石牌。因为曾国荃在湘乡办理他的叔父曾骥云的丧事，迟迟没有来营，曾国藩更加小心翼翼。他于三月二十九日写信给暂时带兵的朱品隆和李榕，谆谆嘱咐四事，这四事颇能说明曾国藩指挥打仗的风格，即求稳，不先求胜，先求立于不败之地。这里不妨把大意录出：

一、兵至安庆城下，先扎一、二面，不求合围。连通湘军其他部队的集贤关、桐城、青草塥之路，必须先行占住，以顾后路。通枞阳、庐江的太平军的后路，可暂时留给太平军，令其可出可入。俟兵力稍厚，再图合围。我军目下不能通水师，将来应设法通之。

二、集贤关必须扎营以通粮路。我军如不敷分布，可由朱品隆函商李续宜，请其派兵来守。

三、青草塥为我军援应之所，须多派哨弁与青草塥方面来往联络，愈熟愈好。桐城等处亦须派人看明。

四、米粮、子药应如何接济，须步步看清。至于进兵安庆的日期，可与李续宜部直接商定，此间不遥制。

闰三月二十七日，曾国荃来到曾国藩大营，左宗棠这时也在曾国藩营，经过一番策划，曾国荃便于四月三日赶赴前路兵营，率军进攻集贤关。

就在这时，一件惊天撼地的大事发生了——清绿营兵围困太平天国天京的江南大营被太平军彻底摧毁，而这件大事又彻底改变了曾国藩的命运。

七 署理江督，"天意岂有转乎"

就在洪秀全努力振兴陷于困境的太平天国时，他的族弟洪仁玕于咸丰九年（1859）三月二十日从香港辗转来到天京。洪仁玕是洪秀全拜上帝教最早的信徒之一，也参加了洪秀全造反的密谋，但太平天国金田起义时，他没有来得及参加，此后避难香港，他在香港接触了许多西方的新的先进的东西，其见识、才学已非过去可比。洪秀全这时正缺乏可靠的人辅佐，两个哥哥又不争气，见到洪仁玕到来，极为高兴。洪仁玕一到天京，就被封为福爵，接着又封义爵加主将。四月十日，也就是洪仁玕到天京的第二十天，又封为"开朝精忠军师顶天扶朝纲干王"。洪秀全还宣布：京内之事问干王，京外之事问陈玉成。洪秀全这一举动发生了两方面的影响。一方面，洪仁玕对太平天国和洪秀全忠心耿耿，会全心全意辅佐洪秀全；但是另一方面，洪仁玕寸功未立，太平天国很多将领不服，洪秀全为平息诸将功臣的不满，开始大封王爵，先是陈玉成封英王，李秀成封忠王，后来越封越滥，竟封了上千个王爵，有的太平天国将领后来回忆，甚至说有二千七百多个王。

洪仁玕上任以后的第一件事，是出主意击破江南大营。

咸丰六年（1856）太平天国已经击破江南、江北大营，但清将和春、张国梁乘太平天国内讧之机，再建江南大营。当曾国藩和胡林翼在西部战场向安徽太湖进兵时，江南大营乘虚加紧了对金陵的围攻。咸丰十年（1860）正月十日，和春攻占九洑洲，九洑洲是金陵南北往来和水陆出入的咽喉，江南大营得此地后，便形成了对金陵的合围。咸丰帝得报极为高兴，他命令各路军队加紧进攻，说是"洪逆如槛兽釜鱼，必早授首。惟在各将帅不分畛域，协力同心，以期迅奏肤功，同膺懋赏"。

咸丰帝高兴得太早了！他过高估计了江南大营的作战能力，过分看低了太平天国。

就在咸丰帝得意洋洋的时候，太平天国已制订出"围魏救赵"、击破江南大营的计划。这计划大致是：先出奇兵攻击浙江的杭州、湖州，江南大营必派重兵往救，使其兵分势单；随后攻击金陵附近州县，迫使江南大营再度分兵；最后，出全力攻江南大营，一举奏功。这主意是谁出的呢？洪仁玕在自述中说，计划是他先提出的，李秀成赞成。可李秀成的自述却说是他提出的，并一句也没有提洪仁玕。考虑到在太平天国的战史中，一再使用过这种战术，也许他们是不谋而合吧。

与三河之役主要执行者是陈玉成不同，这次战役的主要执行人是李秀成。李秀成先在芜湖召集各路将领会议，部署一定，便以轻兵直袭杭州。其时杭州兵勇再加旗兵，总共也不到五千人。这就是前面所说的浙江巡抚罗遵殿求援的事。李秀成只用了十天，便攻破了杭州城。等到证实江南大营援兵来到，李秀成便悄悄退出杭州。咸丰十年闰三月上旬（1860 年的 4 月底），太平天国李秀成、陈玉成、李世贤、杨辅清、刘官芳五路大军齐集天京城外。闰三月八日，分十路向江南大营发起进攻。经过七日六夜的激烈战斗，江南大营六七万骄兵被打垮，残兵败将逃到丹阳和镇江，营内所存的白银十万余两和军火粮草，全为太平军所得。本来，江南大营被攻破时，死亡人数并不多，但这些骄兵庸将，一溃即不可收拾。随后太平军兵锋直指常州、苏州，江南大营副帅张国梁落水死，主帅和春自杀。

　　与江南大营溃灭的同时，是何桂清集团的垮台。何桂清是云南昆明人，咸丰四年（1854）任浙江巡抚，开始与太平天国作战。咸丰七年（1857）任两江总督，驻常州。他仗着江南财富，供给江南大营，又得到军机大臣彭蕴章的支持，不仅可以和在西面与太平天国作战的湘军集团分庭抗礼，甚至处处占在上风。当江南大营败报传到北京时，彭蕴章还向咸丰帝说，何桂清是能臣，张国梁骁勇，东南大局不会有大问题。可这何桂清偏偏不给支持他的彭蕴章争气，李秀成在丹阳再次击溃清军时，在常州的何桂清惊惶万状，立即便以到苏州筹饷为名逃跑。当时常州清军兵勇尚有二万，常州士绅拦住去路，跪求何桂清守城勿走，何桂清竟命亲兵开枪，再加以刀矛，结果绅士们十余人死，百余人伤，士兵又趁势抢劫，其情形实在令人发指。何桂清逃至苏州，江苏巡抚徐有壬关闭城门，不让这位胆小如鼠、丧心病狂的总督进城，何便逃至上海。徐有壬在太平军进攻时自杀死。待到四月十九日（6月8日），咸丰帝命将何桂清革职拿问。稍后，彭蕴章也被免去军机大臣职。两年后，已是慈禧太后和恭亲王奕䜣执政的时候，何桂清被处死。

江南大营既不复存在，清政府也无力将它重新建立起来，放眼东南半壁，再也找不出一支可以进攻金陵，消灭太平天国的力量，甚至抗衡太平天国都已困难。这时候，除了用湘军外，咸丰帝别无选择。于是，1860年的6月8日，也就是旧历咸丰十年的四月十九日，一道上谕从北京城中心的九重宫阙中传了出来：

> 曾国藩着先行赏加兵部尚书衔，迅速驰往江苏，署理两江总督。

曾国藩自率湘军出征以来，一直都盼望有个属于自己的地盘，不再是那个不伦不类的"前兵部侍郎"。父丧家居时，他于咸丰七年十二月致信在前线带兵的曾国荃说："余前在江西，所以郁郁不得意者：第一不能干预民事，有剥民之权，无泽民之位，满腹诚心无处施展；第二不能接见官员……第三不能联络绅士，凡绅士与我营款惬，则或因吃醋而获咎。坐是数者，方寸郁郁，无以自伸。"再次出山后，虽然他的心态已经大幅调整，但没有地盘，毕竟十分不便。他援浙援闽援川皆未成行，其根本的原因，是没有地盘，寄人篱下，多有不便，同样没有地盘，还不如在湖北、安徽与胡林翼联军，事事能得到照顾。他在咸丰九年十一月初七日的日记中写道："二更，阅《左传》数篇。思身世之际甚多，抑郁不适于怀者，一由偏浅，一由所处之极不得位也。"没有地盘，最难的是军费问题。养兵打仗是个极为费钱的事，自太平天国到南京以后，各省陆续实行了厘金制度，厘金的征收虽然影响商业流通，但是对清政府的财政可谓是一剂强心针，提供补充了清军的战费。而厘金大多掌握在各省督抚手里，曾国藩自兴兵以来，几乎是靠人施舍过日子，别人用到他的时候愿意给，不用他的时候就不愿给。打了胜仗还好，打了败仗则从朝廷到地方一片嘲讽。现在，这块地盘终于有了！

真是历尽艰辛，方有立足地！

曾国藩得以署理两江总督，协办大学士肃顺起了很大作用。

肃顺，字雨亭，是清太祖努尔

曾国藩书信手迹

哈赤的侄子济尔哈朗的后裔，因此也算是宗室。肃顺精明、能干，以敢于任事著称。咸丰帝不信任他的异母弟奕䜣，专用肃顺。这时候肃顺是户部尚书，没有任军机大臣，但咸丰帝对他几乎是言听计从，尤其是彭蕴章出军机以后，肃顺的权力和对咸丰帝的影响超过了军机大臣，这也算是一个奇怪的现象。肃顺主政，除了敢于任事外，还有两个特点，一是治吏极严；一是敢于打破传统的习惯，重用汉族大臣。肃顺甚至说："咱们旗人混蛋多，懂得什么？汉人是得罪不得的。"所以"汉人有才学的，必罗而致之"。湘潭王闿运曾在他的家里教书，有时在政治方面也向他进言，郭嵩焘也与他来往颇多。平时与座客谈论，常赞赏曾国藩和胡林翼。曾国藩的四大弟子之一薛福成后来把这叫作"肃顺推服楚贤"。当咸丰帝准备把何桂清免职的时候，他还是不想任用曾国藩，他宁愿用曾国藩提拔起来的人，因此，最初两江总督的人选是胡林翼。肃顺建议说："胡林翼在湖北措注尽善，未可挪动，不如用曾国藩督两江，则上下游俱得人矣。"这样才有曾国藩署理两江总督谕命。

曾国藩署理两江，令湘军集团的成员们非常高兴。

胡林翼对曾国藩早就极为推重，他在咸丰九年（1859）给袁甲三的一封信中说，曾国藩"有诸葛之勋名，而无其位；有丙吉之大德，而无其报"。江南大营溃败的消息传来时，胡林翼表示：朝廷若能以江南事付曾公，天下不足平也。

左宗棠听说江南大营溃败，更说：天意其有转机乎！有人问其故，左进一步解释说：江南大营将蹇兵疲，不足成事，得此一洗荡，而后来者可以措手。

当得知朝廷终于命曾国藩署江督后，胡林翼觉得"气息为之一壮，耳目为之一明"，他写信叫曾国藩放手大干，对皖、赣、苏三省事务"包揽把持"，让刘蓉、左宗棠、李鸿章各独当一面，从杭州和淮、扬数路进兵，曾国藩自己则自皖南进军，太平天国不难一鼓荡平。

但是，曾国藩却没有那么洋洋自得，因为他知道，自太平天国军兴以来，这两江总督并不是个好干的差使。1853年太平天国破金陵城时，总督陆建瀛被杀。之后暂署江督的杨文定被革职交刑部治罪。继任的怡良总算做得安稳，1857年因病免职，算是得了个善终。继怡良任的何桂清做了三年总督，最后闹了个如此下场，虽说这是何桂清能力不够、德行不备，但也说明在这特殊的年代，两江总督不好当。

当曾国藩得知江南大营溃败，无锡、苏州失守的消息后，自度必受命援浙，援浙又不可带走攻安庆之师，成功的可能性不大。他又看到江南大营败兵一路焚掠，便嘱咐曾国荃训诫兵勇勿扰民："兵犹火也，弗戢自焚，古人洵不余欺。弟在军中，望常以爱民诚恳之意、理学迂阔之语时与弁兵说及，庶胜可以立功，败亦不至造孽。当此大乱之世，吾辈立身行间，最易造孽，亦最易积德。吾自（咸丰）三年初招勇时，即以爱民为第一义。历年以来，纵未必得到，而寸心总不敢忘爱民两个字，尤悔颇寡。家事承沅弟料理，绰有余裕，此时若死，除文章未成之外，实已毫发无憾。"他又在家信中叮嘱曾国潢："家中之事，望贤弟力为主持，且不可日趋于奢华。子弟不可学大家口吻，动辄笑人之鄙陋，笑人之寒村，日习于骄纵而不自知。"又叮嘱儿子曾纪泽："江浙贼势大乱，江西不久亦当震动，两湖亦难安枕。余寸心坦坦荡荡，毫无疑怖。尔禀告尔母，尽可放心。人谁无死，只求临终心无愧悔耳。家中暂不必添起杂屋，总以安静不动为妙。"从这些信的字里行间可以看出，曾国藩甚至做了一旦兵败则身死的心理准备。

当得知署理两江总督的任命时，曾国藩也并没有显得特别的高兴。他给两个带兵的弟弟曾国荃和曾贞干写信说："本日得信，余以尚书衔署两江总督。余之菲才，加以衰老，何堪此重任。"给曾国潢的信也说："余以二十八日奉署理两江总督之命。以精力极疲之际，肩艰大难胜之任，深恐竭蹶，贻笑大方，然时事如此，惟有勉力做去，成败祸福不敢计也。"稍后，当他实授两江总督后，他的两个带兵的老弟曾国荃和曾贞干写信祝贺他，他回信说："兄膺此巨任，深以为惧。若如陆、何二公之前辙，则贻我父母羞辱，即兄弟子侄亦将为人所侮。祸福倚伏之几，竟不知何者为可喜也。默观近日之吏治、人心及各省之督抚将帅，天下似无勘定之理。吾惟以一勤字报君，以爱民二字报吾亲。"

得任两江总督，曾国藩虽然总算舒了一口气，但可以说是亦喜亦忧，他不是以兴高采烈的心情上任的，而是抱着如临深渊、如履薄冰的态度来做这个官的。

曾国藩大传

林乾 迟云飞 著

下

中华书局

第十一章　运筹帷幄

一　钦差大臣走稳着

曾国藩是咸丰十年（1860）闰三月十八日受命署理两江总督的，过了三个月，也就是六月二十四日，咸丰帝又下令，命曾国藩正式任两江总督：

> 两江总督着曾国藩补授，并授为钦差大臣，督办江南军务。钦此。

咸丰皇帝在他有限的政治生涯中，做过无数不聪明、不明智的决定，而命曾国藩任两江总督，虽然事属不得已，但也总算是一个对爱新觉罗王朝大大有利的、明智的决定。随着以后曾国藩的着着布置，这

曾国藩在两江总督署用容闳所赠相机拍摄的照片

一决定的正确性便逐渐显现出来。

曾国藩既然受命任两江总督，而且他又成了朝廷依赖的主要对象，就该对全局有个统筹安排。当然，首先是军事上的安排，这是最重要的，也是争议最大的。但是怎么安排，各方见解却大不一样。

首先是三省联防。

这时候，在太平天国的四周与太平军作战的清军，北面是督办安徽军务的漕运总督袁甲三和安徽巡抚翁同书指挥的部队，东南面是江南大营残部张玉良部和浙江巡抚王有龄指挥的部队，西南有张芾等指挥的部队，而西面便是曾国藩和胡林翼指挥的湘军。江南大营溃败以后，有进攻能力的，只有西面的湘军了。苏州、常州一带的失守，令清廷一片慌乱。一会儿叫曾国藩速攻芜湖，一会儿命他赶赴苏、常。曾国藩却只认定一个道理：进攻太平天国，必须由下游节节进兵。为此，在清廷任命他为两江总督之前，他已经与湖北、湖南、江西三省的督抚多次联络，强调湖北、湖南、江西三省必须联为一体。他估计太平天国攻下常州、苏州，稳定了东面战线之后，一定会大举向西进攻，到时候要竭三省之力抵御，保住这三省为"完善之区"。将来就可以以这三省作为进攻太平天国的根据地。只要顶住了太平军的第一轮攻击，大局就可以稳定。到时候不管江浙情形如何，形势都会好转。这就是曾国藩的第一个战略部署。

第二是先上游，后下游。

围安庆之师不动，在没有更多的财力养得起更多的军队之前，战争仍以西线为主。湘军以湖南、湖北、江西三省为基地，先安庆，后芜湖，沿长江节节向东，最后才进逼金陵，不能分散兵力直接到金陵以东。他向咸丰帝奏陈：

> 自古平江南之贼，必踞上游之势，建瓴而下，乃能成功。自咸丰三年金陵被陷，向荣、和春等皆督军由东面进攻，原欲屏蔽苏、浙，因时制宜，而屡进屡挫，迄不能克金陵，而转失苏、常。非兵力之尚单，实形势之未得也。今东南决裂，贼焰益张。欲复苏、常，南军须从浙江而入，北军须从金陵而入。欲复金陵，北岸则须先克安庆、和州，南岸则须先克池州、芜湖，庶得以上制下之势。若仍从东路入手，内外主客，形势全失，必至仍蹈覆辙，终无了期。

他还说，安庆一军，目前关系淮南全局，将来即为克复金陵之张本，所以安庆城围决不可撤。最后，他还说，目前虽然太平天国声势大涨，但必须拿定主意，立定脚跟，事情会慢慢好起来。事实上，自太平天国建都天京（金陵）以来，清廷一直把军队摆在天京邻近，也就是江南、江北大营，它希望一来可以保卫苏、浙，二来让湘军苦斗，而江南、江北大营收功。这种做法，从政治上当然可以理解，但从军事上来说，实在是非常愚蠢。南京城高池深，自古号称龙盘虎踞，如果不能完全合围并且断绝接济，很难以当时的武器攻破天京城墙。而江南、江北两个大营本身，却成了呆兵、死兵，而且因为它对太平天国首都有一定的威胁，又最容易受到打击，咸丰六年、十年（1856、1860）太平天国两次倾全力击败江南、江北大营，都证实了这一点。因此，曾国藩决心改变清廷以往的战略决策。这是曾国藩的第二个战略部署。

但是，既然任两江总督，总要有个表示，既对咸丰帝有个交代，并且让江苏的士绅有个盼头，因此曾国藩决定进驻皖南的祁门，作出向江苏进军的架势。为此，曾国藩奏报说，长江以南需要有三支军队。第一路由池州进攻芜湖，与杨载福、彭玉麟水师互相支援；第二路由祁门至江苏溧阳，与在皖南的清军张芾、周天受部就近联络；第三路分防江西广信、玉山，可能的话进取浙江衢州，与江南大营残部张玉良和浙江巡抚王有龄等军就近联络。这是曾国藩的第三个战略部署。

然而，在他的心中，皖南与江西、江苏、浙江交界的战线，也就是江（长江）南的战线，取的是守势，而不是攻势，目的在于顶住夏秋太平天国将要发动的进攻，配合江北湘军对安庆的进攻。湘军攻势在江北的安庆，而不是江南。就如他给曾国潢的信中说的："余虽驻军南岸，仍当以北岸为根本。"即便取守势，江南这条战线的兵力还是太过薄弱。曾国藩直接带的兵，已交给曾国荃围安庆了，安庆之围不能撤，兵也就不能调来。他与胡林翼商量，调鲍超所部随他到江南，鲍超虽然识字不多，但很会打仗，是一员勇将，对自己又忠心耿耿。曾国荃却要留在江北归胡林翼指挥，因为曾国荃如果跟着他，有了功也不好由做哥哥的出面去请功，有过却要多受指责，跟着胡林翼就方便些。除了鲍超所部外，曾国藩又调朱品隆、唐义训两千人作为护卫，再加上杨镇魁礼字营一千人，总共上万人。曾国藩还打算由左宗棠招募五千人成一军，由原来王鑫的部下王开化募三千人成一军，把现在湖南的张运兰一军调来，加上原在江西的李元度一军，勉强可以抵挡一下了。钱只有这么多，只能养这些军队。后来左宗棠募勇的时候，将王开化拉去管营务处，两人成了一军；李元度部又打败仗后裁撤，情况又有变化，这已是后来的事了。至于江北，仍有多隆阿、李续宜、曾国荃三支较强的军队由胡林翼指挥，其中曾国荃一军较弱，但可增募若干以增加围困安庆的力量。

为了长江南北两岸联络、调兵方便，曾国藩让水师统领彭玉麟造大渡船一百只，专派水师一营负责管理，军情紧急时，可以往返运送军队，使南北两岸互相支援，这样就缓解了兵员不足的矛盾。后来安庆之战紧急时，已在南岸的鲍超部就曾奉命北渡增援安庆。

这样，在军事上，实际上核心是安庆。曾国藩在给胡林翼的信中进一步解释说，安庆一军不可撤，安庆一撤，桐城之军便成孤军，势必也要撤，如此不但前功尽弃，一旦太平军来攻，湖北也有危险。还有，曾国藩自己既到皖南，安庆便是皖南皖北联系的枢纽。因此，他计划造足够的运兵船，皖南吃紧，可运皖北的兵来；皖北吃紧，可以运皖南的兵去。因为湘军水师完全控制了芜湖以下长江江面，运兵不会遭到太平军的袭击，这是完全可以做到的。安庆是这计划的中枢，安庆不动，江南江北就可以呼吸相通。

军事战略，如同下围棋，高明的棋手都知道，有时关键的一子落盘，全局胜负都会因此决定，军事战略也是如此，这可能正是许多军事家、战略家喜欢围棋的原因。曾国藩非常喜欢围棋，他深通这个道理。从后来的局势发展看，安庆确实就是这一颗关键的棋子。假如曾国藩还像以前江南大营、江北大营那样乱下棋，恐怕也不免归于失败。

长江下游，处处是河湖，现有的水师已经不够分配了。因此，曾国藩计划再办三支水师。第一支为长江以北的淮、扬水师，这支水师活动于洪泽湖、邵伯湖、高邮湖、宝应湖之间，南联扬州，北通淮河，可以助守扬州，可以保大利所在的苏北盐场。如果苏州、松江长期不能收复，京师粮食供应困难，还可以在里下河产米区购粮运京。第二支为宁国水师，活动于固城、南漪等湖，与长江水师夹攻芜湖。第三支是江苏太湖水师，准备进攻苏州之用。这三支水师，曾国藩计划都要装备西洋新式大炮。这是曾国藩的第四个战略部署。

曾国藩这些策划，都与胡林翼仔细商议过。曾国藩平日生活、做事给人的印象都很刻板，但与胡林翼通信却也常幽默一下。他把战略计划写给胡林翼征求意见时，称这是考科举的头场考卷，让胡林翼改正。说是"如大段不差，即请将细处核改。如大体全错，即请一笔涂抹，全行改正"。接到胡林翼赞成的回信后，曾国藩先将计划的奏折拜发，然后又写信给胡林翼说："头场拙稿，荷蒙佳批，今日即交卷拜折矣。此后有骂我何不早赴苏境者，余即对以场稿经先生批定也。"意思是说，今后如有人指责我不早赴江苏，我便说胡林翼老兄也是这个意见。

军事上的策划既定，1860 年 6 月 3 日，也就是旧历五月十五日，曾国藩从宿松出发赶赴祁门。

但是曾国藩的筹划也有两个问题，第一是他把太平天国估计太高。实际上，此时的太平天国虽然击溃江南大营，东取苏、常，似乎声势浩大，但朝内主持朝政的洪仁玕为将领不服，朝外主将陈玉成、李秀成又都已受洪秀全猜忌，陈玉成、李秀成之间也有矛盾。而自内讧以后，太平天国高级官员和将领们对天父上主皇上帝的那套信仰已经破灭，洪秀全拿不出新东西却又极力加强这已不为人所信的宗教。因此，太平天国的气势比起咸丰六年（1856）破江南、江北大营时是截然不同的。第二是曾国藩没有计算太平天国如果占领上海后果会怎么样，这是他的漏洞。李秀成曾计划东取苏、常之后占上海，然后向外国买新式军舰二十艘，沿江向西进取。假如李秀成真能占领上海，不用买二十艘军舰，只要六七新式军舰便可胜过湘军水师，那整个战局就完全会是另一个样子。当然李秀成不一定真的买得到军舰，因为列强声称中立，不会卖军舰给太平天国。李秀成除非走私，但一般枪炮可以走私，军舰却难。不过，清政府和曾国藩运气好的是，此时洋人在北方与清军开仗，而在上海却帮助清军守城，结果李秀成没能占领上海，买军舰的计划当然也就没有办法实行了。这些都是我们今天的人做事后诸葛亮，就当时的情形看，曾国藩的军事计划是审慎的、适宜的。

二　总督立规矩，政事新气象

曾国藩现在已不只是以前只带兵没有管辖地方权力的空头的"前兵部侍郎"了，他是个地方官，而且是个最重要的

沈葆桢

地方的地方官，因此，他的筹划不能只是军事上的，他要对全局作出安排，并且力图作出个新气象来。

第一件事便是招揽人才。

既然要办大事，一定需要人才。曾国藩夹带里的他认为可以独当一路的人才，除了已在他幕府的李鸿章外，左宗棠自然是一个，他的早年好友刘蓉也是一个。

刘蓉自他的弟弟战死后，轻易不愿出山。李鸿章、左宗棠的独领一军作战容作者后面再说，这里要说的是曾国藩又强拉他看中的沈葆桢出来。沈葆桢字翰宇，号幼丹，福建侯官（今福州）人，他是林则徐的外甥，又是林则徐的女婿。曾国藩领兵入江西后，渐知沈葆桢有才干，加之敬佩林则徐的为人和操守，与沈葆桢也就渐渐亲近起来。沈葆桢治理地方，声誉非常好，1859年时，驻江西广信的沈葆桢受命将赴九江道任，广信百姓希望他继续留在该地，十余次到江西巡抚和曾国藩处具呈挽留，为了挽留沈葆桢，甚至士人罢考，地方罢市，修房者停工。可见沈葆桢受百姓爱戴之深。此时沈葆祯因为双亲年迈而归家养亲，现在曾国藩急需人才，便与江西巡抚毓科会奏请起用沈葆桢。他在奏折中说沈葆桢"器识才略，实堪大用，臣目中罕见其匹"。他又亲笔致信，诚恳地说："屈指海内贤者、朋辈志士，惟阁下高卧林泉，置身事外，因定计坚请台从出山，一奏再奏，以至

三、五奏，数十函请，总以出而握手之日为止。"曾国藩又说，现在太平天国若由浙江经衢州向南蔓延，你在家乡也未必能够独全，早晚你要出来任事，不如现在出山。最后说："伏冀上念国家，下念桑梓，中念友朋，翻然遽起，以慰喁喁之望。"在曾国藩反复努力之下，沈葆桢终于出来任事，当时沈葆桢的官衔是道员，一年以后，便由曾国藩保荐为江西巡抚，后来沈葆桢做到两江总督。这以后，曾国藩幕府中的人才越来越多，政治、军事、财政各方面都有，甚至当时中国最优秀的科技人才徐寿和徐建寅父子、华蘅芳、李善兰都在曾国藩幕府。曾国藩看人才有他的一套办法。当初办湘军时，他就以争取人才为第一要务。现在，经过这么多年的戎马生活，他对这方面的理解和认识又进了一步。他在批冯卓怀的禀文上写道："取人之式，以有操守而无官气，多条理而少大言为要。"这就是他求人才的主要标准。

第二件事是安排财政。

养兵要花钱，而且要花大钱，这道理曾国藩比任何一个人都更有体会。长江三角洲本是中国最富庶的地区，但那里大部被太平军占领，剩下的也在江苏巡抚薛焕的掌握中，包括上海这个十多年来新兴起的财源，曾国藩暂时都控制不了，只能向江西打主意。曾国藩奏请由江西的布政使总办他直接指挥的军队的粮台，也就是由江西布政使当他的湘军的后勤部长。他又把江西的财政收入分成两份，一份是来自旧有的钱漕，归江西巡抚，充做本省绿营及本省各地防兵军饷；一份是牙税和这几年新设的厘金，也就是两种商业税，由曾国藩直接派人征收，专供他所部军队的军饷。为此，他派李鸿章的哥哥，一直负责湘军后路粮台的李瀚章专办江西的牙税和厘金。

第三件是试图改变官场风气。

早在当京官时，曾国藩便对官场的腐败风气极为不满，但那时想改变也是心有余而力不足。现在既然有地方之责，就着手办这件事。军情变幻莫定，全面整顿吏治虽然办不到，但风气须改。曾国藩把这件事情看得很重要，入手办法也是多方面的。咸丰十年（1860）四月二十五日，也就是署理两江总督刚刚一个月，他就专门写下饬令三条给总督衙门的巡捕、门印、签押，这饬令的内容大要如下：

> 凡为将帅者，以不骚扰百姓为第一义。凡为督抚者，以不需索属员为第一义。督抚与属员交涉，以巡捕、门印、签押三处为最。明日起早经过地方，即是与州县交涉之始。兹特严定条约、愿巡捕、门印、签押敬听而牢记之。

> 第一、不准凌辱州县。人无贵贱贤愚，皆宜以礼相待。凡简慢傲惰，人施于己而不能堪者，己施于人，亦不能堪也。往常见督抚过境，其巡捕、门印、签押即委员等，见州县官，皆有倨侮之色、严厉之声，实可痛恨。今当痛改恶习。

> 第二、不许收受银礼。凡收人礼物，其初不过收茶叶、小菜之类，渐而收及鞍马、衣料，渐而收及金银、古玩。其初不过投赠之情，渐而笑索授意，渐而诛求逼勒，贿赂公行，皆始于此。嗣后我巡捕、门印、签押，务各自爱，不准收受丝毫礼物。倘有隐瞒收受者，重则

枷号棍责，轻则递解回籍。

第三、不准荐引私人。凡巡捕、门印、签押，势之所在，人或不敢不从。或其亲族，或其旧识，或荐至营盘，或荐入州县衙门，纵有过失，互相袒护，为患甚大。自此次告诫之后，概不准荐人入将领之营，入州县之署，亦不准各营各署收受。

以上三条，巡捕、门印、签押三处，各写一分，贴于座右。如其自度不能，即趁早告退；若其在此当差，即小心凛遵。

曾国藩手迹

403

曾国藩出任两江总督，湘军将领们自然非常高兴，曾国藩自宿松赴祁门，沿途经过杨载福和彭玉麟水师，事先写信告诫杨载福迎接时不要讲排场："国藩赴水营，请阁下告诫各营，无迎接，无办席，无放大炮。除黄石矶三、五里外，上下游各营，均不必禀见。方今东南糜烂，时局多艰，吾辈当屏去虚文，力求实际。整躬率属，黜浮崇真。"不料各营仍有大搞迎接排场的，曾国藩再度写信给杨载福、彭玉麟："十二复雪弟一缄，十四复厚弟一缄，皆言力戒官样、黜华崇实之事。兹国藩于十六日抵横坝头，各营迎接已极热闹，特此专布，恳两君严戒各营，禁止迎接、排炮、爆竹、吹手、酒席等，千万之恳。"

曾国藩要求属下地方官要勤、俭、廉、爱民。为此他不厌其烦地一再告诫属下地方官。还是前面所说的批冯卓怀的禀文，他又写道：

> 办事之法，以五到为要。五到者，身到、心到、眼到、手到、口到也。身到者，如做吏则亲验命盗案，亲巡乡里。治军则亲巡营垒、亲探贼地是也。心到者，凡事苦心剖析，大条理小条理，始条理终条理，理其绪而分之。又比其类而合之也。眼到者，着意看人，认真看公牍也。手到者，于人之长短，事之关键，随笔写记，以备遗忘也。口到者，使人之事，既有公文，又苦口叮嘱也。

在给其他地方官的批札上，他写道：

> 为政首在爱民。此时安抚灾黎，尤须心诚。

> 勤、廉二字，是居官根本。该署令颇能从此着力，案到即办，是勤于治事也。严禁需索，是廉以持己也。至除暴所以安良，原不可稍存姑息。如医者攻治邪毒，即所以培养元气。但须察得仔细，办得真耳。

> 唯俭可以养廉，唯勤可以生明。此二语是做好官的秘诀，即是做好人的命脉。临别叮嘱之言，千万勿忘。

> 勤、廉二字，系为政之本。平日必须于此二字认真体会，俾案无片纸积留之牍，室无不可告人之钱。自有一种卓然自立之象。望努力图之，并告诸同年，无负我初心也。

> 勤、廉二字，看似平浅。实则获上在此，信友在此，服民亦在此。舍此二字，上司即偶然青盼，亦不能久。欲求寅僚之敬佩，百姓之爱戴，即袭取于偶然，亦

不可得矣。欲讲廉字，须从俭字下工夫。用人宜少，官气宜轻。欲讲勤字，须从清理词讼下工夫。当限定每日讯结几起，作为自己工课。

咸丰十一年（1861）七月二十二日，江苏阳湖士人赵烈文到曾国藩大营，他在日记中写道：

> 闻营弁言营中规矩甚严，黎明即起，每日二操，武弁皆令赤足穿草鞋，营中无一人吸食鸦片者。合营办事及供役，悉用官弁，无私从一人。应酬简易，巡捕官白事，长衫而已。帅（指曾国藩）亦躬尚约素，所衣不过练帛，冠靴敝旧，与士卒卧起同时，不苟安逸。每夜常私出巡行察听，更号有违误者，亦不加严责，好语训诲而已。民间辞讼，虽细必亲，小民直至督辕递呈，无一钱之费，其忠清艰苦，至于如此，可为流涕。

此情此景，让小才子赵烈文十分感动，他在日记中企盼上天器重这样的大臣，停止战乱，则老百姓实受其福。又说像曾公这样的人即使没能成功，其人也可以千古不朽。曾国藩向来优待士子，就便恳请赵烈文入幕，赵烈文先上了一份万言书，然后欣然入曾国藩幕，以后成为替曾国藩起草章奏和机密文件的心腹幕僚。

三　曾国藩大开口，左宗棠出山

当曾国藩率湘军在外征战的时候，左宗棠一直在湖南巡抚幕府。左先是在张亮基幕府，后来张亮基调到他省，骆秉章任湖南巡抚，听说左宗棠的才干，又设法请左宗棠入幕。左宗棠与曾国藩、胡林翼不同，他身体强健，精力过人，远过曾、胡；但性情豪放、锋芒外露、恃才傲物，也与较为谦逊的曾、胡二人不同。进入骆秉章幕府一年以后，湖南的大事小事他就几乎都包揽了。巡抚骆秉章绝非草包，但他的才干比起左宗棠来确实差了一些，他又十分信任左宗棠，所以便放手让左宗棠做去，这也算是知人善任吧。薛福成在他的《庸庵笔记》里生动地记述道：

> 骆公每公暇适幕府，左公与幕宾二三人，慷慨论事，证据古今，谈辨风生，骆公不置可否，静听而已。世传骆公一日闻辕门举炮，顾问何事。左右对曰："左师爷发军报折也。"骆公颔之。徐曰："盍取折稿来一阅？"此虽或告者之过，然其专任左公可知。惟时楚人皆戏称左公曰左副都御史，盖以骆公官衔不过右副都御史，而左公权尚过之也。

正因为如此，左宗棠便也一心一意帮骆秉章做事。在他佐骆幕的六年间，整饬吏治，整顿税收，把大乱之后的湖南治理得井井有条，与胡林翼治下的湖北一样，成为湘军的可靠后方基地。这些年里，湖南不但支持湘军出兵江西、湖北、安徽与太平军作战，还派兵援贵州、援广西，这里面都有左宗棠的出色筹划。由于左宗棠的干练和成绩，再加上他的朋友们为之鼓吹，左宗棠的名字也就渐渐为朝廷所知。

早在咸丰四年（1854），湘军与太平军战岳州获胜，曾

国藩便曾保举过左宗棠，他给左宗棠的评语如下：

> 即选同知直隶州左宗棠。该员才略冠时，在（湖）南抚臣幕中，自湖南用兵以来，出虑发谋，皆其赞画。现又经营船炮，接济大军，应请以知府归部尽先选用。

咸丰五年（1855），有御史宗稷辰路过湖南，宗稷辰与左宗棠并不相识，但听说了一些左的情况，便

左宗棠书法手迹

在向咸丰帝推荐人才时，将左宗棠名列榜首，说左宗棠任职轻微但功劳甚大，甚至说如果让其独当一面，其才干和成就当不在胡林翼之下。

咸丰九年（1859）初，咸丰帝召见郭嵩焘。郭嵩焘与左宗棠是湘阴同乡，咸丰帝想起左宗棠来，于是便有了如下的一段对话：

> （咸丰帝）问曰："汝可识左宗棠?"曰："自小相识。"上曰："自然有书信来往?"曰："有信来往。"曰："汝寄左宗棠书可以吾意谕知，当出为我办事。左宗棠所以不肯出，系何原故? 想系功名心淡。"曰："左宗棠亦自度赋性刚直，不能与世合。在湖南办事，与抚臣骆秉章性情契合，彼此亦不肯相离。"上曰："左宗棠才干怎样?"曰："左宗棠才极大，料事明白，无不了之事，

人品尤极端正。"曰："左宗棠多少岁?"曰："四十七岁。"上曰："再过两年五十岁,精力衰矣。趁此年力尚强,可以一出任事也。莫自己糟蹋,须得劝一劝他。"曰："臣也曾劝过。他只因性刚不能随同,故不敢出。数年来却日日在省办事,现在湖南四路征剿,贵州、广西筹兵筹饷,多系左宗棠之力。"上曰："闻渠意想会试。"曰："有此语。"曰："左宗棠何必以进士为荣!文章报国与建功立业所得孰多?他有如许才,也须一出办事方好。"曰："左宗棠为人是豪杰,每言及天下事,感激奋发。皇上天恩如能用他,他亦万无不出之理。"

但是,左宗棠自视才高,性情豪放而又孤高自傲,自也得罪了不少人。郭嵩焘刚把咸丰帝的旨意传达给左宗棠不久,左宗棠就出事了。

事情出在湖南永州镇总兵樊燮和湖广总督官文上。咸丰八年底(1858年底1859年初),湖广总督官文奏请将永州镇总兵樊燮升任湖南提督,但事先并未征求骆秉章的意见。而樊燮既是腐朽的绿营将领,又劣迹昭彰,于是骆秉章将樊燮奏劾罢官。这背后很可能有左宗棠不愿任用绿营将领的成分。而在这之前,左宗棠曾因几件事与官文发生过非正式的冲突,因此官文对左宗棠早就不满。樊燮被罢官,心中不服,便向湖广总督官文控告左宗棠为劣幕,说他把持湖南政事。

樊燮为什么专告左宗棠?罗正钧所编《左宗棠年谱》对此是"王顾左右而言他",只引用骆秉章的自订年谱,说樊燮控告永州知府黄文琛与左宗棠一起陷害他。而其他的记载,则绘声绘色,有的说樊燮听说骆秉章弹劾他,便带着礼物到左宗棠那里走后门，谁知被左宗棠轰了出去。有的说左宗棠架子特别大，樊燮拜左宗棠时没有行请安之礼，左宗棠不满，便说你既求我，又不请安，何必来见。这樊燮既是实职的总兵，按今天官职也是个师长之类，如何对一个空头的四品京堂的举人行大礼，两人言语不合，樊燮被左骂了出去。也有人说，一天樊燮拜见骆秉章，与左宗棠一同谈话，议论不合，左宗棠突然打了樊燮一个巴掌，樊燮不能忍受，于是有控告左宗棠之举。可见这桩案子，樊燮一方虽有问题，恐怕与左宗棠特别自大也有一定关系。

在官文的怂恿下，樊燮又到都察院控左宗棠诬陷他。官文这边又上奏为樊燮说话，湖南布政使文格不满左宗棠，也从中兴风作浪。咸丰帝虽然曾对左宗棠有好感，但官文的话他自然更为相信。于是咸丰帝命官文与湖北正考官钱青查办。谕旨中说"属员怂恿，劣幕要挟"，甚至有"如左宗棠果有不法情事，可即就地正法"字样。

胡林翼、曾国藩和任京官的郭嵩焘得知此事，非常着急。尤其胡林翼，胡林翼是陶澍的女婿，左宗棠是陶澍的亲家，因此他们既是朋友，又是亲属。樊燮控案事发后，各方便不约而同地为左宗棠奔走。

要为左宗棠开脱，首先要湖广总督官文不再追究，这个工作由胡林翼做。胡林翼给官文的信中，先对官文烧一炷高香："涤帅所谓宰相之度量，亦深服中堂之德大，冠绝中外百僚也。"然后乞求官文对左宗棠格外开恩："左生实系林翼私亲，自幼相处。其近年脾气不好……如此案有牵连左生之处，敬求中堂老兄格外垂念，免提左生之名。此系林翼一人私情，并无道理可说。惟有烧香拜佛，一意诚求，必望老兄俯允而已。"由于胡林翼的面子，再加上官文要保全湖北不受太平军的攻击，只能依靠湘军，因此，虽然官文对左宗棠不满，但也不好再予追究。官文这一关就算过了。

在北京做工作的是郭嵩焘和王闿运。当时湘潭王闿运正在肃顺家教书，肃顺是咸丰皇帝非常信任的权臣。郭嵩焘听到樊燮控案消息，便求王闿运向肃顺求情。肃顺表示，需要内外臣工有疏奏保荐，他才能在咸丰帝面前为左宗棠说话。恰好郭嵩焘与侍读学士潘祖荫同值南书房，郭便求潘上奏，郭对潘说："左君去，湖南无与支持，必至倾覆，东南大局不复可问。"于是潘祖荫上奏说：

> 楚南一军立功本省，援应江西、湖北、广西、贵州，所向克捷，由骆秉章调度有方，实由左宗棠运筹决胜，此天下所共见。而久在我圣明洞鉴中也。上年逆首石达开回窜湖南，号称数十万。以本省之饷用本省之兵，不数月肃清四境。其时贼纵横数千里，皆在宗棠规画之中。设使易地而观，有溃裂不可收拾者。是国家不可一日无湖南，而湖南不可一日无宗棠也……宗棠一在籍举人，去留无足轻重。而楚南事势关系尤大，不得不为国家惜此人才。

有人说这封奏折本就是郭嵩焘起草的，所以才有"国家不可一日无湖南，而湖南不可一日无宗棠"这样精彩的语言。咸丰帝见了潘祖荫的奏折，尤其是奏折中的"国家不可一日无湖南，而湖南不可一日无宗棠"一句话，简直是画龙点睛，说出了左宗棠对于湘军的重要，胡林翼、骆秉章也上奏为左宗棠说话，肃顺便乘机进言，左宗棠的一场大祸才算消解。不但消解了大祸，咸丰帝还就此让左宗棠出来做事，左宗棠真是因祸得福。

当樊燮控案发生时，左宗棠便离开了骆秉章幕，携女婿陶桃准备赴京参加会试。但是当时北京正等他自投罗网。胡林翼听说左宗棠要去北京，急忙写信劝其勿入京。左宗棠走到襄阳，接到胡林翼的信，便改道向东，到胡林翼和曾国藩的军营。

曾国藩早知左宗棠有大才，所以，自从训练湘军出征以来，一直把左宗棠视为湘系集团的重要人物，要事常找左宗棠商议，而左宗棠也为湘军尽心尽力。因此，左宗棠虽不任官，已隐然是仅次于曾、胡的湘系集团的第三号人物。

太湖之战结束后，如何继续进兵安徽，曾国藩和胡林翼还没有拿定主意，他们虽初议以三路进兵，多隆阿攻桐城，曾国藩攻安庆，李续宜驻青草塥为游击之师即总预备队。虽然左宗棠还没有带过兵打过仗，但曾国藩却在咸丰十年（1860年）三月给胡林翼的信中说："季公即日至英山，请其一决。"季即季高，左宗棠字，这么大的事请左宗棠帮助决断，可见曾国藩对左宗棠的重视，而且这是左宗棠最倒霉的时候。

左宗棠先到胡林翼处，性情孤高气傲的左宗棠，因为一再受折辱，便提出希望领一营人马与太平军作战，打算战死沙场，了却此生。在曾国藩的心目中，左宗棠是大才，现在虽没有什么官职，但他的才干不下于胡林翼，如果带兵打仗，恐怕比自己还要强一些。让他只领一营军队五百人作战，岂不是笑话。如若有个闪失，那不是浪费了这么好的人才。而且，看现在的形势，左宗棠还是忍隐待机为好。因此，曾国藩一再表示，左宗棠此举是画蛇添足，以左宗棠的才干，就是把自己所部一万人全交左宗棠率领，也是画蛇添足。左宗棠应该待时而动，将来可以独自负责一面。胡林翼也说"愿其归隐，以待明诏之后起"。

咸丰十年（1860）闰三月二十六日，左宗棠来到曾国藩大营，他在这里得到了最高的礼遇，曾国藩几乎每天都和左宗棠长谈。左宗棠在曾国藩大营住了足足二十多天，直到四月十八日，因为左宗棠儿子生病，他才离开曾国藩军营回湘。

左宗棠的机会不久就来了，连曾国藩、胡林翼也没有想到会这么快。机会的到来当然是由于朋友们的帮忙。

当左宗棠还在曾国藩大营的时候，恰好曾国藩接到上谕，其中说："左宗棠熟悉湖南形势，战胜攻取，调度有方。目下贼氛甚炽，两湖亦所必欲甘心，应否令左宗棠仍在湖南本地襄办团练等事，抑或调赴该侍郎军营，俾得尽其所长，以收得人之效，并着曾国藩酌量办理。"四月十三日，曾国藩趁势奏道："查左宗棠刚明耐苦，晓畅兵机。当此需才孔亟之际，或饬令办理湖南团防，或简用藩臬等官，予以地方，俾得安心任事，必能感激图报，有裨时局。"藩又称藩司，即布政使，为从二品；臬又称臬司，即按察使，为正三品。如果按今天的官职比，基本是副省长级。而那时省级的长官，除总督或巡抚外，只有布政使、按察使、提督三个相当于今天的副省级官员。左宗棠从未任过实职，在某些人眼里，一个未任实职的举人，不过是个布衣而已，曾国藩一开口便请求任左宗棠这么大的官，在有些人看来，简直是不可思议，由此也可见其对左宗棠的重视和提拔之心。当时胡林翼、左宗棠都在曾国藩营中，这封奏折可能是三人商议作出的。咸丰帝接到曾国藩奏折后马上下令："左宗棠着以四品京堂候补，随同曾国藩襄办军务。"咸丰帝这道上谕，是在命曾国藩署两江总督的第二天也就是四月二十日发出的。曾国藩正在用人之际，接到上谕便函请左宗棠招募五千湘勇。左宗棠将王鑫旧部一千四百人接收过来，又募四营，另加四个总哨、八队亲兵，共五千余人，命王鑫原部将王开化总理营务，刘典、杨昌浚协助，在长沙城南的金盆岭训练。这时，四川两个造反的首领李永和、蓝大顺闹得正欢，在广西的石达开也有入蜀的迹象，胡林翼想让左宗棠到四川督办军务，以保住湖北的后院。曾国藩分析："季公之才，必须独步一方，始展垂天之翼。"也就是必须独当一面才能发挥他的才能。入蜀能够较快平定四川，对国家有利；保住湖北的后院，对湖北也有利；入蜀是"督办"，独当一面，强过到自己这边来做个"襄办"，而且将来说不定能当上四川总督，对左宗棠个人也有利。只是自己这边却少了个有力的帮手。到底去哪里，他请左宗棠自己决断。左宗棠表示，资望尚浅，事权不属，若贸然去四川，是为不智。愿意随曾国藩平吴。于是曾国藩和胡林翼上奏，请命左宗棠仍督勇来皖协助曾国藩。

八月，左宗棠将所招军队大致训练成熟，开赴江西前线。从此他成了湘军中得力的一支。

左宗棠出山了。他因祸得福。此后只有一年，左宗棠便当上了浙江巡抚。再过两年，也就是同治二年（1863），又当上闽浙总督，成为与曾国藩、胡林翼、李鸿章并称的"中兴名臣"。

四　身困祁门，进退维谷

咸丰十年（1860）五月十日，曾国藩率军抵达安徽南部的祁门。

皖南虽到处是山，军事上却非常重要。这里不仅是太平天国屏蔽天京的战略要地，而且太平军要进军江西、进军浙江，都要经过皖南；曾国藩如果要援救江苏、援救浙江，也必须经过皖南；要挡住太平军进入江西，也须守在皖南。曾国藩到皖南后，太平军为解救安庆的第二次西征也将要开始，于是，皖南的战斗一下子激烈起来。原来在皖南尚有个督办军务大臣张芾，曾国藩到皖南不久，清廷命张芾进京，把皖南的战事全交给曾国藩指挥。

这时候，皖南的形势极为严峻，东面的重镇宁国已经被太平军围困，守将周天受天天请求救援。曾国藩给曾国潢的信说，皖南四府一州，现在只有徽州一府无恙，此外到处都是太平天国的军队。鲍超的霆字营虽于六月中旬（8月初）到齐，但鲍超还没有来，没有统将，不能作战。这也暴露了湘军编制上的弱点。湘军的基本单位是营，每营大约五百人，营之上是统领。每个统领，视其能力的大小带多少营，少的只有两营，多的可达十多营甚至数十营，统领直接指挥各营。统领之上是曾国藩、胡林翼这样的总指挥。后来兴起的新军不是这样，新军营之上有团（清末称作"标"），团之上有旅（清末称作"协"），旅之上有师（清末称作"镇"）。师长指挥旅长，旅长指挥团长，团长指挥营长。如果师长出了问题，还有副师长、参谋长。湘军一旦统领出了问题，如死或伤不能指挥，他属下的各营几乎就指挥不灵，有时简直是一盘散沙。湘军采取的办法是一旦统领出了问题，他属下的各营往往被遣散。所以湘军的体制虽然比绿营得力，但它仍不是真正的近代军队也就是工业革命以后的军队。这种弱点，在以后的甲午战争中全部暴露出来。

直到七月二十四日，张运兰方率部抵达祁门，张部有些留在湖南郴州驻守，这时他只带来三千人。曾国藩命张运兰向东援宁国，但中间旌德有太平军阻隔，须冲破此关才能到宁国。鲍超还是没有到，曾国藩只好命鲍超部下宋国永暂时统带鲍超的霆字营，在张运兰的北翼经太平向泾县进攻，与张运兰军互相呼应。但是这时太平军也增强了兵力，除了原在皖南的杨辅清、刘官芳等部外，李秀成的堂弟李世贤也从浙江赶来。张运兰和鲍超两部均被阻隔在宁国外围。曾国藩听说是陈玉成亲来，又因为鲍超没有到，主张稳扎稳打，过于持重，实际上陈玉成并没有来皖南，来的是李世贤。由于湘军没有猛进，失去了救援宁国的机会。宁国被围已七十天，粮食已尽，援兵不到。八月十二日，天降大雨，宁国清军火药不能点燃，太平军趁机进攻，清军各营溃散。统将周天受战死，宁国被太平军占领。

宁国失守，曾国藩重新调整部署，采取守势。张运兰部驻防旌德；鲍超于八月二十日到祁门，即命守太平；七月中旬，曾国藩曾奏请以李元度为皖南道，此时命李元度率新募之平江勇三千进驻徽州。同时，曾国藩又请已授四川总督的骆秉章暂缓入川，以便让左宗棠早日投入皖南战场。

就在此时，浙江战场上，嘉兴被太平军攻占，杭州危急，清廷一会儿命曾国藩东援，一会儿又命左宗棠赴浙江增援。而在北方，英法联军于七月八日占领天津，稍后又向北京方向进攻。此时的清政府，可说是真正的内外交困。然而在这样艰难的时候，曾国藩反倒镇定下来，决心靠他和胡林翼这样的英雄来拯救天下。八月七日，他写信给胡林翼说：

> 天津之事，决裂至此，惊心动魄，可为痛哭。侍昨寄希庵（李续宜）信云："方今天下大乱，人人怀苟且之心，出范围之外，无过而问焉者。吾辈当自立准绳，自为守之，并约同志者共守之。无使吾心之贼，破吾心之墙子"云云。此后侍与老前辈（对胡林翼的尊称）当谨守准绳，互相规劝，不可互相奖饰，互相包荒。

决心虽下，但仗还是要一场一场地打，而且曾国藩在皖南的处境也越来越艰难。

李元度带领的平江勇是新成立的未经战阵的军队，因此，曾国藩曾反复嘱咐李坚守勿轻出战，说是"阁下新集之军，宜合不宜分。宜在徽郡坚筑营垒，或守城垛，以'立于不败'四字为主。阁下与凯章（张运兰）稳住五日，则人心固矣"。对张运兰等部，也是如此指示。曾国藩嫌徽州兵单，又命礼字营两千人增援徽州，并再次坚嘱李元度不可轻易出战。不料李元度过分轻敌，不听曾国藩指示，日日出城向太平军挑战。甚至让日行军一百二十里刚到的礼字营出队四十里找太平军交战。八月二十一、二十二、二十三日，李元度连续向太平军挑战，太平军避不与战。到二十四日，太平军李世贤部大举进攻，李元度中埋伏大败而回。太平军乘胜攻城，李元度只守了一天，徽州便于二十五日失守。曾国藩不得已，让鲍超回驻渔亭、张运兰回驻黟县。在左宗棠没有来到之前，兵力不够，他只好函请李续宜带二、三营来帮忙，李续宜接信立即带四营前来，曾国藩方稳住阵脚。

让曾国藩更没有料到的是，李元度失守徽州后，竟没有收集败兵，回祁门大营待命，而是在浙、赣交界处徘徊，这在湘军将领中是绝无仅有的事。李元度学问精深，在幕府也是个难得的高参，但是直接带兵却非其所长。曾国藩初时尚为李元度惋惜，到得知李元度确实没有阵亡，便一面后悔用非所长，一面裁撤李元度的平江勇，一面准备弹劾李元度。他九月十一日给曾国荃和曾贞干的信中说："次青走出皖南境外，至浙江衢州、江西广信等处，至今尚未回老营，尤可骇异。"打败仗又不告而别，的确该遭弹劾，如果此风蔓延，以后湘军如何打仗？然而，弹劾李元度的举动却遭到了几乎所有幕僚的反对，尤其是李鸿章。

李鸿章反对弹劾李元度是有来由的。当曾国藩初创湘军时，李元度就入幕府，以后曾国藩客军江西，连吃败仗，困苦艰难，朝廷不信任，地方官给白眼，在这种情形下，很多幕僚都走了，但是李元度没有走。他和曾国藩，完全说得上是患难之交。曾国藩闻父丧欲回湘乡时，念念不忘的就是李元度。在给李元度的信中写道："年来相从最久，惟阁下尝尽千辛万苦，不堪回首——细思也。"另一封信又写道："国藩因大故而去营，惟于足下处深自负疚，刻刻不忘，务祈善自保重！"在他决定在家守孝，也就是撂挑子不干时，他又写信给李元度，信中说了让他终生刻骨铭心的"六不忘"，这六不忘，三个指彭玉麟，三个指李元度。参见前文，不赘。

正因为如此，李鸿章和他的老师发生了激烈的争执。在曾国藩来说，弹劾李元度是整肃军纪，即《三国演义》中孔明挥泪斩马谡之意。当年湘军刚出战时，连他的亲弟弟曾国葆都遣散回家，因为不如此不能保证军队的战斗力，现在对李元度也是如此。依照曾国藩的性情，现在弹劾了，将来还可以再用。李鸿章带全体幕僚往争，并说："果必奏劾，门生不敢拟稿。"曾国藩说："我自拟稿。"李鸿章仍不退让，说："若此则门生亦将告辞，不能侍留矣。"曾国藩更加生气，脱口说出："听君自便。"就这样，李鸿章离开了曾国藩幕府。曾国藩在咸丰十年（1860 年）八月二十八日的日记中写道："日内因徽州之败，深恶次青，而又见同人多不明大义，不达事理，抑郁不平，遂不能作一事。"曾国藩在气愤中，甚至对李鸿章得出"此君难与共患难耳"的评价。对这段旧事，稍后的人有指责曾国藩的，也有指责李鸿章不识大体的。其实两人都有负气的成分。曾国藩弹劾李元度的奏折终于出奏了，建议给李元度的处分是"革职拿问"。而将败不归队，不顾主将的亲兵营营官孔旭日、余大胜立即正法。

不料事情并没有到此结束，在这以前，李元度就和浙江巡抚王有龄有联系，被曾国藩弹劾后，他想改换门庭，经王有龄奏请，赏给按察使衔，回湖南募勇，取名"安越军"。这使曾国藩更加恼怒，因为王有龄本是何桂清系的人，可以说是曾国藩的政敌之一，于是曾国藩再次奏劾，将李元度革职，交左宗棠差遣。曾国藩对湘军系统的人不经主将允许，擅自投入别系控制很严。咸丰十一年末（1861年底1862年初），鲍超部将陈由立不经鲍超允许，私自投靠河南巡抚郑元善，曾国藩以将领违抗军令，立即奏参，将其革职。在曾国藩看来，如果湘军将领任意投靠别人，不服军令，湘军将不成其军。曾国藩对李元度做得太绝，后来他也有些后悔。在奏参陈由立的奏折的附片中，将李元度事与陈并列，后来曾国藩在奏折后批："此片不应说及李元度，尤不应以李与郑（曾国藩奏参的另一军官）并论。李为余患难之交，虽治军无效，而不失为贤者。此吾之大错。后人见者不可抄，尤不可刻，无重吾过。"果然后来李瀚章等编辑《曾文正公全集》时，就没有收入涉及李元度的这件附片。湘军攻占金陵以后，曾国藩又上折密荐："李元度从臣最久，艰险备尝，远近皆知……李元度下笔千言，条理周密。本有兼人之才，外而司道，内而清要各职，均可胜任。"曾国藩还说，李元度只是"战阵非其所长"，自己用违其材，过在自己，请朝廷量予录用。再加上其他朋友的举荐，李元度终于起用，在曾国藩活着的时候做到了云南按察使。李元度撰成巨著《国朝先正事略》，曾国藩为之作序。

曾国藩死后，李元度作长诗悼之，其中有一段这样说："记入元戎幕，吴西又皖东。追随忧患日，生死笑谈中。末路时多故，前期我负公。雷震与雨露，一例是春风。"这段诗道出了李元度与曾国藩生死相随的往事，而一句"雷震与雨露，一例是春风"，也说明李元度对曾国藩的处分表示谅解。再往后，李元度又与曾纪泽结成了儿女亲家。当然，这都是后话了。

曾纪泽

正当曾国藩在皖南极力抵御太平军，并试图收复休宁时，太平天国李秀成部也于十月进入皖南。十月十九日，李秀成军破羊栈岭，随即占领黟县，距离祁门只有几十里。曾国藩打定主意，如李秀成来攻，则坚守待援，决不逃跑。但李秀成部的战斗力似乎不强，鲍超、张运兰合军与李秀成交战一次，李秀成损失四千多人，而李秀成的目的又是江西，遂绕道向南。这时候，太平军在皖南赣北有李秀成、李世贤、杨辅清、黄文金、刘官芳多路大军，曾国藩兵力不足，被挤压在祁门、黟县、休宁一带，东西南北都是太平军。而且曾国藩也没有挡住太平军向西进军，李秀成、李世贤、黄文金纷纷绕过祁门一带闯入江西。咸丰十年十二月四日（1861年1月14日），曾国藩在给家乡的老弟曾国潢的信中描述当时的情形："自十一月来，奇险万状，风波迭起，文报不通者五日，饷道不通者二十余日。"

左宗棠军虽已到江西，为保祁门粮道，同时也是抵御进入江西的太平军，曾国藩让他驻守景德镇、乐平一带，又命鲍超率部回援景德镇。左宗棠的日子也同样不好过，周围太平军兵力常常十倍于他，甚至不止十倍。咸丰十一年（1861）二月三十日，李世贤十万大军攻占景德镇。

景德镇是此时祁门唯一的对外联系通道，景德镇的失守，导致祁门、黟县、休宁驻军米粮接济全断。因此，曾国藩图谋攻下徽州，他认为："若能打开徽州，尚可通浙江米粮之路；若不能打开徽州，则四面围困，军心必涣，殊恐难支。"但是鲍超已赴援景德镇，曾国藩身边并无得力战将，只好亲自出马

曾国藩三子曾纪鸿，清著名数学家

指挥。三月五日起，曾国藩指挥留守老营的湘军进攻徽州，但是攻了几次都没有得手。三月十二日，反被太平军趁夜劫营，湘军二十二营中有八营在夜战中吃了败仗，虽然伤亡并不多，但是曾国藩已彻底失去了再次进攻的信心。他命军队退守休宁，只盼左宗棠和鲍超能够收回景德镇，或北岸湘军攻占安庆。这时候，曾国藩的心情也坏到了极点，他三月十四日写给曾国荃和曾贞干的信说："自去冬以来，实无生人之趣。季弟劝我之言，外人亦有言之者，而不知局中度日之难

也。看书久荒，下棋则毫无间断，甚至一日八九局之多。"他甚至写好了遗嘱给儿子曾纪泽和曾纪鸿，在遗嘱中，把他自己的优点缺点作了一番剖析，又对儿子嘱咐了一番，从这篇遗嘱中，我们颇能看到曾国藩的为人和他的思想，文笔也不错。因此，著者把这封遗嘱照录出来，请读者一同欣赏：

余自从军以来，即怀见危授命之志。丁、戊年（1857为农历丁巳年，1858为戊午年，即咸丰七年、八年——著者）在家抱病，常恐溘逝牖下，渝我初志，失信于世。起复再出，意尤坚定。此次若遂不测，毫无牵恋。自念贫窭无知，官至一品，寿逾五十，薄有浮名，兼秉兵权，忝窃万分，夫复何憾！惟古文与诗，二者用力颇深，探索颇苦，而未能介然用之，独辟康庄。古文尤确有依据，若遽先朝露，则寸心所得，遂成广陵之散。作字用功最浅，而近年亦略有入处。三者无一所成，不无耿耿。至行军本非余所长，兵贵奇而余太平，兵贵诈而余太直，岂能办此滔天之贼？即前此屡有克捷，已为侥幸，出于非望矣。尔等长大之后，切不可涉历兵间，此事难于见功，易于造孽，尤易于诒万世口实。余久处行间，日日如坐针毡，所差不负吾心，不负所学者，未尝须臾忘爱民之意耳。近来阅历愈多，深谙督师之苦。尔曹惟当一意读书，不可从军，亦不必作官。

吾教子弟不离八本、三致祥。八者曰：读古书以训诂为本，作诗文以声调为本，养亲以得欢心为本，养生以少恼怒为本，立身以不妄语为本，治家以不晏起为本，居官以不要钱为本，行军以不扰民为本。三者曰：

孝致祥，勤致祥，恕致祥。吾父竹亭公之教人，则专重孝字。吾祖星冈公之教人，则有八字，三不信。八者曰：考、宝、早、扫、书、蔬、鱼、猪。三者，曰僧巫，曰地仙，曰医药，皆不信也。处兹乱世，银钱愈少，则愈可免祸；用度愈省，则愈可养福。尔兄弟奉母，除劳字俭字之外，别无安身之法。吾当军事极危，辄将此二字叮嘱一遍，此外亦别无遗训之语，尔可告诸叔及尔母无忘。

我们读古书，常常看到书中说某位名将当紧急危难时刻，从容镇定，谈笑自若，其实推断他们的内心，可能并非如此。名将也是人，不是神，是人就都会有恐惧、担心、焦急、不安、惊惶等心理出现，只不过有的人掩饰得好，有的人不会掩饰而已。我们看到的曾国藩就是这样，上面说的几种心态，他在祁门期间几乎都有了。当然，人与人也不会一样，有的军人贪生怕死，结果可能成为千古笑柄；有的军人为了一种信念，虽知危险在前，但也赴汤蹈火，在所不辞。曾国藩是个理学先生，理学教导人做人，虽然常常迂腐可悲，但是又特别强调气节，所谓"临难决不苟免"、"视死如归"就是，也许他的信念未必正确，但其人只要认定，便会一去不回头。当然，这也是本书开头所说的湖南人的性格。曾国藩正是如此，虽然他也怕，也急，也焦虑不安，但决不会临阵脱逃。这便是他与那些绿营常败将军最大的不同之处。

曾国藩的运气总算不错，攻徽州虽然不成，但徽州太平军也没有进攻他的临时驻地休宁。过了几天，就从左宗棠那里传来了好消息。原来景德镇是太平军趁左宗棠不在之时攻破，左宗棠回救不及，且为太平军所败，遂退到乐平休整。太平天国侍王李世贤以为左宗棠此番挫败，已无力再战，便分派一部分军队往攻曾国藩的驻地祁门，留主力与左宗棠作战。三月六日，太平军进攻乐平，左宗棠分兵三路反击，太平军大败。三月八日、十日再战，左军又胜。李世贤见状，将赴攻祁门的军队全部调回抵敌左宗棠。十三日，李世贤督大军再次进攻乐平。十四日，当双方打得难解难分之际，左宗棠突然挥军反攻，太平军措手不及，被左军再次大败，死四五千人。经过这几次战斗，李世贤损失近二万人，已无力在江西立足，遂放弃景德镇，转赴浙江另图发展。由于左宗棠的胜利，祁门大营也转危为安。此时左宗棠已是三品京堂，因为此次胜利，曾国藩随后奏请将左宗棠的"襄办军务"升格为"帮办军务"。

祁门的危险解除，离开祁门的事该提上日程了。自从曾国藩进驻祁门，他的幕僚高参们就有不同意见，尤其是李鸿章。李鸿章认为，"祁门地形如在釜底，殆兵家之所谓绝地，不如及早移军，庶几进退裕如"。李鸿章之所以离开祁门，除了李元度事件外，与曾国藩是否驻扎祁门的争执也是一个原因。

其实，曾国藩不是不了解驻在祁门的危险，他不是一个特别蛮干的人，尤其是咸丰八年（1858）再次出山以后，无论在哪方面，他都柔和多了，也可以说是圆滑多了。但是，驻祁门的政治意义大于军事意义，这是其他不在其位的人所难以理解的。他的职位是两江总督，太平天国没有定都天京之前，两江总督一直驻扎南京，太平天国占领南京以后，两江总督多驻常州，一方面利用江南财赋支持江南大营，同时也把这个粮仓的粮食源源不断地送往北京的朝廷。现在，江南已成了太平天国的苏福省，朝廷三令五申让他带兵到江南，苏州、常州的绅士和地方官员也早盼他到那里。从战略考虑，他不能去，但也需要作出一个姿态，那就是进兵江南的架势，让江南方面有一个盼头，在政治上减轻压力。所以后来曾国藩虽然不得已离开了祁门，但还是不肯放弃皖南与江西邻界的祁门、休宁、黟县。他向曾国荃解释说："兄之不肯弃休、祁、黟三县者，盖兄为江督，又握江南钦篆，不能绕道以履苏境，已久为苏所唾骂。奏明从皖南进兵入苏，又奏参张筱浦（即张芾），接办皖南军务，不能保徽、宁二府，又并此三县而弃之，不又为皖南所唾骂乎？其次则危困之际，黟、祁曾捐银数万。又其次撤三县之兵，仍须以重兵防饶（州）、景（德镇）。"然而另一方面，把全军统帅部放在一个不安全的地方，从军事的角度考虑，确实是不明智的。因为一旦统帅部被围，其他湘军势必拼死增援，整个战场将变成死棋。如果曾国藩有失，江南战场的后果也很难设想。

到三月中旬，曾国荃也力劝曾国藩离开祁门，一封信长达数千言。曾国藩读了很感动，他在回信中说："弟当援贼围逼，后濠十分紧急之时，不顾自己之艰危，专谋阿兄之安全，殷殷至数千言。昔人云：'读《出师表》而不动心者，其人必不忠；读《陈情表》而不动心者，其人必不孝。'吾谓读弟此信而不动心者，其人必不友。"

曾国藩终于离开了祁门。他有什么感触呢？王定安在撰写《湘军记》时说："余尝闻曾公言：'吾初起兵，遇攻危，则有死心。自吾去祁门，而后乃知徒死无益，而苟生之可以图后功也。'"不只如此，经过多次指挥战斗的实践，曾国藩终于明白了他的短处，他只能离开战场遥为调度，而不能直接带兵打仗。换句话说，他只能当统帅，不能做战将。前面所引的遗嘱，曾国藩已说了这一点。这方面，他就不如左宗棠，左宗棠是这样一个人，你给他五千人，他可以带这五千人打仗；你给他十万人，他照样可以指挥这十万人打仗。就是说，左宗棠既可以为将，也可以为帅，但曾国藩不行。就拿皖南赣北的战斗来说，左宗棠统领不到一万人，曾国藩直接指挥祁门一带也大约一万人，但曾国藩的战绩却远不如左宗棠。所以稍后安庆大战展开时，曾国荃曾希望曾国藩就近坐镇指挥，曾国藩回信说："历年以来，凡围攻最紧要之处，余亲身到场，每至挫失，屡试屡验。余偏不信，三月攻徽，又试往一行，果又验矣。此次余决不至安庆，盖职是故。"始终不肯到安庆前线。

咸丰十一年（1861 年）四月一日，曾国藩抵达长江边的东流，在这里，有水师的照应，即使有太平军来攻，曾国藩的安全也没有问题了。这时候，长江南岸安徽、江西战场已较稳定，只有李秀成军奔江西南部然后向西北方向进军，威胁南昌。而北岸安庆的大战已经展开，陈玉成挥军救援安庆，曾国藩趁江南有了喘息的时间，命鲍超率部增援安庆。

六月六日，李鸿章也回到曾国藩大营。李鸿章离开曾国藩军营后，胡林翼劝他："君必贵，然愿勿离涤生，君非涤生曷以进身。"郭嵩焘也写信给李鸿章，"力言此时崛起草茅，必有因依，试念今日之天下，舍曾公谁可因依者？即有拂意，终须赖之以立功名，仍劝令投曾公"。胡林翼同时又向曾国藩进言，说是李鸿章之才可用。所以，李鸿章虽离曾国藩军营，但并未与曾国藩中断联系，反倒请胡林翼劝曾国藩尽早离祁门。不久便受曾国藩委派协助清军守南昌。曾国藩到东流后，幕府缺少人手，特别是起草奏章没有得力的人，便主动写信给李鸿章："阁下久不来营，颇不可解。以公事论，业与淮扬水师各营官有堂属之名，岂能无故弃去？以私情论，去年出幕时，并无不来之约。鄙人遍身热毒，内外交病，诸事废阁，不奏事者五十余日矣。如无穆生醴酒之嫌，则请台旆速来相助为理。"李鸿章来后，曾国藩待之如初，军国大事，均与其筹商。曾国藩给曾国荃的信毫不掩饰因李鸿章来营的兴奋，说是"公事虽尚废搁，以后奏牍可勤发矣"。

五　应否"勤王"，左右为难

在祁门期间，不仅战事不利，令曾国藩狼狈不堪；处分李元度事，让曾国藩心情极为抑郁。还有一件大事，也叫他左右为难，大伤脑筋。这就是是否北援和怎样北援的问题。

当曾国藩进驻祁门的时候，英法联军侵略中国的第二次鸦片战争正在进行。这次战争是 1856 年底开始的，十一月英法联军攻占广州城，俘虏了两广总督叶名琛。以后战争断断续续，谈谈打打。咸丰十年（1860）七月八日，英法联军占领天津，接着向北京方向推进。八月七日，僧格林沁率清军在京东八里桥与英法联军激战，联军掌握绝对先进的武器，清军大败。八日，咸丰帝匆匆逃往热河（即今承德，其地有清帝的避暑山庄，今为世界文化遗产之一），临行留下他的弟弟恭亲王奕訢在北京与英法议和。八月下旬，英法联军在抢劫了圆明园的珍宝之后，又一把火将圆明园烧毁。

1860 年八月二十五日，也就是公历，四更时分，在祁门的曾国藩本已睡下，突然接到军机处发来的六百里加紧传递的谕旨，曾国藩展读，只见谕旨上写道：

八里桥之战

本日（指阴历八月十一日，公历 9 月 25 日）胜保奏，用兵之道，全贵以长击短。逆夷专以火器见长，若我军能奋身扑进，兵刃相接，贼之枪炮，近无所施，必能大捷。蒙古、京旗兵丁，不能奋身击刺，惟川楚健勇，能俯身猱进，与贼相搏，逆夷定可大受惩创。请饬下袁甲三等，各于川、楚勇中，共挑得力若干名，派员管带，即行起程，克日赴京，以解危急等语。逆夷犯顺，夺我大沽炮台，占据天津。抚议未成，现已带兵至通州以西，距京咫尺。僧格林沁等兵屡失利，都城戒严，情形万分危急。现在军营川、楚各勇，均甚得力，着曾国藩、袁甲三各选川、楚精勇二三千名，即令鲍超、张得胜管带。兼程前进，克日赴京，交胜保调遣，勿得借词延宕，坐视君国之急。

曾国藩接到上谕这天，正值徽州失守，他还没有确知失

英法联军占领大沽炮台旧照

英法联军在《北京条约》签订后列队走在北京大街上

守的信息，正急着命鲍超前往增援，又请李续宜从长江北岸带少量部队前来支援。这道上谕，叫他好生为难。作为臣子，君上有难，他绝对应当赴难，但此时战事已如此吃紧，如再抽鲍超这样的好将北援，势必引起全局变化。不仅如此，上谕中还包含着胜保的一个阴谋，胜保前此在淮北与太平军作战，屡吃败仗，胡林翼十分看不起胜保，曾讥之为"败保"。湘军负敢战之名，胜保此次上奏，实是假借君王之力夺曾、胡的爱将归于他所有。但如不北援，不仅出事不忠，且社会舆论、后世史评也令他们惧怕。曾国藩召集幕僚讨论，幕僚们大多主张北援。当时李鸿章还在曾国藩幕，只有他力排众议，说是"夷氛已迫，入卫实属空言，三国连衡，不过金帛议和，断无他变，当按兵请旨，且无稍动。楚军关天下安危，举措得失，切宜慎重"。曾国藩细想李鸿章说的有道理，便想出一个妙策，即让咸丰帝从他和胡林翼两人中挑选一人北上，而奏折来往须时，曾国藩所接上谕是八月十一日发出的，曾国藩八月二十五日才收到，曾国藩这里再耽搁数日才复奏，他的奏折送到热河朝廷，距离咸丰帝发出谕旨已经一个多月，在这一个月时间里，大局应该已定。但曾国藩一时还没有拿定主意，恰好李续宜于九月四日抵曾国藩大营，李续宜也赞成这个办法，胡林翼也同意，曾国藩遂作了决定。

九月六日，也就是接到北援上谕的十天后，曾国藩发出了奏折。奏折上这样写着：

> 夷氛内犯，凭陵郊甸。东望吴越，莫分圣主累岁之忧；北望滦阳，惊闻君父非常之变。且愤且愧，涕零如

雨……钦奉谕旨，饬鲍超赴京交胜保调遣。窃计自徽州至京，五千余里，步队趱程，须三个月乃可赶到。而逆夷去都城仅数十里，安危之几，想不出八、九两月（指阴历，下同）之内。鲍超若于十一月抵京，殊属缓不济急。若逆夷凶顽，犹豫相持，果至数月之久，则楚军入援，岂可仅以鲍超应诏。应恳天恩，于臣与胡林翼二人中，饬派一人带兵北上，冀效尺寸之劳，稍雪敷天之愤。非敢谓臣与胡林翼二人遂能陷阵冲锋，杀敌致果也。特以受恩最深，任事已久，目前可带湘鄂之勇，途次可索齐豫之饷，呼应较灵，集事较速……如蒙圣恩，于臣与胡林翼二人中饬派一人，督师北向，护卫京畿，则人数稍多，裨益较大。惟臣若蒙钦派北上，则当与左宗棠同行。皖南暂不能进兵，只能退守江西境内。胡林翼若蒙钦派北上，则当与李续宜同行。皖北暂不能进兵，只能退守湖北境内。

但是曾国藩也做好了真的北上勤王的心理准备。发出奏折的第二天，他给曾国荃的信中说："如系派我北上，沅弟愿同去否？为平世之官，则兄弟同省必须回避；为勤王之兵，则兄弟同行愈觉体面。望沅弟即日定计，复书告我。无论或派我或派润帅，皆须带万人以行，皖北皖南两岸局势必大为抽动，请弟将如何抽法、如何布置开单见告。一切皆暗暗安排，胸有成竹，一经奉旨，旬日即可成行。"

对与太平军的战事，曾国藩也作出了安排。继续进攻是不太可能了，但安庆之围决不撤，同时保住江西。将来合江西、湖南、湖北三省之力，仍可与太平天国一争高下。用他的话说，是"溥天下处处皆系贼占上风，独安庆一城系贼占下风，岂肯轻易撤退"。他的安排是，如果胡林翼北援，李续宜随行，则调鲍超驻青草塥为打援之师，他自己移驻北岸太湖主持军事；若曾国藩北援，则带左宗棠一军，调鲍超驻江西婺源。这样江南岸就少了一支劲旅，打起仗来必然更加困难。

曾国藩原打算带左宗棠同行，"以其气概识略过人，故思与之偕，以辅吾之不逮"，但后来不少幕僚和将领主张留左宗棠在江南岸主持战事，曾国藩也改了主意，准备如果咸丰帝指派他北援时，便带张运兰、朱品隆、唐义训这些次一等的将领同行。

但是曾国藩这样做，却要冒很大的险。因为一旦北京和议不成，势必还是要出于一战。就曾、胡预计所带的兵力来说，战胜英法联军是困难的。一经开战，胜负难料，如果小挫，自然可以撤退，如果大败，依照曾国藩的性情，必然不肯逃跑，其后果便是把命丢在那里。正因为如此，曾国藩与胡林翼都作了万一不胜就殉难的心理准备。胡林翼在给办理湖北粮台的阎敬铭的信中就说，如果朝廷准奏，最可能的是派胡林翼前往，"林翼之志义不容辞"，当诸葛亮北伐的时候，也正是他食少事烦之日，诸葛明知其事不能成，但仍勉力出征。他现在也要学当年的诸葛亮。他悲观地写道："天翻地覆，大局瓦解，全体土崩，吾辈早觅尽命之所而已。"

直到十月四日，曾国藩接到谕旨，说是和议已成。七日再来一封谕旨，说北援的事可以取消。这时，曾国藩等人才算松了一口气。

然而，曾国藩并没有真正轻松下来。他已经敏感地觉察到，太平天国虽然可以在不久之后削平，但是另一个更大的难题已经来了，无法避免地来了，而且似乎会越来越难。什么难题呢？就是英法等西方列强的步步进逼。他在家信中写道："余近年在外，问心无愧，死生祸福，不甚介意，惟接到英吉利、法郎西、米利坚各国通商条款，大局已坏，令人心灰。"他还把条约寄回两本给他的家人看，又嘱咐："时事日非，吾家子侄总以谦勤二字为主，戒傲戒惰，保家之道也。"这话颇有点遗嘱的味道。连死生祸福都不在意，而英法等国的条约却令他心灰，这说明，在他的心里，这道题难到了什么程度。这是中国人从来没有经历过的难题！

怎样处理这新的更大的难题？曾国藩观察着、思索着。他的最佳搭档胡林翼也在观察着、思索着。他的得意门生、一度离开他幕府的李鸿章，还有曾国藩的其他幕僚们，也在观察着、思考着……

第十二章 攻取安庆

一 转旋之机，取势千里之外

咸丰十年（1860年）四月，曾国荃率军进驻安庆以北的集贤关，开始围攻安庆。但并没有合围，因为紧邻安庆东北方向长江边上的枞阳还有太平军驻守。五月，湘军水师与太平军降将韦俊互相配合，攻占枞阳。韦俊是太平天国北王韦昌辉之弟，原也是太平军的一员猛将，韦昌辉被天王洪秀全杀死后，韦俊的日子很不好过，天王不信任他，他也不愿屈居陈玉成之下，所以当太湖之战时，他便与湘军水师杨载福和彭玉麟联络，投降了湘军。在曾国藩的书信中，一般称韦俊为韦志浚。这次进攻枞阳，韦俊出了大力。而湘军占领枞阳后，安庆太平军后路联系已断，安庆遂被合围。

咸丰十年七月，曾国荃军营有陈米千余石，不好发给军中食用，曾国荃却心生一计，利用这些米，再加上数千两银，雇用当地饥民，围绕安庆开挖两道长壕，一道在内，用以围困安庆；一道在外，用以抵敌援兵。安庆被封锁了。

但是，安庆却不是那么容易拿下来的。安庆太平军守将叶芸来，是个对太平天国非常忠诚的将军，手下又有一万多士兵，湘军不会轻易得手。好在曾国藩和胡林翼也并没有指望一下子打下安庆，而是计划在安庆一带布开阵势，等待太平天国的援军到来，好进行战略决战。

陈玉成当然也知道安庆的重要性，更何况那是他的地盘，他的家眷也住在安庆，所以，对于他来说，安庆是势在必守。当初在洪仁玕的主持下，陈玉成和李秀成约定，从江南和江北分两路远攻武汉，调动湘军回援，再用一次破江南大营的方法，以解救安庆。咸丰十年（1860）八月中旬，陈玉成率大军十万从天京出发。但是，一出天京，陈玉成就改变了原来的计划，在进攻淮北由安徽巡抚翁同书据守的寿州不下后，没有继续西行，而是直接向安庆方向冲来。这时候，多隆阿驻守桐城附近的挂车河，李续宜驻守青草塥，两军共二万多人，是曾、胡布置专门对付援军的。十月下旬，两军开始接触。十月二十三日，陈玉成与多隆阿第一次开仗，陈玉成失利。这次战斗结束后，多隆阿与李续宜定下两路夹攻之计。十月二十八至十一月一日，多隆阿、李续宜两路猛烈进攻，太平军大败，损失了上万人。陈玉成正面进攻不成，又于咸丰十年十一月下旬（1861年1月初）进攻枞阳，试图从防守较弱的侧面打开一个缺口。但是枞阳紧靠长江，战斗一打响，湘军水师便来增援，陈玉成又没有成功。

两次受挫，陈玉成又生一计：避实击虚，挺进湖北，打到湘军的后院去，这也符合原来的计划。咸丰十一年正月（1861年3月），陈玉成绕道往北奔霍山，胡林翼本来在此布置了四营兵力，专门预防太平军由此进入湖北，并嘱咐守将余际昌，一旦太平军来攻，应坚守待援。不料守将余际昌轻易出战，被陈玉成击败。这一次，陈玉成的迂回战术成功了。陈玉成既然打开了一个缺口，便发挥太平军善于运动战的特长，几乎像离弦之箭，向西南方向疾驰。二月四日，入湖北英山。接着再猛进几百里，八日，太平军冒充清军，奇袭并占领湖北黄州。

黄州距离湖北省城武昌只有二百里，在攻占黄州后，陈玉成的兵锋随即进到武汉外围。这时武昌城内只有三千绿营，自湖广总督官文以下一片惊惶，许多官员以至富商已准备逃命。更惊慌的是胡林翼，霍山一失，他急派李续宜回军救援武昌，又生怕已来不及。因此他一再自责，说自己是"笨人下棋，死不顾家"。而李续宜军一走，安庆一带只剩曾国荃和多隆阿两军，一下子显得十分薄弱。

但是，不管太平军如何动作，曾国藩横下一条心，咬定安庆，决不动摇。他认为安庆一旦弛围，就会前功尽弃，太平天国的力量马上就会更加膨胀。他给曾国潢的家信说："此次安庆之得失，关系吾家之气运，即关系天下之安危。"给曾纪泽的信也谈此事："此次贼救安庆，取势乃在千里以外，如湖北则破黄州，破德安，破孝感，破随州、云梦、黄梅、蕲州等属，江西则破吉安，破瑞州、吉水、新淦、永丰等属，皆所以分我兵力，亟肆以疲我，多方以误我。贼之善于用兵，似较昔年更狡更悍。吾但求力破安庆一关，此外皆不遑与之争得失。转旋之机，只在一二月可决耳。"他反复告诫曾国荃和曾贞干，不论武汉形势如何，陈玉成必来安庆，只要守住安庆，其他一切都不必管。咸丰十一年（1861）二月二十二日的信如此说：

> 群贼分路上犯，其意无非救援安庆。无论武汉幸而保全，贼必以全力回扑安庆围师；即不幸而武汉疏失，贼亦必以小支牵缀武昌，而以大支回扑安庆，或竟弃鄂不顾。去年之弃浙江而解金陵之围，乃贼中得意之笔。今年抄写前文无疑也。无论武汉之或保或否，总以狗逆（曾国藩蔑称陈玉成为"四眼狗"——著者）回扑安庆时，官军之能守不能守以定乾坤之能转不能转。安庆之濠墙不能守，则武昌虽无恙，贼之气焰复振，是乾坤无转机也。弟等一军关系天地剥复之机，无以武汉有疏而遽为震摇，须待狗逆回扑，坚守之后再定主意。

过了四天，也就是二月二十六日，曾国藩在信中又说："李军速到（指李续宜军回援武昌），贼纵有破鄂之势，断无守鄂之力。江夏纵失，尚可旋得，安庆一弛，不可复围。"他告诉曾国荃和曾贞干，当陈玉成大军回援安庆时，必须坚守七天。七天以后鲍超可以从南岸渡江增援。曾国藩认为，陈玉成攻占黄州，李续宜回援武昌，安庆一带湘军兵力减弱，陈玉成必趁此机回救安庆，"风驰雨骤，经过黄梅、宿松均不停留，直由石牌以下集贤关"，但其时陈玉成"军行太速，气太锐，其中必有不整不齐之处"。他授锦囊妙计给曾国荃和曾贞干说，在这样的情形下，"惟有一静字可以胜之"："不出队，不喊呐，枪炮不能命中者不许乱放一声，稳住一二日，则大局已定。然后函告春霆（鲍超）渡江救援，并可约多（多隆阿）军三面夹击。"他还说："只要两弟静守数日，则数省之安危胥赖之矣。"

不料，陈玉成既没有进攻武汉，也没有趁李续宜回援武昌、安庆方面湘军兵力减弱，长江南岸湘军又受到李秀成、李世贤、杨辅清等牵制的机会猛扑安庆，却向武汉的北面和西北方向，作毫无意义的进攻。其实这时候江南岸李秀成正围攻建昌，威胁南昌；另一支太平军李世贤部攻占景德镇，湘军方面曾国藩反攻徽州失败，曾国藩实在难以抽调鲍超增援安庆。因此，如果陈玉成占领黄州后马上回救安庆，是最好的机会。也许他是想等待李秀成的到来，但这样却给了湘军以喘息的机会。

至于陈玉成为什么没有进攻近在咫尺的武汉，历史学家大多认为是英国的干涉。中国目前使用最广的大学中国近代史教材是如此叙述这件事的："当时，在汉口的英国参赞巴夏礼为阻止太平军进攻武汉，赶到黄州会见陈玉成，声明要保护武汉的商务，太平军'必须远离该埠'。由于外国侵略者的干涉，加上李秀成大军迟迟不来会师，安庆形势又日益吃紧，陈玉成放弃了进攻武汉。"但是，陈玉成果真就那么听英国人的话吗？如果他真的要打武汉，英国在武汉并没有军队，不能像在上海一样助清军守武汉，陈玉成为什么就不能打武汉呢？何况这时曾国藩还非常担心英国人与太平军联合，湖广总督官文也不太可能想到求洋人帮一把。另一个解释是，陈玉成本来就不想打武汉。巴夏礼见陈玉成是1861年二月十二日，这时陈玉成占黄州已经四天，如果按照他从英山到黄州的速度（英山距黄州比黄州距武汉远），二月十日他的军队就可以与武汉清军交火，等到巴夏礼见他的时候，大战已经开始了。但是他在黄州按兵不动。所以，陈玉成可能并不想打武汉，只要达到让湘军分兵回救武汉的目的就行了。因为湘军调动了李续宜军回防武汉，这一目的他达到了。

到了三月九日，陈玉成听得安庆危急，率大军回救安庆，他本来是要诱湘军分兵的，这时他却又留二万人守湖北随州、德安等地，自己先分兵了。而当三月下旬陈玉成开始猛攻围安庆的湘军时，南岸左宗棠已攻占景德镇，湘军江南岸战局稍稳，曾国藩已经可以抽出鲍超部增援安庆了。

世人多以为一旦太平军进攻武昌，或进攻九江，对于曾国藩和湘军来说后果不堪设想，起码是安庆之围立解。因此，无论从军事角度还是从政治意念出发，都将太平天国救安庆的失败归于李秀成没有按约定之期会攻武汉；也认为英国人对陈玉成的干涉救了胡林翼和曾国藩。但实际上，武汉、九江都濒临长江，而湘军水师早就绝对控制了芜湖以上的水面，包括长江和洞庭、鄱阳两大湖，太平军不但没有水师配合，反倒要遭受湘军水师随时随地的攻击，要围攻这两个城市，谈何容易。即以胡林翼最担心的武汉一城来说，既有长江，又有汉水，河湖纵横，简直处处皆水，陈玉成打下汉口、汉阳的可能性倒是有，但打武昌却有相当难度，因为只要武昌清军坚守数日，湘军水师就可以赶到增援，陆师李续宜部也可以赶到。而且，正如曾国藩所分析，即使太平军攻下武昌城，也站不住脚。至于后来李秀成部从江西西部进入湖北，因为此时胡林翼已经有备，攻武汉就更困难了。

太平军的第二个弱点是，太平军的西攻，不是真正的进攻，而是为了解救安庆的进攻。在取得了击溃江南大营、占领苏、常的胜利之后，来了这样一轮保守的进攻，首先在气势上已经输人一等。而且，在太平军各路大军中，真正横下一条心一定要救安庆的，实际上只是陈玉成一路。其他各路太平军虽勉强配合行动，但时时顾念着自己的地盘，李秀成如此，李世贤也是如此。特别是李秀成，他把精锐留在苏福省保卫自己的地盘，开到江西的兵，虽然人数多声势大，但是战斗力实在不强，再加上李秀成不愿在硬仗中消耗实力，他所取得的战果也就很有限。这连曾国藩都觉得有些奇怪，他在给曾国荃、曾贞干的信中就说："李秀成自入江境，不特未破一府城，并未破一县城，其机已钝，或不能为大害。"

后来曾国藩甚至曾怀疑李秀成是否在这支太平军内，说是"若有劲旅三千，破之有余"，只是当时没有军队可调。

其实说来说去，太平军救援安庆失败最根本的原因是它的敌手湘军不同于江南大营、江北大营那样的绿营兵。按新的原则、新的编制组成的湘军，其战斗力和军事素质是绿营所根本无法相比的。湘军不仅打仗狠，而且是败而不乱，败而不散。因此湘军才能经得起多次失败，败后再重整旗鼓，而绿营则往往一败不可收拾。当太平天国二破江南大营之时，和春、张国梁的军队真正死亡的，不过三五千人，然而此后却一败不可收拾，连失常州、苏州。不仅如此，江南大营的败兵不但不能再抵挡太平军，反倒一路烧杀，连后路的守兵也被他们乱了阵脚，好像是为太平军做了先遣队。湘军就不同了，李续宾三河之败时，主将李续宾虽然已死，但他的一些部属竟然仍坚持三天，这和江南大营的一路败逃形成了鲜明对照。而湘军重新向安徽发动进攻，不过是在李续宾三河惨败之后的一年。在战争中，湘军向来以少数对太平军的多数，原因在于双方的战斗力不同。安庆大战时，曾国藩就评论："前此三河败后，狗（指陈玉成）挟二十万众上窜，维时多（隆阿）、鲍（超）御之于花凉亭，两军共不满七千人；左（宗棠）军今年破侍贼（李世贤）十余万众，亦不满七千人。"就说明了这种情况。

二 大战败英王

先来到安庆增援的，不是陈玉成的军队，而是太平天国天京调来的军队，由干王洪仁玕、章王林绍璋、前军主将吴如孝率领。曾国藩当咸丰四年刚率湘军出师时曾与林绍璋交手，这时他估计："此贼资格老而好摆架子，不足畏也。"果然，林绍璋畏惧湘军，不敢出战。

真正的大战是陈玉成到来才开始的。一时间，安庆成了湘军和太平军全力以赴争夺的目标。

这一次因为陈玉成是从湖北过来，所以他的路线是走广济、黄梅、宿松，绕过胡林翼驻守的太湖，直攻安庆湘军背后。1861年三月十八日，陈玉成进驻集贤关。安庆城东有菱湖，陈玉成在菱湖北岸筑垒十三座，安庆太平军守将叶芸来在南岸筑垒五座，两岸用小船互通消息并运送粮食。曾国荃见状，立即请杨载福派水师三十余船来援，曾国荃又命部下陆军也靠湖筑垒，与湘军水师互相配合，断绝安庆城内外太平军的联络。陈玉成见湘军也在湖岸筑垒，立命军队攻击，湘军且战且筑，一昼夜间，堡垒筑成，安庆城内外太平军的联络又断。

这时候，因为李续宜部回援武昌，安庆只有曾国荃的围城军和多隆阿的打援军，湘军的兵力是相当薄弱的，多隆阿又被从天京来的洪仁玕和林绍璋牵制，无法与曾国荃互相支援，只能分为两个战场各自为战。不过这时江南岸湘军已重占景德镇，战局较稳，曾国藩便命鲍超渡江增援安庆。胡林翼一边，也命湘军成大吉部三千余人来援。

但是在鲍超来到之前，多隆阿已先打败了自天京来援的太平军。三月二十三日一场战斗，洪仁玕等被多隆阿打得大败，只得退入桐城。三月二十四日，太平军黄文金部又自芜湖来援，并与林绍璋合军。三月二十七日，多隆阿在新安渡一带设诱敌之计，命骑兵数十人前往诱敌，却命步兵埋伏在山隘。太平军不知是计，大队人马紧追不舍，这时两路伏兵突起，太平军大败退回。四月二日，多隆阿反攻，太平军再败，黄文金和林绍璋只得退走。

安庆这边，陈玉成多次猛冲曾国荃的营垒，驻在江南岸离安庆几十里远的东流的曾国藩都听得到两军交战的炮声，可见战斗的激烈。曾国荃与他的老兄不同，惯打狠仗，再加上是长期准备，因此湘军营盘没有被冲破。在这关键的时刻，陈玉成犯了一个他戎马生涯中的最大错误，四月十日，他率军数千赴桐城会合洪仁玕和林绍璋，商讨下一步行动，却留八千人守集贤关内和菱湖两岸各垒，留四千人守集贤关外赤岗岭四垒。这样一来却使这一万余军队陷于孤军作战且没有主帅的境地。四月中旬，陈玉成联合洪仁玕、林绍璋，再加上部分捻军，共三万余人，兵分三路向拦在桐城和安庆之间的多隆阿冲来。多隆阿分五路迎击，并设伏兵。双方正激战间，多隆阿的伏兵焚烧太平军的大营，太平军大乱奔逃，一直退回桐城。

当多隆阿与陈玉成酣战时，安庆这边发生了更惊人的大战。前面说过，陈玉成把一支孤军留在安庆，鲍超和成大吉两军到后，湘军在人数上已超过太平军。四月十一日，鲍超开始猛攻集贤关外太平军四垒。曾国荃干脆又命士兵挖长濠一道，将集贤关内的八千太平军和集贤关外的四垒四千太平军分割，准备集全力消灭集贤关外这四垒。但是这四垒是陈玉成的精锐，是真正的百战之师，守将刘玱琳骁勇善战，所以战斗打得特别激烈。据曾国藩后来奏报说：

> 垒中皆系多年悍贼，官军窥探，阒若无人，一近垒边，则枪炮如雨。我军愤怒拔签填濠，四面猛扑，多被枪炮伤亡，迄不能前。时水师提督杨载福饬水师助攻，亦有伤亡。湖北候补知州周开锡（鲍超部将）与该总兵（鲍超）筹商，遂环濠修筑炮台数十座，传令各营兵勇昼夜轮流出队，用枪炮环攻……至二十九日，我军大炮将贼垒轰倒数丈，贼势顿沮，然犹踞垒不出。

直到五月一日，赤岗岭四垒为湘军团团围住，太平军已是山穷水尽，鲍超派人劝降，有三垒被迫投降。但刘玱琳所据守的第一垒宁死不降。五月二日，刘玱琳率数百人突围而出，鲍超挥军追杀，一直追到溪河边，恰逢溪河涨水，太平军无法渡河，又已无力气战斗，大部被生擒。少数逃到一只船上的太平军，也被湘军水师生擒。湘军消灭这四千太平军竟用了二十天时间。

曾国藩对消灭刘玱琳部非常重视，三番五次写信询问。大凡军人，都佩服真正勇敢善战的军人，哪怕他是敌方的。曾国藩称陈玉成常用"四眼狗"，称杨辅清常用"杨七麻子"，但对刘玱琳却称"玱翁"、"玱琳先生"。五月四日寄曾国荃、曾贞干的信就说："若决长濠以围玱琳先生（敬其人，故称玱琳先生），断无不破之理，但须严密巡逻，无令玱翁一人脱逃耳（爱其人，故称翁）。"括号内的字，都是曾国藩信中的小字原文。中间刘玱琳一度突围，曾国藩非常懊丧，他在给曾贞干的信中说："接弟信，知玱翁果已漏网，将来此数百人为害必烈耳。"待到确知刘玱琳已被俘杀死，他写信给胡林翼说："自去岁十一月至今，兹事可开口一笑耳。公之玉恙或亦霍然乎？"半年时间只有这样一件事值得开口一笑。曾国藩是极为爱才之人，如果刘玱琳不是太平军战将，他恐怕早已设法把他罗致自己门下了。

这一场空前惨烈的战斗，整整打了二十天。陈玉成的精锐四千人全军覆没，湘军也付出了重大的伤亡。在这次战斗中，湘军极其残忍，赤岗岭投降的太平军和随刘玱琳突围被俘的太平军，大部分都被湘军斩杀，刘玱琳本人也被肢解。

安庆这边正大战的时候，李秀成一军从江西西部进入湖北。五月八日，李秀成占领武昌县（不是省城武昌，即今鄂州），威胁武昌。在江西，有多支造反的军队加入李秀成部，因此李秀成声势很大。面对这一情况，曾国藩和胡林翼计议，由胡林翼回湖北坐镇武昌，半是防备李秀成，半是回省城休养，成大吉部随胡林翼行动，鲍超则调去江西建昌、南昌一带抵御李秀成。这样，安庆一带又只剩下曾国荃和多隆阿两军。

五月三十日到六月一日，曾国荃和湘军水师互相配合，将陈玉成留在集贤关内和菱湖两岸的十八垒全部攻破，太平军八千守军全部被杀。

这段时间，战争的激烈、残酷，超过了湘军以往参加的任何战斗。一月之间，仅在集贤关内外，太平军死亡就有一万多。而湘军在战场上杀戮太平军还不算，又把被俘的太平军特别是两广籍的太平军士兵杀死。屠戮之惨，连性格极为蛮狠的曾国荃都觉得手软了，表示打完这一仗以后，他要回去做乡农了。曾国藩则给他的九弟打气。曾国藩先是写信告诉曾国荃："目下收投诚之人，似不甚妥善，如挤疖子不可令出零脓，如蒸烂肉不可屡揭锅盖也。克城以多杀为妥，不可假仁慈而误大事。"湘军踏平太平军菱湖十八垒，杀太平军将士八千，曾国藩又说："劫数之大，良可叹悸。然使尧、舜、周（公）、孔生今之世，亦不能谓此贼不应痛剿。"过了几天，曾国藩又写信说："既已带兵，自以杀贼为志，何必以多杀人为悔？此贼之多掳多杀，流毒南纪；天父天兄之教，天燕天豫之官，虽使周、孔生今，断无不力谋诛灭之理。既谋诛灭，断无以多杀为悔之理。"湘军向以凶猛勇悍闻名，这时候，湘军纪律也开始败坏。鲍超赴九江，竟强抢民船上千只载运士兵，曾国藩虽欲阻止，也已来不及。随着纪律的败坏，战斗力也有下降的趋势，曾国藩已开始考虑采取措施或用另兴一军的办法解决这个问题。

这时候，安庆与外界的联系已经断绝，只有一些外国商人将粮食偷运卖给城内太平军，湘军又不好加以攻击。曾国藩让曾国荃派人守在下游来路，当外国商人的运粮船开来时，以高出太平军的价格将粮食收买，这样，安庆城内太平军的接济就完全断绝了。

安庆大战已经接近尾声了，可是太平军杨辅清部又来桐城增援。不过，陈玉成和杨辅清并没有马上进攻，而是等待了差不多一个月的时间。太平军既不来，湘军也不去主动进攻，静待太平军来攻。直到七月，陈玉成和杨辅清才开始行动。这一次，他们没有像以往那样全军冲向多隆阿军，而是兵分三路。一路主力四五万人，由陈玉成、杨辅清率领绕道霍山、湖北英山，再一次作出向湖北进军的姿态，然后突然回军，攻太湖，然后直攻曾国荃军；另外两路，分别由林绍璋和黄文金率领，从桐城东西两侧南下，牵制多隆阿军。七月十二日，陈玉成和杨辅清的前锋进至集贤关，七月二十日发动进攻。安庆太平军守军已经断粮，这是救援安庆的最后一次机会，因此战斗打得比以前更为惨烈。后来担任曾国藩机要幕僚的赵烈文记述战况道：

二十日、二十一日（太平军）扑东门外长壕，二十二日巳刻（上午九至十一时），大股扑西北长壕，人持束草，蜂拥而至，掷草填壕，顷刻即满。我（指湘军）开炮轰击，每炮决血衢一道，贼（指太平军）进如故，前者僵仆，后者乘之，壕墙旧列之炮，装放不及，更密排轮放，调增抬鸟枪八百杆，殷訇之声，如连珠不绝，贼死无算而进不已，积尸如山。路断，贼分股曳去一层，复冒死冲突，直攻至二十三日寅刻（清晨三至五时），连扑一十二次。攻方急，一勇掷火包，线长未燃，被拾起回掷，时我壕内遍地火药包发，轰燃一二处，守者皆溃，奔退十余丈。贼过壕者已七八人，统领曾观察国荃见事急，亲下斫贼数人倒地，（湘军）溃卒见统领自战，皆复返，枪炮复续，贼见不可攻，其逼胁为前队之众已尽，乃退。凡苦战一日一夜，贼死者万数千人，我军死者百余人，用火药十七万斤，铅子五十万斤。

直到咸丰十一年（1861年）八月初一日，曾国荃用地道轰倒安庆北门城墙，湘军蜂拥而入，城内太平军连日饥饿，已拿不动刀枪，无力抵抗，自主将叶芸来以下一万六千人大部被杀。城外太平军远远望见安庆城破，陈玉成和杨辅清只得退回桐城。

安庆大战，从曾国荃进驻集贤关算起，已经一年以上，如果从太湖之战算起，已经整整两年！湘军不但攻占了太平天国天京的上游屏障安庆，更重要的是，陈玉成所部军队的主力在反复的拉锯战中消耗殆尽，其他救援安庆的太平军部队也遭受重大损失。清政府方面和太平天国的力量对比出现重大变化。

湘军占领安庆后，继续扩大战果。八月三日，多隆阿占领桐城。八月五日，湘军水师攻占枞阳南岸的安徽池州。九月，曾国荃率军东进，接连占领泥汊口、无为州、运漕镇等地。这以后，曾国荃回湖南再募勇六千，攻势暂时停顿。

太平军方面，杨辅清回到皖南宁国。洪秀全不问青红皂白，将陈玉成和洪仁玕革职，这样一来，已经是强弩之末的陈玉成部士气更加低落，陈玉成自己也十分不满。陈玉成想到湖北德安、襄阳一带招兵，不料部下官兵不肯随同前往，只好经湖北西部绕道回庐州。李秀成后来回忆说："英王见势如此，主又严责，革其职权，心烦意乱，愿老于庐城，故未他去，坐守庐城，愚忠于国。"尽管如此，陈玉成还是在同治元年（1862）初派部下扶王陈得才、遵王赖文光远征西北，这些部队后来和捻军结合，令清廷头痛不已。但是庐州却于同治元年（1862年）四月被多隆阿攻陷。陈玉成只得引军再向北走。这时，淮北的苗沛霖写信来说，请陈玉成前去，他帮助士兵，陈玉成可以攻取汴京（开封）。苗沛霖是个反复无常的家伙，一会儿造反，一下又投降清朝，陈玉成不听部下劝阻，轻信苗沛霖，前往苗的地盘寿州，遂被苗沛霖执送胜保军营。陈玉成生的时候叱咤风云，死的时候也不愧是大英雄、大豪杰，当时有个隐去姓名的文人写下《陈玉成受擒记》，记述了陈玉成被俘后的事：

> 玉成既为苗沛霖所擒，解至胜保营。玉成入，胜保高坐睥睨曰："成天豫何不跪也？"玉成曰："吾英王，非成天豫，奚跪为？尔本吾败将，何向吾作态。"胜保曰："然则曷为我擒？"玉成曰："吾自投罗网，岂尔之力。吾今日死，苗贼明日亡耳！尔犹记合肥官亭，尔骑兵二万，与吾战后，有一存者乎？"胜保默然。予酒食，劝之降。玉成曰："大丈夫死则死耳，何饶舌也！"乃杀之，死年二十六。玉成眼下双疤，军中号四眼狗，骁勇富谋略，十九当大敌，二十四封王，初为检点，善战多能，湖北有三十检点回马枪之号，军强冠诸镇，与国藩相持数年，国藩深畏之。秀

成闻玉成死，叹曰："吾无助矣。"时裕朗西在胜幕中，往见玉成，貌极秀美，长不逾中人，二目下皆有黑点，此四眼狗之称所由来也。吐属极风雅，熟读历代兵史，侃侃而谈，旁若无人。

如果说安庆失守使太平天国失去了天京上游屏障，那么陈玉成之死则使太平天国失去了一位顶梁柱。洪仁玕说："如英王不死，天京之围必大不同，因为若彼能在江北活动，令我等常得交通之利，便可获得仙女庙及其附近诸地之源源接济也。英王一去，军势军威同时堕落，全部瓦解。"太平天国这栋大厦快要倒塌了。

三 人琴并亡，为胡林翼请功

安庆之战终于大获全胜，曾国藩达到了目的。朝廷少不

避暑山庄烟波致爽殿

了加官晋爵。胡林翼原已有太子少保衔，现在加太子太保衔；曾国藩加太子少保衔，曾国荃加布政使衔，曾贞干也得到了知州官衔。那位稳坐武昌城中安享其成的草包湖广总督官文也晋升太子太保衔。曾国藩也于咸丰十一年（1861）八月七日进入安庆，并在安庆设立了临时的两江总督府。

可是这时候，曾国藩的患难之交、生死相扶的朋友胡林翼病倒了。胡林翼长期患咳血气喘之症，按照现代医学，很可能是肺结核。这种病不能劳累，不能生气，不能担忧，即便如此，在当时的医疗条件下，也很难治愈。可偏偏胡林翼干的偏偏是个既累人又要费精神的差使。回到武昌休养，并没有让他的病恢复。湘军攻占安庆，总算是个好消息，可是接着传来的讯息，却着实让胡林翼和曾国藩都大吃一惊。那就是咸丰帝驾崩了。

咸丰帝是咸丰十一年（1861）七月十七日死的，他死在他的逃难地热河，也就是今天的承德避暑山庄。咸丰帝生于道光十一年（1831）六月九日，到死的时候只有三十岁，是个真正的短命皇帝。咸丰帝即使不算是历史上运气最坏的皇帝，起码也是其中之一。他刚刚接掌大权，太平天国就揭竿造反，接着皖豫两省的捻军、上海的小刀会、广东广西的天地会、贵州的苗民回民、云南的回民、四川的蓝大顺和李永和（自云南进入四川）、西北的回民，纷纷造反，闹得他穷于应付，有时简直是焦头烂额。这些股造反者还不算，外国人也找他的麻烦，这麻烦终于引起了现在一般称作第二次鸦片战争的英法联军侵华战争。咸丰帝当政期间，可以说真正是内忧外患接踵而来。以致有位历史学家用《苦命天子》这一标题来写咸丰帝的传记，这四个字对咸丰帝处境的刻画可说是入木三分。与中国历史上那么多的皇帝比较，咸丰帝还不能算是个荒淫无道的皇帝，他即位之初甚至颇想有所作为。但是，他的才能和他遇到的麻烦实在是不相称。朝廷的政事千头万绪，但归根结底他只是守着两条：第一，对于汉族大臣，不能给予过分的权力，尤其是不能既给军权又给地方行政权力。至于曾国藩，他就更加防范，不到无路可走的时候，他不给曾国藩地方行政权。第二，对漂洋过海来的夷人，坚持过去天朝上国那老一套，从不肯去了解这些夷人究竟是怎么样，他们为什么如此强盛，并且只要能够不与夷人打交道，就尽量不与他们打交道。而这两条，咸丰帝都没有做好，也没能坚持到底。他不给曾国藩权力，最后又不得不给曾国藩权力；他不愿与外国人往来，最后又不得不签订了屈辱的条约。连他最后的政治遗嘱，即赞襄政务八大臣辅佐他的儿子，在他死后都被推翻。他是一个失败的皇帝。当咸丰帝驾崩时，湘军正与太平军在安庆殊死搏战，可怜的咸丰皇帝，他死前连湘军攻占安庆的好消息都没能得到。

咸丰帝便装行乐图

　　曾国藩是八月十日得到咸丰帝升天的消息的。他是什么心情呢？

　　曾国藩是小有名气的饱学之

士，是唯一能与太平军抗衡的军队的创建人，是深得手下将领拥戴的军事统帅，又是能聚集一批人才在自己周围干事的能人。但是曾国藩和咸丰帝的关系，从根本上说却是奴仆和主子，这是他们一出生就定下来的，谁也改变不了。但是，奴仆也是人，要奴仆办事，总要给一些奴仆能办事的条件。在很长的时间内，曾国藩钦差不像个钦差，带兵统帅不像个带兵统帅，地方官和他为难，绿营将领跟他过不去，他处境极为困难，办事非常艰苦，有时真是呼天不应，呼地不灵，他自己形容是"群疑众侮，积泪涨江"。这一切，可以说都和咸丰帝有关。只是在江南大营溃灭，原两江总督何桂清实在不争气，朝廷真的是无人可用的情况下，才给了曾国藩两江总督的位子。虽然古有训条，说是"君要臣死，臣不得不死"，但是哪个臣子也不会真的愿意平白无故去死，也不愿意自己受到不公正的待遇。因此，很明显，曾国藩对咸丰帝是不会满意的。也正因为如此，我们可以推断，曾国藩对咸丰帝的感情是淡漠的，远远比不上对道光帝的感情，咸丰帝的死令他震惊，但不会让他如何伤心。八月初十这天的日记中，他记下这天收到的一大堆朝廷来的文件，其中有"墨笔批"、"赞襄政务王大臣"等字样，吏部关于皇长子继承皇位和八大臣赞襄政务的咨文，然后才写道："痛悉我咸丰圣主已于七月十六日龙驭上宾，天崩地坼，攀号莫及！多难之秋，四海无主，此中外臣民无福，膺此大变也。"但这不过是对自己做的官样文章。皇帝去世，臣子不表示一点悲哀，心里也会感到过意不去。这天他做了多少事呢？"改克复池州一折、提江西漕折五万一片"，并将其发出；"清理文件甚

多";"与沅弟圈谈";"写挂屏、对联数件";"夜写零字，写
扇一柄"。一个心情真正哀痛的人怎能做这么多事？但是咸
丰帝这么年轻就去世，却不能不令人觉得意外，所以实际上
他真正关心的是两个问题，一个是他在这天的日记中写的：
"伏念新主年仅六岁，敌国外患，纷至迭乘，实不知所以善
其后。"一个是政局会怎样变化，对他和湘军集团的影响会
怎样，对整个与太平天国的战局会有什么影响。接到咸丰帝
驾崩信息的以后几天，他天天与李鸿章久谈，他们谈的内容
曾、李二人都没有记录，但我们完全可以推测，他们谈的主
要不是进兵方略，而是北京的政局。

在给胡林翼的信中，他就道出了这时他的真正的心情：
"遐密之变，时艰愈亟，果能上法世、圣两庙，髫龄践祚，
讹讹无惊，则犹不幸中之幸也。"世指世祖，即顺治皇帝福
临；圣指圣祖，即康熙皇帝玄烨。清初的这两个皇帝都是年
幼即位，由他人辅政，后来都顺利度过权力真空的危机。曾
国藩希望现在的清政府也能如此。而这一边，他和胡林翼共
同努力，太平天国的平灭已经看到希望了。

然而，胡林翼已经没有办法和他再一起同甘共苦了。胡
林翼回武昌以后，病情并没有好转，咸丰十一年（1861）八
月二十六日，胡林翼病死在武昌。胡林翼生于嘉庆十七年
（1812），即使按中国传统的虚岁算，也不过五十岁。

如果咸丰帝的死只是让曾国藩感慨万千、忐忑不安的
话，胡林翼的死才是真正令他悲伤万分。当初胡林翼以道员
衔带兵六百援武昌，未到而武昌失陷，曾国藩将其收为部
下，大力提拔，终于得任湖北巡抚。胡林翼的高升，的确是

得曾国藩之力。但是后来胡林翼苦心维护湘军，始终尊重曾国藩的湘军统帅地位，对曾国藩的回报，可以说已经远远超过了曾国藩对他的提拔。胡林翼对湖广总督官文用权术，有时简直玩这草包总督于股掌之上；对湘军其他将领也曾用权术笼络，但对曾国藩始终是推诚相见。因此，曾国藩对胡林翼真是感激不尽。

一接到胡林翼死信，曾国藩马上写信给左宗棠、李鸿章、李续宜。他这天本来已写好一封给左宗棠的信，胡林翼去世的消息传到，马上又加了一封，其中写道："痛心之至！赤心以忧国家，小心以事友生，苦心以护诸将，天下宁复有似斯人者哉！"给李鸿章的信写道："胡宫保竟于八月二十六日亥刻弃世，实堪伤痛！忧国之诚，进德之猛，好贤之笃，驭将之厚，吏治之精，无美不备，无日不新。同时流辈固无其匹，即求之古人中亦不多得。人琴并亡，可胜浩叹！"为了笼络官文，胡林翼将治鄂功绩多推让官文，报告胜利的奏折也都将官文署名在前。每次胡林翼统帅湘军得胜，都成了官文得胜，加官晋爵，样样都是官文优先。现在，曾国藩该说说话了。先前在湘军攻占安庆报捷折中，曾国藩就推首功为胡林翼，说"楚军围攻安庆，已逾两年，其谋始于胡林翼一人画图决策"，"前后布置规模，谋剿援贼，皆胡林翼所定"。一人，就是说只胡林翼一人，并没有算官文的份。这次，他专门上了一个《沥陈前湖北抚臣胡林翼忠勤勋绩折》，其中说：

> 咸丰五年……擢署湖北巡抚。当是时，武汉已三次失陷，湖北州县大半沦没，各路兵勇溃散殆尽。胡林翼

坐困于金口、洪山一带，劳身焦思，不特无兵无饷，亦且无官无幕，自两司以至州县佐杂，皆远隔北岸数百里外。一钱一粟，皆亲作书函，向人求贷，情词深痛。残破之余，十不一应。至发其益阳私家之谷以济军食，士卒为之感动。会湘勇自江西援鄂，军势日振。六年十一月，攻克武汉，以次恢复黄州等郡县。论者以为鄂省巡抚可稍息肩矣。胡林翼不少为自固之计，悉师越境，围攻九江……督抚以全力援剿临省，自湖北始也……自（咸丰）七年以来，每遇捷报之折，胡林翼皆不具奏，恒推官文与臣处主稿。偶一出奏，则盛称诸将之功，而己不与焉。其心兢兢以推让僚友、扶植忠良为务。外省盛传楚师协和，亲如骨肉，而于胡林翼之苦心调护，或不尽知。

曾国藩还说，湖北以残破贫瘠之地，养兵六万，月费至四十万，而商民不疲，吏治蒸蒸日上，都是胡林翼之功。

清政府接到奏折，下令追赠总督，并按总督例为胡林翼治丧。后来又给了胡林翼最好的谥号：文忠。这一谥号只有朝廷最为奖赏的大臣才能得到，曾国藩以及其他湘军将领，总算得到了一点安慰。

四　关注朝局，"虚望太隆"

咸丰帝临死的时候，命他唯一的儿子、只有六岁的载淳继承皇帝位，由于新皇年纪幼小，命怡亲王载垣、郑亲王端

奕䜣

华、御前大臣也是咸丰帝姐夫景寿、协办大学士户部尚书肃顺、首席军机大臣兵部尚书穆荫、军机大臣匡源、军机大臣杜翰、军机大臣焦祐瀛八大臣"赞襄一切政务",人们又将其称为"赞襄政务八大臣"、辅政八大臣或"顾命八大臣"。八大臣的核心,实际上是咸丰帝生前非常宠信的肃顺。这一安排,可以说是咸丰帝的政治遗嘱。

但是,这份政治遗嘱却有不少问题。

首先,八大臣中没有皇室中血缘最亲的咸丰帝的弟弟恭亲王奕䜣,也没有另一个弟弟奕譞。当道光帝在位时,咸丰帝曾和他的异母弟奕䜣暗中争夺将来的皇位,奕䜣比咸丰帝有才气,但锋芒太露,有些浮躁;咸丰帝则在他的老师杜受田的指点下,尽量作出老成持重和忠厚长者的样子。最后咸丰帝胜利,他得到了皇位。咸丰帝即位后,虽然他们兄弟也曾十分友好,但咸丰帝对这位比他聪明的老弟始终不太放心。咸丰帝病重时,拒绝奕䜣前往探望,辅政大臣的名单也将奕䜣排除在外,咸丰帝是想避免奕䜣专权甚至夺他儿子皇位的机会。实际上,我们今天的人做事后诸葛亮式的观察,奕䜣丝毫没有夺取皇位的野心,但把他排除在权力核心之外,他却实在是不能满意,何况他早与肃顺有矛盾。而在这时,以奕䜣与洋人议和成功为契机,在他的周围,以留守北京的大臣们为中心,已形

治遗嘱。

成了一股不小的政治势力。

第二个问题是，咸丰帝太小看了那拉氏，也就是他儿子——唯一的皇位继承人的生母的政治能量。咸丰帝死之前，那拉氏是懿贵妃。她生于道光十五年（1835），此时不过二十六岁，但她的权力欲却比当时任何一个中国女人都要大。她是幸运的，因为她给咸丰帝生下他唯一的儿子载淳，这给她以后登上政治舞台提供了不可缺少的机会。咸丰帝生前，似乎有时很喜欢这位比别的妃子们都要聪明的那拉氏，他把那拉氏的妹妹指婚给自己的弟弟奕譞；但有时好像又担心太过精明的她以后会专权。因此，咸丰帝的做法也就前后矛盾。咸丰帝死前，赐给他的正妻皇后钮祜禄氏一方刻有"御赏"的印，赐给那拉氏一方刻有"同道堂"的印，规定凡是八大臣所拟的谕旨，要在起首处盖上"御赏"印，结尾处盖上"同道堂"印，才算有效。咸丰帝可能是想以此防止八大臣权力过大。他认为两个年轻女人手上掌握这两方印章，最多不过是

慈安太后便服像

起到监督八大臣的作用，却无论如何也没有料到那拉氏会利用这机会，把皇后笼络起来，最终战胜了八大臣。咸丰帝死后，钮祜禄氏自然成为皇太后，即慈安太后，又称东太后；

那拉氏因为是皇帝的生母，也成为皇太后，即慈禧太后，又称西太后。她们在咸丰帝生前就已对肃顺不满，咸丰帝死后，矛盾就更加尖锐。其实，咸丰帝的正妻钮祜禄氏是个并没有政治欲望的普通女子，她与八大臣的矛盾，绝对有那拉氏推波助澜的成分。

奕䜣和两宫皇太后都与八大臣尖锐矛盾，而肃顺依仗咸丰帝的信任，长期以来独断专行，又严刑苛法以待人，得罪了不少人，使自己很孤立。当奕䜣和两宫皇太后找机会联合起来的时候，一场最高权力的角逐开始了。

少年光绪帝及其生父奕譞

咸丰十一年（1861）九月二十三日，热河行宫的小皇帝和大臣们陪着咸丰帝的灵柩（当时叫梓宫）启行返北京，这在当时叫作"回銮"。回銮的队伍分成两拨，一路是两宫皇太后和小皇帝，在送咸丰帝的灵柩上路后，由近路先回北京，八大臣中的载垣、端华等人在这一路；另一路是咸丰帝的梓宫，由肃顺护送，走大路，

后到北京。实际上，这时候慈禧太后和奕䜣早已将政变的事周密策划，准备妥当，八大臣还被蒙在鼓里。

九月二十九日，小皇帝和两宫皇太后抵达北京。第二天，两宫太后立即召见奕䜣和留守北京的大臣，宣布八大臣的罪状，并马上逮捕载垣和端华。肃顺这天才走到密云县，被奕谟深夜拿获。十月六日，载垣、端华被赐自缢死，肃顺则被押赴刑场斩首。八大臣中的其他五人也都被革职。这一场变故，历史上被称为"北京政变"或"祺祥政变"这一年是中国旧历辛酉年，所以也被称为"辛酉政变"。

因为奕䜣早已控制了北京，并且掌握军权的僧格林沁和胜保都支持太后和奕䜣，所以政变极

慈禧太后观音扮

为顺利。从此以后，两宫太后垂帘听政，恭亲王奕䜣辅政。而真正的实权，渐渐落到慈禧太后手中。

在中国五千年的文明史上，统治集团内部为争夺最高权力而发生的内讧比比皆是，这种斗争常常会削弱现存统治，甚至导致一代王朝的灭亡。但是也有不少例外的情况，那就是权力斗争或者政变的结果不但没有削弱现存统治，反而加强了统治者的力量。这次辛酉政变正是如此。作为最高统治者，慈禧太后控驭权力的能力和自信心远远超过了咸丰皇帝。奕䜣虽然有些浮躁，但他的眼光、气魄和对国情的了解，也远远超过咸丰帝和他的宠臣肃顺。因此，他们的掌权和合作，对于清政府平灭太平天国和其他农民造反，度过英法联军侵华后的政治和外交危机，有着相当的意义。

经过政变，不仅咸丰帝的人事安排被彻底改变，连他的

政治方针也被改变。咸丰帝极不愿与外国人打交道，也不愿去了解西洋各国的情况，他宁愿隐身在天朝上国的旧梦里。在这方面，奕訢本来也与咸丰帝差不多，但经过在北京的议和，他一方面深受战败耻辱的刺激，一方面又发现外国人也是人。有了这两样感受，奕訢一方面主张与外国人交往，早在咸丰十年底（1861 年初），在他的主持下设立了总理各国事务衙门，简称总理衙门，中国以前没有外交机构，总理衙门虽然还是个不伦不类的外交机构，但有总胜于无，它的设立是中国走向世界的重要一步；另一方面，奕訢主张，让西洋各国强盛的那些东西，如洋枪大炮、远洋轮船、机器工厂等，中国都要学，学了以后可以自强。因为奕訢有这些想法，以后当曾国藩、李鸿章和左宗棠兴办新式企业时，得到了奕訢的支持。

对于湘军集团，慈禧太后和奕訢也一改咸丰帝那种过于谨慎的态度，大局稍定，1861 年十月十八日，清廷即发出上谕，上谕写道：

> 钦差大臣两江总督曾国藩，着统辖江苏、安徽、江西三省，并浙江全省军务，所有四省巡抚、提镇以下各官，悉归节制。浙江军务，着杭州将军瑞昌帮办。并着曾国藩速饬太常寺卿左宗棠驰赴浙江剿办贼匪，浙省提镇以下各官，均归左宗棠调遣。钦此。

让曾国藩全权指挥四省的军事，这是一个不同寻常的决定，在此以前，清廷从来没有给予一个地方官尤其是汉族官员这么大的权力。这显示，慈禧太后和奕訢急于扑灭太平天国，以证明他们这些新统治者的英明，同时也是借此拉拢地方上的实力派。

曾国藩向来绝不介入朝廷党争，因此虽然肃顺在任用曾国藩一事上曾出过力，但曾国藩与肃顺并无私人来往。他不是靠走后门荣升高位，而是凭自己的本事干出一番业绩来的。不过这样一来，曾国藩对京师的政局动向，消息也就不大灵通。北京的政变是九月三十日发生的，十月六日肃顺被砍头，可是一个月以后曾国藩还丝毫不知道这些变故。直到十一月十四日，他收到命他节制四省军务的上谕，同时收到清廷将肃顺等正法的上谕，才得知此事。这令他十分意外，甚至是震惊。他在日记中写道："又抄示奏片一件，不知何人所奏。中有云，载垣等明正典刑，人心欣悦云云。骇悉赞襄政务怡亲王等俱已正法，不知是何日事，又不知犯何罪，戾罹此大戮也！"恰好李鸿章来，两人谈论"京城政本之地，不知近有他变否，为之悚仄忧惶"。

曾国藩得到节制四省军事之权，不但没有志得意满，反倒十分惶恐，担心位高权重可能带来的后果。他在日记中写道：

> （余）权太重，位太高，虚望太隆，悚惶之至……思陆放翁谓得寿如得富贵，初不知其所以然，便跻高年。余近浪得虚名，亦不知其所以然，便获美誉。古之得虚名，而值时艰者，往往不克保其终。思此，不胜大惧。

这时候，湘系集团已有不少人做了大官，胡林翼虽已去世，但李续宜接替做湖北巡抚，彭玉麟是安徽巡抚，刘长佑是广西巡抚，骆秉章当了四川总督，毛鸿宾为湖南巡抚，长江两岸，到处是湘军的部队。如今他自己又受命节制四省军事，权位太高太大，虽然与没有权的时候性质不同，但他觉得都不是好事。他刚刚开始做官时，祖父曾星冈教训他"满招损，谦受益"的话，如今又在他的耳边响起，他时时提醒自己，不可自满，不可骄傲。他曾两次奏请朝廷收回成命，免去节制浙江军务一条，而让左宗棠单独负责，只因清廷坚持，方才作罢。

第十三章　天京城下

一　谋取江浙，别立淮军

太平军李世贤部被左宗棠打败后，随即撤离江西，准备与他的堂兄李秀成一起经营浙江。在湘军与陈玉成血战安庆的时候，李世贤已攻占浙江西部、南部大部分地区。咸丰十一年五六月（1861年6月、7月）间，李秀成进入湖北长江以南的大冶、武昌县一带，逼近武汉，但他没有向武汉发动进攻，而是逐步撤出江西。等到得知安庆被湘军攻占，李秀成决意回师经营江浙。二李配合，他们很快就占领名城绍兴，合围省城杭州。咸丰十一年十一月二十八日，李秀成攻占杭州。湘军攻占安庆之前，太平天国占有江苏一部分、安徽大部分，并在湖北、江西与湘军争夺。安庆之战后，安徽这块太平天国的老根据地大部分失去，只剩下皖南一角和皖北少数地区，陈玉成死后，太平天国已基本上退出皖北，太平天国天京上游的屏障已不复存在。但是，由于李秀成和李世贤等大将的努力，太平天国又占有了苏南和浙江大部分地区。假如没有战争，这块地方是中国最富庶的地区。同治元年（1862）以后，太平天国就主要靠李秀成和江浙地区维持它的生存。

当太平军攻浙江时，清政府曾多次命曾国藩饬左宗棠等赴援，但援兵未到，杭州已失。不少人认为，杭州被太平军攻占，是因为曾国藩有意让左宗棠缓进，坐视浙江巡抚王有龄败亡，然后可为左宗棠谋得浙江巡抚一职。王有龄属何桂清集团成员，曾国藩不喜欢此人，这是事实。曾国藩也确有为左宗棠谋浙江巡抚的想法。但若说曾国藩故意让王有龄败亡，则恐怕有些牵强。就在曾国藩接到命他节制四省军务的后两天，他还在日记中写道："三点睡，不能成寐。彻夜大雨至晓。念鲍（超）军不能拔营进剿宁国，稍分浙贼之势，左军亦难成行。浙事糜烂，外无救援，殆无幸矣。余奉命兼办浙江军务，坐视其阽危而莫之救，愧负之至。"这充分反映了曾国藩无兵可派，无可奈何的心情。湘军从湖北、江西向东进入安徽后，一直分成江南、江北两个战场，当杭州危急时，江北战场上，皖北苗沛霖攻占寿州（今寿县），前安徽巡抚翁同书成了他的俘虏，虽然苗沛霖声称并非造反，只是向寿州团练报仇，但此举已导致皖北局势恶化和清廷的惊慌。与此同时，湘军大将多隆阿又生病呕血。李续宜继胡林翼任湖北巡抚，难以抽身。正在这时，上海及江苏绅士又派钱鼎铭来安庆向曾国藩苦苦求救，曾国荃又回湘募勇，曾国藩正苦于无兵可派（见后文的叙述）。江北方面既然抽不出兵来，江南战场就只有左宗棠和鲍超两军实力较厚。左宗棠军不过八千人，鲍超所部也不满万人。鲍超正在皖南宁国一带与太平军相持，左宗棠如援浙，鲍超无法配合，左宗棠只有孤军前进。到浙江作战，不同于先前在江西，江西已是湘军自己的根据地，后面又背靠后方湖南，如湘军到浙江，四面都是太平军，后勤补给将发生困难，凭一支孤军，要冲破太平军的层层关卡去救援杭州，谈何容易？这里还应该指出，曾国藩没有让左宗棠速援杭州，也与他用兵谨慎有关，三河的惨败离现在不远，曾国藩不太愿意他的部将冒此大险。但到了咸丰十一年（1861年）十一月十八日，因清廷催促甚急，又命他督办四省军务，曾国藩一方面表示不敢接受督办四省军务的重任，另一方面也只好硬着头皮叫左宗棠速去援浙，并把希望寄托在太平军李秀成人多但不善战，李世贤敢战但不耐久上。而此时正是杭州紧急之时。这在他的书信、日记中都可以得到证实，所以，说曾国藩故意让王有龄战死后再催左宗棠进兵，是缺乏根据的。

待杭州失守，曾国藩密奏由左宗棠接任浙江巡抚，但仍主张左宗棠稳扎稳打，自西向东，先经营浙西，然后步步推进，并奏请原为刘长佑部下的湘军大将蒋益澧率兵五千前来助战。咸丰十一年十二月二十四日（1862年1月23日），清政府正式授左宗棠为浙江巡抚，曾国藩又保荐蒋益澧为浙江布政使。蒋此时驻军广西，由刘长佑指挥，曾国藩亲自致函刘长佑和蒋益澧，请蒋益澧前来。此后，左宗棠在其他各路军队的配合下，开始向浙江太平军进攻。

当杭州危急的时候，太平军对上海的压力也在增加。自从第一次鸦片战争以后上海开辟为通商口岸，很快就繁荣起来，并且迅速超过广州成为中国对外贸易的中心。咸丰三年

五口通商后的上海旧照

（1853）太平天国占领金陵的时候，金陵城大批富商、绅士逃避上海，这样就更加速了上海的繁荣。上海再不是江苏省的一个普通县城，它的重要性大大增加了。曾国藩布置安庆会战时，对上海的处理实际上是个漏洞。江苏巡抚薛焕手里虽有三万兵力，但都是些残兵败卒，薛焕又根本不懂用兵，放着上海巨大的财力物力，不仅无所作为，任凭太平军在江浙横冲直撞，甚至守不住上海，幸好洋人帮了清政府的忙，上海才没有丢。事实上，如果不像曾国藩那样对军制作一个重大的变革，换了别人也是无能为力。在这一阶段，太平军对上海的压力不但没有减轻，反而随着李秀成在浙江的胜利而与日俱增。因此，上海中外会防局的官绅们特别希望两江总督曾国藩能派兵到上海来。咸丰十一年（1861）十月四日，有金匮知县华翼纶自上海来曾国藩两江总督府请兵，并告诉曾国藩，上海每月可筹饷六十万两，又说上海绅商愿意助饷，盼曾国藩早日派兵到上海。曾国藩内心已经活动。过了十二天，也就是十月十六日，上海绅士们的代表户部主事钱鼎铭和江苏巡抚薛焕的使者又到安庆。钱鼎铭带来上海绅士的公函，说上海一带，只有上海、江苏镇江、浙江湖州三地没有被太平军占领，但也难以持久；上海一带有乡团、不服太平天国的枪船势力以及太平天国内部的内应可以利用，但如没有大军前去，这些势力都不能持久。公函中说："但请奇兵万人，以一勇将领之，间道而来，旬日之间，苏、常唾手可得。大军不至，则铁郭金城将沦灰烬。及今不图，后悔必矣。"这公函是一个叫冯桂芬的人写的，曾国藩记住了他的名字，这冯桂芬后来入李鸿章幕，主张改革，很有影响，但这是后话。这封公函打动了曾国藩，再加上钱鼎铭座上痛哭流涕，"情词深痛"，就好像春秋时代楚国包胥到秦国痛哭求救兵一样。到 11 月 23 日，钱鼎铭再次拜见曾国藩，"语次声泪俱下，叩头乞师，情词哀迫"，曾国藩最后答应派兵救援上海。但是派哪支兵去呢？曾国藩最初打算让曾国荃带一万兵去，但是性情蛮狠的曾国荃表示，一定要啃金陵这块硬骨头，不愿援上海。曾国荃还回信说："松、沪财赋甲天下，筹饷易。然贼巢在金陵，急攻其巢，必以全力援救，而后苏、杭可图。愿任其难者。"曾国藩只好另想办法。

曾国藩早就认为，淮北一带民风朴实强悍，若加以适当训练，可成劲旅。更深一层，他认为湘军现在已有暮气，必要时要有一支可以代替湘军的军队，这支军队既要与他关系密切，又要能打仗，缓急可恃。现在他无兵可派，终于想到从淮北另募一军援上海。由谁来负责招募、训练和统率这支军队呢？当然最合适的人选是李鸿章。李鸿章出自合肥，原来就在淮北带过兵打过仗，又与曾国藩关系密切。但是长期

淮军

以来曾国藩一直依赖李鸿章为其起草奏折等重要文件，兼为幕府心腹高参，最重要的事情常与这位见识超出一般幕僚的门生商量。若李鸿章离开总督府，将给曾国藩带来一定困难。但此时情形紧急，曾国藩再也顾不得这些了。因为若由曾国荃援上海，有现成的兵可派，可迅速成行，老兵打仗也较可靠。新募淮勇援沪，不仅成行要慢，而且新兵打仗也似不如老兵可靠。所以曾国藩已是不得已而求其次了。

正在紧张组建新军的时候，清廷于同治元年正月初一（1862 年 1 月 30 日）命曾国藩为协办大学士。大学士是个由来已久的官衔，晚清的时候，大学士已没有多少实权，但是就地位来说，却是十分崇高的职务。当时大学士例有五人，大学士之下，有协办大学士，当前面的几位大学士中有离职或病逝的时候，一般会由协办大学士递升。大学士、协办大学士共七人，是很不容易才能得到的头衔，也是许多人梦寐以求却得不到的。曾国藩于正月十七日接到命他协办大学士的上谕，他第一个念头就是权太重、位太高，想辞协办大学士之位。他还在日记中说"责任艰大，才智不称，精力日疲，可忧之至"。与众幕僚商议，大家主张应接受协办大学士而辞节制四省之权。但清廷坚持让他两者都担任，他的辞谢没有效果，但是他的诚惶诚恐的意思却已明白向清廷表达过了。这时候曾国藩的官衔越来越多，越来越大，同治元年（1862）二月一日这天，他发现他所用的公牍纸上所印的官衔太多，便删去十四个字，并戏题一诗："官儿尽大有何荣？字数太多看不清。删去几条重刻过，留将他日写铭旌。"

李鸿章不负他的老师所望，两个月就组织起新军。但他成军的办法，不是从头招募，而是利用了淮北一带旧有的与太平军作战的团练。这些团练首领有张树声、刘铭传、潘鼎新、吴长庆以及已参加湘军的李鸿章原在淮北的部将张遇春。李鸿章把这些原属于地方武装的团练按湘军的营制改编，从此中国又出现了一支新的军队——淮军。曾国藩恐怕淮军新成军，人数既少，又多新兵，于是又拨八营湘军给李鸿章。其中最有名的是程学启的两营。程学启原是太平天国陈玉成的部将，在安庆大战时投降了湘军，一直由曾国荃指挥，勇悍善战，成为李鸿章的得力干将。这样李鸿章所部达到了六千五百人。淮军的体制，大都仿效湘军，但也有三点与湘军有别：一为将领，湘军将领多以书生担任，淮军将领则十分庞杂，读书人不多。二为士兵，湘军专招朴实乡农，而淮军因为仓促成军，士兵中团练甚至降卒都很多，还有大量收编原清军防军。三为武器，最初成军时，淮军武器与湘军并无不同，但李鸿章一到上海，马上认识到西洋先进武器的优越性，不遗余力地更换装备，大量应用新武器，致使淮军战斗力迅速提高，并且营制也因为使用新武器而有所改变。在使用新武器上，后来湘军反过来又模仿淮军。（关于淮军的组建情况，参见王尔敏《淮军志》及苑书义《李鸿章传》相关部分。）

这么多的军队如何赴上海呢？曾国藩最初与李鸿章计议，是沿江北陆路步步向东推进，抵达尚为清军控制的镇江。安庆与上海相隔千里之遥，中间又有许多地方为太平天国控制，所以这一办法很不容易。而此时上海方面的绅商已经等不及了，他们与英国驻上海领事商定，用十八万两白银雇英国轮船运兵。江苏巡抚薛焕原是何桂清集团成员，本不情愿湘军势力控制上海、江苏，因为曾国藩的部将很可能抢去他的巡抚饭碗，但是他的兵又实在难以守上海，与其让太平军攻破上海而自己丢掉脑袋，还不如让湘军控制江苏、上海而自己仅失去江苏地盘，所以最后还是勉强同意用巨款雇轮船。同治元年（1862）二月二十八日，钱鼎铭带部分轮船到安庆，次日，曾国藩和李鸿章决计用轮船运兵，直抵上海。三月七日，第一批淮军登轮启程，至五月上旬，淮军分三批全部到达上海。曾国藩从此开辟了一个新的战场，李鸿章也从此开始了他的真正的政治生涯。三月二十七日，由曾国藩保荐，清廷命李鸿章署理江苏巡抚，薛焕只担任通商大臣，不久清廷再将薛焕调京，命李鸿章兼任通商大臣，在此以前，曾国藩已推荐湘系的陈士杰担任江苏按察使。李鸿章又请与他同年中进士兼好友的郭嵩焘来管财政。江苏布政使吴煦握财政大权，次年以办理洋枪队不善，李鸿章将其弹劾罢职。江苏继湖南、湖北、江西、安徽、浙江之后，也落入湘系手中。而李鸿章系统的军队也迅速扩充，同治二年（1863）四月达四万人，同治三年（1864）九月达到七万人。

二 "中华之难，中华当之"

在整个安庆会战期间和稍后的曾国藩、李鸿章组建淮军期间，也正是太平军攻取江浙的时期。在这个时期，对于清政府方面来说，还有一件大事，就是是否借列强的兵力攻击太平军，这在当时，叫作"借师助剿"。

还是曾国藩困守祁门最艰难的时候，咸丰十年（1860年）十月二十五日，曾国藩接到清廷上谕，说是在北京议和交涉时，俄国使臣向奕䜣表示两个意思，一是愿协助镇压太平军，请中国官军于陆路统重兵进击，该国可以派海军三四百人于水路配合进攻。一是转达美国商人的意思，愿意从江南代运漕米到天津。还有一些广东商人也想代运漕米。因为当时战争期间，运河不通，由江南供应北京的漕米的运输发生了极大困难。助清军进攻的事，法国也曾表示过同样的意思。这两条是否可行，朝廷也拿不定主意，让曾国藩和江苏巡抚薛焕、浙江巡抚王有龄妥议。这时候，太平军大举西进，意在挽救安庆，曾国藩兵困祁门，欲进不能，欲退不可，太需要军事上的支持，哪怕有人能分散一下太平军的兵力也好。但是，用洋兵打太平天国，他还是觉得不妥。他知道，"自古外夷之助中国，成功之后，每多意外要求"，因此，他认为外夷的军队不可用。而且湘军水师已经控制了大部分长江江面，清兵的单薄在陆而不在水，太平军能够纵横转战，也是在陆而不在水。湘军陆军现在不可能进兵金陵，就算外夷的兵船由海口沿长江上驶，也不能收夹击之效。曾国藩建议，"应请饬下王大臣等，传谕该夷酋，奖其效顺之忱，缓其会师之期"。就是说，对外人要感谢他们的好意，但对他们出兵，要委婉地拒绝或加以拖延。对于洋商代运漕米，曾国藩则大力赞成；至于广东商人代运漕米，由他们自行办理就是，用不着插外国旗帜。恰好这时左宗棠来到祁门与曾国藩议作战方略，曾国藩将此事也与左宗棠商议，两人意见完全相同。曾国藩便请左宗棠代他起草奏折。在奏折的末尾，还加上这样两句话："此次款议虽成，中国岂可一日

忘备？无论目前资夷力以助剿、济运，得纾一时之忧。将来师夷智以造炮制船，尤可期永远之利。"清廷的上谕，只涉及借师助剿和用洋商代办漕运两件事，而曾国藩和左宗棠却想到了将来向洋人学习造炮制船的技术，而当时曾、左与太平军交战，都处于非常艰难的时刻，他们却想到了长久以后的事，这充分显示了曾、左二人的远见。不久胡林翼看到了奏折，对奏折的观点完全赞同。曾国藩复书胡林翼说："承奖赞借夷助剿一疏。此系左季翁捉刀为之，鄙人不办此也。至于大败之后，力不能拒；和好之初，情不宜拒，此则鄙见与季翁（即左宗棠）相同。此时该夷以甘言德我，我乃以峻辞拒之，异时该夷以恶言加我，我反哀辞求之，不亦晚乎？似宜虚与委蛇，与之为婴儿，与之为无町畦，犹为少足自立之道。"

这里需要指出的是，以前不少人提到这一奏折，都说"师夷智以造炮制船，尤可期永远之利"的见解表现了曾国藩的远见，然而不知道这是曾国藩和左宗棠两人的共同作品和共同的思想。如果算是远见的话，应该是曾、左两个人的。

与曾国藩不同，薛焕和王有龄对借师助剿大力赞同，这当然也与两人自度无力抗击太平军有关。清廷接奏，觉得还是曾国藩说的办法比较妥当一些，于是婉拒法、俄的请求。这是第一次拒借外兵。不过，在此之前，事实上英、法军队已帮助清军守卫上海，并由当时任苏松太道的吴煦和候补道衔商人杨坊出面，雇佣美国人华尔组成了"洋枪队"，助清军作战。这是因为英法认为上海是他们的商业利益所在，如果太平军占领上海，将对他们不利，同时他们也认为太平天国不能成事。所以才出现北方英法联军与清军作战，南方英、法军队却帮助清军守城的怪事。

转眼一年过去了。太平军再一次进攻上海。江浙绅士又议借洋兵，这次他们不仅要用洋兵守上海，还要借助外国军队攻打被太平军占领着的苏州、常州。曾国藩复函说，洋人助守上海则可，请其进攻苏、常、金陵则不可："借助外国，自古为患……大抵宁波、上海皆系通商码头，洋人与我同其利害，自当共争而共守之。苏、常、金陵本非通商子口，借兵助剿，不胜为笑，胜则后患不测。目前权宜之计，只宜借守沪城，切勿遽务远略。谓苏、常可以幸袭，非徒无益，而又有害也。"此外，他又说，既然借助洋兵守上海，"则当坦然以至诚相与，虚心相待，不可猜疑。尤不可自矜自炫，存鄙处兵力可恃之见。中孚以涉大川，忠信可行蛮貊，能得其心，然后能得其力也"。理学家说话，常有"诚"字，讲"存诚不欺"，曾国藩后来发展出外交上对外国人也要讲"诚"，就是从这时开始的。但是江苏巡抚薛焕却上奏主张请洋兵助攻，朝廷再次征求曾国藩意见，曾国藩于同治元年（1862）正月二十二日上奏，再次强调："臣之愚见，借洋兵以助守上海，共保华洋之人财则可，借洋兵以助剿苏州，代复中国之疆土，则不可。如洋人因调船已齐，兵费大巨，势难中止，情愿自剿苏州等处，我中国当以情理阻之，婉言谢之。"这是二拒借洋兵。

不料曾国藩拒绝请洋兵后，上海方面一些绅士和江苏巡抚薛焕仍然坚持己见，薛焕还鼓动绅士潘曾玮等人赴京，直接向朝廷请求准借外国军队助攻。清廷命曾国藩就此事复奏。曾国藩上奏坚持，洋兵助守上海则可，助攻苏、常则不可。他最担心的是，洋兵既助你收复城池，以后必多要求。到那时处理不慎，必然贻害国家。曾国藩又密函恭亲王奕䜣和军机大臣桂良，指陈借洋兵助剿的问题和利害关系。这是曾国藩三拒借洋兵。

更让曾国藩料不到的是，曾国藩已三次拒绝借洋兵后，又有三口通商大臣崇厚主张借英国殖民地印度的军队进攻太平天国，表面上却说洋人因助守上海，与太平天国积怨已深，又恐兵少不敌，拟调印度兵来，于秋间大举进攻。奕䜣等人觉得不妥，于1862年五月又一次询问曾国藩意见。这次曾国藩已经很不愉快，在最艰难的时刻，他尚反对借洋兵，现在事机已顺，胜利可望，岂能再多此一举。他甚至觉得这些一力主张借洋兵的人真是无聊，他们只图眼前痛快，对借洋兵可能给国家带来的祸害毫不考虑，他暗地里骂这些人"挟洋自重"。他联络了已是浙江巡抚的左宗棠和江苏巡抚的李鸿章，联衔上奏，上奏中有些话已不够客气。上奏先引用左宗棠和李鸿章之语拆穿崇厚的把戏，指出英国调印度兵之事实属子虚乌有。其中说，左宗棠来信云，"夷人之畏长毛，亦与我同"，断无起印度之兵与太平军战之事。"兵头纵有此意，国主未必允许"。李鸿章函则云，英国提督何伯不久前还见过李鸿章，并无调印度兵一说。英法两国，与中国情形不同，若调大兵开战，例须议会通过预算，才能成行。曾国藩说，崇厚既有所闻，应由总理衙门向驻京英使查明，婉言谢绝。接着笔锋一转，更陈述不肯借洋兵的另一理由：

> 中国之寇盗，其初本中国之赤子。中国之精兵，自足平中国之小丑。姑无论本年春夏连克二十余城，长江上下肃清三千余里，发逆（清方对太平天国的称呼——著者）无能久之理，吴、越有可复之机。即使事机未顺，贼焰未衰，而中华之难，中华当之。

随后，他不无讥讽地写道：

> 在皇上有自强之道，不因艰虞而求助于海邦；在臣等有当尽之职，岂轻借兵而诒讥于后世。

当然，曾国藩讥讽的对象是那些一再主张借师助剿之人。最后，曾国藩又拿出杀手锏，他申明，假使洋人真的调兵前来，"西兵进攻内地，臣处无会剿之师。若克城池，臣处无派防之卒"。就是说，假使洋人兵来，湘军不会配合进攻。这样做，因为洋兵人少，能攻城但无兵守城，所以实际上就无力入内地与太平军作战了。这是曾国藩四拒借洋兵。

由于曾国藩的一再反对，虽然外国军队曾直接参与上海附近的战斗，但清廷终于没有借外国军队进攻太平天国据守的苏、常、金陵等城市。到同治三年（1864），由洋枪队演变而来的常胜军也被李鸿章收编。

三　态度强硬，解散"阿思本舰队"

在是否借师助剿争论的同时，在曾国藩的坚决要求和强硬态度下，清政府被迫解散了所谓"阿思本舰队"。

赫德

事情要从第二次鸦片战争说起。1860年，英法联军占领北京，再次显示出洋枪洋炮的厉害。而负责与英法方面谈判的恭亲王奕䜣，也在对西方逐步了解的过程中产生了购买西洋船舰枪炮的想法。前面说过，清江南大营再次溃败，曾国藩出任两江总督，当时他的战略部署中有建立淮扬、宁国、太湖三支水师的计划，并准备建立船厂造船。清廷接报后，奕䜣觉得，建船厂需要花很多钱，同样花钱，不如直接购买西洋轮船，轮船打起仗来自然比中国旧式船要得力一些。而且自己建船厂，需要购买物料，也非一年以上时间不能办成，如果直接购船可能倒快些。转眼到了咸丰十一年（1861），总理衙门向署理总税务司英国人赫德询问，赫德说，英国所造大轮船，可载数百人，但价格较高，每艘价白银数十万两；小轮船每艘数万两，可载一百数十人。大船不利在内河行驶，可以买小轮船十余号，装上精利枪炮，费用不过数十万两。至于驾驶人员，广东、上海等地有不少人能够胜任，可以让内地人随时学习。若内地人一时不能学习，也可以雇佣外国人两三名，让其负责驾驶、管炮。至于经费的困难，赫德也出主意说，可以从进口的鸦片上想办法，在征进口税之外，运销到哪里，由当地地方官给印票，仿照牙行纳帖之例，抽取若干，即印票税，就用这笔钱买船炮。奕䜣等将买船计划奏上，清廷立即批准，同时将买船计划告知湖广总督官文、胡林翼、曾国藩、江苏巡抚薛焕、两广总督劳崇光等人，并要他们妥议筹划办法。

曾国藩接到上谕后，上奏指出，用轮船打太平天国，用处不大。他再次分析，太平天国的长处在陆而不在水，而官军的单薄，也在陆而不在水，曾国藩说，现在苏、浙、皖等省，湘军与太平天国争夺的主要城市有六个，金陵、安庆、芜湖三城是傍长江的，苏州、庐州、宁国（在皖南）是不靠长江的。不靠长江的城市，只有小河，根本用不上大船，其他更小的支流，连小船都不能用，根本用不着轮船；傍长江的城市，虽说能够沿江开行轮船，但只能攻击水上的太平军，不能攻击岸上的太平军。而目前太平天国炮船很少，湘军水师已经控制江面，太平军在长江上已不能与湘军水师争锋。所以傍江的城市轮船用处也不大。

但是，曾国藩非常赞成恭亲王奕䜣等购买轮船的计划。他把购买外洋船炮，称为"今日救时之第一要务"。他进一步说："轮船之速，洋炮之远，在英法则夸其所独有，在中华则震于所罕见。若能陆续购买，据为己物，在中华则见惯而不惊，在英法亦渐失其所恃。"更进一步，曾国藩又说："购成之后，访募覃思之士，智巧之匠，始而演习，继而制造，不过一二年，火轮船必为中外官民通行之物，可以剿发逆，可以勤远略。"从曾国藩的这段话里，我们可以明显看出，同样主张购买轮船大炮，曾国藩的着眼点与清廷不同。清廷的用意在于用轮船进攻太平天国，而曾国藩虽然也说轮船可以用于打太平天国，但更重要的是"勤远略"，要让轮船成为"中外官民通行之物"，做到"在中华见惯而不惊"。用现在的语言来说，就是买了轮船，再自己制造，在将来可能的中外抗衡中有可以依仗的利器。正是从这个角度，曾国藩才赞成买船，如果只为对付太平天国，则是不必要的。

曾国藩与官文、胡林翼商议，准备将来轮船到时，每船酌留三四个外国人负责驾驶，兵丁则全用湘军水师，炮位也用湘军水师。曾国藩对买船的事非常积极，他想起上海还有过去买的旧轮船，虽不能打仗，但可以用作学习驾驶操作用，他请求立即将这轮船调来安庆，供湘军水师作为练习舰学习。

不管出发点如何，既然购买轮船的主张大体达成了一致（只有当时的江苏巡抚薛焕主张借夷助剿，但不太赞成买船炮），清廷便开始付诸行动。

同治元年（1862）初，由总理衙门与赫德商定，购买中号军舰三艘，小号军舰四艘，趸船一艘，再加上武器弹药等物品，共银六十五万两。赫德便致函正在英国休假的总税务司李泰国（英国人）代为办理。后来因为钱数不足，又追加十五万两，共计八十万两。

清廷将已经定购轮船的事情告知曾国藩，曾国藩便开始准备，他与杨载福、彭玉麟等商议，命湘军水师营官、广东人、提督衔的蔡国祥统辖这七艘轮船，同时派定了每艘轮船的统带官。准备接管这七艘轮船。每船留外国人三至四人，令其教习中国人，以后再让学会驾驶的中国人教其他中国人。教练大体熟悉之后，便与湘军水师一同作战。

然而出乎意料的事情发生了。李泰国是个狂妄自大、野心勃勃而又根本无视中国主权的家伙。他在英国订购了轮船之后，竟私自聘请英国海军上校阿思本为这支小舰队的总统官（司令），并招募六百多英国海军官兵，准备舰上全用英国官兵。这就是所谓"阿思本舰队"。这还不算，李泰国竟然又与阿思本签订了一个十三条的合同。过去写这件事情的史家学者对此合同只是说个大概，《清末海军史料》的编者在编辑此书时，从故宫博物院找到了当时的抄本，从而见到了这份文件的原貌。读者看以下合同的主要内容，就可以理解曾国藩为什么如此激动，并且态度如此强硬了：

第一条 中国现立外国兵船水师，阿思本允作总统四年，但除阿思本之外，中国不得另延外国人作为总统。

第二条 阿思本作为总统，中国所有外国样式船只或内地船雇外国管理者，或中国调用官民所置各轮船，议定嗣后均归阿思本一律管辖调度。

第四条 凡朝廷一切谕阿思本文件，均由李泰国转行谕知，阿思本无不遵办；若由别人转谕，则未能遵行。

第五条 如有阿思本不能照办之事，则李泰国未便转谕。

第六条 所有此项水师各船员弁、兵丁、水手均由阿思本选用，仍须李泰国应允，方可准行。

第九条 此项水师，俱是外国水师，应挂外国式样旗号……是以议定，旗要绿色，中用黄色两条相交，心内画黄色龙尖旗，以为中国之号旗。

这样一个舰队还是中国的舰队吗？难道中国政府花这么多钱是为了买一个太上皇？清政府授权给李泰国的，只是让他代购船只，再加上请教官而已，而李泰国竟在清政府甚至赫德毫不知情的情况下议定了这样一个荒唐的合同，简直没有丝毫将中国政府和四万万中国人放在眼里。

更何况，从合同的第二条看，李泰国和阿思本甚至要完全控制中国将来要建立的海军！岂不是要再来上演一次英国东印度公司侵吞全印度的活剧。真是狼子野心，何其毒也！

同治元年（1862）三月，船尚未来到中国，李泰国先行到了北京。当他向总理衙门出示他与阿思本签订的所谓"合同"时，中国方面大吃一惊。按理说，清政府完全可以不理睬李泰国的所谓合同，因为这与清政府的授权毫无关系，李泰国没有任何权力这样做，由此引起的一切后果应由李泰国个人负责。但是，李泰国的背后似乎还有英国政府撑腰，刚刚在第二次鸦片战争中吃了败仗的清政府不能断然彻底废除李泰国的所谓合同。经过一个月的再三驳诘，双方重新议定了一个五条"轮船章程"。章程第一条规定："由中国选派武职大员作为该师船之汉总统，并延英人阿思本作为帮同总统，以四年为定。其兵船一切事宜，该两总统应和衷商办。"舰队在用兵地方，归中国督抚调遣，实际上是归曾国藩和已担任江苏巡抚的李鸿章调遣，行兵进止，听中国主持。但是，阿思本带来的六百多外国士兵并没有遣送回国，仍是船上的主要人员，则中国总统很可能成为空话。第二条规定："阿思本既帮中国作总统，由总理衙门发给札谕，俾有管带之权。外国弁兵由阿思本管束，各弁兵中即骚扰百姓及一切不法情事，阿思本均应严办，以期军律整齐。"我们看"外国弁兵由阿思本管束"一句，便知曾国藩、李鸿章的指挥很可能被架空和以任意理由抵制。所以，这新五条李泰国虽然让步，不过是略为保全中国的面子而已。议定之后，清廷以上谕的形式将大致内容传达给曾国藩和李鸿章。

　　曾国藩和李鸿章知道李泰国和阿思本私自签订的所谓十三条后，都非常气愤，一致坚决反对。及至总理衙门奏定新五条，仍是出乎曾国藩、李鸿章两人的意外。曾国藩致函李鸿章说："不意此次总理衙门奏定条议，将兵柄全予李泰国，而令中国大吏居节制之虚号，不特蔡国祥如骈拇枝指，无所用之，即吾二人亦从何处着手？"就是说蔡国祥一人担任总统，船上都是阿思本聘来的外国人，听阿思本指挥，那蔡国祥就会像有六个手指头的人多出的那根手指一样，根本无从指挥。曾国藩随即致函恭亲王奕䜣和总理衙门，坚持要买船便要中国官员全权指挥，决不可听任洋人把持，否则不必买。他说："洋人本有欺凌之心，而更授以可凌之势；华人本有畏怯之素，而又逼处可怯之地。"倘使轮船驶来以后，洋人完全控制，"视轮船为奇货可居，视汉总统如堂下之厮役，倚门之贱客，则不特蔡国祥断不甘心，即水陆将士皆将引为大耻！"曾国藩还说，如果交涉困难，不如索性"将此船分赏各国，不索原价"，"使李泰国失其所恃而折其骄气"。与此同时，江苏巡抚李鸿章、围攻金陵的曾国荃也坚决支持曾国藩，并声称长江之内，湘军水师已帆樯如林，攻击太平天国，实已用不着外国造的轮船。

清政府中，恭亲王奕䜣自然也明白让李泰国和阿思本控制中国的海军不妥，但是因为李泰国的背后是英国政府，交涉起来困难不少。但既然见到曾国藩等态度如此强硬，只好硬着头皮去交涉。恰好舰队开到中国以后，阿思本坚决不同意新订五条章程，声称宁愿将舰队遣散，也不愿受中国地方官员指挥。交涉转到了英国驻华公使卜鲁士（又译普鲁士、普鲁斯）那里，卜鲁士又请美国驻华公使蒲安臣调节。清政府要求将阿思本带来的人遣散，即人去船留，但卜鲁士不同意，显然李泰国与阿思本签订的所谓十三条合同，有英国政府授意的成分在内。卜鲁士说，既不要英国人，便将军舰开回英国。清政府抓住此说，遂与卜鲁士商定将轮船全部遣送回英国，由英国负责将轮船变卖，卖出的款项交还中国。但是舰队来中国及回英国的经费、阿思本及所雇佣的六百英国士兵九个月的薪水等，共计银三十七万五千两，全由中国政府承担，而按理说这项费用应由越权办事的李泰国负责。清

曾国藩大传

482

政府为了让回英国的舰队免生事端，又特地"赏给"阿思本银一万两。

按照第二次鸦片战争中的《天津条约》附约《通商章程善后条约》的规定，中国海关由英国人"帮办税务"。后来实际上变成了主持海关税务。第一任海关总税务司就是这位李泰国。阿思本舰队交涉刚结束，清政府借此机会立即将李泰国免职，另外任命较容易合作的赫德为总税务司，以后赫德在中国工作了几十年。

在曾国藩等强硬坚持下，清政府终于遣散了"阿思本舰队"，虽说是白花了几十万两白银，但总算没有损失主权。这在当时的人们也许还不十分明白，但我们现在看这件事还是十分重要的。因为将新式海军交到他人手里，那后果不堪设想。

对于曾国藩坚持不让阿思本掌握舰队的指挥权，知道此事的人大多持赞赏的态度，认为不论曾国藩主观上的出发点为何，但客观上保住了中国主权。

然而对于曾国藩为何如此强硬反对由阿思本掌握指挥权，论者的说法大不一样。批评较多的人说，曾国藩只是为了自己的私利，不让任何人分割自己的权力，不让任何人分割攻占金陵的功劳，不让任何人分割金陵的财富，既然舰队不让他全权指挥，不如不要。赞扬他的人说，这是曾国藩民族意识和民族思想的体现。

这两种说法都有可以商榷之处。

先论为私利之说。曾国藩渴望中国有一支海军，以便将来能与列强争雄，这想法自第二次鸦片战争以来就有了。只要中国有轮船，并不计较归谁指挥。随着本书对湘军攻占金陵以后史事的叙述，读者可以明白，此时的曾国藩，与丁忧之前的曾国藩已经不同，丁忧以前，他抱怨清廷没有给他适当的地位，即没给他地方督抚的职位，好让他大展身手。但自从受任两江总督特别是节制四省军事以来，他想的已不是如何扩大自己的权势，而是如何将权势退让、减少一些，以减少疑忌，维持自己和清廷的关系。另外，太平天国灭亡以后曾国藩仍念念不忘造船，但所造的轮船并不一定归自己统属，从这一角度看，说他出自私利未免牵强。

但是说他出自民族意识和民族思想的见解恐怕也须仔细剖析。曾国藩此时的思想水平，还不能说已经具备了现代民族主义、维护国家主权的观念。人不能脱离他的时代。在十九世纪的六十年代，中国人还缺少主权意识，对于列强逼迫中国签订的不平等条约中如协定关税、领事裁判、片面最惠国待遇等条款的危害，还没有觉察。曾国藩也是如此。曾国藩反对阿思本掌握控制舰队，恐怕更多的是传统的大国意识，或说天朝上国意识：堂堂中华大国，怎能让洋人掌握军权，那成何体统？曾国藩所谓将这些船分赏各国，不索原价，就是这种意识的自然流露。当然不是说对外人掌握军权的后果他一点没有觉察，还是有的。

虽然这件事解决了，但曾国藩也受了不小的刺激。买船既然受制于外人，他更渴望中国自己能够造出与西洋人一样的大船。后来他在致李鸿章的信中说，安庆内军械所造船，试验三年而成效不大，但要效愚公移山之志，继续努力。当他主持江南制造局期间，便修造船坞，制造轮船，这将在后面介绍。

四　曾国荃孤军逼金陵

安庆之战后不久，曾国荃回湖南募勇。1862年二月十五日，曾国荃返回安庆。他这次新募六千湘勇，使曾国荃直接统率的部队达到了一万八千人。曾贞干这时也已直接统带四五千人。两人合起来有兵两万三千以上。恰好这时清廷命曾国荃为江苏布政使，并叫他与曾国藩不必按惯例回避。曾国荃于二月二十四日率军从安庆东下，向金陵方向进攻。

按照曾国藩的战略计划，进攻太平天国，有大三路、小四路。所谓大三路，是指湘军各支主力沿长江两岸向金陵方向进攻，任主攻；左宗棠率所部攻浙江；李鸿章自上海由东向西进攻。这大三路各自为战，但均可牵制太平军的力量。所谓小四路，指的是直攻金陵的军队分为四个部分。其中曾国荃一军进攻巢县（今巢湖市）、和州（今和县）、含山，得手后可与扬州一带由江宁将军都兴阿（从原荆州将军调任）所率的清军连为一片；多隆阿军攻占庐州后也向金陵方向运动；其余两支为江南岸的鲍超和已任安徽巡抚的李续宜。陆路之外，还有彭玉麟指挥水师配合。湘军以外，还有在淮北的袁甲三、李世忠军，以及驻扬州的都兴阿军，可以互相联络支援。

曾国荃按此计划先在江北岸展开行动，一路非常顺利。

三月二十日一日之内，攻占安徽巢县、含山。二十二日，占
和州。二十四日攻占西梁山。与此同时，曾贞干在江南岸攻
占繁昌、南陵，直逼芜湖。四月十四日，多隆阿部攻占淮北
陈玉成所守的庐州，安徽省长江以北已无大股太平军，曾国
荃遂于四月二十日率军由西梁山渡长江。二十一日，曾国荃
军与彭玉麟水师配合攻占金柱关和东梁山，金柱关为芜湖以
东锁钥，湘军攻占金柱关，隔断了太平军芜湖与天京方面的
联络。二十二日，曾贞干猛攻芜湖，因有部分太平军做内
应，当日攻占芜湖。

　　自太平天国定都天京以来，以安庆为上游第一道屏障，
芜湖为第二道屏障，芜湖与芜湖下游附近的东西梁山、金柱
关互相依恃，这几个地方既为湘军攻占，太平天国天京的上
游屏障已经完全失去。曾国荃既得芜湖，便率军一路向天京
猛冲而去，五月一日攻天京附近的秣陵关，守关太平军投
降，次日曾国荃再占大胜关、三汊河。彭玉麟见曾国荃孤军
深入，担心其有失，率水师来援，湘军水陆协作，于五月三
日占关头、江心洲、蒲包洲。五月四日，曾国荃率军进逼雨
花台驻扎，离城不及四里。彭玉麟水师也泊天京护城河口。
清军江南大营溃灭后两年，清军再次进逼天京。

　　但是，蛮狠的曾国荃是冒险而进的。这时曾国荃所部再
加上彭玉麟来援的水师也仅有两万人，原来计划的其他几
路，除水师外都没有到，连曾贞干都还没有来得及赶到；而
且为保曾国荃的后路，曾贞干必须守住由皖南至金陵后路沿
江一线的芜湖、金柱关等地，急切中不能与曾国荃会师。皖
南方面，湘军仅拥有沿长江一线，鲍超部刚攻占青阳，刚刚

抵达宁国，与此地的太平军杨辅清部相持。太平军皖南败兵集中宁国一带，号称二十万，鲍超军只有一万，一时难以攻下来，甚至还没站稳脚。金陵的南面、东面还都是太平天国的地盘。东面只有镇江一隅有冯子材率领的原江南大营的部分军队，但路途太远，与曾国荃部根本联系不上，而且冯部当时也仅能自保，无力进攻。所以，曾国荃是真正的孤军冒进。如果此时太平军斗志高，战斗力较强的话，有可能将曾国荃孤军包围。过去江南大营拥兵常六七万之多，尚不能当太平军的雷霆一击，曾国荃的危险于此可见。

按曾国藩的想法，在攻占芜湖后，曾国荃、曾贞干与彭玉麟水师应该驻扎芜湖、太平府、金柱关及南陵一带，养精蓄锐。待鲍超在宁国扎稳，多隆阿率攻占庐州的胜兵进至金陵江北，曾国荃才能向金陵方向进兵。曾国藩用兵本来就比较谨慎，特别是李续宾三河之败后，更加小心，每攻大城时，一定要有攻城之兵，有打援之兵，布置妥当才肯下令进兵。当听到曾国荃已进至离金陵四十里的周村时，曾国藩非常着急，他急忙写信给曾国荃说："金陵地势宏敞，迥非他处可比。进兵之道，须于太平、采石南路进一支，句容、淳化东路进一支，浦口、九洑洲西路隔江进一支。镇江北路纵无兵来，此三支必不可少。句容东路纵无兵来，隔江一支则断不可少。此次弟不候多军（多隆阿）至九洑洲，而孤军独进，余深为焦虑。望弟暂屯周村一带，以待多军之至。"因为信息传递速度的关系，曾国藩写这封信的时候，事实上曾国荃已经扎营雨花台了。

曾国荃却觉得他的老兄年纪大了，斗志差了，行事过于谨慎。曾国荃依恃的是他手下的湘军斗志正高,与太平军打仗,常常以一当十,所以不惧怕太平军,一味狠干。接到曾国藩的信后,他回信道:"诸军士应募起义,人人以攻金陵为志。今不乘势薄城下,而还军待寇,则旷日持久,非利也。且金陵为贼根本,拔其根本,则枝叶不披而萎。金陵恃江南北各城为屏蔽,江南北各城亦恃金陵为应援。克其一城,移军他往,贼又随踞之,徒使我疲于奔命,而贼旋走旋踞,是攻无已时也。今以一军直捣金陵,苏、常各贼闻江宁急,必更来援。彼时遣别将间袭苏、常,吾因而乘之,殄寇犁穴,在此举矣。"

曾国藩见老弟如此坚决,也无可如何,只是时刻为之担忧。正当曾国藩力图采取措施补救时,本来定计会攻的多隆阿部又奉朝旨远赴陕西。原来陈玉成所派太平军远征军合捻军进入陕西,四川一支造反的军队也进入陕西。这些造反的队伍不仅大闹陕西,还威胁山西甚至湖北,与此同时,河南捻军也闹得正欢。因此,四月十五日清廷就命曾国藩和已任四川总督的骆秉章推荐得力人员到陕西、山西筹划军事。待清廷得知多隆阿已攻占庐州,立即命多隆阿率部赴陕西。已任安徽巡抚的李续宜身体状况很差,而且他的军队还要对付安徽残余的太平军、时服时叛的苗沛霖,并预防河南的捻军进入湖北。这样,就只有曾国荃一军逼扎金陵坚城之下了。清廷也知道曾国荃孤军进逼金陵,是冒险的一着棋,所以命曾国藩"务当分饬各营将领,慎益加慎,且不可轻易进攻,致为该逆所乘,以致掣动大局",并保证一旦陕西平定,就让多隆阿返回金陵前线。当时不少人以为,多隆阿远走陕西，是因为与曾国藩不和，至今也有人如此认为，但从各方面情形看，自太湖之战后，曾国藩对多隆阿的印象已经好多了。安庆大战中，鲍超一度增援安庆，曾国藩主动叮嘱鲍超听从多隆阿的调度。在曾国藩看来，鲍超作战虽勇，但若几支大军协同作战，他的指挥才能远不及多隆阿。1862年初曾国藩曾写信给恭亲王奕䜣，反对用洋兵到内地进攻太平军，他认为若真的派兵与洋兵会攻，将领非常难选，选人不当，会被洋人轻视。就在这封信中，他把多隆阿与左宗棠相比："环观湘楚诸军，武臣惟多将军，文臣惟左中丞，堪胜斯任。李中丞（李续宜）、杨军门（杨载福）与左相近而耐劳少逊，鲍军门（鲍超）与多相近，而智略不如。至新赴上海之李鸿章一军，惯战者不过二千人，余皆新集之卒，操练未精，胜败难料。"就此可见曾国藩对多隆阿的推重。当时陕西不仅有各支造反军队，还有汉回之间的仇杀，曾国藩担心多隆阿长于战事，对于这种复杂的情形难于把握。后来多隆阿竟因战斗受伤而死于陕西，曾国藩当时曾在家书中写道："多公仙逝，劳苦可悯。"对于多隆阿远赴陕西的事，曾国藩似乎并无怨言。多年以后，慈禧太后召见，问起他指挥过的将领，曾国藩第一个提到的就是多隆阿。可见世人对多与曾的矛盾可能看得太重，实际上不是如此。若说曾国藩和多隆阿的关系有问题，最大的可能是，多隆阿自己觉得他的才干并不比人差，想独当一面，自行建功立业，而不再依赖曾国藩。实际上多隆阿作为战将虽然相当出色，但处理更为复杂的民事、政事则并非他所长。

五　惊心动魄的四十六天

太平天国方面，自打破江南大营以来，天京附近已有两年不见敌军。湘军突然进逼天京，令太平天国方面措手不及。洪秀全等虽然觉得安庆既然失去，湘军一定会顺流东下进攻天京，但没想到来得这样快。因此洪秀全非常着急，他一面下令布置防守，一面严催李秀成回援天京。李秀成这时正与李鸿章及与淮军配合的常胜军在上海一带苦战，双方打得难解难分。因此，李秀成并不愿立即回援天京。他认为天京城高池深，曾国荃一时无力攻破，自己只要源源不断将粮草弹药送回天京，天京可保无虞。同时，曾国荃军锋锐正盛，再加上有湘军水师与其配合，暂时不可能像击溃江南大营那样打败曾国荃的军队。待二十四个月以后，曾国荃锋锐渐钝，士气懈怠，再聚集兵力将其击破。但是洪秀全这方面却不容李秀成拖延，洪秀全一日三诏，命李秀成回援。他的诏书中说："三诏追救京城，何不启队发行？尔意欲何为？尔身受重任，而知朕法否？若不遵诏，国法难容！"李秀成无奈，只好一面将老母、妻、子送回天京，交给洪秀全，表示自己绝无他意，一面策划救援天京。李秀成对如何救援非常慎重，从六月到八月，曾两次召集将领们会议。最后决定，分三路救援天京。第一路主力由李秀成率领，直接攻击曾国荃，救援天京；第二路由陈坤书率领，攻打曾国荃的后路金柱关，目的是切断曾国荃的饷道；第三路由杨辅清、黄文金、胡鼎文等率领，攻打已被湘军鲍超攻陷的皖南宁国，让鲍超、张运兰、朱品隆不能增援曾国荃。

太平天国的援军尚未到达金陵，湘军这边就出了大麻烦，这就是可怕的流行传染病。自六月以来，湘军中疾疫流行，据曾国藩历次的奏报，曾国荃军营中得病的超过万人；负责进攻浙江方向的左宗棠部生病的足有一半，这还算是轻的；皖南各军，张运兰部、朱品隆部以及唐义训部十人中病了六七个；最严重的是鲍超所部，病的竟有上万人，几乎人人皆病，每天有数十人死亡。曾国藩后来记述道：

> 我军薄雨花台，未几疾疫大行，兄病而弟染，朝笑而夕僵，十幕而五不常橐；一夫暴毙，数人送葬，比其返而半殍于途。近县之药既罄，乃巨舰连樯，征药于皖鄂诸省。

湘军高级将领中，鲍超、杨载福、曾贞干、朱品隆等人一齐患上重病。张运兰之弟、曾国藩曾认为比张运兰还会打仗的张运桂已经病死，张运兰送其弟之遗体到后路的祁门，不料自己竟也随着病倒。而张运兰军帮办文案的文员，病死达十六人。曾国藩无奈，只好让张运兰回籍养病。由于疾疫流行，大大降低了湘军的战斗力。皖南战场，鲍超因病到芜湖休养，命韦志浚和新由太平天国投降的洪容海（即童容海，降湘军后改名）守皖南重镇宁国，但韦志浚也染上了疫病，只得到芜湖休养，宁国遂被太平军攻占。这样，鲍超等部不但无法增援金陵的曾国荃，连自己能否抵挡得住太平军的进攻，甚至能否生存下去都成了问题。屋漏偏逢连夜雨，这边湘军疾疫流行，镇抚皖北的李续宜又接到母亲去世的消息。曾国藩本想按照从前胡林翼的例子，李续宜回籍治丧后，过几个月便来安徽继续主持皖北军事，捻军要他镇压，时服时叛的苗沛霖也需要李续宜震慑。不料李续宜回籍后不久，自己也一病不起，于1863年底死在湘乡，这使曾国藩又少了一个得力助手。李续宜回籍，另一个在淮北督师的漕运总督袁甲三也病重不能理事。袁甲三虽非湘系，但与曾国藩关系较好，李续宜要回籍，袁氏又病，淮北对付捻军的事情还需要曾国藩亲自管起来，曾国藩自觉精力不足，更加穷于应付。

诸多不顺的事，让曾国藩内心非常忧烦。他既担心金陵军营在太平军即将到来的援军攻击下像江南大营那样溃败，又担心胜利后功高震主，后事难料。因此，又时常有些伤感。他多次嘱咐曾国荃和曾贞干要小心从事。1862年七月二十八日，在写给他两个老弟的信中说："余寸心忧灼，未尝少安。一则以弟营与鲍营病者太多，为之心悸；二则各县禾稼，前伤于旱，继而蝗虫阴雨，皆有所损，收成歉薄，各军勇夫七万人，难于办米；三则以秦祸日烈，多（隆阿）公不能遽了，袁（甲三）、李（续宜）皆将去位。长淮南北，千里空虚，天意茫茫，竟不知果有厌乱之期否？观民心之思治，贼情之涣散，金陵似有可克之机。然古来成大功大名者，除千载一郭汾阳外，恒有多少风波，多少灾难，谈何容易！愿与吾弟兢兢业业，各怀临深履薄之惧，以冀免于大戾。"

曾国荃和曾贞干也曾指望多隆阿会来援。但曾国藩告诉他们，陕西大乱，听说死者已达四五十万，"较三江两湖之劫更巨"，他已经不好意思再奏调多隆阿回来。大股援兵无法指望，就只有靠自己。他告诉两弟："身居绝地，只有死中求生之法，且不可专盼多军，致将卒始因求助而懈弛，后因失望而气馁也。"

就在湘军因疫病陷入困境的时候，1862年闰八月二十日，李秀成率大军来援天京，援军声势浩大，号称六十万，湘军方面的记载说有三十万。据太平天国史专家茅家琦先生估计，大约在十万人。而湘军方面在天京一带的兵力，如果不算水师的话，只有两万多一点。双方人数对比过于悬殊。武器装备方面，由于李秀成的苦心经营，太平军使用的洋枪洋炮，也超过了湘军。自李秀成来到这一天起，太平军东自方山，西至板桥镇，连营数百座，旗帜如林，把这两万湘军层层包围起来。

太平军开到当日，便分东西两路大举进攻。李秀成的攻势十分骇人，据曾国藩奏报，是"洋枪洋炮，子密如雨，兼有开花炮弹，打入营中，惊心动魄"。曾国荃将部队一分为三，两部分预防城内太平军突袭，一部分亲自率领抵敌李秀成援军。湘军不仅每营都筑有堡垒，而且在整个营盘外又筑了壕和墙。

闰八月二十九日，太平天国侍王李世贤又率三四万军队来到，战斗更加激烈。太平军不仅用枪炮环攻，还开挖地道企图攻进湘军的壕墙之内。湘军极力侦察地道位置，曾国荃还命令在外面壕墙之内再挖筑壕墙一道，准备万一太平军攻破外墙后收缩战线。曾国藩后来奏报说，这天太平军用木板当作盾牌冲锋，像蛇一样盘旋前进。壕外开花崩炮横飞入营，烽燧蔽天，流星匝地。太平军大声呼喊，带草填壕，湘军用长矛击刺，太平军前者死亡，后者跟进，不肯退却。就在九月二十二日这天，统帅曾国荃中枪，子弹从右唇打入，从左边脸穿出，鲜血洒满了衣襟。幸好打中的不是要害，伤势不算十分严重。假如枪子再偏一点，要了曾国荃的命，战局就完全是另外一回事了，这也算曾家和清政府的运气。曾国荃虽然侥幸没死，但是他手下的部将左传贵、倪桂先后战死，尤其倪桂是曾国荃手下的得力勇将，可以说湘军是损失惨重，但是太平军这一波的攻势总算顶住了。九月三日以后，太平军表面上的攻势缓了下来，实际上却在暗挖地道。在这期间，曾国藩费尽心力援助曾国荃。他请驻防扬州的都兴阿派五营，派驻芜湖的王可升所部三营，甚至派了他的护军四百人，总共三千七百人增援曾国荃。虽然没有大支队伍增援，这些兵也算是雪中送炭了。

九月二十二日，太平军挖好了两条地道，只听一声巨响，烟尘蔽天，石、土飞上半空，湘军营墙被轰塌十余丈。太平军"万弩齐发，排炮雷轰，踊跃争先，呼声动地"，数千人趁机冲入外墙以内。湘军一面守住内壕，一面组织反冲锋。这场惨烈的厮杀持续了一天，太平军大败，损失了近万人，湘军也伤亡几百人。

太平军声势虽然大，但大部分军队不够勇敢。经过九月二十二日这场战斗后，太平军不再组织大规模冲锋，而是另外设法。太平军在西线引长江水，企图淹没断绝湘军往来联络之路及后勤补给线；东线则专门挖地道以图再举。湘军针锋相对，在西线高埂处增修小营，又调水师小舢板与陆营相依护，保住了粮路；东线则也挖地道或深沟，一旦与太平军地道相遇，便灌烟灌脏水，迫使太平军撤出地道。湘军还不时主动出击。

相持到十月五日，天气已寒，太平军既无冬衣，粮食也将断绝，只好撤退。这场惊心动魄的战斗，整整持续了四十六天。

这一仗对太平天国和湘军都至关重要。如果李秀成、李世贤能歼灭曾国荃，就像三河之役歼灭李续宾一样，湘军必将全面瓦解，因为皖南战场的湘军病亡累累，抵挡杨辅清已经非常困难，若李秀成以得胜之师冲向皖南，皖南湘军肯定经不住雷霆一击。皖北战场太平军若与捻军联合，清军也将无法抵敌。整个清朝和太平天国的对抗局势都将改观，甚至中国近代史也可能改写。退一步，若太平军能够击溃曾国荃，使其不得不在水师配合下撤离天京，那样也将给湘军造成极大困难，其形势可能会像咸丰五年（1855）初曾国藩湖口惨败之后那样，湘军的攻势必将停顿下来，形成双方对峙的局面。

当时各方面情况都有利于太平天国：兵员占绝对优势；新式枪炮多；城外援军和城内守兵可以互相配合，两面夹击；湘军方面孤军冒进，不像以往那样有围城之兵，有打援之兵；湘军不仅兵员少，而且因疾疫造成巨大困难，每营五百人，能出战者常常不到二百人。唯一有利于湘军的，就是因为有水师配合，能保证粮食、弹药的供应。

就在这种情况下，太平军还是没能取得胜利，反而在围攻战中损失了几万人。这一结果不是偶然的，太平天国的军队与湘军不同。湘军有一个兵就有一个兵的战斗力，不能打的、临阵脱逃的都会被勒令滚蛋，这是湘军还在湖南境内作战时就定下的规矩。也是因为粮饷有限，不能养多余的兵。所以湘军与太平军对阵时，常以少数对多数。太平军方面，常常数万甚至十数万人，有时甚至几十万人，但其中真能作战的很可能不过只占全部兵力的十分之一，其他部队都是壮声势的。此次金陵会战，明显反映了这种不同。军队作战，战略战术固然重要（曾国荃孤军深入，战略上已输一筹），但是当关键时刻，则是两军相遇勇者胜。王闿运在叙述这次战役时说，太平军声势浩大，"然罕博战，率恃炮声相震骇。盖寇（指太平军）将骄佚，亦自重其死，又乌合大众，不知选将，比于初起时衰矣"。这可以说是这次战役胜负原因的一个最好的注脚。

　　曾国荃虽然顶住了李秀成的进攻，但也受到了沉重的打击。"伤亡五千，将士皮肉几尽，军兴以来，未有如此之苦战者。"对曾氏兄弟打击更大的，是同治元年（1862）十一月十八日幼弟曾贞干病死军中。当湘军中流行疾疫时，曾贞干就已经生病，此后时好时坏。李秀成和李世贤大军来攻时，曾贞干主要负责保三汊河后路粮饷通道，劳累过度。大敌当前时勉强支撑，敌退后终于全面崩溃以至一命呜呼，年仅三十四岁。至此，为了与太平天国作战，曾国藩已有两个弟弟丧命。他为幼弟先作挽联："英名百战总成空，泪眼看山河，怜予季保此人民，拓此疆土；慧业多生磨不尽，痴心说因果，望来世再为哲弟，并为勋臣。"三天后又作一副："大地干戈十二年，举室效愚忠，自称家国报恩子；诸兄离散三千里，音书寄涕泪，同哭天涯急难人。"这两副联语文笔都不错，其中"望来世再为哲弟"、"音书寄涕泪"，可以说都是真情流露。

经过这番厮杀，曾国荃虽然侥幸逃过了覆灭的命运，但湘军已经精疲力竭了，曾国藩想让曾国荃趁势以追击退却的太平军为名，退出金陵一带，曾国荃无论如何也不肯。征求左宗棠意见，左也主张不退兵，曾国藩只好命曾国荃小心防守。又嘱其将军队分为两部分，一支称为"呆兵"，专负责防守金陵大营；一支称为"活兵"，即机动部队，可以出营进攻，也可以在营防守。两支兵可以互换。同治二年正月二十八日（1863年3月17日），曾国藩由安庆启行赴金陵曾国荃营，一路察看池州（今贵池）、芜湖、金柱关等处营盘，二月六日，抵达曾国荃大营。曾国藩在金陵湘军营盘及水师考察了十天，见营盘严整，士气亦高，这才放心回安庆。

太平天国方面，李秀成攻湘军营垒没有成功，天王洪秀全严厉斥责，并命李秀成渡江进攻江北，意在攻江北以缓解天京的围困，并试图与原来陈玉成所派远征西北的陈得才部联络。同治二年正月（1863年2月），李秀成率八九万军队渡江北上，冲破清军李世忠部的防线，辗转攻占了和州、含山、巢县，并得到捻军的呼应。曾国藩已料定太平军仍沿用"围魏救赵"的老一套战术，因此他的策略是只守定安庆、无为、庐州、舒城数处，此外无论太平军占何地，均可以挽救。太平军虽攻占了数个城池，但湘军的对抗也越来越强，曾国藩又调鲍超增援北岸，不久太平军就陷于缺粮的困境，加上曾国荃加紧对天京的围困，洪秀全命李秀成回救天京，李秀成只好于五月回师。但在回师途中遭到湘军和别支清军的屡次攻击，尤其再渡长江时遭到湘军水师的袭击，损失惨重。扫北之役，太平军又损失数万人。而江浙战场李鸿章、左宗棠又步步进逼，太平军再也无力发动对金陵湘军的大规模进攻了。

经过四十六日的苦战和太平军李秀成扫北之役，曾国荃终于在金陵站稳了脚跟，而太平天国方面则更加困难了。

第十四章　覆灭"天朝"

一　紧缩包围圈，围死金陵城

进入 1863 年四五月以后，各方面有利于曾国藩的消息不断传来。李鸿章到了上海以后，接收了原江苏巡抚薛焕的数万人马，经过淘汰整顿改编，纳入淮军系统，并让淮军尽可能装备西洋新式武器。打了几仗后，改变了以前薛焕拥重兵、据厚饷却无所作为的局面，上海的洋人最初看不起土包子似的淮军，现在则已对李鸿章另眼相看。

浙江方面，左宗棠和蒋益澧自衢州向杭州方向步步进攻，因为大批太平军赴援天京，左宗棠进展顺利，已攻占了金华、义乌、诸暨、桐庐等地，兵锋直逼杭州西南的富阳。三月十八日，左宗棠升任闽浙总督。

金陵方面，曾国荃既然在金陵外围站稳了脚，下一步便是如何攻占金陵城了。但是金陵不比湘军以前攻占的任何一个城市，金陵自古号称龙盘虎踞，不仅城高池深，而且太平天国以此地作为首都，已经经营多年，要攻破谈何容易？自太平天国定都天京以后，江南大营、江北大营的围困就几乎没有中断过，但多见失败，少见胜利。曾国藩指示曾国荃不必时时寻太平军交战，因为在坚固的工事面前，损失比较大的多为进攻的一方。他的办法是设法断绝太平天国天京的接济。他在信中说："贼之粮路将绝，除开仗别无生路，我军则断粮路为要着，不在日日苦战也。"让太平军出战，而湘军在修好的工事里打守卫仗，变攻为守，伤亡多的必然是太平军。而天京的接济断绝，太平军统帅必心情焦躁，要寻湘军开战。

三月十八日，清廷在任命左宗棠为闽浙总督的时候，同时任命曾国荃为浙江巡抚，但仍留在金陵前线，浙江巡抚由左宗棠暂时署理。兄弟两个接到任命上谕后，觉得名位太高，并非好事，商量准备辞巡抚职，曾国荃还在给曾国藩的信中说"乱世功名之际尤为难处"，清廷抚慰一番，仍坚持让曾国荃当巡抚。既然当巡抚，一件大事便是如何写奏折，曾国藩告诉老弟，现在各地咨送来的折稿，是浙、沪、湘三处最好。浙自然是刚升任闽浙总督的左宗棠，沪指江苏巡抚李鸿章，湘则是湖南巡抚的幕僚、郭嵩焘的弟弟郭崑焘所起草，这几个地方恰好都与湘系有关。曾国藩说，对这些较好的折稿，要留心看一看，每折须看两遍，第一遍看其办事的主意如何，奏稿写作的整体布局如何；第二遍看其遣词造句的功夫。每天看一两个奏折，一个月以后，就可以对当下官场中人物的能力作为如何心中有底了。曾国藩又告诉他，平常小事不必多奏，但若攻占金陵，可以迅速将捷报奏闻。然后再报告湖广总督官文和曾国藩主持奏报详情。"平日千仗万仗不奏，届时奏此一仗，方为恰好"，这样能给朝廷一个突出的好印象，是做官的诀窍。

曾国藩虽然让曾国荃等太平军来攻，但还没有等太平军攻击，湘军已经发起了进攻。1863年四月二十七日，曾国荃挥军夜攻太平军雨花台石城及天京城南门外九座堡垒，将太平军逐进城内，进一步逼迫天京城，五月中旬，湘军水师在曾国荃配合下，经一番血战，攻占要隘九洑洲，及南岸下关、草鞋峡、燕子矶等要地。尤其九洑洲与金陵成犄角之势，地理位置十分重要，湘军占有此地，有利于断绝城内太平军的接济。

九洑洲刚打下，鲍超一军也来到金陵参加围攻，驻军神策门。曾国藩兄弟正讨论是否合围，不料鲍超军中又一次流行疫病，鲍超本人也染病在身，曾国荃军中也发生疫病。淮北方面，苗沛霖于本年三月再次发动叛乱，曾国藩派原李续宜所部湘军前往镇压，因李续宜不能来，各支统将不和，因此寿州于六月四日被苗沛霖攻陷。曾国藩忙着调兵遣将布防。不久皖南太平军进攻青阳甚急，守将朱品隆又偏偏生病奇重，不得已，曾国藩派鲍超赴援皖南。这样围攻金陵的又只剩曾国荃一军。因为这几件事，拖延了湘军进攻金陵的时间，也许是太平天国命不该在同治二年（1863）中绝。湘军既然不能马上进攻金陵，还是小心翼翼，一面逐步拔除太平军在城外的营垒，一面设法断绝城内太平军的接济。这时又发生了一个插曲，曾国荃见鲍超西援，自己军力单薄，瞒着曾国藩添募了二万陆军，又要自募水师十二营，决心独力攻打金陵。曾国藩对增添陆师勉强同意，水师则坚决不准。这样，曾国荃直接指挥的军队增加到五万人。

《李鸿章克复苏州战图》

　　转眼到了同治三年（1864），旧历的正月二十一日，李秀成率兵攻击钟山南麓的朱洪章营盘，企图打破湘军的封锁，朱洪章等猛烈反击，并趁势夺取钟山之巅的太平军堡垒天保城。此后两天，太平军两次反攻，试图夺回天保城，但都没有成功。到此为止，金陵城的东西南北，已全被湘军占领。曾国荃终于完成了对金陵的合围。此时江苏东线战场上，李鸿章进攻苏州一个月，到同治二年（1863）九月十二日，太平天国纳王郜云官等八个将领，趁李秀成回天京之机，杀死忠于太平天国的慕王谭绍光，开城投降，李鸿章便于第二天占领了当时江苏的省会苏州城。富有戏剧性的是，李鸿章见到这八个降将以后，觉得他们并不可靠，于是找机会把他们全部杀死。浙江战场，同治三年（1864）二月二十四日，左宗棠攻占杭州。曾国荃进围金陵已将近两年，到现在还顿兵坚城之下，见到李鸿章和左宗棠节节胜利，不免有些焦急。

曾国藩嘱咐老弟切不可着急，不必攻坚，一切小心行事，专在稳、慎二字上用心。

这时候，与天京城外小心翼翼的曾家兄弟相比，天京城内的洪秀全则是另外一个样子。有着八十八个妻妾，长期过着纵欲生活的洪秀全明显地衰老了。他的进取心已随着天京的优裕生活而一去不复返了。当初一同扯旗造反的弟兄，南王冯云山和西王萧朝贵没等打到金陵就阵亡了；东王杨秀清被北王韦昌辉和燕王秦日纲杀死了，接着韦昌辉和秦日纲又被自己下令杀死了；翼王石达开离开天京出走，也在四川战败死了……现在只剩下自己了。天王觉得，他自己归天的日子也已经不远了，好像天父皇上帝在召唤他。他觉得身边的将领都不可靠，已死的陈玉成不可靠，李秀成也不可靠；可靠的只有天父皇上帝，还有他的兄弟洪仁发和洪仁达。现在曾妖头（太平天国对曾国藩的称呼）已包围了天京，只有天父皇上帝才能拯救他。因此，在李秀成率军扫北失败、苏州又失守后，李秀成提出"让城别走"的建议，他没作任何考虑就拒绝了。在洪秀全的心中，若是天父皇上帝眷顾，太平天国绝对不会失败，若是天父皇上帝不眷顾，采取什么措施都没有用。

洪秀全的大将忠王李秀成却完全是另外一种想法。李秀成对洪秀全忠心耿耿，可天王却不相信他，这使他非常委屈。天王所信任的洪仁发、洪仁达两人，在李秀成眼里，只是两个草包混蛋而已，一件正经事也办不成，只会整人。这当口，清妖已经团团围住天京，天京已经成了死城，守在这里已经毫无意义，只有冲出去，与在外边的弟兄们会合，才可能重整旗鼓。所以他提出"让城别走"的建议，可是天王却断然拒绝。还说什么："朕奉上帝圣旨、天兄耶稣圣旨下凡，作天下万国独一真主，何惧之有？不用尔奏，政事不用尔理，尔欲出外去，欲在京，任由于尔。朕铁桶江山，尔不扶，有人扶。尔说无兵，朕之天兵多过于水，何惧曾妖者乎！"

可是天京粮道已经断绝，这么多军民吃什么呢？城内守兵已经在空地种麦，借以获得一点点粮食，但是杯水车薪，无济于事。天王却说："甜露可以养生。"命全城军民都吃甜露。"甜露"是什么？实际上就是野草。洪秀全见人们不信，便带头吃甜露。吃甜露的结果，造成洪秀全中毒。洪秀全只信上帝，不信医药，每次生病，都不肯吃药，任病任好。可这一次不行了，洪秀全已经五十岁了，不能像青年人那样有病一挺就过来了。

1864 年 6 月 1 日，也就是太平天国天历的甲子十四年四月十九日，清同治三年四月二十七日，洪秀全病死在他那豪华的宫殿里。洪秀全生于嘉庆十九年（1814），死时正好五十岁。

太平天国的缔造者既已亡故，太平天国的事业也接近尾声了。

二　凄风腥雨秦淮河

虽说太平天国的事业已接近尾声，但是百足之虫，死而不僵。再加上李秀成自苏州失守后就一直在天京城内指挥防御，相当得力，湘军一时还是难以攻破。曾国藩在奏折中也承认城内太平军"坚忍异常"。李秀成还放出城内妇女儿童，以便节省粮食。所以曾国荃要攻下这个大城，还要费一番心力。

那时候，攻坚缺乏有效的武器，湘军李续宾部攻占九江、曾国荃攻占安庆，都是长期围困，令守军饥疲不堪，战斗力下降，然后挖地道轰塌城墙，从缺口冲入。第二次鸦片战争以后，中国人渐渐知道西洋火炮可以作为攻坚武器，摧毁城墙，但是一来西洋大炮（当时叫"开花炮弹"）价格昂贵，买一两个大炮又不顶用，曾国藩在安庆命人试造，但威力还远不及真正西洋造的大炮；二来西洋大炮建立在近代科学基础上，不仅制造要近代科学技术，使用也必须懂得瞄准等今天看来并不复杂但是对当时人来说却很难掌握的技术才行。这时候只有李鸿章的淮军装备了一些西洋火炮，可以用来攻坚。所以曾国荃打金陵，还是用挖地道的老办法，少量的西洋火炮，只用来震慑敌人。不过，太平军对付地道也有相当的经验，于是双方在城墙内外展开了一场"地道战"。

自进入同治三年即 1864 年以来，湘军已经挖了三十三处地道，有时尚未挖到城墙下，就遇到塌方，致使不少挖地道的士兵被活埋。太平军在城内也挖地道，或挖横沟，一旦与湘军地道相遇，便灌烟、灌热水。太平军每发现一个地道，便会有数十甚至成百挖地道的湘军丧命。李秀成经验更为丰富，他登高遥望，只观察地面所生野草的颜色，就可以知道下面是否有地道。因为挖地道的地方，会由于缺水而造成草色不够鲜艳。有一次，地道已挖到城墙脚下，太平军尚未发觉，恰好有一个太平军士兵偶然把枪插入地下，实际上他可能只是想略作休息，并未发现下面的地道，但地道内的士兵以为太平军已发现才用枪刺地下，急忙扯住枪尖拉入地下，太平军惊觉，湘军又失败了。据曾国藩五月二十二日的奏报，为攻坚城，已有四千余湘军殒命。

曾国荃因久攻金陵不下，心中焦急，一度精神不好，一会抑郁，一会暴躁。曾氏兄弟称之为"肝病"，实际上是一种心理疾病。曾国藩生怕出现意外，便一再劝曾国荃请李鸿章来助攻。李鸿章的淮军装备西洋大炮，可以轰塌城墙，强似挖地道。五月十五日，曾国藩写信给老九说："夜来又细思，少荃（李鸿章）会剿金陵，好处甚多，其不好处不过占美名而已。后之论者曰：润（胡林翼）克鄂省，迪（李续宾）克九江，沅（曾国荃）克安庆，少荃克苏州，季高（左宗棠）克杭州，金陵一城沅与泉（李鸿章）各克其半而已。此亦非甚坏之名也。何必全克而后为美名哉？人又何必占天下之第一美名哉？如弟必不求助于人，迁延日久，肝愈燥，脾愈弱，必成内伤，兄弟二人皆将后悔。"因为中原、西北有太平军、捻军、回民等多股反清队伍，清廷希望早日打下金陵，以便腾出手来解决其他问题，因此也命李鸿章进军金陵，与曾国荃合攻。但聪明透顶的李鸿章，既与曾国藩关系极为密切，又深知曾国荃不愿他人与他分享攻占金陵的功劳，因此总是推三阻四，今天推说军队枪炮不熟，尚待训练；明天借口某处有太平军，必须预防或攻打，迟迟不派兵到金陵。直到六月十五日，才决定派淮军会攻金陵。

湘军自夺得天保城后，曾国荃把主攻方向定在城东，因为城东钟山是制高点，可以居高临下轰击城池，可以俯瞰城内情形。但另一制高点富贵山上，即俗称龙脖子的地方，太平军还建有地堡城，在此可以掩护守城的太平军，使攻城的湘军不能接近城墙。湘军攻占天保城后，就用大炮日夜不停轰击地堡城，到五月三十日，湘军攻占了地堡城，距太平军所守城墙只有数丈远。湘军随后在地堡城筑垒，与太平军互攻，战况惨烈，湘军总兵衔营官陈万胜被太平军火药烧死，总兵衔哨官王绍羲被炮子洞穿腹部而死。湘军在地堡城不断轰击城墙，轰垮城墙上的矮堞，使太平军无法在城墙上立足，也就不能向进攻的湘军射击。虽然如此，湘军还是难以爬上高大的城墙，六月十日，曾国荃命每个士兵准备湿柴草一担，合起来五六万担，趁太平军不能站立城上射击的机会，将这些柴草堆积城墙下，一方面掩护挖地道，一方面准备一旦地道不成，就踏着柴草强攻上城。

六月十五日，李鸿章准备派兵会攻的咨文来到曾国荃大营，说是十六日将拔营前来助攻。恰好李臣典部在地堡城下所挖的地道于这一天成功。于是曾国荃进行总动员，他把李鸿章的咨文传示诸将说："他人至矣，艰苦二年以与人耶？"诸将齐声说："愿尽死力！"于是曾国荃布置分四路攻城。

六月十六日中午，湘军点燃埋在地道内的数万斤火药，声如巨雷，城墙崩塌二十余丈，砖石如雨点般飞落，待攻的湘军都被石块击伤数十名。而爆炸的烟尘遮蔽了钟山的整个下半边，担任前队主攻的刘连捷、朱洪章为巨大的烟尘遮挡，看不见城墙缺口，担任第三队的武明良反倒先看清缺口，便挥军冲入。于是湘军蜂拥而入，并分头向西、北、南三个方向杀去。城外其他方向的湘军也不甘落后，加强了攻势。傍晚，湘军攻破了全城所有的城门。太平军仍拼死抵抗，抵抗不过就自焚，并大呼"城中弗留半片烂布与妖享用"，就是说不给湘军留下一点东西。

两年以来，曾国荃为得到独自攻占金陵的头功，可以说费尽心力，常常策马日行百里，疲惫不堪，心理上也时时处于紧张焦虑之中，现在眼见湘军已攻进城中，他总算松了一口气。傍晚时分，曾国荃回到大营，幕僚们见他穿短衣，光着脚，由于激动，汗和泪顺着脸颊一齐流下。心里一放松，疲倦已极的曾国荃再也支撑不住，到了晚上，他倒头便睡，任将士在城内厮杀。

然而这时湘军已出现了不小的混乱，有的确实还在与太平军作战，但有的已经开始抢掠。湘军的抢掠是真实的，尽管后来曾家兄弟和与他们亲近的人都曾极力掩饰，但纸终究包不住火。湘军抢掠的事如果是他人所说也许不可信，但这是曾国藩的亲信幕僚、当时正在曾国荃营中帮助撰写奏折、文稿的赵烈文在日记中记下来的。赵烈文在湘军攻进金陵的当天即十六日就听到"各军入城后，贪掠夺，颇乱伍"，又亲眼见到中军各营本来留营防守的士兵都去参加搜刮，甚至承担杂役的人也去，挑担的、肩扛的处处可见。十七日，赵烈文见到金陵城有数十道浓烟屯结在空中，如同大山一般，呈紫绛色，久久不散。这些火，十分之三是太平天国自焚，十分之七倒是湘军进攻时放的。六月十九日，赵烈文又记，听说城中湘军抢掠妇女，"哀号之声不忍闻"；军中的文员无力直接抢掠，就争相用低价购买士兵们抢来的物品，每人备一个箱子，用来存放这些物品。赵烈文是江苏人，不忍见故乡遭此劫难，倡议处理善后，制止抢劫，虽然因为他是曾国藩的亲信幕僚，别人不敢把他怎么样，但官兵们也多用白眼视之，并暗中骂他不识时务。

正因为曾国荃粗心大意，军队从士兵到军官都在大肆抢掠，才导致洪秀全的儿子洪天贵福突围而出。

自从中国近代史开端以来，南京是个非常不幸的城市。第一次鸦片战争时，英国军舰兵临南京城下，迫中国签订屈辱的《南京条约》。咸丰三年（1853）太平军攻占南京，曾有一场恶战，在这场战斗中，清政府在南京的两个最高官员两江总督陆建瀛、江宁将军祥厚全都毙命。以后清政府在南京南北建江北、江南大营，导致在南京附近天天都有战争。太平天国的造反结束以后，到辛亥革命、二次革命时，南京都有恶战。当然最惨的是日军全面侵华时，曾有三十万人被日寇屠杀。而湘军攻占南京，也是屠戮十分悲惨的一次。据赵烈文所记，直到六月二十一日，也就是湘军攻进城中的第六天，还有一二处火没有熄灭。次日下了一场雨，才把火浇灭。六月二十三日，赵烈文又在日记中写道：

　　城破后，精壮长毛除抗拒时被斩杀外，其余死者寥寥，大半为兵勇扛抬什物出城，或引各勇挖窖，得后即行纵放。城上缒下老广贼匪不知若干，其老弱本地人民不能挑担，又无窖可挖者，尽遭杀死。沿街死尸十之九皆老者，其幼孩未满二三岁者亦砑戮以为戏，匍匐道上。妇女四十岁以下者，一人俱无，老者无不负伤，或十余刀，数十刀，哀号之声达于四远，其乱如此，可为发指。

秦淮河，是金陵城一条美丽的河，也是繁华热闹的河，自古以来有名的东南名胜，此刻，她却笼罩在凄风腥雨之中。

三　杀李秀成之谜

太平天国的最后阶段，洪仁玕于同治二年（1863）底奉命出外寻求救援，所以洪秀全死时，在天京的太平天国最重要人物是李秀成。李秀成当即拥护洪秀全的儿子洪天贵福继承天王王位，一般史书都称为幼天王。洪天贵福当时只有十六岁，不能主政，守城的事还是全靠李秀成。李秀成命严密封锁洪秀全去世的消息，所以直到湘军攻入天京，曾国藩、曾国荃还不知道洪秀全已死。

湘军攻破天京城这天，李秀成见势已无力抵抗，便辞别老母妻子兄弟，趁乱只保着幼天王突围。他见幼天王骑的马不好，就把自己久经战阵的坐骑给了幼天王，自己骑幼天王的马。选择什么地方突围呢？湘军最初是从天京城东方向攻入城的，城北江面上有湘军水师，如果按照一般人的想象，突围的太平军可能会从西或南两个方向冲出。可李秀成偏偏选择了人们觉得最不可能的地方，也就是湘军炸毁的城墙处冲出。这最不可能的地方，恰恰是湘军防备最薄弱之处。突围的太平军真的冲出来了！

我们仅从突围这件事，就可以知道李秀成其人。第一，他是个大忠臣。洪秀全已死，李秀成还能不顾老母妻子，保着幼天王突围，这样的忠臣千古少有。第二，他是个大智大勇不可多得的将才，选择了置之死地而后生的突围地点，真是败而不乱。

但是，由于李秀成骑的是一匹劣马，又经过一天的征战，李秀成掉队了。天明以后，李秀成藏在一个破庙里，被附近村民发现。两天以后，村民因为分配李秀成所带的财宝不均，向湘军告密，李秀成被俘。太平天国章王林绍璋以及萧朝贵之子幼西王、冯云山之子幼南王等都被追兵杀死，但幼天王终于逃脱。

六月二十日，李秀成被押到曾国荃大营。曾国荃把刀和锥等兵器刑具放在面前，准备一刀一刀割死与他终日苦战、让他损兵折将的李秀成。有人将此事告诉了赵烈文。因为就此杀死李秀成，会有些麻烦，甚至如何向朝廷证明确实抓住了李秀成都有问题，所以赵烈文赶紧赶到曾国荃营帐劝诫。曾国荃开始时盛怒不听，让士兵割李秀成臂上之肉，鲜血一下子流出。李秀成默默忍受，不出一声。过了一会儿，洪秀全之兄洪仁达被带到，曾国荃命士兵也同样割洪仁达，洪仁达此时倒也表现得像一个大丈夫，与李秀成同样默不作声。赵烈文见无法劝解，便悄悄退出。但曾国荃忽然领悟赵烈文的用意，命将李秀成监禁，然后找赵烈文商量说："此人缓诛亦可，吾恐有献俘等事，将益朝廷骄也。"最后决定，等曾国藩来到再作打算。

六月二十五日，曾国藩到了金陵。他面临的第一件事是如何处理善后，这我们以后再说。第二件便是找到洪秀全遗骸，以便证实洪秀全确实已死。六月二十八日，经一洪秀全天王府宫女指点，找到了洪秀全尸身，曾国藩见到这位老对手时，只见其全身用绣龙黄缎包裹，头秃，胡须微白稀疏。说也奇怪，上午本来还晴朗朗的天，曾国藩验完洪秀全尸身后，暴风骤雨突然降临，半个时辰后又突然停止。也许是这位在金陵坐了十一年的天王不甘心自己的失败，他的冤魂一定要看看打败自己的老对手究竟什么样，才终于归天，投入给了他精神力量的天父上主皇上帝的怀抱。

曾国藩的第三件事是如何处置李秀成。按照曾国荃原来的想法，本就想将李秀成立即就地处死，但这却是个十分敏感的问题，朝廷的意思是要将李秀成押送北京献俘，但由于路途遥远，曾国藩杀了李秀成四天以后，朝廷要求将李秀成和洪仁达押送北京的上谕才到达。曾国藩来到金陵以后，先让李秀成把自己参加太平天国造反的经历写下来。李秀成用了几天时间，共写了五万字以上，其中叙述了自己参加太平天国的经过，并总结了太平天国失败的教训，他自己称作"天朝十误"。对于李秀成的处置办法，曾国藩曾秘密征求亲信的意见，别人的意见现在已无从考察，赵烈文说："此贼甚狡，不宜使入都。"最后，曾国藩还是决定，在李秀成将自述写完后，于七月初六日将李秀成处死。由此却留下了好几个千古之谜。

第一个谜是，李秀成想投降吗？

第二个谜是，李秀成被俘以后究竟对曾国藩说过些什么，曾国藩究竟为什么冒朝廷不满甚至责备的危险，将李秀成就地杀死，而不是押送北京。

第三个谜是，李秀成在他写的供词即自述中究竟都写了些什么。

这三个问题是互相关联的。

先说第一个谜，即李秀成投降与否，这已是一件历史公案。

李秀成被押到曾国荃大营的当晚，赵烈文曾与他有一次长谈。谈到最后，据赵烈文观察，李秀成有"乞活"，即求生之意，并说，现在各地都有他的部将活动，希望能写封信遣散他们，免得继续战争而被杀害。七月十七日，也就是曾国藩杀李秀成的前一天，曾国藩亲自讯问了李秀成。据在场的赵烈文的记述，又说李秀成当时有"乞恩"之意。还有，李秀成在自述中又写了十条的"收齐章程"，其核心内容是愿说服太平天国的残余兵将放下武器，以免战斗不息，戕害生命，但要求清方不要杀害他们，让他们解甲归田。由此引出后人对李秀成是否要投降的猜测。以毕生精力研究太平天国史的著名专家罗尔纲先生一直认为，李秀成是假投降，行的是缓兵之计，苦肉之计，为的是能够设法再进行反清斗争，或掩护幼天王脱逃。罗先生的意见没有为多数学者接受，这本是一个学术问题，不同见解之间尽可争论，但早在"文革"前，罗先生就被加上美化叛徒的罪名受到不公正的批判。点燃批判的第一把火的，便是后来著名的批判整人专家戚本禹。连带到曾家后人处拍照李秀成供词的吕集义先生和与罗尔纲先生观点相近或为罗先生辩护的茅家琦先生、苑书义先生都受到批判。至于"文革"中间，就更无法进行真正的学术研究了。直到如今，投降与否都缺乏确切的证据，遂成为疑案。

对于这个问题，我们也想提出一些看法，以向读者和历史学同行就教。一般来说，避死求生，是一个普通正常人的本能，但显然李秀成不是一个普通人，他参加反清战争十四年，一生都是在枪林弹雨中度过，他屡立战功，并成为太平天国领导层核心成员，这样一个李秀成要向清朝心悦诚服地投降，向他一直反抗的大清朝臣服，看来是缺少心理准备。但是另一方面有个关键，自从太平天国内讧以后，在太平天国的高级领导层中间，天国的理想、对皇上帝的信仰都已经破灭了。在此以后，李秀成只是凭着传统的对君上愚忠的观念效忠洪秀全，而洪秀全似乎又不是一个明君。现在，这个令人不能满意的君上也已经归天，李秀成要效愚忠的对象已不存在。因此，在理想破灭、君上归天，兵败被俘的情况下，想寻求新的出路，可能性是存在的。这并不只能用贪生怕死来解释。既想投降另寻出路，又不甘心臣服清朝，就可能有第三种选择。这要由我们介绍的第二个谜来寻求答案。

第二个谜是曾国藩为什么就地杀害李秀成，而不献俘北京。

曾国藩在讯问李秀成时，李秀成说了些什么，让赵烈文得出了"此贼甚狡，不宜使入都"的结论。我们认为最大的可能，是李秀成说曾国藩大有才干，手下兵强马壮，如今的清朝气数将尽，东南半壁已是湘军的天下，如果曾国藩想造反，自己愿效犬马之劳。当然李秀成这话不会是明明白白说的，而是相当婉转隐晦地说的。李秀成对曾国藩的印象相当不错，这在自述中多处可以见到。李秀成死前，曾国藩派人告知他要处死他的事，李秀成竟对来人说："中堂（曾国藩）厚德，铭刻不忘，今世已误，来生愿图报。"这句话是赵烈文在日记中记下来的。临死之人，却向他的敌人说来生图报，从这字里行间，我们猜测，李秀成本来今生就要"图报"的，就是辅佐曾国藩干更大的事业。这便是李秀成的第三种选择——既不臣服清朝，也不再恢复太平天国的第三种选择。曾国藩既不想造反，当然不能让李秀成入都。此外，在曾国藩看来，李秀成在曾国藩面前极力赞美曾国藩，如果到京城，又何尝不可以在朝廷搬弄是非，让朝廷加深对曾国藩的猜疑，逼迫曾家兄弟造反。即使朝廷不完全相信李秀成，猜疑肯定会加深。金陵既然攻下，太平天国已算灭亡，曾国藩与清廷的关系已经十分微妙，这时候不能出新的问题。这就是赵烈文"此贼甚狡，不宜使入都"一句话的最好注脚。除此之外，曾国藩还有一些事情隐瞒了朝廷，如洪秀全本来是病死的，可曾国藩奏报却说是服毒自杀，等于是欺骗朝廷，这件事也不能让李秀成到北京说破真相。

第三个谜是李秀成供词之谜。

前面说过，李秀成在被害前写了五万余字的供词，现在一般称为《李秀成自述》。李秀成写完后，曾国藩立即予以删改，在李秀成被杀后，曾国藩将经他删改后的供词抄送北京朝廷一份，同时又在安庆刊刻向社会公开，后来书商曾据安庆刊刻本大量重印。但送军机处的也好，在安庆刊刻的也好，都是经曾国藩删改过的，李秀成写的原稿真本一直密藏在曾家，并且一直秘不示人。这引起人们很多猜测。到了1944年，正是抗日战争期间，广西通志馆为搜集太平天国历史资料，由吕集义先生到曾国藩后代家里借阅李秀成供词原稿，并有选择地拍了一些照片。照片拿回后，由罗尔纲先生作了一些考证后出版。出版后，引起了史学界的极大兴趣，并发生了许多争论。吕集义先生拍的照片并不是全文，次序也不免颠倒，因此，猜测比没有出版原稿前更多了。1949 年，曾国藩的后人曾约农先生迁居台湾，将李秀成供词原稿也带到了台湾。直到 1962 年，也就是李秀成写下供词的九十八年以后，曾家后代才将这部原稿真迹在台湾由世界书局影印出版。由于真迹的出版，对照当年曾国藩公开刊行的《李秀成自述》，发现曾国藩对李秀成的供词作了不少篡改。这里仅举两类为例。第一类是隐瞒了洪秀全死因，李秀成自述原稿说："天王斯时已病甚重，四月廿一日而故。此人之病，不食药方，任病任好，不好亦不服药也，是以四月廿一日而亡。"曾国藩改为："因九帅之兵处处地道近城，天王斯时焦急，日日烦躁，即以五月二十七日服毒而亡。"

第二是删去李秀成颂扬曾家兄弟的文字，如有一段说："清朝有福，曾帅大人坚心耐苦，将士齐心，曾家亦有厚福，而辅清朝，得此城（金陵）而威扬天下，实中堂（曾国藩）之谋，九帅（曾国荃）之才谋算，将相用命，而成全功也。"被曾国藩改为："清朝有厚福，而成全功。"又有一段讲曾国藩祁门被围时说："中堂在祁门，被天朝（太平天国）之兵围屯。此非中堂不可，别人祁门不能屯稳也。此亦是清朝之福，中堂之福。"在真本影印本上可以看出，曾国藩先是删去"此亦清朝之福，中堂之福"，刊刻时，又将这段话全部删去。第一类篡改，是因为曾国藩未来金陵之前，在安庆向清廷的奏报中已说洪秀全系湘军攻城紧急时服毒而死，为使奏报前后一致，并显示湘军猛烈进攻的功劳，索性将李秀成自述改为一致。第二类显然是删去李秀成颂扬曾家兄弟的语言，以免引起清廷的猜疑。但是，曾家后人最后公布的真本也不是完全的，看样子可能被曾国藩毁掉了一些。曾国藩毁掉的当然是可能对曾家兄弟不利的内容，但究竟是什么呢？我们以为最大的可能是婉转劝曾家兄弟造反。这也是曾国藩要就地杀死李秀成的重要原因。因为曾国藩既不想造反，就决不能让李秀成到处乱讲。

然而，曾家后人最后公布的是否李秀成的原供词，学术界也有不同的看法。罗尔纲先生认为，曾家后人于 1962 年公布的李秀成自述是真的，是李秀成写的原稿，但曾经过曾国藩的删改、撕毁，目前史学界多数人接受这一说法；而另一位著名历史学家荣孟源先生却坚持说，它不是李秀成的原供，是曾国藩毁掉李秀成原稿后，参照李秀成原自述的内容，命人模仿李秀成的笔迹伪造的。两种意见大相径庭，却又各有道理。这样，李秀成自述就成为谜案。

四　部属"劝进"，扑朔迷离

太平天国的首都天京终于打下了，平定太平天国的大功基本告成。下一步怎么办？清末以后，曾传出许多曾国藩的部属和朋友怂恿他起兵造反、自己当皇帝的故事。

据说最先劝进的是王闿运。王闿运（1833—1916），字壬秋，湖南湘潭人。咸丰七年（1857）中举。咸丰八年（1859）十二月曾到曾国藩在江西的大营盘桓数日，然后到北京入肃顺家教书，左宗棠在骆秉章幕府遇到麻烦的时候，王闿运曾经帮忙，这在本书前面已经说过。王闿运年纪轻轻，文名已为天下所知，所以他在曾国藩处受到相当高的礼遇。曾国藩的日记中，还有"灯下，批壬秋古文十余条，旋与壬秋谈至三更"的记录。肃顺被诛以后，他曾一度入曾国藩幕府，正是曾国藩新授两江总督，驻军祁门的时候。王闿运治学与别人大不相同，他后来教的弟子杨度称其为"帝王学"。简单说，他的帝王之学是要物色一个非常之人，辅佐他成就帝王之业，自己也成为开国功臣、卿相。曾国藩便是王闿运心目中的"非常之人"，因此，他曾或隐或显劝曾国藩成就帝王之业。有的人说王闿运怂恿曾国藩有多次，但最可能是在祁门之时和曾国荃攻占金陵之后。据说当时王闿运侃侃而谈，大意是现今正天下多事之秋，也是豪杰创立大业的绝好机会，放眼天下之人，只有大帅您可以为之。曾国藩只是倾听而不发一言，同时用手指蘸茶水不停地在桌上写字。谈了一段时间，曾国藩借口有事进入内室，王闿运趋前看曾国藩所写为何，只见满桌都是"妄"字。王闿运知曾国藩无意造反，便不再进言，而曾国藩也不敢重用王闿运，怕他闹出什么乱子来。王闿运后来撰写《湘军志》，对曾国藩颇多批评。在衡阳、成都书院讲学时，曾向他的学生说："曾大不受抬举。"晚年自撰挽联，有"纵横计不售，空留高咏满江山"一句。王闿运是个颇为怪异之人，敢于放言高论，不惧人言。他劝曾国藩取代清室的事缺乏正式记载，但咸丰帝死后，他确曾上书曾国藩，说是要曾国藩自请入朝，应该请恭亲王主政，两太后不宜临朝听政。又曾撰《祺祥故事》，为肃顺辩冤，其胆子之大，于此可见一斑。所以他向曾国藩劝进，多半是可信的。

第二个向曾国藩试探的人是胡林翼。一位曾在曾国藩幕府任事的人，化名"楚狂"，写了一篇《投笔漫谈》，其中说，一日胡林翼见曾国藩，送来一副联语："用霹雳手段，显菩萨心肠。"曾国藩对这副对联非常欣赏。胡林翼走时，留一张小纸条在桌上，曾国藩起身去送客，幕僚偷看时，只见小纸条上赫然写道："东南半壁无主，我公其有意乎？"

第三个暗示的是左宗棠。据说左宗棠当樊燮案发生后，曾写了题神鼎山联语："神所凭依，将在德矣；鼎之轻重，似可问焉。"写后寄胡林翼，说是请其转曾国藩，请曾国藩改正。据说上古三代之时，以鼎为国宝，是全国最高权力的象征。"问鼎"的典故，出于《左传》，便是想夺取最高权力的意思。左宗棠的这副联语，其意不说自明。胡林翼阅后，一字不动转给曾国藩。曾国藩见联，将"似"改成"未"，变成"鼎之轻重，未可问焉"。一字之差，其意全变，然后转回胡林翼。胡林翼读后，在纸上批道："一似一未，我何词费？"

不仅这三人，据说湘军攻占安庆后，彭玉麟曾呈密函给曾国藩，内中说："东南半壁无主，老师岂有意乎？"曾国藩阅后立即将函撕碎，并纳入口中。据说李元度也曾撰联语："将相无种，帝王有真。"曾国藩看后也立即撕毁。

又传说曾国荃攻占金陵后，因独揽大功，颇有忌妒之人；又有人说太平天国宝物都落入湘军手中，朝廷将要追抄。众将欲自保，颇想效仿当年宋太祖赵匡胤陈桥兵变之事。一天晚上，曾国藩审问李秀成之后，刚要休息，将领幕僚三十多人突然来到曾国藩住处，说是要见大帅。曾国藩问："九帅（曾国荃）偕来否？"左右回答说没来，曾国藩命人立即去请。待曾国荃抱病前来，众人见曾国藩神情极为严肃，与平时的和蔼可亲大不一样，众将手足无措，不敢发一言。过了半天，曾国藩命人取纸笔来，纸笔到后，曾国藩伏案挥笔写成一联，写罢，一言不发，掷笔起身，回归内室。众人仍没有一个敢吭声。过了好半天，曾国荃到案前，只见上面写道：

倚天照海花无数，流水高山心自知。

众将细细品味之后，有的点头，有的叹惜，有的热泪盈眶。曾国荃开始好像很失望、激动，稍后也严肃起来，最后惶然说：以后谁也不准再说了。今日之事不准外传。如有意

曾国藩明心之联

外，曾某一人承担！众将这才散去。从这以后，再也无人提及造反的事。

以上所述，多来自萧一山先生所著《清代通史》中的一小节"曾国藩不做皇帝"。但是萧先生所引，多为笔记史料，可以说扑朔迷离，难以对证。然而就当时的情势来说，曾国藩若造反，还是有相当的实力。中国历史上，不乏镇压造反者有功的大臣夺权篡位的事，曹操打败黄巾后，他自己虽没有夺汉朝之位，但他的儿子终于代汉建魏；朱温镇压了黄巢起义后，取代了唐朝。曾国藩

熟读史书，这些典故当然比我们还要清楚。

那么，曾国藩为什么不造反呢？

有的人从利害关系观察这个问题，认为曾国藩自己估量实力不足，所以不造反。当时官文守武昌，据长江上游；绿营系的冯子材守镇江、江宁将军富明阿守扬州；亲王僧格林沁又率重兵驻皖、鄂一带，控扼中原。曾国藩不能不有所顾忌。这还不算，曾国藩若造反，可以肯定跟他走的只有曾国荃直接统率的部下、彭玉麟统率的水师及其他个别将领，至于实力较强的左宗棠、李鸿章、沈葆桢都很难拥戴，而左宗棠和沈葆桢甚至可能反戈相向。而湘军的暮气也已很深，战斗力下降。

我们以为，根本的原因是曾国藩根本就没有造反之心。满洲人顺治元年（明崇祯十七年，1644 年）入关建立全国政权，初时汉族及其士大夫阶层曾经激烈反抗，但历经二百余年之后，至曾国藩生活的道光、咸丰、同治时代，中国的士大夫阶层在心理上已经认同清政府的统治。在曾国藩及一般士大夫的心目中，大清朝是接续汉、唐、宋、明的正统。尽管曾国藩有各种各样的委屈，但他觉得忠于大清的皇帝，与汉唐宋明那些忠臣们忠于他们的君主并无二致。正因为如此，太平天国造反、捻军造反，并没有有功名的读书人参加，没有士大夫阶级的支持，这也正是太平天国失败的原因。常言说秀才造反，三年不成。但造反如果没有秀才参加，一般来说，也难最终成功。正因为中国士大夫已认同了清朝的统治，所以不但曾国藩根本没有造反的念头，恐怕那些部属劝进的故事也大都是人们的猜测而非事实。曾国藩也好，他的那些部属也好，都是那个时代的产物，他们的思想理念，不能脱离那个时代。

只有王闿运劝进的事比较可信，因为这不但与王闿运所从事的学问有关，也和他那怪异不羁的性格相契合。

第十五章　功高自警

一　乱世功名，尤为难处

按照曾国藩事先的吩咐，打下金陵后，曾国荃便先行上奏报捷。他满以为劳苦功高，奏上便会得到奖赏。不料六月二十六日接到谕旨，不但没有表扬，反倒严厉指责曾国荃不应在攻破外城之后就马上返回老营，应该一鼓作气，将全城拿下，并生擒太平天国首领，甚至说什么："倘曾国荃骤胜而骄，令垂成之功或有中变，致稽时日，必惟曾国荃是问！"这简直是一记闷棍，打得曾国荃晕头转向，心中气愤异常。曾国藩这时已赶到金陵，马上竭力劝说曾国荃宽心对待。曾国荃手下将领们曾怪罪是奏折起草人赵烈文没有写好，心思缜密的赵烈文一面喊冤，同时细加考虑，他马上联想到："至此次廷寄忽加严责，其中别有缘起，余知其约略，而未敢臆断。"这"缘起"，便是清廷的疑忌。而这疑忌的根本原因，便是曾家兄弟手里握有天下第一的重兵。

七月十八日，江宁将军富明阿来金陵，他托言是查看金陵原驻八旗兵的旗城情形，实际是僧格林沁写信让他来查访擒获李秀成的真伪及曾氏兄弟的虚实。富明阿泊船水西门，恰好见到湘军纷纷从城上吊出木料、器具，所以颇有不满之言，逢人便询问湘军抓住的是否是真的李秀成。这天富明阿拜访了曾国藩，次日曾国藩又到船上拜访富明阿，少不了好言拉拢。赵烈文在日记中说，幸好当时没有马上杀死李秀成，而是留了半个多月，写了口供，见过李秀成的人很多，甚至还有外国人，否则朝廷追问真假，倒真不容易说清楚。至于富明阿怎样向僧格林沁和清廷报告，就不得而知了。

疑忌归疑忌，剿灭太平天国毕竟是一大功劳，而且是无可替代的大功劳，清廷不能不有所表示。传说咸丰皇帝活着的时候，曾说过一句话：谁打下金陵就封他为王。但是自清廷平吴三桂等三藩以后，从无给汉人封王的事，而且那些疑忌曾国藩的廷臣们，也决不愿封曾国藩为王。于是便把爵位一分为四，给曾国藩和打金陵的三个功臣分别封爵。曾国藩为一等毅勇侯，世袭罔替，即可以代代世袭侯爵，又加太子太保衔；曾国荃封一等威毅伯，加太子太保衔（封侯时未定具体名称，"毅勇"等名称系同治四年即 1865 年赐）；曾国荃部将、攻下金陵半月后就病死的提督衔李臣典封一等子爵；另一部将、提督衔萧孚泗封一等男爵。为曾国藩封爵的事还有一段故事，据说后来左宗棠平定新疆，朝廷中有人议封公爵，慈禧太后说，从前曾国藩克复金陵，仅获封侯，左宗棠系曾国藩所荐举之人，随左征西的老湘营及将领刘松山，都是曾国藩派遣和推举的，所以左宗棠的封爵不能超过曾国藩。于是封左宗棠为一等恪靖伯，再晋二等恪靖侯。李鸿章封爵，也是一等肃毅伯，死后才晋封一等侯爵。

曾国藩是七月初十日接到封爵的谕旨的。曾国藩还在与康熙年间平三藩时的封爵比的时候，在返回安庆的船上，又连续接到谕旨。一个是幼天王逃出金陵的事。这时北京朝廷接到左宗棠的奏报，说是幼天王洪天贵福逃出金陵，听说现在已到湖州，于是命曾国藩查办防范不力人员，并要求"从重严办"，其气势可谓咄咄逼人。正如赵烈文在日记中说的，李鸿章攻占苏州的时候，李秀成事先脱走；左宗棠攻占杭州的时候，全城太平军都突围而出。奏报上去以后，都获得朝廷的嘉奖。现在朝廷纠缠洪天贵福的问题，完全是与曾国藩兄弟为难。另一个是金陵的财物问题。上谕中先转述御史贾铎的奏疏，写道："据御史贾铎奏，请饬曾国藩等勉益加勉，力图久大之规，并粤逆所掠金银悉运金陵，请令查明报部备拨等语。"然后说，如果金陵真有巨款，自然应该交给国家，作为军饷、赈灾用，但是，这道上谕的重点不在这里，重要的是其中借题发挥的几句话：

曾国藩以儒臣从戎，历年最久，战功最多，自能慎终如始，永保勋名。惟所部诸将，自曾国荃以下，均应由该大臣随时申儆，勿使骤胜而骄，庶可长承恩眷。

如果说前一个谕旨已是咄咄逼人的话，后一个谕旨更直点曾国荃之名，简直是丝毫不留余地。清廷并不是真的在乎金陵存有多少太平天国财物，其真实意图是借此压迫、贬低和威胁曾国藩：不要太得意，不要太自满，如果违背朝廷意旨，或有不轨的行动，朝廷随时可以将你们一免到底，甚至可以实行更严厉的惩罚。

这两道上谕，如果是在 1857 年曾国藩丁忧以前，很难想象他会作出什么反应，或气成什么样子。但现在的曾国藩再也不是从前的曾国藩了，他的性格更老到，他的经验更丰富，他的思想也更成熟了。对于这些指责甚至威胁，他的心里早已有数，也已有消解与清廷矛盾的办法，可谓成竹在胸。他是在七月二十四日、二十五日接到这两道谕旨的，他只在日记中淡淡地写道："接奉廷寄二件，谕旨一件，内抄御史折片三件。"这一天，他照样办事，照样见客，晚上居然还温习《古文·传志类》一书，只不过一再劝解曾国荃宽心。

清廷是如此蛮横，对此，曾国藩有大退让和保全之道，这我们留待后面再说。但是，他也不能完全让步。如果什么事都退让，那就成了柔弱可欺的懦夫稀泥软蛋了，长此以往，可能会任人宰割，这也不是曾国藩，他的倔强之气以及湖南人特有的蛮劲儿，虽然历经风霜雪雨，但并没有完全消弭。对这两件事，曾国藩都顶了回去。

对于洪天贵福逃出金陵，朝廷要他查办防守不力员弁的事，他斩钉截铁地回答"碍难查参"，他说："是夕贼从缺口冲出，我军巷战终日，并未派有专员防守缺口，无可指之汛地，碍难查参。"他又举例说："杭州省城克复时，伪康王汪海洋、伪听王陈炳文两股十万之众，全数逸出，尚未纠参。此次逸出数百人，亦应暂缓参办。"他还强硬地说："向使破城之夜，该逆大开十三门，每门冲出数百人，不仅由缺口一路，官军亦未必能悉数截剿。向使李秀成不因乡民争匿，羁延时刻，官军亦未必能既脱复擒。"其言外之意，假使那样的话，你又能把将士怎样？

对于金陵太平天国府库财物之事，曾国藩推得干干净净，说是没有发现任何太平天国国库。并说："然克复老巢，而全无货财，实出微臣意计之外，亦为从来罕闻之事。"历史学家大多认为曾氏兄弟将太平天国的财物私吞了，但是并没有凭据。赵烈文在日记中记述了湘军抢掠的行径，但没有涉及太平天国国库的情况，他既然记下湘军抢掠的情况，如果曾国荃有私吞太平天国国库的事，他应该知道，应该有记载。所以，这件事也算是一个无头案。

清廷方面，也觉得不能把曾国藩逼得太紧，假使真把曾国藩逼上造反之路，那也不是好玩的，要知道曾国藩手里握有全国最精锐的军队，周围有全国第一流的人才，长江流域几乎都是湘军的天下，曾国藩本人又威望甚高，真的造起反来，鹿死谁手，还很难说。所以，清廷有时打他一记闷棍，有时再给他一个甜枣。

对于金陵是否有太平天国大批财物，清廷表示不再追究。对幼天王逃走的事，也只是让各路军队尽快剿捕。又命凡同治三年（1864）六月也就是攻破金陵以前各路军队的用款，可以不必造册报销，只需开一个简明清单上奏。换句话说，就是这些年曾国藩花多少钱就算是多少钱，朝廷不予过问，当然，这些钱大多是曾国藩和支持他的地方官自己设法筹来的，清廷乐得做一个人情。对这一条，曾国藩在家信中也说朝廷体恤大臣。

二 推权让利，老庄学说最好

大凡稍读过中国历史的人，都知道"飞鸟尽，良弓藏；狡兔死，走狗烹"这一典故。中国历史悠久，上下五千年，可是自秦以后的两千多年，代代开国皇帝，为防功臣功高难制甚至篡权夺位，几乎都设法将其屠戮净尽。不杀功臣的皇帝我们只注意到两个人，一个是唐太宗、一个是宋太祖。可宋太祖虽不杀功臣，却也尽解功臣的兵权，所谓杯酒释兵权的故事，后世皆知，太祖以后的有宋一代，皇帝轻易不给军人以大权。所以，一部二十四史，历代皇帝真正善待功臣的恐怕只有唐太宗一人。现在，曾国藩和清廷的关系，也正处在一个关键的节骨眼。自曾国藩任两江总督节制四省军事以来，清廷是又要用他，又对他不放心。越是接近太平天国失败，清廷的疑心就越重。一会儿突然无来由的指责，一会儿又施以安慰，就是清廷这种心理的具体体现。曾国藩熟读史书，又精明透顶，经验丰富，对这些事，内心当然非常明

清末年画《曾国藩庆贺太平宴》

白。正因为如此，如何处理太平天国剿灭以后他与清廷的关系，就是一个要妥善处理的极为重要的问题。

不过，曾国藩早就有心理准备。咸丰八年（1858）重新出山以后，他就常常把战场的胜利，一半算是人事，一半归于天意。他说："凡办大事，半由人力，半由天事。"多年以后，曾国藩在写给曾国荃的信中曾说：

> 兄昔年自负本领甚大，可屈可伸，可行可藏，又每见得人家不是。自从丁巳（1857）、戊午（1858）大悔大悟之后，乃知自己全无本领，凡事都见得人家有几分是处。故自戊午至今九载，与四十岁以前迥不相同，大约以能立能达为体，以不怨不尤为用。立者，发奋自强，站得住也；达者，办事圆融，行得通也。吾九年以来，痛戒无恒之弊。看书写字，从未间断，选将练兵，亦常留心。此皆是自强能立工夫。奏疏公牍，再三斟酌，无一过当之语、自夸之词。此皆圆融能达工夫。

曾国藩的表白说明，自咸丰八年重新出山后，他虽然仍强调自强自立，但比较往昔，多了谦让、谦逊、谦虚，处处时时做退一步想的功夫。

官职越来越高，权力越来越大，曾国藩不仅没有丝毫得意忘形之意，反而时时怀着警惕之心。尤其是清廷让他节制四省军队后，他更加小心翼翼。如咸丰十一年（1861）十二月初六日的日记就写道："日内思家运太隆，虚名太大，物极必衰，理有固然，为之悚惶无已。"到清廷授曾国藩两江总督，特别是让他节制四省军事之后，他一直保持清醒的头脑。

他曾多次请求解除节制四省军队的大权，或由朝廷派大员重臣与他共同负责军事，只是清廷想尽快消灭太平天国，不能再造成互相掣肘以致失败的情况，才一直坚持让曾国藩全权负责。

两个带兵的老弟不太理解这一点，遇事不知退让，一味向前做去，有时不免蛮干，特别是曾国荃每攻占一城，都任士兵抢掠，把太平天国的财物收归己有，世人对此议论很多，曾国藩便时时劝诫。同治元年（1862）六月二十日，他致信两个弟弟说："阿兄忝窃高位，又窃虚名，时时有颠坠之虞。吾通阅古今人物，似此名位权势，能保全善终者极少。深恐吾全盛之时，不能庇荫弟等，吾颠坠之际，或致连累弟等，惟于无事时，常以危词苦语，互相劝戒，庶几免于大戾。"同治二年八月二十日，是曾国荃四十虚岁的生日，曾国藩事先告诫："生日在即，万不可宴客称庆。此间谋送礼者，余已力辞之矣；弟在营亦宜婉辞而严却之。至嘱至嘱。家门太盛，常存日慎一日而恐其不终之念，或可自保。否则颠蹶之速，有非意计所能及者。"

太平天国剿灭，曾家兄弟的权势已达峰巅，如果稍微处理不慎，会带来无法预计的危险。在这个特殊的时候，中国传统的思想特别是道家的智慧，给了他很大的帮助和启发。

《易传》中就说："日中则昃，月盈则亏。"意思是说，太阳升到最高的时候，接着就会向西偏去；月亮最圆的时候，接着就会亏缺。联系到人事，当你的地位、权势、声望达到顶点的时候，当你的人生事业最辉煌的时候，也就是要走下坡路的时候。因此，人在万事顺利的时候，应该保持清醒的头脑，要谦虚谨慎，不要骄傲自满，做事要留有余地。所以《易传》上又说："天道亏盈而益谦，地道变盈而流谦，鬼神害盈而福谦，人道恶盈而好谦。"《易传》中教导人们，若要持盈保泰，便应戒骄戒满，成功时要头脑冷静，凡事须退让一步。

道家的创始人老子提出过著名的命题："祸兮福之所倚，福兮祸之所伏。"大意是说，祸与福虽然是对立的东西，却是可以互相转化的。祸可以转变为福，福也可以转化为祸；祸里面埋藏着福，福里面也埋藏着祸。按照老子的学说，如欲趋福避祸，须清静无为，凡事顺其自然，不可强求。

怎样趋福避祸、趋吉避凶呢？除了处事一定要谦虚谦让外，关键是权和利两个字。

同治二年（1863）正月初七，曾国藩就在给曾国荃的信中说："处大位大权而兼享大名，自古曾有几人能善其末路者？总须设法将权位二字推让少许，减去几成，则晚节渐渐可以收场耳。"于是，当湘军攻占安庆，以后兵锋直指金陵的时候，一个参用老庄学说，推权让利，调整与清廷的关系，避免意外的危险并且保全自己名位的方案在曾国藩的头脑中渐渐清晰，待湘军攻占金陵后，便完全成熟了。

三　韬光养晦，留淮裁湘

清廷对曾国藩最不放心的，也是其他人和政敌对曾国藩最为猜忌的，是他手里的军队。曾国藩要推让权力，首要的便是减少手下的军队。当时湘军、淮军加起来已有三十万人，但是左宗棠部湘军四五万人，在左任闽浙总督之后已经完全脱离了曾国藩的指挥，清廷现在又极力抬高左宗棠以试图压抑曾国藩的权势，所以左部湘军可以不管。其他进入四川、广西、贵州等地脱离曾国藩直接指挥的湘军也不必管，他首先要裁减的，是自己直接指挥的十二万人，尤其是清廷最为担心的曾国荃直接指挥的五万余人。

当时曾国藩直接指挥的，除曾国荃围攻金陵的五万人外，还有安徽长江两岸的朱品隆部、唐义训部、王可升部，以及原为张运兰部下的老湘营刘松山、易开俊部（张运兰赴福建按察使任时，皖南战局吃紧，曾国藩让其另募军队入闽，将刘、易两部留在安徽），在江西作战的鲍超部和周宽世部。此外，李续宜病死以后，无人能够统一率领他的部下，遂将一军分为四支，萧庆衍部随曾国荃攻金陵，金国琛部驻防皖南，成大吉和蒋凝学两部驻防湖北，其中萧、金两部由曾国藩指挥，成、蒋两部暂由湖广总督官文指挥。此外就是水师了，水师的创办和维持，比陆师更难一些，所以不准备裁撤，而是改为朝廷的正式军队长江水师。水师向有两个主要统领，杨载福已受命任陕甘总督，虽尚未赴任，但势已不能统带水师；另一统领彭玉麟是一个奇人，他对曾国藩忠心耿耿，然而朝廷让他担任安徽巡抚，他却说自己不能胜任，并不愿做官，力辞巡抚职，朝廷只好给了彭一个兵部侍郎衔，这时曾国藩就仍让彭玉麟专管长江水师。

七月十三日，距离湘军攻占金陵还不到一个月，曾国藩就下令裁撤曾国荃直接指挥的湘军二万五千人，其中主要有原为曾国荃部属的一万余人，萧庆衍部九千余人，降将韦志浚（韦俊）部二千五百人。恰好攻占金陵后，曾国荃手下两员大将李臣典病死，萧孚泗因父亲去世丁忧开缺，再加上有些军官士兵已厌倦了终日厮杀的生活，裁减比较顺利。没有裁的军队，留一万余人由张诗日、彭毓橘统带守金陵，另一万五千人由刘连捷、朱洪章、朱南桂统带作为皖南皖北游击之师。

一下子裁去这么多人，连清廷都担心裁遣过快，兵勇会闹事，甚至起来造反。因为从前嘉庆年间白莲教造反，用兵勇镇压，事后裁遣兵勇，就出过乱子。清廷还提出变通办法：一个办法是先淘汰部分老弱，把精壮留下来继续与残余的太平军及捻军作战，等到将太平军残部和捻军肃清以后再裁撤归农；一个办法是挑选勇兵补充绿营兵额。但曾国藩坚持一定要裁撤，他说湘勇在招募时，都是选的乡里农民，有业者多，无根者少，只要发足欠饷，不会有什么问题。至于补绿营兵额，因为湘军饷银多，绿营饷银只有湘军的三分之一，根本不足衣食之需，没有人愿意补绿营兵额。曾国藩这样做，无非是表示自己既无恃功揽权之意，更无靠军队造反之心，以便让清廷放心。同时，为国家考虑，既然不能把湘军改为正式军队，那也必须裁撤，以节省经费，减轻民众过重的负担。所以，在以后的数年里，虽然已不存在清廷对他疑忌以及关系紧张的问题，但他还是坚持继续裁撤湘军，后来除了刘松山部随左宗棠远征西北外，几乎裁得一个不剩。

但是，这时候捻军还非常活跃，太平军余部还在，清朝的正规军八旗和绿营的战斗力没有丝毫改善，一旦有紧急事情或大规模战事发生，清政府还能依靠谁呢？这一点，曾国藩也已考虑成熟。这就是李鸿章的淮军。当初李鸿章组建淮军赴上海时，曾国藩就对其寄予厚望，希望将来淮军能够承担重任。早在李鸿章刚赴上海时，曾国藩就将上海所出的饷银，先给淮军，其次给镇江冯子材的江南大营残部，最后才给曾国藩指挥的湘军，并要他一定待训练好之后再出战，战则必须胜。又写信反复告诫："湘淮各营官，志气甚好，战守则除程学启外，皆太生疏，难当大敌。一年之内，阁下与各营官必须形影不离，卧薪尝胆，朝夕告诫。俾淮勇皆成劲旅，皆有誉望。目下可使合肥健儿慕义归正，将来可恃淮勇以平捻匪，而定中原。"李鸿章在上海打了几次胜仗之后，曾国藩又致信说："鄙人所期望于淮勇者甚大，寄语珂乡诸君子，努力图之，不可以目前立功自足。"

当然，李鸿章去的上海是四战之地，在李之前，历任两江总督、江苏巡抚以及带兵统帅，放着上海如此优厚的饷源，都无所作为，甚至连上海都无力保卫。李鸿章不但保住了上海，还出兵攻取了苏南，又派兵援浙、援闽、援皖，这充分体现了李鸿章的才干。正因为对淮军寄厚望，曾国藩当初才把他视为打仗能手的程学启交给李鸿章。虽然此时程学启已经战死，但淮军其他将领已经成长起来。淮军各将之中，曾国藩特别赏识刘铭传。现在淮军不但已经颇具规模，而且因为淮军较多地装备采用新式枪炮，其战斗力甚至已经超过湘军。这样，凭着他和李鸿章的关系，一旦有事，可以用淮军。裁撤湘军，保留淮军，既避免了拥兵自重，又做到缓急可恃。所以曾国藩的策略是湘军可裁，淮军不可裁。他在给李鸿章的信中又多次嘱咐："将来勘定两淮，必须贵部淮勇任之。国藩早持此议，幸阁下为证成此言。兵端未息，自须培养朝气，涤除暮气。淮勇气方强盛，必不宜裁，而湘勇则宜多裁、速裁。"十九世纪七十年代以后，虽然湘军仍然存在，但淮军基本上取代了原来湘军的作用。其开端，就在曾国藩裁撤湘军的时候。

对于曾国藩迅速裁撤湘军，不少人强调湘军暮气已深，曾国藩要把纪律已经败坏、战斗力下降的湘军裁撤，太平天国史专家罗尔纲先生也持此观点。曾国藩确曾多次说过湘军暮气已深的话，但他不过是为裁撤湘军找借口。实际上，自湘军创办以来十年的历史上，历来是一旦兵老疲弱、纪律败坏、战斗力下降就裁去，然后再招募新兵补充。将领不能打才会把该将领所属的整支军队裁撤。湘军初起时曾国葆（曾贞干）被裁，皖南相持时李元度被裁，都是例子。这种办法维持了湘军的战斗力。湘军大将，虽然江忠源、塔齐布、罗泽南、王鑫、李续宾、李续宜相继死去，但后起的曾国荃、鲍超以及水师杨载福、彭玉麟都在，而且曾国藩又发现了刘松山这样可以独当一面的将领。同治元年（1862）曾国荃初围金陵时，太平军以数倍甚至可能十倍于湘军的兵力，又携带洋枪洋炮，却始终攻不破曾国荃的壕墙，充分说明湘军的战斗力之顽强。而且太平天国败亡后，湘军（刘松山部）又参加过左宗棠平定西北驱逐阿古柏侵略集团的战争、中法战争，都取得相当好的战果。所以湘军暮气已深的说法是不尽可信的。况且即便是湘军确已有问题，也可以通过更换兵员甚至将领的办法来解决。所以，曾国藩裁撤湘军，根本上还是避免拥兵自重，避免清廷的疑忌。

曾国藩觉得，光裁撤湘军是不够的，曾氏两兄弟统率大军，权大势大，要让清廷放心，兄弟两人须有一人暂时离职，韬光养晦。就目前情形看，暂时离职的，应以曾国荃为宜，因为清廷最不放心的是蛮勇且直接带兵的曾国荃。曾国藩仍然握有两江总督大权，清廷至少暂时离不开他，这样便可保持相当的权势和地位。等到时过境迁，清廷不再猜疑曾氏兄弟时，自会想起曾国荃来，并命他出来任职。这种策略，可以叫作以退为进之计，既可以维持清廷的信任，保全两兄弟，又能为老九的东山再起埋下伏笔。曾国藩劝解老九说，现在外间虽有闲话，但随着老九的隐退，必然消解，"弟少耐数月以待之，而后知吾言之不谬也"。让曾国荃暂时

离职（当时叫"开缺"）的理由，自然是身体欠佳，这是中国官场的老习惯。曾国藩巧妙地分两次奏报，第一次说曾国荃劳累过度，病重需要休息。第二次再正式奏请开缺回籍养病。实际上曾国荃此时并无大碍，而曾国藩在奏折中却写得活灵活现："一月以来，延医诊视，日进汤药，病势有增无减……每至举发之时，粥饭不能下咽，彻夜不能成眠……渐至心神摇动，头晕目眩，平地有颠仆之虞。医者云，症由内伤，必须静养数月，医药始能见功。"清廷按惯例慰留一番后，准许曾国荃开缺回籍养病。曾国藩这以退为进之策果然灵验，曾国荃回籍不到半年，清廷就发下谕旨询问曾国荃是否痊愈，如病已愈，即来京师陛见，以便安排一个职位。但数日后曾国藩发现京师发来的上谕中没有议政王（即奕訢）三个字，料定恭亲王奕訢不是生死大变，便是朝局大变，恭

亲王遭到斥逐，叫曾国荃暂时不可出山。不久因为僧格林沁为捻军所杀，清廷更急于催曾国荃出山。到同治四年（1865）六月十六日，更直接授曾国荃为山西巡抚，但曾国荃还想再练习作奏折。直到同治五年（1866）初，捻军冲进湖北，清廷授曾国荃为湖北巡抚，湖北官绅也盼这位攻下太平天国天京的大将立即上任，好驱逐捻军出湖北，曾国荃这才出山。

除了军权外，财权也要推让。湘军兴起并逐渐扩张后，提供湘军军饷的，除了最初的湖南、湖北外，以后又有江西、广东、四川诸省的协饷，曾国藩做了两江总督以后，两江辖下自然也都成了饷源地。其中广东的厘金是同治元年即1862年开办的，由曾国藩奏派都察院右副都御史晏端书办理，将广东厘金的七成拨给湘军，到同治三年八月底，提供湘军的军饷已达银一百二十万两。同治三年（1864）七月十日，曾国藩奏请从八月三十日起，不再拨广东厘金给湘军。同时请给广东增加文武乡试的名额各四名，以为奖励。奏上以后，清廷考虑湘军欠饷很多，裁撤时要发给欠饷，需要大笔经费，因此没有同意曾国藩的请求，而是命广东继续拨厘金给曾国藩。后来因为太平军余部冲到江西、福建、广东交界处，广东防务吃紧，经两广总督毛鸿宾奏请，将广东厘金改为七成归广东自留，三成拨给驻安徽的湘军。到年底，曾国藩再次奏请将广东厘金全部归广东，清廷终于同意。以后曾国藩又先后奏准停拨江西厘金、湖南东征局厘金。这样，曾国藩使自己手里控制的财权也有所减少。

甚至攻占金陵的奏报，曾国藩都细心地早作安排，湘军虽然是他指挥的，而且离湖北已经很远，但他还是推那位在武昌坐享其成的湖广总督官文领衔，他甘居其后，再署上杨岳斌（杨载福）、彭玉麟、李鸿章的名字，而有意把浙江巡抚衔却是攻占金陵的直接指挥者的曾国荃放在最后。这样从僧格林沁、官文到镇守镇江的绿营将领冯子材等都得到赏赐，落得个皆大欢喜。

一方面推让权力，一方面要做一些让清廷高兴的事，这就是修复旗营。清朝自入关以后，为弹压各地的反抗，将八旗兵驻防全国各要地，由朝廷直接任命的将军统辖，不受督抚节制，成为清代的特殊制度。金陵所驻江宁旗营、镇江所驻京口旗营都是八旗兵重要防地。八旗兵不事生产，可以说是世代相传的职业军人，他们的家属也随同他们一起驻在各要地。但是早在太平天国造反以前，八旗兵就已经腐败失去战斗力，但作为清朝的特殊体制，还是一直予以维持。太平军占领金陵的时候，江宁旗营包括士兵及家属在内三万余人大部战死或被太平军杀死，现存只有八百余人。京口旗营，因为镇江大部分时间在清军手里，损失较少，并且已经挑补足额。虽然旗兵战斗力早已不行，但体制攸关，况且旗营还是可以对当地官员民众起某种监视作用，所以清廷对此非常关心。曾国藩奏明，江宁旗营人数较少，可以马上发全饷；京口旗营，人数较多，可以照前数年办法，暂发半饷。曾国藩把金陵的善后工作排了次序，第一是裁减湘军，第二是修复科举考试用的贡院，第三就是修复江宁旗营，第四是修复京口旗营。其他的事情甚至重建衙署都排在后面，表示他对此事的重视。

经过一番努力以后，曾国藩终于度过了他与清廷关系的危机，赢得了清廷对他的信任，保留了权势和地位，也赢得了他的家人和后代的安康，间接也算保持了政局和全中国的稳定。

多年以后，八国联军打进北京，慈禧太后和光绪帝仓皇逃难。他们大体沿我们今天去八达岭长城参观游览的路线出京向西逃去，这条路尽是大山，再加上败兵抢劫，根本无物供给"圣驾"。他们一路风尘仆仆，困苦艰难，有时连一碗稀粥都喝不上；睡觉时也是两人坐一个板凳背靠背熬到天明。好不容易到了直隶怀来，正巧是曾国藩的孙女婿（曾纪泽之婿）吴永在此当县令，吴永竭力供应，使一路颠沛的慈禧太后和光绪帝有了饭吃，有了地方睡觉，也有了稍微好一点的衣服穿。慈禧太后非常高兴，当她听说吴永是曾国藩孙婿——忠臣的后裔后，爱屋及乌，真是备感亲切。见面后五天，慈禧太后就将吴永从知县提升为知府。不到一年，又将其升为道台。由此可见，曾国藩的以退为进，削减自己权势，不但得到了清廷的认可赞许，甚至惠及他的子孙。

四　曾、左龃龉，留百年谜题

金陵打下来了，李鸿章指挥淮军把江苏其他部分攻了下来，左宗棠也将浙江的太平军大部驱除。曾国藩也比较顺利地解决了与清廷关系的新问题。但这时，湘系集团内部，曾国藩与左宗棠的关系又发生了问题。

事情出在太平天国幼天王洪天贵福漏网上。

湘军攻占金陵后，得知洪秀全已死，但幼天王洪天贵福不知去向。同治三年六月十日（1864 年 7 月 26 日），曾国藩奏报破城和生擒李秀成时说："据城内各贼供……城破后，伪幼主积薪宫殿，举火自焚。"这时说的还比较含糊。六月二十四日，曾国藩又奏报说："伪幼主洪福瑱，绕室积薪，为城破自焚之计，众供皆合。连日在伪宫灰烬之中，反复搜寻，茫无实据，观其金、玉二印，皆在巷战时所夺，又似业已逃出伪宫者。李秀成之供则称'曾经挟之出城，始行分散'。然此次逃奔之贼，仅十六夜从地道缺口逸出数百人，当经骑兵追至湖熟，围杀净尽……洪福瑱以十六童骏，纵未毙于烈火，亦必死于乱军，当无疑义。"

实际上，幼天王已经脱逃，并且到浙江湖州与洪仁玕、杨辅清等会合，然后由洪仁玕扶持到江西，准备会合太平天国现在实力较强的侍王李世贤。曾国藩的奏报，是一种想当然的做法。然而这时候，左宗棠却已得到了太平天国幼天王已经脱逃的可靠情报。按照曾国藩的想法，左宗棠应该先将此事通知曾国藩，商量一个解决办法。不料左宗棠却先奏报清廷，虽然他同时也写信告诉了曾国藩，但因清廷事先知晓，并要求从重严办防堵不力的人员，弄得曾国藩十分狼狈。如本章开头所说，曾国藩虽然把清廷的要挟顶了回去，但对左宗棠甚为不满，他觉得左宗棠是有意让曾家兄弟下不来台，是"以怨报德"。两人随即在奏折中互相指责，曾国藩曾说左宗棠攻占杭州时有十万太平军逃出，并没有受到处分。左宗棠就上奏说，你凭什么说有十万太平军逃出？意思是说是你亲自数的吗？并且太平军自杭州逃出的事我已奏明，不像你公然奏报已经搜杀净尽。虽然后来洪仁玕与侍王李世贤会合并没有成功，在江西为沈葆桢部下湘军席宝田部击败，洪仁玕与幼天王都被俘处死，但曾国藩和左宗棠的怨却已经结下，私交宣告断绝。从此以后，曾国藩和左宗棠再没有私人通信往来。

对于曾国藩和左宗棠的绝交，人们有许多说法。最为奇特的一种是说曾国藩和左宗棠是故意闹矛盾做给外人看，因为此时清廷非常疑忌曾国藩，假使曾国藩和左宗棠湘军内部翻了脸，会使曾国藩的实力大损，对清廷的威胁就小得多，清廷的疑忌心也就会小得多。所以曾、左二人就演了一出互相攻讦的双簧戏，故意让人以为湘军内部不和，而且时间也是不早不晚，正好选在湘军攻破金陵的时候。然而这种说法虽能提出一些理由和现象，却嫌证据不足。多半是那些既喜欢曾国藩又赞赏左宗棠的人的良好愿望。因为曾国藩在家书中，还曾屡次提及担心左宗棠向清廷说他的坏话，造假不会造到当时不公开的家书中。

我们同意左宗棠研究专家、对曾国藩也有深入研究的刘泱泱先生的说法，曾国藩和左宗棠是"失和"了，即断绝了朋友关系。

失和的原因是多方面的。曾、左二人都是有才干的人，但性情差异相当大。曾国藩深受理学熏陶，办事待人，都有一种深厚的理学味，常说是以"诚"为本。但是，曾国藩又是十分注重实际的人，带兵打仗，在朝为官，都需要灵活性，需要用权术，这在左宗棠等人看来，不免有些作伪。但这实际上是曾国藩治学办事的一种内在矛盾，如果说虚伪，只能说是理学的虚伪，就像倭仁号称理学大师，却大力支持慈禧太后执政，压制恭亲王奕䜣，这最不合传统理学的规矩。对于曾国藩的做法，胡林翼可以理解，左宗棠不能理解。左宗棠有才干，有谋略，有胆识，但个性太傲，太自负，缺乏容人之量，他在樊燮案中闹得如此狼狈，便与他的性格有关。曾国藩打仗求稳持重，很少用奇兵险着，这在左宗棠看来，是缺少才干，如失和前左宗棠致骆秉章的信就说："涤相（曾国藩）于兵机每苦钝滞，而筹饷亦非所长，近日议论多有不合，只以大局所在，不能不勉为将顺，然亦难矣。"论建立一支军队的影响，当时任何人都不及曾国藩，但要说指挥打仗，可能左宗棠的确比曾国藩胜一筹。而在左宗棠的内心深处，很可能对湘军首领的曾国藩并不服气。如世上流传的曾、左二人戏联，曾国藩联说："季子敢言高，与吾意见常相左。"左宗棠联说："藩臣徒误国，问他经济有何曾？"虽不尽可信，但绝非空穴来风。

应该说，曾、左二人虽然龃龉，但并不互相仇恨，所以用"失和"二字最为恰当。而且他们在公事上，还颇能互相配合、支持。

同治六年（1867）四月，也就是曾国藩剿捻失败刚回任两江总督的时候，曾纪泽来信说左宗棠又密奏弹劾李元度，曾国藩在回信中说："余于左（左宗棠）、沈（沈葆桢）二公之以怨报德，此中诚不能无芥蒂，然老年笃畏天命，力求克去褊心忮心。尔辈少年，尤不宜妄生意气，于二公但不通闻问而已，此外着不得丝毫意见。切记切记。"换句话说，就是与左宗棠只是不通信而已，不得有其他的互相攻击、无端猜测等类事情，子女们更不可掺杂到里面来。

也就是这一年，左宗棠受命为陕甘总督，路过湖北，与任湖北巡抚的曾国荃相见，提起与曾国藩矛盾的事，左宗棠承认自己过错有二三分，曾国藩过错有七八分。后来莽撞的曾国荃贸然弹劾官文，湘军集团中包括曾国藩都不以为然，只有左宗棠表示赞赏。

左宗棠做了陕甘总督后，担当着平定西北的重任，而用兵西北又需要大量的经费，除了设法向外国银行借一点以外，全靠富庶的两江地区筹划。左宗棠一度担心两江总督曾国藩不支持他，事实证明左宗棠的顾虑是多余的，曾国藩不仅努力为之筹饷，还将湘军中最得力的刘松山部交给左宗棠指挥。曾国藩还在家书中评价说："季高有陕甘之行，则较我尤难（指与捻军作战），渠精力过人，或足了之。"左宗棠和李鸿章配合平灭捻军后，在奏陈刘松山的功绩时说："臣尝私论曾国藩素称知人，晚得刘松山尤征卓识。刘松山由皖、豫转战各省，曾国藩尝足其军食以相待，解饷一百数十万两之多，俾其一心办贼，无忧缺乏，用能保垂危之秦，救不支之晋，速卫畿甸，以步当马，为天下先。即此次巨股荡平，平心而言，何尝非刘松山之力？臣以此服曾国藩知人之明，谋国之忠，实非臣所能及……合无仰恳天恩，将曾国藩之能任刘松山，其心主于以人事君，其效归于大裨时局，详明宣示，以为疆臣有用人之责者劝。"奏折中还谦虚地说自己十余年前就认识刘松山，却没有发现他的才干。这封奏折曾国藩似乎并没有看到，如果看到，当时为剿捻失败而烦恼的他一定会大为欣慰。左宗棠平定西北得到曾国藩的支持。当时有位名叫吕庭芷的侍读，刚从在甘肃作战的刘铭传军中归来，在回故乡常州途中拜见了曾国藩。谈起曾、左矛盾，曾国藩说："我生平以诚自信，而彼乃罪我为欺，故此心不免耿耿。"显然此时的曾国藩心气已经平和多了。曾国藩又问左宗棠在陕甘的一切布置，请吕庭芷平心而论，吕庭芷"历言其处事之精详，律身之艰苦，体国之公忠"，又说："以某之愚，窃谓若左公之所为，今日朝端无两矣。"听了这番评论，曾国藩反应是：

> 公（曾国藩）击案曰："诚然，此时西陲之任，倘左君一旦舍去，无论我不能为之继，即起胡文忠（胡林翼）于九原，恐亦不能为之继也。君谓为朝端无两，我以为天下第一耳。"

显然，曾国藩一直对左宗棠的才干和进取、吃苦精神评价非常高，以至有"天下第一"的赞语。

曾国藩死后，左宗棠为撰挽联，说的是："谋国之忠，知人之明，自愧不如元辅；同心若金，攻错若石，相期无负平生。"原来曾、左二人通信，从左宗棠为布衣时起，都是称兄道弟，左宗棠从不肯让一步。而挽联上左宗棠却署的是"晚生左宗棠"。

事实上，到了晚年，两人心中的那股怨气已经平和了，不过两人性情都有一种超出常人的傲气，谁也不肯打破僵局，所以直到曾国藩去世，两人也还是没有书信往来。

曾国藩死后，左宗棠对曾国藩的儿女非常照顾，以至曾国藩的小女儿曾纪芬在回忆录中感念不已。而曾国荃和曾国华的后代又和左宗棠的后代联姻。怪不得有人认为左宗棠和曾国藩是假冲突了。

五　"重整河山"，勉力为之

按曾国藩最初当官时的性情和理想，他本不应做个军事统帅，他有宰相之才，本来应该在政事上做出成绩，换句话说，他的才能本是在政事上而不是在军事上，但是现实却让他选择了一条治军之路。现在，太平天国已经被他的湘军镇压了，他该实现他生平的宿愿，在治理国家上下功夫了。同治三年（1864）九月初，曾国藩把两江总督衙门从安庆迁到金陵，初十日正式入署办公，因为总督衙门并没有修好，所以是借地办公的。按清朝惯例，两江总督驻金陵，江苏巡抚驻苏州，自太平天国占领金陵以来，两江总督衙门四处流浪，有时两江总督被太平军追逐，简直就像丧家之犬，隔了十一年后，现在终于又迁回金陵。

迁到金陵后，曾国藩便着手善后事宜。

但是，重新恢复统治秩序，并振兴残破的经济，实在不是件容易的事。十余年来，两江总督所辖的江苏、安徽、江西都是清军与太平天国作战的主要战场。尤其是江南这从前最富庶的地方，遭受的破坏尤其严重。古人用以描述战争的"白骨露于野，千里无鸡鸣"的诗篇，完全适用于现在的这三省。有外国人记述当时他观察到的苏州一带情形："沿途所历各村，每三四处，必有一完全焚毁者；亦有三村相连，外二村未动，而其中一村仅余焦土者。"过去，南京到苏州一带，"皆富饶殷实，沿运河十八里，廛舍栉比，人民熙熙攘攘，往来不绝"，现在，则"房舍、桥梁，尽被拆毁，十八里中杳无人烟，鸡、犬、牛、马绝迹。自此至无锡，沿途如沙漠，荒凉万里"。曾国藩当湘军围金陵时就曾在给郭嵩焘的信中感叹："皖省群盗如毛，人民相食，或百里不见炊烟。"曾国藩日记中也多次记载民间的惨况，如有的地方没有粮食，将人肉标价出卖，有时甚至人肉还涨价。整个中国因为战争死亡的人口，有的人估计为二千万，有的人估计为五千万。江苏战前人口为四千三百万，战后十年即同治十三年（1874），还没有恢复到两千万。至于金陵城，经过惨烈的攻守战，再加上湘军入城后的抢劫，几乎成了一座废墟。

湘军攻占金陵前，曾国藩曾在田地多荒芜的皖南试行过这样的办法：每县给三千两银子，选择公正廉洁而又勇于任事的地方绅士负责组织农民开垦，这三千两银子用于买牛买种子，招集民众开荒。收成后，将牛和种子的本钱还回官家十分之七，另十分之三让给农民；然后再给三千两银，续买牛、种，如是循环数年，据说民众已渐复旧业。还回官家的钱，也不再收回，而是给各县兴学校、立书院用。

现在，为了恢复经济，曾国藩和江苏巡抚李鸿章、安徽巡抚乔松年一起，分别就各地遭受战争破坏的程度，奏请清廷减免钱粮赋税，设法召回流亡人口，以便恢复农业生产。

与此同时，曾国藩在金陵做了几件事。

第一件事是马上修复举行乡试的贡院，以便当年能够举行乡试。按照惯例，金陵的江南贡院举行的乡试，不仅有江苏省的士子，还包括了安徽省。特别是江南文化发达，几百年来都是人文荟萃之地，整个清代，江南科举中进士的人数一直居全国榜首，所以江南乡试也就比其他省的乡试都要显得隆重而且影响大。但是自从太平天国占领金陵以来，已有十一年没有开科考试了，中间应该有四次考试，全告空白。咸丰九年（1859），曾借地浙江杭州考过一次，但毕竟很不方便，而且没有录取足额。江南士子早盼望有参加科考的机会。抢时间修复贡院，争取按时举行科考，不仅是为朝廷选拔人才，而且对于争取从前太平天国占领地区的知识分子拥护朝廷，以及恢复社会秩序，都是十分重要的。湘军攻占金陵后，在军务、善后的繁忙工作之中，曾国藩就视察了贡院，见原贡院规模狭小，虽说没有完全毁坏，却也所存无几。曾国藩把修复贡院作为头等大事，不仅修复，还扩大规模。修复贡院的事，在曾国藩正式将官署移驻金陵以前，就由曾国荃主持开始了。曾国藩非常在意此事，指示曾国荃，"规模不可狭小，工程不可草率"，不可视为一朝一夕的事，而要作百年之想。当两江总督衙署迁到金陵时，贡院修复工作已接近完工，曾国藩十分满意，立即奏请于旧历十一月举行乡试，并奏准把从前安徽省少录取的三十六个名额加入此次乡试中。苏、皖两省士子听说举行乡试，非常高兴，踊跃参加，参加考试的竟有一万三千人，不愧为历来人文繁盛之地。临近考试，士子们云集金陵，商贾们闻风随之而来。而恢复科考，意味着局势稳定，原居住金陵的民众也渐渐归来。无意之中收到了恢复经济和社会秩序的效果。同治三年十二月十五日（1865 年 1 月 12 日）揭榜，共有二百七十三人中举。据说录取的举子们的文章都写得很好，为三十年来所无，曾国藩在给郭嵩焘的信中说是"闱墨声光并茂，不似丧乱后气象"，主考官和副主考官也都很得意。这件事就算顺利办成了。

提起这年的江南乡试，还有一段与曾国藩有关的小插曲。安徽桐城的吴汝纶，少有文名，这年二十四岁，正是意气风发的时候。曾国藩本来喜欢读书人，自任两江总督以后，更加招贤纳士，他的幕府人才之盛，天下无与伦比。这年轻的吴先生早知道曾国藩的胸襟，仰慕曾国藩的学问，也很想与曾国藩结交，但他偏偏又有中国旧时读书人的那一种傲气，假如曾国藩是一介布衣，他早就自荐上门了，但当时曾国藩是堂堂的两江总督协办大学士，吴汝纶不愿意攀附权贵，也就不好意思自荐上门。当时吴汝纶的同乡方存之（宗诚）正在曾国藩的幕府，他搜罗吴汝纶的文章，不由分说便拿给曾国藩看，这还是在旧历五月份，湘军还没有攻下金陵。曾国藩读后在日记中写道："阅桐城吴汝纶所为古文，方存之荐来，以为义理、考证、词章三者皆可成就，余观之信然，不独为桐城后起之英也。"清代以桐城籍文人为核心的桐城派古文非常有名，方苞、姚鼐是其中的佼佼者，曾国藩非常喜欢姚鼐的文章。所谓义理、文章、考证不可偏废，就是姚鼐提出来的。现在曾国藩说吴汝纶"不独为桐城后起之英"，就是说吴的成就将来会超过桐城派。吴汝纶随即参加了这年的江南乡试，以第九名考取了举人。当时凡考取的举人，都要拜会"座主"，吴汝纶这才拜见曾国藩。第二年，吴汝纶参加会试，又以第八名考中了进士。中举之后紧接着中进士，这叫作"连捷"，很不容易。吴汝纶授内阁中书后告假出都，又来见曾国藩，曾国藩对吴说，你不必急着进京当官，就在我的幕府中专心读书，多作古文。曾国藩又问吴汝纶的老师是谁，吴汝纶说没有其他老师，就是父亲辅导，曾国藩听后，立即聘请吴汝纶的父亲为自己儿子的老师。吴汝纶此后就入曾国藩幕府，并成为曾国藩座下四大弟子之一。吴汝纶果然不负曾国藩所望，不仅大有文名，后来还当了京师大学堂（北京大学的前身）的总教习。严复翻译《天演论》，也是吴汝纶为之作序，向社会介绍。

曾国藩要办的第二件事修浚秦淮河。金陵为六朝古都，自魏晋以来，其富贵繁华天下闻名。秦淮河绕金陵而过，河中画舫灯船，来往如梭；笙歌曼舞，彻夜不绝。江南文人才子，更在秦淮河留下许多动人的遗闻轶事。同时，秦淮河两岸商贾云集，也是金陵城繁华的象征。太平天国占领金陵后，禁止男女来往，分别男行女行，再加上战争不断，秦淮河一片萧条，大非往日景象。为了恢复金陵城的商业和经济，曾国藩命守金陵的湘军士兵挑浚秦淮河。理学气浓重的曾国藩，又亲率僚属乘船游览十里秦淮。到同治十年（1871），曾国藩再次任两江总督的时候，又一次游秦淮河，他见到商民的游船，能张三四十号灯，有的甚至张挂八十多盏灯，非常高兴，他在日记中写道："喜复略见太平景象矣。"

在曾国藩的努力下，逃亡外地的商贾们渐渐回来，据说连逃到上海的商贾绅士们也有不少回来的。为了招徕商民，曾国藩又于同治四年（1865）二月奏请将从前在江宁城外所设的两个税关暂缓征税。这两关的货税向来由朝廷直接派来的江宁织造征收，收上来的银两也不入地方财政，而是直接解到京师，供皇家挥霍。现在暂停这两个税关，也好减轻一些商人的负担。

除了恢复经济外，在文化建设上，曾国藩也做了不少努力。这里必须给读者介绍的，是曾氏兄弟刻印王船山文集的事。

王船山，本名王夫之，字而农，号姜斋，湖南衡阳人，算是曾国藩的湖南前辈和乡贤，本书第二章曾说过此人。王船山生于明万历四十七年（1619），卒于清康熙三十一年（1692），因为晚年他隐居在家乡衡阳的石船山，所以世人又称他为"船山先生"。王船山是一位特立独行的大学者、思想家。他生活的时代，正是明朝衰微，清兵入关，天崩地解，河山变色的大动荡时代。王船山一生坚持抗清，后来清朝的统治渐渐稳固，王船山的抗清事业败局已定，但他决不肯臣服清朝。他避入穷乡僻壤，甚至苗瑶山洞，发愤著述，虽贫病交加而丝毫不悔。他把亡国的惨痛、缜密的思想，都融入他的著作之中，成就了一代伟大的学者。但是，由于王船山强烈的反清思想和夷夏之辨观念，在清朝政府严酷的压制下，他的著作二百年来一直湮没而不显。直到道光十九年（1839），才有湖南新化学者邓显鹤和邹汉勋以及湘潭学者欧阳兆熊主持刊刻了王船山的部分著作，计一百五十卷。咸丰四年（1854）太平军重入湖南，刻版又毁于战火。欧阳兆熊恰好是曾国藩挚友，当年曾国藩任职翰林院时，曾染重病，多亏懂医道的欧阳兆熊照料，才得痊愈。曾国荃攻占安庆后，曾氏兄弟决定重刊王船山文集，专门设立书局，请欧阳兆熊负责搜集、校勘。曾国藩对印行船山遗著非常关注，在这次印的三百二十卷中，他亲自校阅了《礼记章句》四十九卷、《张子正蒙注》九卷、《读通鉴论》三十卷、《宋论》十五卷、"四书"、《易》《诗》《春秋》等各经书的稗疏考异十四卷，计达一百一十七卷。王船山后人家已经散佚的《书经稗疏》《春秋家说序》，曾国藩又特地托朋友在京师文渊阁抄出寄来。湘军攻占金陵后，刻印船山遗著的书局也随着迁到金陵，直到同治五年（1866），刻印方才完成，曾国藩又亲自作了序。至此，王船山的学说才得以面世。印行王船山文集时，还有这样一个传说故事：王船山生前曾说，我的书要二百年后才能显于世，让他的子孙妥善收藏他的书。欧阳兆熊致书王氏后代索求船山著作底稿，当信到的前一天，守王船山祠堂的人听到堂内有响声，开门一看，原来是王船山的灵位从神龛中自行跃到案上，并且直立不倒。这传说当然无法验证，但王船山若泉下有知，也应该为他的著作终于传世而高兴吧。王船山是坚决反清的，曾氏兄弟却是拼命维护清朝的，他们为什么要刊印王船山的遗著？这确有些耐人寻味。不过，曾氏兄弟既然不打算反清，应该不会是让人们读王船山的书而产生反满民族意识，而是欣赏王船山其他方面的学说和思想。比如王船山说："所贵乎史者，述往以为来者师也。为史者，记载徒繁，而经世之大略不著，后人欲得其得失之枢机以效法之无由也，则恶用史为！"这话的意思是说，读史者，写史者，都要经世致用，让人知道古往今来政治的得失，为后人提供借鉴，否则写史就是没有用的。这类语言，一定会在曾氏兄弟的内心引起共鸣。也许曾氏兄弟没有料到，船山学说在后来发生了很大的影响，曾国藩的好友郭嵩焘，维新党人谭嗣同、唐才常，清末革命党领袖黄兴，一直到毛泽东的老师杨昌济，都从船山学说中吸收养料。笔者的恩师、晚年研究近代湖湘文化的著名学者林增平曾总结船山学说对湖南的影响说：

> 到清代乾嘉年间，渐次形成了湖南劲直尚气的民风和与之相应的朴质进取的湖湘士气。恰当其时，湮没百余年的船山学说开始广泛传播，其哲理和反清、一定程度反封建的学说思想和经世致用的主张，为湖南士人辗转传习，前后师承。从而进入近代就形成了有别于他省，具有湘人在若干方面异于他省的气质的湖湘文化。此一文化的延伸外铄，遂在近代经世——维新——革命的三个历史阶段上，造成了令人瞩目的形势和成就，导致湖南获得近代功业之盛举世无出其右的声誉。（林增平：《近代湖湘文化试探》）

刊刻王船山遗著的书局原是设在安庆的，后来迁到金陵。刻印王船山遗著完成后，书局一直留存了下来，先是校刊"四书"、"十三经"、《史记》《汉书》，到曾国藩三任两江总督的时候，曾与浙江、湖北等几省的书局合刻二十四史。在书局中工作的，除欧阳兆熊外，还有汪士铎、刘毓崧、莫友芝、李善兰等著名学者。

作为文化建设的措施，曾国藩还札委工程局修复江宁城的钟山书院、尊经书院。钟山书院聘李小湖为山长、尊经书院聘周缦云为山长，其中周缦云曾为曾国藩幕僚。两书院修复之后，曾国藩曾于同治四年（1865）三月二日亲往视察，并主持聘定书院山长的典礼。

湘淮系集团领袖中，除曾国藩外，胡林翼、左宗棠、李鸿章、丁日昌都很重视文化建设，在他

莫友芝

们的统治地区，都努力做恢复书院、建印书局等事情。

由于曾国藩办的这些恢复文化的事业，所以不少台湾地区学者赞扬曾国藩一方面要学习西方的先进文化，使中国开始了现代化的历程；一方面要保存和发扬中国的旧有文化和国粹，使中国人不忘为中国人。

至于举办洋务新政，学造外国武器和轮船，是曾国藩尤为重视的头等大事，但我们留待后面专章来介绍。

然而，修复两江总督衙门的事情却放到了最后，继曾国藩任两江总督的官员，也学曾国藩，不将修复衙门放在优先位置。直到同治十年年（1871）底，两江总督衙门才修复，同治十年十一月二十二日（1872年1月2日），曾国藩第三次任两江总督的时候，才正式迁入新衙门。这时距湘军攻占金陵已经八年了。

不过，曾国藩正式进驻金陵不到一年，捻军声势大振，曾国藩又奉命北上剿捻。

曾府家眷纺织图（选自《崇德老人八十自订年谱》）

曾国藩任两江总督期间，还有一些趣事可述。曾国藩向来提倡节俭，他虽做了大官，但主张家里必须保持农家本色，他要求他的儿媳、女儿不可忘了女子做衣、做鞋等传统的"女工"，他穿的鞋子，就常常是儿媳、女儿做的。他的夫人欧阳氏出身于学者之家，自幼家教很好，虽然丈夫贵为一品大官，但她始终能保持勤俭的美德。在安庆、金陵的督署中，欧阳夫人率儿媳刘氏（即刘蓉之女）纺纱，每日定量四两，一般到二更后才休息。有一天不知不觉已纺到三更，曾纪泽已经就寝。欧阳夫人对儿媳说，我为你说个笑话提提神："有一家，婆婆常常率儿媳纺纱到深夜，儿子嫌纺车声音吵得难以入眠，说是要将他妻子的纺车打碎。其父在房中应声说：'如能将你母亲的纺车一起打碎，最好。'"第二天早餐时，曾国藩把这故事说给幕僚们听，直惹得众人大笑不止。

第十六章　剿捻失败

一　僧王战死，奉旨平捻

同治四年五月二日、三日（1865 年 5 月 26 日、27 日），曾国藩接连收到三道谕旨：

> 曾国藩老于戎事，筹画动中机宜。着即克期出省，督率南路水陆援兵，侦探贼（捻军）踪，相机剿办。曾国藩以钦差大臣总督誓师，呼应较灵。其江南、北应调何军，出省后应驻何处督师，均着该大臣斟酌妥办。

> 钦差大臣协办大学士两江总督一等毅勇侯曾国藩，着即前赴山东一带督兵剿贼，两江总督着李鸿章暂行署理。

> 国瑞奏，官军接仗失利，亲王僧格林沁力战阵亡……两江总督已有旨令李鸿章署理，即着前赴金陵接印任事。曾国藩军营调兵集饷事宜，该抚（指李鸿章）并

当妥为筹画，不得稍有迟误。曾国藩于接奉此旨后，即着先就现有兵力，带领出省北上。其余各路得力兵勇将弁，不妨陆续檄调，未可久待征兵，致劳廑盼。总督印信，暂交藩司万启琛收存，无庸俟李鸿章到金陵交卸。该大臣公忠体国，久著勋勤，必能赶紧赴援，尽扫寇氛。

僧格林沁

僧格林沁，蒙古科尔沁旗人，贵族出身，他的姓叫"博尔济吉"。整个清代，清政府为了巩固自己的统治，极力拉拢蒙古贵族，皇族经常与蒙古贵族联姻。僧格林沁与皇族的关系起源于嘉庆帝时，当时嘉庆帝的女儿嫁蒙古贵族索特纳木多布斋，这公主没有生育儿子，到道光帝在位的时候，道光帝准许公主也就是他的妹妹从丈夫的族人中选一人为嗣。公主见僧格林沁相貌堂堂，是个有出息的样子，便立僧格林沁为自己的嗣子。于是，僧格林沁就成了道光帝的外甥、咸丰帝的表兄，也算是同治皇帝的表伯父。僧格林沁先是承袭了郡王，然后带兵打仗。他勇猛剽悍，是满蒙贵族中不可多得的好手之一，他的第一功是率军消灭了太平天国的北伐军，咸丰帝非常高兴，封他为亲王。当慈禧太后和恭亲王奕䜣发动政变的时候，他手握军权，是慈禧太后的得力的支持者之一，所以深得朝廷的信任。如果说，清廷对曾国藩、李鸿章、左宗棠等统率的军队总是不大放心的话，那么僧格林沁率领的军队则一直被视为朝廷的嫡系。保卫中原，护卫京师，清廷一直依靠僧格林沁。不料一声霹雳，僧格林沁战死了。

杀死僧格林沁的，是捻军。

"捻"是淮北方言，大意是一群、一股、一伙，淮北人称之为"捻子"或"捻"。有人说捻子产生在嘉庆年间，有人甚至说康熙年间就有捻子存在。最初他们只是一捻一捻地分散贩卖私盐，有时也与弹压他们的官府对抗，活动在安徽、江苏、河南、山东、湖北几省。几乎与太平天国起义同时，捻党也扯旗造反，号称捻军。太平天国定都天京并派兵北伐后，捻军更为活跃。但捻军和太平天国有很大的不同，他们分散作战，打家劫舍，但互不统属，也没有明确的政治目的。到咸丰五年（1855），各路捻军聚集在安徽亳州雉河集（今安徽涡阳），推举张乐行为盟主，另一个主要首领叫龚得树，但他们互不统属的特点并没有完全改变。他们曾接受太平天国的领导，并多次配合陈玉成的军队作战，但仍保持行动自由，他们自己把这叫作"听封不听调"。

湘军攻占安庆后，太平天国英王陈玉成在庐州派扶王陈得才、遵王赖文光等远征西北，试图另外打出一条路来。当太平天国天京被围紧急时，陈得才和赖文光兼程回援，但因清军堵截，走到鄂、皖之交时，天京就已被湘军攻陷。这时张乐行已在僧格林沁的攻击下败亡，其他捻军多加入太平军。因为曾国藩取得了镇压太平天国的首功，清廷满心想由僧格林沁这支嫡系部队取得镇压捻军的胜利，也压一压湘淮军的气焰。最初僧格林沁确实取得了一定的胜利，同治三年（1864）十月初，僧格林沁与陈得才大战于安徽霍山黑石渡，由于有许多捻军部将投降清军，陈得才大败。经过这一战，陈得才觉得太平天国的事业已经无望，遂仰药自杀。

清廷和僧格林沁满以为太平军和捻军受此重创，已是强弩之末，不难一鼓荡平。不料太平军和捻军在一位奇人遵王赖文光的统率下，又重新振作。远征西北时，赖文光是陈得才的副手，现在在强敌压迫之下，太平军和捻军完全合到一处，赖文光成为他们的新领袖，以后这支军队也就完全称为捻军。赖文光将部队作了大的整顿，原来太平军擅长打千里纵横奔袭的运动战，捻军擅长作聚而散、散而聚的游击战，赖文光发挥这两种战术的长处，又根据敌军僧格林沁军队的情况，改步兵为骑兵。当清军来击时，捻军迅速退却，引清军来追，往往拖得清军精疲力竭，然后乘清军不备，突以骑兵包抄消灭之，这种战术屡屡奏效。僧格林沁勇猛剽悍，却疏于算计，脾气又特别暴躁，于是中了捻军之计。

同治四年（1865）初，赖文光便用这种战术对付僧格林沁。捻军一会儿进兵山东，一会儿却又退到江苏。进时如急风暴雨，退时又飘忽难追。僧格林沁本有轻敌之心，以为捻军不敢与他交战，但他又求战不得，情绪不免焦躁，又以为捻军粮食已尽，遂率骑兵穷追不舍。僧格林沁常常几十天不离鞍马，率部下日夜狂追，手累得举不动马缰绳，就用布带子把手挂在肩膀上，不顾一切地继续猛追。到了四月，捻军已拖着僧格林沁在河南、山东、江苏三省交界跑了几千里，拖得清军人困马乏，精疲力竭。而且僧格林沁的骑兵猛追捻军，步兵被拉下很远，步、骑分离，完全失去了步骑互相配合互相掩护的作用。赖文光看准了机会，联合了山东地方的造反武装，在山东菏泽西北的高楼寨设伏。四月二十四日，僧格林沁率骑兵冲进高楼寨，陷入了捻军的重重包围，一番惨烈的厮杀之后，僧格林沁惨败。在突围的时候，僧格林沁被捻军杀死，除他的部将陈国瑞带伤逃走外，僧格林沁的骑兵全部被消灭。

老练的曾国藩，冷眼旁观战局，早知道僧格林沁已陷入危险中，但是，僧格林沁向来看不起他，看不起湘军，以曾国藩的地位和与僧格林沁的微妙关系，很难说上参谋或劝解的话。长期任曾国藩幕僚的王定安记："公（曾国藩）亦草密疏，称贤王不可久劳，宜稍假休息，养锐气，会有故未上。"这"故"指的什么，王氏隐晦未说，实际是指恭亲王奕訢遭遭的事，我们后面再说。曾国藩本就觉得不好进言，因为僧格林沁看不起他，会认为他的进言是轻视僧王，再有恭亲王的事，就更不好说了，所以只能眼睁睁看着僧格林沁掉进捻军的陷阱。

当僧格林沁追击捻军到山东时，清廷也觉察到僧格林沁亲自率兵穷追的危险性，于同治四年（1865）三月六日指示："僧格林沁之兵，转战经年，疲劳过甚，正宜驻于平原旷野地方，蓄养锐气。凡山径崎岖、薮泽低洼处所，断不可再行冒险前进。且该大臣但须指挥调度，使各路将士合力进剿，贼股即可殄灭，亦岂可身临前敌，致蹈危机！"但是骄傲的僧格林沁岂肯听话，等到发现不妙时，一切都已经晚了。

僧亲王之死，不但是自太平天国造反以来清政府方面战死的地位最高的官员，也使清廷自以为可靠的军队崩溃了。

清廷不得不再用它不愿用的湘淮军。

二　万难迅速出征

如果说，当初打太平天国时，曾国藩可以咬牙干到底，那么，现在他已不愿意再率军出征了。他已经五十四岁了，在那个年代，五十四岁已经算是个十足的老人了。他的精力已经大大衰减，早年的锐气也随着时间的流逝和阅历的增加而逐渐消退。不仅如此，这一段时间里，他的心情常常抑郁，也使他的斗志消减。

曾国藩心情抑郁的原因是恭亲王奕訢遭受弹劾。

自从恭亲王奕訢与慈禧太后合作发动政变以后，奕訢主持政务，权倾朝野。然而正像曾国藩等人观察的那样，奕訢人虽聪明，办事也算干练，却不知求人自辅，缺乏根基，在权势隆盛的背后，早已埋藏着危机。慈禧太后当太平天国势盛时，再加上自己还缺乏主政经验，须倚重奕訢，便对他加意笼络。但此时太平天国已灭，两人的矛盾就尖锐起来。同治四年（1865 年）二月二十四日，有日讲起居注官蔡寿祺上疏，弹劾曾国藩、李鸿章、曾国荃、官文、胡林翼、骆秉章、刘蓉等一大堆人，说他们败坏纪纲，捏报战功，其所谓战功都是因人成事。又说这些人贪婪鄙陋，只能授以小官，怎可委以重任。简直将湘军的战功一笔抹杀。对于这样一个乱放炮甚至可以说胡说八道的奏折，慈禧太后破例不予申斥，于是蔡寿祺胆子大了起来。他窥测太后之意，于三月四日直接上奏参劾奕訢。他给奕訢安了四大莫须有的罪状，叫作"贪墨、骄盈、揽权、徇私"。又直接要求奕訢"退居藩邸，请别择懿亲议政"，即罢斥奕訢。慈禧太后看到蔡寿祺奏折，正中下怀，她立即撇开奕䜣，抛开军机处，直接召见大学士周祖培、大学士瑞常、吏部尚书朱凤标、户部侍郎吴廷栋等八人。慈禧太后拿出她善于表演的手段，涕泪交流，说是奕䜣跋扈，叫他们重治奕䜣，甚至"逮问"。诸臣不敢应命，慈禧太后威胁说："他日皇帝长成，汝等独无咎乎？"就是说，将来皇帝长大，你们不怕吃罪吗？周祖培表示："此事（蔡寿祺安的罪名）须有实据，容臣等退后详察以闻。并请大学士倭仁共治之。"三月六日，周祖培等会同倭仁询问蔡寿祺，蔡寿祺对他所说的各项罪名都无法指实，只有纳贿一层说出薛焕、刘蓉，然而又说是得自传闻，没有实据。倭仁等见状，只好用模棱两可的话奏上，说是"黜陟大权，操之自上，应如何将恭亲王裁减事权以示保全懿亲之处，恭候宸断"。慈禧太后早已想好处分办法，她拿出自己先已写好的有不少错别字的谕旨，命诸人润色后，打破惯例，不通过军机处，立即下诏。诏书上列举蔡寿祺所说的莫须有的罪状后，说：

> 恭亲王着毋庸在军机处议政，革去一切差使，不准干预公事。

一夜之间，奕䜣所有的职务和权力全被免掉。

在曾国藩的眼里，恭亲王虽然有些浮躁，却是不可多得的贤王、贤臣。曾国藩从不轻易和京师的权臣打交道，但却多次与恭亲王通信，这也说明他虽然不能算是奕䜣的同党，但至少对奕䜣的印象不错。早在咸丰十年（1860）九月，曾国藩在给曾国荃的信中就说："恭亲王之贤，吾亦屡见之而

熟闻之，然其举止轻浮，聪明太露，多谋多改。"那正好是
英法联军进北京，恭亲王奉命留京议和，咸丰帝命曾国藩派
鲍超赴京勤王之时。北京政变以后，恭亲王主政，曾国藩觉
得在大政方针上并无明显失误。清廷已经度过了英法联军侵
占北京、咸丰皇帝病死造成的巨大危机，太平天国也已经基
本剿灭，以后应该是励精图治，创造一个真正的中兴局面
了。不料却出现了这意想不到的事情。

同治四年（1865）三月十七日，曾国藩接到朝廷来的一
封谕旨，见首行无"议政王"衔（当时上谕，一般在首行有
"准兵部火票递到议政王军机大臣字寄"），立即发觉情形不
对，并且吃了一惊，幕僚们也非常惊讶。三月二十八日，曾
国藩又见到京师三月初八日发来的革去恭亲王差使的谕旨，
其中有"目无君上，诸多挟制，暗使离间，不可细问"等语
言。在曾国藩看来，这都是些莫须有的罪名，他在日记中写
道："读之寒心，惴慄之至，竟日忡忡如不自克。"这天晚
上，他辗转反侧，睡不安稳。过了几天，曾国藩与彭玉麟见
面，两人谈论时事，感慨万千，曾国藩在日记上写的是"郗
戱久之"，在这位忠实而又肝胆相照的亲信面前，曾国藩很
可能抑制不住自己失望难过的情绪，而涕泪交流。让曾国藩
难过的不是恭亲王一个人的进退，而是让他隐隐感到朝廷政
治昏暗，难望振兴。更让人着恼的是，昔日半为曾国藩师兄
半为曾国藩老师、号称理学大师的倭仁，在这关键时候竟丝
毫不讲原则，任凭慈禧太后纵横操纵，甚至助纣为虐。虽然
后来因为多数朝臣反对罢黜恭亲王，特别是恭亲王奕䜣的几
个弟弟——都是同治皇帝的叔叔——力争，慈禧太后不得不

仍命奕䜣负责军机处和总理衙门，但议政王的头衔没有还给他。经过这场风波，恭亲王表示服从慈禧太后，并且明确了恭亲王奕䜣一定要在慈禧太后的控驭之下办事，而不是与之准平等合作。

数日后，曾国藩虽然见到奕䜣复职的上谕，心情并没有好起来。他给李鸿章的信中写道："恭邸近事虽有后命，殊觉未满人意。初八诏旨，措辞过重，读之战栗。"

在这之前，清廷下诏询问，如曾国荃身体已经复原，即进京觐见，准备起用曾国荃。曾国藩开始还没有拿定主意，待三月十七日见到谕旨上没有"议政王"字样后，立即叫曾国荃不要出山，他在家信中写道："十七日接奉三月初八日寄谕，首行军机大臣之上少议政王三字，殊堪大诧。以前无不有此三字者，虽恭亲王病假之时，亦尚有之。若非生死大变，则必斥逐，不与闻枢密大政矣。"曾国藩不仅不让老九出山，而且叫他闭户三年以后再说。

让曾国藩烦恼的还不只恭亲王被黜一件事，还有鲍超部湘军溃散的事。鲍超是湘军中的一员勇将，深受曾国藩和胡林翼的重视，把他从一名弁兵提拔到统将，官至提督。但是鲍超对部下的纪律约束不严，他所部固然是湘军中能打仗的一支，但也是纪律较坏的一支。进入同治年间，鲍超部下又有许多士兵结成哥老会。哥老会虽然没有明确的宗旨，但是会党成员之间讲究互相联络扶助，哥老会的交谊胜过了军令。越到后来，会党的反抗情绪越强。再加上军费紧张，经常欠饷，有时甚至士兵的口粮都发生问题，这也导致士兵极为不满。当时新疆少数民族宗教首领起事甚急，占乌鲁木齐，湘军攻破金陵后，清廷命鲍超带兵赴新疆弹压。曾国藩觉得新疆情况复杂，恐怕鲍超应付不了，密奏让鲍超先随同陕甘总督杨岳斌（杨载福，鲍超原为杨载福部下）等肃清甘肃后，再寻恰当机会赴新疆；同时建议一定要确有每月三十万的军饷，否则决不可轻发。曾国藩又告诫鲍超不要全带湘军出秦陇关外，因为楚勇家乡离甘、新太远，湿润地方生长的人难以适应干燥的沙漠气候，不服水土，建议他最多带原部下六千人，其他兵员可在川北就近招募。后来鲍超让部下宋国永先带八千人赴川，其他鲍部士兵由娄云庆统带赴福建镇压太平天国余部。不料宋国永一支走到湖北金口，士兵们就闹饷哗变，哥老会是其中的骨干。当时鲍超告假在老家四川，宋国永弹压不住。另一支娄云庆部也在福建上杭因粮绝而哗变，江西巡抚沈葆桢闻讯急发饷银六万两送到军中，才算把军队稳住。清廷闻鲍超部下哗变，急命鲍超不必赴新疆，让他召集溃散的勇丁，前赴福建镇压太平军余部。曾国藩又上奏为哗变士兵说情，说是鲍超霆军哗变，实是长期乏饷所至，与一般叛逆不同，只要解散就好，不必严厉处理。

就在这样的情况下，曾国藩接到了让他剿办捻军的谕旨。王命难违，他不得不出征，但是他却面临非常多的困难。因此，曾国藩于同治四年五月九日（1865 年 6 月 2 日）上奏强调：万难迅速出征。

难以迅速出征的第一个原因是军队兵员不敷分配。曾国藩直接指挥的湘军，自攻占金陵的将近一年时间里已大部裁撤，驻金陵的还有十六营，阴历三月时曾遭御史参劾，当时决定疏浚秦淮河完工后立即遣散。湘勇不习惯北方的干燥气候，吃大米的南方人又不习惯北方的面食和杂粮，现在听说要到北方打仗，都不愿前往。曾国藩采取愿去则去，不愿去则裁撤的原则，将这十六营裁去十二营，又重新招募两营，驻金陵的湘军算是共六营三千人随曾国藩出征。另外原属张运兰部下的易开俊、刘松山表示愿随北征。这样湘军总共有九千人。曾国藩此次出征依靠的主要是淮军，计有刘铭传、周盛波、张树声、潘鼎新诸部共二万二千人。其中潘鼎新军已由海轮运赴天津，防止捻军冲击京师。但是淮军实际上也有吃不惯面食的问题，这在北方人看来简直是不可思议，而对于南人来说确实是不容易克服的困难。这些军队加起来，仍然感到兵力不足，曾国藩想在徐州一带招募勇丁，按照湘淮军的方法训练成军，但这样需要时间。

不能立即出征的第二个原因是需要购买战马，筹办骑兵。捻军用骑兵打远距离运动战，清军若全靠步兵，就根本抓不到捻军交战，而只能等捻军来打。僧格林沁的蒙古骑兵已战败溃散，建立骑兵，须从头开始，需要时间。

第三个原因是需要时间筹备黄河水师，防备捻军渡黄河北上。但防守范围涉及直隶、山东、河南三省，因为黄河水浅，长江所用吃水较深的战船不能在黄河使用，需要另行制造，短时间内不可能完成。

战略战术也必须改变，不能再像僧格林沁那样尾随捻军狂追，而且曾国藩文人带兵，不能直接率军作战，他只能坐镇一地遥控指挥，这也决定了他不能采取僧格林沁的作战方针。这我们后面再介绍。但是战略方针一变，就需要一定的筹备时间。

鉴于种种情况，曾国藩说，要展开战略行动，大约要在半年以后。总的说来，行动迂缓一方面是客观情势的影响，另一方面也和曾国藩用兵较为谨慎有关。

不仅展开战略行动需要时间，曾国藩还说，湘淮军与僧格林沁的作战战术不同，行动迟缓，不善运动战。打仗稳妥，这是湘淮军的长处，也是短处。因此，曾国藩请清廷划分战区防区，他自己负责山东、河南、江苏、安徽四省交界处十二府州，其余则由各省巡抚负责。在奏折的附片中，他又请派大员督办北路军务，他情愿以闲散人员在营效力。

也许清廷以为曾国藩又是担心事权不一，不好办事；也许是清廷急于扑灭这股威胁颇大的造反军队，在接到奏报之前，就下了一个与从前曾国藩节制四省军事同样的命令："所有直隶、山东、河南三省旗、绿各营及地方文武员弁，均着归曾国藩节制调遣，如该地方文武不遵调度者，即由该大臣指名严参。"同时，又一再催促曾国藩赶快北上，甚至曾让他乘海轮抵达前线。实际上，这次曾国藩绝不是担心权力小，因为后路有李鸿章坐镇金陵，曾国藩不怕后勤供应不上，与从前没有地盘导致常常有兵无饷不同。曾国藩顾虑的是捻军不是一下子就可以消灭，时间一长，朝廷、言官都会不耐烦而多有责备，那时候任你有一百张嘴也说不清。于是曾国藩一再请求清廷收回节制三省的成命，以免将来师老无功，责备也多，但清廷坚决不允。

清廷最担心的是捻军向北冲向京师，于是李鸿章命淮军潘鼎新率部五千人由轮船渡海赴天津，保卫畿辅，让清廷放心，也使曾国藩可以从容展开战略行动。僧格林沁残部驻山东，新败之后军心不稳，曾国藩又命刘铭传军赴济宁，以稳定山东的局势。自己仍然做各项准备工作。

直到同治四年（1865）五月二十八日，曾国藩才乘船北上。闰五月，抵达苏北清江浦，开始了对捻军的军事行动。

三　以有定之兵，制无定之"寇"

虽然捻军声势已远远比不上太平天国，但也绝不是轻易可以消灭的，僧格林沁的败亡便是例证。所以围剿捻军，首先要有个总的战略，僧格林沁就是没有可行的战略，而只是紧跟捻军寻求决战，所以吃亏的。

曾国藩的战略，用他自己的话来说，就是以有定之兵，制无定之"寇"。

捻军依赖骑兵，行动迅速，每日常奔驰三百里以上。湘淮军不能紧跟在后面追击，如果紧跟追击，也恐怕走僧格林沁的老路。所以，曾国藩不用紧跟追击的办法。他制定了以堵截为主，以追击为辅的战略。同治四年（1865）闰五月二十一日，曾国藩奏报，以四镇为驻重兵的根据地，这四镇是：安徽的临淮关、江苏的徐州、山东的济宁、河南的周家口。四处不但驻有重兵，还要多多储备粮草、弹药。力图把捻军圈在安徽、江苏、山东交界一带，四处互相配合，一处告急，三处往援，往来迅速，呼吸相通。军队分配，淮军刘铭传一军、潘鼎新一军都可以独当一路；淮军张树声和周盛波两军合起来当一路；湘军刘松山和易开俊两军合起来当一路。恰好构成四路。另外命李鸿章之弟李昭庆训练马队，训练好以后与僧格林沁残部马队合为一军作为游击之师。后来刘铭传部改作游击之师，而易开俊因为眼病开缺，所部交刘松山统带。

依照朝廷和某些地方官的见解，曾国藩的方略太过迂缓，他们还是希望像僧格林沁那样跟踪追击，寻求决战；甚至河南反对捻军的民众绅士，习惯了僧格林沁那种表面上极为勇猛的追敌方式，见曾国藩远离战场外调度，也表示不理解。但曾国藩坚持自己的见解，只能以拦截为主。后来捻军分为东西两支，曾国藩的战略也略为变通，着眼点还是堵截。他上奏说：

> 臣虽至愚，岂不思步步进逼，急图殄灭之方。惟臣细观贼情，已成流寇行径，若贼流而官兵与之俱流，则节节尾追，着着落后。假令此时追至汝、洛，待贼南趋光、黄。又折而追至光、黄，或贼东趋徐、兖，又折而追至徐、兖，虽终岁奔波，终无大损于贼。

> 臣之愚见，常欲坚持初议，于捻匪必经之途驻扎重兵，如刘铭传驻周家口，贼若回窜扶沟、鄢陵，即自周口（即周家口）迎头痛击之。张树声等驻徐州，贼若回窜永城、萧、砀，即自徐州迎头击之。推之贼窜蒙、宿，则刘松山等自临淮迎头击之。贼窜曹、单，则潘鼎新自济宁迎头击之。变尾追之局为拦头之师，以有定之兵，制无定之寇，庶几渐有归宿。皇上如以臣议为可采，则于臣驻兵四处之外，请旨饬下湖北、河南巡抚，于豫之巩、洛、宛、邓，楚之随、枣、黄、麻，各驻劲

兵一支，与诸将坚约，重在拦头迎剿，不重在贼退尾追，似亦制胜之策。

曾国藩的战略，综合了敌我各个方面的情况，是适宜的，未败敌而己先立于不败之地。只是这一战略看起来相对迂缓，一旦偶尔失利，各方的责难就会增多。

军事上的布置如此，但是曾国藩不光着眼军事筹划，他还要双管齐下，在政治上也孤立捻军。曾国藩分析，捻军似流寇，又不全像流寇。安徽凤阳、安徽颍州（今阜阳）、江苏徐州、河南归德（今商丘）、河南陈州（今淮阳）一带，是捻军经常活动的地区；而安徽的蒙城、亳州是捻军的老家，捻军颇为眷恋这个老家。而上述地区的民圩仇视官兵，对捻军反倒多有同情。现在既要在四处设重兵遏阻捻军，又要查办民圩以消除捻军的根基。重点是亳州、蒙城、宿州、永城四地。捻军首领藏身民圩的，查访确实，勒令该圩交出，如不肯交，即将该圩剿洗；交出的，只斩捻军首领，其他人一概不问。圩首并非捻党，但圩首之下有捻军同党的，令圩首捆送一二人斩之，其余不问。曾国藩还写信告诉刘铭传，说是"杀一捻即除一害，清一圩即少一患"、"临阵擒斩百人，不如清圩时斩数人之得当也。"为了清圩，曾国藩还命各军及地方官大力动员地方绅士。对于与捻军没有联络的民圩，则命其坚壁清野，对抗捻军。有的地方还实行了保甲连坐之法，即五家具保结给圩长，有事五家连坐；圩长具保结给州县官，有事则圩长连坐。曾国藩还特地上奏，请表彰从前力抗太平军七年、最后于同治元年（1862）冬被太平军摧毁并被杀八九万人的安徽宁国府宣城县金宝圩，以便鼓励民圩抵抗捻军。查圩的办法是成功的，在此以前，每隔一段时间，捻军都要跑回老家转一转，或略作休息。自从曾国藩查圩之后，捻军就再也没能回来。

曾国藩所指挥军队的后勤保障，全靠接替他署理两江总督的李鸿章。为了联络方便，曾国藩奏请由李鸿章另一个弟弟李鹤章总理营务处。这样，李鸿章兄弟六人，几乎都与曾国藩发生了密切关系。

四　降伏悍将，约法三章

曾国藩刚刚出师，劈头就碰到一件棘手的事，这就是从前帮办僧格林沁军务的陈国瑞与刘铭传部发生争斗。

刘铭传

前面说过，曾国藩担心僧格林沁残部不稳，命刘铭传率部开赴山东。刘铭传遵命攻占济宁长沟，不料代领僧格林沁余部的陈国瑞见刘铭传部洋枪精利，竟想出手抢夺。一日陈国瑞亲率五百军士突入长沟，见淮军勇丁即杀人夺枪，连杀数十人。

自从太平天国造反以来，清军将帅之间不合的事已屡见不鲜，但像这样公然火并并抢劫对方武器的事还是头一回。陈国瑞是个什么人呢？他十多岁的时候曾加入太平军，后来投降了清朝，得到清总兵黄开榜的喜爱，收为义子，隶属于袁甲三部下，后来又归漕运总督吴棠节制。陈国瑞勇猛剽悍，打仗也算有心计，因此屡立战功。等到僧格林沁督兵与捻军作战，陈国瑞又成为僧格林沁的得力部将，在围剿首鼠两端的苗沛霖以及镇压山东的造反民众中，都以陈国瑞为首功。但是陈国瑞性情残暴，又居功自傲，再加上僧格林沁的袒护，从无人敢对他说个不字。僧格林沁战死，别的部下都因救援不力受到处分，只有陈国瑞一人因屡立战功免予处罚。这样陈国瑞就更加骄横跋扈，目中无人，于是便有杀淮军勇丁抢枪这一幕。

但是刘铭传又岂是好惹的主？

刘铭传是李鸿章的合肥小同乡。太平天国定都天京后，合肥一带群雄蜂起，纷纷建堡筑寨，有的只是自卫，有的听从清政府命令与太平军作战，有的却割据为雄。为首领的多为地方豪绅，为了维持他们的地位和准军事组织，需要不断地向农民摊派，征钱征粮。刘铭传的父亲是一位农民，有一天，刘父没有按期缴纳粮米，被豪绅百般侮辱。刘铭传的哥哥们是老实人，敢怒而不敢言。刘铭传当时只有十七周岁，只不过是个大孩子，在私塾念书。当他从私塾回家，听说父亲受辱的事后，怒火万丈，他一面责备几位兄长，一面立即追赶那位豪绅。豪绅骑在马上，居高临下地打量着这位大孩子，狂笑道：你想决斗吗？我把刀给你，如果敢杀我，便是男子汉！不料刘铭传手起刀落，将豪绅的头砍了下来。接着提着豪绅的头，骑上豪绅的马，向周围的人大呼道：豪绅勒索乡里，我已斩了他，愿保卫乡里的跟我走。于是取代了豪绅，组织起地方武装，与太平军作战。在加入淮军之前，他与太平军死缠烂打，已经身经百战。入淮军后，很快成为李鸿章的得力战将。曾国藩指挥与捻军作战的几支淮军，以刘铭传部最强。曾国藩还认为刘铭传将才相当于多隆阿和杨载福。多隆阿死前任西安将军，而杨载福当时已是陕甘总督，可见评价之高，

从以上经历，足见刘铭传的强悍敢斗，绝不亚于陈国瑞，再加上李鸿章向来喜欢袒护自己的部将。所以，陈国瑞打刘铭传，简直就是摸老虎屁股。如果僧格林沁在，刘铭传倒还会对陈忍让三分，现在僧格林沁已死，替陈国瑞撑腰的人已经不在，刘铭传岂能容忍。听到陈国瑞抢枪杀人，刘铭传二话不说，立即亲自督兵与陈国瑞算账。陈国瑞的五百士兵都是手执长矛，在狭窄的街巷中调头都困难，虽有抢的枪，却还不会使。刘铭传的军队都使用火器，一枪打倒一个。只一会儿的时间，陈国瑞的五百人全都呜呼哀哉。陈国瑞逃上房顶，刘铭传叫人把他抓下来，放到空房里，先饿他三天再说。三天以后，陈国瑞告饶，他说："此五百人皆数年来所纠合四方之精锐，一旦为君所歼，吾军从此衰矣。"刘铭传这才放他。

事情过后，两人都控诉到曾国藩处。曾国藩素来不喜欢陈国瑞其人，但见他还算一员勇将，希望好生劝说他改掉那些骄暴不通人性的毛病，在他的禀文后批了两千余字。批文历数陈国瑞种种不法悖谬的事情，与之约定三事：不扰民、不私斗、不梗令（服从长官命令）。对不扰民，曾国藩说："昔杨素百战百胜，官至宰相。朱温百战百胜，位至天子。然二人皆残杀军士，残害百姓，千古骂之，如猪如犬。关帝

（关羽）、岳王（岳飞），争城夺地之功甚少，然二人皆忠主爱民，千古敬之，如天如神。愿该镇以此为法，以彼为戒。"对不私斗，曾国藩说："至于私相斗争，乃匹夫之小忿，岂有大将而屑为之……昔韩信受胯下之辱，厥后功成身贵，召辱己者而官之，是豪杰之举动也；郭汾阳（郭子仪）之祖坟被人发掘，引咎自责而不追究，是名臣之度量也。该镇受软禁之辱，远不如胯下及掘坟之甚。宜效韩公郭公之所为，坦然处之。"曾国藩对陈国瑞的劝解，就像是劝解自己的家人子弟，可以说是苦口婆心，他希望陈国瑞能改掉那些坏毛病，把自己锻炼成为一名好的将领和国家的栋梁。因为陈国瑞文化程度不高，所以用语都尽量通俗些。曾国藩对陈国瑞能够如此，可见他对其他的将领是如何训练和指导的了。我们之所以引了这么多曾国藩的原话，是希望读者能够体会曾国藩训诫将领的风格。曾国藩还上奏，将陈国瑞调到河南，归河南巡抚吴昌寿调遣，免得与刘铭传同在安徽，再次发生冲突。

　　然而陈国瑞不能领会曾国藩的苦心，不久曾国藩接到陈国瑞的回函，对曾国藩指出他的过错，不肯承认；对于曾国藩的约法三章，也采取回避态度，不愿认真执行。只承认吸食鸦片一事。曾国藩认为，陈国瑞"沾染军营油滑习气，并无诚心向善"之心，掩卷叹道："是真不可教也！"在陈国瑞看来，以为朝廷信任，曾国藩不能把他怎么样。这多少显得可笑。曾国藩当以在籍侍郎办湘军的时候，就敢于奏参刁难他的江西巡抚陈启迈，现在他是钦差大臣、两江总督、协办大学士，岂会怕陈国瑞一个小小的总兵。曾国藩立即上奏，参奏陈国瑞当僧格林沁被围时，不顾主将，撤去帮办军务头衔，革去黄马褂，暂留处州镇总兵实缺，责令戴罪立功，以观后效。这一下，陈国瑞知道了曾国藩的厉害，老老实实到徐州拜见曾国藩，表示以后一定服从命令。

曾国藩终于制服了这个悍将。后来当曾国藩处理天津教案时，又再次遇到陈国瑞，这是后话，本书还会有交代。

五　防河不成，师老无功

捻军杀僧格林沁后，并没有乘胜展开大规模军事行动，而是向南回到老家淮北休整。曾国藩离金陵北上的时候，捻军正将安徽布政使英翰围在雉河集，英翰率二十余骑突围出外求救，命部下史念祖率兵坚守待援。曾国藩遂命淮军周盛波部、刘铭传部分头增援雉河集。清军援军聚集，捻军缺粮，赖文光等遂采取运动战的老办法，分两路向西进入河南。曾国藩随后进驻徐州。

不久捻军又冲入湖北。恰好旧历十二月初二日驻湖北的湘军成大吉部哗变，成大吉不仅弹压不住，连他本人都受了伤，捻军乘机与哗变的湘军结合，声势大振，占湖北的黄冈、黄安、黄陂、孝感等地，蔓延数百里，并在黄陂杀毙清军总兵梁洪胜。省城武昌震动，官文飞书求援，曾国藩这边急调刘铭传援黄州，而清廷再次命曾国荃出山并任湖北巡抚，以便加强湖北的防卫，尽快消灭捻军。曾国荃这回不再犹豫，正式出山，他召集旧部，募湘勇六千人赴任。

但待清军援军云集，捻军又用运动战的老战术，迅速退出湖北，长驱入山东。等清军援兵来到，捻军又转向河南。在这期间，曾国藩的老部下鲍超和另一支淮军刘秉璋部也投入剿捻战斗，曾国藩指挥的总兵力已超过八万，这与打太平天国时总是以少胜多真是大不相同。问题是捻军的流动速度太快，又分成多股，曾国藩把游击之师从刘铭传和李昭庆两支增加到六支，但因捻军行动迅速，曾国藩始终找不到决战的机会。他的军队也曾多次打败过捻军，但捻军一败就走，一日夜行百里以上，清军想要聚歼捻军时，捻军早已走得远了。

到了同治五年五六月（1866 年 6 月、7 月）间，曾国藩再一次调整战略。这时捻军各股聚集到河南省沙河、贾鲁河以西以南，曾国藩根据刘铭传的建议，制订了防守沙河、贾鲁河的计划。这一计划的要点是将捻军阻遏在沙河、贾鲁河以南以西，然后将其逼向河南、湖北交界山多田少的山区，再聚集湘淮军将其消灭。这叫防河之策。但是沙河自西向东长千余里，贾鲁河又泥沙淤积，湘淮军人数不足，只好补充以河南的豫军。因为湘淮军不及捻军行动迅速，所以这是个没有办法的办法。曾国藩希望此举奏效，但也没有完全指望成功。他事先奏报清廷，说贾鲁河上游朱仙镇以北到省城开封四十里，开封再往北到黄河岸三十里，全部豫军只守这七十里的地段，虽然地段很短，但这七十里全是沙地，挖壕筑墙都很难。将来如果得胜，守这七十里的豫军一同论功行赏；如果整个防河计划不成，他愿独自承担责任，而请朝廷不怪罪河南巡抚李鹤年。防河之策部署一个月后，湘军刘松山、张诗日部在河南周家口西北的西华、上蔡一带击败捻军张宗禹（清方称张总愚）部，杀捻军五千余人。捻军赖文光、任柱试图向东突围，被淮军潘鼎新部击退。南部战线，鲍超自湖北枣阳向淅川、内乡，防西路；郭松林防湖北北部东路。另有彭毓橘、刘维桢各部支援。一时间，似乎已把捻军包围。

但是，各路捻军再一次会合后，很快发现贾鲁河上游河南豫军防守的开封南北一段，是清军的薄弱环节。中秋节过后，1866年八月十六日之夜，捻军毁掉豫军壕墙，冲过贾鲁河，豫军三营没能堵住，等到驻朱仙镇的刘铭传发现时，捻军已冲过贾鲁河，直奔山东。虽然淮军在追击中杀伤不少捻军，但防河之策还是失败了。

这时捻军赖文光、张宗禹、任柱、牛洛红各股合一，直奔山东，试图冲过运河。自受命攻打捻军以来，曾国藩一直身体欠佳，心绪不好，捻军冲破贾鲁河防线，虽然并非完全意外，但此后曾国藩身体更差。曾国藩想请朝廷派左宗棠和李鸿章其中一人接办剿捻，并写信告诉了曾国荃。随后细想，若左宗棠来，则淮军、自己统率的湘军、曾国荃部下以及鲍超，都不大容易与之合作，还是李鸿章比较妥当。于是一面布置防堵，一面于同治五年（1866）八月二十三日奏请命李鸿章驻徐州，负责东路及山东防务。

捻军虽然冲破了沙河、贾鲁河防线，但在向东进军的时候，却没能冲破曾国藩布置的运河防线。捻军不得已又转回河南省。捻军经常是分兵作战，九月上旬，捻军在河南中牟一带又分成两支，一支由张宗禹、邱远才统率，向西进入陕西，被人们称作"西捻军"；另一支由赖文光、任柱统率，仍活动在河南、山东等地，被称为"东捻军"。这以后东西两支捻军再也没有会合。

六　疑谤丛集，求退图保全

1866 年十一月六日，曾国藩接到上谕：

> 曾国藩着回两江总督本任，暂缓来京陛见。江苏巡抚一等肃毅伯李鸿章，着授为钦差大臣，专办剿匪事宜。钦此。

这道上谕，是指示由李鸿章代曾国藩剿捻，曾国藩回任两江总督。

有些人认为，曾国藩被免去钦差，是因为李鸿章的排挤，这恐怕过分夸张了曾、李的矛盾，其证据，有的是猜测之辞，有的是不可靠的私人笔记。其逻辑无非是这样的：曾国藩和李鸿章是镇压太平天国和捻军的主将，镇压农民造反的人都是坏透了的，这种极为反动的人之间的关系只能是或为狼狈为奸，或是狗咬狗，没有别的可能。

实际上，曾国藩回两江，主要是北京朝廷的排挤。

曾国藩受排挤的缘由，却也颇为复杂。北京官场，一直有人不信任曾国藩，更有一班言官御史时常挑剔。御史一职，设立的原理是执掌监察弹劾，独立于各大臣之外，可以风闻奏事，听否由皇帝自择。中国历史上，自设御史一职以来，确有不少正直刚毅之士，为朝政的清良以及保持良好的社会风气作了不少事情，有的甚至罢官杀头也在所不惧。但是清末的御史，虽然也不乏正直之士，但总的来说只是最高统治者控驭臣下的工具而已。御史们窥测最高统治者的意愿，最高统治者想要压抑的人，他们明了以后，便寻找材料，罗织罪名上疏，这样的上疏即使统治者不能马上采纳，也可以为统治者的意图鸣锣开道，起到敲山震虎的作用。御史的另一个作用就是参预政权中的党争，他们虽然没有实权，但可以造成不小的舆论，让受他们攻击的一方狼狈不堪。坏就坏在按规定御史可以风闻奏事，所说的事不必属实，这样他们可以不负任何责任地对要打击的人鸡蛋里挑骨头。当太平天国强盛，朝野无人，只有曾国藩及其湘军可用时，这些所谓言官都不敢发一言，但是太平天国已经灭亡，办事的人就要受他们的百般挑剔。在中国近代史上，更有不少保守派人士任御史之职，所以后来恭亲王奕䜣和李鸿章办洋务，最为头痛的就是这些所谓"言路"。曾国藩在致郭嵩焘的信中就形容所谓台谏说："自宋以来……性理之说，愈推愈密，苛责君子，愈无容身之地，纵容小人，愈得宽然无忌，如虎飞而鲸漏。谈性理者熟视而莫敢谁何，独于一二朴讷君子，攻击惨毒而已。"李鸿章后来也曾对曾国藩的孙婿吴永深有感触地说："言官制度，最足坏事。故前明之亡，即亡于言官。此辈皆少年新进，毫不更事，亦不考究事实得失、国家利害，但随便寻个题目，信口开河，畅发一篇议论，藉此以出露头角，而国家大事，已为之阻挠不少。"

当曾国藩开始剿捻后几个月，就"中外纷纷谤议，责敝部不能与贼纵横追逐"。这是曾国藩在给郭嵩焘的信中说的情况。到同治五年（1866），攻击曾国藩的更多。仅在同治五年，抨击曾国藩办理不善的御史，就有朱镇、卢士杰、朱学笃、穆缉香阿、阿凌阿等人。如果朝廷愿意维护曾国藩，完全可以将这些御史的奏折作"留中"处理，即不讨论、不外传，但清廷却将弹劾曾国藩的奏章直接寄给曾国藩看，这用意是十分明显的：你如不能很快剿平捻军，就尽早让位。七月二十五日，曾国藩正在从山东济宁到河南周口的路上，收到了御史朱镇的弹章。向来日记中少记大事、政事的曾国藩，在这天的日记中记下"阅之不无郁恼"。恰好这十来天他的身体又闹毛病，这时候，他已经产生了辞职隐退的念头，他给曾国荃的信中说："自问精力大减，断不能久当大任，到周口后与弟谋一引退之法，但不以卤莽出之耳。"

屋漏偏逢连夜雨。曾国藩这边焦头烂额的时候，老九曾国荃又弄出了一件事，这就是弹劾湖广总督官文。

有清一代，地方上一般设总督、巡抚来管理，特别的地方，如东北等地由满族的将军来管理，西藏由驻藏大臣管理。总督有辖一个省的，如直隶；有辖两个省的，如湖广总督辖湖北、湖南；也有辖三个省的，如两江总督。而内地十八行省，大多设有巡抚。这样就造成有些地方总督、巡抚同在一城。在曾国藩的时代，督抚同城的有：湖北巡抚与湖广总督同驻武昌，广东巡抚与两广总督同驻广州，福建巡抚与闽浙总督同驻福州，云南巡抚与云贵总督同驻昆明。总督和巡抚的权限划分并不清楚，总督的地位虽比巡抚高，但巡抚并不是总督的下属，所以这些同城的督抚常常闹矛盾。就清

廷的立场来说，是故意让督抚不合，朝廷容易操纵，地方上
难以形成对抗中央的力量。但是弊病也就跟着来了，当督抚
两人都是能人的时候，常常互相不服；当督抚两人都是贪官
污吏的时候，则会互相勾结、互相向朝廷隐瞒；而当一人能
做事，一人为庸人的时候，能人常受庸人的掣肘。所以号称
曾国藩"四大弟子"之一的薛福成，就主张裁去督抚同城的
巡抚，但这事直到清末最后十年（1901—1911）的新政时期
方得实现。自太平天国起义以来，湖广总督一职大部分时间
是由官文担任。官文是庸才一个，但他也有一个"长处"，
便是深晓做官之道，北京朝廷中的许多人被他用银子喂饱
了，再加上他是满人，深得朝廷信任。曾国藩在家书中说官
文"心术亦欠光明，惟最善联络京官，牢笼乡绅，鄂人官京
师者津津乐道"。胡林翼任湖北巡抚时，用尽办法笼络官文，
得以放手干事，但是凡胡林翼办好的事，官文的功劳反倒在
前面，而且还常常受官文的掣肘，李续宾三河之败，官文就
有一定的责任，所以胡林翼内心也常常怄气。这种事情，别
人不知道，但曾国藩很清楚，所以胡林翼死后他撇开官文上
奏为胡林翼请功。他后来也在给郭嵩焘的信中说："世多言
官帅休休有容，不佞观其用人行政，自度万难与之共事，然
后知胡公所处极难耳。"胡林翼病逝以后，湖北官场开始混
乱起来。官文先是弹劾了与湘系关系较好的湖北巡抚严树
森，然后湖北的事就由他一手包揽了起来。当由官文指挥的
湘军成大吉部哗变时，官文隐瞒朝廷，只说士兵拔营索饷，
恰好被捻军乘机进攻，导致败退。曾国藩在家信中感慨地
说："湖北军政多出于阉人、仆隶及委员之嗜利者，奏牍则

peta一味欺蒙,深为可叹。"这与胡林翼任湖北巡抚时的情形真是不可同日而语。曾国藩进一步感叹:"以各省用事之人言之,军事将见日坏,断无日有转机之理。"尽管如此,胡林翼死后,曾国藩还是尽量笼络官文,当曾国荃攻占太平天国天京时,本没有官文什么功劳,但曾国藩推官文领衔上奏;此后长江水师章程,本为曾国藩和彭玉麟起草制定的,但也请官文一同会奏。新任湖北巡抚的曾国荃能力比不上胡林翼,但也不是庸才,而以他倔强蛮狠的性格,决不肯像胡林翼一样甘于受气,甘于忍辱负重。曾国荃是同治五年(1866)三月七日正式上任的,没几个月就觉得官文实在让人难以忍受,这时旧怨新恨一齐涌上心头,遂于八月二十六日上奏弹劾官文。曾国藩得知曾国荃要弹劾官文,立即写信叫他不要上奏,他说:"此等事幸而获胜,而众人耽耽环伺,必欲寻隙一泄其忿。彼不能报复,而众人若皆思代彼报复者。"报复是一层,其实还有一层曾国藩不好形诸笔墨,那就是自湘军起兵与太平天国作战,大江南北各省布满湘军,湘系集团成员出任各省督抚的也已不下十人。曾国藩虽已做出绝无不忠清廷的表示,但湘军武力如此之雄,影响如此之大,清廷终究不太放心,官文坐镇武昌,便有监视湘淮军之意,所以清廷轻易不会更动。曾国荃弹劾官文,势必引起清廷的不满,即便是对曾国荃让步,日后必有报复。但一向倔强的老九听不进劝告,还是将弹折奏上。曾国荃弹劾官文的名目有贪庸骄蹇、欺罔徇私、宠任家丁、贻误军政,没有一件虚妄。到十一月,清廷将官文免职,但不久就管理刑部,稍后又任直隶总督,这充分显示,清廷虽然对曾国荃让步,但对官文的信任没有丝毫改变。

曾国荃虽然把官文赶走了，却给曾家兄弟的政治生涯带来了新的危机。前面说的一年之中有好几个御史指责攻击曾国藩，有的就是因此而发。本来，当初朝廷任曾国荃为湖北巡抚时，曾国藩还着实高兴了一阵子，读到任命上谕后就在日记中写道："沅弟简授湖北巡抚，从此三江两湖联为一气，于办捻较有把握。"家书中则说"论公论私，均属大有裨益"。不料，老九却把事情搞砸了。看来古人说的"小不忍则乱大谋"，真是经验之谈。胡林翼忍辱负重，总算能放手办事，把湖北经营好，如果不想怄气，就连事也办不成。官文是走了，但是曾国荃也难安于其位，第二年（同治六年，1867），曾国荃又以生病为由，卷起铺盖回了家，任湖北巡抚只有一年半时间。此后他在家一待就是七年，直到光绪元年，也就是1875年，才又重新出来任职，那时距曾国藩逝世也已经两年多了。

这段时间里，曾国藩的两个好朋友兼儿女亲家也都遇到了麻烦。任陕西巡抚的刘蓉先被弹劾，朝廷欲将其罢免，恰好杨载福任陕甘总督，上奏为刘蓉辩护，于是朝廷又命刘蓉署理陕抚。可是因为陕西回乱，杨载福无力镇压，自己也托病辞职，刘蓉也随着托病辞职。不料十二月因为陕西清军兵败，清廷竟归罪刘蓉，将已辞职的刘蓉再行革职。郭嵩焘本任广东巡抚，太平军余部入广东，闽浙总督左宗棠以钦差大臣督师入粤，在筹饷问题上与郭嵩焘发生意见分歧，竟接连四次奏参郭嵩焘，清廷只得将郭嵩焘解职。

恰好在曾国荃发出弹劾官文的奏折同一天，曾国藩再次收到御史弹劾他的奏折，他在日记再次记："接奉廷寄，有御史参劾之章，为不怿者久之。"曾国藩这一段时间身体总是不好，八月十七日早晨起床，他仔细观察自己的身体，发现两臂、两腿、腰脊都已瘦了一半，腿部膝盖以下更瘦。他觉得自己"断不能再服官矣"。比疾病更让他烦恼的是人事。他在日记里几次记下自己的感慨，如八月九日记："反复筹思进退身世之宜，百感交集。"八月十八日，他整整一个晚上无法入睡，在日记中写道："内忧身世，外忧国事，有似戊午春不眠景况。"戊午是咸丰八年（1858），指的是他丁忧在家时的情形，那是曾国藩心情最糟的时候。同治六年（1867）正月二十九日，他睡时"心中郁郁，常思解去要职，以免疑谤"，结果做噩梦，大声喊叫，从人都被他惊起。这一闹，弄得他整夜都不得安眠。二月十三日日记又写道："阅邸抄，见御史阿凌阿劾余骄妄，虽蒙圣谕鉴原解释，而群疑众谤，殊无自全之道，忧灼曷已！……三点睡，天气暖热，久不成寐。三更末始成寐，五更即醒。念沅弟屡被朝旨诘责，而贼复蹂躏鄂省，久不出境，左右又无人赞助，所处殆如坐针毡。霞仙（刘蓉）、云仙（郭嵩焘）皆见讥于清议，而余又迭被台谏纠劾，进退两难，展转焦思，深叹高位之不易居耳。"显然，曾国藩与清廷的关系，遇到了自曾国荃攻占金陵以来的又一次严重危机。

曾国藩的办法，是再次求退以保全自己。

同治五年（1866）八月二十日，曾国藩第一次上奏，说身体不好，请假一个月，在营调理。托病求退，是中国官场的老习惯。托病的人可以用这办法试探朝廷或自己的上级，如果朝廷或上级坚决用他，便会用恰当的方式表明它的信任，来安抚求退的人，托病的人也就不再坚持求退。可是曾国藩得到的不是安抚，而是上面我们说的与曾国荃弹劾官文同一天收到的御史弹章。八月二十三日，曾国藩奏请命李鸿章驻徐州调度东路，已经准备随时退出战场，让李鸿章接管。九月十三日，曾国藩续假一个月。有了这两次请假后，十月十三日，曾国藩才奏请开缺。不仅如此，在附片中，曾国藩又请朝廷将他侯爵取消。没过几天，十月十九日，曾国藩又接到严厉责难他的谕旨。这一下去意更坚。按照曾国藩的想法，是连两江总督一并辞去，回老家安度晚年，但这样会给接替他剿捻的李鸿章带来麻烦。因为负责攻打捻军的淮军、湘军的经费，绝大部分出自江苏，曾国藩在一次奏报中说，与捻军作战的湘淮军，每月需饷银四十万，都是署两江总督的李鸿章筹划的。如果换其他的人任两江总督，很可能不会出大力支持李鸿章剿捻。所以，李鸿章要求他的老师继续任两江总督，李鸿章做事的风格常常是当仁不让，这时他要他的老师也不必过分谦让。大概清廷也看出了这一点，同时也不能对曾国藩做得过分，因为假如真的让曾国藩辞职回籍，那么在战场上的所有淮军、湘军将领都会寒心，甚至包括已经调陕西接替杨载福任陕甘总督的左宗棠也会有兔死狗烹之感，剿捻战争的后果很难想象，所以清廷也坚持要曾国藩回任两江总督。

后期的捻军虽然作战勇猛，左冲右突，清军一时难以包围将其消灭，但是显然捻军有其不可弥补的弱点，那便是缺乏政治目标，缺乏长远的计划。赖文光或许想复兴太平天国，但其他捻军将领未必有一致的想法，所谓做一天和尚撞一天钟，得过且过而已。这样，捻军没有真正的根据地，没有自己的理想和目标，只是为了求生存而进行战斗，这样一支造反的军队与有理想、有政权的太平天国绝不相同，它的失败只是早晚的问题。所以曾国藩在一封信中说："捻匪之人多，志大远不如粤匪。"一年多来，曾国藩已经初步总结出了一些捻军的特点，如他交卸钦差大臣之后致曾国荃的信就说："此贼故智，有时疾驰狂奔，日行百余里，连数日不少停歇；有时盘于百余里之内，如蚁旋磨，忽左忽右。贼中相传秘诀曰：'多打几个圈圈，官兵之追者自疲矣。'僧王曹县之败，系贼以打圈圈之法疲之也。吾观捻之长技约有四端：一曰步贼长竿，于枪子如雨之中冒烟冲进；二曰马贼周围包裹速而且匀；三曰善战而不轻试其锋，必待官兵找他，他不先找官兵，得粤匪（太平天国）初起之诀；四曰行走剽疾，时而数日千里，时而旋磨打圈。捻之短处亦有三端：一曰全无火器，不善攻坚，只要官吏能守城池，乡民能守堡寨，贼即无粮可掳；二曰夜不扎营，散住村庄，若得善偷营者乘夜劫之，胁从者最易逃溃；三曰辎重妇女骡驴极多，若善战者与之相持而别出奇兵袭其辎重，必大受创。此吾所阅历而得之者。"

　　实际上，在曾国藩指挥的各军压迫之下，捻军的力量实已衰减，消灭它只是时间问题。即使在连战不利的情况下，曾国藩也没有把捻军当作心腹大患，他在给李元度的信中说："目下中外之患，自以洋务（此处洋务指列强）为最，其次则甘肃、新疆之回，其次中原之捻。"在他的心目中，捻军之患只排在第三！

然而，清廷不愿意给曾国藩这个时间，不愿意再让曾国藩得到剿平捻军的功劳。

七　位高权重，难以息肩

1866 年十一月十九日，曾国藩派人将钦差大臣关防送到驻徐州的李鸿章处，算是把剿捻的事正式移交给李鸿章，这时他还驻在河南周家口。在周家口过了旧历的新年后，他于 1867 正月初六日离周家口赴徐州。正月十九日，在徐州，李鸿章将两江总督关防交还给他，李鸿章还担心他的老师辞职，会导致剿捻的军队缺粮缺饷，当晚又来劝他回金陵任两江总督。这时清廷对南方各省的人事又作了一番调整，除曾国藩仍任两江总督外，由李鸿章任湖广总督；李鸿章之兄，也是从前为曾国藩办粮台的李瀚章任江苏巡抚，在李鸿章未赴湖广总督任以前暂行署理湖广总督；李鸿章的亲信丁日昌为江苏布政使；与曾国藩关系很好的刘韫斋（刘崐）为湖南巡抚。这对曾国藩是个安慰，他在日记中写道："从此诸事可以顺手，而沅弟（曾国荃）亦得安其位，为之喜慰。"曾国藩又给老九写信说："少荃宫保（李鸿章）于吾兄弟之事极力扶助……弟于渠兄弟务须推诚相待，同心协力，以求有济……大约淮湘两军、曾李两家必须联为一气，然后贼匪可渐平，外侮不能侵。"

曾国藩的确曾打算就此辞掉官职，回故乡颐养天年。但是为了顾全大局，最后还是回任两江总督。用他自己的话来说，是位高权重，难以息肩。

在把李鸿章送走以后，曾国藩也于二月十六日离徐州南下，回金陵两江总督任所。

自同治四年（1865）五月出师，到现在已有一年半多的时间，这段时间里，曾国藩周历江苏、安徽、山东、河南各地，亲眼见到了战火破坏之后民间的苦况，他在日记中写道："余自北征以来，经行数千里，除兖州略好外，其余目之所见，几无一人面无饥色，无一人身有完衣，忝为数省军民之司命，忧愧实深。又除未破之城外，乡间无一完整之屋。"他又联想到，老家来信说修整房屋用了七千串钱，心中"尤为惭悚"，其实一个堂堂的协办大学士、总督，修理房屋用了七千串，实在已是很少很少，但一向主张节俭的曾国藩为此很不安，他写信责备儿子曾纪泽：

> 富圫修理旧屋，何以花钱至七千串之多？即新造一屋，亦不应费钱许多。余平生以大官之家买田起屋为可愧之事，不料我家竟尔行之……余将来不积银钱留与儿孙，惟书籍尚思添买耳。

1867年二月三十日，曾国藩的船到了扬州，恰好官文也乘船来到这里，曾国藩便于次日特地到官文的船上拜访。两人都谈了些什么，曾国藩的日记没有多写，家书中也没有说，想来那场面一定非常尴尬吧。

三月六日，曾国藩回到金陵城。金陵城的百姓对他还是欢迎的，在他路经之处，民间家家用香烛爆竹表示对他回任的欢迎。因为没有剿平捻军，没有给百姓带来一个真正太平安定的生活，曾国藩的内心在感到安慰的同时，却又非常惭愧。

曾国藩回到金陵两个月后，五月九日，清廷将他的协办大学士升为大学士，大学士在清末已少有实际的权力，却是最崇高的头衔。曾国藩于心情郁闷之中，这也总算是个安慰。

这时候，除了李鸿章在中原地区负责剿捻外，清廷已命左宗棠任陕甘总督，左宗棠的任务是剿平西捻军和甘肃的回民造反，将来还要进兵新疆。因为南方作战和西北作战特点不同，左宗棠对他部下的军队需要做大幅度的整编。而原属曾国藩的湘军刘松山部已入陕西，也就归左宗棠指挥，刘松山的部队在后来驱逐阿古柏侵略势力的过程中立了首功。

捻军分为东西捻军后，总的情况是对清朝方面有利，但是就在曾国藩把钦差大臣关防交给李鸿章的时候，东捻军甩脱山东一带的淮军，直奔湖北。淮军千里追来，湘淮军在湖北与捻军打了三次大仗。第一仗在同治五年十二月（1867年1月），淮军郭松林部遭到东捻军的伏击，大败，郭松林也多处受伤，接着淮军张树珊部孤军进攻捻军大败，张树珊战死。第二仗在同治六年正月（1867年2月），淮军刘铭传部与湘军鲍超部合击捻军。刘铭传贪功，不等到约定的时间就发动进攻，结果为捻军所败。鲍超军赶到，从捻军侧后发起进攻，这才转败为胜。刘铭传不感谢鲍超，反倒怪鲍超误期，李鸿章又袒护刘铭传，鲍超一怒之下，托病退职，曾国藩屡劝不听，只好将鲍超所部三十多营遣散。第三仗在三月，曾国藩的表弟彭毓橘率曾国荃任湖北巡抚以后新募的湘军三千人在蕲水被捻军包围，彭毓橘也战死。但是这以后捻军就没有再取得大的胜利。

五月以后，捻军冲进山东，突破运河防线，这本来是捻军的一个胜利，但是李鸿章反倒趁机调整部署，将捻军逼在运河以东，黄河以南地区，然后堵住四面。此策称为"倒守运河"，实际上仍是原来曾国藩所用的防河之策，只是地点不同而已。不过因为运河地段太长，各军尤其是刘铭传、潘鼎新两军太过疲劳，最初曾国藩都怀疑能否成功，曾劝李鸿章放弃。幸好李鸿章坚持这倒守运河之计，因为一放捻军过运河往西，捻军可以活动的地面更大，这也是没有办法的办法。捻军左冲右突，但始终没有冲出包围。同治六年十二月（1868 年 1 月），捻军首领赖文光在江苏扬州东北被俘，东捻军覆灭。

西捻军进入陕西后，一直在陕西境内盘旋。同治六年五六月（1867 年 6 月、7 月），左宗棠分兵三路入陕，合先已入陕西的刘松山及其他清军，压迫西捻军到陕北，想把西捻军聚歼于陕西。不料西捻军利用年底天气寒冷、黄河封冻的时机，踏冰冲过黄河。同治七年正月（1868 年 2 月），西捻军进军直隶，抵近保定，京师震动。左宗棠率军到直隶，李鸿章率淮军也来参战，清廷命由李鸿章总统各军。几经周折，捻军于三月又渡运河到了山东、直隶交界一带。李鸿章再次用歼灭东捻军的办法，把西捻军压缩在黄河、运河和直隶沧州以东的减河这三角地带以内。恰好这时各河水涨，清军将运河水灌入减河，又将黄河水灌入运河，结果清军水师能够驶入黄河、运河，捻军被围死在这三角地带。同治七年

（1868）六七月间，捻军最后失败。

捻军不是在曾国藩手里剿灭的，但是所用的战略，实际上还是曾国藩的重点防御，另以游击之师追剿的办法。防河的地点虽然不同，但做法与曾国藩的几乎一模一样。

对于李、左两人的军事行动，曾国藩全力支持，当然这主要是在军饷方面。四月十八日，曾国藩奏请将江海关的进口税原解户部的四成，留下二成，一半充作前线淮军的经费，一半为上海的江南制造局专造轮船用。剿灭东捻军后，李鸿章要求以银五万两赏军，若两江总督是别人，很可能打个折扣，曾国藩不但不打折扣，反倒要五万给了六万。

自咸丰元年（1851）太平天国开始造反，至此时捻军被剿平，天下大乱整整十八年，几乎所有的省份都遭受战乱：广西、湖南、湖北、安徽、江苏、浙江、福建、广东、贵州、四川、河南、山东、陕西、山西、直隶，这还仅仅是清军与太平天国及捻军交战的主要战区，不包括其他小规模造反波及的地方。人民遭受的苦痛是文字语言所难以形容的。现在，动乱终于基本结束，清统治者自己也说这是"同治中兴"。

按照以往的历史，战乱之后，和平来临，该是让人民休养生息、恢复经济的时候了。但是，曾国藩、李鸿章、左宗棠等这些"中兴名臣"，又遇到了更大的难题，那就是携带着洋枪洋炮东来的西方列强的步步进逼。这不仅是曾国藩等人和大清王朝面临的难题，也是几千年以来中国从来没有过的难题，面对这样的难题，曾国藩等人是如何应对的呢？

第十七章　倡办洋务

一　近逼卧榻，数千年未有之变局

自从西洋人用洋枪大炮打开中国的大门以后，曾国藩等人的思想经历了极为痛苦的演变。

第一次鸦片战争的时候，曾国藩刚刚科举成功，职务为翰林院检讨，稍后又担任国史馆协修官，这时他正努力钻研程朱理学，做艰苦的内心修养工夫。作为低级官员，曾国藩离朝廷决策层还差得远，但他对鸦片战争的动向十分关心，在家书中多次介绍战争的情况，有时也发表自己的看法。如：

道光二十一年（1841）十月十九日《禀父母》："英夷之事，九月十七大胜。在福建、台湾生擒夷人一百三十三名，斩首三十二名，大快人心。"

道光二十二年（1842）正月十八日："英夷去秋在浙滋扰，冬间无甚动作。若今春不来天津，或来而我师全胜，使彼片帆不返，则社稷苍生之福也。"

道光二十二年（1842）正月二十三日："浙江之事，闻于正月底交战，仍而不胜。去岁所失宁波府城、定海、镇海二县城尚未收复。英夷滋扰以来，皆汉奸助之为虐。此辈食毛践土，丧尽天良，不知何日罪恶贯盈，始得聚而歼灭！"

道光二十二年（1842）四月二十七日："英夷去年攻占浙江宁波府及定海、镇海两县。今年退出宁波，攻占乍浦，极可痛恨。京师人心安静如无事时，想不日可殄灭也。"

道光二十二年（1842）六月十日："逆夷海氛甚恶，现在江苏滋扰。宝山失守，官兵退缩不前，反在民间骚扰。不知何日方可荡平！天津防堵甚严，或可无虑。"

道光二十二年（1842）七月四日："逆夷在江苏滋扰，于六月十一日攻陷镇江，有大船数十只在大江游弋。江宁、扬州二府颇可危虑。然而天不降灾，圣人在上，故京师人心镇定。"

道光二十二年（1842）九月十七日："英夷在江南，抚局已定。盖金陵为南北咽喉，逆夷既已扼吭而据要害，不得不权为和戎之策，以安民而息兵……现在夷船已全数出海，各处防海之兵陆续撤回，天津亦已撤退……自英夷滋扰，已历二年，将不知兵，兵不用命，于国威不无少损。然此次议抚，实出于不得已。但使夷人从此永不犯边，四海晏然安堵，则以大事小，乐天之道，孰不以为上策哉！"

著者之所以不厌其烦地罗列了这么多私人信函的内容，只是想让读者知道当时曾国藩的想法和对西方的了解程度。

从以上这些通信的内容来看，曾国藩对"英夷"即西方列强还缺少起码的了解，盲目自大的思想充满了他的头脑，然而对"英夷"的船坚炮利却也有些无可奈何。这次战争以签订丧权辱国的《南京条约》而结束。丧什么权？《南京条约》包括附约，以及后来与法国、美国签订的条约，除了割香港岛（现在香港特别行政区的一部分）外，最大的损失是协定关税、片面最惠国待遇、领事裁判权三项条款。后三项内容不仅损害中国主权，而且对中国后来发展机器工矿业危害非常之大。比如按协定关税条款，中国自己不能确定进口货物关税，必须与列强协商，结果近代中国的进口关税出奇的低，完全失去了保护民族工业的作用。但是当时参加议和的人，以及朝廷中枢的领导人，没有一个人能看到这一点。他们最卖力去争的，一个是不让各国使节见皇帝，如果见皇帝，必须用藩属国的礼节，行跪拜礼，否则就不可以见"天朝"大皇帝；另一个是各国使臣不可以驻京师，各国与中国的外交交涉，必须通过两广总督或通商大臣进行。而战争结束以后，举国上下，又好像没事一般，似乎天下又太平无事了。只有魏源等少数人对列强的威胁极为关注，魏源编著成历史地理百科全书式的著作《海国图志》，并在书中大胆提出"师夷长技以制夷"的主张。

　　第一次鸦片战争后的曾国藩，似乎也与一般士大夫没有什么两样，他十分关注内政的腐败和危机，但是对世界的观念，却还沉浸在"天朝上国"的旧梦里。对于英、法、美、俄等西方列强的情况，他也没有特别的关注。在他的心目中，那只是一些不知天朝法度，不了解孔孟之道，只是凭着坚船利炮而横行一时的蛮夷而已。再往后，他率军与太平天国作殊死搏战，暂时无暇考虑这些问题。

　　《南京条约》签订十多年后，英法两国合伙对中国再一次发动了战争，我们习惯称"第二次鸦片战争"。

咸丰七年（1857）十一月，英法联军进攻广州，咸丰七年十一月二十一日（1858年1月5日）两广总督叶名琛被俘。接着联军扬帆北上，先到上海，然后抵天津。这时候，因父亲去世尚家居的曾国藩还没有料到问题的严重性。四月十七日，他在写给江西前线的曾国荃的信中说："夷船至上海、天津，亦系恫喝之常态。"又分析说："彼所长者，船炮也；其所短者，路极远人极少。若办理得宜，终不足患。"在给左宗棠的信中，他也说："粤中团勇报捷，盖意中事。逆夷所长者船也，炮也，所短者路远也，人少也。自古称：国富者以地大为富，兵强者以人众为强耳。英夷土固不广，其来中国者，人数无几，欲恃虚声以慑我上国。粤民习知其人之寡，技之浅，故官畏鬼而民不甚畏鬼，与之狎也。此次与之确斗，彼必不能坚守。此后官兵之气日强矣。往时徐松龛中丞著书（指徐继畲及所著《瀛环志略》——著者），颇张大英夷。筠仙（郭嵩焘）归自上海，亦震诧之！鄙意彼蹈骄兵、贪兵之二忌，恐不能久。"从这段话看，曾国藩对西方国家了解还是相当的少，文字中仍然充满盲目虚骄自大之气。

曾国藩的见解和想法，我们今天的人看来，简直就是做梦。梦可能是美好的，但总有醒的时候。

不久，英法联军占领北京，火烧圆明园，彻底打破了曾国藩盲目虚骄、天朝上国的梦。从第一次鸦片战争到现在，用了二十年的时间，他才意识到，中国遇到的不是古代遇到的那样的夷狄，他们不仅有强盛的武力，而且这强盛的武力不是靠古代夷狄的那种勇猛和剽悍，而是发达的科学与技术。

随着梦醒的，是深沉的忧患和苦痛。作家们常常喜欢说，人生中只有爱才是让人刻骨铭心的。我们可以说，忧患和痛苦也许比爱更让人刻骨铭心。第二次鸦片战争之后，曾国藩等人正是处在这种刻骨铭心的忧患和痛苦之中。

能再建一座可以御敌于国门之外的新的长城吗？

薛福成曾在他的《庸庵笔记》中记述过一件胡林翼的逸闻：

> 楚军之围安庆也，文忠（胡林翼）曾往视师，策马登龙山，瞻眄形势，喜曰："此处俯视安庆，如在釜底，贼虽强，不足平也。"既复驰至江滨，忽见二洋船鼓轮西上，迅如奔马，疾如飘风。文忠变色不语，勒马回营，中途呕血，几至坠马。文忠前已得疾，自是益笃。不数月，薨于军中。盖粤贼之必灭，文忠已有成算，及见洋人之势方炽，则膏肓之症着手为难，虽欲不忧而不可得矣。阎丹初（阎敬铭）尚书向在文忠幕府，每与文忠论及洋务，文忠辄摇首闭目，神色不怡者久之。

作为湘军的统帅之一，胡林翼每天都在生死相搏的残酷战争中度过，怎会见到两艘洋船就受到如此打击？显然，他是看到了一个比太平天国更强大的对手，而这对手对中国的威胁和挑战，比太平天国更加强烈、更为严重！他一下子还想不出什么办法来应付。

曾国藩和胡林翼不仅为莫逆之交，而且思想情趣都非常相近，胡林翼的这种苦痛，曾国藩也同样深深感受到了。第二次鸦片战争以后，按照《天津条约》，汉口、九江开辟为通商口岸，外国轮船时常来往。湘军攻占安庆后，曾国藩进驻安庆，免不了要和这些洋人交涉。就在咸丰（1861）十一年十月二日，在与英国人交涉后，曾国藩晚上翻来覆去睡不着。他在当天的日记里写道：

> 睡时已三更二点矣，四更成寐，五更复醒。念夷人纵横中原，无以御之，为之忧悸。

及至攻灭太平天国以至捻军后，曾国藩的心情没有丝毫的轻松，就因为这些比太平天国和捻军还要厉害的对手。他在给友人的信中说：

> 内患虽平，外忧未艾。彼狡焉者，虽隔数万里而不啻近逼卧榻，非得后起英俊，宏济时艰，世变正未可知。

对外洋和中国面临的局势的认识，李鸿章比他的老师更深入一步。李鸿章常挂在嘴边的一句话是：中国现在面临"数千年未有之变局"、"数千年未有之强敌"。就是说，中国面临着自有文字记载以来的最大难题。李鸿章在奏折中说："历代备边多在西北，其强弱之势、客主之形，皆适相埒，且犹有中外界限。今则东南海疆万余里，各国通商传教，来往自如。麕集京师及各省腹地，阳托和好之名，阴怀吞噬之计，一国生事，诸国构煽，实为数千年未有之变局。轮船电报之速，瞬息千里；军器机事之精，工力百倍；炮弹所到，无坚不摧，水陆关隘不足限制，又为数千年来未有之强敌。"

一句话，他们都为外夷的事陷入了深深的忧虑之中。

忧虑之后，曾国藩也开始注意了解西方的情况。咸丰八年（1858）他还说徐继畬张大英夷，可是不久他自己也研读起徐所著的介绍世界各国地理历史的《瀛环志略》来，并将此书寄给他的好朋友刘蓉看。同治六年（1867）剿捻未成，他回任两江总督，竟又将《瀛环志略》仔细阅读两遍。除了从书本中了解外，还加以亲身体验。同治元年（1862）三月，幕僚吴坤修到上海，乘坐外国轮船，从安庆到上海，无论逆水顺水，都仅用两天，曾国藩在日记中写道："甚矣，洋船之神速也。"以后，他经常乘坐或观看轮船。曾国藩回任两江总督之初，曾到湖南会馆参观方子恺所造的大地球仪。这地球仪特别大，曾国藩见了非常喜欢，他特地在总督府中造了三间屋来放这个地球仪，以便可以随时研究。

随着时间的推移，随着对西方情况了解的加深，在曾国藩和他的一些朋友的头脑中，思想在悄悄发生着变化：中国未必是世界的中心，在中国之外，还有许多文化、历史不比中国差的国家，中国如果仍是抱残守缺，不奋发努力，将来的后果不堪设想。

二　师夷长技以制夷

面临这几千年未有的变局，面临这数千年未有的强敌，该怎么办呢？

除了胡林翼较早死去外，几位湘军最重要的领袖曾国藩、李鸿章、左宗棠，还有曾国藩的好友郭嵩焘，以及和曾国藩有师生之谊的薛福成，几乎得出了一致的对策，那就是魏源和林则徐所首倡的：师夷长技以制夷！

按道理来说，中国在道光二十二年（1842）也就是第一次鸦片战争之后，就应该致力研究英国以及其他西方国家的情况，做出相应的对策，而师夷长技以制夷应该是这对策中的起码的一项。可是当时我们中国人受传统的教条的严重束缚，天朝上国、盲目自大的心态遮蔽了人们的眼光，人们看不到英国等西方国家文明、强盛的事实，失败之后还是把他们当作蛮夷戎狄，不但不可以学习，连了解都不必。《孙子兵法》早就说过："知彼知己，百战不殆。"可是当时的中国人连这起码的常识都忘了。人们的想法是只能用夏变夷，不可以用夷变夏，即只能外国学中国，中国不能学外国。所以第一次鸦片战争之后，中国人完全是无所作为，白白浪费了这二十年的时间。二十年在漫漫历史长河中不过是短短的一瞬，可是一个人的人生有几个二十年？

能够一定程度克服这种僵化的思想观念的，是经世致用思潮。

本书前面说过，清代嘉庆、道光两朝，社会的危机逐渐显露，然而同时也兴起了讲求实际、研究实际学问、主张改革的经世致用思潮，这思潮的代表人物，有陶澍、林则徐、龚自珍、魏源等人，曾国藩、胡林翼、左宗棠就是在他们的熏陶和影响下成长起来的。这些人办事讲求实际，实事求是，比较容易克服那些僵化的教条的影响。许多历史学家已经指出，正是经世致用的思潮，使中国人迈出了了解西方、师夷长技的第一步，这里不再多说。在镇压太平天国的过程中，他们渐渐升上了统治者的高层，掌握了一定的权力，并且对朝廷的政策有一定的影响，于是开始实施他们师夷长技的想法。

师夷长技的第一步，便是学用西方的武器改练军队，同时自己也制造洋枪洋炮这些近代武器。随之而来的，便是深入钻研和了解西洋的技术，于是派遣留学生到西洋国家，学习西洋的科学和技术；翻译西方的书籍；设立新式学校学习西方语言和技术。他们觉得做这些事，可以使中国缩短与西方列强的差距，使中国强盛起来。这在当时叫作"同光新政"，稍后人们将其称作"自强运动"，今天人们习惯说"洋务运动"。而主持这些事情的官员们，也被后来的历史学家称作"洋务派"。洋务派里面，主要是随着湘淮军的兴起而成为清政府柱石的曾国藩、李鸿章、左宗棠、沈葆桢等人，在中央朝廷，有恭亲王奕䜣、文祥等人。

曾国藩思想的变化，除了他自己也是个务实的人外，他的朋友们的影响也有一定的关系，其中有两个值得注意的人物便是郭嵩焘和李鸿章。郭嵩焘是曾国藩同时代的高级官员中，对西方情况了解得比较多的人，也是最强烈地主张学习西方的人之一，以致为保守人士所不容。这在本书第二章中已经介绍过。李鸿章自率淮军到上海后，目睹西方武力的强盛、租界管理的先进等情况，思想为之大变。另一方面，李鸿章虽然也曾向曾国藩等人学习过宋明理学，但时日甚短，所学甚浅，不仅如此，在他的内心深处，虽然对曾国藩仍是深深佩服，但对那些只会讲夷夏之辨的腐儒却是极为鄙薄。这样一来，他所受的传统观念的束缚也就比那些张口程朱、闭口性理的人小得多，他甚至说过"孔子不会打洋枪，今不足贵也"这样的话来。所以李鸿章一到上海，便立即对洋炮、轮船这些西洋技术着了迷，发誓要学得洋人的一二秘技。鉴于李鸿章与曾国藩的亲密关系，他对他的老师有相当的影响。

咸丰十年（1860），正是英法联军火烧圆明园那一年，议和之后，俄国使臣提出两件事：一是愿出海军帮助清政府打太平军；一是说他先前在上海时，有美国商人及中国广东商人愿意买米由海路运到天津，以补充京师之需。清廷将此事征求曾国藩和当时的江苏巡抚薛焕以及浙江巡抚王有龄的意见。曾国藩回奏说：借夷兵应暂缓，美商、粤商运米至天津可行。不过，曾国藩想的却是更远的事，他在奏折中说：

> 此次款议虽成，中国岂可一日而忘备？如能将此两事妥为经画，无论目前资夷力以助剿、济运，得纾一时之忧。将来师夷智以造炮制船，尤可期永远之利。

咸丰十一年（1861）七月，又在讨论购买外洋船炮时上奏说：

> 购买外洋船炮，则为今日救时第一要务。凡恃己之所有夸人所无者，世之常情也；忽于所习见，震于所罕见者，亦世之常情也。轮船之速，洋炮之远，在英、法则夸其所独有，在中华则震于所罕见。若能陆续购买，据为己物，在中华则见惯不惊，在英法亦渐失其所恃……购成之后，访募覃思之士，智巧之匠，始而演习，继而制造，不过一二年，火轮船必为中外官民通行之物，可以

剿发逆，可以勤远略。

同治元年（1862）五月七日，曾国藩与幕僚谈如何对待外国人。曾国藩在当天的日记里写道：

> 欲求自强之道，总以修政事、求贤才为急务，以学作炸炮、学造轮舟为下手工夫。但使彼之所长，我皆有之，顺则报德有其具，逆则报怨亦有其具。若在我者，挟持无具，则曲固罪也，直亦罪也，怨之罪也，德之亦罪也。内地之民，人人媚夷，吾固无能制之；人人仇夷，吾亦不能用之。

同治元年（1862）正月二十一日，曾国藩用五万五千两银买定洋船一艘，并亲自阅看。当时幕僚李鸿章、李榕等也一同观看。虽然仓促之间，曾国藩对轮船的"火激水转轮之处"，即蒸汽轮机及传动装置，没有看得很明白，但他在日记中称赞道："无一物不工致"。

生活在二十一世纪的、距曾国藩生活的时代已经一百三四十年的人，对于曾国藩从盲目自大到努力了解外洋情形，再到学习制造科技的转变不觉为奇。因为现在世界上的人们每天都在学习新知识、新技术、新问题，从没有人管它是中国的还是外国的。但是，这对曾国藩那时的人来说，却是个极为严重的问题。

前面说过，在中国人的传统思想中，"夷夏大防"是非常重要的观念。自秦以来，由于汉族文化高于周边民族和国家，只有周边民族学汉族的多，汉族学周边民族的极少。因此在人们的观念中，只可"用夏变夷"，决不可"用夷变夏"。提倡学习外国的东西，等于是"以夷为师"，在某些人的眼里，这比卖国叛国还可恨。当时恭亲王奕䜣主持在京师办同文馆，学习外国语言文字，后来又学习外国天文算学，这在今天看是很平常的事，可是当时却闹翻了天。当时正做同治帝老师的翁同龢记述说，京师街谈巷语，都在骂同文馆，有的人还在前门贴标语，说是"胡闹胡闹，教人都从了天主教"，还有"孔门弟子，鬼谷先生"，等等。更有文人写联语骂道："鬼计本多端，使小朝廷设同文之馆；军机无远略，诱佳弟子拜异类为师。"这些话的矛头都是针对恭亲王奕䜣的，连亲王都骂，可见人们保守心理的顽固和保守势力的强大。所以，曾国藩的转变，无论对于他自己来说，还是就当时的中国来说，都是不容易的事情，而其意义绝对是深远的。

三　设厂制造，"为中国自强之本"

曾国藩等师夷长技的想法，并不是停留在口头上，一旦有机会，便将他们的想法付诸实施。这就是安庆内军械所。

曾国藩任两江总督以后，虽然可以管辖江西、安徽、江苏三个省，但是江西他不能驻（须近前线作军事调度），安徽省城安庆被太平军占着，江苏他暂时不想去，所以暂时还没有稳定的驻地。等到湘军攻下安庆，他立即建立了安庆内军械所。军械所专门仿造西洋式的枪炮弹药。这个军械所并没有先进的机器设备，仍是用手工生产，但是军械所里集中了中国当时最出色的几位科学技术人员，他们是：李善兰、徐寿、华蘅芳。这三位都是曾国藩慕名罗致来的幕僚，他们是军械所的技术骨干，在后来的历史发展进程中，他们为中国的科学和技术事业做出了卓越的贡献。其中，曾国藩与李善兰的交往特别多，曾国藩酷爱围棋，李善兰也是围棋好手，曾国藩的日记中，有多次与李善兰下围棋的记载。

李善兰

安庆内军械所是1861年设立的，也许是胡林翼病重前看到洋船的事对曾国藩的影响，也许是湘军一开始就办水师，也许是英法联军横行中国海上靠的是先进的船舰，曾国藩对造船特别有兴趣。安庆内军械所设立后，尽管缺设备没经验不懂技术，但曾国藩还是把试制轮船作为军械所的一项重要任务。军械所的技术人员也勤奋努力，第二年，徐寿、华蘅芳就造成了一台轮船用蒸汽机。同治元年（1862）七月四日，曾国藩应邀观看了蒸汽机的试验，他在日记中写道：

> 中饭后，华蘅芳、徐寿所作火轮船之机来此试演。其法以火蒸水，气贯如筒，筒中三窍，闭前二窍，则气入前窍，其机自退，而轮行上弦；闭后二窍，则气入后窍，其机自进，而轮行下弦。火愈大，则气愈盛，机之进退如飞，轮行亦如飞。约试演一时。窃喜洋人之智巧，我中国人亦能为之。彼不能傲我以其所不知矣。

曾国藩所看到的，恐怕是中国人自己制造的第一台动力机器。理学气十足的曾国藩是个喜怒不太形于色的人，日记里一句"窃喜……"，表达了他见到这第一台蒸汽机试验成功的喜悦心情。尽管制造这台蒸汽机的记载不够多，但我们今天完全可以想得到，在还不具备近代科学技术知识以及相应的设备的情况下，试制这台蒸汽机会有多么艰难。所以，它的制成，可以说充分显示了徐寿、华蘅芳等中国技术人员的才智和奋斗精神。

同治二年底（1864 年初），湘军水师总兵蔡国祥负责督造成小轮船，曾国藩于同治二年十二月二十日（1864 年 1 月 28 日）亲自乘坐试验。他在日记中记述："出门至河下看蔡国祥新造之小火轮。船长约丈八九尺，因坐至江中，行八、九里，约计一个时辰可行二十五六里。试造此船，将以次放大，续造多只。"因为缺少记载，这艘小轮船的制造情况还不是很清楚，学术界目前还没有人提到这艘小船。它可能是湘淮军系统中所造的第一艘轮船。

同治四年（1865），徐寿等人又造成了一艘小轮船，名叫"黄鹄号"。据当时西方人办的报纸记载，小轮船重二十五吨，长五十五华尺，在长江试航时，顺流时速二十八里，逆流时速约十六里。

但是，这些成绩还远远不能让曾国藩满足，他还要办更大规模的工厂，以便将来能够与西洋人一争高下。

这时候，他找到了容闳——一位对于曾国藩和湘淮军领袖来说经历十分奇特的读书人。

容闳（1828—1912）是广东人，他的家在离澳门仅有四英里的南屏镇。容闳幼年时，澳门教会为纪念在中国传播基督教的先驱马礼逊，办了一个马礼逊学校，当时有钱人家的孩子都读"四书""五经"，学做八股文，争取科举考试成功，容闳的父母因为比较贫困，就送容闳到这所学校，希望将来可以谋得一个足以养家的职业。道光二十一年（1841）容闳进校学习时，只有十三岁。第二年，学校迁到香港，容闳也随着到了香港。道光二十七年（1847），学校中有一位美国老师勃朗先生要回国，他希望带三个学习较好的孩子到美国深造，容闳自愿前往。于是，容闳乘坐九十多天轮船到了大洋彼岸的美国。经过中学的学习后，他考进了有名的耶鲁大学。容闳虽然身在美国，甚至连中国文字都写不好，但他不仅没有忘记自己是一个炎黄子孙，而且那炽烈的赤子之情，反而因为远离祖国和知识的日益增长而更加强烈。咸丰四年（1854），对西方文化和现代科学知识有着国人所无法比拟的深厚了解的他，带着耶鲁大学的毕业证书回到了祖国。满腔热情的容闳一心要用所学的知识报效祖国，他认为中国最缺的是懂得现代世界知识和科学的人才，因此中国首先要办的是教育。他曾到太平天国中访问，并对洪仁玕留下了很好的印象，但是太平天国并没有实现他的理想。于是，他只好一面经商，一面等待报效祖国的机会。同治二年（1863），当湘军全力围困金陵城的时候，驻安庆的曾国藩知道了还有容闳这样一个特殊人才。向曾国藩推荐容闳的可能是数学家李善兰，于是曾国藩便请李善兰和曾与容闳有一面之识的懂制造技术的张斯桂接连写信给容闳，请容来安庆。于是，容闳结束了自己的商业活动，于这年九月来到安庆。

到安庆的第二天，容闳就见到了曾国藩。

容闳后来在回忆录中写道：

容闳

> 余见文正时为 1863 年，文正已年逾花甲（实为五十二岁），精神奕然，身长约五尺八九英寸，躯格雄伟，肢体大小咸相称。方肩阔胸，首大而正，额阔且高，眼三角有棱，目眦平如直线。凡寻常蒙古种人，眼必斜，颧骨必高。而文正独无此，两颊平直，髭髯甚多，鬖鬖直连颔下，披覆于宽博之胸前，乃益增其威严之态度。目虽不巨，而光极锐利，眸子作榛色，口阔唇薄，是皆足为其有宗旨有决断之表证。凡此形容，乃令予一见即识之不忘。

容闳对清政府的腐败非常不满，但对曾国藩评价非常之高。他在回忆录中说："曾文正者，于余有知己之感，而其识量能力，足以谋中国进化者也。"容闳还记述：

> 当时各处军官，聚于曾文正之大营中者，不下二百人，大半皆怀其目的而来，总督幕府中亦有百人左右。幕府外更有候补之官员、怀才之士子，凡法律、算学、天文、机器等等专门家，无不毕集，几于举全国人才之精华，汇集于此。是皆曾文正一人之声望道德，及其所成就之功业，足以吸引之罗致之也。文正对于博学多才

之士，尤加敬礼，乐与交游。予来此约两星期，在大营中与旧友四人同居，长日晤谈，颇不寂寞。

容闳一腔报国之志，他觉得终于找到了一位可以让他实现其愿望的人了。不过，容闳的最高理想是实现他的教育计划，即争取由国家派遣留学生到美国，让这些学生了解世界大势，学习科学技术，回国为中国的发展效力。但当时清军还在与太平天国激烈战斗，而且派中国人去西方拜夷人为师，毕竟是太大的事，容闳的留学计划要推后几年才能实现。当时曾国藩最关心的，是要拥有与西方列强一样的洋枪洋炮，一样的能够纵横大洋的轮船，以便将来一旦与外国发生冲突时中国能够有所凭借。而这坚船利炮，除了购买之外，还须自己制造，所以曾国藩请容闳到美国去购买能够制造枪炮的机器设备，并叫他带上六万八千两银子。六万八千两银子在当时可不是个小数目，须知曾国藩时时都为湘军欠饷发愁，但为了国家的长远大计，还是要舍出一些银子。按照容闳的见解，中国需要设立制造机器的机器厂，作为一切工厂的基础，不光是制造枪炮的机器，这实际上是建立整个工业体系的问题，然而当时曾国藩还不能达到这样的认识，所以容闳主要还是买制造枪炮的机器，兼及各种机床。

曾国藩对容闳的印象也很好，他甚至认为容闳可以带兵打仗，他在同治二年十月二十三日的日记里对他们的见面也有记载，但这大概是容闳临行前的告别："李壬叔（李善兰）、容纯甫（容闳）等坐颇久。容名光照，一名宏，广东人，熟于外洋事，曾在花旗国（美国）寓居八年，余请之至外洋购买制器之器，将以二十六日成行也。"

容闳于 1864 年春抵达美国，正赶上美国的南北战争，所以购买机器比原来设想的多花了些时间，1865 年机器才运回国。这时中国的情况又发生了不少变化，太平天国天京已被攻破，曾国藩正在镇压捻军，驻节徐州。这时李鸿章正委派丁日昌筹办江南制造局，曾国藩就命容闳将买回的机器交制造局。曾国藩当时上奏，说容闳"熟习泰西各国语言文字，往来花旗（美国）最久，颇有瞻识……该员不避险阻，涉历重洋，为时逾两年之久，计程越四万里而遥，实与古人出使绝域其难相等，应予奖励，以昭激劝"，于是，容闳得到了一个"同知"的官衔。

现在该回过头说江南制造局了。

李鸿章自率军到上海后，亲眼看到了外国洋枪洋炮的厉害，他很快用新式武器装备淮军，并一定程度学习西洋军队的操法，使淮军的战斗力超过了湘军。在李鸿章的心目中，如果不趁中外暂时和平的机会，学得西人制造秘法，将是自己的耻辱。李鸿章对清廷的奏报说：

> 中国欲自强，则莫如学习外国利器。欲学习外国利器，则莫如觅制器之器，师其法而不必尽用其人。欲觅制器之器与制器之人，则或专设一科取士，士终身悬以为富贵功名之鹄，则业可成，艺可精，而才亦可集。

我们看李鸿章的想法，不但要设工厂，而且已经打算改革科举制度，显然在改革上比曾国藩走得更远。但是目前当务之急，还是先设制造武器的工厂。

同治四年（1865），太平天国刚平灭，李鸿章觉得设立

江南制造局制炮厂

机器工厂的时候到了，他让他手下的得力干将丁日昌负责筹办。丁日昌打听到设在上海虹口的美商旗记铁厂愿意出售，这个厂是当时外国人在上海所设机器厂中规模最大的。恰好容闳也在这年将机器买回，合并收购旗记铁厂的机器设备，江南制造局（全称"江南制造总局"，有时也简称

丁日昌

"沪局"、"制造局"）就这样成立了。就以上情形来看，江南制造局可以说是李鸿章和曾国藩共同创建的。

　　江南制造局是当时中国建立的规模最大的机器工厂，厂址于1867年迁到城南高昌庙，有机器厂、汽炉厂、木工厂、铸铜铁厂、轮船厂、枪厂、船坞等多个分厂。除了主要造枪炮弹药外，还能炼钢、能造轮船。在此以前，中国只有传统的手工业，人们只是看到或听到西洋人的洋枪洋炮厉害。自

金陵制造局仿制的加特林轮
回机关枪

从江南制造局设立后，中国才有了属于自己的大机器工业，尽管这工业还不是体系完整的，并且在技术上相当依赖外国人。

设立新式工厂的动力，是来自西洋人占领京师、火烧圆明园而又无力抵御的苦痛。这种刻骨铭心的苦痛，让曾国藩时刻警醒，他把这工厂当作中国自强的关键。1865年李鸿章创办江南制造局的时候，曾国藩正在镇压捻军的前线，为捻军风驰电掣的速度、湘淮军抓不住战机而头痛。他却忘不了制造船炮的事，在写给署两江总督的李鸿章的信中说："枪炮固属目前急需之物，而轮船亦不可不赶紧制造。造成此物，则显以定中国之人心，即隐以折彼族之异谋。敝处制造三年，刻楮不成，有同儿戏，亦当效愚公移山，勉卒此功。金陵之军械所，即请阁下裁撤、归并。上海之铁厂，枪炮与轮舟二者兼营并举，似须派司道大员总理其事，雨生（丁日昌）可以遥领否？"

中国必须"师夷长技"，师徒两人的见解可以说不谋而合，但是在细节上还有不同，那就是曾国藩认为除了造枪炮外，一定要造轮船，这在上面引的话中已经可以看出。

剿捻不成，曾国藩回任两江总督后，江南制造局便归他管理。他继续加大对制造局的投入，扩大制造局的规模。他回金陵只一个月，便奏请将江海关关税提交户部的四成，截留两成，其中一成用于支持李鸿章的淮军打仗，一成作为江

610

南制造局的经费。这在前一章已经说过。

曾国藩对江南制造局做了两件大事，一是造船，一是在江南制造局内添设翻译馆。

造船是曾国藩念念不忘的事，在他的心目中，只有造船，拥有一支与西洋人一样的海军，将来才能与列强争雄海上，才不会处处受人气，受人要挟。所以他说要以愚公移山的精神，来提高造船水平。江南制造局创办时收购的美商旗记铁厂，本是修理轮船的，有造船能力，但制造局初办时，因为经费有限，加上技术问题，主要是造枪炮。曾国藩回任江督，便加紧了造船的筹备。前面说的增加江南制造局经费，便是造船用的。

在曾国藩的主持下，同治六年（1867），江南制造局在迁往高昌庙的同时，修建了轮船厂和船坞。同治七年（1868）闰四月，曾国藩特地到制造局视察。闰四月十二日，他看到了正在制造中的轮船，并饶有兴趣地观察了轮船的结构。

同治七年（1868）七月，江南制造局的第一艘轮船造成下水了。曾国藩亲自为船取了名——"恬吉"，取的是"四海波恬，厂务安吉"之意（后改名"惠吉"）。八月十三日，轮船驶到金陵，曾国藩在彭玉麟的陪同下，亲自乘坐验看这艘轮船，显然，这艘轮船的性能远远超过安庆内军械所试制的小轮船，所以曾国藩非常高兴。他在日记中写道：

> 巳正二刻开行，行至采石矶下之翠螺山，凡十二刻，行九十里。又自翠螺归至下关，凡六刻，行九十里。下水速于上水者一倍。中国初造第一号轮船，而速

且稳如此，殊可喜也。

随后，曾国藩向朝廷奏报说：

查制造轮船，以汽炉、机器、船壳三项为大宗。从前上海洋厂（指外国人设立的工厂）自制轮船，其汽炉、机器均系购自外洋，带至内地装配船壳，从未有自构式样，造成重大机器、汽炉全具者。此次创办之始，考究图说，自出机杼。其汽炉、船壳两项，均系厂中自造。机器则购买旧者，修整参用。船身长十八丈五尺，阔二丈七尺二寸。先在吴淞口外试行，由铜沙直出大洋，至浙江舟山而旋复。于八月十三日驶至金陵，臣亲自登舟试行至采石矶，每一时上水行七十余里，下水行一百二十余里，尚属坚致灵便，可以涉历重洋。原议拟造四号，今第一号系属明轮，此后即续造暗轮。将来渐推渐精，即二十余丈之大舰，可伸可缩之烟筒，可高可低之轮轴，或亦可苦思而得之。中国自强之道，或基于此。

江南制造局所造的这第一艘轮船，在当时的世界上还不算是先进的。但是以后经技术人员的艰苦努力，造船技术和水平不断提高。恬吉号只有三百九十二马力，载重六百吨。到1873年和1875年造成的"海安"号和"驭远"号，动力有一千八百马力，载重达两千八百吨，装炮二十六尊，容纳水兵五百名，已经相当可观了。光绪十一年（1885）更造成一千九百马力的铁甲船"保民"号。

但是造船厂的真正发展是在光绪三十一年（1905）以后。在此以前，江南制造局完全是官办的，经费国家拨给，产品国家调走，不是商品生产，缺乏利润动机，因而发展很受影响。光绪三十一年，当时的两江总督周馥主持将制造局的制造军火部分和造船部分分家，造船部分改名"江南船坞"（辛亥革命后又改名"江南造船所"），采取商务化的经营方针，按照现在的语言，就是加入市场的竞争，走市场经济的路。再加上聘到一个精通业务且又有事业心的英国人毛根负责管理，这以后江南船坞迅速发展，造船、修船，业务十分繁忙；利润、技术水平不断提高。特别是在第一次世界大战后期，江南造船所代美国造了四艘特别大的运输舰。这舰大到什么程度呢？载重量一万吨，排水量一万四千七百五十吨，是名副其实的万吨巨轮！1918 年签订合同，1921 年底全部完工。从前只听说中国向西方买船，现在是西方人向中国买船，并且是这么大的船，因此这消息轰动一时。这四艘船每艘下水交付使用时，参观的市民都是蜂拥而来，连道路都被参观的人堵塞。现在恐怕多数中国人都还不知道中国在二十世纪初就已经能造万吨巨轮。

今天中国最大的造船企业之一上海江南造船厂，就是由当年江南制造局的造船部分——江南船坞——江南造船所发展而来的。

曾国藩并不以设一个军工厂和造船厂为满足，所以，同治十年（1871）山东巡抚丁宝桢派人考察江南制造局，有意在山东设机器厂，曾国藩非常赞成，他特地写信给江南制造局的负责人，让他们大力支持，为来人详细讲解造货船、兵船的方法。他还说："鄙意本在设局倡率，俾各处仿而行之，渐推渐广，以为中国自强之本……要之，风气渐开，即中国振兴之象也。"曾国藩去世后，李鸿章也支持山东设厂，并推荐技术人员徐建寅前往协助。正是在这种思想的指导下，曾国藩又为江南制造局做了第二件事。

曾国藩为江南制造局所做的第二件事，是设翻译馆。

江南制造局翻译馆

曾国藩在设翻译馆的奏报中说，"洋人制器出于算学，其中奥妙，皆有图说可寻。特以彼此文义捍格不通，故虽日习其器，究不明夫用器与利器之所以然"，所以，需要设翻译馆。翻译馆聘请英国人伟烈亚力、美国人傅兰雅、林乐知、玛高温等人翻译西方科技书籍，由中国懂得科技的华蘅芳、华世方兄弟，徐寿、徐建寅父子等与他们一道工作。曾国藩还打算"俟学馆建成，即选聪颖子弟，随同学习，妥立课程。先从图说入手，切实研究。庶几物理融贯，不必假手洋人，亦可引申其说，另勒成书"。当时的翻译方法很特别，聘请的西方人士多为传教士，他们的中文写作不大高明，而华蘅芳、徐寿等人的西文也不算好，于是便由聘请的西方人逐句讲明西文的原意，再由中国科学家写成中文；或者由西方人写成不太通顺的中文，再由中国科学家润色。特别是翻译馆的最初工作阶段，大体上是这样做的。这几位外国译员，后来都很有名。傅兰雅是位对中国非常友好的人士，他最初想先译《大英百科全书》，以便把西方的知识系统介绍给中国人，但是当时制造局迫切需要的是武器制造方面的书，于是先译成《汽机发轫》《汽机问答》《运规约指》《泰西采煤图说》四种。在正式设翻译馆之前，这四种书事实上已经译完，在曾国藩的奏报中，就列上了这四种书的名字。翻译西书绝不是件容易的事，当时中国科学不发达，大多数科技名词在中国语言中还没有，再加上文化背景和社会发展阶段的差异，有时为了一句话甚至一个词的翻译，翻译人员往往要绞尽脑汁才能找到恰当的表达方式。当时科技工作者们创造的科技词汇和用语，有不少为后来所通用。晚清时期，江南制造局的翻译馆共译书一百六十种，可以说是中国的翻译中心，为现代科学技术在中国的传播做出了巨大的贡献。后来维新派康有为、梁启超、谭嗣同都曾读过不少制造局翻译的书，对他们的维新思想的形成产生过不小的影响。

同治七年（1868）七月，曾国藩奉命调任直隶总督，他觉得，如果要继续办好江南制造局，自己既不能继续管，那么李鸿章是最好的人选。于是他与继任两江总督的马新贻、江苏巡抚丁日昌，以及当时直接负责制造局的冯浚光和沈保靖协商，破例让当时任湖广总督的李鸿章来主持制造局。曾国藩在北上赴京陛见并准备接任直隶总督的途中，写信给曾纪泽说了这件事："李相（李鸿章时为协办大学士，故称李相）创立上海、金陵两机器局，制造船炮，为中国自强之

1880 年在天津成立的中国电报总局

本，厥功甚伟。余思宏其绪而大其规，如添翻译馆、造地球，皆是一串之事。故余告冯（冯浚光）、沈（沈保靖）二君，以后上海铁厂仍请李相主持，马（马新贻）、丁（丁日昌）两帅会办。尔可将此意先行函告李相，余以后再有函商之也。"以后，他又在给李鸿章的信中要李不要避嫌，要尽力管好此事："阁下虽不处海滨，尚可就近董率，购办器械，选择人才，本皆前所手创，仍宜引为己任，不必以越俎为嫌。"

在曾国藩、李鸿章努力创办机器工厂的时候，另一位湘军领袖左宗棠也有与他们同样的想法，真是不谋而合。左宗棠在福州马尾创办了福州船政局（也称马尾船政局），专造轮船。左宗棠还在福州船政局附设船政学堂，后来他奉命出任陕甘总督，须到西北，就请丁忧在籍的沈葆桢来主持船政局。沈葆桢丁忧前的职务是江西巡抚，由巡抚也就是相当于今天的省长来主持一个企业，这企业的规格也真够高的！福

上海外滩轮船招商局大楼

州船政局设有船政学堂，船政学堂实际就是海军学校和船舶制造学校，船政学堂培养出大批人才，著名思想家严复就是由船政学堂派出国留学的。旧中国的海军军官大都是福建人，所以有"无闽不成军"的说法，就是因为海军人才大都是船政学堂培养出来的。福州船政局现在仍然生产，厂名叫"马尾造船厂"。除了创办福州船政局，李鸿章还在金陵办了金陵机器局。恭亲王奕䜣又命三口通商大臣崇厚在天津创办了天津机器局。这样，江南制造局、福州船政局、金陵机器局、天津机器局四大骨干企业就成了中国历史上第一批机器工厂。西方已经持续了一个多世纪的工业革命，终于通过洋务运动，通过曾国藩、李鸿章、左宗棠等人，延伸到了古老的中国。

四　中国第一批公派留学生

上面说的容闳，自买回一批机器设备后，便以候补同知的资格在江苏当译员，多数时间在江苏巡抚丁日昌的手下工作。他始终没有忘记他的教育计划，曾几次向丁日昌提出选派青年到美国留学，但是机会并不容易，而且这样的事也不是官阶仅为江苏巡抚的丁日昌所能决定的。同治九年（1870），曾国藩奉命办理天津教案，丁日昌也奉旨参与其事，容闳随丁日昌担任翻译工作。容闳趁这个机会，再一次向丁日昌提出他的留学计划，丁日昌便将容闳的建议与曾国藩商议，曾国藩欣然赞同。同治九年（1870）九月，曾国藩在调用四品衔刑部主事陈兰彬的奏报中，就初步提出派人赴西方留学的事。他还说：

> 外国技术之精，为中国所未逮，如舆图算法、步天测海、制造机器等事，无一不与造船练兵相为表里。其制则广立书院，分科肄业，凡民无不有学。其学皆专门名家……其国家于军政、船政皆视为身心性命之学。如俄罗斯初无轮船，国主（即彼得大帝——著者）易服微行，亲入邻国船厂，学得其法。乾隆间，其世子又至英国书院肄业数年。今则俄人巨炮大船，不亚于英法各国，此其明效。

人们熟知多年以后的维新运动中，康有为在他的上皇帝书中，曾几次以俄国大彼得微服化装隐名到欧洲学习考察的事例，鼓动皇帝向西方学习、变法维新。但是不知道，在康有为之前二十年，曾国藩已经向朝廷提过这件事，并作为派遣中国子弟到西方学习的根据。随后同治十年（1871）正月，曾国藩又一次向朝廷上奏。曾国藩这两次奏报，都是在附片中顺便提及，他的想法，可能是事情重大，担心朝中反对的人太多，因此先行试探。

虽说曾国藩已决心派出留学生，但具体上还有许多事情要筹办。这期间他与李鸿章反复商议，李鸿章又将此事征求美国、英国驻华公使的意见，美国公使答应美国政府可以照料；英国公使也极力赞同，并欢迎将来派人到英国学习。直到同治十年（1871）七月三日，曾国藩已经从直隶总督再次回任两江总督半年多，才与已任直隶总督的李鸿章联衔将此事正式上奏，并请任命陈兰彬、容闳为留学生正副监督。奏折的名称为《拟选聪颖子弟赴泰西各国肄习技艺以培人才》。上奏之后，由于恭亲王奕䜣的支持，得到清廷的允准。这时候，离曾国藩去世已只有半年时间了。

按照曾国藩和李鸿章、丁日昌、容闳等拟订的计划，准备在四年内每年派三十名幼童到美国，四年共一百二十人。选择十三四岁到二十岁（虚岁），并曾经读过中国书数年的少年，到美国学习十五年，预计回国的时候，恰好三十岁上下，年轻力强，正好报效国家。幼童到美国后，先学习中小学基础课程，待达到相当程度后，再入大学，其中一部分优秀的，可入"军政、船政两院"学习，即入陆军、海军学校。

同治十一年（1872）七月八日，第一批三十名幼童，在上海登上美国的远洋轮船，远赴美国留学。如此大规模派人到国外留学，在中国历史上还是第一次。这一天，距曾国藩去世正好五个月，这也算曾国藩临终之前为国家办的一件好事。以后三年，清政府照计划每年派三十名学生到美国，总共派了一百二十名，符合原定计划。

首批赴美留学幼童

幼童到美国后，先是两三个人一起散居在美国人家中。儿童很容易过语言关，一两年后，他们就分别到美国的小学、中学学习。中国学生在美国非常勤奋，受到美国人的好评。光绪二年（1876），幼童们还受到美国总统的接见。这年美国举行博览会，中国学生的作业也在展览之列。当时参观博览会的中国官员李圭，看到了学生的作业，并与学生见面。李圭是位思想比较开明的官员，他对学生们的印象相当好。后来美国大学校长致函中国总理衙门说：

贵国派遣之青年学生，自抵美以来，人人能善用其光阴，以研究学术。以故于各种科学之进步，成绩极佳。即文学、品行、技术，以及平日与美人往来一切之交际，亦咸能令人满意无间言。论其道德，尤无一人不优美高尚。其礼貌之周至，持躬之谦抑，尤为外人所乐道。职是之故，贵国学生无论在校内肄业，或赴乡村游历，所至之处，咸受美人之欢迎，而引为良友。凡此诸生言行之尽善尽美，实不愧为大国国民之代表，足为贵国增荣誉也。盖诸生年虽幼稚，然已知彼等在美国之一举一动，皆与祖国国家之名誉极有关系，故能谨言慎行，过于成人。学生既有此良好之行为，遂亦收良好之效果。美国少数无识之人，其平日对于贵国人之偏见，至此逐渐消灭。而美国国人对华之感情，已日趋于欢洽之地位。

可见这些身在异国他乡的学生的表现是相当出色的。但是，这些学生却也遇到了不少麻烦。其原因是新旧思想的冲突。

容闳记述道：学生们在美国"终日饱吸自由空气，其平昔所受极重之压力，一旦排空飞去，言论思想，悉与旧教育不侔"，又"好为种种健身之运动，跳踯驰骋，不复安行矩步"，这在美国人中间，本是极为自然的事，如果不这样倒奇怪了。然而在清廷派去的监督看来，这都是不合中国圣教和礼法的事。学生在美国学习期间，清政府更换了几次监督，从第一任正监督陈兰彬，到最后一任监督吴嘉善（吴子登），大多对学生的这种变化不满，于是便经常打小报告给清廷，说这些留学生的坏话。尤其是最后一任监督吴嘉善，第一次见学生就大为光火。原因是什么呢？原来是这些受到美国文化影响，讲究人格平等的学生不行跪拜礼。这还得了！在封建守旧的吴嘉善看来，人长膝盖就是为了跪的。他跪皇帝、跪高官、做奴才，那是天经地义的事情。如果学生们见他这位监督大人都不跪，那尊卑贵贱、孔孟礼法何在？于是，这位照管学生的监督，成了破坏留学事业的特使。这时候，陈兰彬已经是中国驻美公使，他本也对留学生不满，再加上吴嘉善的怂恿，于是陈奏请清廷撤回留学生。而容闳却受他们的排挤而无发言权。在此之前，朝廷中已经发生了几次要求撤回留学生的风潮，都被直隶总督李鸿章搪塞了过去。这次，如果曾国藩还在，也许可以想办法应付过去，但是办洋务的李鸿章也处境不妙，他顶不住了。

光绪七年（1881）五月，清廷决定将留美学生全部撤回，于是这年夏秋，这些学生分三批回国。这时，留学生在美国学习正好十个年头，距曾国藩去世也是十个年头。回国的留美学生共九十四个，另有十多个学生拒绝命令不归。回国的九十四人中，只有詹天佑等两个人已大学毕业，其他人大多正在大学学习，年纪小的还有在中小学的。回国以后，他们有些再进入新式学校学习，有的到技术岗位做事。以后，他们有的到福州船政局，有的到江南制造局，有的到矿山，也有的到海军。

这些留美学生虽然处境不佳，但也有不少人发挥了相当大的作用，其中唐绍仪当了中华民国第一任内阁总理，詹天佑为中国的铁路建设做出过卓越贡献，梁敦彦当过外交部长，唐国安任清华大学校长，蔡绍基任国立北洋大学校长，邝国华任江南造船厂厂长，蔡廷干将中国的唐诗译成英文介绍给欧美，等等。

五　开历史先河与不可克服的矛盾

中国有着悠久的历史和灿烂的文化，也曾以傲人的国势和科技成就雄视于东方。但是，西方自中世纪晚期以后，社会前进的步伐突然加快了。地理大发现、文艺复兴、宗教改革、启蒙运动，而后英国、法国发生反对专制王权的革命，美国独立战争，十八世纪又从英国开始了工业革命，这一系列事件之后，西方人走出了中世纪，把过去他们曾经羡慕不已的中国远远甩在了后面。这一过程，学者们常称之为现代化（或者译为"近代化"）的过程。

中国在鸦片战争之后，也开始了走出中世纪、求国家现代化的过程。曾国藩、李鸿章、左宗棠以及中央朝廷的奕䜣、文祥等人，为了抵御外洋的侵扰，开始师夷长技，他们创建了第一代新式海陆军（陆军不是完全新式），设立了第一批大机器工厂，派遣了（政府派遣）第一批留学生，创办第一批学习西方语言和科技的学校。这些都是中国历史上从来没有过的东西。他们也许没有料到，近代的科学技术一旦传播开来，改变的就不仅是中国也拥有了坚船利炮，必要时也可以与欺人太甚的列强刀兵相见一件事，而是整个知识体系、思维方式、政治观念随着逐渐改变，这就是现代化的过程，这一过程竟是这样不知不觉地开始的。洋务新政之后，接踵而来的是变法维新，变法维新失败后，又有革命运动。曾国藩不会料到，在他死了四十年以后（宣统三年即1911年爆发辛亥革命，清朝政府随之垮台），连皇帝的存在都成了不合法的。而这种变化的发端人，正是他们自己。所以，可以说曾国藩等洋务派人士，是开历史先河的人。在他们生活的时代的高级官员中，比起那些反对学习西方技术、坚持旧传统、抱残守缺的人来说，他们是较有远见的一些人。

虽然如此，曾国藩在制炮造船、派留学生的过程中，也显示出重重矛盾和复杂的心态。

尽管曾国藩提倡经世致用，尽管他在军事、财政、吏治诸方面下过相当的功夫去考究，但他的思想核心始终是保守的程朱理学的"义理"。这"义理"的核心就是怎样做合乎正统规范的人，怎样维护现存秩序，怎样维护纲常名教，这是万事之大本。同治二年（1863），也就是曾国藩见容闳并请他到美国购买机器的那一年，曾国藩曾在给长子曾纪泽的信中说：

> 三纲之道，君为臣纲，父为子纲，夫为妻纲，是地维所赖以立，天柱所赖以尊。故《传》曰：君，天也；父，天也；夫，天也。《仪礼》记曰：君至尊也，父至尊也，夫至尊也。君虽不仁，臣不可以不忠；父虽不慈，子不可以不孝；夫虽不贤，妻不可以不顺。

义理纲常是本，西方来的技术就是末流了，它只能是义理纲常的一种补充，而不能代替义理纲常。所以，曾国藩、李鸿章等人感兴趣的，只是西方的技术和科学，西方的坚船利炮，西方的机器生产，而对这些东西背后的西方的政治制度、政治思想和新的观念，则没有深入下去了解，或根本不愿意去了解。很显然，义理纲常与西方技术是矛盾的，如果过于重西方技术，势必冲击义理纲常；反过来，若以义理纲常为本，就会阻滞西方技术的引进。其结果，引进新的，多半不是为了冲击旧的，反倒是为了维护旧的。就像宋明理学吸收佛理入儒一样，其目的是光大儒学，虽使儒学增添不少新彩，但核心还是三纲五常那一套。就像汉代大儒董仲舒说的："道之大原出于天，天不变，道亦不变。"这注定了他们所引进的，多是枝枝节节，而不是引进也不愿引进西方的根本，即政治变革。中国近代史上有名的"中学为体，西学为用"这句话，虽不是曾国藩首创，但曾国藩实在是已发其端。这也注定了洋务新政，只能是低层次的改革，它的成就无法与日本的明治维新相比。

浓厚的理学气，也影响曾国藩思想的变革和发展。清代嘉庆、道光以来的经世派，大体上可以分为今文学的经世派和理学经世派。重视实际、讲求实用，反对空谈，这是经世派的共同特征，因此，它是通向学习西方技术，举办洋务新政这一变化的桥梁。曾国藩之所以还能摆脱旧观念的束缚，倡导举办洋务新政，与他重视实际的学风有紧密的联系。但是如果仔细考察，今文学经世派和理学经世派还是有所不同。今文学经世派长于理论，大胆呼吁变革，曾国藩的湖南同乡魏源说："变古愈尽，便民愈甚。"又说："天下无数百年不弊之法，无穷极不变之法，无不除弊而能兴利之法，无不易简而能变通之法。"龚自珍说："一祖之法无不弊，千夫之议无不靡，与其赠来者以勍改革，孰若自改革……《易》曰穷则变，变则通，通则久。"魏源和龚自珍是今文学派的代表人物，他们的议论使后来的人读他们的著作时"若受电然"（梁启超语）。理学经世派只是重视实际，重视实用，不尚空谈，由此而走向引进西学之路，像龚自珍、魏源那样大胆的议论，是曾国藩所不敢发的。今文学派强调变，可以在更大程度上摆脱传统观念的束缚，而理学经世派则较难突破传统观念的束缚，曾国藩如此，他同时代的李鸿章、左宗棠以及稍后的张之洞也是如此。

值得注意的是，经世观念是近代中国人通向学习西方技术的洋务新政的桥梁，但经世观念本身也有不可忽视的弱点。第一，经世观念接触外来文化，不是从外来文化本身的根本价值来评价它、吸收它，而只是以这种文化对眼前的现实是否有用作为判断的标准。这样，在当时的经世派所能看到的，也就只限于西方文化表层的洋枪大炮、科学技术了。说得抽象一点，就是文化学所说的文化的器物层面。第二，自古以来，经世之学强调经世致用，不是为了动摇现存秩序，恰恰相反，是为了维护这个现存秩序，使现存的统治更有效率、更强有力。正是如此，曾左李胡等经世派才运用他们远远超过一般腐儒的本领，去拼死镇压有悖传统（至少在形式上、表面上）的太平天国。他们不但不敢破坏现存统治秩序，而且引进西方技术本身的目的之一就是维护现存体制。这样，他们当然不会迈出那"离经叛道"——改变现存政治体制——的一步了。

曾国藩等办洋务新政，主要是为了"制夷"，即"师夷长技以制夷"。这口号式的语言有它的优点，也有它不可忽视的问题。师夷长技只是为了"制夷"，如果"夷患"没有了呢？那么学习外国的长处，推行现代化就可能是不必要的了。

总之，曾国藩一边推进近代化（或叫现代化），一边也陷入深深的矛盾之中。

第十八章　总督直隶

一　晋见慈禧，位列汉大臣之首

正当曾国藩大力兴办洋务事业，并努力恢复因战乱而残破的江南经济的时候，同治七年（1868）七月二十七日，曾国藩接到上谕，命他任直隶总督。

整个清代，直隶总督负有拱卫京师的责任，因此除了特殊的情形如对西北用兵、对太平天国用兵外，直隶总督一直是最重要的地方官；其次才是掌握最富庶的江南、供应朝廷财政需求的两江总督。

曾国藩交代完两江总督任内各事后，十一月四日才登舟北上。

同治八年十二月十三日（1869 年 1 月 25 日），曾国藩抵达京师。自咸丰二年（1852）离开都门，到现在已整整十七年过去了。这十七年风雨沧桑，曾国藩自身已经发生了巨大的变化，中国的变化更是巨大。京城里面，过去熟悉的面孔好多已经不见了，咸丰皇帝已死，新皇帝年纪尚幼。当年的军机大臣已没有一个在位。当初对他有恩的军机大臣、大学士穆彰阿，在咸丰帝即位后被罢免，现在也已死去十多年了。

十二月十四日，曾国藩朝见了两宫皇太后。而实际掌握朝廷大权的，是三十刚出头的女独裁者慈禧太后。曾国藩在日记中详细记下了召见的过程：

> 巳正叫起，奕公山带领余入养心殿之东间。皇上向西坐，皇太后在后黄幔之内，慈安太后在南，慈禧太后在北。余入门，跪奏称臣曾某恭请圣安，旋免冠叩头，奏称臣曾某叩谢天恩。毕，起行数步，跪于垫上。
>
> 太后问："汝在江南事都办完了？"
>
> 对："办完了。"
>
> 问："勇都撤完了？"
>
> 对："都撤完了。"
>
> 问："遣撤几多勇？"
>
> 对："撤的二万人，留的尚有三万。"
>
> 问："何处人多？"
>
> 对："安徽人多。湖南人也有些，不过数千。安徽人极多。"
>
> 问："你一路来可安静？"
>
> 对："路上很安静。先恐有游勇滋事，却倒平安无事。"
>
> 问："你出京多少年？"
>
> 对："臣出京十七年了。"
>
> 问："你带兵多少年？"
>
> 对："从前总是带兵，这两年蒙皇上恩典，在江南

作官。"

问："曾国荃是你胞弟?"

对："是臣胞弟。"

问："你兄弟几个?"

对："臣兄弟五个。有两个在军营死的，曾蒙皇上非常天恩。"碰头。

问："你从前在京，直隶的事自然知道。"

对："直隶的事，臣也晓得些。"

问："直隶甚是空虚，你须好好练兵。"

十二月十五日，又在养心殿召见，曾国藩记述：

皇太后问："你造了几个轮船?"

对："造了一个，第二个现在方造未毕。"

问："有洋匠否?"

对："洋匠不过六七个，中国匠人甚多。"

问："洋匠是哪国的?"

对："法国的。英国也有。"

问："你的病好了?"

对："好了些。前年在周家口很病，去年七八月便好些。"

十二月十六日，第三次召见。曾国藩记述道：

皇太后问："你此次来，带将官否?"

对："带了一个。"

问："叫什么名字?"

对："叫王庆衍。"

问："他是什么官?"

对："记名提督,他是鲍超的部将。"

问："你这些年见得好将多否?"

对："好将倒也不少,多隆阿就是极好的,有勇有谋,此人可惜了。鲍超也很好,勇多谋少。塔齐布甚好,死得太早。罗泽南是好的,杨岳斌(杨载福)也好。目下的将材就要算刘铭传、刘松山。"每说一名,伯王(即僧格林沁之子,负责带大臣入见皇帝和太后——著者)在旁叠说一次。

太后问水师的将。对："水师现无良将。长江提督黄翼升、江苏提督李朝斌俱尚可用,但是二等人才。"

问："杨岳斌他是水师的将,陆路何如?"

对："杨岳斌长于水师,陆路调度差些。"

问："鲍超的病好了不?他现在在哪里?"

对："听说病好些。他在四川夔州府住。"

问："鲍超的旧部撤了否?"

对："全撤了。本存八九千人,今年四月撤了五千,八九月间臣调直隶时,恐怕滋事,又将此四千全行撤了。皇上如要用鲍超,尚可再招得的。"

问："你几时到任?"

对："臣离京多年,拟在京过年,朝贺元旦,正月再行到任。"

问："直隶空虚,地方是要紧的,你须好好练兵。吏治也极废弛,你须认真整顿。"

对："臣也知直隶要紧,天津海口尤为要紧。如今外国虽和好，也是要防备的。臣要去时总是先讲练兵，吏治也该整顿，但是臣的精力现在不好，不能多说话，不能多见属员。这两年在江南见属员太少，臣心甚是抱愧。"

太后说："你实心实意去办。有好将尽管往这里调。"

余对："遵旨，竭力去办，但恐办不好。"

太后说："尽心竭力，没有办不好的。"

从这连续三次召见来看，除了平常的问候外，太后的用意，很明显表露出来，是要曾国藩利用他练湘军的经验，在直隶练好军队。在第二次鸦片战争中，英法联军在进攻京师时击溃了清政府在北方的主力——僧格林沁的部队。战后僧格林沁又死于剿捻之役。所以清廷在直隶一带没有一支得力的军队。然而近代中国与古代不同，古代边患多来自北面，而自鸦片战争以后，西北边

同治帝

患未去而东南沿海边患更为严重。京师的地理位置离天津海口太近，很容易受到攻击，所以必须驻有重兵才行。这就是清廷调曾国藩到直隶的主要用意。有人说清廷调曾国藩到直隶是让其离开自己的势力范围，以便容易控制，是明升实降，恐怕不符合事实。

曾国藩在京一个多月,新老朋友、官场权贵,应酬很多。这期间有三件事值得一提。第一件是到塔齐布家拜望塔齐布的老母。塔齐布的家相当凋零,他的二弟咸丰四年(1854)就已经病死,三弟也在最近病死,三兄弟竟然都没有儿子,塔齐布只有一女,二弟有四个女儿,老母亲已经八十岁。可说是一门寡妇、女子。曾国藩与塔齐布的老母相见,想起往事,又见塔齐布家凋零的情景,不禁悲从中来,相对饮泣。第二件事是曾国藩悄悄到穆彰阿的家中访问。穆彰阿已去世十余年,其家自然也是衰落,曾国藩见到了穆彰阿的两个儿子,面对昔盛今衰的穆家,曾国藩也不胜感慨。第三件事是旧历新年(春节)过后,同治帝于正月十六设宴招待廷臣。宴会在乾清宫内举行,满汉大学士、尚书分列两排。倭仁排在满大臣之首,坐在西面;曾国藩排在汉大臣之首,坐在东面。曾国藩的后面还有大学士朱凤标、吏部尚书单懋谦、户部尚书罗惇衍、礼部尚书万青藜、兵部尚书董恂、刑部尚书谭廷襄。这在曾国藩已是最高的礼遇。

年已经过了,该见的老朋友以及朝廷新贵都已经见到了,曾国藩该去上任了。

同治八年正月十七日(1869年2月27日),曾国藩在上直隶总督任前再次拜见两宫皇太后,这在当时叫作"请训"。曾国藩在日记中记述:

> 皇太后问:"尔到直隶办何事为急?"
>
> 对:"臣遵旨以练兵为先,其次整顿吏治。"
>
> 问:"你打算练二万兵?"
>
> 对:"臣拟练二万人。"

问："还是兵（绿营兵）多些？勇多些？"

对："现尚未定。大约勇多于兵。"

问："刘铭传之勇，现扎何处？"

对："扎在山东境内张秋地方。他那一军有一万一千余人，此外尚须练一万人，或就直隶之六军增练，或另募北勇练之。俟臣到任后察看，再行奏明办理。"

问："直隶地方也不干净，闻尚有些伏莽，总须练兵乃弹压得住。"

问："洋人的事也是要防。"

对："天津海口是要设防的，此外上海、广东各口都甚要紧，不可不防。"

问："近来外省督抚也说及防海的事否？"

对："近来因长毛、捻子闹了多年，就把洋人的事都看松些。"

问："这是一件大事，总搁下未办。"

对："这是第一件大事，不定那一天他就闹翻了。兵是必要练的，哪怕一百年不开仗，也须练兵防备他。"

问："他多少国连成一气，是一个紧的。"

对："我若与他开衅，他便数十国联成一气。兵虽练得好，却断不可先开衅。讲和也要认真，练兵也要认真。讲和是要件件与他磨。二事不可偏废，都要细心的办。"

问："也就靠你们替我办一办。"

对："臣尽心尽力去办。凡有所知，随时奏明请示。"

问："直隶吏治也疲顽久了，你自然也都晓得。"

对："一路打听到京，又问人，也就晓得些。属员全无畏惮，臣到任后，不能不多参几人。"

问："百姓也苦得很。"

对："百姓也甚苦，年岁也不好。"

问："你要的几个人是跟你久了的？"

对："也跟随臣多年。"

由这段谈话，我们知道两宫皇太后最关心的，是练兵以拱卫京师，其次是整顿直隶的吏治。那时候，直隶的省城不是现在的石家庄，也不是天津，而是保定。1869年正月二十日，曾国藩离京赴任。曾国藩是个办事认真的人，赴保定途中，先顺道察看经常发生水患的永定河的河工。

正月二十七日，曾国藩抵达保定。

这些年，直隶积存的问题很多，这两年，是官文以大学士的身份署理直隶总督，但是官文会做官却不会办事，单是皇太后念念不忘的练兵一事，官文就办不好。清廷让曾国藩当直隶总督，就是希望以他的经验和威望，将直隶的事情整顿好。在保定，曾国藩又见到了与他办理交接的官文，曾国荃弹劾官文的事已过去了两年多，这次见面应该不会太尴尬吧，但曾国藩在日记中还是没有写见面都谈些什么。二月初二日，曾国藩正式接印，开始管理直隶的事情。

天下大乱稍定，直隶的事情可以说是千头万绪，从哪里着手呢？又该以什么样的态度办这些事呢？曾国藩心中有数，他刚到保定，还没有正式接印，就作了一副州县官厅联，联中这样说："长吏多从耕田凿井而来，视民事须如家事；吾曹同讲补过尽忠之道，凛心箴即是官箴。"第二天他对这联语不满意，又另撰了一副："念三辅新离水旱兵戈，赖良吏力谋休息；愿群僚共学龚黄召杜，即长官藉免愆尤。"写了之后又不满意，再撰一副："随时以法言巽语相规，为诸君导迎善气；斯民当火热水深之后，赖良吏默挽天心。"这三副联语都表达了曾国藩此时的心情，那就是除了办好练兵等事外，要整顿吏治，希望官员们能够体恤民间的疾苦，认真办事，休养民力，让老百姓有个喘息的时间，恢复残破的社会经济，同时也就是巩固大清朝的统治。虽然年事已高，曾国藩仍想勉为其难，做好这直隶总督。

二　改造绿营，兴办练军

练军队是曾国藩的第一项任务。曾国藩在向两宫皇太后请训的那一天，上过一个《略陈直隶应办事宜》的奏折，其中第一条说的就是练军队的事情。长期以来，特别是第二次鸦片战争以来，直隶的军队衰弱不可用，防务十分空虚。剿捻战争时，西捻军曾冲入直隶一带，直隶根本无可与捻军一战的军队，全靠外调来的军队，清廷不希望再发生这样的事情。另一方面，京师离海较近，两次鸦片战争中，英、法军队随时可到天津海口骚扰、威胁，而咸丰十年（1860）又占领京师，因此直隶急需较有战斗力的军队。

怎样训练、充实直隶的军队呢？曾国藩先要借重的是淮军。

　　曾国藩认为，淮军中最好的将领是刘铭传，其所率铭军的战斗力也是淮军中最强的。因此，他要用刘铭传所部铭军一万多人拱卫京师。当时刘铭传因为朝廷对剿捻战功的奖赏不公，愤而告病在家，清政府中有人主张战事既已结束，应将勇兵包括刘铭传所部全部裁撤；有的人主张另派统领。曾国藩坚持不另派统领，不裁撤铭军，暂由刘铭传部下刘盛藻统带。

　　但是刘铭传一军只有一万多人，实力尚觉不足，曾国藩认为至少还需要一万军队。这一万军队不能再靠湘淮军，须另外训练军队，这就是从绿营中抽出来的练军。

　　练军是同治二年（1863）由前直隶总督、湘军大将刘长佑开始编练的。

　　清代的军队，原来主要是八旗和绿营。八旗兵由于长期不事生产，养尊处优，到曾国藩的时候已经完全失去了军队的功能，只是一种清朝统治的象征而已。绿营在清初至清中叶曾经多次立过战功。但清中期以后，绿营也不行了。绿营几乎不讲编制，军队平时散住各地，士兵常充各种杂役，或承担维持地方治安的任务，有战争时，从此处抽调五十人，彼处抽调一百人，杂凑起一支军队，临时派统帅指挥。兵与兵之间、将与兵之间甚至互不相识。败不相救，胜则争功。所以，这绿营号称国家的经制之兵即正规军，实际上根本不是正规军，而是一种地方警察性质的军事组织而已，第一次鸦片战争、与太平天国的战争，完全暴露了绿营组织制度的弊病。而曾国藩创办湘军，就是针对绿营的弱点，改变了它的组织制度、训练方法、饷章，使名义上为地方民兵性质的湘军以及后来的淮军，成为实际上的正规军、野战军。这在本书前面已经说过。

同治二年（1863），湘军宿将刘长佑出任直隶总督，他奏请从绿营中挑选精壮，重新组练一支军队。其组织制度多仿效湘军，由刘长佑从各镇军中挑选营官，由营官在他原来所辖的军中挑选士兵，不足则到附近其他军队中挑选，五百人为一营，两千五百人为一军。到同治四年（1865），户部与兵部会议，选练直隶六支军队，定名"练军"。但练兵之事常受户部及京中忌妒湘军的官员的掣肘，而同治六年（1867）刘长佑又被免职，所以成就还不大。

到了曾国藩任直隶总督的时候，战争已经结束，财政状况比过去稍稍好转一些，而直隶当由海入京通道，列强虎视眈眈的情形下，必须有得力的军队才行，在这种情形下，曾国藩有可能较多地改革军队。曾国藩的办法，仍是编练练军，而不是振兴绿营，在他的心目中，绿营的制度实在已经无法振兴。

接任三个半月后，曾国藩初步了解了情况，提出三条建议：

第一条，叫"文法宜简"。他比较湘军和绿营兵的差别说，湘军勇丁"帕首短衣，朴诚耐苦，但讲实际，不事虚文。营规只有数条，此外别无文告。管辖只论差事，不甚计较官阶。而挖壕筑垒刻日而告成，运米、搬柴崇朝而集事"。绿营兵则过分讲求仪式礼节，好像不是军队而是官衙门。出征的时候，行军要用官车，扎营要用民夫劳作，"油滑偷惰，积习使然"。先前所定的练军规条有一百五十余条之多，即使是读书人也无法完全记住，导致"文法太繁，官气太重"。这些都要参照勇营即湘军的办法加以改革，将条规简化，做到简明、易懂、易守，不要排场，不要官气。

第二条，叫"事权宜专"。从前的练军，仍然效仿绿营的办法，统领经常更换，统领之下的营、哨各官，都是由总督指派而不是由统领选拔。统领没有选拔和撤换下属之权，没有管理军饷之权，一旦作战，下属不肯用命。现在要像湘军一样，一营之权，全部交给营官，统领不遥制；一军之权，全部交给统领，大帅不遥制。他说湘军统领所以能够发挥其才干，就在于事权归一，指挥纵横如意，练军就是要仿效这个办法。

第三条，叫"情意宜洽"。曾国藩说，现在练军士兵离开他原绿营的队伍，但是是否挑入练军是由其原绿营的营官主持的，而不是练军的营官挑选的。主持练军的营官，没有对士兵的提拔和黜革之权，上下隔阂，情意全不相连，当有紧急事变时就不可靠。还有，各营练军，有冒名顶替之弊，防不胜防。因为从前绿营军饷较少，士兵常常要做小贩或手艺谋生。练军士兵调到别处训练的练饷二两四钱，在练营领取；而原绿营的底饷，仍在绿营本营领取。士兵便常常在练营附近雇人顶替，将练军军饷给冒名顶替的人。但是一有远征，受雇的人不肯随着远征，于是再雇乞丐、贫民前往。这样兵额一个，但人已三变，怎么能打仗？今后将实行两个办法：一是一旦一个士兵挑入练军，即将其原在绿营的名额裁去，练军增一兵，绿营底营即少一兵；二是无论绿营底饷还是练饷，都在练军发放，根本杜绝冒名顶替。这样做实际上是逐渐取消绿营。将来还要仿效湘军的办法，统领选营官，营官选哨官，哨官选什长，什长选勇丁。

按照曾国藩拟订的这三条，练军的体制更接近湘淮军了。

1869年八月二十七日，曾国藩又奏定按照湘军的制度，为练军设立长夫之制。每营练军设长夫一百五十人，这一百五十人实际上就是辎重和后勤兵。每月拔营一次，实际就是我们今天说的军事演习。拔营要行二三百里，命士兵像实战那样修垒挖壕，不准像以前绿营那样出行坐车。第二年四月（1870年5月），曾国藩又拟订了《直隶练军步队营制》和《直隶练军马队营制》，其中马队完全抛开绿营，从直隶省农民中选募。

由于经费并不充足，曾国藩最初只能练三千余人，三个统领，两个用当地军官，一个用以前湘军的军官彭楚汉。

直隶练军人数不多，但影响却很大。在曾国藩的组织领导和筹划之下，练军的制度基本成型了，而其本质的变化，就是采用湘淮军的制度。当时各省的绿营已不能再作为作战部队，这已是人所共见的事实，但是各省督抚苦于绿营是国家的"经制"之兵，不好裁撤，也不知如何改造。直隶编练练军之后，各省纷纷仿效，于是同治朝以后，绿营逐渐消亡。另一方面，镇压太平天国和捻军的战争结束以后，湘淮军及各省招募的勇营，除部分裁撤外，都驻防全国各要地，改称为"防军"。于是有清一代的八旗和绿营军制，实际上已经消亡，这也许是曾国藩所始料不及的。曾国藩去世以后，防军、练军曾参加过两次较大规模的反侵略战争，即中法战争和中日甲午战争。有关军制的变革，本书后面讲到曾国藩的影响时还要做系统介绍。

三　清理积案，整肃吏治

　　直隶的吏治和积狱（即积压未审理的民事刑事案件）问题，在曾国藩请训时的奏折中列为第二项。这是一而二，二而一的问题。多年来，由于吏治腐败，再加上连年战争，民事刑事案件无人处理，到同治八年（1869）旧历三月底止，积压的同治七年以前的案件竟达一万二千余件。保定府衙，仅由朝廷交下来处理的重大京控（即直接上告到京师大理寺、刑部、都察院等衙门的案件，这些案件一般都发回当事的省份处理）案件也达一百三十余件。可见案件积压之多，实在是惊人。曾国藩在来直隶的途中，就留心考察了直隶的吏治，他在奏折中说："臣入境以后略询民间疾苦，大约积狱太多，羁累无辜。闻有州县到任年余，未曾升堂一次，讯结一案者。又因连年用兵，差徭甚重，大户则勒派车马，供支柴草；小户则摊派钱文，掳充长夫。劣绅勾通书役，因缘讹索车辆，有出而无归。贫户十室而九逃。"曾国藩打算一改在江南实行的宽厚政策，对官吏严格管理，他说直隶官场"风气之坏，竟为各省所未闻"。因此，他打算到任后大力整顿吏治，并告诉朝廷，对不法官吏，他要大加参劾。

　　曾国藩的第一步，是立即颁布《直隶清讼事宜十条》及《直隶清讼限期功过章程》，这距他接印视事，仅有一个月时间。前者是曾国藩亲自撰写，后者由按察使张树声撰写，由曾国藩复核。在曾国藩的时代，中国地方上没有专职的司法审判人员，府、州、县都由地方官负责审判；省一级虽有按察使（又叫臬司）负责刑名案件，但他还要兼管驿传，并且按察使也不是职业法官，因为他今天是按察使，明天可能转任布政使等与司法没有关系的职务，完全脱离审判，反过来，他以前担任的职务也可能与司法毫无关系。所以，刑名案件是地方官从县、州直至总督、巡抚的重要职责之一，也是衡量地方官政绩的杠杆之一，同时，它又与百姓的利益、社会的稳定有密切的关系。这也是曾国藩要花大气力整顿积案和吏治的原因。

《直隶清讼事宜十条》规定：

第一，通省大小衙门公文宜速。曾国藩说，现在军务已过，一定要"力挽积习，与诸君子舍旧图新"，"通省上下皆以勤字为本"。凡是上司要下属查明或办理的事，都要明定期限，违限记过，凡小过达到六次，大过达到三次，就要撤差撤官。

第二，首先整顿保定府发审局。保定为首府，起着全省的表率作用，因此率先整顿。曾国藩要求不准受贿，更不准勒索；审案必须尽速，不得拖延。

第三，要求州县官必须亲自接案审案，不得听信幕友丁书。曾国藩说不能要求地方官人人都有大才干，但只要以勤字为本、事事躬亲，就可以算是好官。直隶向来逢三日、八日老百姓告状之期，地方官从不亲自受理，而是由典史、门丁收诉讼状，积压多日，地方官根本不过目，全由幕友负责，甚至地方官还不知道告状告的是何事。有时甚至拖得原告被告两家精疲力竭、倾家荡产，已不想再打官司了，然而求收回诉讼却又做不到。这种现象必须杜绝。

第四，禁止滥传被告、滥押证人。从前差役逢到办案时，尽量把多的人拉入案内，并且管押起来，可以乘机勒索。曾国藩规定，凡管押（实际就是今天说的拘留，但当时连证人也管押）之人，必须挂牌明示，如未悬牌，或牌上人数与实际管押人数不符，家属可以喊冤，总督还要派人密查，如果发生此类事情，将记过严惩。

第五，严禁差役勒索。

第六，每月必须将审案、监禁、管押、逃犯等情形上报。

第七，严治盗贼以弭隐患。

第八，讼案久悬不结核明注销，这主要针对乡民往往因小事而诬告之风而言。

第九，分别皂白严办诬告讼棍。

第十，奖借人才变易风俗。

《直隶清讼限期功过章程》则对官员清理积案的功过，规定明确细致的赏罚条例。

我们看到曾国藩这些规定和要求非常详尽细致具体周到，这与他当年做京官时，曾署刑部侍郎，对刑狱审判问题有相当的研究和经验有关。

曾国藩的第二步，是奏留原任直隶按察使、朝廷要将其调到山西任按察使的张树声，以便协助他清理积案。张树声原是李鸿章的淮军将领，当淮军组建时，曾国藩对其就非常赏识，此时张树声已经当了四年直隶按察使，对直隶的情形及刑名案件比较熟悉。曾国藩说，自己年纪较大，精力有限，希望让张再留直隶一年，可以将积案清结。朝廷准许他的要求。张树声果然不负曾国藩所望，为清理直隶积案作出了不少努力。一年多以后，张调山西布政使，再过一年，即升任江苏巡抚，以后又升任总督。

曾国藩的第三步，是身体力行，亲自处理案件。

同治八年（1869）的曾国藩，已经五十九虚岁，按当时人的寿命，他已是一个标准的老人。欧阳夫人双眼只能看见光亮，但看不清人和物，已算基本失明。曾国藩的身体和精力也是越来越差，但既然为官，就需要好好办事。而他早年那种澄清天下的志向，并没有完全消逝。而且作为地方长官，要求下属做到的，地方首长必须首先做到，起到表率作用，否则下属必然是阳奉阴违。所以，对重大的、疑难的案件，曾国藩常常需要亲自处理。这些事情非常繁琐，然而面对许多人命关天的事情，却又必须认认真真办理，所以累得腰酸腿疼头痛，以至晚上入睡都困难，自是经常的事。曾国藩的日记里记下的这类事情很多。同治八年（1869）三月初八日晚上，他仔细阅读一则案件，觉得其中判绞刑但缓刑的犯人张世沅，罪行较重，应该改为立即执行，当时的说法，叫"由缓改实"。在日记中，他说自己对此事"沉吟良久"，然后写一封信与按察使商量，可见关乎人命的事，他相当慎重。在家书中，他曾几次告诉儿子曾纪泽，一次是接印半个月后："吾自初二接印，至今半月，公事较之江督任内多至三倍。无要紧者，皆刑名案件，与六部例稿相似，竟日无片刻读书之暇。做官如此，真味同嚼蜡矣。"接印一个月后又说："余近日所治之事，刑名居其大半。竟日披阅公牍，无复读书之暇。"

643

除了自己亲自花大量时间和精力处理这些案件外，还委派可靠的人员，到各地明察暗访，对办案草率，漫不经心，甚至勒索和受贿的官吏，立即予以处分。

经过整整一年的艰苦努力，多年的积案终于清理完毕。到同治九年（1870）二月初二日，也就是曾国藩接直隶总督印一年后，曾国藩奏报说，已经结清了同治七年（1868）以前的旧案一万二千零七十四件，同治八年以来的新案二万八千一百二十一件；现在旧案只剩九十五件，新案只剩二千九百四十件。在清理积案的过程中，有不少官员出了力，也有些官员懒惰或办事不力。对于办事得力的当然要奖励，积案清完，曾国藩奏请奖励的官员有二十九名，其中有的加衔三级。对于贪污腐败、草菅人命，或不胜任职务的官员，曾国藩在同治八年（1869）一年之内弹劾了十九人。

曾国藩任直隶总督只有一年多的时间，在他的努力下，直隶的吏治已开始好转。而他为清理积案所用的《直隶清讼事宜十条》及《直隶清讼限期功过章程》对后世产生了深远的影响。因为这两个文件表现了相当大的具体性、可行性和可操作性，清朝统治者非常重视，不久就命印行颁发各省，以便参照执行。以后曾多次命令印行。直到二十世纪初，清廷还将这两份文件颁发各省，为清理积案做参考。

四　兴修水利，防杜河患

直隶处于华北平原北端，这里是中华文明最早的发祥地之一，这里的山山水水养育了我们的祖先。但是在清代，这里又是水旱灾害最常发生、最为严重的省份之一。因为直隶毗连京师，水旱灾害所造成的民生和社会问题又与清朝的统治是否稳固密切相关，所以清朝统治者对直隶的水利工程较其他地方要格外重视，常常不惜动用巨资整修。但是从咸丰初年直到曾国藩任直隶总督之前，因为连年的战争，包括内战以及与英法联军的战争，耗尽了政府甚至民间的财力，对水利工程的修建实在是有些力不从心。现在战争已经基本结束，该是治理多年为患的水旱灾害特别是水灾的时候了。这也是曾国藩上任前奏报的直隶应办三件大事中的一件。

作为北方省份，直隶的水旱灾害有它的特点。这里雨水稀少，十年九旱，但是一旦有较大的雨又会造成洪水肆虐。直隶的河流与黄河的情况非常接近，由于生态环境的破坏，河水携带大量泥沙，日复一日，年复一年，河床常常比堤外的民田和平地还要高，变成了像黄河一样的"地上河"。一遇大水，河水或者漫溢而出，或者冲垮堤坝，造成巨大的灾害。最让人气馁、棘手的是，在同一个时间，直隶一省竟又有的地方大水成灾，有的地方大旱为害。曾国藩上任的时候，就是这种情况。

据曾国藩的分析，直隶共有九条大河，发生水患主要有两条河，北面是永定河，南面是滹沱河。永定河发水的时候，河水常向南窜入大清河，导致新城、安州、雄县等地受灾。滹沱河发水的时候，会向北改道，导致深州、饶阳、任丘、文安等地受灾。水旱灾害几乎年年都有。就在同治七年也就是曾国藩上任的上一年，永定河于三月、七月两次多处决口，滹沱河也向北改道。据曾国藩自己的研究，仅在束鹿县境内，自清代顺治到乾隆年间，百余年的时间，滹沱河已经迁徙二十五次。一个县已经如此，整个流域可想而知。朝廷也很重视治理直隶的水患，特别是永定河，由于靠近京师，雍正年间特设永定河道负责该河的治理。

如何对付这日益严重的水旱灾害？在当时的技术、交通以及财力条件下，有时简直是束手无策。

尽管如此，人们还是要勉为其难，尽自己的一切力量来减少灾害。所以人们一面祭拜水神，希图神灵保佑，一面却又大量兴修水利工程。水旱灾害是否治理得好，甚至与王朝兴亡等政治变动有相当大的关系。中国五千年的文明史，某种程度上也可以说就是与自然灾害斗争的历史。

前面说过，曾国藩上任途中首先顺路视察了永定河。他首先到灰坝地方查看减河。所谓减河，类似我们今天说的溢洪道，当正河水位过高时，可以把水泄到减河中，以防止洪水冲垮堤坝。但是曾国藩看到的是，由于泥沙淤积，正河河床已经高出减河之堤，造成河水不从正河走，反而在本来以备万一的减河中流淌。接着又查看去年决口的地方，其中一处去年决口一百五十余丈，相当于五百多米，上年冬天修复了七十余丈，其余的要赶在雨季来临之前修好。上面所述，都是曾国藩第一天看到的情形，第二三四五天都是连续查看河工。几天下来，除了疲倦外，曾国藩已经深深感到了永定河修复工程的难度。

曾国藩原当京官的时候，对治水问题是研究过的。现在经过实地考察，再与官员们商讨，曾国藩制定了一个方案：第一，加固堤坝，这现在主持河工的官员们已经在做，但是有许多地方不能令人满意，曾国藩在视察中甚至觉得有的地方的工程马虎得就像是儿戏，令他十分生气。所以加固堤坝必须加紧进行。第二，作为根本的措施，曾国藩决定疏浚河道，这是传说中的大禹就曾应用过的办法。视察中，他看到许多地方泥沙已经在河床中积成了小山，使河道又窄又高，这样堤坝再高再坚固也禁不住河水的冲刷。曾国藩计算，每年除雨季及冬天土冻不易施工外，尚有五个月的少雨季节，或叫旱季，可以施工疏浚河道。疏浚一段就少了一段危险。但是这需要时间、毅力和经费。曾国藩打算先试办一二处，见效之后，再全面推广。在上任途中视察时，他已经命将河中最影响河水流通的部分淤塞段疏浚，并追加经费。除以上两点外，目前最急的，是要赶紧把去年决口的地方修复。几处决口的修复，需要银十一万两，由此可见河工需用经费的浩大。

实际上，若要从根本上杜绝水患，除了河道河堤工程外，还须保持好上游的植被及整个流域的生态平衡，良好的植被可以有较大的蓄水能力，不会一下雨就弄得河水盛涨，也不致使过多的泥沙随水冲入河内。此外，最好能够修建一些能够调节河水流量的水库，既可以在干旱季节放水灌溉农田，也可以在雨季蓄水有效防止水灾。但是，当时人的科学知识还看不到这些问题，而施工修建水库，也是当时的物力财力和技术条件下所难以做到的。

阴历四月初，永清县境内永定河去年决口的地方大坝合龙，曾国藩抱病亲自去查看验收。一路上，他看到因天大旱，冬小麦只有两三寸高，节气已近收割，但吐穗的极少。个别地方用人力取水灌溉，麦苗达到六七寸高，已经抽穗。但能够人工浇灌的毕竟极少极少，不过百分之二三。即使三日之内下一场大雨，也挽救不了这些小麦。小麦没有收成，影响到的会很多很多。此情此景，令身为地方官的曾国藩"目击心伤，不忍细看"。合龙的这段永定河堤，本是曾国藩上任途中已经查看过的，他看到有的危险地方已经按照他的指示办了。但是能否经受得住将来的洪水，曾国藩还是毫无把握。他向朝廷奏报说，现在是枯水季节，此时合龙，叫作合旱龙。永定河合旱龙，是民间最不放心的。曾国藩说，这就如同新练之兵，没有上过战场，能否取胜，指挥官没有把握。要经过一次涨水，才知道堤坝是否牢靠。

转眼到了阴历五月，雨季来临。五月初三日第一波洪峰到达新筑的堤坝之处，至初六日洪水汇入凤河。曾国藩接到报告，总算松了一口气。五月二十一日，曾国藩将洪水通过新筑堤段，堤坝无恙的事情上奏。不料就在他发出奏折的第二天，传来了永定河再次决口的消息。这一天，曾国藩觉得既难过又难堪，他"忧愤愧悚，不能自释。旁皇绕室，不能治事"。原来永定河新成的大堤最险的地段，因为大家的注意力集中在此，事先做了比较周密的准备，洪水来时，大家并力奋战，勉强度过了危机。但是因为连年战争，永定河河堤多处失修，顾此失彼。当大水来到的时候，从北四上汛十三、十四号地方，到北四上汛三、四、五号地方，二十余里旧堤，一片汪洋，水势直漫堤岸。这里不是去年决口的地方，人们开始没有注意到，待到发现险情，当地地方官和负责河工的官员赶紧招集士兵和当地村民堵御，但顾了这头，顾不了那头。五月二十一日，正是曾国藩出奏永定河新筑堤坝遇水无恙的同一天，大水冲垮了北四下汛五号地方，大堤崩塌三十多丈。好在垮堤的这一段河床经常南北迁徙，附近人口较少，没有造成人员伤亡。曾国藩只好奏请将自己交部议处，并按惯例将负责河工的官员和地方官予以处分（除特别失职外，堤坝修好后再恢复职务）。

大水冲毁堤防，虽然令曾国藩相当难过，但更增强了他疏浚河道的决心。以往堵塞垮堤和漫口的地方，只是将漫口堵住，将"引河"即河道中平常流水的地方挖通就算完事。这次修复堤坝，先从下游河道的疏浚着手，让河水能够畅通，并将原来弯弯曲曲的河道挖成直河。他发现原永定河道不能胜任，便请朝廷另行任用，而由熟悉河工的候补道蒋春元署理永定河道，负责堤坝的修复。直到十月，才将大坝合龙。合龙时，曾国藩又一次亲临检查。半年多的时间，他已是第三次检查永定河了。永定河的决口处大坝虽然合龙了，但水患的威胁还远远没有解除。曾国藩奏请增加经费，先疏浚下游河道。他听说洋人有机器，能用于疏浚河道，命上海江南制造局询问是否真有这种机器，如果费用不高，他打算使用这种机器。

永定河水患虽然难防，但总还有个方案，而对付滹沱河的水患，却更让曾国藩伤脑筋，因为连一个方案都难以确定。前面说过，滹沱河百年之内曾迁徙二十五次，可见治理难度之大。直隶有五条大河，子牙河为其中之一。滹沱河就是子牙河的上游。滹沱河发源于山西，从平山县入直隶境，河水一到晋州（晋县），就不老实起来。本来河道是由晋州一直向东，在武强会合滏阳河，经过献县以后名为子牙河，然后汇入海河入海。但是两年前，河水改道，向北绕了个大大的弯，跑到了现在的白洋淀一带，并且极不稳定，十几个县都受到它的祸害，尤其是文安县成了沼泽地，当地百姓称之为"文安大洼"。在新河道与旧河道之间，留下了许多像河道又非河道的沟沟。说它像河道，是这些沟沟曾经是河道，说它不是河道，是因为泥沙的淤积，这些旧河道变成沟沟了，已经无法再成河。曾国藩与下属们反复研究，拟订一个方案，准备将滹沱河引向南，经晋州、赵州（赵县）、宁晋等地的一条滹沱河故道，导入滏阳河。但这样需要二十万两银的巨款，曾国藩一面上奏朝廷，希望懂水利的官员们讨论，以便集思广益，一面筹备款项。但是他的计划还没有实施，就已调离直隶总督的职务。

如果说在练军、清理积案和整顿吏治两方面曾国藩都办出了成绩，至少已经有了一个良好的开端的话，那水利工程方面的成绩就大为逊色了。这是因为治水绝非一朝一夕的事情，需要更多的时间和毅力。而且，在当时的技术条件和科学知识条件下，根治水患是相当困难的，甚至是不可能的。中华人民共和国成立以后，在河北省也就是过去的直隶修建了许多水库，修整了堤坝，基本杜绝了大规模的水患，但是由于人口太多，土地负荷过重，生态平衡的问题还是没有很好解决。在曾国藩的时代，人们的主观努力只能做得好一点、减少一点水患而已，可是还没等曾国藩做出进一步的努力，霹雳一声，震惊中外的天津教案爆发了。曾国藩只好拖着已经生病的身体，去天津处理教案，不久就结束了短暂的直隶总督生涯。

第十九章　办理教案

一　天津教案，震动朝野

所谓教案，就是中国近代史上绅士、民众与西方来的基督教传教士或这些传教士发展的中国教民之间的冲突。这些冲突轻则谩骂、斗殴，重则发生流血冲突，拆房毁屋烧教堂，直至人身伤亡。

基督教传教士来中国，要追溯到明朝末年。1601 年，意大利籍的天主教传教士利玛窦到了明朝的首都北京，他受到了明朝皇帝的礼遇，并准许他们在中国活动、传教。利玛窦进京之前，传教士已在中国活动了几十年。那个时候，西方还不够强大，传教士们都必须遵从中国政府的旨意，否则便无法在中国立足。中国人是个信奉多神的民族，当然深受儒家思想影响的士大夫对宗教大多不太相信，或在若信若疑之间。当中国对待基督教传教士好一些的时候，中国人不过认为他们是众多劝人为善的宗教中的一个而已。从明末到清初，传教士曾与一些士大夫甚至皇帝建立了良好的关系，并且翻译西方科学著作，对中国人扩展科学知识有过一定的影响。其中有两件事值得一提，一是明末徐光启与利玛窦合作翻译欧几里得的《几何原本》的前六卷；一是清代康熙皇帝请法国传教士白晋等负责测绘，编成《皇舆全览图》，这恐怕是中国最早的全国地图。康熙朝后期，开始禁止天主教传教士的活动。乾隆以后实行闭关政策，对天主教采取了更加严格的取缔措施。到了鸦片战争以后，随着《南京条约》等不平等条约的缔结，传教士们又卷土重来。近代的中国人，习惯上把基督教旧教称为天主教，将派别复杂的新教统称为基督教，其实近代传入中国的还有自沙俄来的东正教，但影响较小。

第二次鸦片战争签订中法《北京条约》时，正式规定准许西方传教士在中国传教，准许中国人信奉天主教，准许传教士建礼拜堂。谈判中担任翻译的法国传教士又私自在条约的中文本中添上"并任法国传教士在各省租买田地，建造自便"字样，中国方面在大炮的威胁面前，没有仔细审查便签了字，这样就进一步扩大了传教士的权限和活动范围。从此以后，便发生了无数次的教案（在此以前也有，但还不多）。大体上，中国民众与天主教教士及教民发生的冲突较多，而与基督教新教教士教民发生的冲突较少。法国以天主教为国教，所以民众与天主教教士的冲突多发生在法国教士身上。

天津当北京的门户，也是北方最重要的出海口。第一次鸦片战争时，英国军舰曾到天津海口威胁，而第二次鸦片战争中，天津及大沽更是重要战场，英法联军并且占领天津一年又九个月。所以天津的民众早就对这些高鼻子蓝眼睛的外国人不满。按第二次鸦片战争的《天津条约》规定，战后天津开辟为通商口岸。经法国领事与三口通商大臣崇厚交涉，将三岔河口北岸望海楼一带的十五亩地租给法国传教士。这望海楼是什么地方？是当年乾隆皇帝巡幸之地。乾隆帝还曾在此宴请盐商，所以这是一个具有象征意义的地方。现在法国传教士竟将这块地方租占，令天津的绅士民众都大为不满。这还不算，由于中国人有传统的信仰，大多还不明白天主教是怎么回事，信徒难以发展，尤其读书人更不信。于是传教士就不分良莠，凡是表示愿意信教就都拉到教会中来，并且袒护他们的不良甚至不法行为，弄得天津民众怨声载道。据美国传教士记述说："在法国政府的鼓励之下，天主教徒们的确形成了'国中之国'，漠视当地的法律和习俗，压制不信教的邻人，践踏中国的法度。每遇教徒与非教徒发生争执，不论问题的性质如何，神父立即赞与（教徒）。如果他不能胁迫官吏使教徒胜诉，他便以被迫害者之一的身份出现，诉之于法国领事。"这记述虽然包含了美国人与法国人、新教与旧教（天主教）的矛盾，但基本上是事实。所以，不管下面要叙述的天津教案具体是怎样发生的，其根源可说是由来已久的。

同治九年（1870）入夏以来，直隶、天津久旱少雨，人心惶惶，天津一带渐渐有多起关于教士教堂的半真半假的故事在社会上广为流传。有的说，教堂专门给人用药迷拐幼孩送到教堂，然后挖眼剖心，用来做药；有的说，教堂里有地窖，迷拐来的幼孩就幽闭在地窖里；还有的甚至说，被挖下来的幼孩眼珠已装满一坛子。

这些传言，好像有根有据，不由人不相信。于是，天津民众、绅士的情绪越来越激昂。用我们今天的科学知识来分析，显然这些传言都是无稽之谈，是误解。

但是，这误解并不是完全没有来由。除了前述的因素外还有不少文化习俗上的问题，正如后来曾国藩解释的：第一，教堂大门终年关闭，本来就不满的外界人往往就怀疑教堂中有什么不可告人的秘密。第二，教堂大量收养无依无靠的幼童，生病的、将死的，都照样收留不误。然而当时的医疗条件，会有相当多的人无法治愈，死亡率很高。第三，天主教有施洗之说，人将死时，神父用水洗其前额，又在一旁为其祷告，这种宗教仪式，在中国人看来，不免过于神秘甚至于鬼鬼祟祟。再加上人们早就对两次鸦片战争攻击中国的洋人不满，谣言就是这样传开的。

同治九年（1870）五月二十日，天津桃花口地方的居民抓住一个诱拐儿童的人犯。人犯叫武兰珍，当时他正诱拐一个名叫李所的儿童。村民将这名拐犯送到天津知县刘杰处。经刘杰审问，武兰珍供称，迷药系教堂中教民王三所送，又说教堂内有席棚栅栏，他白天睡在那里，晚上出来诱拐儿童。消息传出，天津民众群情激动。刘杰以事关重大，与天津知府张光藻一起请示驻天津的三口通商大臣崇厚，崇厚便派天津道周家勋与法国驻天津领事丰大业及教士谢福音商议，约定带武兰珍到教堂对质。

五月二十三日，周家勋、张光藻、刘杰带武兰珍到望海楼教堂。结果教堂中既没有王三，也没有武兰珍所说的席棚栅栏，武兰珍也不认识教堂中的人（教案发生以后，民众捉到一个名叫王三的人，供称迷药是教堂神父提供，但是一会儿承认，一会儿又翻供，并且捉住的这个王三到底叫王二还是王三也没有弄清）。

当周家勋等去教堂的时候，有许多民众围着教堂看热闹。午后，有教堂内的人与围观的民众发生口角，并互相扭打。崇厚派了两个巡捕弹压。正在此时，法国领事丰大业来到，他不问情由，便殴打中国巡捕，随后又到崇厚官署。崇厚后来奏报当时的情形说，丰大业进官署时，"神气凶悍，腰间带有洋枪二杆，后跟一外国人，手持利刃，飞奔前来。未及进室，一见即口出不逊。（崇厚）告以有话细谈，该领事置若罔闻，随取洋枪当面施放，幸未打中。经人拉住，奴才未便与之相持，暂时退避。该领事进屋，将什物信手打破，咆哮不止。奴才复又出见，好言告以民情汹涌，街市聚集水火会已有数千人，劝令不可出去，恐有不虞"。丰大业是个典型的把中国人看成是野蛮人的殖民主义分子，看他的行为绝不是一个外交官所应该做的，倒像是个流氓地痞。崇厚是主张尽量与洋人搞好关系，免得发生意外事端的，所以他的报告对丰大业的作为绝不会有夸张之处。

丰大业不听崇厚的劝告，盛怒而去。这时周围还有许多民众，听说丰大业枪击长官，无不愤怒异常。但丰大业从崇厚官署出来的时候，民众还算克制，他们为丰大业让开一条路，只是怒目而视而已。不料路上丰大业恰好遇到劝导民众回来的知县刘杰，丰大业二话不说，举枪就向刘杰射击，刘杰见丰大业举枪，急忙闪避，结果打伤了刘杰的家人。这下围观的百姓再也忍耐不住了，立即一齐动手，将丰大业和随他而行的秘书西蒙乱拳乱脚打死。暴怒的民众并没有到此为止，他们冲向教堂和其他外国人居住的地方，将望海楼天主教堂、法国领事馆、仁慈堂（即收养幼童的地方）、英国讲书堂、美国讲书堂尽皆焚毁。在这场骚乱中，总共有二十名外国人被打死。其中除丰大业和西蒙外，还有法国传教士谢福音，法国领事馆翻译汤吗辛和他的妻子，仁慈堂修女十人（其中法国六人，比利时二人，意大利一人，爱尔兰一人），法国商人查勒松和他的妻子，俄国商人巴索夫，俄国商人普罗波波夫和他的妻子。

教案发生，京津震动。在此以前，也曾经发生过教案或者中外人民纠纷事件，但一次打死这么多的外国人，并且打死外国外交官，从来还没有过。第二天即五月二十四日，法国、俄国、美国、英国、普鲁士、比利时、西班牙七国联合向清政府发出照会表示抗议。过了三天，法国公使罗淑亚又单独照会抗议；俄国公使也为俄国无端有三人毙命要求惩办凶手。与此同时，各国军舰开始向天津大沽方向集结，真可谓剑拔弩张。这个时候，处理若有不慎，后来八国联军进攻北京的惨祸，很可能提前三十年发生。

五月二十五日，清廷发出上谕：

> 曾国藩病尚未痊，本日已再行赏假一月，惟此案关系紧要，曾国藩如精神尚可支持，著前赴天津，与崇厚悉心会商，妥筹办理……曾国藩等务当体察情形，迅速持平办理，以顺舆情而维大局。

此时的曾国藩，正病魔缠身，右眼失明，左眼视力也不好。1870年四月十六日起，患眩晕之症，据他自己在日记中的记述，是"床若旋转，脚若朝天，首若坠水，如是者四次，不能起坐"。到四月二十一日，曾国藩只好请假一个月。五月二十二日，身体还是没有复元，又续假一个月。假如他以患病为理由，完全可以不去解这道难题。谕旨说"曾国藩如精神尚可支持"，也正是留了余地。左右幕僚也纷纷劝他不要去。但这不是曾国藩的风格，深受理学熏陶、脑海充溢忠君爱国观念的他决不会逃避。即便是死在天津，他仍然会去。

二 不吝一死，再立遗嘱

去是必须去，不能回避，不能推诿。

但处理教案的难度，曾国藩非常清楚。因此，他是抱着必死的决心去的。

赴天津之前，同治九年（1870）六月初四日，曾国藩再次立下遗嘱，这已经是他第二次正式立遗嘱了。这遗嘱是写给他的儿子曾纪泽、曾纪鸿的，我们从这份遗嘱中，能看到老年曾国藩的理念和思想状况，所以把遗嘱的大部分内容录在下面：

> 余即日前赴天津，查办殴毙洋人焚毁教堂一案。外国性情凶悍，津民习气浮嚣，俱难和叶，将来构怨兴兵，恐致激成大变。余此行反复筹思，殊无良策。余自咸丰三年（1853）募勇以来，即自誓效命疆场，今老年

病躯，危难之际，断不肯吝于一死，以自负其初心。恐邂逅及难，而尔等诸事无所禀承，兹略示一二，以备不虞。

余若长逝，灵枢自以由运河搬回江南归湘为便。沿途谢绝一切，概不收礼，但水陆略求兵勇护送而已。

余历年奏折，令夏吏择要抄录，今已抄一多半，自须全行择抄。抄毕后存之家中，留于子孙观览，不可发刻送人，以其间可存者绝少也。

余所作古文，黎莼斋（黎庶昌）抄录颇多，顷渠已照抄一分寄余处存稿，此外黎所未抄之文寥寥无几，尤不可发刻送人，不特篇帙太少，且少壮不克努力，志亢而才不足以副之，刻出适以彰其陋耳。

余平生略涉儒先之书，见圣贤教人修身，千言万语，而要以不忮不求为重。忮者，嫉贤害能，妒功争宠，所谓忌者不能修，忌者畏人修之类也。求者，贪利贪名，怀土怀惠，所谓未得患得，既得患失之类也。忮不常见，每发露于名业相侔、势位相埒之人；求不常见，每发于货财相接、仕进相妨之际。将欲造福，先去忮心，所谓人能充无欲害人之心，而仁不可胜用也。将欲立品，先去求心，所谓人能充无穿窬之心，而仁不可胜用也。忮不去，满怀皆是荆棘，求不去，满腔日即卑污。余于此二者痛下工夫，并愿子孙世世戒之。

历览有国有家之兴，皆由克勤克俭所致。其衰也，则反是。余生平亦颇以勤字自励，而实不能勤。

故读书无手抄之册，居官无可存之牍。生平亦好以俭字教人，而自问实不能俭。今署中内外服役之人，厨房日用之数，亦云奢矣。其故由于前在军营，规模宏阔，相沿未改，近因多病，医药之资漫无限制。由俭入奢易于下水，由奢反俭难于登天。尔辈以后居家，须学陆梭山之法，每月用银若干两，限一成数，另封秤出。本月用毕，只准赢余，不准亏欠。衙门奢侈之习，不能不彻底痛改。余初带兵之时，立志以不取军营之钱以自肥其私，今日差幸不负始愿，然亦不愿子孙过于贫困，低颜求人，惟在尔辈力崇俭德，善持其后而已。

孝友为家庭之祥瑞。凡所称因果报应，他事或不尽验，独孝友则立获吉庆，反是则立获殃祸，无不验者。

吾早岁久宦京师，于孝养之道多疏，后来展转兵间，多获诸弟之助，而吾毫无裨益于诸弟。余兄弟姊妹各家，均有田宅之安，大抵皆九弟扶助之力。我身殁之后，尔等事两叔如父，事叔母如母，视堂兄弟如手足。凡事皆从省啬，独待诸叔之家则处处从厚，待堂兄弟以德业相劝、过失相规，期于彼此有成，为第一要义。其次则亲之欲其贵，爱之欲其富，常常以吉祥善事代诸昆季默为祷祝，自当神人共钦。温甫、季洪两弟之死，余内省觉有惭德。澄侯、沅甫两弟渐老，余此生不审能否相见。尔辈若能从孝友二字切实讲求，亦足为我弥缝缺憾耳。

遗嘱最后还有《忮求诗》两首。忮即忌妒，求即多欲、贪求。曾国藩教子孙要做到不忮不求，也就是不忌妒，不贪欲。"不忮"诗说："善莫大于恕，德莫凶于妒……天道常好还，嫉人还自误……消除嫉妒心，普天霖甘露。家家获吉祥，我亦无恐怖。""不求"诗说："知足天地宽，贪得宇宙隘……于世少所求，俯仰有余快。"

这份遗嘱，让子孙克勤克俭，不忮不求。其中克勤克俭是曾国藩一生所信奉和身体力行的，但不忮不求，却反映了曾国藩从早年的锐意进取、疾恶如仇的儒家风格转变为顺其自然、不争不怒的道家处事态度。

六月初十日，曾国藩抵达天津，正式开始了对天津教案的审理工作。

三　左右为难，委曲求全

如何处理教案呢？一旦谈判不成，双方兵戎相见，作为有守土责任的地方长官，他很可能先死。

但是，有时候死倒是很容易的事，人死一了百了，一切责任都不用承担了。而活着却是难事，因为活着不但要对自己负责，对家庭负责，而作为一名举足轻重的政府官员，还必须对国家负责。再三思量，曾国藩还是选择了活。

他认为，中国当大乱之后，民穷财尽，而且武器装备与洋人相差悬殊，不能再打仗，更不能与多个国家开仗。他说："目下中国海上船炮全无预备，陆兵则绿营固不足恃，勇丁亦鲜劲旅。若激动众怒，使彼协以谋我，处处议防，年年议战，实属毫无把握。"所以，他先有一个宗旨，即尽可能不将事态扩大，特别是尽可能不因此事与外国再次发生战争。曾国藩未赴天津前，已料到洋人极可能进行军事威胁，他给恭亲王奕䜣和崇厚的信以及奏折中都说，从前同治七年扬州、台湾的教案，同治八年贵州、四川的教案，洋人都曾调动兵船，此次洋人从香港、上海调动兵船来津，是意料中的事。"但立意不欲与之开衅，准情酌理，持平结案，彼即调派兵船，不过虚疑恫喝之举，无所容其疑惧。"曾国藩后来还在给军机大臣宝鋆的信中进一步说："窃谓中国与外国交接，可偶一国之小怨，而断不可激各国之众怒。"

至于具体的策略和办法，曾国藩在未赴天津前就提出：第一，先将俄国误伤之人、英美被伤之人以及被毁的英美讲书堂的事迅速议结，该赔的赔，该抓凶手的抓凶手，不与法国的事混在一起。这样可以分化各国，避免树敌太多，也使

后来单独对法谈判容易进行。第二，诱拐儿童的武兰珍是否确为王三指使，王三是否确为教堂所养；挖眼剖心之说是确有证据，还是凭空谣传。这两件事是此案的关键，要弄个明白。这两件事如果坐实，那么洋人理亏；如果纯属谣言，那么洋人理直。而问题的关键在于洋人死了二十多人，所以曾国藩在奏折中说："即使曲在洋人，而公牍亦须浑含出之。外国既毙多命，不肯更认理亏，使在彼有转圜之地，庶在我不失柔远之道。若其曲不在洋人，则津民为首滋事者尤须严查究惩……以服中外之心。"

曾国藩到津后，一经查证，所谓挖眼剖心之说自然站不住脚。六月二十三日，曾国藩上奏说，王三虽然供认授药与

武兰珍，但时供时翻，而其籍在天津，与武兰珍所供在宁津不符，并且没有教堂主使的确据。仁慈堂查出男女一百五十余人，逐一问讯，都说是信教已久，由其家送教堂中收养，没有被拐的事情。至于挖眼剖心的事，全系谣传，毫无实据。我到天津的时候，百姓拦舆递呈词的有数百人，但待亲自询问，挖眼剖心，有何实据，却又无一人能说出实据。询天津城内外，没有人家遗失幼孩控告到案的。

由此看来，百姓中间的谣传实在是一种误解。除了人们痛恨英法联军曾占京津外，应该说是中外巨大的文化和习俗差异造成的。

就办案的角度来说，曾国藩的奏报、崇厚的奏报，都有一个疏漏，就是从来也没有提到是否真的有迷药这一层。假使真的教堂授他们迷药，那么在武兰珍身边、在王三身边或家里、教堂里，必然都有迷药存在。如果没有发现迷药，那么教堂授药迷拐幼孩之说不攻自破。当然，我们今天知道，那时的医药水平还没有达到轻易就将人麻醉的程度，所以所谓教堂授药迷拐幼孩之说纯属误解。

但是，对教案的处理，对教堂的谣传并不是容易解释清楚的，而对相关人员的处分则更费斟酌。第一是对天津有关官员的处理，第二是对直接烧教堂杀洋人的民众的处理。

法国等国又是如何要求的呢？六月十九日，法国公使罗淑亚到天津，曾国藩与之在通商大臣崇厚的衙门会晤，据曾国藩在日记中记述，罗淑亚"辞气尚属平和"，共提出四点要求：一为赔修教堂，二为埋葬丰大业，三为惩究地方官，四为查办凶手。不料六月二十一日罗淑亚再见崇厚，忽然提出将府、县官及据说当时立马桥头助威的直隶提督陈国瑞抵命，即处死这几人。二十二日，又照会曾国藩，威胁说若不将府、县及陈国瑞抵命，则"该国水师提督到津，即令其便宜行事"。后来法国水师提督（实际应为驻中国海军舰队司令）也威胁说，如果不照法国的要求办，定将天津化为焦土。

这实在是个无理要求。天津地方官即或同情骚乱的民众，但并未直接参与。说他们弹压不力，撤他们的职可以，但若以他们的命来抵被打死的洋人之命，于理于法都说不通。而且，在三月奏报直隶清理积案有功请奖的官员名单中，天津知府张光藻和天津知县刘杰都名列其中，这说明这两位官员至少是官场中表现还不坏的人，曾国藩尤其对张光藻印象很好。这真叫曾国藩左右为难。如果顺从洋人的要求，则国内清议不容，尤其当时官场号称"清流"的一派人更不能相容。而曾国藩也认为府、县等"实不应获此重咎"，他的内心实在不情愿顺从洋人。但是，如果与洋人强硬对抗，则各列强联合，中国绝对无力抵御，咸丰十年英法联军占北京、火烧圆明园的惨祸，即将发生。

六月二十二日这天晚上，曾国藩与崇厚商量了很久，两人对坐长叹，想不出什么好办法来。崇厚走后，曾国藩又与幕僚们商议了很久，最后还是决定退一步。自己不惜一死并不难，但作为大臣，却要对国家负责。7 月 21 日，曾国藩上奏，将张光藻和刘杰交刑部治罪；陈国瑞在京，请交总理衙门就近查办。最让曾国藩内心冲突的是，他最初出山训练湘军与太平天国作战，就在《讨粤匪檄》中指责太平天国

"窃外夷之绪，崇天主之教"，他以保卫孔孟圣教为号召，要读书人"痛天主教之横行中原，赫然奋怒，以卫吾道"。在一般不明了世界大势的人看来，曾国藩应该支持鼓励反教的绅士民众，将夷人扫除净尽。可现在曾国藩却要与信奉并且传播天主教的夷人妥协，他内心的冲突可想而知。

　　六月二十四日，曾国藩写信给曾纪泽说："罗淑亚十九日到津，初见尚属和平，二十一二日大变初态，以兵船要挟，须将府、县及陈国瑞三人抵命。不得已从地山（崇厚）之计，竟将府县奏参革职，交部治罪。二人俱无大过，张守尤洽民望。吾此举内负疚于神明，外得罪于清议，远近皆将唾骂，而大局仍未必能曲全，日内当再有波澜。吾目昏头晕，心胆俱裂，不料老年遭此大难……余才衰思枯，心力不劲，竟无善策，惟临难不苟免，此则虽毫不改耳。"

　　我们看曾国藩当时的信件，可以了解到当时人办外交多么难！弱国无外交！这是颠扑不破的真理，这不仅在当时，就是在二战后的今天，有了联合国，有国际公认的国际法，但是弱国仍然受欺。国家落后，国人就会被人看不起，国势衰落，就会被人欺负。所以我们今天改革开放、建设国家、振兴中华，是自第一次鸦片战争以来的一百六十多年历史的归结。

　　办外交难还难在当时的人不清楚世界大势，不了解各国的情况。当时法国和普鲁士关系紧张，战争一触即发，曾国藩虽风闻此事，但并不是十分清楚。假如中国清楚这个情况，再拖上一段时间，等到普法战争爆发，那法国人再凶也是无可奈何了。

但是，法国人还是要求将府、县官及陈国瑞抵命。而朝廷中意见又颇有分歧。早在六月三日，醇郡王奕譞上奏，说正好借教案激励民气，他还提出四条意见。第一是对天津民众"宜加意拊循，激其忠义之气，则藩篱既固，外患无虞"；第二是不要更动地方官；第三是筹海防准备战争；第四是密查住京师的夷人，监视他们的一举一动。曾国藩将天津府县交刑部的奏折递上后，六月二十五日朝廷谕旨将张光藻、刘杰革职交刑部，但同时却又指示曾国藩说："总之，和局固宜保全，民心尤不可失，曾国藩总当体察人情向背，全局通筹，使民心允服，始能中外相安也。"就是说，既要保证不失民心，又要保证中外相安，不致发生大的问题，尤其是战争。哪一样办不好，责任都会推在曾国藩身上。在近代中国外交史上，清廷经常玩弄这样的手法，一有问题就把责任推给直接经办的官员，反正作为天子的大皇帝永远是正确的。曾国藩接到谕旨后又奏报说："臣查此次天津之案，事端宏大，未能轻易消弭。中国目前之力，断难遽启兵端，惟有委屈求全之一法。"他还说："道光庚子（1840）以后，办理夷务，失在朝和夕战，无一定之至计，遂至外患渐深，不可收拾。皇上登极以来，外国强盛如故，惟赖守定和议，绝无更改，用能中外相安，十年无事，此已事之成效……倘即从此动兵，则今年即能幸胜，明年彼必复来，天津即可支持，沿海势难尽备……虽李鸿章兵力稍强，然以视外国之穷年累世专讲战事者，尚属不逮。以后仍当坚持一心，曲全邻好，惟万不得已而设备，乃所以善全和局。兵端决不可自我而开，以为保民之道，时时设备，以为立国之本，二者不可偏废。"

他还表白说："臣自咸丰三年带兵，早矢效命疆场之志。今兹事虽急，病虽深，而此志坚定，毫无顾畏。"他试图以此说服清廷让步。

以后，法国方面一再要求将陈国瑞等抵命，并仍然威胁将兴兵交战。

但是，曾国藩后来对法、普即将开战的事情也有了风闻，再加上国内舆论的压力，态度也强硬起来。府、县既已革职问罪，但他始终坚持不能让府、县等官员抵命。从法律的角度说，天津的官员就算弹压不力，但实在并未参与烧教堂杀洋人的行动，他们受到行政处分可以，但抵命之说太过分。另一方面，在曾国藩的心目中，府、县是国家官员，让他们抵命，有损国家的体制（实指尊严），所以无论如何不能答应。他给曾纪泽的信几次说，这一步他绝对不能再让，"如再要挟不已，余惟守死持之，断不再软一步"。

虽说拿定主意避免战争，但也要有个万一的准备。曾国藩命驻扎山东张秋的刘铭传部淮军赴直隶沧州，又致函在山西与造反的回民军作战的李鸿章率军来直隶。清廷也命沿海沿江各省督抚暗中准备。

清廷及曾国藩不肯将府、县和陈国瑞抵命，后来听说法国与普鲁士开战，法国不利，曾国藩更不肯再让步，法国方面也不肯放松，双方陷入僵局。曾国藩遂在捕拿直接殴毙外国人的凶手方面下功夫。

两个多月过去了，曾国藩对将府、县交刑部的事越想越后悔。八月二十七日，他奏陈说，对于府、县送刑部，他"负疚实深"，当时只想和议早成，免遭战祸，现在非常悔恨。地方官就算失职，最重也不过革职而已，希望从轻发落这两位地方官。但是，如何处分两位官员，清廷却只是让曾国藩背黑锅，而由不得他做主。九月十一日，清廷命将张光藻、刘杰从重发往黑龙江"效力赎罪"。曾国藩觉得非常对不起这两位官员，他先是让幕僚汇银三千两给两人，作为他们的狱中之资。当两人被押送京师时，曾国藩又派人直送至天津西北的西沽。等到两人被判发送黑龙江后，曾国藩又与左右设法筹集白银一万两，赠送两人。曾国藩这样做来减轻他内心的负疚，但张光藻和刘杰对他也并无抱怨。曾国藩后来调两江总督入都陛见时，两人还于十月初三日去看望过他，据曾国藩日记记述，他与两人谈了很久，大概谈话让他非常感慨，所以这天上午他没有办别的事。到了两江总督任以后的第二年，曾国藩又试图让李鸿章设法运动朝廷，能够释回张光藻，但没有成功。至于陈国瑞，查明与教案并无关系，也就未予处分。

对天津官员的处分如此，对烧教堂杀洋人的民众的处理又谈何容易。原因是当时民众是一拥而上，过后又一哄而散，很难找到真正的凶手。曾国藩只好变通办理，他在奏报中说：

> 此案事起仓卒，本无预先纠集之正凶，而洋人多已伤亡，又无当堂质对之苦主。各尸初入水火，旋就掩埋，并未验伤填格，绝无形迹可为物色凶手之资。用是漏网之犯难于掩捕，已获之犯不肯认供。
>
> 常例群殴毙命，以最后下手伤重者当其重罪。此案则当时众忿齐发，聚如云屯，去如鸟散，事后追究，断不能辨其孰先孰后，孰致命，孰不致命，但求确系下手

真凶，不复究其殴伤何处。

常例断狱决囚，必以本犯画供为定，其或本犯供词狡展则有众证确凿，即同狱成之例。此案则各犯恃无尸亲，坚不吐实，旁人又不肯轻易指质，众证亦殊难得。臣等议定本犯无供，但得旁证二人、三人指实，取具切结，亦即据以定案。

按照这两种变通办法，前后共捕获八十余人。曾国藩于八月二十三日第一批奏报，可判死刑的有冯瘸子等十五人，其中十一人是讯定供、证均确实的，四人是无口供但有按上述办法的"确证"的。另外判较轻罪的有二十一名。在曾国藩的心目中，以为外国人既然死了二十个，那么为之抵命的也应该是二十个，所以九月十三日，曾国藩又续奏应处死刑的刘二等五人，其他罪名四人。这样总共死刑二十人，判其他刑的二十五人。但是这样的办法，难保没有人冤枉，至少可能有不该判死刑的却判了死刑的事情。在第一批奏报之后，曾国藩就又奏报说，第一批判死刑中有一名穆巴系误判，但有抓获范永一犯，自承杀人，将范永替下穆巴，数字仍同原来一样。这两次奏报都是与李鸿章联名递上的，但李鸿章到天津时教案的处理已近尾声，做决定的还是曾国藩。后来杀俄国人的田二等四人，经俄国公使同意，取消了死刑，所以实际处死的共十六人。这些人于九月二十五日在天津被处死。曾国藩也知道这样的办法会有冤枉，所以每名被处死的，又给其家银五百两。

天津教案的处置，除处置张光藻、刘杰两位官员及动手杀人的凶犯外，还分别赔偿损毁房屋财产及抚恤被害人家属，共银五十万两多；另外又专派崇厚赴法国道歉。当然这两项是总理衙门议定的，不是出自曾国藩的提议。

四　谤议丛积，众矢之的

前面说过，选择活比选择死还要难。选择活，不但要受内心矛盾冲突的折磨，这在前面已经说过，还要备受舆论的攻击，这比内心的冲突更令人难堪。

当曾国藩指挥湘军平灭太平天国的时候，他的声望是极高的。因为他不仅训练湘军打败太平天国，还培养、提拔了一大批人才，这批人才在所谓的"同治中兴"中起了重大的作用，而且他又以忠诚朴实相号召，自己不贪财、不好色，过着极为俭朴的几乎是苦行僧式的生活。这几样在当时官场中都是少见的，而且坚持一年两年容易，坚持一生实在难以做到，只有曾国藩做到了。在曾国藩是希望做一个表率，转移天下的风气，以使社会状况和清朝的统治都能够有所改观。但这样做的同时也使他获得了巨大的声望。剿捻失败，虽然使他受了挫折，但声望并没有减少多少。因为即使曾国藩不在前线，完成与捻军作战任务的还是他提拔起来的李鸿章。但是这次处理天津教案，不仅使他的内心备受折磨，舆论上，他也几乎成了众矢之的。

当教案发生时，朝中多数人主张强硬对待，天津地方官不能处分，烧教堂杀洋人的民众是"义民"，绝对不能捕捉。有的人甚至主张应趁此机会，将所有外国人一举赶出国门。

当时朝中已渐形成所谓"清流"，这些人以军机大臣李鸿藻为首，他们实权不算大，但对舆论的影响不小。他们多数昧于世界大势，希望恢复第一次鸦片战争以前的那种闭关锁国状态，关起国门做"天朝上国"。上述主张，便大多出自这些人。

曾国藩六月二十三日上奏，谈教案的五个疑点，旨在说明天津民众的误解。清廷在将奏折发抄官员阅读时故意删去曾国藩说的五个疑点，却将结论和请将天津府、县交刑部的内容发出。这种做法，实在是有意把所谓"清议"的矛头引向曾国藩。曾国藩又要赔修教堂，抚恤被杀教士，捕捉肇事民众。一时舆论大哗，矛头都指向曾国藩。有的人甚至直呼其为卖国贼。北京又有湖南人散布批评曾国藩的公开信，甚至将曾国藩所书北京湖广会馆匾额摘下烧毁。还有人直接奏参曾国藩。

清廷最高统治核心圈中，也分成两种意见。恭亲王奕䜣及宝鋆等基本支持曾国藩，而奕䜣的两个兄弟醇郡王奕譞及惇亲王奕誴、军机大臣李鸿藻以及大学士倭仁，都反对曾国藩的做法。所以谕旨中也就常出现模棱两可及推卸责任的说法。

六月二十六日以后，曾国藩病情转重，甚至当崇厚来议事时呕吐不止，清廷又加派工部尚书毛昶熙、江苏巡抚丁日昌前来会办，但最后拿主意的还是曾国藩。所以，所谓"清议"的矛头仍然指向曾国藩。曾国藩也为此非常苦恼。他再到两江总督任后写给从前的幕僚李榕的信中还说："办理即多棘手，措施未尽合宜，内疚神明，外惭清议。"

平心而论，丰大业被打死，民众还有一点防卫过当的成分，然而烧教堂、毁仁慈堂、杀修女，并且伤及俄、英等国人，就于理于法都说不过去了。这事系与列强之一的法国冲突，曾国藩及清政府被迫让步。曾国藩的错误，在于并不是百分之百找到了正凶，而为了息事宁人，便以外国人死二十人，也便杀二十个犯人了事，这些被偿命的人，很可能有冤枉的。至于被处分的官员，如今流放，以后还可以释回，这在清末是常事。

除了上面所说的法律和情理外，此事还有一层反抗侵略的"理"和"势"。曾国藩经过较长一段的思索后，在两江总督任上写给李元度的信中说：

> 六月初力疾赴津，办理此案，众议纷歧，论理者谓宜趁机与之决战，上雪先皇之耻，下快万姓之心，天主教亦宜趁此驱除。论势者则谓中国兵疲将寡，沿江沿海略无预备，西洋各国，穷年累世，但讲战事，其合纵之势，狼狈之情，牢不可破，邂逅不如意，恐致震惊辇毂。鄙人偏信论势者之言，冀以消弭衅端，办理过柔，以致谤议丛积，神明内疚，至今耿耿。

天津教案之后八年，即光绪四年（1878），曾国藩之子曾纪泽奉派为出使英国法国大臣，接替备受保守派攻击的郭嵩焘（后来曾纪泽又负责与沙俄进行收回被沙俄所占新疆伊犁地区的谈判）。曾纪泽临出国之前陛见时，与慈禧太后有一段耐人寻味的对话。为了让读者更多了解当时的情况，这里稍微多引录一些：

> （慈禧太后）旨："办洋务甚不容易。闻福建又有焚

毁教堂房屋之案，将来必又淘气。"

（曾纪泽）对："办洋务难处，在外国人不讲理，中国人不明事势。中国臣民当恨洋人，不消说了。但须徐图自强，乃能有济，断非毁一教堂杀一洋人，便算报仇雪耻。现在中国人多不明此理……"

旨："可不是么，我们此仇何能一日忘记，但要慢慢自强起来。你方才的话说得很明白，断非杀一人烧一屋就算报了仇的。"

对："是。"

旨："这些人明白这理的少。你替国家办这等事，将来这些人必有骂你的时候，你却要任劳任怨。"

对："臣从前读书读到'事君能致其身'一语，以为人臣忠则尽命，是到了极处了。近观近来时势，见得中外交涉事件，有时须看得性命尚在第二层，竟须拼得将声名看得不要紧，方能替国家保全大局。即如天津一案，

曾纪泽家书手迹

臣的父亲先臣曾国藩，在保定动身，正是卧病之时，即写了遗嘱，吩咐家里人，安排将性命不要了。及至到了天津，又见事务重大，非一死所能了事，于是委曲求全，以保和局。其时京城士大夫骂者颇多，臣父亲引咎

自责，寄朋友的信常写'外惭清议，内疚神明'八字，正是拼却声名以顾大局。其实当时事势，舍曾国藩之所办，更无办法。"

旨："曾国藩真是公忠体国之人。"

（免冠碰头，未对）

旨："也是国家运气不好，曾国藩就去世了。现在各处大吏总是瞻徇的多。"

对："李鸿章、沈葆桢、丁宝桢、左宗棠均系忠贞之臣。"

旨："他们都是好的，但都是老班子，新的都赶不上。"

对："郭嵩焘总是正直之人，只是不甚知人，又性情褊急，是其短处。此次亦是拼却声名替国家办事，将来仍求太后、皇上恩典，始终保全。"

旨："上头也深知道郭嵩焘是个好人。其出使之后，所办之事不少。但他挨这些人的骂也挨够了。"

对："郭嵩焘恨不得中国即刻自强起来，常常与人争论，所以挨骂，总之系一个忠臣。好在太后、皇上知道他，他就拼了声名也还值得。"（曾纪泽：《出使英法俄国日记》）

显然，曾纪泽说出了当年他父亲想要说而没有完全说出来的话，也可以为我们今天了解天津教案的处理做一个参考。

天津教案还没有结果，忽然传来接替曾国藩任两江总督的马新贻被刺的消息，清廷于是命曾国藩还任两江总督，命李鸿章任直隶总督。这样的安排，一是老病交加、精力不济的曾国藩不宜再任直隶总督和办理教案，李鸿章年纪较轻、精力充沛，与外国人交往比曾国藩多，经验也稍多一些，办外交比曾国藩更合适；二是从马新贻被刺的事情看，虽然太平天国和捻军都已平定，江南还是需要有威望的大员镇抚，曾国藩虽然身体不济，但他只要住在两江总督府中，就比资望太浅的马新贻强。李鸿章甚至把马新贻的被刺，归咎于两年前清廷人事调动的失误。

曾国藩以自己年老多病，请求开缺，即让他退休，并且请连大学士的头衔也一并去掉，但清廷不准。曾国藩只好再次出任两江总督。

从此次人事调动看，李鸿章的权势、能力甚至威望都已超过他的年迈的老师，这似乎应了当初李鸿章入曾国藩幕府时曾国藩对李鸿章"将来建树非凡，或竟青出于蓝，亦未可知"的预言。此后直到甲午战争失败，李鸿章当了二十多年的直隶总督。

经过办理天津教案的事，曾国藩又深受刺激，他深感中国衰弱，事事落人后，欲抗御列强的要挟，必须自强，所以以后虽是衰老的残年，自知命不长久，但更坚定支持李鸿章和左宗棠等人办新式工厂，派留学生到国外学习。这在前面一章已经说过，这里不再多谈。

五　曾国藩的外交方针

曾国藩接触外国人、与外国人打交道绝不止一次两次，但办理天津教案，是他一生中最重要的外交活动。这次外交活动虽然避免了事态扩大，但曾国藩本人付出了重大的代价，清望骤减，而自己的内心也一直严重冲突，以致损害了身体。有人甚至说，天津教案一年多曾国藩就死亡，与处理教案不当，备受舆论攻击有绝大关系。

但是，曾国藩对外交到底是什么主意呢？

文祥

在曾国藩生活的时代，中国人还没有近代的外交观念。咸丰十年十二月（1861年1月），也就是第二次鸦片战争之后，中央朝廷成立了一个总理各国事务衙门，一般简称总理衙门，管理总理衙门的人物非常显赫：恭亲王奕䜣、大学士桂良、户部侍郎文祥（文祥后来任大学士军机大臣）。但这总理衙门就好像原有的理藩院一样，实在是不伦不类的外交机构。那时候的中国人，虽然感觉到了西方的强盛，但天朝上国的架子还是不情愿放下来，所以才有这样一个外交机构。在办外交的时候，也多半是该争的不知道争，不该争的却死要面子去争。第二次鸦片战争以后，列强要派公使驻京，但这些公使又决不会按照咸丰帝的要求向他行跪拜礼，因此咸丰帝就在热河不肯回来，直到病死。从咸丰帝的行动就可以看出当时中国人的想法。此外，领事裁判权、关税协定权、片面最惠国待遇却几乎是在糊里糊涂的情况下让给外国人的。

曾国藩怎么样呢？我们可以用一句话说：既开始注意和研究了解世界大势，又还相当程度地在旧传统的束缚中。

曾国藩是中国传统经世致用精神的身体力行者。前面说过，嘉庆、道光年间，兴起了一批批判现实，主张经世致用的政治家和思想家。在官员中的代表就是陶澍和林则徐，在思想家方面的代表是龚自珍和魏源。当西方列强携带着洋枪大炮东来，封闭多年的国门被他们打开的时候，这些主张经世致用的人们把他们研究实际、实事求是的精神转移到了研究这漂洋过海来到中国的西方人身上。陶澍和龚自珍都死得早，林则徐已经开始努力了解西方情况，因此著名历史学家范文澜称之为"开眼看世界的第一人"。魏源继承林则徐的工作，著成《海国图志》。在西方列强咄咄逼人的军事压力下，继陶澍、林则徐而起的经世派曾国藩、左宗棠、李鸿章也开始在了解世界形势、了解外国特别是西洋情况上下功夫。但是，他们的身上又因袭着历史的重负，所以他们是既注意世界大势，又懵懵懂懂。他们用以测度西方这些"夷人"的，仍是中国传统智慧，尽管当时的形势已与中国古史上的任何一朝的局势都不同。

应该说，曾国藩虽然办过外交，但实在还算不上外交家，因为他死得早，没有那么多机会办外交。但是他的思想却值得重视。那时候的曾国藩，我们可以把他看作是中国文化的一种代表。在西力东渐的情况下，中国以及中国文化是怎样反应的？是怎样对待近代以来的变化的？人们的内心又是怎样冲突和转变的？我们从曾国藩身上就可以摸到我们中华民族的脉搏。在这方面，曾国藩比他的老朋友郭嵩焘更有代表性，郭嵩焘只代表了少数对西方了解较多较深的人物，用本书前面介绍过的钟叔河先生的话，郭是孤独的先驱者，而曾国藩则可以代表中国文化，当然是比较积极的一部分的文化。归结起来，曾国藩对于外交的主张和思想如下：

第一，是自强。

历史学家们在描述曾国藩时代的外交时，常常说一句话：弱国无外交！要想在外交上站得住，你得有实力。实力怎么来，他们基本上信奉的是"师夷长技以制夷"。有了西洋人一样的长技，有了实力，在交涉中要强硬，背后有可以依仗的东西；要妥协让步，也不致任人宰割。于是，曾国藩和李鸿章、左宗棠都在努力办新式军工企业，试图让自己的武器也能达到西洋列强一样的水平，把西洋列强的长技都学到手，那时候再与洋人发生冲突，无论是战是和，都可以操纵自如。办过一段军事企业以后，李鸿章和曾国藩已认识到西洋强盛，表面上是船坚炮利，即军事技术，而其背后是发达的工业，于是洋务派又开始办民用企业。但曾国藩死得较早，他还没来得及办民用企业，虽然他在第二次鸦片战争之后就得出了"大抵如卫鞅（即商鞅——著者）治秦以耕战二字为国，泰西诸洋以商战二字为国"（复恭亲王书）的结论，但并没有继续深入探讨下去。所以后来办民用企业主要是李鸿章做的。当然，在民用企业发达的背后，还有政治制度和隐藏其背后的精神文化，而对这些问题的认识，还有待时间。然而这第一步毕竟是迈出了。

就是为了自强，中国开始迈出了近代化的第一步。领导迈出这第一步的，就是曾国藩、李鸿章、左宗棠及恭亲王奕䜣等洋务派人物。不了解这段历史的人也许不会知道，中国的近代化，竟是为了解决被动挨打这外交难题而发轫的。

关于曾国藩办洋务企业和派留学生的情况，本书前面已经讲过，这里就不再重复了。

第二，是以诚相待。

这一想法有一个发展过程。第二次鸦片战争以前，曾国藩对西方情况了解有限，心目中还充满着盲目虚骄之气。第一次鸦片战争后，广东民众长期不准英国人入广州城。1849年，英国人再次试图入广州城，因为遭到绅士和民众的坚决反对，英国人顾虑引起流血冲突，因此放弃。就今天我们的眼光来看，外国人是否入广州城，并不涉及主权问题，如此坚持，似乎没有必要。而曾国藩在家书中则写道："英夷在广东，今年复请入城。徐总督（当时的两广总督徐广缙）办理有方，外夷折服，竟不入城。从此永无夷祸，圣心（道光皇帝）嘉悦之至。"外夷不入广州城就可以永无夷祸，这是多么天真、多么简单的想法！从这短短几十个字中，我们看曾国藩还充满着盲目的自信。而当时的人包括曾国藩都认为夷人"性同犬羊"，既无信用，又不知孔孟礼仪。

变化起自第二次鸦片战争。《北京条约》签订以后，英法联军陆续撤出北京、天津，而以后所要求的，又大体以条约为依据。这在英国人、法国人，不过是一种国际惯例，但这却着实让视夷人为"犬羊"的恭亲王奕䜣以及曾国藩等人出乎意外。因为按照中国历史，北方的蛮夷一旦战胜，其要求往往是无止境的，而且绝不会管什么条约不条约。所以奕䜣、曾国藩、李鸿章等人深有感触：现在的洋人与古旧的夷狄不一样，有时候虽然凶恶，但也要讲一定的道理。经过反复的观察，曾国藩得出一个结论，驱除洋人出境既然不可能，那么可以和常人之间的交往一样，待之以诚。看来孔孟之道，在洋人那里也是可以行得通的。"诚"是曾国藩的思想核心，是他的理念和处世原则，现在，他把这用来与外国人打交道。

李鸿章率淮军到上海后，时时与洋人接触，并且有洋枪队一道作战，而李鸿章又非常自负。曾国藩曾写信嘱咐道："宜切戒我军弁勇，谦卑逊顺，匪骄匪傲；语言之间，莫含讥讽；银钱之际，莫占便宜。以正理言之，即孔子忠敬以行蛮貊之道。"又一封信说："夷务本难措置，然根本不外孔子忠、信、笃、敬四字。笃者，厚也；敬者，慎也；信，只不说假话耳，然却极难，吾辈当从此一字下手。今日说定之话，明日勿因小利害而变。"

因为有西洋人强我弱的认识，曾国藩不赞成所谓"清流"者在对外交涉中一贯强硬的态度。他认为在自己没有强盛起来之前，一要讲究诚信，一要忍辱负重。同治七年（1868）曾国藩写给郭嵩焘的信说：

> 国藩昨在沪上，曾一过洋泾浜领事处观其迎候礼节，初无恶意。今年换约，当不至更称干戈。来示谓拙疏不应袭亿万小民与彼为仇之俗说，诚为卓识。明知小民随势利为转移，不足深恃，而犹藉之以仇强敌，是已自涉于夸伪，适为彼所笑耳。

如果不能忍辱负重，轻于一逞，不但无济于事，还会给国家带来无法预计的损失。曾国藩有著名的好汉打脱牙和血吞，然后徐图自强的做法，他把这也用到了外交上。

对于曾国藩的外交策略，李鸿章有一段生动的回忆，这段回忆是二十多年后李鸿章对曾国藩的孙婿吴永说的：

> 别人都晓得我前半部的功名事业是老师提挈的，似乎讲到洋务，老师还不如我内行。不知我办一辈子外交，没有闹出乱子，都是我老师一言指示之力。从前我老师从北洋调到南洋，我来接替北洋，当然要先去拜谒请教的。老师见面之后，不待开口，就先向我问话道："少荃，你现在到了此地，是外交第一冲要的关键。我今国势消弱，外人方协以谋我，小有错误，即贻害大局。你与洋人交涉，打配作何主意呢？"我道："门生只是为此，特来求教。"老师道："你既来此，当然必有主意，且先说与我听。"我道："门生也没有打什么主意。我想，与洋人交涉，不管什么，我只同他打痞子腔（痞子腔盖皖中土语，即油腔滑调之意）。"老师乃以五指将须，良久不语，徐徐启口曰："呵，痞子腔，痞子腔，我不懂得如何打法，你试打与我听听？"我想不对，这话老师一定不以为然，急忙改口曰："门生信口胡说，错了，还求老师指教。"他又将须不已，久久始以目视我曰："依我看来，还是用一个诚字，诚能动物，我想洋人亦同此人情。圣人言忠信可行于蛮貊，这断不会有错的。我现在既没有实在力量，尽你如何虚强造作，他是看得明明白白，都是不中用的。不如老老实实，推诚

相见，与他平情说理；虽不能占到便宜，也或不至于过于吃亏。无论如何，我的信用身分，总是站得住的。脚踏实地，蹉跌亦不至过远，想来比痞子腔总靠得住一点。"（吴永《庚子西狩丛谈》）

李鸿章所说的打痞子腔，并不是真的油腔滑调，而是对西洋人的要求尽可能要手段拖延的意思，而曾国藩并不同意这种做法。显然，对外人推诚相见、待之以诚，这种做法和主张已开始摆脱旧有的天朝上国、夜郎自大和盲目排外的意识，但还是从中国传统的智慧和处世原则中所找来的因应之道，还不是真正的从整个世界的角度看世界。这并不奇怪，因为与西方列强打交道，以及西方的所谓万国公法，是中国人以前从未经历过的，曾国藩曾读过万国公法，但决不会马上全盘接受，在那个时代，人们最先做的，只能从自己国家的历史经验中去寻找办法。

第三，是守定条约。

鉴于中国的实力和内部的多事，条约已经定了的，不妨照章执行，以免多生事端。但如外国人的要求超出了条约中的权益范围，就应据理力争，不可随便退让。

当与捻军作战的时候，曾国藩曾在一封信函中说："中外交涉事件，总宜坚守条约，条约所无之事，彼亦未便侵我之利权。"在与丁日昌谈论盐务问题时，针对丁顾虑洋人侵夺盐务利权，曾国藩说："鄙意中外交涉，总以条约为凭，约中无洋人运盐之条，彼本无从觊觎。"

在第一次鸦片战争以前，中国与西洋各国基本上没有条约，中国坚持自己是天朝上国，不肯按照西方人确定的所谓国际惯例行事。从第一次鸦片战争，再到第二次鸦片战争，中国与西方各列强国家基本上形成了一个条约体系，不少史学家和国际关系研究专家称之为"条约制度"。这条约制度大体规定了中国与西方列强（后来还有日本）交往时遵从的国际关系。但这些条约对中国而言有许多是不平等的，中国

曾国藩率子女看地球仪（选自
《崇德老人八十自订年谱》）

学者称之为不平等条约。比如人们比较熟悉的关税协定、片面（或单方面）最惠国待遇、领事裁判权等条款，以及在中国领土上所设的租界，就是对中国主权的严重侵犯。不过在曾国藩时代的中国，绝大多数人对这几项条款的危害还没有觉察到，人们注意的是中国负责谈判者妥协的态度、赔款、开通商口岸、传教，以及我们后面还要说的礼仪等问题。曾国藩主张守定条约，意味着对这些条款甚至是条约制度的某种程度的承认，即使这承认并不是有意识的。当然，近代中国（在曾国藩去世以前）所签订的条约并非都是不平等条约，而且在不平等条约中也有个别平等的条款。但是，曾国藩还不能全面认识到哪些条款对中国有害，哪些条款对中国无害，哪些条款对中国将来的发展有利。呼吁和要求取消中外条约中的不平等条款，那是曾国藩死以后很多年的事。曾国藩只是觉得既然驱逐洋人是不可能的，那么遵守既定的条

约就是必要的，只是条约之外的事情要力争。

第四，去礼仪之争。

自从西方人来到东方，礼仪问题便是中外争执的一大焦点，为此常常弄得两不相下，双方都不愉快。第一次鸦片战争，中国以惨败告终，香港割了，款赔了，但中国还是坚持洋人不可以驻北京，不可以见皇帝，除非他们向皇帝行藩属国一样的跪拜礼。第二次鸦片战争，中国败得比前一次更惨，但相当多的人还是撑着天朝上国的面子不愿意放下来。只是在刺刀的威胁下才同意像西方各国之间一样准许各国公使驻京，以办理中外交涉。不过，已经有少数人渐渐明白中国本是地球上众多国家中的一国，曾国藩的好朋友郭嵩焘比曾国藩明白的要早，但如本书第二章所说，郭是孤独的先驱者，曾国藩则是属于那渐渐明白的人中的一个。本书前面曾介绍过，曾国藩对地球仪特别感兴趣，并且将它安放在自己的官署中，这虽然也反映了曾国藩对陌生事物的探索欲和了解世界的愿望，但这也不正是说明了曾国藩的隐隐约约的世界概念吗？世界大得很，中国只是世界众多国家的一个，并不是世界的中心，既然如此，天朝上国的架子、礼仪之争就是没有必要的了。

同治元年（1862）五月初七日，曾国藩与幕僚谈如何对待外国人。曾国藩在当天的日记里写道："眉生（李鸿裔）言及夷务，余以欲制夷人，不宜在关税之多寡、礼节之恭倨上着眼。"也是在这一年，曾国藩在一封信中也说："鄙意求胜于洋，在中国官不要钱，兵不儿戏，不在税饷之盈绌，尤不在体制之崇卑。"当时关税的多少只涉及财政收入，但关税不能自主，与西方列强协定的关税是世界上最低的，对中国发展自己的民族工业十分不利，这在以后几十年中令中国吃了大大的苦头。但在曾国藩的时代，除了军事工业外，中国还没有自己的近代机器工业，所以曾国藩还不知道这问题的重要性。而后一个观点，即不要计较礼节的恭倨、体制的崇卑，则是开始放下天朝上国的架子，试图以平等的姿态与列强交往。曾国藩有这样的观点，除了对世界有了那一点点的了解外，恐怕也和他经世派务实的性格有关，既然礼仪之争毫无益处，就应该摒弃。

总之，曾国藩的外交观念，既开始了解世界，并试图更好地适应这个世界，但又受着中国传统深深的束缚。他那个时代，对新事物不太深固必拒、不顽固坚持中国旧传统、较为开明的士大夫，大体如此。

六　怅惘无限，三任江督

天津教案尚未完结，曾国藩奉命调两江总督，回到他的老任所去。

同治九年（1870）九月二十三日，曾国藩自天津启程赴京，天津文武官员送到西沽。李鸿章见他的这位老师，的确已是风烛残年，这一去江南，以后能否再见已很难说，独自又送了数里，曾国藩叫随从阻止李鸿章不必再送。所谓送君千里，总须一别。曾国藩的心情十分不好，李鸿章能继任直隶总督，对他总算是个安慰。

　　九月二十六、二十七日，曾国藩再次朝见慈禧太后。谈起直隶练兵和教案，君臣有一段对话：

　　（太后）问："南边练兵也是最紧要的，洋人就很可虑，你们好好的办去。"

　　（曾国藩）对："洋人实在可虑，现在海面上尚不能与之交战，惟尚设法防守。臣拟在江中要紧之处修筑炮台，以防轮船。"

　　问："能防守便是好的，这教堂就常常多事。"

　　对："教堂近年到处滋事，教民好欺不吃教（即不信教）的百姓，教士好庇护教民，（外国）领事官好庇护教士。明年法国换约，须将传教一节加意整顿。"

　　十月九日，曾国藩再见慈禧太后请训，他们的主要对话如下：

　　慈禧皇太后问："尔几时起程赴江南？"

　　对："臣明日进内随班行礼（指为慈禧太后祝寿——著者），礼毕后三两日即起程前赴江南。"

　　问："江南的事要紧，望你早些儿去。"

　　对："即日速去，不敢耽搁。"

　　问："江南也要练兵。"

　　对："前任督臣马新贻调兵二千人在省城训练，臣到任，当照常进行训练。"

　　问："水师也要操练。"

　　对："水师操练要紧，海上现造有轮船，全未操练。臣去，拟试行操练，长江之中，拟择要隘处试造炮台，外国洋人纵不能遽与之战，也须设法防守。"

　　问："你从前用过的人，此刻好将尚多么？"

　　对："好的现在不多。刘松山便是好的，今年又糟蹋了（指刘松山阵亡——著者），可惜！"

　　问："水师还有好将么？"

　　对："好将甚少。若要操练轮船，须先多求船主（舰长）。"

同治九年（1870）十月十五日，曾国藩离开京师，怀着怅惘、愧疚、失意的复杂心情，踏上了再次任两江总督的赴任之路，这以后，他再也没有回到过北京。

第二十章　不计毁誉

一　审定"刺马奇案"

同治九年（1870）七月二十六日，两江总督马新贻到校场阅兵，校场就在总督署的右边，有一条箭道连着校场和督署的后门。马新贻阅兵之后，步行从箭道回督署，随从们跟在他的后面。这时，突然有人跪在道旁，请马新贻资助，马新贻低头，见是同乡的一个武生，便说道：已经资助两次了，怎么又来了？话还没有落，突然右边又有人大呼要伸冤，马新贻和从人还来不及询问，来人已一下子窜到了马新贻身边。说时迟，那时快，这人左手抓住马新贻衣服，右手拿着匕首迅速刺进马新贻的胸腔。马新贻只说了一句"我已被刺，速拿凶手"，就再也发不出声来。那刺客见大事已成，竟不逃不走，大声喝道："我张文祥也，刺马独我为之，无与他人事。今我愿已遂，我决不逃。"随从人等将张文祥抓住，再看马新贻时，匕首入胸四寸，拔出时，已经弯曲，匕首上还敷有剧毒。莫说入胸四寸，便是刺进一寸，也很难存活。

堂堂两江总督居然被刺，全国都为之轰动，并且成为中国近代史上的大案之一。因此审讯、侦破这一大案，成了曾国藩上任后的一大任务。

马新贻是何许人？他是山东菏泽人，字谷山，道光二十七年（1847）中的进士，分发到安徽任知县。太平天国定都金陵以后，马新贻也由文官变武官，常率兵与太平军、捻军作战。曾国藩任两江总督以后，马新贻也算是他的下属，但并非湘军系统。不知道马新贻有什么后台，他的升迁极为迅速。道光二十七年中进士任知县，很快就道员、按察使、布政使，到了同治三年也就是 1864 年，做到了浙江巡抚。同治六年当上了闽浙总督。同治七年即 1868 年曾国藩从两江总督调任直隶总督，接任曾国藩空出来的位子的，居然是马新贻。两江总督是仅次于直隶总督的地方官，马新贻几年之内做到了可以与曾国藩平起平坐，可见他升迁之快。但是马新贻并没有这些年同样升迁较快的左宗棠、李鸿章那样的作为、能力，以及非常明显的曾国藩的推荐，所以他的升迁，曾引起人们很多猜测。然而太平天国平灭不久，驻于太平天国作为都城十年之久的金陵的两江总督这个官未必好当。同治四年（1865）曾国藩奉旨剿捻时，朝旨命李鸿章署两江总督，曾国藩就曾致函李鸿章说"此城过大，伏莽颇多，抢案层见迭出"，他一定要李鸿章到达金陵后才可以放心北行，并要李鸿章带三四千军队护卫，说如此才能够镇抚这个地方。现在果然在马新贻的任上出了事。

马新贻死后，朝廷在上谕中便给马新贻定了性："马新贻持躬清慎，决事公勤，由进士即用知县，历任繁剧。咸丰年间，随营剿贼，迭克坚城。自简任两江总督，于地方一切事宜，办理均臻妥协。"又加太子太保，给予骑都尉兼云骑尉世职，谥号为"端愍"。谕旨还命令设法将张文祥行刺的缘由，以及有无主使者等弄清。

曾国藩在京师拜见慈禧太后时，谈起马新贻被刺的事，两人有这样一段对话：

> （太后）问："马新贻这事岂不新奇？"
>
> 对："这事很奇。"
>
> 问："马新贻办事很好。"
>
> 对："他办事和平、精细。"

曾国藩到两江总督任之前，已经由暂署两江总督的江宁将军魁玉审讯张文祥，只知道张文祥是河南人，并无主使之人，问起刺马原因，却又问不出个所以然来。而先前求马新贻资助的武生与本案无关，已将其释放。朝中言官连连上奏，说是堂堂一品（从一品）大员、国家重臣被刺，一定是有人主使，请严密根究，务得确情。朝廷先是特命漕运总督张之万会同审讯，后来又派刑部尚书郑敦谨专程来金陵会同侦讯。曾国藩抵达金陵的时候，张之万已经先期到达，曾国藩便与他们一同办理此事。

最后得出的结论是：张文祥曾参加太平军，又与海盗相通。马新贻任浙江巡抚时大力捕杀海盗，张文祥的海盗同党大多被杀，他的妻子也被人抢走。马新贻曾到宁波阅兵，张文祥曾呈文诉冤，马新贻不准，因此心怀仇恨。张文祥又开小押店（当铺），恰逢马新贻出示禁止，断绝了他的生活来源，所以便生出刺马之心。并没有人指使。

但是，这里面却有不少疑点。战争中太平天国人员也好、捻军人员也好，兄弟父子被杀的都很多，如果他们要报复，那么曾国藩、李鸿章、左宗棠特别是攻占金陵的曾国荃，早就该被太平军或捻军的余党暗杀了，何以竟杀到了与太平军和捻军作战并不重要的马新贻身上？如果张文祥的海盗同党被杀就怀恨马新贻，那直接率兵打海盗的军官他就不怀恨吗？从张文祥精密设计，一击而中，并且在刀上淬毒的情形看，如果不是有深仇大恨，或者怀抱特别的目的，怎会如此做？所以，人们的猜测非常之多。到旧历十二月，竟有太常寺卿王家璧奏称，据传闻说，原江苏巡抚丁日昌（时已丁忧在籍）之子被人控告，应归马新贻查办，丁日昌曾向马新贻请托求情，马新贻未允，故有此案。意思是行刺可能为丁日昌主使，假使真的如此，那么此案将会牵连丁日昌甚至提拔丁的李鸿章、曾国藩在内。清廷虽然不信，还是将王家璧所奏转告曾国藩等人。

但是，曾国藩和郑敦谨参与之后，仍然只是上面的结论。最后清廷命将张文祥凌迟处死，并在马新贻的灵柩前摘心致祭。同治十年（1871）二月十五日，张文祥被处死。

官方的调查侦讯算是结束了，此案也被画了个句号。但是，在民间，在野史里面，却有很多关于张文祥刺马的原因的说法流传开来，并且与官方所公布的案情大相径庭。

其中流传最广的说法是这样的：张文祥是捻军一位勇敢善战的下级军官，与另两位捻军军官曹二虎、石锦标为莫逆之交。马新贻在淮北率军与捻军作战时，被张文祥和曹、石所俘。张文祥等见马新贻是读书人，便优礼以待之，并留在军中。时间一久，张文祥等佩服马新贻的学问，与之结为兄弟。马新贻年长为兄，其次是曹、石，最小的是张文祥。马新贻劝说张文祥等投降官军，张文祥等便让马先回清军中了解情况，当时安徽巡抚是湘军大将唐训方，唐准许马新贻招降捻军张文祥等，于是张文祥等投降，并用马新贻字号中的"山"字，编为山字两营，由马新贻统领，张文祥等任营官。

后来，马新贻官越做越大，便逐渐与捻军出身的张文祥等人疏远。这还不算，曹二虎的妻子年轻貌美，为马新贻所垂涎，借机会两人私通起来。马新贻常借故让曹二虎出差，以便他与曹的妻子交往。但就算如此，张文祥也还不致对马新贻如此怀恨。原来马新贻自与曹二虎之妻私通后，便萌生了杀曹之意，张文祥已有所察觉，苦劝曹二虎不听。不久马新贻借口曹二虎原为捻军，现在又有通捻的行为，命手下捕曹二虎，不经审讯立即杀害。张文祥得报立即遁逃，然后蓄志为好友报仇。

张文祥为报仇，打造两把精钢匕首，并淬以毒药，每当夜深人静时，便练习用匕首扎牛皮，最初只能扎破一层，以后逐渐加厚，两年以后，可以一举刺穿五层牛皮。张文祥寻找机会数年之久，直至此时方得实现。府县审讯时，张文祥把事情的经过原原本本道来，府县为之惊愕。但报告按察使梅启照时，梅说，若照此上报，于官场体面太过损伤，于是将供词改为海盗挟仇报复。等到曾国藩、张之万审讯时，虽知事情的原委，但也为官场体面，一直坚持海盗报复的说法。只有郑敦谨曾准备如实上报，但郑为人比较懦弱，拗不过其他人，所以最后仍以海盗上报了事。

上一段说的是野史和笔记所记，有一定的道理，因为前引慈禧太后在曾国藩临行前的一段话，已为官方对马新贻的评价定了调子，曾国藩不能为此事对抗太后。然而事实的真相究竟如何，恐怕永远也不会弄清了。

官方的调子虽然定了，但民间却把张文祥看作侠士，看作英雄，而对被刺的马新贻却讥讽颇多。在张文祥被杀半个月后，就有人编出戏文，讥刺马新贻，曾国藩已知晓此事并记在他的日记里。尤其清末革命运动兴起后，张文祥又被看成是反清英雄。民间为这颇具传奇色彩的事件编有京剧、弹词、话剧等，广为传播。张文祥刺马遂成为晚清奇案和重大社会新闻之一。

693

二　整军经武，致力自强

曾国藩此次任两江总督，从接印起，只有一年又三个月。在这一年零三个月的时间里，曾国藩办了一件在近代中国很有影响的大事，那就是派出第一批官费留美学生。这在谈洋务新政的一章中已经集中说过，这里不再赘述。除此以外，就是为整饬军备而努力，因为任职的时间太短，只是提出了建设性的意见和办法，还没有显露出效果。

这一年多的时间里，曾国藩活动中留下了许多与军备有关的记录。

　　按照规定，各省督抚每隔一段时间，就要检阅稽查自己省份内的军队（绿营）。但是，江苏省自道光三十年（1850）以来，总督已有二十年没有检阅过军队了。这一方面是由于受太平天国和捻军的战争的影响，另一方面也是绿营废弛所致。曾国藩上任后，决定亲自检阅军队。

　　从同治十年（1871）八月十二日起，到十月十五日，曾国藩用了整整两个月时间查看各地军队，一路风尘仆仆，向北到了扬州、泰州、泰兴、清江，一直抵达徐州，然后向南到镇江、通州（今南通）、海门、苏州、松江、吴淞、上海等地，几乎走遍了全江苏省。检阅的结果，令曾国藩十分担忧。在这些军队中，有的部分使用了新式枪炮，而许多军队还在混用弓箭刀矛，或者旧式的鸟枪。江苏绿营原定兵额为三万三千四百多人，现存只有两万四千二百多，各营大多不足额。较为足额的绿营演练还算凑合，而不足额较多的营根本演不成什么阵法。镇江自古是战略要地，太平天国后期，江南大营被彻底打垮，可镇江却一直在清军手里，就像在太平天国中间钉入的一个楔子。可现在镇江三营加起来只有六百二十余人，其中有一营只有九十八人，操练就更不像样子，曾国藩在日记中描述操练道："真如儿戏！"这还是总督大人亲临，如果是平时，那情形可想而知。而江阴、靖江两营合操只有七十人，就连儿戏都不成。曾国藩最后的结论是："缓急一无可恃。"（致刘蓉函）

　　阅军过后，曾国藩如实向清廷奏报情况，并提出几条建议。

　　第一，分开差和操。绿营向来兼任许多与地方治安有关的任务，如护饷、押解罪犯、缉捕罪犯等，这实际上相当于今日的警察，那时没有警察，这些事情就由绿营担任。而绿营承担这些任务，就要驻得极为分散。而操即军事训练，必须集中驻扎，受真正的军队约束，才能做到。而且军队必须时时操练，战时才能打仗。然而，绿营平时承担的杂差也必须有人负责。这两者构成了相当深的矛盾。曾国藩建议，将差兵和操兵分开，差兵宜驻得散，兵额少；操兵则宜集中驻扎，兵额宜多，编制应按营、哨的层层统辖制。从今天的眼光来看，这一建议的实质是将绿营彻底分为警察部队和野战部队。警察的功能由警察部队承担（差），作战功能由野战部队承担（操）。曾国藩有丰富的作战和组织军队的经验，这一建议颇具合理性，虽然军队的名称不变，但功能和性质变了，差、操各负专责，可以提高效率。今天的中国军队，野战军分为各大军区，可以充分机动作战；地方治安等任务自有警察；另有介于两者之间的武装警察部队。如救灾时，一般动员武装警察部队，除非像 1998 年那样的大水灾和 2008 年那样的大地震，一般不动用野战军，以利于军队的训练。

第二，改变饷制。从前绿营旗营军饷都过少，不足以满足家庭生活开支，军人只好做些小买卖或小手艺糊口，很难参加训练。现在直隶和江苏的练军都已加饷，但加饷而不裁绿营兵额，财政断不可持久。所以应该加饷裁兵（绿营兵）。

第三，绿营各营的武器多为旧式鸟枪，在枪口装火药，遇风会吹散，遇雨会淋湿，实战时非常不利。应该学湘淮军，全改用子弹的洋枪。其他器械，也应改用西式的。

第四，水师兵丁现在还沿用从前陆兵的"马兵战守"之类的名目，今后宜改。而且水师官兵应住在船上，可以兼习陆战，但不可分管陆地地段（即陆汛）。从前各省造战船，不动用省财政，都用摊派、捐款等办法，今后应该由官筹造船费用。

但是，提出这些建议后几个月，曾国藩就已去世，来不及花大气力整饬军备。

曾国藩更为念念不忘的，是中国需要有一支自己的海军。能够与列强争衡大洋之上的海军。同治九年底（1870年初），江南制造局又新造成一艘轮船。同治九年十二月十五日（1870年2月4日），轮船开到金陵，曾国藩亲自验看这艘新轮船。这艘轮船比他上次任两江总督时造的第一艘"恬吉"（后改名"惠吉"）号已经有所改进，由明轮改成暗轮，动力也有所增加。然而比起外洋的新式轮船还要差得多，说明中国的造船业还任重道远。

对于新式机器制造企业，曾国藩仍然非常关注。这次阅兵，曾国藩也到了上海，他就住在江南制造局里。在上海的七天里，除了阅兵和与各国驻上海领事礼节性地会见外，他主要的事情就是参观和检查制造局。他在船厂看到正在制造的第五号轮船（"海安"号）。这艘轮船比以往的轮船有较大的改进，曾国藩记述说："长二十八丈，高四尺许，伟观也。"实际上，此船长三百尺，动力为一千八百马力，载重两千八百吨，有巨炮二十门。在曾国藩的眼里，这实在是个庞然大物。从上海回金陵的时候，他又顺便把江南制造局造成的几号轮船"恬吉"、"测海"、"威靖"都观看、乘坐一回，并看这些船操演枪炮。

同治十年（1872）十一月二十六日，他又检查金陵机器局。在金陵机器局看到新制的连发炮，他在日记中写道："阅新作之炮，三十六筒可以齐放，则三十六子同出如倾盆之雨；可以连环放，则各子继出如挝急鼓。"

自湘军攻占金陵以后，湘军水师在与太平军作战方面，已基本无用武之地，其后曾国藩裁撤湘军，但基本保留了湘军水师，并改为长江水师。但是，长江内河作战与外海作战完全是两回事，长江水师根本无力在外海与列强舰队争雄。曾国藩也深知这个道理，他早想建立一支真正的海军，并与丁日昌、李鸿章多次商议过，但是困难很多。自己造的船暂时还不如西洋的大而且坚固，若购买又当与太平天国和捻军作战刚结束民穷财尽之时，受财力限制。而曾国藩也明白，造船难，买船难，而船主（即海军舰长）的人选更难。就连外海水师的士兵，长江水师的士兵都不能胜任，他设想选择福建、广东常到外海的民众充当外海水师的士兵，这些人惯习波涛，胜过湖南等地的人。直到曾国藩去世，外海水师只是处在探讨阶段，他的理想还没能实现。

三　"日夜望死，忧见宗社之陨"

至少从考中进士做官开始，曾国藩便有一种澄清天下之志。他创立湘军，不仅要平灭太平天国，保卫儒家孔孟道统，还希望能够带出一批人才，改变日益衰朽的社会风气，使政事等各个方面都为之改观。他在《原才》一文中写道：

> 风俗之厚薄奚自乎？自乎一二人之心之所向而已。民之生，庸弱者，戢戢皆是也。有一二贤且智者，则众人君之而受命焉，尤智者所君尤众焉。此一二人者之心向义，则众人与之赴义；一二人者之心向利，则众人与之赴利。众人所趋，势之所归，虽有大力，莫之敢逆。

他希望自己就是这改变风俗和人心趋向的一二人。在长期的征战和从政生涯中，他确实带起了一大批人才。这些人对十九世纪后的中国各个方面都起了莫大的影响，这影响甚至持续到二十世纪初。李鸿章镇守直隶，左宗棠平定新疆，而这两人又办机器工业，派留学生，推动近代化也就是他们自己说的自强事业。而两江总督一职，从马新贻死后，一直由湘系的人出任。人们常说英雄造时势，但是更多的应该说是时势造英雄。曾国藩所要改造的，说白了，还不完全是社会的风气，而是官场的风气。而在当时，专制王朝自己无法从内部更新，这是它的体制决定的，所以中国没有一个王朝能够长命百岁。到了再也无法维持社会的正常运转的时候，非要打碎这旧王朝，将官场彻底更新，这样局面才有根本的变化，但新的王朝没有改变根本的制度，于是又沿着旧王朝的老路走下去。

但是当时的曾国藩绝对无法明白这一点。所以他对官场及社会风气的衰颓既不满，又忧心忡忡。他要补天，这千疮百孔的天却已无法补好。这样，他的内心就更加痛苦。在平灭了太平天国之后，一日，曾国藩与亲信幕僚赵烈文闲谈，两人有一段非常有意思的对话，这是在赵烈文的日记里记下来的，我们不妨将其录下来：

初鼓后，涤师（指曾国藩）来畅谭。言得京中来人所说，云都门气象甚恶，明火执仗之案时出，而市肆乞丐成群，甚至妇女亦裸身无裤，民穷财尽，恐有异变，奈何？

余（赵烈文）云："天下治安，一统久矣，势必驯至分剖，然主威素重，风气未开，若非抽心一烂，则土崩瓦解之局不成。以烈度之，异日之祸，必自根本颠仆，而后方州无主，人自为政，殆不出五十年矣。"

师蹙额良久，曰："然则当南迁乎？"

余云："恐遂陆沉，未必能效晋、宋也。"

师曰："本朝君德正，或不至此。"

余曰："君德正矣，而国势之隆，食报已不为不厚。国初创业太易，诛戮太重，所以有天下者太巧。天道难知，善恶不相掩，后君之德泽，未足恃也。"

师曰："吾日夜望死，忧见宗社之陨，君辈得毋以为戏论？"

余曰："如师身分，虽善谑，何至以此为戏。然生死命定，不可冀求，乐死之与幸生，相去无几。且师亦当为遗民计，有师一日，民可苟延一日，所关甫大而忍恝然乎？"

谈话到此转换了话题，但内容曾国藩则时时挂在心上。曾国藩与人闲谈的内容，大多或充满哲理，或有着强烈的历史感，而见解的深刻和独到，恐怕是当时的人少有的。但是，这些谈话的内容在政治上非常微妙，曾国藩几乎没有一个字记下来，闲谈的对象们也大多没有记下来，只有赵烈文记得比较详细。我们观察上述赵烈文的见解，完全为后来历史的发展证实，简直是未卜先知。

不仅清朝的天无法补好，而且曾国藩自己的活动一方面在补天，另一方面却对清朝的统治产生不利影响，也就是拆天。那就是督抚权大、兵为将有、中央权威衰微的趋势。一日，曾国藩又与赵烈文谈起宋朝史事，感慨之余，他们说：

（赵烈文言：）"旷观千古，凡一代之事功人物，其风气皆草创之主开之，范围一就，数百年贤哲之士，莫不俯首就教。间有命世挺生者，不肯随风气流转，自欲出一头地。其为之不渐者，往往致败。宋之王介甫（王安石）、明之张太岳（张居正）皆是也。"

师曰："甚当。南宋罢诸将兵柄，奉行祖制也。故百年中奄奄待尽，不能稍振。"又言："韩（世忠）、岳（飞）等军制，自成军，自求饷，仿佛与今同。大抵用兵而利权不在手，决无人应之者。故吾起义师以来，力求自强之道，粗能有成。"

余（赵烈文）笑言："师事成矣，而风气则大辟蹊径。师历年辛苦，与贼战者不过十之三四，与世俗文法战者不啻十之五六。今师一胜而天下靡然从之，恐非数百年不能改此局面。一统既久，剖分之象盖已滥觞，虽人事，亦天意而已。"

经过曾国藩的努力，战胜了清代传统的军权轻易不授汉大臣、地方督抚不能揽有军、政、财三权的规矩，结果获得了平灭太平天国的成功，这是宋代寇准、岳飞、韩世忠都没有做到的事情。但是这样做的结果，却形成另一种局面和趋势，即督抚专权，内轻外重，将来会导致国家的分裂割据，赵烈文甚至担心这种现象会持续数百年。

其实用不着赵烈文提醒，熟读历史的曾国藩也明白这一点，他在湘军攻占金陵后就急忙裁撤湘军，除了自削军权以免清廷猜忌外，也有顾虑形成内轻外重的局势的成分，要自己做一个榜样。但是趋势既已形成，已不是人力所能挽回，所以赵烈文说这虽为人事，也是天意。

然而曾国藩决不希望在自己身后几十年清廷就土崩瓦解，特别是不希望自己的活动本身给清廷的未来命运造成损害。但是他没有办法挽回。

最高统治者也不能令人满意。曾国藩本来认为恭亲王奕诉是贤王，他有见识，在朝中亲贵中算是比较了解世界大势和国家面临的困难的，但是显然恭亲王的从政经验、控驭权力的能力都不足，与慈禧太后稍作争持失败后，简直就被玩弄于股掌之上。一日，曾国藩与赵烈文谈起恭亲王，赵烈文记道：

余（赵烈文）言在上海见恭邸（即恭亲王）小象，盖一轻俊少年耳，非尊彝重器不足以镇压百僚。

师曰："然。貌非厚重，聪明则过人。"

余言："聪明信有之，亦小智耳。见时局之不得不仰仗于外，即曲为弥缝。昨与倭相（指大学士倭仁）争持，无转身之地，忽尔解释，皆其聪明之征也。然随事称量轻重、揣度形势之才则有之，至己为何人，所居何地，应如何立志，似乎全未理会。身处姬旦之地，无卓然自立之心，位尊势极而虑不出庭户，恐不能无覆𫗧之虞，非浅智薄慧，涂饰耳目之技所能幸免也。"

赵烈文的见解，实际上未必全是赵烈文个人的见解，其中也许包括曾国藩的见解在内。

慈禧太后虽然大权独揽，但是，她对社会毕竟缺乏了解，对清王朝和中国社会面临的局面和问题，都心中无数；对世界的变化和列强东来对中国造成的挑战和威胁，她更不知道怎样从长远的角度来应付。

曾国藩上任直隶总督时，见到了两位太后，见到了朝中诸要人，之后他对赵烈文谈他的感想说：

两宫（慈禧太后、慈安太后）才地平常，见面无一要语；皇上冲默，亦无从测之；时局尽在军机恭邸（奕䜣）、文（文祥）、宝（宝鋆）数人。恭邸极聪明而晃荡不能立足；文柏川（文祥）正派而规模狭隘，亦不知求人自辅；宝佩衡（宝鋆）则不满人口。朝中有特立之操者尚推倭艮峰（倭仁），然才薄识短。余更碌碌，甚可忧耳。

朝中具体掌握朝政的几个人，都有大缺点。至于倭仁，从前曾国藩在京时曾经对其佩服得五体投地，但现在却说他"才薄识短"，即坚持祖宗之法不可变的那一套，不足以应付事变。

这一切，说明曾国藩的中兴理想只不过是一场梦而已，他创建湘军挽救了清王朝，但中兴实在无望，大清朝只不过是苟延残喘而已。除了对清朝政权的前途忧心忡忡外，曾国藩更担心的是中国的前途。曾国藩对西方的认识和了解虽不如郭嵩焘和李鸿章多，但他也敏锐地感觉到了。本书前面所引的两段他的话："睡时已三更二点矣，四更成寐，五更复醒。念夷人纵横中原，无以御之，为之忧悸。""内患虽平，外忧未艾。彼狡焉者，虽隔数万里而不啻近逼卧榻，非得后起英俊，宏济时艰，世变正未可知。"这说明了他的深深忧虑。这就不仅是忧清廷的"国运"，而是忧中国的"国运"了。

直到死，曾国藩都是在这种忧虑中度过的。

四　痛自刻责，期待"三不朽"

曾国藩老了。这次接两江总督印的时候，他已经满六十虚岁，在那个时代，确是地地道道的老人了。

曾国藩是个做了大事的人，那回忆中的感受自然比普通人更加复杂一些。在金陵这一年多，他常常把自己的一生做一些梳理。照理说，不管后人如何评价，他这一生已经够风光的了。就当时的人来说，他即便不是对后世影响最大的人，也是较大的人之一。大千世界，芸芸众生，能够在历史上留下自己的影子、让后代能够知道的人并不多。曾国藩已注定是这不多的人中的一个。但是，他对自己并不满意。他觉得，论道德，他比不上古代的贤者；论学问，他半生从政，没有能留下有分量的著作；论书法，虽有一些心得，却没有时间和精力练好。更苦恼的是，精力日益衰颓，很多要办的事，包括政务，都办不好。古人以立德立功立言三者具备为最高境界，他觉得自己哪一样也没有做到。黎庶昌在年谱中说他"自书日记，尤多痛自刻责之语"，是事实。

首先刻责的，是身体越来越衰弱，该办的政事办不了。他到两江总督任两月后的日记写道：

> 到江宁任又已两月余，应办之事全未料理，悠悠忽忽，忝居高位，每日饱食酣眠，惭愧至矣。

1871 年正月十一日日记又写道："日来因改奏折稍费心，眼蒙愈甚。公事既多废阁，私又不能养体，益觉郁郁。"

他不仅觉得该办的政务没办好，还觉得自己比许多能臣差得远。正月二十三日，他阅读《吴文节公集》（吴文节，即吴文镕）。在日记中写道："夜，阅《吴文节公集》，观其批属员之禀甚为严明，对之有愧。吾今日之为督抚，真尸位耳。"

其次说立言上，曾国藩年轻时颇为自负，觉得不少有成就的前人，自己经过努力，也可以达到和赶上他们。有时看到那些算是已经"立言"的前贤的文集，觉得也没有什么大过人处。然而曾国藩只有做京官的几年扎扎实实读过书，咸丰三年（1863 年）起带兵，书只能挤时间来读了，结果没能留下什么著作。

一日，他阅读广东杨懋建所著《禹贡新图说》，曾国藩读时感叹："日长如岁，仅一翻阅涉猎，过眼即忘，全未认真究治一书，殊以为愧。"又一日，他读陶渊明和杜甫的诗，觉得脑子疲乏，读书提不起精神来，诗中的深意就难以体会得到，便自责道："昏浊而兼衰老，于读书之道去之千里矣。"次日又在日记中写道："吾生日月尽在怠惰中过了。"

实际上，曾国藩这时仍非常勤奋，尽管他右眼已经失明，左眼的视力也并不好，但他还是坚持每天除处理公事外，都要读一点书。有时眼睛实在不行，就闭目默诵一段古书。如同治九年（1871）十二月二十九日，本是除夕之夜，他在晚上还要闭目背诵《论语》，至《公冶长》止。同治十年正月初一，晚上又闭目背诵《论语》自《公冶长》至《乡党》止。接下去几天都是如此，而上面所引到江宁两月，却没有办好什么事的自责之言，便是正月初二日的日记写的。

再说立德，这是传统知识分子难以企及的最高境界，曾国藩对这方面也是深感惭愧。他的身体日渐衰颓，同治十年（1871）二月，他发觉自己右臂浮肿，觉得大概已是危象了。与此同时，他的夫人病势也很沉重。但他并不十分在意，人生早晚有一死。但是自己的德业未立，却是令人遗憾。过了几天，他在日记中写道："内人病势日重，余之右臂（此处原文为肾，疑为臂）肿坠亦不少愈，殊以为虑。暮年疾病、事变，人人不免。余以忝居高位，一无德业，尤为疚负，故此心郁郁不释耳。"三月初三日日记又说："自思生平过愆丛积，衰老不复能漸被，疚负无已。"

不过，曾国藩这时心目中的"德"已与正统儒家并不完全相同了，我们且看他同治十年（1871）三月初十日日记的说法：

> 思古来圣哲，胸怀极广，而可达天德者约有数端，如笃恭修己而生睿智，程子之说也；至诚感神而致前知，子思之训也；安贫乐道而润身睟面，孔、颜、曾、孟之旨也；观物闲吟而意适神恬，陶、白、苏、陆之趣也。自恨少壮不知努力，老年常多悔惧，于古人心境不能领取一二，反复寻思，叹喟无已！

这里，他把陶渊明、李白、苏东坡、陆游都算作达"天德"的，可谓是新见解。

有时候，曾国藩有觉得自己之所以没有成就，是因为名心太重，须看淡一些。他写道：

> 思近年焦虑过多，无一日游于坦荡之天，总由于名心太切，俗见太重二端。名心切，故于学问无成，德行未立，不胜其愧馁。俗见重，故于家人之疾病、子孙及兄弟子孙之有无强弱贤否，不胜其萦绕，用是忧惭，局促如茧自缚。今欲去此二病，须在一"淡"字上着意。不特富贵功名及身家之顺逆、子孙之旺否悉由天定，即学问德行之成立与否，亦大半关乎天事，一概淡而忘之，庶此心稍得自在。

但真正将万事看淡却谈何容易，既然自觉"学问无成，德行未立"，便是没有看淡。他甚至把疾病的来源，也归于

"忮心名心不能克尽之故"，于是，他立意"必须于未死之前拔除净尽"，真正做到"至淡以消忮心"。

著者之所以引了这么多曾国藩责备自己的话，是想让读者了解老年曾国藩的心态。他虽然做了大事，但还是对自己不满，觉得立功立言立德哪一样都不行。有时又想将这些看得淡一些，但并没有真正"淡"下来。事实上，曾国藩对自己要求太高，并且至死也决无自满之心。

五　长逝金陵，生荣死亦哀

曾国藩的身体并不强健。早在京师任官时，才三十出头，便有轻度耳鸣症。与他终生相伴的癣疾，虽然对身体无大妨碍，但却时时令他睡眠不佳，间接损害身体。自率湘军作战以来，戎马金戈，无一时之闲暇。每日早早起床，半夜方睡，又要处理军政要事，又要读书、应酬，他过着非常刻板的生活。如果说这一切还不足以损害他的健康的话，那么，兴兵以来的种种不顺则令他最为心烦，如人事的纠葛，与地方官的矛盾，特别是他训练湘军，本是为大清王朝卖命，可是大清王朝的最高统治者却时常不信任他，而宁可信任那些打仗不行、干正事不行，偏偏却整人有方的酒囊饭袋。

必须说明的是，自带兵打仗以来，曾国藩一直处于深深的忧惧之中。表面上，曾国藩颇喜欢诙谐，说笑话，大敌当前、危难当前都镇定如常，但实际的曾国藩绝不是这样。作战不利他担心失败，作战胜了他要担心清廷的疑忌。当地方官时，天不下雨干旱他焦虑，下了雨他又担心河水冲破堤防。这恐怕正是处于乱世的人应有的心态。现在保留下来的曾国藩的日记中，"焦灼"、"忧惧"、"忧虑"、"郁闷"等字眼随处可见。然而，一个常常抱有这种心态的人很难保持健康的身体。

曾国藩吃、住都极为俭朴，起居又十分勤劳；尽管一生戎马倥偬，而几乎手不释卷，保持书生本色。当时许多人都见识过他的这种私生活，有时甚至使人难以相信一个一品大员会过着如此苦行僧般的生活。这与曾国藩的信念有关，因为他相信在当时的社会情况下，要办大事，要扭转社会风气必须如此。当然，这也和他出身寒微，自幼习惯艰苦生活有关。但是，人总是过这种刻板的苦行僧般的生活，对身体是有影响的。

在直隶总督任上时，曾国藩的右眼已经失明，左眼视力也并不好。又患上眩晕呕吐之症，按今天的医学，可能是高血压，也可能是美尼尔氏综合症，也可能两者都有，或还有别的疾病。事实上，自湘军攻占金陵后，曾国藩就常常有退休回家的想法，剿捻失败后退职的想法就更加浓厚。他在家书中、日记中，以及给朋友的信里，常常流露出退休回乡安度晚年的愿望。但假如这创办湘军的领袖回家，那些裁撤的、退职的湘军士兵军官闹事的可能性就会大大增加。马新贻的被刺好像更显示了这问题，因而清廷也坚决不准。所以曾国藩这官也就一直做着，而身体也就一直坏下去。

进入同治十一年（1872），曾国藩的身体越来越差。

正月初二日，他拜访吴廷栋。吴是他当年任职京师时切磋学问、交流思想的老朋友，退休以后住在金陵，现在已经八十岁。自再次任职两江总督以后，曾国藩常常去拜望这位老朋友。这次他们谈起当年京师的老朋友，现在大多已故去，倭仁也已经去世，两位老人黯然神伤。正月十四日，是道光皇帝的忌辰。他又想起二十三年前，他听到立咸丰帝为皇太子的消息，急赴圆明园，途中听到道光帝已死的确信，当时仓皇悲痛的情景历历在目。在他经历过的几个皇帝中，道光帝是对他最好的。以后，咸丰帝总不相信他；慈禧太后表面上对他委以重任，但实际上也暗中提防。现在，自己老了，他感觉，大概快去见先帝道光老皇爷了。

正月二十三日，曾国藩正与人谈话，突然右脚麻木，好半天才恢复。二十六日，他要到城外迎接前河道总督苏廷魁。苏也是他当年在京师切磋学问的老朋友。在路上，他突然口不能说话，只好回府。显然，曾国藩患的是脑血管病，或为脑出血，或为较严重的脑血栓，心脏可能也有毛病。

在去世前几天，曾国藩做些什么呢？

为了让读者了解曾国藩这个人，我们根据他的日记，把这几天的活动介绍给大家：

正月二十九日，即去世之前第五天，他早晨起床后诊脉二次，开药方。早饭后清理文件。见客五次。围棋二局，这是他终生的业余爱好。然后阅《二程遗书》，即宋代理学家程颢和程颐的著作。曾国藩终生手不释卷，可以说一直到死。有客人张真人来见，一谈。中饭后阅本日文件，见客一次。核科房批稿簿。至上房一谈。傍晚小睡一次。夜核改信稿五件，约共改五百余字。他在这天日记的最后写道：

> 余病患不能用心，昔道光二十六七年间，每思作诗文，则身上癣疾大作，彻夜不能成寐。近年或欲作诗文，亦觉心中恍惚不能自主，故眩晕、目疾、肝风等症，皆心肝血虚之所致也，不能溘先朝露，速归于尽，又不能振作精神，稍治应尽之职事，苟活人间，惭悚何极！二更五点睡。

二月初一日，去世前第四天，工作同上一天差不多，在日记里又写道：

> 余精神散漫已久，凡遇应了结之件，久不能完，应收拾之件，久不能检，如败叶满山，全无归宿。通籍三十余年，官至极品，而学业一无所成，德行一无可许，老大徒伤，不胜悚惶惭赧。二更五点睡。

从这里我们可以看出，曾国藩直到死前，虽是精力衰颓，但仍然遵守一个勤字；仍然守着深深的道德自律，这与理学的影响有关。

二月初二日，去世前第三天，仍然如往日一样工作。但觉特别疲倦，"若不堪治一事者"。到下午，又是右手发颤，不能握笔，口不能说话，与正月二十六日症状相同。只好停办公事。

二月初三日，去世的前一天。早晨起床后请人来看病。早饭后清理文件，阅《理学宗传》。围棋二局。又阅《理学宗传》。午饭后阅本日文件。见客一次。屡次小睡。核科房批稿簿。又有手颤心摇之象。晚阅《理学宗传》中张子一章。二更四点睡。

1872年二月初四日，午后，子曾纪泽陪曾国藩到总督署西花园散步，曾国藩突然连说脚麻。曾纪泽遂扶其回书房。端坐三刻钟而死。

曾国藩生于嘉庆十六年（1811），享年六十一岁。

据说曾国藩死的时候，金陵城下着小雨，天色阴惨。忽然有火光照耀城中，属金陵的江宁、上元两县令急忙出来救火，却不明火在何处。只见有红光圆如镜面，向西南方向缓缓飘行而去，良久方隐没。又传说城外有人见到大星陨落于金陵城中。这当然是人们把一些奇怪的自然现象附会到曾国藩身上。

八年前，太平天国领袖、曾国藩的老对手洪秀全病死于此地。湘军攻占金陵以后，由于经费困难，两江总督府修复工作进展很慢，直到上年旧历十一月才修好。府址就在太平天国天王府，也就是洪秀全病死的地方。曾国藩搬到这里只有七十天。如今，曾国藩也死于此地，两个老对手在同一个地方逝世，也算是一种巧合吧。

曾国藩的遗体被运回故乡湖南。1872年六月十四日，葬于长沙南门外金盆岭南坡。第二年，欧阳夫人去世，长子曾纪泽主持改葬，将曾国藩和欧阳夫人合葬于善化县（今属长沙市）平塘伏龙山南坡。

所谓同治中兴的四大名臣曾胡左李，胡林翼比曾国藩小一岁，死于咸丰十一年（1861），年仅四十九周岁；左宗棠

曾国藩与夫人之墓

也比曾国藩小一岁，死于光绪十一年（1885），享年七十三岁；李鸿章生于道光三年（1823），他活得更久一些，死于光绪二十七年（1901），享年七十八岁。

至于曾国荃，自同治六年（1867）告病开缺后，一直在家闲居。直到同治十三年（1874），也就是曾国藩去世将近三年的时候，清廷再次起用他。将到京师，同治皇帝已经驾崩。以后，任河东河道总督、山西巡抚、两广总督，光绪十年（1884）接替左宗棠任两江总督，直到光绪十六年（1890）去世。死后清廷予谥"忠襄"。

曾国藩死后三十九年，1911 年 10 月 10 日，旧历宣统三年八月十九日，革命党人的反清武昌起义爆发。1912 年 2 月 12 日，也是清宣统三年十二月二十五日，清宣统帝宣布退位，大清王朝至此终结。此时距曾国藩去世正好四十年。这似乎印证了前面所引的赵烈文的预言。

历史又翻开了新的一页。

曾国藩去世后，官方和故旧为他举行了隆重的葬礼，祭奠活动长达百天。故旧为他写的挽联、挽诗、祭文非常之多，这些作品不仅评价了曾国藩本人，还反映了作者与曾国藩的关系，以及作者的性格、情趣，颇有文学欣赏价值和历史价值。

左宗棠的挽联是："谋国之忠，知人之明，自愧不如元辅；同心若金，攻错若石，相期无负平生。"这幅挽联我们前面曾经提过。当左宗棠未出仕时，曾国藩为侍郎级的领兵大臣，胡林翼

李鸿章晚年旧照

为湖北巡抚，但左宗棠从来不肯在曾、胡面前谦让一分。后来曾、左二人龃龉，多年不通音信。现在左宗棠此联，终于诚恳承认他不如曾国藩，并恰当地形容了两人的矛盾，而且谦虚地自署"晚生"。所以他的挽联颇受时人的推许。

李鸿章的挽联为："师事近三十年，薪尽火传，筑室忝为门生长；威名震九万里，内安外攘，旷代难逢天下才。"如果说左宗棠一生自傲，挽联却明确表示他不如曾国藩的话，李鸿章的挽联就不够谦虚，"筑室忝为门生长"说的虽是事实，但显然以曾门老大自居；"薪尽火传"自是传与他，也颇有当仁不让的味道。

曾国藩的好友兼亲家郭嵩焘的挽联为："论交谊在师友之间，兼亲与长，论事功在宋唐之上，兼德与言，朝野同悲惟我最；考初出以夺情为疑，实赞其行，考战绩以水师为

最，实主其议，艰难未预负公多。"这幅挽联说了郭与曾的亲密关系，以及曾国藩最初创办湘军时郭嵩焘的作用，但是后来郭嵩焘没有在湘军中坚持到底，所以表示有负曾国藩。实则曾国藩认为郭嵩焘是思想家的材料，不是带兵的材料，所以即使郭嵩焘一直在军中，曾国藩对他的待遇会很高，但未必委以重任。

吴坤修，为曾国藩幕僚，又曾在水师中任职。他的挽联是："二十年患难相从，深知备极勤劳，兀矣中兴元老；五百里仓皇奔命，不获亲承色笑，伤哉垂暮门生。"此联不像大多数挽联那样说些老套的吹捧之言，而是写出了失去老师的沉痛心情。

号为曾国藩四大弟子之一薛福成的挽联则对曾国藩评价非常之高："迈萧曹郭李范韩而上，大勋尤在荐贤，宏奖如公，怅望乾坤一洒泪；窥道德文章经济之全，私淑亦兼亲炙，迂疏似我，追随南北感知音。"联中说曾国藩功业超过萧何、曹参、郭子仪、李光弼、范仲淹、韩琦，可见评价之高。

曾国藩的朋友、主持刻印王船山遗书的欧阳兆熊的挽联，颇能道出曾国藩一生由儒的进取到道的超脱的变化："矢志奋天戈，忆昔旅雁传书，到精卫填海、愚公移山，竟历尽水火龙蛇，成就千秋人物；省身留日记，读到获麟绝笔，将汗马勋名、问牛相业，都看作秕糠尘垢，开拓万古心胸。""获麟"的典故出自孔子，孔子一生志在复兴周朝，重现周天子的一统天下，但总是事与愿违，他编纂《春秋》到哀公十四年，写了"西狩获麟"四字以后，遂结束此书。麒麟是传说中象征祥瑞的异兽，但当时实在是出非其时，他感叹复兴周室的愿望终究落空。这是杜预的注里面说的。欧阳兆熊用这个典故，叫人好生难解。是不是曾国藩晚年对中兴幻想的破灭也曾与欧阳兆熊道及呢？正像《红楼梦》说的，这个清王朝外面的架子虽大，"内囊却也尽上来了"。曾国藩再卖力气，也是扶不起来了。当然也许并非曾国藩所说，而是精研王船山遗书（书中具有反满民族思想）的欧阳兆熊自己的想法。

李鸿章撰写的《曾文正公神道碑》中的几句铭文，颇能点明曾国藩晚年致力洋务新政的心态："事（指剿平太平天国）已大毕，乃谋于海。益我之长，夺彼所恃。动如雷霆，静守其雌。内图自强，外羁縻之。"这是指平定太平天国之后，曾国藩把心思用在如何抵御外侮上。要学习列强的长处，夺其所恃。对列强的要挟，暂时隐忍不发，用心于自强。曾国藩内心深处的想法，李鸿章能够完全领会。所以这恐怕是对曾国藩一生最后数年所想所为的最好描述，也算作结论吧。

第二十一章　是非成败盖棺不定论

一　兵为将有，外重内轻

曾国藩对军制的第一大影响，是湘淮军、其他勇营及仿效湘淮军的练军取代了绿营。

清代在太平天国起义以前，国家的正规军（当时一般称"经制之兵"）是八旗和绿营。八旗兵二十多万，部分驻于京师，叫京营；部分驻于全国各战略要地，称驻防。绿营兵六十多万，分散驻全国各地。满洲人初入关时，八旗兵铁骑曾横行天下，几无敌手。其后绿营兵在征讨西北等地的叛乱中，也曾立下赫赫战功。但是，到了太平天国揭竿造反的时候，无论是八旗还是绿营，都已不中用。

八旗兵全由满族人民组成。清代的制度，满族人民不事生产，原则上成年男子都是士兵，是一种世兵制，在清初统治者的想法，是要以此来保证作为征服民族满族在军事上的优势。然而不料不事生产的满族士兵，由于世代养尊处优，已经完全失去了战斗力，失去了作为军队的功能，只是清朝统治的一种象征而已。所谓"八旗子弟"，几乎已成了无所事事、游手好闲而又无才无德无能的公子哥一类人的代称。

绿营兵是太平天国起义前清政府所依靠的主要武装力量，但是这支武装力量的制度极不合理。

首先，绿营的驻防地十分分散。绿营常常十几名、几十名甚至只有几名驻扎一处，战略要地也不过上千人而已。这样的驻扎方式，军队根本没有机动能力，一旦有大规模的战争，根本不能形成战斗力。如第一次鸦片战争时，从各省抽调军队到前线，结果各省是此处抽十名，彼处抽数十名，拼凑成一支军队。如此集中出来的军队怎能打仗？

绿营的第二个问题，是军官。虽说提督、总兵、副将、参将等都算是职业军官，但真有重大战事的时候，朝廷都要另派重臣做总指挥。而这位重臣并不一定懂得军事，配给他的下属军官也许和他从未见过面。这位总指挥不知道哪部分军队善攻，不知道哪部分军队善守，不知道手下各部战斗力如何，叫他如何指挥打仗？由于绿营的驻扎和调遣方法，总指挥手下的将和兵互不相识，真是将不知兵，兵不知将，帅不知将，将不知帅。

绿营的第三个问题，是极其腐败，这也是基于第一个问题产生的。骄横、懒惰、游手好闲都还不算，更为严重的，是许多人吸食鸦片；又有许多人虽在兵籍，打仗时却雇人代替。

至于其他问题，如缺乏训练，没有演习，等等，都是习以为常的事情。所以在第一次鸦片战争中，在对太平天国的战争中，绿营多是一遇敌便一败涂地。

曾国藩初创湘军时写给李鸿章的信，道出了绿营作战的实际状况：

> 今日兵事最堪痛哭者，莫大于"败不相救"四字。当其调兵之时，东抽一百，西拨五十，或此兵而管以彼弁，或楚弁而辖以黔镇，虽此军大败奔北，流血成渊，彼军袖手而旁观，哆口而微笑。此中积习，深入膏肓，牢不可破。

关于绿营的弊病，曾国藩、胡林翼、左宗棠、李鸿章等湘淮军领袖之间，曾无数次讨论过。曾国藩创办湘军，针对绿营的这些问题作了巨大的多方面的改革，克服了绿营的弊病。本书前面已经介绍过，这里不再重复。总之经过曾国藩的改革，名义上只是地方民兵的湘军，变成了可以随时征调各地作战的野战军，其战斗力大大超过了绿营，得以最后击灭太平天国。

但是这样一来，湘淮军与绿营对比之下，更显出了绿营的腐败和无能。自湘军产生后，明里暗里，和绿营发生过不少矛盾，但是终究因为绿营没有战斗力，而使湘军站稳了脚跟，并且逐渐占住绿营的地盘。

早在同治三年（1864）初，当时任闽浙总督的左宗棠就奏请将浙江绿营一律裁撤。既然有此开端，曾国藩也趁势将安徽省的绿营兵裁撤。之后有不少省份将无用的绿营裁撤。

清代咸丰、同治以前，也曾有过招募勇营的事情，但事后都予以裁撤。太平天国和捻军起义结束后，虽然也曾裁撤部分湘淮军，但因为绿营无用，清政府要对内控驭和镇压反叛，对外要防御列强的侵略，所以相当多的湘淮军特别是淮军保留了下来。保留下来的湘淮军统称为"防军"，终于成为国家的正式军队。防军不仅包括湘淮军，也包括其他各省在太平天国战争中按湘军制度招募的勇营，但以淮军、湘军为主。绿营的部分精壮则被抽出编练为练军，曾国藩当直隶总督的时候，就下过功夫制定训练练军的条例章程。所以捻军起义以后，清朝的军队以防军和练军为主，绿营逐渐消亡。甲午战争时，与日军作战的即主要是防军和练军。

曾国藩对军制的第二大影响，是造成了军队中的私人隶属关系。太平天国史专家罗尔纲先生把这种现象称为"晚清兵为将有的起源"。

绿营兵是世代为兵，将领全由朝廷任命，兵权完全控制在朝廷手中。士兵与将官之间，下级将官与上级将官之间，不会发生私人隶属关系，当然这也是绿营败不相救的原因之一。湘淮军一改绿营制度，统领由大帅（曾国藩、胡林翼、左宗棠、李鸿章）选派，营官由统领选派，营官以下依此类推。因为士兵和下级军官有着私人关系，下级军官和上级军官有私人关系，打起仗来，士兵死命保护招募他来军的军官，下级军官完全听命招募或提拔他的上级军官，全军听命于大帅，而曾国藩更为全军的核心。这样克服了绿营败不相救的弱点，但同时也就造成了军队的私人性质。本书前面叙述过，咸丰七年（1857），曾国藩丁父忧家居，这时他既然离开了军队，名义上他已不是湘军统帅，但是湘军将领自胡林翼以下，李续宾、李续宜、杨载福、彭玉麟仍无不视曾国藩为湘军的最高领袖，遇重大事情常向在湘乡的曾国藩汇报并请示机宜。

曾国藩也好，李鸿章也好，还不能算是军阀，他们创办的军队虽然与他们有深厚的隶属关系，但他们深受儒家忠君爱国观念影响，对清廷并无异心，同时清廷随时可以用一纸诏书，剥夺他们的权力。创建和指挥军队虽然给了他们通向权力的捷径，但他们并不是单靠军队。然而之后的发展，却使军队的私人性质越来越突出。到了清末办新军的时候，拱卫京师的北洋新军为袁世凯一手创建，军队中的军官都是他的私属，北洋军军官士兵甚至到了只知"袁宫保"，不知有朝廷的程度，北洋军就成为真正的军阀军队，私人军队。这种趋势是从湘军开始的，所以罗尔纲先生称之为"兵为将有的起源"。就曾国藩来说，他并非有意造成这种局面，后来还竭力避免这种局面的发生。但是既要克服绿营的缺点，又要在一个远非法制的社会里创建一支能打硬仗的军队，曾国藩似乎没有别的路可走。兵为将有从起源发展到后来的军阀，这恐怕是专制制度造成的悲剧。

与"兵为将有"的现象相关，曾国藩和湘军的崛起造成了清朝政治外重内轻的局面。

清入关以后，大体承袭明代制度，而又加上自己的特色，中央集权较之明代有过之而无不及。总督和巡抚作为地方行政长官，虽然权力似乎很大，但军权、财权、用人权完全听命于中央，甚至一个小小的知县的任命，也要经过中央。但是，从曾国藩及湘军开始，这种情况发生了巨大的变化。

首先说财权的下移。

咸丰以前，中央对地方财政控制很严，不仅户部总揽财政，还通过派到各省的布政使直接管理财政，布政使并非督抚的属员，而是直属中央，分割督抚的权力。再加上严密的报销制度，督抚很少有不经中央同意自己运用处理财政的空间。清代的财政制度，自康熙年间规定"嗣后滋生人丁永不加赋"以后，虽说一定程度减轻了人民的负担，但也使财政制度缺乏弹性，即需要大笔财政开支时中央难以应付。太平天国起义以后，中央财政极为困难，根本无力支付巨大的战费，各省督抚只好自想办法，这叫作"就地筹饷"。于是劝捐的、出卖官衔的，八仙过海，各显神通。而最有效也为后来长期应用的办法，是厘金。而所有这些新办法，其实行者、经手者，都是督抚。钱既是督抚筹来，便也就归督抚自己用，最多向朝廷报告一个数目，至于这些数目确切与否，那就只有天知道了。问题还不到此为止，钱由督抚筹，督抚对地方财政的控制权越来越大，而布政使渐渐地实际上变成了督抚的属员。

第二说用人权的下移。

太平天国所到之处，清朝地方政权随之瓦解，而在紧张的军事斗争中，清廷已不能再坚持实行以往的让地方官员互相牵制的政策。所以任命督抚以下的官员，多由督抚自己推荐。久而久之，地方上管用人和财政的布政使、管司法的按察使，甚至管兵的提督，都事实上成了督抚的属员。而这些职位本来是分割督抚权力、防范督抚不轨行为的。随着湘军作战的成功，随着湘军统帅和将领出任各省督抚，便把这种新的惯例带到了各省。不仅督抚自己所在的省份的官员由自己推荐，曾国藩任两江总督的时候，清政府任命江苏巡抚、江西巡抚、安徽巡抚，甚至闽浙总督、两广总督，都要征求曾国藩的意见。曾国藩确实发现和提拔了大批人才，但由他一个人荐引的地方官遍及全国，形成了湘淮系的大网络，却是大清朝以前所从未有过的。即以曾国藩去世的同治十一年（1872）为例，直隶总督李鸿章、两江总督曾国藩、陕甘总督左宗棠、湖广总督李瀚章、浙江巡抚杨昌浚、江西巡抚刘坤一、广西巡抚刘长佑（原曾任直隶总督）、稍后任江苏巡抚的张树声，都出自湘淮系。几乎占了各行省的一半。曾国藩已经意识到这种情况的危险性，他也为此感到不安。慈禧太后和恭亲王奕䜣发动北京政变后，命曾国藩节制四省军务，曾国藩不敢应命，上奏说："臣一人权位太重，恐开斯世争权竞势之风，兼防他日外重内轻之渐。机括甚微，关系甚大。"

曾国藩虽对内轻外重的趋势抱有警惕，但要办事，特别是生死互搏的战争，又必须一定程度集中权力，并且战区各将帅和地方官需要密切配合，所以曾国藩还是需要自己得心应手的人做下属。曾国藩初任两江总督时，胡林翼叫他"包揽把持"，用意正是在此。曾国藩虽说不敢包揽把持，但几年之内，江苏、安徽、江西、浙江的巡抚、布政使还是换上了湘系人物。如此形成的督抚用人权的坐大，曾国藩即便警惕并有意避免也是无可奈何，因为现实残酷的战争需要如此。

第三是军权的下移。

咸丰朝以前，按规定地方督抚有统帅本省军队之权，但又有提督分割其军权。而有大规模战事的时候，朝廷一般会从中央直接派统帅领兵作战，战费也由中央直接拨给。所以督抚控制军队的权力也就十分有限，一般恐怕只是直属于督抚的"督标"、"抚标"数营而已。但自湘军兴起以后就不同了，兵由自己招，将由自己选，督抚的军权大大增加。罗尔纲先生所说的"兵为将有"，因为后来这些将大多变为督抚，所以事实上也就变成"兵为督抚有"。

就这样，经过太平天国一役，湘淮军的成长，地方督抚的权力大大增加，用人权、财权、军权合一。从前藩镇割据的现象逐渐显现出来。如前文所述，赵烈文在与曾国藩谈话的时候，将这种趋势直截了当地说了出来。并认为这种趋势将导致清朝垮台后"方州无主，各自为政"的局面。

地方督抚权力的逐渐扩大，不仅对地方事务的发言权和控制大大增加，而且对中央事务的发言权也大大增加。光绪二十四年（1898）戊戌变法失败后，慈禧太后及其围绕在她身边的保守势力，企图废黜光绪皇帝。时任两江总督的湘军领袖刘坤一立即表示反对，他说："君臣之义已定，中外之口难防。"这话虽然委婉，但意思则非常坚决：我只认光绪皇帝是我的皇帝，如果换个别人当皇帝，别说我刘坤一不承认！保守派当时虽然立了个大阿哥，但没有敢公然废黜光绪帝，与刘坤一的坚决反对有一定关系。因为刘坤一不只是一个人，他背后有还具备一定势力的湘系以及与湘系曾经关系密切的淮系。地方督抚的权大了，中央的权当然就小了。光绪二十六年（1900），八国联军进军京津，清廷与联军交战，也是两江总督刘坤一，联合当时的湖广总督张之洞、两广总督李鸿章，实行"东南互保"，不听朝廷交战上谕，在他们的辖区与各国维持和平。所以八国联军入侵，战争只限于直隶省和俄军出兵占领的东三省，其他省份都维持和平状态，使这年的战争变成了局部战争。而在联军从天津向北京进攻的一段时间里，不仅地方对中央抗命不遵，而且刘坤一和张之洞成了事实上的全国的核心，在是否与联军交战的问题上，各省多听命于他们。事情过后，清廷不但没有责怪刘坤一和张之洞，反倒表扬这些抗命不遵的督抚。而这一切，可以说是从曾国藩和湘军开始的。他本想维护清王朝，但客观上却在无意之中削弱了清廷的权威，为后来清廷的垮台埋下了种子。

内轻外重局面是否可以挽回呢？太平天国和捻军起义失败后，晚清革命党兴起之前，有三十多年的国内和平环境，假如清廷有能力，也许可以收回这些权力。但是，清政府已经没有这个能力了。晚清最后十年，清政府在新政改革中，曾试图削弱督抚手中的权力，反而加剧了中央朝廷与地方督抚的矛盾，加速了清朝的灭亡。

二 满汉力量对比的变化

清朝是以少数民族满族入主中原的，自入关以来，满族在政治上一直占有特殊的地位，宣称各族人民一体对待，满汉一家。虽然它实行过残酷的文字狱，但也下功夫拉拢汉族读书人。

但清政府为了维护它的统治，在设官任职上还是给予满族以非常多的特权，使它的政权带有民族征服的色彩。在中央,军机大臣、大学士、各部尚书侍郎,名义上满汉平分,但从来都是以满族人为主。比如第一次鸦片战争时期,军机大臣六七人不等,但为主的是满族的穆彰阿。咸丰年间,军机大臣常有变动,但咸丰帝最信任的是有皇族血统的肃顺。

在地方,巡抚容或汉族大臣占多数,但权势比巡抚高的总督向来是满族占多数。近代史上,除光绪三十三年(1907)以后东北三省改为行省也设总督外,一般是八个总督(漕运和河道总督除外)。第一次鸦片战争开始的道光二十年(1840),八大总督中满族占了五个,只有三个汉族总督,即两广林则徐、闽浙邓廷桢、湖广周天爵。而镇守京畿的直隶总督,向来由满族人担任。根据钱实甫先生编的《清季重要职官年表》,从道光十年(1830)到同治二年(1863)湘军大将刘长佑任直隶总督,三十三年里只有一年多由汉族官员谭廷襄任直隶总督,其余三十一年全由满、蒙古族人担任。但是,湘淮军的兴起大大改变了这种情况。因为腐败的八旗和绿营无力抗拒太平天国,满族的督抚又没有人也不可能训练出新的足以对抗太平军的军队,地方督抚的位子便只好逐渐让给湘淮军领袖。

按罗尔纲先生的统计,自湘军兴起以来,湘军系统官至督抚的达二十六人(总督十三人,巡抚十三人),其中著名的有:胡林翼、曾国藩、李鸿章、左宗棠、江忠源(官至安徽巡抚)、李瀚章(湖广总督)、刘长佑、杨岳斌(杨载福,官至陕甘总督)、郭嵩焘(曾任广东巡抚)、曾国荃、沈葆桢(官至两江总督)、刘坤一、刘蓉(官至陕西巡抚)、李续宜(官至安徽巡抚)、李兴锐(官至两江总督)、刘锦棠(新疆建省后第一任巡抚）等。其实罗先生的统计还有遗漏的，如官至两江总督的魏光焘也是湘军出身。这些湘军系统出身的督抚，逐渐取代了原来满族督抚的位置，而且其权势比原来的满族督抚要大得多。我们比较一下太平天国被镇压以后的八大总督，就可以明显看出满汉势力的消长。如同治四年（1865），也就是太平天国灭亡后一年，直隶总督刘长佑、两江总督曾国藩、陕甘总督杨岳斌、闽浙总督左宗棠都是湘军系统的；另外还有两个与湘军关系密切的四川总督骆秉章、两广总督毛鸿宾；此外云贵总督劳崇光不是湘系，但又恰好是湖南人；只有湖广总督和接替毛鸿宾任两广总督的瑞麟两人是满族。以后各年变动不同，但大体如此。而光绪十六年（1890）至光绪十九年（1893）四年中，八大总督竟全由汉族担任，这在湘淮军兴起以前是不可想象的。

总之，湘淮军兴起以后，中央朝廷仍然是满族官员把持权力，但地方上已是汉族占优势。

本书前面已指出，清代一直让满族不事生产，过着寄生生活。最初清廷的设想是借此制度让满族人保持过去那种人人皆兵的制度和习惯，以便控驭全国。但是这样做的后果却事与愿违，不事生产的八旗子弟不但没有保持昔日祖先的那种勇武剽悍，甚至连基本的求生能力都大大倒退了，而满族的人才也就渐渐减少以至枯竭。清代开国的几个皇帝，康熙帝雄才大略，雍正帝精明强干，乾隆帝富有才华。但是后面的皇帝就不行了：嘉庆帝是个守成皇帝。道光帝不仅守成而且过于谨慎，而他的勤俭也变成了吝啬。曾国藩开始办湘军时的咸丰帝则庸庸碌碌，他一生只守着两个原则，即不给汉人以大权，不与外国人交往，结果不给汉人大权却最后被迫任命曾国藩为两江总督钦差大臣，不与外国人交往却又被迫签订《天津条约》和《北京条约》，允许各国公使驻京。咸丰帝以后的同治帝和光绪帝，不过是慈禧太后手中的傀儡而已，都是一个比一个退化。君主既然如此，清代又有特殊的情况，就是满族的特权导致了满族的退化，一代不如一代，就如同历朝历代皇族的特权导致皇族人才退化一样。曾国藩在世的时候，恭亲王奕䜣总还算是个人才，他比较明了世界大势，支持曾国藩、李鸿章等办新式企业，他自己也主持创办了同文馆。但是以后的满族贵族们，不仅人才少有，就算找一个不贪财纳贿的都已经非常难得了，更不用说能够应付近代中国面临的这种"数千年未有之变局"（李鸿章语）了。所以，清廷即使想改变内轻外重的局面，改变汉族督抚占多数的状况，也没有适当的人才能够担当重任，可谓心有余而力不足。

总之，湘淮军的兴起带来了满汉势力的消长变化，而这一变化也直接影响到清廷的命运。到清朝存在的最后几年，反满革命思潮兴起，不免也影响到汉族官员，清政府中满汉矛盾也尖锐起来，满汉矛盾中又夹杂着中央与地方的矛盾。等到武昌起义爆发，汉族督抚很少再像湘淮军那样为清廷卖命，有的甚至直接宣布加入革命阵营。所以辛亥革命时革命军却能在不到半年时间内迫使清廷宣布退位，清政府中汉族督抚势力的增长和满汉矛盾也起了重要的作用。这满汉力量的变化又是从湘军开始的。曾国藩可谓种瓜得豆。

三　湖湘文化之传承

上面说的基本是政治层面的影响。剿灭太平天国、开启近代化之路、使军制大变、内轻外重局面形成、满汉力量对比变化，都可以说是政治层面的。曾国藩的影响决不限于这些。他的思想理念，他的政治风格，他的道德追求，他的行事作风，都给后世留下了不小的影响。

所谓曾国藩对湖湘文化的影响，那便是湖湘文化的传承。本书开篇曾说过，清中叶以后，湖南经济有了较大的发展，而人才也逐渐兴盛，但湖南人才真正崛起而执天下之牛耳，曾国藩和湘军的影响，实为最大的原因。

在曾国藩的时代，中国分为十八行省，另外有东北三省、新疆、青海、西藏、蒙古（当时的蒙古包括今天的内蒙古和已经独立出去的蒙古国）等地，算是特别行政区。疆域如此广大，各地语言、文化、风俗习惯相差很大。各地的人民对自己省份出现的大人物都有一种自豪感，而本省人对本省的著名人物关注也就格外地多。正是这个原因，曾国藩对湖南当地的影响，也会比别的省多些。如黄兴去世后，有位朋友叙述他在两湖书院读书时的情形说：

克公（黄兴号克强——著者）喜读曾公诗文，案头尝庋置一编，暇时辄为翻阅。语人曰：曾某之志，虽与我不同，然治己之严，吾直宜奉以为法云云。于此可见其心服湘乡之深矣。又尝与友人某君书有曰：不能制一己者，必不能治人，亦必不能治事。足下疏狂放纵，自是英雄本色，然兴独不取也云云。按此种议论，亦自读

曾集得来者也。(《黄克强先生荣哀录》)

即便是后来在中国大陆曾国藩成了被否定批判的人物，湖南仍有许多人在悄悄读曾国藩的书。

那么，曾国藩给湖湘文化留下了什么影响呢？

第一，湖南人特别是读书人更加关心政治，关心国家的前途命运，所谓身无分文，心忧天下，就是这种状况的写照。同时湖南读书人更充溢着以天下为己任的精神，大有天下兴亡一身担的气概。

本书第二章曾经说过，在曾国藩以前，湖南的读书人就自成风气。当全国的读书人几乎都沉浸于朴学之中、远离现实政治的时候，湖南读书人一直以理学为依归，同时却又摒弃理学空疏的一面，而主张注重现实，经世致用。经过陶澍、贺长龄、魏源等人的提倡，湖南读书人经世致用的风气更浓。而曾国藩、胡林翼、左宗棠、罗泽南、江忠源等人几乎就要脱颖而出，太平天国的起义给了他们大展身手的机会。

太平天国自广西起义，纵横十余省，普天下几乎无人能敌。而湘军崛起，却能节节进攻，东征西讨，扫平大难，直以一省而担当天下。王闿运撰《湘军志》时，便曾自豪地说：

> 湘军则南至交趾，北及承德，东循潮、汀，乃渡海开台湾，西极天山、玉门、大理、永昌，遂度乌孙，水属长江五千里，击柝闻于海。自书契以来，湖南兵威之盛，未有过此者。

湘军与那时八旗绿营行伍出身不同，它的军官尤其是高级军官多为读书人。随着战争的胜利，随着湘军将领担任各地的总督、巡抚、提督、布政使、按察使等职，湖南人的自豪感更加强烈。湖南读书人以天下为己任的精神，便由曾国藩、胡林翼、左宗棠等人强化并传将下来。

自第一次鸦片战争以后，中国屡遭列强的侵略和欺辱。到十九世纪末二十世纪初，帝国主义列强更屡屡掀起瓜分中国的浪潮。而光绪三十年（1904），日本、沙俄两个国家，竟公然在中国的领土（东北）上厮杀起来，打仗的目的却是为了争夺对中国东北三省和中国从前的藩属国朝鲜的控制权。中国很多人担心中国就此被列强瓜分，而湖南人却是越遇困难越敢斗。维新运动的健将谭嗣同有一句诗，说是："万物昭苏天地曙，要凭南岳一声雷！"王闿运的弟子杨度在《湖南少年歌》中写道：

> 中国如今是希腊，湖南当作斯巴达；中国将为德意志，湖南当作普鲁士。诸君诸君慎如此，莫言事急空流涕。若道中华国果亡，除非湖南人尽死！

斯巴达是古希腊极为强悍尚武的城邦；普鲁士则在普法战争中击败强大的拿破仑三世，取得了德国的统一，从此德国一跃而成为世界强国之一。湖南就是斯巴达，湖南就是普鲁士，只要有一个湖南人在，中国就决不会亡！这是何等的气魄！比起古时"楚虽三户，亡秦必楚"的豪言壮语，实有过之而无不及。湖南人固然颇为自负，但偏偏别的省的人也对湖南人寄予相当大的希望。新文化运动领袖、中国共产党创始人陈独秀在 1920 年时写过一篇名为《欢迎湖南人的精神》的文章，其中写道：

> 湖南人底精神是什么？"若道中华国果亡，除非湖南人尽死！"无论杨度为人如何，却不能以人废言。湖南人这种奋斗精神，却不是杨度说大话，确可以拿历史证明的。二百几十年前底王船山先生，是何等艰苦奋斗的学者！几十年前底曾国藩、罗泽南等一班人，是何等"扎硬寨"、"打死仗"的书生！黄克强（即黄兴）历尽艰难，带一旅湖南兵，在汉阳抵挡清军大队人马；蔡松坡带着病亲领子弹不足的两千云南兵，和十万袁军打死战，他们是何等坚忍不拔的军人！

第二，曾国藩等强化的湖南人特别是读书人重政治、以天下为己任的习性和精神，造成了湖南人才极盛的状况。完全可以这样说，自湘军出征以来，湖南人才辈出，为诸省之冠。著名史学家谭其骧曾说过："清季以来，湖南人才辈出，功业之盛，举世无出其右。"

如果把曾国藩及其为首的湘系集团算作近代湖南的第一代人才群的话，那么以后还有几代人才群相继出现，都对中国的历史产生了深远的影响。

甲午战败以后兴起维新运动，湖南也兴起了近代的第二代人才群。这人才群里以谭嗣同最为光辉灿烂，他的《仁学》大气磅礴，特别是其中猛烈批判君主专制制度、抨击清朝统治的激进思想，影响了后来的整整一代人。谭嗣同从容就义，以自己的鲜血唤醒国人的精神，更激励青年士子奋起救国。读他的书、受他牺牲精神鼓舞的青年人，大多转向了反清革命。当时远在四川的邹容，小小年纪就崇拜谭嗣同，他甚至写诗说"赫赫谭君故，湖湘士气衰"。邹容后来写成《革命军》，这部带有年轻人激情的小册子，成为清末最有影响的革命宣传品。除了谭嗣同外，维新时代还有时务学堂的校长熊希龄、发动自立军起义的谭嗣同的好友兼浏阳同乡唐才常等，他们配合倾向改革的湖南巡抚陈宝箴、署按察使黄遵宪、学政江标及继江标的徐仁铸，再加上从广东应聘到湖南任时务学堂中文总教习的梁启超等人，办学堂、办报纸、办南学会等，使湖南成为维新时代最有生气的一个省份。

第三代人才群是在辛亥革命时期。革命党同盟会的最高领袖是孙中山，但是在他周围与他一道奋斗的同盟会的著名领导人，最多的是湖南人。黄兴，湖南善化（今长沙）人，是同盟会中声望地位仅次于孙中山的革命领袖，他自幼受曾国藩的影响，主张笃实践履。同盟会历次发动的反清武装起义，几乎都是黄兴亲临指挥。所以革命党中有"孙文（即孙中山）理想，黄兴实行"的说法。尤其是黄花岗起义，由黄兴亲自率领，此役虽然牺牲了革命党的大批精英，但革命党人那视死如归的精神，大大激励了全国人民。黄花岗起义后不到半年，武昌起义发生，清政府终于垮台。宋教仁，湖南桃源人，擅长组织。黄花岗起义失败后，他在上海迅速组织起同盟会中部总会，从长江流域下手发动革命，对推动武昌起义做出了重要贡献。民国初年，他运用自己的组织能力，组织成国民党，与袁世凯的北洋官僚军阀对抗。陈天华，湖南新化人，自幼家贫，而熟读民间流行的弹词、唱本等作品，后来留学日本，便仿效这些民间作品的笔调，以极为通俗流畅的笔法，写成《猛回头》《警世钟》等革命宣传品，这两部小册子与邹容的《革命军》齐名。同盟会中湖南籍的重要领导人，还有谭人凤、蒋翊武、焦达峰、杨毓麟等等。有意思的是，辛亥革命前后，中国政坛上的各个政治派别中都几乎活跃着湖南人。熊希龄，原为维新时的时务学堂校长，善于处理实际事务，辛亥革命时政治观点接近立宪派，当过民国政府财政总长、国务总理。蔡锷，是时务学堂最小的学生，梁启超最出色的弟子之一，戊戌变法失败后赴日留学，他的政治倾向介于革命党和立宪派之间。1915 年，袁世凯图谋复辟帝制，蔡锷在云南奋臂而起，护民国，反帝制，全国响应，粉碎了袁世凯的帝制。主张君主立宪、为袁世凯复辟鸣锣开道的湘潭人杨度，也是一个极有才华的人，当年他在日本留学，几乎是中国留日学生的中心，他的宿舍有留日学生俱乐部之称。所以孙中山组织同盟会的时候，极想争取杨度入会，杨度当时认为救国须君主立宪，于是与孙中山约定：将来如果事实证明你的救国办法对，我再跟随你。后来帝制失败，杨度在经过痛苦的反思后，果然在孙中山极为困难的时候，选择了追随孙中山，后来又加入中国共产党。

近代湖南的第四代人才群体，就是以毛泽东为首的中国共产党人。毛泽东，湘潭韶山人；刘少奇，宁乡人；胡耀邦，浏阳人；彭德怀，湘潭人。这些重量级的人物，读者都很熟悉，著者不必多作介绍。中华人民共和国成立后，在第一届中央人民政府的五十二名领导人中，湖南籍有十人。

1955 年中国人民解放军授军衔时，十大元帅中，湖南籍有三人（彭德怀、贺龙、罗荣桓）；十位大将中，湖南籍六人。所谓"惟楚有才，于斯为盛"，真切地反映了近代湖南人才的盛况。到了毛泽东一代中国共产党人，达到了高潮。可以说是群星璀璨，光耀四方。

但是湖南人才也有一个特点，那就是政治家、军事家多，而经济上的实业家少，这与湘军兴起以来湖南读书人偏重政治的传统密切相关。近代以来湖南籍实业家全国著名的，只有我国化工工业奠基人范旭东一个，这比起江浙、广东来，实在要少得多。

近代的湖湘文化还有一个特点，就是一时保守，一时激进，这种情形有时甚至体现在同一个人身上。这与湖南的地理位置有关。湖南地处新思想从沿海输往内地的孔道，同时又当内地古老的旧文化抵御外洋文化的孔道，所以新旧斗争非常激烈，再加上湖南人激烈的个性，往往走极端，一阵激进，一阵保守。这一点，曾国藩与湘军的影响也大有关系。曾国藩是抱着保卫圣教的目的出山与太平天国作战的，他在《讨粤匪檄》中，骂太平天国"窃外夷之绪，崇天主之教"，说是"举中国数千年来礼义人伦、诗书典则，一旦扫地荡尽"，他要读书人"赫然愤怒，以卫吾道"。可正是曾国藩自己，在现实的逼迫和他求实的观念之下，改变了他最初的誓言。他创办了最早的近代学习西洋制造方法的军工企业安庆内军械所；又与李鸿章一起，创办了当时最大的机器生产的军工企业江南制造总局；在江南制造局内添设翻译馆；又亲自主持派出了近代中国第一批政府派出国的官费留学生。这些行动不能算是对圣教的真正背叛，却明显地"以夷为师"，把圣教要维护的那完整的旧制度的天捅破了。因为按孔孟圣教来说，自古都是用夏变夷的，绝没有用夷变夏的。而且既然学了外洋的科学技术，外洋的政教制度、思想文化自然也会跟着传进来。

湘军是跟着曾国藩出去保卫圣教的，所以曾国藩以后，湖南有一段时期相当保守，而随着曾国藩出去做了官的湖南人却有很多成了倡导学习西方科技的洋务派。曾国藩自己是，左宗棠也是，曾国藩的老朋友郭嵩焘和曾国藩的儿子曾纪泽则比他们走得更远，甚至连外洋的政治制度、文化思想也想学。湘军打败太平天国以后的一段时间，湖南的保守是出名的。中日甲午一战，湘军参战败北，湖南人的自尊心大受刺激，于是湖南风气大变，湖南的读书人与当时在湖南的几位开明官吏一道，轰轰烈烈地开展了维新运动，使湖南成为维新运动中最有朝气的一省。

四　青年毛泽东："独服曾文正"

毛泽东青年时代非常佩服曾国藩。他说他在近人中，只佩服曾文正公，而孙中山、袁世凯、康有为都逊色，原因是这些人缺少思维和哲学、伦理深处的"大本大源"。

毛泽东之所以对曾国藩感兴趣并受到他的影响，可能更多的是受到他的老师后来又是岳父的杨昌济先生的影响。

杨昌济（1871—1920），字怀中，长沙人。他光绪二十九年（1903）出国，在日本留学六年，在英国留学三年，又到德国考察九个月。1913年回国以后，他谢绝了省方要他当教育司长的邀请，而是在湖南第一师范等学校任教。

杨先生在伦理学、哲学、教育学各方面，都有很高的造诣，他虽然长期在国外留学，但他重视的，仍为中国的传统文化，并奉程朱理学为正宗。杨先生极为欣赏曾国藩，他从朋友那里借来曾国藩的日记、书信集，共四十巨册。杨先生不厌其烦，竟将曾国藩日记中他感兴趣的地方全部抄下来。他在1914年8月26日的日记中写道："仍抄曾文正公日记，欲在一月以内抄完，亦文正一书不完不看他书之意也。"

与此同时，杨先生也使他的学生与他一样对曾国藩这位乡贤感兴趣。在杨先生的教导下，毛泽东仔细研读了曾国藩的著作。有一段时间，在毛泽东的读书笔记中，给朋友的书信里，几乎是充满了曾国藩。我们可以想象，他与杨先生、与朋友之间的谈话，大概也充满了关于曾国藩的内容。现在湖南韶山毛泽东纪念馆还收藏有数卷毛泽东当年读过的《曾文正公家书》，家书扉页上有毛泽东写的"咏芝珍藏"。"咏芝"即毛泽东的号。

那么，毛泽东究竟在哪些方面受了曾国藩的影响呢？

著者以为，经由杨昌济而使毛泽东受曾国藩的影响的，主要有三个方面：一是农家子弟也可立志做一番大事业。这大事业，既救世，也实现自己的人生价值。当自强不息，为此目标而奋斗。二是笃实践履的作风。三是追求大本大源，也就是哲学伦理道德的最终探求。

先说第一个方面。杨昌济在1915年4月5日的日记中写道："毛生泽东，言其所居之地为湘潭与湘乡连界之地，仅隔一山，而两地之语言各异。其地在高山之中，聚族而居，人多务农，易于致富，富则往湘乡买田。风俗纯朴，烟赌甚希。渠之父先亦务农，现业转贩，其弟亦务农，其外家为湘乡人，亦农家也，而资质俊秀若此，殊为难得。余因以农家多出异材，引曾涤生、梁任公之例以勉之。"在杨老师的心目中，他的几个学生毛泽东、蔡和森、萧子升都是这样的"异材"。实际上，毛泽东的心目中也以异材自许，年轻时便有做一番大事业的想法。早在湘乡东山高等小学堂读书的时候，他就录了一首诗给他的父母，诗中写道：

> 孩儿立志出乡关，学不成名誓不还。
>
> 埋骨何须桑梓地，人生无处不青山。

这首诗相传是日本明治维新雄杰西乡隆盛所作（实际上此诗是僧人月照所作。见竹内实著《毛泽东》，日本东京岩波书店 1989 年版，第 34 页。），原诗中"孩儿"为"男儿"。这表明从到东山小学起，毛泽东就有心做一番大事业，就如同曾国藩年轻时一样。经过杨先生的鼓励，毛泽东做大事业的志向便更为坚定。

第二说笃实践履方面。讲求实际，实事求是，本是传统儒家的思想风格，只是宋明理学将这一传统变了形。理学极度强调内心的修养，强调做圣人，却忘了讲实际，讲事功。不过，如本书第二章所说的，在讲求人格修养、做圣人功夫的同时，又强调经世致用，讲求实际，本是湖南相传已久的学风。这学风经过曾国藩和湘军领袖们的光大，湖南士人强调笃实践履，重政治的风气更为浓厚，所以政治、军事人才辈出，在各省中可谓无与伦比，这在前面已经说过。

在毛泽东的学习笔记《讲堂录》中，有一段录有曾国藩日记中的话：

> 涤生日记，言士要转移世风，当重两义：曰厚曰实。厚者勿忌人；实则不说大话，不好虚名，不行架空之事，不谈过高之理。

笔记接着解释说：

> 不行架空之事　福泽谕吉有庆应大学，以教育为天职，不预款、均利。福氏于学擅众长，有诲人不倦之志。
> 不谈过高之理　心知不能行，谈之不过动听，不如默尔为愈。

这段曾国藩的话，来自其咸丰十年九月二十四日（1860年11月6日）日记，原文是："与作梅（陈鼐）鬯谈当今之世，富贵固无可图，功名亦断难就，惟有自正其心以维风俗，或可补救于万一。所谓正心者，曰厚，曰实。厚者，仁恕也。己欲立而立人，己欲达而达人，己所不欲勿施于人。存心之厚如此，可以少正天下浇薄之习。实者，不说大话，不好虚名，不行架空之事，不谈过高之理。如此可以少正天下浮伪之习。"

曾国藩在做京官期间，就对社会实际和从事实际政治的学问下过功夫考究。曾国藩年谱作者也说他"其在工部，尤究心方舆之学，左图右书，钩校不倦，于山川险要、河漕水利诸大政，详求折中"。毛泽东了解社会实际，比曾国藩更进了一步。曾国藩虽出身农家，但做了官以后，就只能从书本上，从日常接触中，从朋友那里了解社会。毛泽东则特别喜欢直接做社会调查。在湖南第一师范读书期间，1917 年的暑假，他与好友萧子升一同步行千里，到长沙、宁乡、安化、益阳、沅江几个县做社会调查。他们没有钱，靠的是在沿途几乎是靠乞讨方式获得的资助。当然毛泽东也非常喜欢司马光主编的《资治通鉴》，从对历史经验的探索中吸取治国的政治智慧，这与经世派的做法相当一致。

第三说对大本大源的追求。传统儒家的最高境界为内圣外王。说的是一个人一生须有足以傲人的事功，这便是外王。但是光有事功还不行，这人的道德修养、思想境界，以及思想学问的影响力，也须有高人之处，这便是内圣的工夫。按照儒家的最高标准来说，这两者缺一不可。毛泽东在《讲堂录》中记过宋代理学家张载著名的一段话，可以作为内圣的注脚，这便是："为天地立心，为生民立道，为往圣继绝学，为万世开太平。"他在这段话后面还做了解释："为生民立道，相生相养相维相治之道也；为万世开太平，大宗教家之心志事业也。"换句话说，就是政治领袖同时又须是精神领袖。而做思想领袖，往往比政治领袖还要难，但是一旦成为思想领袖，他的影响就不止一代。所以《讲堂录》里接着解释道："帝王一代帝王，圣贤百代帝王。"

毛泽东在青年时代，非常推崇曾国藩，也把曾国藩的文集读得非常熟。在《致黎锦熙信》中，他认为当现今之世，要改造社会，改造国家，必须具有"大本大源"，其他如议会、宪法、总统、内阁、军事、实业、教育，都是枝节。所谓"大本大源"，就是"宇宙之真理"，也即哲学、伦理学。以大本大源为号召，天下之心必动；天下之心既动，天下事没有不可为的。天下事皆可为，那么国家的富强幸福都是可以办到的。那么，什么样的人具有"大本大源"呢，就这一点来讲，毛泽东说，近人中他最佩服曾国藩。毛泽东写这封信是在1917年，时年二十四岁：

> 今之论人者，称袁世凯、孙文、康有为而三。孙、袁吾不论，独康似略有本源矣。然细观之，其本源究不能指其实在何处，徒为华言炫听，并无一干树立、枝叶扶疏之妙。愚意所谓本源者，倡学而已矣。惟学如基础，今人无学，故基础不厚，时惧倾圮。愚于近人，独服曾文正，观其收拾洪杨一役，完满无缺。使以今人易其位，其能如彼之完满乎？（《毛泽东早期文稿》）

> 鬻熊开国，稍启其封。曾（国藩）、左（宗棠）吾之先民，黄（兴）、蔡（锷）邦之模范。（《毛泽东早期文稿》。又"鬻熊"为楚国先祖。湖南在春秋战国时为楚国地——《文稿》原注）

在毛泽东的读书、听课笔记《讲堂录》中，写道：

> 有办事之人，有传教之人。前如诸葛武侯（诸葛亮）范希文（范仲淹），后如孔（子）孟（子）朱（熹）陆（九渊）王阳明等是也。

> 宋韩（琦）范（仲淹）并称，清曾左并称。然韩左办事之人也，范曾办事而兼传教之人也。（《毛泽东早期文稿》）

被毛泽东打败的对手蒋介石也对曾国藩非常感兴趣，他认为在举国混乱，外患当头的情况下，要救国复兴，必须效法曾国藩。

> 满清道（光）、咸（丰）年间，曾（国藩）、胡（林翼）、左（宗棠）、李（鸿章）之流，亦以转移风气为己任。曾文正行法主刚，而用人则重血性，尚器识。其于学术思想，则兼取宋学与汉学，而归本于至诚；其立身行事，则本于"慎独、主敬、求仁、习劳"的精神。故湘军、淮勇的成功，当然不是偶然的。（《中国之命运》）

五　对曾国藩的评价

曾国藩无疑是后人最感兴趣的历史人物之一。但是，由于人们所处的时代、立场、观点和思维方式等等方面的不同，对于历史人物的评价和认识，会有很大的不同。称赞他的，说他是中国最杰出的人物，中国文化的优秀代表；批评他的，指他为民族罪人，甚至说他是"汉奸"、"刽子手"。

不管对曾国藩如何评价，他都是个令人感兴趣的人。不仅政治家、军事家要了解他，总结他留下的政治、军事经验，他的这份有用的遗产；文学家对他那洋洋洒洒、自成一家的文章感兴趣；教育家对他的教育子女后代的思路感兴趣。到如今，独生子女成为中国最普遍的现象，独生子女的家长们对曾国藩如何治家、如何教育子女很感兴趣，要知道古往今来达官贵人的后代不出败家子、不出纨绔子弟的很少，可偏偏曾国藩的后代没有败家子，没有纨绔子弟。曾国藩的后代虽然事业没有做到曾国藩那样大，但出色的外交家、教育家、政府官员、科学家、诗人、学者则着实不少，曾国藩教育子女的经验实在值得总结、值得学习。

自曾国藩去世直到现在，到底有多少政治家、军事家、学者对曾国藩作出过评论，已经难以统计。这里只选一些重要的、令人感兴趣的评论，提供给读者。

说到后人对曾国藩的评论，我们当然要从曾国藩死后清廷的评价开始。曾国藩平灭太平天国，对于清廷来讲，完全可以当得上"救命恩人"四个字。

那时的习惯，凡够得上级别的大臣去世，朝廷都要专下一道谕旨，为这大臣取一个谥号，并且有一份官方的盖棺定论式的评价。清廷的这道上谕是二月十二日（1872 年 3 月 20 日）也就是曾国藩死后八天颁布的，给曾国藩的谥号是"文正"，这在清代对官员是最高的谥号。以同治皇帝名义发布的上谕中说：

> 大学士两江总督曾国藩，学问纯粹，器识宏深，秉性忠诚，持躬清正。由翰林院蒙宣宗成皇帝（即道光——著者）特达之知，洊升卿贰。咸丰年间，创立楚军，剿办粤匪，转战数省，迭著勋劳。文宗显皇帝（咸丰——著者）优加擢用，补授两江总督，命为钦差大臣，督办军务。朕御极后，简任纶扉，深资倚任。东南底定，厥功最多。江宁之捷，特加恩赏给一等毅勇侯，世袭罔替，并赏戴双眼花翎。历任兼圻，于地方利病，尽心筹划。老臣硕望，实为股肱心膂之臣。方冀克享遐龄，长承恩

眷，兹闻溘逝，震悼良深。

曾国藩著追赠太傅，照大学士例赐恤，赏银三千两治丧，由江宁藩库发给。赐祭一坛，派穆腾阿前往致祭。加恩予谥文正，入祀京师昭忠祠、贤良祠，并于湖南原籍、江宁省城建立专祠。其生平政绩事实，宣付史馆。任内一切处分，悉予开复。应得恤典该衙门察例具奏。灵枢回籍时，著沿途地方官妥为照料。其一等侯爵即著伊子曾纪泽承袭。

曾国藩幕僚何璟，替他办理营务处。曾国藩去世的时候，何璟任江苏巡抚，曾国藩去世的消息由他报告清廷，并暂时署理两江总督。他在奏陈曾国藩事迹时说：

臣与曾国藩相从日久，相知颇深。灼见其立功之伟，胥本于进德之勤。其生平尽瘁报国，克己省身，器识过人，坚贞自矢，不特今世所罕见，即方之古贤臣，盖亦未遑多让。

（曾国藩）当成败绝续之交，持孤注以争命；当危疑震撼之际，每百折而不回。盖其所志所学，不以死生常变易也。

何璟还说，曾国藩的事功，实在是超过了唐代平定安史之乱的李光弼、郭子仪，超过了宋代经营西北的韩琦、范仲淹。

比何璟稍后，李瀚章也上了一折。李瀚章即李鸿章之兄，长期为曾国藩办理粮台，可以说是湘军的财政部长。曾国藩死时，李瀚章任湖广总督。奏折中说：

曾国藩识力之坚毅，志虑之忠纯，持躬之谨慎，久在圣鉴之中……闻曾国藩初入翰林，即与已故大学士倭仁、太常寺卿唐鉴、徽宁道何桂珍讲明程朱之学，克己省身，得力有自。遭值时艰，毅然以天下自任，忘身忘家，置死生祸福、得丧穷通于度外，其大端则在以人事君。晋接士类，能决其人之贤否，推诚布公，不假权术，故人乐为之用。其过人之识，力在能坚持定见，不为浮议所摇。其深识远略，公而忘私，尤有古人所不能及者。

薛福成，是曾门四大弟子之一，长期任曾国藩的幕僚，曾死后又进入李鸿章幕府，著《筹洋刍议》一书，后来曾为驻外公使。由于薛福成主张改革，发展工商业，实行君主立宪，因此被当今的历史学家称为"早期启蒙思想家"。曾国藩去世后，薛福成评价曾国藩培养人才说：

自昔多事之秋，无不以贤才之众寡，判功效之广狭。曾国藩知人之鉴，超轶古今，或邂逅于风尘之中，一见以为伟器，或物色于形迹之表，确然许为异材。平日持议，常谓天下至大，事变至殷，决非一手一足之所能维持。故其振拔幽滞，宏奖人杰，尤属不遗余力。尝闻江忠源未达时，以公车入都谒见，款语移时，曾国藩目送之曰："此人必名立天下，然当以节烈称。"后乃专疏保荐，以应求贤之诏。胡林翼以臬司统兵，隶曾国藩部下，即奏称其才胜己十倍。二人皆不次擢用，卓著忠勤。曾国藩经营军事，卒赖其助。其在籍办团之始，若塔齐布、罗泽南、李续宾、李续宜、王鑫、杨岳斌、彭玉麟，或聘自诸生，或拔自陇亩，或招自营伍，均以至诚相与，俾获各尽所长。内而幕僚，外而台局，均极一时之选。其余部下将士，或立功既久而浸至大显，或以血战成名，临敌死绥者，尤未易以悉数。最后遣刘松山一军入关，经曾国藩拔之列将之中，谓可独当一面，卒能扬威秦陇，功勋卓然。曾国藩又谓，人才以培养而出，器识以历练而成。故其取人，凡于兵事、饷事、吏事、文事，有一长者，无不优加奖借，量才录用。将吏来谒，无不立时接见，殷勤训诲。或有难办之事，难言之隐，鲜不博访周知，代为筹画。别后则驰书告诫，有师弟督课之风，有父兄期望之意。非常之士，与自好之徒，皆乐为之用。

《清史稿·列传》中的曾国藩传说：

国藩为人威重，美须髯，目三角有棱。每对客，注视移时不语，见者竦然，退则记其优劣，无或爽者。天性好文，治之终身不厌，有家法而不囿于一师。其论学兼综汉、宋，以谓先王治世之道，经纬万端，一贯之以礼。惜秦蕙田《五礼通考》阙食货，乃辑补盐课、海运、钱法、河堤为六卷，又慨古礼残缺无军礼，军礼要自有专篇，如戚敬元所纪者。论者谓国藩所订营制、营规，其于军礼庶几近之。晚年颇以清净化民，俸入悉以养士。老儒宿学，群归依之。尤知人，善任使，所成就荐拔者，不可胜数。一见辄品目其材，悉当。时举先世耕读之训，教诫其家。遇将卒僚吏若子弟然，故虽严惮之，而乐为之用。居江南久，功德最盛。

国藩事功本于学问，善以礼运。公诚之心，尤足格众。其治军行政，务求蹈实。凡规画天下事，久无不验，世皆称之，至谓汉之诸葛亮、唐之裴度、明之王守仁，殆无以过，何其盛欤！国藩又尝取古今圣哲三十三人，画像赞记，以为师资，其平生志学大端，具见于此。至功成名立，汲汲以荐举人才为己任，疆臣阃帅，几遍海内。以人事君，皆能不负所知。呜呼！（中兴以来，一人而已。）

在清末，容闳对曾国藩从另一个角度的评价算是别具一格的。容闳晚年政治避难美国，他写了名为"*My Life in China and America*"（《我在中国和美国的生活》）的回忆录，后来译成中文时，译者将书名改为《西学东渐记》。晚年的容闳在回忆录中对曾国藩的评价仍然很高：

曾文正为中国历史上最著名人物，同辈莫不奉为泰山北斗。太平军起事后，不久即蔓延数省。曾文正乃于湖南招练团勇，更有数湘人佐之。湘人素勇敢，能耐劳苦，实为良好军人资格，以故文正得练成极有纪律之军队。佐曾之数湘人，后亦皆著名一时……平定此大乱，为事良不易。文正所以能指挥若定，全境肃清者，良以其才识道德，均有不可及者。当时七八省政权，皆在掌握。凡设官任职、国课军需，悉听调度，几若全国听命于一人。顾虽如是，而从不滥用其无限之威权。财权在握，绝不闻其侵吞涓滴以自肥，或肥其亲族……身后萧条，家人之清贫如故也。总文正一生之政绩，实无一污点。其正直廉洁忠诚诸德，皆足为后人模范。故其身虽逝，而名足千古。其才大而谦，气宏而凝，可称完全之君子，而为清代第一流人物，亦旧教育中之特产人物。

梁启超对曾国藩推崇备至，评论曾国藩说：

曾文正公，近日排满家所最唾骂者也。而吾则愈更事而愈崇拜其人。吾以为使曾文正生今日而犹壮年，则中国必由其手而获救矣。彼惟以天性之极纯厚也，故虽行破坏焉可也；惟以修行之极严谨也，故虽用权变焉可也。故其言曰："扎硬寨，打死仗"；"多条理，少大言"。曰："不为圣贤，便为禽兽；莫问收获，但问耕耘。"彼其事业之成，有所以自养者也。彼其能率励群贤以共图事业之成，有所以孚于人且善导人者在也。吾党不欲澄清天下则已，苟有此志，则吾谓曾文正集，不可不日三复也。

曾文正者，岂惟近代，盖有史以来不一二睹之大人也已，岂惟我国，抑全世界不一二睹之大人也已。然而文正固非有超群绝伦之天才，在并时诸贤杰中称为最钝拙。其所遭值事会，亦终身在拂逆之中。然乃立德、立功、立言三并不朽，所成就震古烁今，而莫与京者，其一生得力在立志，自拔于流俗，而困而知，而勉而行，历百千艰阻而不挫屈；不求近效，铢积寸累，受之以虚，将之以勤，植之以刚，贞之以恒，帅之以诚，勇猛精进，坚苦卓绝。如斯而已，如斯而已！……曾文正之殁，去今不过数十年，国中之习尚事势，皆不甚相远，而文正以朴拙之姿，起家寒素，饱经患难，丁人心陷溺之极运，终其生于挫折讥妒之林，惟恃一己之心力，不吐不茹，不靡不回，卒乃变举世之风气而挽一时之浩劫。彼其所言，字字皆得之阅历而切于实际。故其亲切有味，资吾侪当前之受用者，非唐宋以后儒先之言所能逮也……则兹编（指《曾文正公嘉言钞》——引者）也，真全国人之布帛菽粟而斯须不可去身者也。

蒋廷黻所著《中国近代史》评论曾国藩的精神道德说：

他是一个实践主义的理学家。无论我们看他的字，读他的文章，或是研究他的为人办事，我们自然的想起我们乡下那个务正业的小农民。他和小农民一样，一生一世不作苟且的事情。他知道文章学问道德功业都只有汗血才能换得来，正如小农民知道要得一粒一颗的稻麦都非出汗不可。

……他是孔孟的忠实信徒，他所选的官佐都是他的忠实同志，他是军队的主帅，同时也是兵士的导师。所以湘军是个有主义的军队。其实精神教育是曾国藩终身事业的基础，也是他在我国近代史上地位的特别。他的用人行政都首重主义，他觉得政治的改革必须先有精神的改革，前清末年的官吏，出自曾文正公门下者比较正派，足见其感化力之大。

萧一山在《清代通史》中写道：

曾国藩之出治湘军，挽回垂危之清室命运，保存传统之中国文化，此其经世学之本质乎？曰是殆不然。其壮年之志，怀民胞物与之量，修内圣外王之学，无忝父母所生，不愧天地完人。精神盖在救世救人……视军事政治为转移风气之手段，而军事政治并非其事业之目的也。所谓"引用一班正人，培养几个好官，以为种子"，即欲获致贤养民之功，以尽顾亭林（顾炎武）所谓"天下兴亡匹夫有责"之义，国藩真正之目的在此。

国藩始终认为政治之改革，必须先有精神之改革，要改造社会，亦必须先改造教育。其一生事业，胥本此原则而行，最初颇用"慷慨激烈"之任侠精神，最后则用"公诚道义"之精神教育……国藩之精神教育，在当时龌龊之社会中，已发生相当之效果，说者谓同治中兴之业，景象似乎一新者，即其引荐从属之官吏，几无不以廉明著称也。

冯友兰在《中国哲学史新编》（第六册）中就直截了当地说：

阻止中国的中世纪化，这是曾国藩的大功，他也有大过，那就是他开创并推行了以政带工的方针政策。西方国家的近代化走的是以商带工的道路，这是一个国家从封建进入近代化的自然道路。曾国藩违反了这个自然道路，因而延缓了中国的近代化，这是他的洋务派思想，详在书中。总起来说，曾国藩的功是阻止中国中世纪化，他的过是延缓中国的近代化，功就是功，过就是过。

在该书的第六十五章第一节"曾国藩与太平天国斗争的

历史意义"中，冯友兰先生又论述道：

> 洪秀全和太平天国在南京以西方的基督教为教义，以神权政治为动力，以太平军的武装力量为支持，三位一体，力量雄厚。曾国藩以宋明道学为理论，以清朝政权为靠山，以湘军的武装力量为支持，与太平天国的三位一体势均力敌……曾国藩和太平天国的斗争，是中西两种文化、两种宗教的斗争，即有西方宗教斗争中所谓"圣战"的意义。这是曾国藩和太平天国斗争的历史意义。曾国藩认识到，在这个斗争中所要保护的是中国的传统文化，特别是其中的纲常名教。从这一点说曾国藩是守旧的，他反对中国进步。笼统地说是这个样子，但分析起来看，守旧和进步是相对而言的。纲常名教对于神权政治说还是进步的。

对于曾国藩的哲学思想，冯友兰的评论也颇有特色。他认为，曾国藩哲学观念的发展的特点是由信奉程（程颢、程颐）、朱（朱熹）到信奉王夫之（王船山）。"正因为《船山遗书》中的教义是他所需要的武器，我们才能理解，为什么他在和太平军作战的最紧张、最激烈的时刻，竟然刊刻《船山遗书》。"

附录一　曾国藩十代世系表

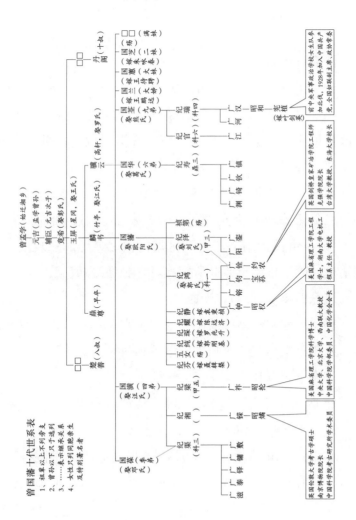

附录二　曾国藩简谱

清嘉庆十六年（1811 年）

十月十一日（11 月 26 日），曾国藩出生于湖南省湘乡县白杨坪（今属双峰）。乳名宽一。后取名子城，字居武，又改字伯涵，号涤生。祖籍衡阳。曾祖父竟希；祖父玉屏，号星冈；父麟书，号竹亭，母江氏。

嘉庆二十二年（1817 年），**七岁**

在父亲曾麟书所开"利见斋"家塾读书。历时八年之久，"晨夕讲授指划，耳提不达则再诏之，已而三复读。或携诸途，呼诸枕，重叩其所宿惑者，必通澈乃已"。

道光四年（1824），**十四岁**

得父亲好友、衡阳欧阳凝祉先生赏识，并许以女嫁曾国藩。此年首次随父亲至长沙省城参加科举考试。

道光十年（1830 年），**二十岁**

肄业于衡阳唐氏家塾，从师于汪觉庵先生。

道光十一年（1831 年），**二十一岁**

本年仍回家塾学习。冬月，肄业本地涟滨书院（湘乡县），得到山长刘元堂赏识。改号涤生。涤者，取涤其旧染之污也；生者，取明袁了凡之言："从前种种，譬如昨日死；从后种种，譬如今日生也。"

道光十二年（1832），二十二岁

父曾麟书屡次参加科举考试不中，至此年方考取生员，俗称秀才，此为第十七次参试，时已43岁。

道光十三年（1833年），二十三岁

曾国藩考取生员，与其父中秀才仅差一年。十二月，与欧阳夫人成婚。

道光十四年（1834年），二十四岁

肄业于省城岳麓书院，山长为欧阳厚均。八月，中乡试第三十六名举人。十一月入京，准备参加明年春会试。在朱氏学舍与刘蓉相识，成为终生好友。

道光十五年（1835年），二十五岁

住京城长沙会馆，参加会试不中。因明年有恩科考试，留京读书。研读韩愈文章，治古文辞自此始。

道光十六年（1836年），二十六岁

会试再不中。出京游历江南，在金陵借钱购《二十三史》，归里。父亲曾麟书告诫：你借钱买书，我会极力为你弥缝，但希望你"能圈点一遍，则不负耳"。曾国藩闻而悚息，发誓每日读十页，间断为不孝。自此侵晨起读，中夜而休，泛览百家，足不出户者近一年。

道光十七年（1837年），二十七岁

在长沙与参加科举考试的刘蓉、郭嵩焘相见甚欢，纵谈月余而别。十二月，因入京参加明年春会试，向亲族借路费，临行只带款三十二缗，至京只剩三缗。

道光十八年（1838年），二十八岁

参加会试，初试取中。会试正考官为大学士穆彰阿、兵部尚书朱士彦，副考官为礼部右侍郎吴文镕、工部右侍郎廖鸿荃。四月殿式，曾国藩为三甲第四十二名，赐同进士出身。引见新科进士，曾国藩与郭沛霖、晏端书、陈源兖、何桂珍、毛鸿宾等五十人俱改为翰林院庶吉士。俗称"点翰林"。明清极重翰林，有"宰相必出翰林"之说。八月，请假出京，十二月抵家，父曾麟书大张宴席庆祝，祖父曾玉屏对麟书说："吾家以农为业，虽富贵，毋失其旧。彼为翰林，事业方长，吾家中食用无使关问，以累其心。"自是以后，曾国藩官京师十余年，不知有家累。

道光十九年（1839年），二十九岁

因乡里天花流行，曾国藩十岁的季妹及十五个月的儿子桢第皆染痘而殇；加之欧阳夫人身孕，至十一月，子曾纪泽出生后，始启程北上，次年正月入都。

道光二十年（1840年），三十岁

四月，庶吉士散馆，授为翰林院检讨，正式步入为官生涯。六月，因暑热病势甚重，得同寓湘潭举人欧阳兆熊精心照料，及安徽六安吴廷栋诊治，至九月痊愈。十二月，父麟书与欧阳夫人、弟国荃、子纪泽入都。次年闰三月，父出都回乡。是年，鸦片战争爆发。

道光二十一年（1841年），三十一岁

向太常寺卿湖南善化人唐鉴问学，唐鉴认为："为学只有三门：曰义理、曰考核、曰文章。"但重点在义理。"经济之学，即在义理之内"。又告以《朱子全书》为日课，并言

此书最宜熟读，即以为课程，身体力行；又言治经宜专一经，一经果能通，则诸经可旁及。若遽求兼精，则万不能通一经。曾国藩自此刻苦钻研理学。六月，胡林翼父詹事府詹事胡达源卒于京师，曾国藩至胡林翼处慰问，并作诔词。胡林翼以其岳丈《陶文毅（澍）全集》二部赠曾国藩。

道光二十二年（1842 年），**三十二岁**

加入倭仁主持的"正学会"，每日记"省身日课"。得师友帮助，学问大进。七月，弟曾国荃出京返里。是年，中英《南京条约》签订。

道光二十三年（1843 年），**三十三岁**

三月，翰（林院）、詹（事府）大考，列二等第一名，升翰林院侍讲。五月，充四川乡试正考官。七月，自京师出发，经直隶、山西、陕西急行入川，用时近两月，回京亦如此。

道光二十四年（1844 年），**三十四岁**

湖南新宁江忠源由郭嵩焘引荐，拜访曾国藩，曾国藩一见即认为江是难得的人才。

道光二十五年（1845 年），**三十五岁**

升翰林院侍讲学士。补日讲起居注官。以盈满为戒，名其书舍为"求阙斋"。李鸿章入都会试，其父李文安为曾国藩中会试同年，故由曾国藩指点读书，后李鸿章自称为曾门门生之首。

道光二十七年（1847 年），**三十七岁**

升授内阁学士，兼礼部侍郎衔。由从四品骤升二品，超越四级，跻身高官序列。其在致弟信中称：湖南三十七岁至二品者，本朝尚无一人。近来中进士十年得内阁学士者，连同他本人仅有三人。

道光二十八年（1848 年），三十八岁

系统研读清代朝章国故，对《会典》《通礼》诸书，尤为究心。又采辑古今名臣大儒言论，分条编录《曾氏家训长编》，分修身、齐家、治国为三门。

道光二十九年（1849 年），三十九岁

升授礼部右侍郎，不久又兼署兵部右侍郎。

道光三十年（1850 年），四十岁

道光皇帝去世，谥宣宗。咸丰皇帝即位。三月，上《应诏陈言疏》，称今日所当讲求惟在用人一端。人才有转移之道，有培养之方，有考察之法，三者皆不可废。六月，兼署工部左侍郎。曾国藩每任职一部，都会对该部业务详细考察、认真研究，遇事多能妥善处理。在工部，尤究心方舆之学，左图右书，钩校不倦，于山川险要、河漕水利诸大政详求折中。本年十二月十日（1851 年 1 月 11 日），太平天国起兵于广西桂平。

咸丰元年（1851），四十一岁

三月，上《议汰兵疏》。称天下大患，一在国用不足，一在兵伍不精。他说兵不在多而在精，现在无用之冗兵应该裁撤，"但使七十一镇之中有十余镇可为腹心，五十余万之中有十余万可为长城，则缓急之际，隐然可恃"。四月，上《敬陈圣德三端预防流弊疏》，批评咸丰帝关注琐碎小事而忽略大事等问题，言语激切。六月，兼署刑部左侍郎。十二月，上《备陈民间疾苦疏》，强调得民心得天下，失民心失

天下。陈说民间三大疾苦：银价太昂，钱粮难纳（指缴税太重）；盗贼太众，良民难安；冤狱太多，民气难伸。是年，编辑《十八家诗抄》。

咸丰二年（1852年），四十二岁

正月，兼署吏部左侍郎。至此，除户部外，前后兼署六大部之五部侍郎。六月十二日，命充江西乡试正考官，奏请试竣赏假回籍省亲。同日，其母江太夫人病故。七月二十五日，行抵安徽太和县境，闻讣改服奔丧。八月二十三日，抵家哭殡。时太平军攻长沙，所在不安，父告以急葬，遂于九月葬母于宅后。十一月，湖南巡抚张亮基奉咸丰帝谕旨，命丁忧侍郎曾国藩"帮同办理本省团练"，此类团练大臣，咸丰帝曾任命四十三个。曾国藩最初不愿应诏，至十二月，太平军攻陷武昌，郭嵩焘到曾国藩家力劝出山，曾国藩遂到长沙办理团练，奏称在省城"立一大团"，湘军发端。

咸丰三年（1853年），四十三岁

曾国藩决定先查办土匪及各类零星造反者，以期稳定湖南局势。在省城鱼塘口设团练行辕，设审案局，拿获匪类，并可就地正法。七八月间，绿营兵因与湘勇寻衅滋事，提督鲍起豹护庇参将清德，营兵欲加害曾国藩部将塔齐布，牵连曾国藩，遂将湘勇移驻衡州训练，并在此筹建水师。江忠源在庐州死。是年，太平天国定都南京。

咸丰四年（1854年），四十四岁

奉咸丰帝命，曾国藩率湘军出征，发布"讨粤匪檄"。胡林翼以贵州候补道应湖广总督吴文镕调，率数百人自黔赴鄂，至金口闻吴死，进退失据，随经国藩与湖南巡抚骆秉璋

商定，归曾国藩部。四月，湘军水师在靖港战败，曾国藩愤欲自杀被救；另一方面湘军陆师胜利，击退太平军。曾国藩整顿湘军后，六月率军攻占岳州。八月，湘军攻占武昌、汉阳。咸丰帝先令曾国藩署理湖北巡抚，旋即收回成命，仍命以兵部侍郎衔带兵，又催令其率军赴江西。十二月，湘军水师在九江被袭而败，曾国藩因座船倾陷，文卷册牍俱失，又自杀被救起。此后湘军水师被太平军分隔为内湖、外江两部。

咸丰五年（1855 年），四十五岁

太平军再度攻占武昌，湖北巡抚陶恩培死。胡林翼署理湖北巡抚。曾国藩参劾江西巡抚陈启迈，清廷将陈革职。部将湖南提督塔齐布病卒。

咸丰六年（1856 年），四十六岁

三月，罗泽南攻武昌未克，卒于洪山，李续宾接统其军。曾国藩作《陆师得胜歌》《水师得胜歌》以教军士。五月，太平军大破清军江南大营。八月，太平天国发生天京事变，东王杨秀清、北王韦昌辉、燕王秦日纲先后死，翼王石达开出走。十月，胡林翼、官文攻占武昌、汉阳。是年，因亚罗号事件，英法联军侵华，又称第二次鸦片战争。

咸丰七年（1857 年），四十七岁

二月初四日，父曾麟书去世。曾国藩随即奏请回籍守丧。咸丰帝赏假三个月，命回籍治丧，假满后再赴江西督办军务。五月，假期将满，国藩恳请在籍守制，咸丰帝命其署理兵部侍郎，假满后即赴江西督办军务。六月，曾国藩请开兵部侍郎署缺，又具陈历年办事艰难情形，称自己"处客寄

虚悬之位，又无圆通济变之才，恐终不免贻误大局"。清廷准其先开兵部侍郎之缺，命暂行在籍守制。八月，湘军大将王鑫病卒，所率老湘营一军，由其部将张运兰、王开化分统。九月，湘军攻占湖口，内湖水师冲出鄱阳湖，与外江水师汇合。

咸丰八年（1858年），四十八岁

六月，接咸丰帝命其赴浙江办理军务谕旨，即启程到长沙，集"敬胜怠、义胜欲，知其雄、守其雌"，嘱左宗棠书篆联以为座右。七月，胡林翼因母去世，回籍守丧。十月，太平军陈玉成、李秀成联军，在安徽三河镇大败湘军李续宾部，湘军精锐近六千人阵亡，李续宾及曾国藩弟曾国华战死。十二月，李鸿章至建昌大营，入曾国藩幕。

咸丰九年（1859年），四十九岁

湘军将太平军清除出江西全境。曾国藩初奉咸丰帝命，率军防守四川，因不得总督之任，不愿为客，至武昌、黄州与官文、胡林翼商酌，定合军图皖南。

咸丰十年（1860年），五十岁

二月，辑录《经史百家杂抄》，经两月而成。闰三月，太平军再度攻破清军江南大营，张国梁阵亡，钦差大臣和春伤卒。太平军攻占苏州，江苏巡抚徐有壬自尽，两江总督何桂清弃城逃往上海，江浙震动。四月，以左宗棠"刚明耐苦，晓畅兵机"，曾国藩奏请留其办理军务，宗棠旋以四品京堂候补。先是，左宗棠因与署湖南提督樊燮冲突，清廷命官文密查，甚至有"如左宗棠果有不法情事，可即就地正法"，得胡林翼及在京的郭嵩焘等救援，免予处分，至是案

结。四月，清廷命曾国藩署理两江总督，六月实授，并授为钦差大臣，督办江南军务。是年，英法联军之役再起，八月，英法联军占北京，咸丰帝避往热河，恭亲王奕訢留守京师。清廷曾命曾国藩援京师，曾纳李鸿章议，奏请"于臣与胡林翼二人中，饬派一人带兵北上"，后因议和均未行。十一月，陈明西洋各国情形，提出"师其智以造炮制船，尤可期永远之利"的建议。

咸丰十一年（1861 年），五十一岁

二月，湘军大将李续宜出任安徽巡抚。七月，咸丰帝病逝于热河。八月，曾国荃率湘军攻占安庆。胡林翼病逝于武昌，曾国藩评价其"赤心以忧国家，小心以事友生，苦心以护诸将！"清廷以李续宜调授湖北巡抚，彭玉麟补授安徽巡抚，毛鸿宾补授湖南巡抚。九月底十月初，北京政变，咸丰帝遗嘱规定的"赞襄政务"八大臣或被杀或被免职，慈禧太后、慈安太后垂帘听政，恭亲王奕訢为议政王。十月，清廷命曾国藩统辖江苏、安徽、江西、浙江四省军务，所有四省巡抚提镇以下各官，悉归节制。十一月，曾国藩奏"左宗棠之才，实可独当一面"，又奏保"道员李鸿章可膺封疆重寄"。十二月，左宗棠授浙江巡抚；沈葆桢授江西巡抚；李桓授江西藩司，暂署巡抚；彭玉麟以兵部侍郎候补。

同治元年（1862），五十二岁

正月，曾国藩以两江总督协办大学士。二月，李鸿章从淮北招募勇营到安庆，曾国藩阅视并以湘军营制编练，淮军自此成立。随即雇外国轮船分三次将淮军载赴上海。李鸿章抵上海后署理江苏巡抚，十月实授。五月，曾国荃率湘军进

扎金陵雨花台，开始围攻太平天国都城天京。湘军疾疫流行，十一月，曾国藩弟曾国葆病卒于雨花台大营。

同治二年（1863 年），**五十三岁**

三月，曾国荃补授浙江巡抚，左宗棠升授闽浙总督，兼署浙江巡抚。四月，太平天国翼王石达开兵败大渡河，后在成都被杀。八月，刘蓉授陕西巡抚。十月，李鸿章攻克苏州，尽杀降将。十一月，李秀成提出"让城别走"放弃天京的建议，为洪秀全所拒。

同治三年（1864 年），**五十四岁**

二月，左宗棠攻克杭州。四月，太平天国天王洪秀全在天京病逝，享年五十岁，其子洪天贵福被立为幼天王。六月十六日，湘军攻占金陵（天京），太平天国失败。曾国藩加太子太保衔，封一等侯爵，世袭罔替；曾国荃加太子少保衔，封一等伯爵。九月，封左宗棠一等伯爵。十月，曾国荃"因病"开缺，离开金陵回籍。李鸿章至金陵，曾国藩与之商定裁撤湘军保留淮军事宜。

同治四年（1865 年），**五十五岁**

四月，清亲王僧格林沁在曹州中捻军伏击败亡。五月，清廷命曾国藩携带钦差大臣关防，统领所部各军，前赴山东镇压捻军，两江总督由李鸿章暂行署理，江苏巡抚由刘郇膏暂行护理。

同治五年（1866 年），**五十六岁**

正月，曾国荃授湖北巡抚，其所带新募湘军称为新湘军。捻军流动作战，转移迅速，一时难以剿灭，十月，因多次受到御史参劾，且清廷严旨责之，曾国藩请开协办大学士両江总督之缺，并请另简钦差大臣接办军务。清廷随即命曾国藩回两江总督本任，授江苏巡抚李鸿章为钦差大臣，接替曾国藩指挥镇压捻军。

同治六年（1867年），**五十七岁**

五月，曾国藩补授大学士，仍留两江总督之任。十月，曾国荃开缺回籍。十一月，官文署直隶总督，丁日昌授江苏巡抚。十二月，捻军失败。

同治七年（1868年），**五十八岁**

闰四月，授为武英殿大学士。七月，调任直隶总督，两江总督由马新贻调补。八月，中国第一艘自制轮船江南制造局所造"恬吉"号下水，船至金陵，曾国藩亲自乘坐验看。十月，李鸿章赴湖广总督任。是年，曾国藩在江南制造局设翻译馆。

同治八年（1869年），**五十九岁**

正月，同治帝在乾清宫赐宴廷臣，曾国藩排在汉大学臣之首。同月接任直隶总督，以练兵、清理积案、治河为要务。三月，刊发直隶清讼事宜十条，致力清理多年积案。至次年正月，计审结并注销之案四万一千多起，多年尘牍，为之一清。五月，上奏目前练军，当参用东南募勇之意。

同治九年（1870年），**六十岁**

三月，右目失明。四月，上奏试办练军，即抽调绿营精壮，参照湘淮军营制训练，名"练军"。练军始于刘长佑任直隶总督时，由曾国藩得到推广。五月，天津教案发，清廷命曾国藩前往查办。六月，赴天津处理教案，写遗书一纸，谓"今年老病躯，危难之际，断不肯吝于一死"。因病势日剧，奏调丁日昌前来帮同办理。又奏请防备外国，清廷遂命李鸿章带兵驰赴直隶，候旨调派。八月，两江总督马新贻遇刺身亡，清廷命曾国藩调任两江总督，直隶总督由李鸿章调补。是年，天津教案审结，曾国藩在外国强压下妥协，受到主张强硬人士指责。

同治十年（1871 年），**六十一岁**

七月，与李鸿章会奏选派聪颖子弟前赴美国学习，委刑部主事陈兰彬、江苏同知容闳为正副监督，为近代中国第一批官派留学生，史称"留美幼童"，前后一百二十人。著名铁路工程师詹天佑、民国第一任国务总理唐绍仪等都出自"留美幼童"。十月，至上海查阅铁厂、轮船、机器，并为新造轮船命名。十一月，金陵新修两江总督署成，入署办公。

同治十一年（1872 年），**六十二岁**

正月，右足麻木。自上年定以每日读《资治通鉴》，随笔录其大事，至是已阅至二百二十卷，因病辍笔，犹取《宋元学案》《理学宗传》等书，披览大意。二月初四日，病逝于两江总督署。清廷追赠太傅，照大学士例赐恤，赏银三千两治丧，谥文正。越二年，同治十三年八月十三日，欧阳夫人病逝。

附录三　曾国藩主要社会关系人物小传

社会关系主要包括亲缘、乡里、师生、同年、僚属等。曾国藩晚年总结的人生有"六畏"，即居心不循天理则畏天怒、做事不顺人情则畏人言、少贱则畏父师、畏官长、高位则畏僚属之指责、老年则畏后生之窃议，整体涵盖人生的各个阶段。而曾国藩的主要社会关系在湖南，这是解读团练乡勇之所以成为湘军、曾国藩之所以成为近代中国关键人物之所在。兹据各种年谱、全集等，就其各阶段主要社会关系撰述如次。

贺长龄

贺长龄（1785—1848），字耦耕，晚号耐庵，湖南善化（今长沙）人，是清代嘉道时期著名的经世派学者，也是继陶澍而起的湘籍名臣。嘉庆十四年（1813）中进士。道光五年（1825），他任江苏布政使时，延请魏源入幕，编纂《皇朝经世文编》，越年刊行。这部书成为曾国藩、左宗棠等人的案头书，乃至读之"丹黄迨遍"。与其弟贺熙龄并称"二贺"。贺长龄对早年在京为官的曾国藩颇为器重，"奖饰溢量"。后由罗泽南做媒，曾国藩之父曾麟书做主，曾国藩长子曾纪泽娶贺长龄之女为妻。

刘蓉

刘蓉（1816—1873），字孟容，号霞仙，湖南湘乡人。是曾国藩早年结识的"知己"，诗中称其为"卧龙"。两人相识于朱氏学舍，后曾国藩中举，刘蓉与之大醉三日而归。经刘蓉介绍，曾国藩与郭嵩焘在岳麓书院结识。三人在长沙纵谈月余。现存三人"义结金兰"的结拜帖或即此时所为。道光后期，刘蓉不时与在京为官的曾国藩交流读书心得及对国家忧患的观感，并向曾国藩推荐其弟弟从师罗泽南读书。咸丰四年（1854），曾国藩办理团练，刘蓉与郭嵩焘成为最早的幕宾。曾纪泽妻子贺氏去世后，由彭玉麟做媒，刘蓉将其女嫁给曾纪泽为妻。咸丰十年（1860），刘蓉入四川巡抚骆秉章幕，不久升为布政使、陕西巡抚。清廷镇压太平天国后，言官交章弹劾湘军将帅，起居注官蔡寿祺诬奏刘蓉以贪缘而任封疆，刘蓉回奏一一驳斥。曾国藩读其疏，称为名作。

郭嵩焘

郭嵩焘（1818—1891），字伯琛，号筠仙，亦作云仙，晚号玉池老人，湖南湘阴人。赴京参加礼部试，在曾国藩所租房屋居住数月之久，并为曾国藩子曾纪泽授读。道光二十七年（1847）中进士，选庶吉士。离京时，曾国藩送别卢沟桥。三十年（1850），以世变孔亟，与同邑左宗棠作山居结邻之约，欲筑屋于湘阴东山之周礤岭。太平军起，郭嵩焘力劝左宗棠入湖南巡抚幕，又亲至曾家劝曾国藩出办团练。郭嵩焘随即入曾国藩幕，力劝其创办水师。同年李鸿章以郭嵩焘有洋务才，多次举荐，曾国藩以其不胜繁巨做答。后任广东巡抚，被劾而罢。曾国藩将其第四女曾纪纯嫁给郭嵩焘长子郭刚基为妻。曾国藩去世后，郭嵩焘与曾国潢、曾纪泽经理丧事。钱基博称："清治至道光而极敝，清学至道光而始变。"魏源乃第一代经世思想家，郭嵩焘是洋务派著名思想家，对世界大变局有其先于时人的认识，后出任驻英法公使等职。

左宗棠

左宗棠（1812—1885），字季高，自号湘上农人，湖南湘阴人。道光十二年（1832）举人。早年家境甚苦，而以"身无半亩，心忧天下；读破万卷，神交古人"自励。曾谓人有所成就，无不从艰难困苦中历练而来，"若读书不耐苦，则无所用心之人；处境不耐苦，则无所成就之人"。入赘湘潭周氏，与妻子秉烛夜读。三试礼部不第，陶澍、林则徐交相推重。贺长龄嘱以"天下之大，人才之少，幸毋苟且小就，自限其成"。咸丰二年（1852），太平军攻长沙，因郭嵩焘力劝，先后入湘抚张亮基、骆秉章幕。曾国藩在长沙办团练，每日与其讨论练兵战事。左宗棠颇自负，每以今日诸葛亮自居，不愿久为幕客，曾国藩以其"不着痕迹，大有益于桑梓"，多次通过胡林翼婉劝其就幕。咸丰十年（1860），因参劾署湖南提督樊燮案受牵连，咸丰帝下密旨命湖广总督官文查办。时郭嵩焘以翰林院编修在南书房行走，说服潘祖荫上疏，疏中有"国家不可一日无湖南，湖南不可一日无宗棠"语，又经肃顺求解，而胡林翼与曾国藩商量，再三恳请官文"免提左生之名，此系林翼一人私情，并无道理可说"。随后，左宗棠入曾国藩幕。次年擢浙江巡抚，后擢闽浙总督。时两广总督瑞麟密劾广东巡抚郭嵩焘，左宗棠以郭嵩焘乖方状上闻，遂有郭左失和之议。后率军进军大西北，经千难万险收复新疆。

胡林翼

胡林翼（1812—1861），字贶生，号润芝，湖南益阳人，道光十六年（1836）进士。其父胡达源，一甲探花，在京任詹事府少詹事，湖南在京为官者，多得其教益，晚年所纂《弟子箴言》，"国藩实尝受而读之"。道光十三年（1833），左宗棠赴京参加礼部试，居其家，每与胡林翼风雨联榻论天下事。早在嘉庆二十四年（1819），陶澍以八岁的胡林翼将来必为伟器，以第七女静娟字之。又，陶澍去世前，将独子陶桄托付给左宗棠，并请与之缔姻。道光二十一年（1841），胡达源病逝京城，曾国藩至胡府送赙仪、劝慰备至，胡林翼以《陶澍集》见赠。咸丰三年（1853），曾国藩在长沙办团练，无日不称胡林翼"鸿才伟抱足以救今日之滔滔"。其后胡林翼以道员衔率黔勇入湖北，适值湖广总督吴文镕死事，曾国藩向清廷疏荐"胡某之才，胜臣十倍"，胡林翼遂隶曾国藩为部属。咸丰六年（1856）任湖北巡抚。抚鄂期间，全力配合曾国藩，扶助湘军，调和诸将，曾国藩称其"进德之猛"，是从豪杰到圣贤一类人物。咸丰十一年（1861），呕血而死。曾国藩上疏极称其功，并捐助数千金以助胡林翼生前所创办的箴言书院，又撰《箴言书院记》以彰其胡氏父子之德。

罗泽南

罗泽南（1807—1856），字仲岳，以其所居地号罗山，湖南湘乡人。早年家贫，夜无油炷灯，在月下把卷读书，常至达旦。十九岁起，各处课徒自给。道光十八年（1813），与刘蓉订莫逆之交，刘蓉极力向曾国藩推许罗泽南。三十三岁取中生员。咸丰即位之初，曾国藩数上疏指陈朝政利弊，湖南士绅争相读之，曾国藩致书罗泽南，称"万里神交"。咸丰二年（1852），太平军攻长沙，湘乡县令朱孙诒邀罗泽南及其弟子王鑫等团练乡勇，赴长沙。次年，曾国藩奉命帮办团练，罗泽南等所练乡勇因而隶之。咸丰六年（1856）三月，回援湖北在武昌城外苦战而死。临终前言："乱极时站得定，才是有用之学。"著有《西铭讲义》《姚江学辨》。史称罗泽南"朝出鏖兵，暮归讲道"，乡人化之，荷戈从军，蔚成风气，一时有"无湘乡，不成军"之语。王鑫与李续宾、续宜兄弟，皆其弟子中有名者。罗泽南去世后，曾国藩将其第三女曾纪琛嫁给罗泽南次子罗兆升为妻，同治元年（1862），在湘乡成婚。曾国藩在为罗泽南所撰《碑铭》中，称赞其"在军四载，论数省安危，皆视为一家骨肉之事"，"余与公以学行相勖，又相从于金革，申之以婚姻，乃摭其大节，铭诸墓道。"

江忠源

　　江忠源（1812—1854），字常孺，号岷樵，湖南新宁人，道光十七年（1837）举人。道光二十四年（1844）大挑，得教职，拜曾国藩为师。越一年，新化、湘乡举人先后卒于京途，江忠源"扶两友之枢行数千里"，曾国藩在家书中称赞"此人义侠之士"。二十八年（1848），赴京谒选，分发到浙江，曾国藩时为礼部侍郎，以江"补缺不知何时"而忧。当他得知江任浙江秀水县时，"百姓感戴，编为歌谣。"即向家中诸弟告之。新宁地接广西，后有李沅发起事，杀前任及署理县令，曾国藩得报，飞报江忠源，"令其即行言旋，以赴家难"。江忠源以兵法部勒其众，是为湖南团练之始。咸丰三年（1853），曾国藩以帮办大臣团练乡勇，欲练勇万人，"概归岷樵统带"，不及部署，江忠源统二千乡勇赴守庐州。旋授安徽巡抚，十二月庐州城破，投水而死。史书称："以书生领行伍，担大难，风气为之一变，自江忠源始。"曾国藩初见江忠源，目送之，曰："此人必立名天下，然当以节烈死。"咸丰八年（1858），曾国藩"梦江岷樵如平生欢。多年未入梦，兹忽梦之，不胜伤感！"多次派人周济江家。

吴文镕

　　吴文镕（1792—1854），字甄甫，号云巢，江苏仪征人，嘉庆二十四年（1819）进士。曾国藩座师。道光三十年

（1850），吴文镕任云贵总督，以黎平知府胡林翼才，待之以国士。咸丰三年（1853），太平军陷武昌，复以金陵为都城。清廷调吴文镕为湖广总督。次年（1854），曾国藩在衡阳兴办湘军，致信吴文镕，请为胡林翼在湖北安排司道一职，为湘军筹措军饷，胡林翼带七百黔勇赴楚。湖北巡抚崇纶陷害吴文镕，在黄州与太平军力战不敌，投水而亡。迨曾国藩率湘军复武昌，疏陈文镕死事情形，追论巡抚倾陷状，清廷下诏逮问，崇纶服毒死。

穆彰阿

穆彰阿（1782—1856），字子朴，号鹤舫，郭佳氏，满洲镶蓝旗人。出身官宦之家。嘉庆十年（1805）进士，选翰林院庶吉士。道光时备受恩眷，任军机大臣十余年，又任兵部、户部尚书、协办大学士等要职。自嘉庆以来，多次为乡试、会试主考官，门生故吏遍全国，知名之士多被援引，一时号曰"穆党"。咸丰帝即位后，特诏其罪，命革职永不叙用。咸丰六年（1856）卒。曾国藩在道光朝受重用，与穆彰阿有若明若暗之关系。道光十八年（1838），曾国藩中进士，穆彰阿为其座师。道光二十三年（1842）三月大考，曾国藩为二等第一名（一等仅五人），十四日以翰林院侍讲升用，当天下午，曾国藩前往穆彰阿处拜访。十余日又"誊写大考诗赋，送穆师处。因渠十四日面索故也。"曾国藩在咸丰朝屡受屈挫，其与穆彰阿关系或是一因。其晚年眼朦，以穆彰阿之言为训，称"穆相一生患目疾，尝语余云：'治目宜补阳分，不可滋阴，尤不可服凉药。'"。北上处理天津教案，不忘"至穆帅相旧宅，见其七世兄萨善、九世兄萨廉，不胜盛衰今昔之感。"

唐鉴

唐鉴（1778—1861），字镜海。湖南善化（今长沙县）人。嘉庆十四年（1809）进士，历任山西、贵州按察使，浙江、江宁布政使，道光二十年（1840）内召为太常寺卿。唐鉴服膺程朱之学，是当时义理派的巨擘人物，蜚声京内外。他对曾国藩一生治学、修身、做事均有重要影响。道光二十三年（1843）曾国藩致贺长龄信中说："国藩本以无本之学，寻声逐响，自从镜海先生游，稍乃粗识指归。"二人的交往始于道光二十一年（1841），当年七月，曾国藩赴唐鉴处请教"检身之要、读书之法。"唐鉴告之以《朱子全书》为宗，并言此书最宜熟读，即以为课程，身体力行；又言治经宜专一经，一经果能通，则诸经可旁及。若遽求兼精，则万不能通一经；又言为学只有三门：曰义理，曰考核，曰文章。这为曾国藩开启了学术乃至做事的门径。他在家书中反复把唐鉴之语告诉诸弟。道光二十五年（1845），曾国藩邀好友将唐鉴所著《国朝学案》（《学案小识》）刊刻，费用由贺长龄所出。曾国藩在《书学案小识后》中，阐述"实事求是之旨"，"即朱子所称即物穷理者"。翌年，唐鉴致仕还乡，曾国藩作《送唐先生南归序》，称其"追陪几杖"，受先生"义理所熏蒸"，并告诫"吾乡之人：苟有志于强立，未有不严于事长之礼，而可以成德者也"。唐鉴离京后，二人仍保持联系。

唐鉴去世后，曾国藩向清廷代奏其遗折。

倭仁

倭仁，字艮峰，乌齐格里氏，蒙古正红旗人。道光九年（1829）进士，二十二年（1840）擢詹事。乾嘉以来，汉学风靡，宋学鲜少有人问津。中州理学颇盛，倭仁世驻防河南，以孙奇逢、汤斌、张伯行集为法，主持"正学会"近十年之久。唐鉴、吴廷栋等与之会"日课"，道光二十二年（1842）十月初一起，曾国藩按照倭仁"日课"法，开始记日记，从饮食日用中研习"圣贤功夫"。他在致诸弟书中，称其"诚意工夫极严，每日有日课册，一日之中一念之差、一事之失、一言一默皆笔之于书。书皆楷字，三月则订一本。自乙未年起，今三十本矣。盖其慎独之严，虽妄念偶动，必即时克治，而著之于书。故所读之书，句句皆切身之要药。兹将艮峰先生日课抄三叶付归，与诸弟看。余自十月初一日起亦照艮峰样，每日一念一事，皆写之于册，以便触目克治，亦写楷书"。盖曾国藩修身立志，从倭仁处获益甚大，直到晚年，仍不时读倭仁日记。倭仁也"素交曾国藩，呼为畏友"。倭仁身材短小，而慈祥之气，溢于眉宇，与人语，喋喋若恐不尽。咸丰即位，以理学多迂执，出倭仁充叶尔羌帮办大臣、盛京礼部侍郎，"盖远之也"。而吴廷栋在咸丰帝前极力申明理学非迂执，并称曾国藩语直而心无他，是明朝"杨大洪（杨涟）一类人物"，咸丰帝乃命曾国藩在籍办理团练。曾国藩不时与倭仁通音问。同治即位，两宫皇太后以倭仁老成端谨，学问优长，命授同治帝读。后官大学士。太平天国失败后，湘军解散，曾国藩为"奏销"而难，倭仁以大学士管户部事，上疏以乡勇非经制额兵，只条列款项，无庸细列，清廷准奏，曾国藩称"如逢大赦"。同治八年（1869）正月初三日巳时，曾国藩"至倭相处，渠廿九日面约至彼处剀谈，直谈至午正方散"。拜见两宫太后，随即"拜倭艮峰相国，久谈"。

李鸿章

李鸿章（1823—1901）安徽合肥人，字少荃。其父李文安为曾国藩同年进士。鸿章中举后，李文安把他介绍给曾国藩，曾见李英俊聪慧，能倒背《春秋》，"大爱之"，授以义理经世之学。自此，李鸿章以"年家子"身份从师曾国藩。道光二十七年（1847）进士，与同年郭嵩焘、陈鼐、帅远燡被曾国藩目为"丁未四君子"。咸丰三年（1853），太平军攻占安徽大部，李鸿章代同乡工部侍郎吕贤基草折回安徽办团练，李鸿章随同襄办军务。十月，舒城被太平军攻陷，吕贤基死。时江忠源为安徽巡抚，曾国藩致信江，以李鸿章能办大事荐。十二月，江忠源死于庐州被陷。其后，李鸿章又随巡抚福济团练乡民。五年（1855）五月，李文安卒于军。八年（1858）六月，曾国藩丁忧起复，被命往援江西、浙江。李鸿章致信表示，环顾当今，唯有老师能澄清天下，遂入曾国藩幕。曾国藩磨砺其傲气，养其锐气。后因参劾李元度事而离开。咸丰十年（1860），再度入幕，次年受命组建淮军，曾国藩嘱其"练兵学战为性命根本"，并举荐其"才大心细，劲气内敛，与臣保之沈葆桢二人，并堪膺封疆之寄"。清廷旋授李鸿章署理江苏巡抚，不久实任，此时李鸿章年仅四十虚岁。平灭太平天国后，曾国藩定策"裁湘留淮"，"以淮济湘"作为后期军政要着。后李鸿章大力举办洋务新政，并长期任直隶总督，其权势、影响不下于老师曾国藩。

附录四　本书参考文献

一、　原始文献

《曾国藩全集》，岳麓书社 1994 年、2011 年

《曾文正公全集》，中国书店 2011 年

《曾国荃全集》，岳麓书社 2006 年

曾国藩：《鸣原堂论文》，岳麓书社 2019 年

曾麟书等撰：《曾氏三代家书》，岳麓书社 2002 年

黎庶昌撰：《曾国藩年谱》；王定安：《曾国藩事略》；黄翼升等：《曾国藩
　　荣哀录》；岳麓书社 1986 年

《湘乡曾氏文献》，《湘乡曾氏文献补》，台湾学生书局 1965 年

《曾纪泽集》，岳麓书社 2005 年

《曾纪泽日记》，中华书局 2013 年

《胡林翼集》，岳麓书社 2008 年

《胡林翼未刊往来函稿》，岳麓书社 1989 年

《左宗棠全集》，岳麓书社 2014 年

《李鸿章全集》，安徽教育出版社 2007 年

《罗泽南集》，岳麓书社 2010 年

《彭玉麟集》，岳麓书社 2008 年

《杨岳斌集》，岳麓书社 2012 年

《郭嵩焘全集》，岳麓书社 2018 年

《刘蓉集》，岳麓书社 2008 年

《江忠源集》《王鑫集》，岳麓书社 2013 年

王闿运：《湘绮楼日记》，岳麓书社 1997 年

王闿运：《湘绮楼诗文集》，岳麓书社 1996 年

王闿运：《湘军志》；郭振墉：《湘军志平议》；朱德裳：《续湘军志》；岳
　　麓书社 1983 年

《贺长龄集》《贺熙龄集》，岳麓书社 2010 年

《欧阳厚均集》，岳麓书社 2013 年

《唐鉴集》，岳麓书社 2010 年

黎庶昌：《拙尊园丛稿》，朝华出版社 2017 年

梅英杰等：《湘军人物年谱》（一）（罗泽南年谱、王鑫年谱、李续宾年
　　谱、胡林翼年谱、刘长佑年谱、曾国荃年谱），岳麓书社 1987 年

赵烈文：《能静居日记》，岳麓书社 2013 年

欧阳兆熊：《水窗春呓》，中华书局 1984 年

薛福成：《庸庵笔记》，江苏古籍出版社 2000 年

丁凤麟、王欣之编：《薛福成选集》，上海人民出版社 1987 年

丁有国：《张廉卿（裕钊）诗文注释》，复旦大学出版社 2013 年

《中国近代史资料丛刊·太平天国》，神州国光社 1952 年

太平天国历史博物馆编：《太平天国史料丛编简辑》，中华书局 1961 年

太平天国历史博物馆编：《太平天国资料汇编》，中华书局 1979 年、
　　1980 年

《太平天国史料专辑》（中华文史论丛增刊），上海古籍出版社 1979 年

《太平天国战纪》，北京古籍出版社 1998 年

《见闻琐录》，岳麓书社 1986 年

朱孔彰：《中兴名臣事略》，上海书局 1901 年石印本（光绪辛丑）

徐一士：《一士谈荟》，山西古籍出版社 1996 年

徐一士：《一士类稿》，山西古籍出版社 1996 年

徐一士：《一士类稿续集》，中华书局 2019 年

徐凌霄、徐一士：《凌霄汉阁谈荟·曾胡谈荟》，中华书局 2018 年

坐观老人：《清代野记》，山西古籍出版社 1996 年

刘体仁：《异辞录》，山西古籍出版社 1996 年

赵尔巽等撰：《清史稿》，中华书局 1979 年

王钟翰点校：《清史列传》，中华书局 1985 年

太平天国历史博物馆编：《清咸同年间名人函札》，档案出版社 1992 年

朱孔彰：《中兴将帅别传》，岳麓书社 1986 年

蔡锷辑录：《曾胡治兵语录》，巴蜀书社 1995 年

骆秉章：《骆文忠公自订年谱》，思贤书局本

朱洪章：《从戎纪略》，紫阳堂本

徐宗亮：《归庐谈往录》，光绪十二年刊

李元度：《天岳山馆文钞》，梦溪精舍本

吴永（口述）、刘治襄记：《庚子西狩丛谈》，中华书局 2008 年

钟叔河汇编校点：《曾国藩往来家书全编》，海南出版社 1997 年

戚继光：《纪效新书》，中华书局 1996 年

李岳瑞：《春冰室野乘》，重庆出版社 1998 年

777

二、近人论著

李鼎芳：《曾国藩及其幕府人物》，岳麓书社 1985 年

朱东安：《曾国藩传》，四川人民出版社 1985 年

朱东安：《曾国藩幕府研究》，四川人民出版社 1994 年

朱东安：《曾国藩集团与晚清政局》，华文出版社 2003 年

成晓军：《曾国藩与中国近代文化》，湖南出版社 1991 年

梁绍辉：《曾国藩评传》，南京大学出版社 2006 年

董蔡时：《曾国藩评传》，苏州大学出版社 1996 年

何贻焜：《曾国藩评传》，岳麓书社 2016 年

董丛林：《曾国藩年谱长编》，上海交通大学出版社 2017 年

董丛林：《曾国藩》，河北教育出版社 2000 年

朱树人：《曾国藩逸事汇编》，岳麓书社 2019 年

罗益群：《曾国藩读书生涯》，长江文艺出版社 1998 年

马东玉：《曾国藩本传》，辽宁古籍出版社 1997 年

罗绍志等：《曾国藩家世》，江西人民出版社 1996 年

萧一山：《曾国藩传》，海南国际新闻出版中心 1994 年

卞哲：《曾国藩》，上海人民出版社 1984 年

（美）黑尔：《曾国藩传》，湖南文艺出版社 2011 年

蒋星德：《曾国藩的生平与事业》，岳麓书社 2018 年

马平、龙梦荪：《曾文正公学案》，岳麓书社 2010 年

胡哲敷：《曾国藩治学方法》，当代中国出版社 2015 年

成晓军：《曾国藩家族》，辽宁古籍出版社 1997 年

田澍：《曾国藩与湖湘文化》，湖南大学出版社 2004 年

成晓军主编：《名人评曾公》，辽宁古籍出版社 1997 年

徐泰来、罗绍志主编：《学者笔下的曾国藩》，岳麓书社 1997 年

潘德利、王宇：《曾纪泽年谱》，中国社会科学出版社 2011 年

张立真：《曾纪泽本传》，辽宁古籍出版社 1997 年

刘忆江：《胡林翼评传》，河北大学出版社 2009 年

陶海洋：《胡林翼与湘军》，广陵书社 2008 年

左景伊：《左宗棠传》，华夏出版社 1997 年

罗正钧：《左宗棠年谱》，岳麓书社 1983 年

秦翰才：《左宗棠全传》，中华书局 2016 年

秦翰才：《左宗棠逸事汇编》，岳麓书社 1986 年

刘江华：《左宗棠传信录》，岳麓书社 2017 年

左焕奎：《左宗棠略传》，华中师范大学出版社 1996 年

许啸天编：《左宗棠家书》，知识产权出版社 2012 年

苑书义：《李鸿章传》，人民出版社 1991 年

谢世诚：《李鸿章评传》，南京大学出版社 2006 年

（美）刘广京等编：《李鸿章评传》，上海古籍出版社 1995 年

（英）道格拉斯：《李鸿章传》，法律出版社 2014 年

雷颐：《李鸿章与晚清四十年》，山西人民出版社 2008 年

朱金泰：《湘军教父罗泽南》，上海古籍出版社 2009 年

李细珠：《晚清保守思想的原型——倭仁研究》，社会科学文献出版社
　2000 年

罗尔纲：《湘军兵志》，中华书局 1984 年

罗尔纲：《晚清兵志》第一卷《淮军志》，中华书局 1997 年

罗尔纲：《李秀成自述原稿注》，中华书局 1982 年

王盾：《湘军史》，湖南大学出版社 2007 年

王尔敏：《淮军志》，中华书局 1987 年

王尔敏：《清季军事史论集》，广西师范大学出版社 2008 年

郭廷以：《郭嵩焘年谱》，台北"中研院"近代史研究所 1972 年

陆宝千：《郭嵩焘先生年谱补正及补遗》，台北"中研院"近代史研究所
　2005 年

陆宝千：《刘蓉年谱》，台北"中研院"近代史研究所 1979 年

陆宝千：《清代思想史》，华东师范大学出版社 2009 年

庄练：《中国近代史上的关键人物》，中华书局 1988 年

曾永龄：《郭嵩焘大传》，辽宁人民出版社 1985 年版

孟泽：《独醒之累：郭嵩焘与晚清大变局》，岳麓书社 2021 年

萧艾：《王湘绮评传》，岳麓书社 1997 年

赵春晨：《晚清洋务巨擘——丁日昌》，广东人民出版社 2001 年

茅海建：《苦命天子：咸丰皇帝奕詝》，上海人民出版社 1995 年

高中华：《肃顺与咸丰政局》，齐鲁书社 2005 年

萧一山：《清代通史》，中华书局 1985 年影印

茅家琦主编：《太平天国通史》，南京大学出版社 1991 年

简又文：《太平天国革命运动史》，九州出版社 2020 年

牟安世：《太平天国》，上海人民出版社 1959 年

唐浩明：《冷月孤灯——静远楼读史》，广东人民出版社 2016 年

李尚英：《陈玉成评传》，广西教育出版社 1996 年

杨慎初、朱汉民、邓洪波：《岳麓书院史略》，岳麓书社 1986 年

江堤、彭爱学：《岳麓书院》，湖南文艺出版社 1995 年

郑焱：《近代湖湘文化概论》，湖南师范大学出版社 1996 年

钱基博：《近百年湖南学风》，岳麓书社 1985 年

《钱基博学术论著选》，华中师范大学出版社 1997 年

沃丘仲子：《近代名人小传》，中国书店 1988 年

马昌华主编：《淮系人物列传》，黄山书社 1995 年版

吴相湘：《晚清宫廷实纪》，（台北）正中书局 1988 年

吴相湘：《晚清宫廷实纪》，中国大百科全书出版社 2010 年

吴相湘：《晚清宫廷与人物》，中国工人出版社 2009 年

王兴国等主编：《湖湘文化纵横谈》，湖南大学出版社 1996 年

戚其章：《晚清海军兴衰史》，人民出版社 1998 年

中共中央文献研究室编：《毛泽东早期文稿》，湖南出版社 1990 年

汪澍白：《毛泽东思想与中国文化传统》，厦门大学出版社 1987 年

后　记

本书最早于 2000 年由中国经济出版社出版。2011 年由人民文学出版社出版第二版。2019 年由天津百花文艺出版社出版第三版。2020 年由香港开明书局出版第四版。此次由中华书局出版的，是第五版。在此书出版的二十多年中，我们对曾国藩的研究，有了不少新的理解和认识，也逐渐深化。此次出版，对一些提法做了必要的修改。书后重新订正了主要参考文献，由林乾完成；为便利读者检索，又新增了曾国藩简谱、曾国藩主要社会关系人物小传，由林乾和迟云飞共同完成。书中各章，第一章、第三章至第九章，由林乾撰写，第二章、第十章至第二十一章，由迟云飞撰写。在编辑出版过程中，欧阳红编审做了大量细致的工作，并给予很多专业的建议。对此，我们对她表达诚挚的谢意。

2024 年 3 月 27 日